债券投资

市场体系　分析框架　投资策略

王正国 等 著

中信出版集团｜北京

图书在版编目（CIP）数据

债券投资 / 王正国等著 . -- 北京：中信出版社，2024. 10. -- ISBN 978-7-5217-6795-7

Ⅰ. F830.59

中国国家版本馆 CIP 数据核字第 2024VE6110 号

债券投资

著者： 王正国 等

出版发行：中信出版集团股份有限公司
（北京市朝阳区东三环北路 27 号嘉铭中心　邮编　100020）

承印者： 北京通州皇家印刷厂

开本：787mm×1092mm　1/16　　印张：38　　　　字数：475 千字
版次：2024 年 10 月第 1 版　　　　印次：2024 年 10 月第 1 次印刷
书号：ISBN 978-7-5217-6795-7
定价：138.00 元

版权所有·侵权必究
如有印刷、装订问题，本公司负责调换。
服务热线：400-600-8099
投稿邮箱：author@citicpub.com

债券投资

领衔作者：王正国

参与写作（按姓氏笔画）：

　　　　　　许树正　李　响　吴　蒙

　　　　　　陈蕙妍　范世成　蔡弋鸣

序一

随着我国宏观经济和金融市场的蓬勃发展，债券市场作为这一恢宏画卷中的璀璨篇章，自 1981 年国债重新起航已经走过了四十余载的辉煌历程。2023 年年末，我国债券市场存量规模已突破 150 万亿元大关，这一数量不仅体现了我国债券市场的飞速扩容，更映射出我国债券市场日益增强的国际地位与影响力。当前，我国债券市场已不再局限于融资功能，还发挥着国家宏观经济政策调控的重要作用，人民币债券也成为全球投资者资产配置中的重要标的。

展望未来，在促进债券市场高质量发展的要求下，我国债券市场将继续围绕金融"五篇大文章"部署，聚焦实体经济重点领域和薄弱环节，功能全面深化，品种推陈出新，更好地支持国家重大战略实施和重点项目建设。同时，随着资本市场对外开放持续深化，人民币国际化战略扎实推进，债券市场高水平双向开放稳步有序，债券、外汇、大宗商品等领域齐头并进，固定收益市场体系建设还将日趋完善。

2023 年中央金融工作会议提出要加快建设金融强国，这将我国的金融工作上升到了新的战略高度。在此背景下，中信证券积极响应政策号召，始终坚持金融为实体经济服务的初心使命。作为公司服务实体经济的重要业务部门，固定收益部始终秉承"守正、创新、卓越、共享"的核心价值观，致力于成为国内领先的固定收益交易服务商和产品提供商，在业务布局上以客户需求为导向，涵盖了从固定收益类资产销售、交易和做市，到产品设计与开发，以及投资咨询等在内的综合金融服务。

随着当前我国经济发展由高增长转向高质量，逐步降低的利率水平也给债券投资带来了不小的挑战。在此背景下，固定收益部研究团队基于对宏观经济和债券市场的一些思考，系统性地搭建了债券投资分析框架，希望能帮助读者形成相对全面的市场认知，并在不同市场环境下找到有效应对之策，这便是《债券投资》一书的创作初衷。

本书汇聚了固定收益部研究团队多年的工作成果。在固定收益业务不断发展的过程中，研究团队始终发挥着知识赋能作用，凭借扎实的宏观经济和金融理论基础，深入分析归纳了国内外经济形势、政策变化和市场动态等因素对债券市场的影响，在复杂的市场环境中客观地分析市场形势，并最终形成了全面、系统且实用的分析框架。本书绝大部分内容都是该研究体系的精华，其不仅介绍了宏观经济和债券市场的结构与运行机制，还结合具体案例深入浅出地解析了固定收益投资策略，望各位读者都能从中拾穗，载兴而归。

张皓

中信证券党委委员、

财务负责人（CFO）、执行委员

序二

伴随着我国金融市场不断发展壮大，对于金融人才培养和学科体系建设的要求也越来越高。其中，债券市场作为我国金融市场体系的重要组成部分，既是各类经济主体的融资渠道，也是投资者进行资产配置的重要方向，更是国家宏观政策调控的有力工具。学习并掌握债券市场知识已然成为金融领域从业人员和高校学者的必修课。然而债券市场本就具有高度专业性和复杂性，瞬息万变的特征又进一步加重了参与者面对市场波动时的茫然感。因此，一本详尽而深入的债券市场指南显得尤为重要。

《债券投资》一书对中美两国的宏观经济、政策机制和债券市场的介绍兼具广度与深度，广度体现在对宏观经济发展脉络和债券市场历史沿革的全面把握上，深度体现在严谨的逻辑推导、深入的数据分析以及对于政策机制的细致剖析上。

该书的亮点之一在于兼顾了严谨扎实的理论分析和通俗易懂的语言风格，无论读者的理论基础如何，都可以从中有所获益。全书结构安排合理，先是从多个角度为读者勾勒出我国债券市场的发展历程与利率走势，再通过丰富的数据和图表为读者直观地揭开债券投资的神秘面纱，展现出作者在经济、政策和投资等方面深厚的理论基础和严密的思考逻辑。

该书的亮点之二在于为读者开拓了广阔的全球化视野。他山之石，可以攻玉。在全球经济深度融合的今天，学习与借鉴海外国家的得失经验有益于我们准确把握全球经济发展趋势并全面思考中国的经济金融问题，因此拓宽全球视野已成为业界人士的"必修课"。纵观全球，美国作为当前最大的经济体，其经济形势以及政策取向都对其他国家有着举足轻重的影响，因此该书以美国为例，向读者全面描绘了美国的宏观经济，分析了美国的施策逻辑，介绍了美国债券市场的结构与特点。

该书的亮点之三在于分享了大量的具体案例和实战经验，兼具理论性和实践性。债券投资策略的制定需要综合考虑宏观经济、利率风险和信用风险等多重因素，特别是在复杂多变的市场环境下，灵活运用投资策略显得尤为重要。该书充分结合了理论研究成果与实际操作经验，在书中既介绍了久期和杠杆管理等传统投资策略，也引入了利率衍生品等现代投资工具。通过具体的实战案例分析，能够帮助读者实现理论与实践相结合，学会如何在不同市场环境下灵活调整投资组合，最大化投资收益。

总之，无论是出于理论研究还是实操应用，《债券投资》都是一本优质的专业书，其内容丰富、视角独特，既有理论的广度和深度，又有实践的经验和案例，希望该书能够为广大读者在宏观经济和债券市场的求知与探索中提供借鉴与参考。

王擎
西南财经大学党委常委、副校长

序三

金融是国民经济的血脉，债券市场则是金融体系不可或缺的一部分，其不仅在满足实体经济的投融资需求、支持宏观调控等多方面均扮演着重要角色，而且是直接融资体系与资本市场的主干与基础组成。2022年底全球债券市场规模已达141万亿美元，尽管小于全球银行业183万亿美元的资产总规模，但考虑到银行资产负债表中很大一部分是由债券资产构成，债券市场已经成为金融资产的最大组成部分。近年来我国债券市场也实现了跨越式发展，规模由本世纪初的数万亿元达到目前的过百万亿元之巨，债券品种推陈出新，债市参与者不断涌现，外资配置中国债市的热情持续高涨。上述种种都反映了中国债市在国际舞台中地位的不断提升，也预示着中国债券市场巨大的发展空间以及在我国经济动能转换过程中更大的作用发挥。

广阔的债券市场带来丰富的投资机会，但回答"如何获取合意的投资收益"这一问题已变得更加具有挑战性。债券属于固定收益证券，顾名思义，这类资产的收益很大一部分来源于固定的票息收入。然而相较股票、商品等高弹性资产，"固定收益"一词容易使我们一方面轻视了债券投资所需要的投研能力以及债券品种创新的可能性，另一方面也低估了债券市场所蕴含的风险。同时，近十年来我国宏观经济由此前的高增长转向了高质量发展的新常态，既作为经济社会结构变迁的结果，也为顺应经济增速的换挡，货币政策利率持续下调并带动市场利率整体下行，债券票面利率随之持续走低。虽然实体经济受益于融资成本的下降，但低利率环境也不可避免地对债券投资提出了更高的要求，要想在这一环境中获得可观的投资回报，就不能仅靠"躺平"的方式赚取票息收入。洞悉宏观经济，把握债市波动，借助各类投资策略增厚投资收益已变得愈发重要，这可能是每个市场参与者都需要直面的挑战，《债券投资》一书正是在这一宏观背景下以投资指南的姿态走入我们的视野的。

工欲善其事，必先利其器。债券投资也有一套指导决策的方法论，掌握它就可以让投资者在面对复杂多变的市场环境时，不至于感到无所适从。资深的债券投资经理无不有一套成体系的分析框架，这一框架来自他们日常工作的点点滴滴，浓缩了其在投资生涯中获得的经验与教训。但对于资历尚浅的投资者，或是有意进入固定收益领域的在校生而言，谈及投资方法论可能还是雾里看花。幸而这本书正是直面这一需求，既介绍了如何借助经济理论分析宏观基本面、宏观政策等债券市场的重要影响因素，又基于作者的工作实践归纳整理了行之有效的具体投资策略，这将帮助读者逐步搭建一套属于自己的投资框架，把握债券市场的运行规律。

理论分析是投资决策的基础，如何将纷繁复杂的宏观经济、政策等因素抽丝剥茧，提炼出债券市场最重要的影响因素并指导自身的投资，应当是每位投资者的必修课。当然也应明白理论分析固然重要，但实操策略的选择也同样是债券投资的重要一环。脱离经济基础、货币政策等方面的理论分析去谈债券投资，投资便可能成为无根之树、无源之水；而仅专注于理论分析却忽视具体的投资策略，则可能陷入纸上谈兵的陷阱之中。可喜的是，本书在为读者一砖一瓦搭建理论分析框架的同时，也向读者传授了作者在过往债券交易实战中所得出的思考与经验，这拉近了理论与实际的距离，让读者能够学以致用。更难能可贵的是，本书讨论了债券投资的方方面面，在保证覆盖广度的同时，也没有放弃对深度的追求，其对经济、货币、财政等多领域的思考也能给予专业人士一定启迪。

全书注重用严谨的逻辑串联经济理论、宏观政策与投资实际，用直观的图表帮助读者理解各项经济指标之间以及宏观经济和债券市场之间千丝万缕的关系，以简洁、准确、接地气的行文风格，全景式地向读者揭示宏观经济的运行规律、货币政策的施策逻辑、财政体系的运筹帷幄、境外市场的他山之石以及债券投资的实操策略。因此，不论是尚在深造的在校学生、初出茅庐的市场新人，还是身经百战的投资研究人员，相信在阅读本书之后都会有所收获，并可以将其作为一本随时翻阅、指导实践的案头书。

张旭阳
中国光大银行董事会秘书、
联席公司秘书、首席业务总监

前言

我国债券市场栉风沐雨四十载,至今规模已超百万亿元,在促进经济发展方面发挥着不可替代的作用,同时随着债券市场高质量发展持续推进,债券品种日趋丰富,市场机制逐步完善,投资群体日益多元。而影响债券市场走势的因素也是复杂多变,面对日新月异的市场环境,如何在债券投研的广阔天地中寻找到正确航向,相信对于每一位市场参与者而言,都是一项艰巨且又充满挑战的任务。

依然记得,随着2015年"三去一降一补"的供给侧改革带动通胀明显回升后,2016年8月下旬和9月中旬我国央行先后重启14天期和28天期逆回购操作,"锁短放长"式的货币政策引发了债市由牛转熊。受2017年资管新规等政策出台的影响,10年期国债收益率一路上行至2017年年底4%的水平。然而岁月不居、时节如流,在之后的几年中,我国宏观经济经历了中美贸易摩擦、新冠疫情等"黑天鹅"事件的冲击,2024年上半年债券供给减少以及内需不足的问题使得我国债券收益率不断下探至2%附近的历史低位,着实令人感慨不已。

刚参加工作之时,我对于债券市场等固定收益领域的认知,还仅仅停留在书本上,看着每天瞬息万变的市场行情时常感到困惑,为何经济数据向好，债券收益率却"反其道而行"？为何通胀显著上行，债券市场却波澜不惊？为何央行降息，债券收益率却逆势反弹？这些看似矛盾的现象，让我深切地感受到理论与实践之间的距离。在寻找答案的过程中，我发现市面上系统性介绍债券投资与研究的图书寥寥无几，针对新入行从业人员的"入门指南"更是少之又少。不仅如此，在后来的工作中我也发现，每年入行的新员工中有不少人也有着同样的问题。于是，一个念头在我心中悄然萌发——是否可以写一本"债市分析框架"之类的书，以帮助大家更快地适应这个复杂的市场？

本书涵盖了债券市场的各个方面，包括宏观经济、政策机制、市场体系和投资策略等内容。在写作特点上，本书不仅有丰富的理论分析，还有大量的实际案例和数据支持，能够帮助读者更好地将理论知识与市场实践相结合。在覆盖范围上，本书既充分介绍了我国宏观经济和债券市场的分析框架，也介绍了美国相同领域的总体情况，以开拓读者的国际视野。在语言风格上，本书力求用通俗易懂的语言解释复杂的金融概念和投资策略，即使是没有专业背景的读者也能轻松理解。因此对于宏观经济和债券市场分析而言，本书不仅是业界新人的入门指南，也是行业老兵的有益参考。

当然，对于本书中存在的不足之处，也真诚地希望各位读者能够提出宝贵的意见和建议。

王正国

目 录

第一章 中国债券市场发展下的债券投研框架 / 001
中国债券市场的成长历程 / 003
债券投研框架视角下的中国利率走势 / 017

第二章 债市投资之锚：宏观经济 / 033
宏观经济的周期性与阶段性 / 035
抽丝剥茧中国经济 / 057
"三驾马车"的内部构造 / 064
经济指标全景 / 082

第三章 流动性的源头：中央银行与货币政策 / 099
流动性的本质：货币派生、基础货币与货币银行体系 / 101
中国货币政策的实施依据：现代货币政策框架 / 106
权衡的艺术：货币政策的目标 / 109
"施政"手段：货币政策工具 / 115
读懂央行的"心"：央行资产负债表剖析 / 120
"水量"调节值：厘清央行流动性管理框架 / 123
"价格"调节知多少：利率体系与政策利率传导 / 127

选好视角是第一步：狭义流动性与广义流动性的观测指标 / 130
分析狭义流动性的"经典指标"：超储率的计算 / 135
学以致用：银行间资金价格的判断方法 / 137
从狭义到广义：金融数据一本通 / 142
相辅相成：货币政策、流动性与宏观经济的联系 / 152
由浅入深：探秘宏观审慎评估框架 / 162
分析入微：资管行业监管体系大全 / 170
是"指引"还是"镣铐"：监管政策与债券市场的关系 / 181

第四章 稳增长的先锋：财政体系与政府债务 / 193

财政运行的"元逻辑"：财政体系详述 / 195
财政资金的运筹帷幄：详解财政"四本账" / 213
走近中国国债与地方政府债 / 237
政府债务与财政政策的角色 / 268

第五章 先发者的经验：美国经济与债市 / 293

异曲同工的底层框架：美国经济基本面 / 295
美国经济的"导航系统"：宏观政策与利率体系 / 340
全球债市的"巨无霸"：美国债券市场 / 390

第六章 债市投资的观局谋策：常用投资策略解析 / 437

债市投资的对象：了解中国债券大家族 / 439
债市投资的基础：统一分层的债券市场体系 / 467
各有千秋：债券市场的主要参与者 / 488
债券投资策略的"十八般武艺"：固定收益，不固定招式 / 543

第一章

中国债券市场发展下的债券投研框架

中国债券市场的成长历程

中国债券市场的诞生与成长：从"零"到"一百万亿"

自 1981 年国债恢复发行以来，我国债券市场发展至今已走过了四十余载风雨，并在此过程中取得了非凡的成就。从恢复发行，到 2020 年债券市场存量规模达 117 万亿元，我国债券市场完成了从"零"到"一百万亿"的突破。不管是从存量规模还是发展速度来看，目前我国债券市场都处在世界前列，与此同时在国际舞台上扮演的角色也愈发重要。作为全书的开篇，本章将从多个角度勾勒出我国债券市场的总体轮廓。

1. 中国债券市场在全球中的定位

2023 年中央金融工作会议指出，金融是国民经济的血脉，是国家核心竞争力的重要组成部分。债券市场高质量发展是我国经济社会发展的重要内容之一，也是建设金融强国的必然要求。经过四十余年的发展，2019 年我国债券市场规模超过日本跃身为亚洲第一、全球第二。2022 年我国债券市场共发行各类债券 61.9 万亿元，存量规模达141.34万亿元，中国债市已然成为全球最重要的债券市场之一。

2. 中国债券市场的发展

在过去的四十余载，我国的债券市场经历了四个不同的历史阶段，在尝试和摸索中走出了符合国情的发展道路。

（1）以实物券柜台市场为主导的萌芽阶段（1981—1989）

新中国成立后，为了恢复经济建设曾经进行过国债发行，但由于国家对于举债问题态度较为谨慎，1959年开始全国性公债发行停止，并且随着1968年存量债务全部还本付息，我国在1969—1981年进入既无内债也无外债的时期。1978年十一届三中全会以后，国家对于经济建设的投入不断增加，为了弥补财政支出扩大带来的预算赤字，国务院于1981年1月颁布《国库券条例》，这一方面标志着我国国债的恢复发行，另一方面也标志着我国债券市场的重启。国债恢复发行不久后，部分企业也开始自发向社会和企业内部融资，企业债券也随之出现。但由于1981年颁布的《国库券条例》中规定"国库券不得当作货币流通，不得自由买卖"，因此在国债恢复发行初期并未形成转让交易机制，叠加企业债券缺乏规范管理和相应的法律法规，债券市场发展总体较为缓慢。在此背景下，1987年国务院颁布《企业债券管理暂行条例》规范债券的发行、转让、形式和管理，同年中国人民银行上海分行公布《证券柜台交易暂行规定》，明确经认定的政府债券、金融债券、企业债券可以在经批准的金融机构办理柜台交易。1988年出于便利实物国债持有者转让的需要，财政部在全国61个城市开办国债流通转让试点，自此我国以实物券柜台市场为主导的债市雏形得到了确立。

（2）以交易所债券市场为主导的起步阶段（1990—1996）

上海证券交易所和深圳证券交易所于1990年相继成立，接受实物债券的托管并登记记账式债券交易，随后国债回购、国债期货等陆续在交易所问世，我国债券市场逐渐形成以交易所为代表的场内交易和以柜台市场为代表的场外交易并存格局。然而在交易所债券市场体系逐步建立的同时，由于武汉证券交易中心等场所进行的场外债券交易出现严重违规，为了合理管控风险，1995年区域性证券交易中心被国家全面叫停，由此交易所成为我国唯一合法的债券交易市场。

(3) 以银行间场外交易市场为主导的发展阶段（1997—2009）

随着交易所市场的快速发展，部分风险也开始逐渐显露。例如，1995年债券市场发生了"327"国债期货事件，1997年商业银行资金通过回购等各种渠道流入股市增大泡沫化风险。在此背景下，1997年6月5日央行发布《关于各商业银行停止在证券交易所证券回购及现券交易的通知》，规定所有商业银行停止在交易所交易，但由于商业银行对债券的交易需求依然存在，因此银行间场外交易市场便在这样的背景下应运而生。市场成立后，《银行间债券回购业务暂行规定》《银行间债券交易规则》等规章制度也相继发布。而得益于银行体系充裕的资金规模，银行间债券市场在随后的几年里不断壮大，并成为中国债券市场的主导力量。

(4) 商业银行重返交易所市场、债券市场日趋成熟的完善阶段（2010年至今）

2009年1月，证监会联合银监会下发《关于开展上市商业银行在证券交易所参与债券交易试点有关问题的通知》，允许在证券交易所上市的商业银行在中国银行业监督管理委员会的核准下向证券交易所申请从事债券交易。以此为背景，2010年12月6日，交通银行在上海证券交易所集中竞价交易系统完成交易，这标志着上市商业银行自1997年阔别交易所后的回归。这一举措有效推动了上市商业银行在交易所参与债券交易试点业务，也意味着我国债券市场进入日趋成熟的完善阶段。

随着债券市场的日益壮大和债市机制的逐步完善,如今各类投资者可通过不同渠道参与债券交易,这提升了资本市场服务国民经济全局的效率和能力。目前,银行间场外市场、交易所场内市场和柜台市场并行发展,而包括商业银行、保险机构、证券公司、公募基金、其他非法人产品、其他金融机构、非金融机构、境外机构和其他投资者在内的各类投资人则为我国债市注入源源不断的活力。

3. 中国债券市场概览

在逐步发展的过程中,我国债券市场的债券品种日益丰富,不同类型的投资者也为债市带来新的活力。此外,各类场内和场外市场的交易制度进一步助力债市发展,而日渐完善的监管机制和多元并存的托管机构则为债市保驾护航。

(1) 中国债券品种介绍

我国债券品种丰富,满足了各类投资者的需求(见图1-1)。债券可按照其风险特性分为利率债和信用债,其中利率债指的是有政府级信用或信用背书、安全等级高的债券,由于其风险主要集中于利率风险,故被称为利率债,常见的利率债包括国债、地方政府债、政策性金融债等。而信用债指的是以法人企业为发行主体的债券,其相较利率债而言通常收益更高,但也存在更高的信用风险。按企业类型划分,信用债可以进一步划分为金融企业信用债和非金融企业信用债。除了传统的利率债和信用债外,与股票市场联动的可转换债券和可交换债券近年来方兴未艾,而包括国债期货、利率互换等在内的利率衍生品也在市场上备受关注。

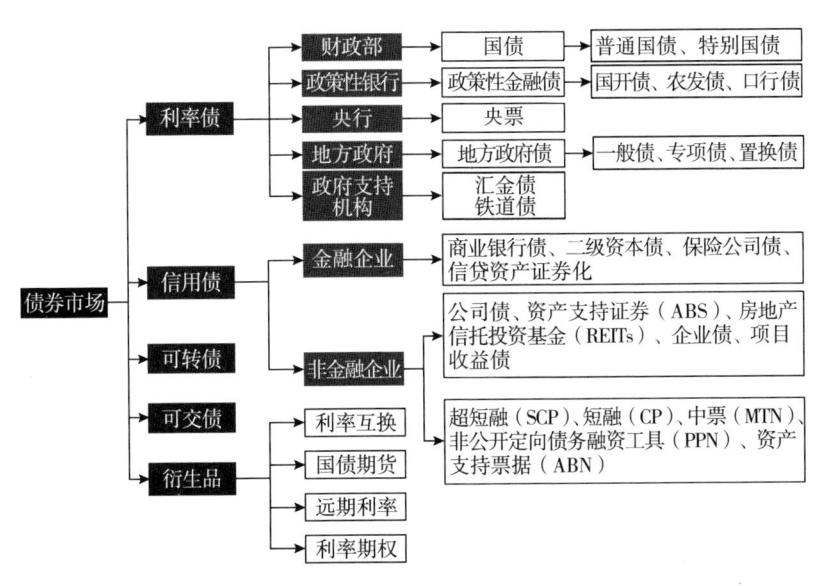

```
                    ┌─财政部──────国债──────普通国债、特别国债
                    ├─政策性银行──政策性金融债──国开债、农发债、口行债
            ┌─利率债─┼─央行────────央票
            │       ├─地方政府────地方政府债──一般债、专项债、置换债
            │       └─政府支持机构─汇金债、铁道债
            │
            │                    ┌─金融企业──商业银行债、二级资本债、保险公司债、
            │                    │          信贷资产证券化
债券市场─────┼─信用债─┤
            │                    │          公司债、资产支持证券（ABS）、房地产
            │                    └─非金融企业─信托投资基金（REITs）、企业债、项目
            │                               收益债
            ├─可转债
            ├─可交债              ┌─利率互换  超短融（SCP）、短融（CP）、中票（MTN）、
            └─衍生品─┤─国债期货    非公开定向债务融资工具（PPN）、资产
                    ├─远期利率    支持票据（ABN）
                    └─利率期权
```

图 1-1 我国债券市场概览

资料来源：中信证券固定收益部。

国债、地方债和政策银行债等利率债构成了我国债券市场的主体，截至 2022 年年末其整体存量规模占全市场的 58.73%，信用债存量规模稍低于利率债，占全市场的 41.27%（见图 1-2）。

(2) 中国债券市场介绍

我国的债券市场分为场外市场和场内市场：场外市场由银行间债券市场和商业银行柜台市场组成；场内市场又被称为交易所债券市场，由上海证券交易所和深圳证券交易所组成。银行间市场和交易所市场构成了我国债券发行、交易、流通的主要场所，而商业银行柜台市场作为银行间市场的延伸，仅面向中小企业和个人。从历年的成交量、发行量和存量来看，银行间市场的规模均远超过交易所市场（见图 1-3）。

包括国债、地方债、央行票据、政策性金融债、超短融、短融等在内的多类债券都可以在银行间市场发行和交易。从债券交易机

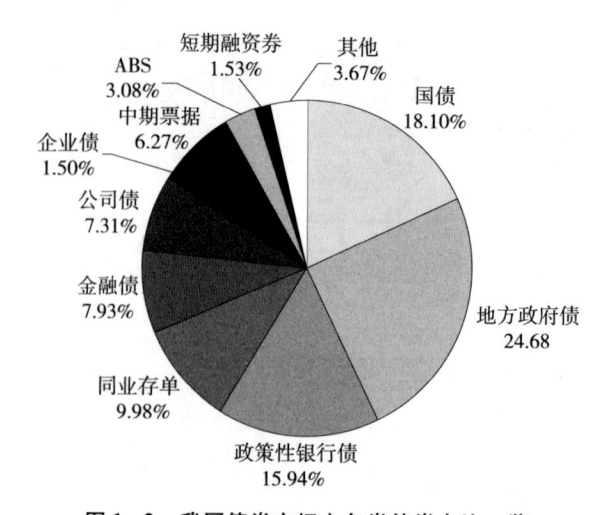

图1-2 我国债券市场上各类债券占比一览

- 国债 18.10%
- 地方政府债 24.68
- 政策性银行债 15.94%
- 同业存单 9.98%
- 金融债 7.93%
- 公司债 7.31%
- 企业债 1.50%
- 中期票据 6.27%
- ABS 3.08%
- 短期融资券 1.53%
- 其他 3.67%

资料来源：万得资讯，中信证券固定收益部，截至2022年年末。

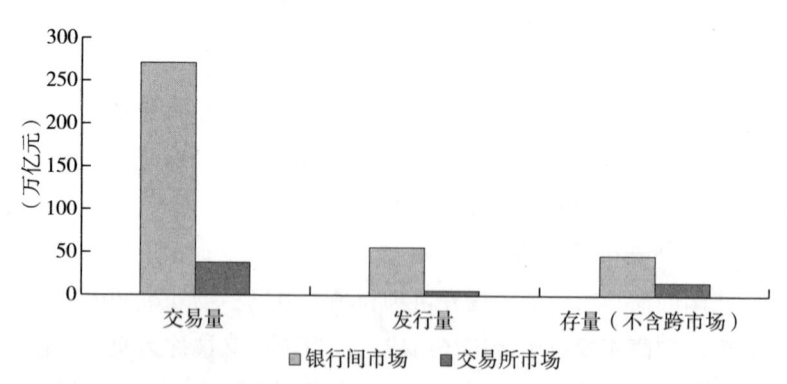

图1-3 2022年银行间和交易所市场债券交易量、发行量和存量的规模对比

资料来源：万得资讯，中信证券固定收益部，截至2022年。

制来看，银行间债券市场由中国外汇交易中心提供统一的电子平台进行报价和交易，交易机制以询价交易为主，做市商制度和经纪商制度为辅。

和银行间市场相比，交易所市场的债券存量规模较小，其涵盖的债券种类也不如银行间市场多样。公司债、可转债和中小企业私募债等债券在交易所发行上市，国债和地方政府债等在银行间市场和交易所市场均可上市。从债券交易机制来看，作为场内市场，交易所市场主要采取传统的以竞价撮合、时间价格优先为特点的交易方式（见表1-1）。

表1-1 银行间和交易所市场债券投资品种、交易机制等方面的对比

对比项	银行间债券市场	交易所债券市场
交易模式	做市+询价	竞价+询价
主管部门	央行	证监会
投资品种	国债、地方政府债、企业债、政策性金融债、政府支持机构债、ABS	
	央票	公司债
	金融企业信用债	可转债、可分离债
	SCP、CP、MTN、PPN、ABN	中小企业私募债
投资者	合格机构投资者	合格投资者和公众投资者
交易平台	全国银行间拆借中心本币交易系统	新债券交易系统、固收平台
托管结算结构	中央结算公司、上清所	中证登

资料来源：中信证券固定收益部。

(3) 中国债券市场持有者结构

我国债券市场的投资者众多，主要包括商业银行、保险机构、证券公司、境外机构、非法人产品等，其中商业银行、非法人产品、境外机构、保险机构的持债规模相对较高（见图1-4）。

从"利率债"和"信用债"来看，不同债券品种的持有者结构也有差异，反映了市场各类型投资者对不同产品的偏好。利率债最主要的投资者是商业银行，背后的原因一方面在于利率债流动性较好，资本占用较低且部分品种具有免税特征，更加契合商业银行

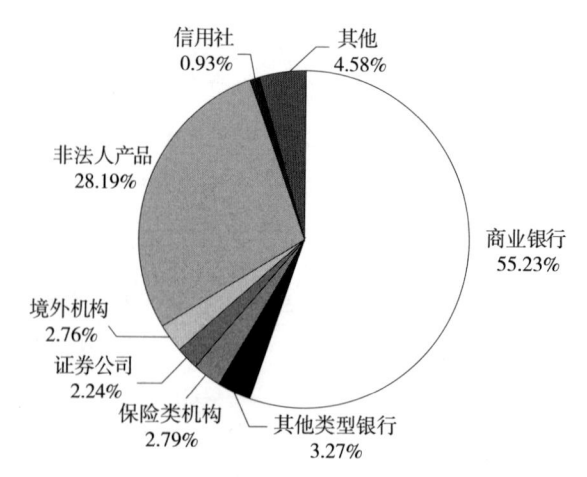

图 1-4 我国债券市场的投资者结构

注：因数据统计过程中会有四舍五入的情况，故整体加总可能不一定完全等于100%，会有小幅出入。本书后面可能也有类似情况，在此一并提示。
资料来源：万得资讯，中信证券固定收益部，截至2022年。

的配置需求；另一方面在于银行本身具有信贷手段，因此对于信用债的需求相对较低。而信用债最主要的投资者是以基金类产品为代表的非法人产品，体现了其相对较高的风险偏好。

中国债券市场形成双向开放新格局：从"引进来"到"走出去"

中国债券市场从21世纪初开始走上了对外开放的道路。回顾过往取得的成就，我国债市开放硕果颇丰。"十四五"规划当中明确指出要稳妥推进金融领域开放，稳慎推进人民币国际化。在明确目标的指引下，未来我国债市开放深度广度将持续提升，人民币资产的配置价值将更加凸显，我国也将在实现人民币国际化目标的道路上不断取得更大的突破。

1. 中国债券市场对外开放历程——积跬步，至千里

中国债券市场的对外开放经历了二十年的摸索与尝试，从最初的起步阶段到随后的稳步开放，而如今已迎来快速发展。这二十年

间，我国债市在强化境外机构"引进来"的同时，也推动境内机构"走出去"（见图1-5）。

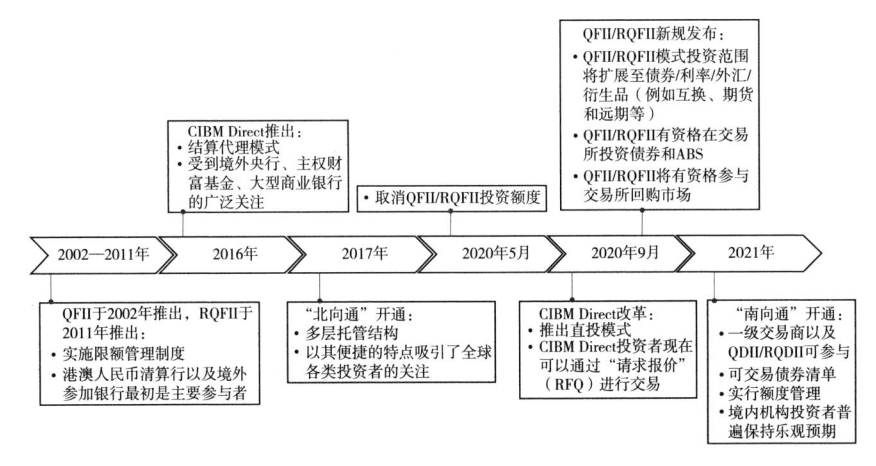

图1-5 我国债市开放重要事件

时间轴：2002—2011年 → 2016年 → 2017年 → 2020年5月 → 2020年9月 → 2021年

- **2002—2011年**：QFII于2002年推出，RQFII于2011年推出；实施限额管理制度；港澳人民币清算行以及境外参加银行最初是主要参与者
- **2016年 CIBM Direct推出**：结算代理模式；受到境外央行、主权财富基金、大型商业银行的广泛关注
- **2017年**："北向通"开通：多层托管结构；以其便捷的特点吸引了全球各类投资者的关注；取消QFII/RQFII投资额度
- **2020年5月 CIBM Direct改革**：推出直投模式；CIBM Direct投资者现在可以通过"请求报价"（RFQ）进行交易
- **2020年9月 QFII/RQFII新规发布**：QFII/RQFII模式投资范围将扩展至债券/利率/外汇/衍生品（例如互换、期货和远期等）；QFII/RQFII有资格在交易所投资债券和ABS；QFII/RQFII将有资格参与交易所回购市场
- **2021年**："南向通"开通：一级交易商以及QDII/RQDII可参与；可交易债券清单；实行额度管理；境内机构投资者普遍保持乐观预期

资料来源：中国人民银行，证监会，中信证券固定收益部。

(1) 境外机构"引进来"

中国债市的开放过程中，对于境外投资者的引入可以分为开放起步（2002—2010）、稳步开放（2010—2017）和快速发展（2017年至今）三个阶段。

我国债券市场的对外开放起步于2002年。同年11月初，中国证监会和中国人民银行联合颁布了《合格境外机构投资者境内证券投资管理暂行办法》，这标志着境外机构可以通过成为合格境外机构投资者（QFII）的方式参与交易所债券市场。在开放起步阶段，我国债券市场完成了交易所和银行间债券市场的境外机构引入工作，但是这一阶段受限于债市开放刚刚起步，很多针对境外机构的入市限制制约了境外机构在中国债券市场的参与程度。

2010年起，我国债券市场进入稳步对外开放的阶段，较为重要的事件便是人民币合格境外机构投资者（RQFII）以及CIBM Direct 结算代理模式的建立。在 RQFII 发展历程方面，《基金管理公司、证券公司人民币合格境外机构投资者境内证券投资试点办法》于 2011 年年底发布，标志着 RQFII 制度开始启动，试点机构可以参与银行间和交易所债券市场交易。在 CIBM Direct 结算代理模式方面，2016 年 5 月，随着《境外机构投资者投资银行间债券市场备案管理实施细则》出台，CIBM Direct 结算代理模式正式建立，境外机构投资者准入由审核制改为备案制，同时对投资主体的限制也进行了松绑，比如拓宽境外机构的范围、取消投资额度等。除了 RQFII 和 CIBM Direct 结算代理模式的建立，稳步开放阶段还实现了对境外机构业务种类的放开，因此在这一阶段，我国债券市场对外开放的速度有所提升，境外投资者参与程度也得以提高。

2017 年开始，伴随着"债券通"（Bond Connect）机制当中的"北向通"开通，中国债券市场的对外开放进入快速发展阶段。2017 年 6 月，债券通正式开始实施，与 CIBM Direct 模式相比，债券通在备案流程、交易流程以及托管结算等多个方面进行了简化。除债券通开通外，监管机构还针对原有机制进行了完善，并针对境外机构出台了便利性和优惠性政策。此外，在快速发展阶段，中国利率债品种还成功被全球重要债券指数纳入。基于以上原因，在快速发展阶段，境外投资者进入中国债券市场的脚步显著加快。

（2）境内机构"走出去"

中国债券市场的开放并非单向开放，中国债券市场在强化境外机构"引进来"的同时，也推动了境内机构"走出去"。

正如境外机构可以通过合格境外机构投资者身份投资中国债券市场，境内投资者也可以通过合格境内机构投资者（QDII）身份对外投资。2003 年我国开始筹划 QDII，2004 年 8 月人民银行发布《保险外汇资金境外运用管理暂行办法》，首次允许保险公司在核准制度下运用外汇资金投资境外银行存款、债券、票据等金融工具，

QDII迈出实验性一步。2007年，证监会颁布《合格境内机构投资者境外证券投资管理试行办法》，对QDII的准入条件、产品设计、资金募集、境外投顾、资产托管以及信息披露等各方面内容做了详细规定，至此QDII开始进入全面快速发展阶段。央行在QDII推出7年后，于2014年11月发布《关于人民币合格境内机构投资者境外证券投资有关事项的通知》，规定境内的合格机构投资者可采用人民币的形式投资境外的人民币资本市场，RQDII机制正式推出。

2021年9月，债券"南向通"上线，"南向通"在机制安排上做出了详尽说明，债券清单等方面也逐步发布，双向开放再迈出重要一步。在机制安排上，"南向通"与"北向通"一样也采用了国际通行的名义持有人制度安排。"南向通"的可投资范围是在境外发行，并在香港市场交易流通的债券。起步阶段，"南向通"先开通现券交易。外汇交易中心在交易系统公布可交易债券清单，并根据市场情况及境内投资者需求不时予以更新，投资范围采取循序渐进的方式不断扩容。内地投资者暂定为中国人民银行2020年度公开市场业务一级交易商中的41家银行类金融机构（不含非银行类金融机构与农村金融机构）。合格境内机构投资者和人民币合格境内机构投资者也可以通过"南向通"开展境外债券投资。同时"南向通"实行限额管理，境内投资者可使用人民币或外汇参与"南向通"。

对于债券市场开放而言，中国在这条道路上并非一蹴而就，而是依靠近二十年来不断摸索与尝试，逐渐走出了适合自己的债市开放道路。从起步阶段到稳步开放，再到如今的快速发展，强化境外机构"引进来"的同时，开始推动境内机构"走出去"。当前中国债市开放的步伐越来越稳健，也越来越迅速，其对于人民币国际化这一长期目标也具有重要的意义。

2. 境外投资者结构与持仓交易特征

在对外开放过程中,境外投资者的加入是为我国债券市场引入的一股"源头活水"。这些来自境外的投资者不仅丰富了我国债券市场的参与者类型,也促进了债券市场的有效运行。在对境外投资者进行研究时,弄清这些"源头活水"的主要来源,掌握其"流量"和"流速"特征,对于我国债市的进一步对外开放具有重要意义。

(1) 境外投资者结构

按照人民银行的分类方式,我国债券市场的境外机构投资者主要分为央行类和商业类两种类型。其中,央行类机构投资者主要有境外央行或货币当局、国际金融组织、主权财富基金等,而商业类机构投资者则主要包括境外商业银行、非银行类金融机构、金融机构产品类投资者的投资管理人等(见图1-6)。

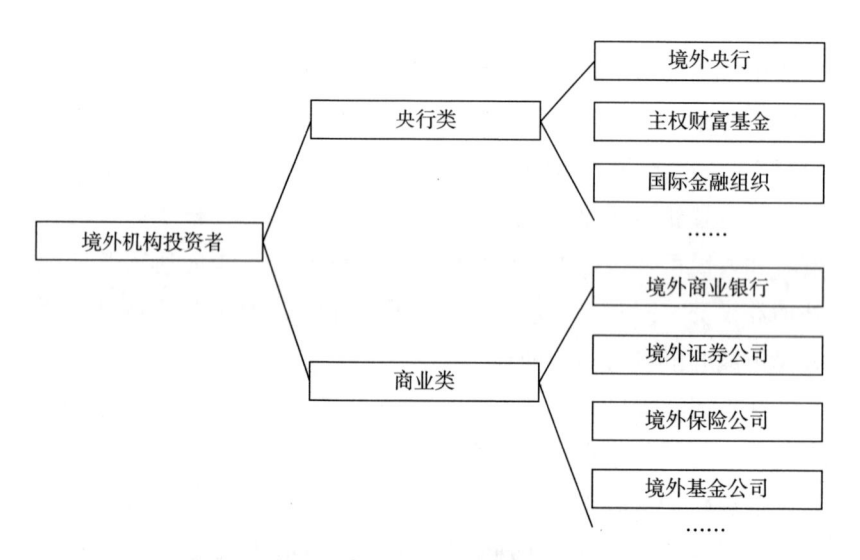

图1-6 银行间债券市场境外机构投资者类型

资料来源:中国人民银行,CFETS(中国外汇交易中心),中信证券固定收益部。

中国外汇交易中心每月发布《银行间债券市场境外业务运行情况》，披露银行间债券市场的境外机构入市情况、持仓债券类型等信息。目前境外机构主要通过结算代理模式（CIBM）和债券通两种渠道进入我国银行间市场（见图1-7）。

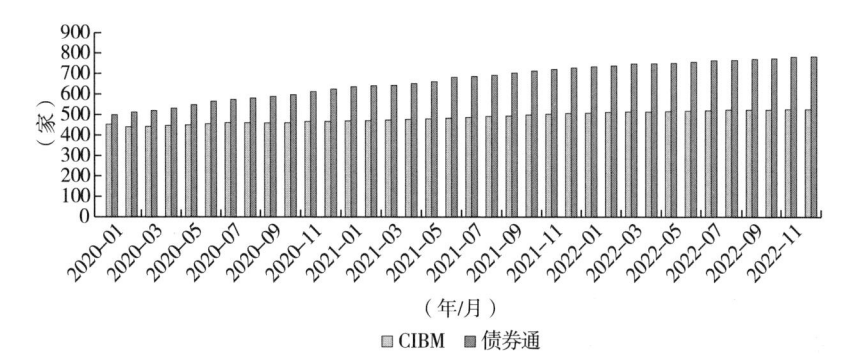

图1-7 银行间市场境外机构数量
资料来源：CFETS，中信证券固定收益部。

（2）境外投资者持仓特征

①持债类型。

从持债类型上来看，境外投资者对于利率债的偏好非常明显，在信用债领域涉及相对不深。其中，持仓规模较高的券种为国债和政金债。除利率债品种之外，境外机构对于同业存单的持仓量也较多。

境外机构明显偏好利率债而较少配置信用债的原因可能在于：第一，部分主动投资境外机构受内部风控等方面限制更偏好利率债品种；第二，部分被动投资境外机构受所追踪指数的影响主要配置我国利率债；第三，境外机构受信息披露程度以及信用评级因素影响，对我国信用债市场了解程度不够。

②持债期限。

从持债期限上来看，境外机构持债特征背后的原因可能是：第一，境外机构持有 7~10 年期限或由于该期限流动性较好，便于其快进快出交易；第二，0~1 年期限债券持仓比例同样较高的原因可能是服务于境外机构的短期策略或满足其流动性需求；第三，境外机构持有 1~5 年期债券可能是出于配置思路或交易收益率曲线处于不同位置的考虑。

③境外投资者交易特征。

对比境内机构和全市场机构交易情况，境外机构整体呈现出配置为主的交易特征。根据中债公布的债券市场月报，通过对比当月机构现券买入和卖出交易总额占月末月初债券托管量均值比例的方式可以计算出不同机构的债券换手率。近两年境外机构的债券换手率低于全市场口径，整体反映出其配置特征。

境外机构整体的配置特征可能出于两方面的考量：第一，银行间债券市场交易量较大的境外机构为境外商业银行和境外央行等，从购债思路上来看这些机构更具配置属性；第二，国内配套的衍生对冲工具相对受限，或导致部分交易型策略难以操作（见图 1-8）。

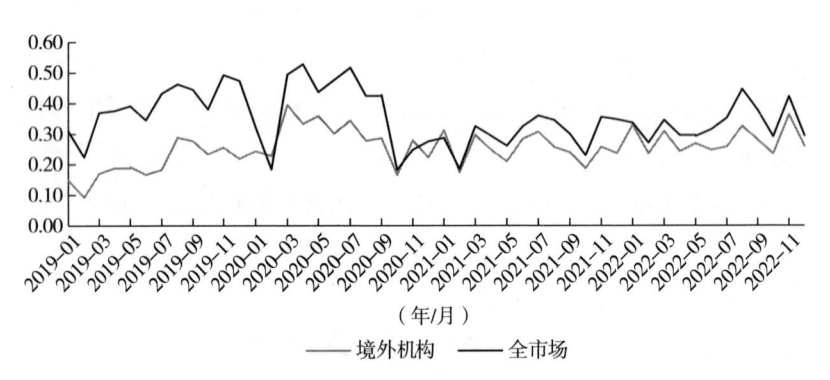

图 1-8 境外机构债券换手率低于全市场口径

资料来源：CFETS，中信证券固定收益部，截至 2022 年 12 月。

债券投研框架视角下的中国利率走势

债券价格的影响因素：经济、政策、流动性与市场因素的"聚沙成塔"

判断债券市场的走势实际上就是判断利率的走势，而对于利率走势的判断需要依靠一个全面的系统性的债券投研框架。在影响债市利率的众多因素当中，宏观经济是利率分析的起点，也是主导利率走势的重要因素之一，经济表现将带来财政、货币等方面政策的调整，而政策调整既会反过来影响经济表现，又会影响市场流动性和资金价格，并对债券价格的短期走势产生较大影响。除此之外，宏观经济、政策和资金等因素又可能会引发投资者情绪等市场因素的波动，并进一步扰动债券价格。因此，经济、政策、流动性和市场因素等多方面环环相扣、聚沙成塔，共同动态地决定了债市走向。

1. 宏观经济是利率分析的起点

宏观经济影响债券收益率的理论基础来源于费雪方程，即名义利率＝实际利率＋通货膨胀。其中实际利率与实际经济增速密切相关，而通货膨胀则反映经济当中物价水平的总体变动，因此从中长期来看利率的主导因素是宏观经济，诸多经济指标可分为"量"与"价"两个维度："量"的维度是以实际GDP（国内生产总值）增速为代表的经济增长指标；"价"的维度则是以PPI（生产价格指数）、CPI（消费价格指数）等物价指数为代表的通胀指标。

（1）通过实际GDP增速，从"量"的维度把握宏观经济

经济增速是利率的重要影响因素。在投资和消费需求高涨的经济上行期，企业融资扩产的意愿和能力相对较强，经济实际增速较快使得实际利率同样水涨船高，推升名义利率水平；而在经济下行

期，投资与消费逐渐降温，企业多采取相对保守的经营策略，经济实际增速放缓使得实际利率下降，压低名义利率水平。在众多宏观经济指标中，实际 GDP 增速是衡量一国经济状况和发展水平的重要指标。回顾历史，可以看到在长期视角下，10 年期国债收益率与实际 GDP 增速总体走势一致（见图 1-9）。

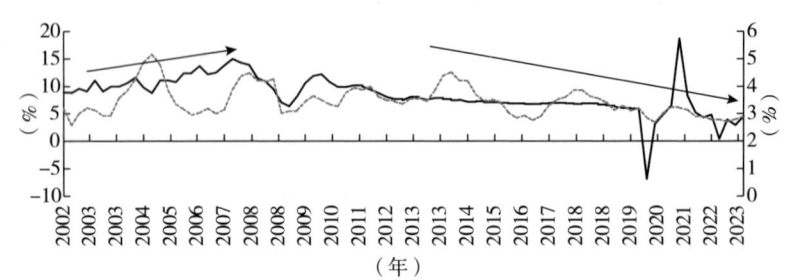

图 1-9　经济增长和债券收益率的关系

注：2021 年 GDP 增速为 2020 年和 2021 年两年平均值。
资料来源：万得资讯，中信证券固定收益部。

(2) 通过通胀指标，从"价"的维度把握宏观经济

物价水平是影响经济基本面的另一个维度。通胀指标反映的是物价水平的变化，衡量的是基本面"价"的维度。常用的通胀指标包括 CPI 和 PPI，它们分别从居民端和企业端衡量通胀水平。高通胀情况下，各国央行普遍会采取加息等紧缩性货币政策来抑制社会活动需求，从而降低物价水平，因此债券收益率往往趋于上行。反之，在低通胀情况下，各国央行可能会采取降息等宽松性货币政策，债券收益率则倾向于下行。

2. 宏观政策调控经济并影响利率水平

宏观政策是调控宏观经济运行的重要手段，因此宏观经济表现的变化会导致宏观政策发生调整。当经济表现不佳时，政府可能会实施宽松政策以刺激经济，而如果经济过热，政府则可能会实施紧

缩政策来引导经济降温。通常而言，与债券市场联系最为密切的宏观政策包括货币政策和财政政策。

(1) 货币政策影响货币供给的量与价

货币政策指的是央行为实现特定的经济目标而采用的各种控制和调节货币供应量的政策与措施，其一般借由货币政策工具实现，而货币政策工具可分为数量型工具和价格型工具。

数量型工具主要调节货币供应量，包括公开市场操作、存款准备金政策等，其中调整存款准备金率便是人们常说的"升准"与"降准"。当央行调整存款准备金率时，银行间流通资金数量的变化将改变实体融资成本，并对债券收益率带来影响（见图1-10和图1-11）。

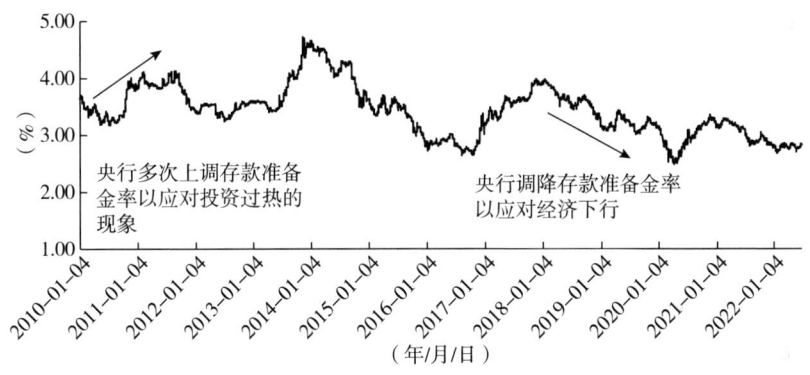

图1-10 历年调整存款准备金率对债券收益率的影响
资料来源：万得资讯，中信证券固定收益部。

价格型工具是指对利率水平进行调整的工具，包括存贷款基准利率，贷款市场报价利率（LPR）和中期借贷便利（MLF）利率等公开市场操作利率等，央行对价格型工具的调整也常被市场称为"加息"和"降息"。当央行降低政策利率时，政策利率的下降可通过利率传导渠道带动实体经济融资成本和债券收益率下行，反之亦然。

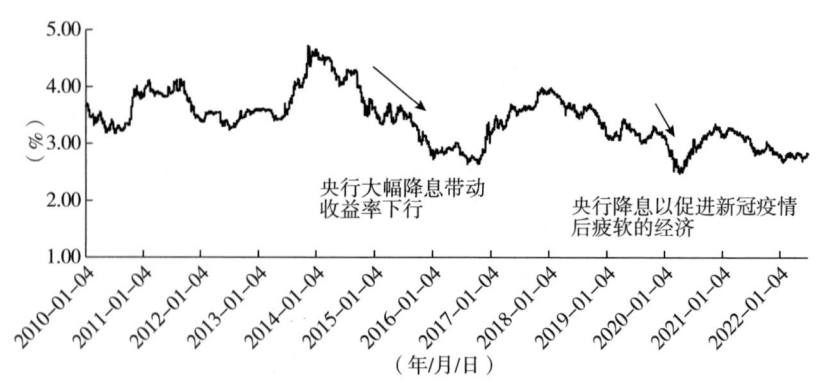

图 1-11　历年调整存贷款基准利率对债券收益率的影响

资料来源：万得资讯，中信证券固定收益部。

（2）财政政策影响债券供给

财政政策指的是国家干预经济，实现宏观经济目标的工具，往往通过控制政府支出和改变税收的方式实现，并可能对利率产生影响。一方面，当财政政策较为积极时，市场对于"宽信用"的预期加强，会通过改善投资者经济预期的方式间接推升利率。另一方面，财政政策可能会改变财政支出，进而影响政府债券发行量，较为积极的财政政策基调往往意味着较大的政府债供给规模，而债券供给压力加大将可能使得流动性趋紧，从而抬高利率（见图 1-12）。

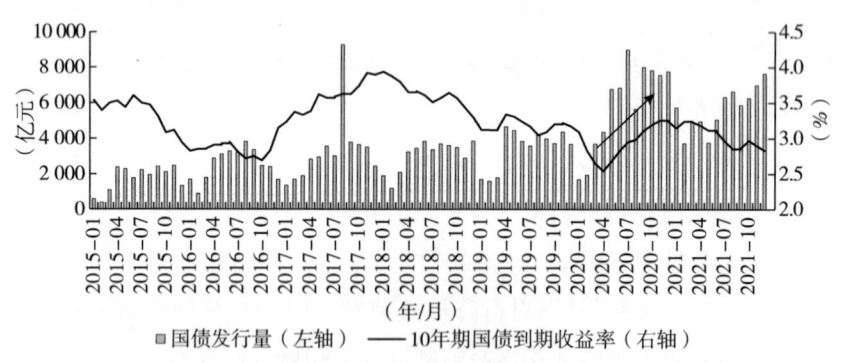

图 1-12　国债发行规模对债券收益率的影响

资料来源：万得资讯，中信证券固定收益部。

3. 流动性的松紧程度影响债券潜在买盘

宏观政策的调整将可能影响资金供给量和资金价格等流动性因素。当资金较为宽松时，债券的潜在买盘较多，有利于推动利率下行，而当资金偏紧张时，债券的潜在买盘减少，或将导致利率上行。与宏观经济和政策一样，资金对于债券收益率的影响也可以从"量"和"价"两个维度去分析。

(1) 资金的"量"反映债券市场流通资金数量的"多少"

从"量"的角度来看，超储率是描述资金松紧程度的关键指标，其衡量的是金融机构超额存款准备金占存款的比例，由于超额存款准备金可以由金融机构自由支配，因此当超储率处于较高水平时，金融机构之间可融通资金的"量"较多，流动性也较为宽松。宽松的资金有利于债券市场收益率的下行，在过去十年内，超储率与债券收益率之间的历史走势呈现出一定的负相关性。

(2) 资金的"价"反映出债券市场流通资金价格的"高低"

与"量"的维度相对，资金的"价"指的是银行间各类回购（如质押式回购、买断式回购等）、交易所回购和同业存单等的利率水平。由于银行间市场整体回购交易量要大于交易所，而银行间市场89%的交易量又集中在质押式回购，因此在众多衡量资金价格的指标当中，质押式回购利率是更具代表性的指标，如DR007（7天期银行间存款类机构的质押式回购加权平均利率）和R007（7天期全市场机构的质押式回购加权平均利率）。当资金较为宽松时，金融机构的融资成本较低，这将带动债券收益率下行；当资金较为紧张时，金融机构的融资成本抬升，这使得债券收益率随资金价格同步上行。除此之外，DR007和R007之间的利差也可以作为一个衡量资金面松紧程度的指标，在流动性紧张的时候，资金主要在银行体系中流动，而在流动性宽松的时候，市场资金充裕，资金会从银行外溢到非银机构并降低后者的融资难度，因此DR007和R007

的利差会对应走阔和收窄。

4. 市场因素可能会扰动利率走势

宏观经济、政策和流动性因素是利率走势的重要影响因素，而这些因素又可能引发投资者情绪等市场因素的波动，进而扰动债市的短期走向。债市情绪相对乐观时，市场由多头主导，债券的表现往往较好；而在债市悲观情绪弥漫时，市场由空头主导，债券往往承压，甚至有产生"螺旋式"下跌的风险。

例如2022年11月初，随着利率上行、防疫政策的优化和稳地产政策的发布，债市的悲观情绪迅速升温，使得短时间内债市明显承压，而这又引发了止盈和理财赎回的双重压力，并进一步加剧了债市的"螺旋式"下跌。又比如2020年11月，永煤集团未能按时兑付债券本息，在这一违约事件的波及下，市场悲观情绪迅速发酵，导致资管产品被赎回，流动性较好的利率债也被抛售，并最终导致不同期限的国债和国开债收益率均明显上行（见图1-13）。

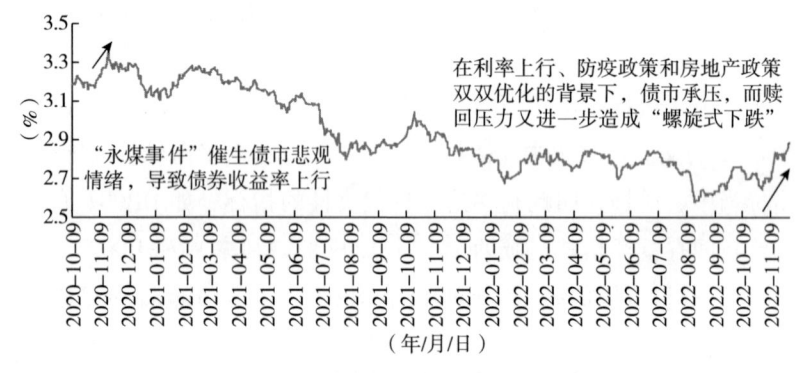

图1-13 技术面和情绪面与10年期国债收益率的关系

资料来源：万得资讯，中信证券固定收益部。

贯穿中国债市发展的主线：中国利率走势回顾

作为债券价格影响因素的续篇，接下来的内容回顾分析了2017

年年初至 2022 年年末 10 年期国债收益率的走势，并按照趋势变化特征将其拆分成了 9 个历史阶段（见图 1-14）。结合前文介绍的债券价格分析框架，不难发现在每一个历史阶段，10 年期国债收益率呈现出不同的走势特征，其背后的原因往往在于不同阶段之间经济基本面、政策面、资金面以及市场因素等方面的差异。

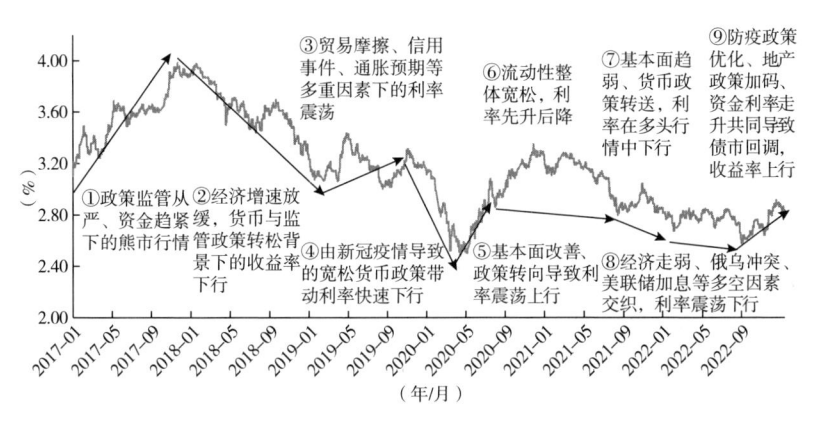

图 1-14　2017—2022 年的 10 年期国债收益率走势

资料来源：万得资讯，中信证券固定收益部。

1. 2017 年 1~11 月：监管从严、资金趋紧下债市走出一轮熊市行情

本阶段 10 年期国债收益率在 3.11%~3.69% 的区间内整体呈上行趋势（见图 1-15）。2017 年 1 月 24 日央行将公开市场操作利率上调 10 基点，释放货币收紧的信号，打消市场乐观情绪。2 月至 3 月末，利率震荡波动，央行上调多期逆回购、SLF（常备借贷便利）、MLF 利率，并降低投放量，货币政策进一步收紧。3 月末 4 月初，银监会开展"三三四十"专项治理，发布《关于开展银行业"违法、违规、违章"行为专项治理工作的通知》等政策，重点规范银行同业、理财、表外业务等经营行为，相关业务收入降低。此外，年初表外理财纳入 MPA（宏观审慎评估）考核，银行

第一章　中国债券市场发展下的债券投研框架　023

资金整体收缩，压缩债券需求。前期债市快速走弱后，央行于6月初增加公开市场净投放以稳定市场，利率有所下降。然而7月和8月地方债供给迎来高峰，叠加固定资产投资及消费带动上半年经济增速超预期等因素，利率震荡微升。与此同时8月监管进一步收紧，《公开募集开放式证券投资基金流动性风险管理规定》对货币基金形成制约，货基供给受限使得债券需求压缩，利率再次震荡上行。央行9月在超额续作MLF、货币短暂宽松后，于10月实施"削峰填谷"的偏紧缩型货币政策，而11月"资管新规"征求意见稿发布，市场预期悲观背景下债券需求收缩，长端利率进一步上行至高位。

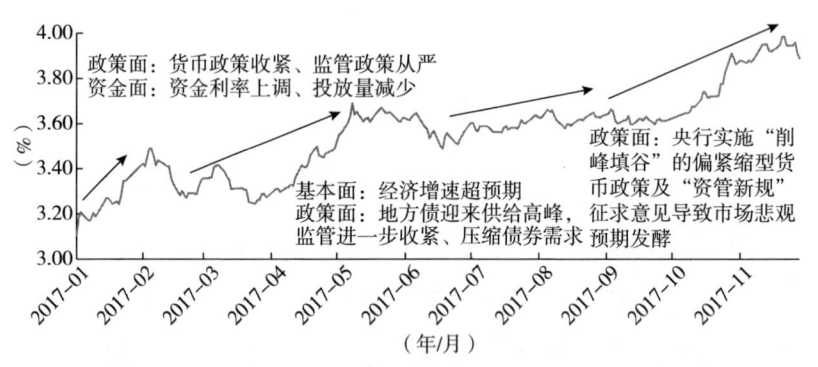

图1-15　2017年年初～2017年11月10年期国债收益率走势
资料来源：万得资讯，中信证券固定收益部。

2. 2017年11月～2019年1月：经济增速放缓、货币与监管政策双双转松下的利率震荡下行

2017年12月～2019年1月10年期国债收益率在3.07%～3.98%的区间内呈震荡下行的态势（见图1-16）。2017年12月初，银监会发布《商业银行流动性风险管理办法（修订意见征求稿）》，引入多个监管指标导致债券需求降低，此外2018年1月初监管加码，进一步规范回购及远期交易，导致市场预期悲观，利率小幅上升。

但 2018 年 1 月末随着临时准备金动用安排（CRA）搭配定向降准落地，资金面超预期宽松，叠加 3 月末美国挑起贸易战，使得市场对国内经济下行担忧加剧，利率出现快速下行。2018 年 4 月开始，央行停止加息并开启定向降准，货币政策进一步宽松，4 月末"资管新规"正式落地，利率出现短暂上升，但 5 月至 7 月中美贸易摩擦加剧，经济下行压力增大，为对冲经济下行预期，央行再度实施降准，10 年期国债收益率进一步下行。8 月银保监会发布 76 号文推进信贷服务实体，使得市场对经济的预期有所增强，叠加自然灾害和非洲猪瘟导致的通胀预期上升，利率有所上行。但 2018 年 9 月至年末，美国对中国关税加征落地，叠加社融数据偏弱、农产品供给增加缓解通胀预期等因素，利率重回下行区间。

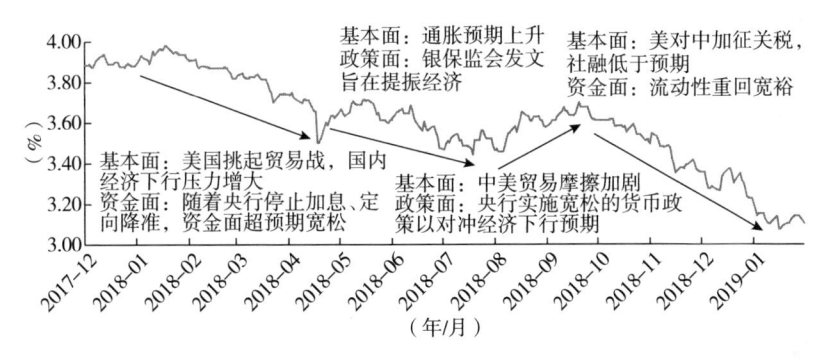

图 1-16　2017 年 12 月~2019 年 1 月 10 年期国债收益率走势
资料来源：万得资讯，中信证券固定收益部。

3. 2019 年 1~11 月：中美贸易摩擦升级、信用事件发生、通胀预期升温下的利率震荡局势

2019 年 2 月~2019 年 11 月 10 年期国债收益率在 3.00%~3.43% 的区间内维持震荡（见图 1-17）。2019 年年初票据套利监管加强，财政政策加力提效、减税降费带动固定资产投资增加，且经济数据超预期，多重因素下央行收紧公开市场操作，利率升至年内高位。

二季度中美贸易摩擦升级加剧市场担忧，随后"包商银行事件"发生使得市场风险偏好显著降低。为对冲一系列事件影响，央行释放流动性，增加再贴现和SLF额度。在上述因素影响下，利率逐步下行至年内低点。2019年8月和9月，LPR利率形成机制调整后的首次下调力度不及预期，且TMLF（定向中期借贷便利）暂停操作，导致市场对货币政策预期修正，此外生猪价格快速上涨导致通胀预期抬升，利率重回上升区间。

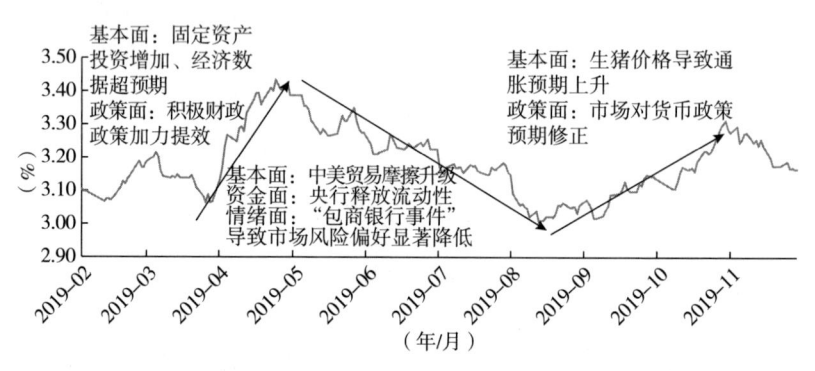

图1-17　2019年2月~2019年11月10年期国债收益率走势
资料来源：万得资讯，中信证券固定收益部。

4. 2019年11月~2020年4月：新冠疫情冲击下货币政策连续宽松，利率快速下降

2019年12月~2020年4月10年期国债收益率在2.48%~3.21%的区间内快速下降（见图1-18）。2019年11月，央行先后下调MLF及OMO（公开市场操作利率），推动10年期国债收益率回落。虽然2020年1月中美双方最终签署第一阶段经贸协议，市场乐观情绪攀升，但此后央行降准使得银行间市场流动性宽松，与此同时国内降息预期增强，叠加全球衰退预期，利率快速下行。2月至4月，新冠疫情冲击国内经济，春节后央行为对冲疫情影响进行降息等操作释放了大规模流动性，经济衰退预期增强与宽货币预期共

振，国债收益率快速下行。虽然我国经济随后企稳，但疫情扩散给全球经济带来冲击，在海外央行普遍采取大规模财政刺激和货币政策宽松的背景下，我国利率仍保持快速下行。

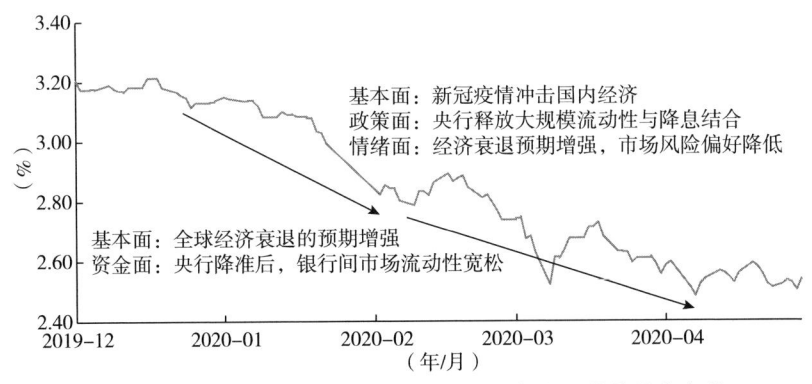

图 1-18　2019 年 12 月至 2020 年 4 月 10 年期国债收益率走势
资料来源：万得资讯，中信证券固定收益部。

5. 2020 年 5~7 月：基本面改善、政策转向下股债跷跷板效应凸显，利率上行后震荡

本阶段 10 年期国债收益率在 2.58%~3.08% 的区间内快速攀升（见图 1-19）。2020 年 5 月至 6 月，疫情转好背景下国内经济状况有所改善，社融增速在 5 月回升至 12.5%，社融与 M2 的剪刀差走扩，同时国内降息预期持续落空，货币政策边际趋紧也推动资金利率不断攀升。此外两会后积极财政政策加速落地让利率债迎来供给高峰，在特别国债发行、政策打击资金空转套利等一系列政策影响下，利率水平整体上行。7 月中上旬股票市场大涨驱动资金流出债市流入股市，引发股债跷跷板效应，且资金利率持续走高，国债利率加速向上调整。

6. 2020 年 8 月~2021 年 7 月：在基本面改善、资金偏紧的扰动下，流动性重回宽松，利率整体先升后降

本阶段 10 年期国债收益率在 2.84%~3.35% 的区间内先升后降

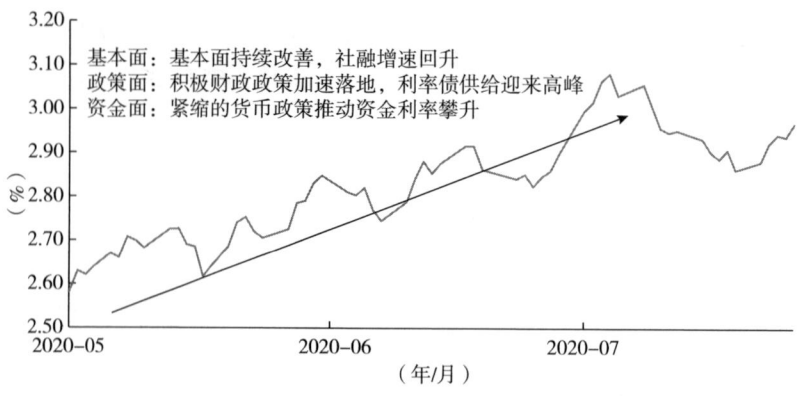

图 1-19　2020 年 5~7 月 10 年期国债收益率走势

资料来源：万得资讯，中信证券固定收益部。

(见图 1-20)。2020 年 8 月，资金面是推动国债收益率上行的主要原因，银行间市场缺乏中长期流动性，在中性的货币政策下，较低的超储率和缴税缴款冲击使得资金偏紧，叠加较高的利率债供给，国债利率呈上行趋势。2020 年 9 月，随着主要经济指标有所改善，金融数据大超预期，基本面复苏进一步冲击债市，国债利率震荡上行。10 月中下旬，央行超量续作 MLF、债券供给减少等因素使债市短暂迎来做多行情。但 11 月中旬，"永煤事件"爆发使得流动性风险飙升，避险情绪加大产品赎回压力，导致利率转向上行。随后央行为稳定资金面，在 11 月底超预期续作 MLF，12 月也大幅超量续作 MLF，带动流动性宽松，国债利率显著下行。2021 年 1 月初，资金面延续宽松，且国内散点疫情略有反复，国债利率延续了 2020 年年底的下行趋势。2021 年 1 月下旬至 2 月，"永煤事件"的冲击有所缓解，债市杠杆处于高位，而央行有意退出阶段性宽货币措施。同时 1 月底地方债发行、税期推迟以及跨月压力三者叠加扰动资金面，因此银行间资金利率急转直上，带动国债利率上行。3 月至 6 月，虽然疫情防控持续好转、基本面整体偏强等利空债市因素显现，但资金面持续宽松，央行"保持流动性合理充裕"和"推动实际贷款利率进一步降低"的表态也稳定了市场情绪，为国债利率下行奠定基础。在流动性相对宽松的环境下，金融机构欠配压力形成"资产荒"，这带动国债利率一路下行。7月央行超预期降准强化市场乐观预期，而地方政府严控隐性债务、房地产"三道红线"、教育"双减"、互联网监管等政策加重了经济下行担忧，国债利率进一步下行。

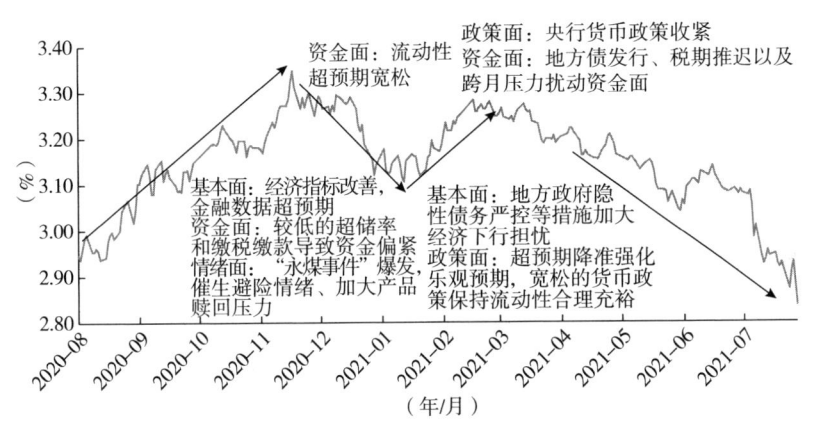

图1-20 2020年8月~2021年7月10年期国债收益率走势

资料来源：万得资讯，中信证券固定收益部。

7. 2021年8月~2022年1月：基本面趋弱、中央定调"三重压力"、货币政策趋松，利率在多头行情下整体下行

本阶段10年期国债收益率在2.68%~3.04%的区间内先升后降（见图1-21）。2021年7月的降准推升货币政策宽松预期，但降息落空使得国债利率继续下探动力不足，且债市对利空消息的敏感度上升。8月开始地方债供给压力增大，叠加国务院常务会议强调"加强跨周期调节"，债券市场对稳增长预期走升，国债利率震荡上行，而监管政策加强理财产品整改，又引发市场对大规模赎回的担忧，导致国债利率上行趋势进一步增强。9月利率债供给压力增大使资金面持续收敛，10月中美关系缓和带动市场风险偏好上升，

大宗商品价格持续走升，美债利率和美元齐上行，而货币政策宽松措施也迟迟未至，因此国债利率继续加速上行。10月下旬，国家发展改革委制定煤炭市场价格长效机制推动煤炭价格回落，PPI触顶回落表明通胀压力缓解，与此同时基本面回落压力有所增大，国债利率下行。11月下旬三季度货币政策执行报告删除"总闸门"表述，这使得货币政策宽松预期升温，国债利率下行。11月底奥密克戎（Omicron）毒株出现引发全球避险情绪，国债利率受此影响大幅下行。2021年12月至2022年1月，"恒大违约事件"发酵，央行实施全面降准强化跨周期前瞻调节，并且在中央经济工作会议定调"三重压力"后降息也最终落地，与此同时票据利率"零利率"出现，且基本面有所走弱，债市延续多头行情。

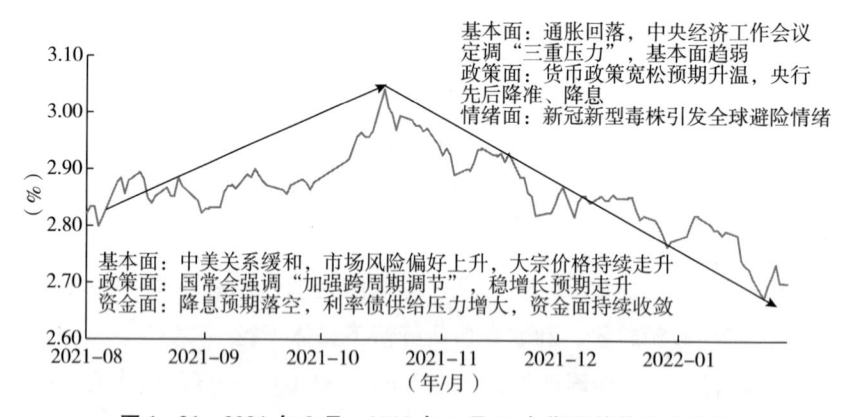

图1-21　2021年8月~2022年1月10年期国债收益率走势

资料来源：万得资讯，中信证券固定收益部。

8. 2022年2~8月：经济走弱预期与俄乌冲突、疫情冲击、美联储加息等因素并行，银行间资金面维持宽松，在多空因素交织下，国债利率震荡走低

本阶段10年期国债收益率在2.58%~2.85%的区间内呈窄幅震荡、中枢下移的态势（见图1-22）。2022年2月至3月中旬，国

内信贷开门红、地产政策放松,基本面数据向好,而海外俄乌冲突升级在导致避险情绪走高的同时,也引发了市场对全球通胀加剧的担忧,因此国债利率震荡上行。3月下旬至4月上旬,上海的新冠疫情扩散使得国内供应链出现局部断裂,经济稳增长压力加大,叠加国常会提及将适时运用货币政策工具,保持流动性合理充裕,国债利率持续下行。然而4月中下旬由于降准力度不及预期,宽货币预期消退而宽信用政策发力,同时中美10年期国债利差倒挂,人民币汇率快速贬值引发资本流出担忧,众多利空因素导致债市转头走弱。5月金融数据弱于预期,叠加局部疫情再起,高层会议指向经济压力,利率显著回落。5月底至6月,国内疫情形势好转,稳增长政策密集出台,叠加经济增长复苏预期加强、地方债发行迎来高峰,国债利率走升。7月至8月流动性整体宽松,疫情反复和地产停贷事件提振债市情绪,央行超预期降息使利率迅速下行。

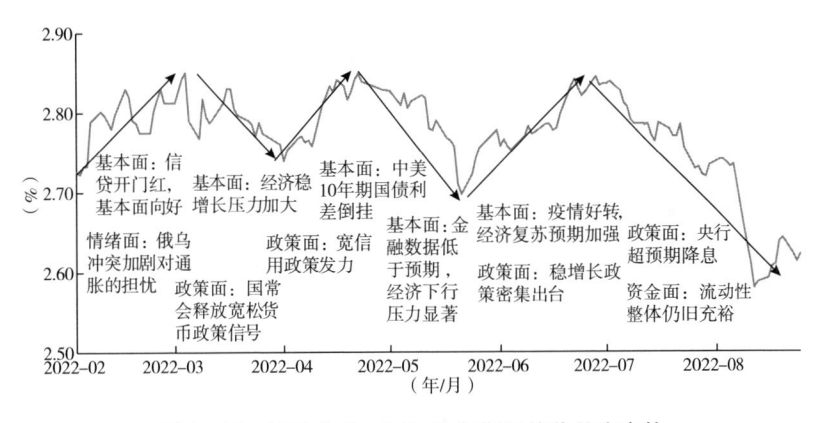

图1-22 2022年2~8月10年期国债收益率走势

资料来源:万得资讯,中信证券固定收益部。

9. 2022年9~12月:在防疫政策优化、稳地产政策加码和资金利率走升的三重压力下,债市在年末回调,利率大幅攀升

本阶段10年期国债收益率在2.61%~2.92%的区间内整体呈上

行趋势（见图1-23）。2022年9月开始，随着夏季高温扰动因素消退，基本面修复进程加快，稳增长政策力度进一步加码，政策性金融工具投放规模扩大，叠加资金面偏紧以及人民币贬值压力，国债利率上行。10月中上旬债市博弈疫情防控政策以及降准预期，利率下行。进入11月，债市进入剧烈调整阶段，月初银行间资金价格持续上行，"二十条措施"等防疫优化政策相继出台，金融稳地产政策加码，在一系列利空因素的影响下国债收益率创下2017年以来的最大单日上行幅度，而债市的快速下跌又引发了止盈和赎回的双重压力，这又进一步加剧了债市的"螺旋式"下跌。12月中下旬，随着赎回潮风波逐渐平息，央行加码逆回购操作向市场投放流动性，隔夜资金利率大幅下行，DR001（1天期债券质押式回购利率）创下新低，央行副行长"总量要够、结构要准"的发言也提振了市场信心，债市逐渐回暖。

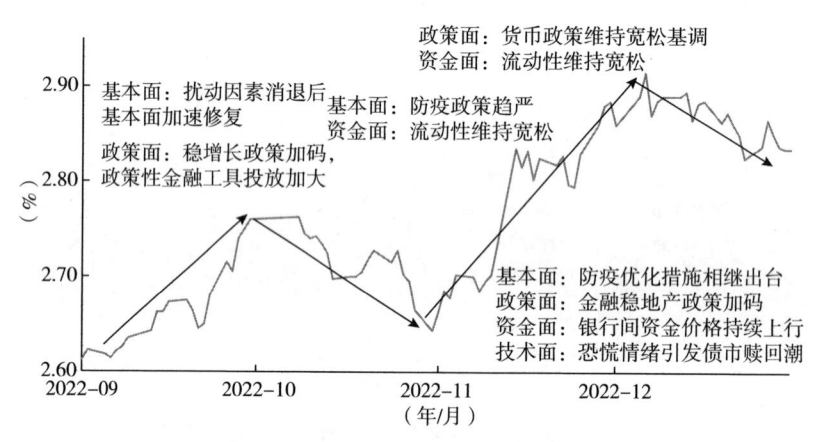

图1-23　2022年9~12月10年期国债收益率走势

资料来源：万得资讯，中信证券固定收益部。

第二章

债市投资之锚：
宏观经济

宏观经济的周期性与阶段性

周期特征：繁荣与萧条的循环

经济发展是一个不断变化的过程，这个过程是规律性与特殊性的协调统一，其规律性体现在经济往往处于繁荣与萧条的周期循环当中，并且与历史上的某一阶段可能具有较高的相似度，而其特殊性则表现为每个阶段的经济现象都难以被历史情形完美复刻。因此宏观经济研究既需要从周期的角度把握经济的中长期规律，又需要通过总量分析的视角观察经济的短期特征。

自经济周期现象被发现以来，刻画经济周期的理论也是层出不穷，这些理论构建的经济周期长短不一，驱动因素也不尽相同。通常而言，常见的经济周期可以分为商业周期和金融周期两大类。商业周期主要从宏观经济的产需维度出发，包括库存周期、产能周期和地产周期等，而金融周期则是从货币信贷角度描述宏观经济，债务周期便是常用的金融周期分析理论。

1. 库存周期：企业的囤货思路

（1）什么是库存周期？

库存周期的现象最早由经济学家基钦发现，即商业运转大致呈现 40 个月左右一轮回的周期特征。后来的研究进一步寻求用商业行为来解释这一现象，即生产商的库存变动，由于企业通常会根据市场需求的前景来制订生产计划，而这往往容易产生正偏或者负偏，进而对企业的下一期生产规划产生影响，这一循环往复的现象也被命名为基钦周期。

库存周期的本质是企业生产与市场需求间的错位和反馈，根据企业的主观生产意愿和供需缺口特征可划分为：被动去库存、主动补库存、被动补库存、主动去库存四个阶段（见图 2-1）。第一个维度为供需缺口，当生产大于需求时即为补库存，反之则为去库存。第二个维度需要评价企业生产意愿与供需缺口变动方向是否一致，企业扩大生产时供需缺口收窄、企业减少生产时供需缺口扩大分别对应主动库存和主动去库存，反之，当企业扩大生产时供需缺口扩大、企业减少生产时供需缺口收窄则分别对应被动去库存和被动补库存。

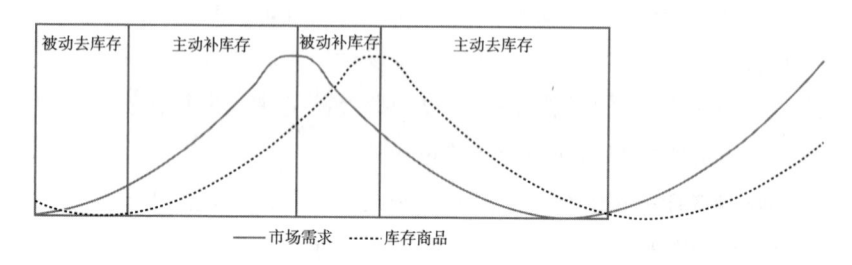

图 2-1 库存周期理论模型

资料来源：万得资讯，中信证券固定收益部。

在库存周期的起点，企业在经历上一轮周期底部主动去库存后开始缓慢扩大生产，此时由于需求恢复快于生产，出现被动去库；库存去化刺激企业扩大再生产，生产逐渐超过需求，出现主动补库；库存的累积使企业重新降低生产计划，但此时需求回落更快，进入被动补库；此后企业进一步降低生产，生产的压缩幅度超过需求降幅，企业主动去库。

(2) 中国库存周期的划分

由于库存周期涉及企业生产意愿和供需缺口两个维度，因此需要选取两类指标进行观测。其中供需缺口即库存本身，可用工业企业产成品库存衡量，生产则可通过工业增加值衡量，另外值得一提的是，生产、需求、库存三者本质上仅涉及两个变量，因此也可以从需求（以营业收入衡量）和库存的角度刻画库存周期，两种划分方式的结果基本一致，需要注意的是，由于工业增加值是剔除了价格因素的实际值，因此波动较库存和营收更小。根据指标特征划分结果，中国在2001—2019年共经历了5个库存周期，周期持续时间分别为42、46、44、40、45个月，平均约为43个月，基本符合库存周期理论（见表2-1）。

表2-1 库存周期阶段划分

周期时段/阶段月数	被动去库存	主动补库存	被动补库存	主动去库存
2001年12月~2005年4月	11个月	19个月	8个月	4个月
2005年5月~2009年2月	12个月	22个月	6个月	6个月
2009年3月~2012年10月	5个月	8个月	18个月	13个月
2012年11月~2016年2月	5个月	8个月	6个月	21个月
2016年3月~2019年11月	4个月	8个月	3个月	30个月
平均时长	7.4个月	13个月	8.2个月	14.8个月

资料来源：万得资讯，中信证券固定收益部。

（3）库存周期的驱动力和领先指标

从库存占比和拉动率角度分析，中游行业是拉动库存周期的主要驱动力，但上游行业的库存周期在一定程度上具有领先性。从工业企业上中下游各自库存的绝对占比来看，中游行业占比最高，下游居次，上游占比较低，从库存拉动率来看也有相似的结论，即中游的拉动率通常最高（见图2-2）。原因在于中游作为连接上下游行业的桥梁，在一定程度上承担了缓冲和储备的作用，例如，可再生性较弱的上游能源、矿石资源往往按需开采，且上游产业集中度较高，因此留存下来的显性库存通常不高，而是经由使用或加工后形成中游原材料制造业等行业的库存，中游供给和下游需求进一步反馈。正由于产业链存在高低次序，上游的库存变化略微领先于中游，下游行业则更接近一般意义上所说的库存周期。

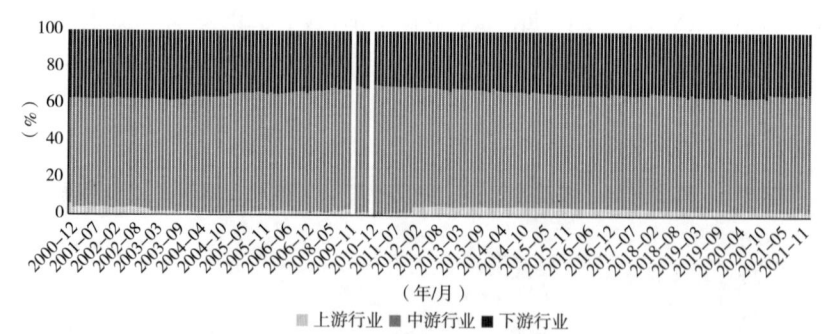

图2-2 上中下游行业库存占比
资料来源：万得资讯，中信证券固定收益部。

与工商业指标关联性较强的PPI和企业活期存款对库存周期有一定领先性，PPI领先约一个季度，M1（狭义货币供应量）领先约1年。由于上游行业存货对整体库存周期具有一定领先性，同时工业企业的产成品存货是名义指标，因此，在排除供给端扰动因素的情况下，可以借由PPI观察库存周期，高点稍稍领先一个季度左右（见图2-3）。类似地，企业的生产经营和库存建立通常需要一定的周转资金，因此金融数据中的 M1 也可以作为观察库存周期的辅助指标，其拐点对库存周期的领先性大约为一年（见图 2-4）。

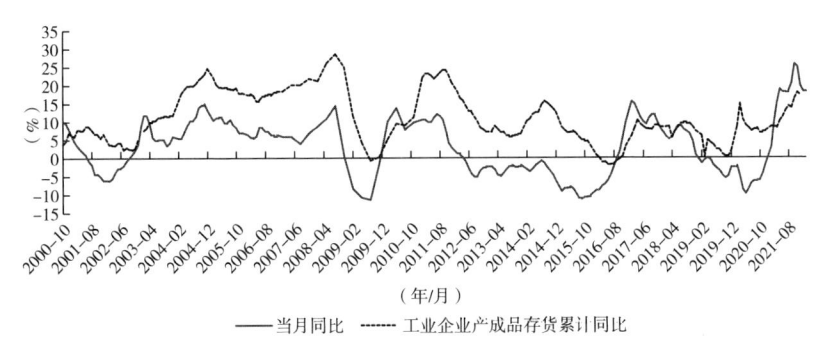

图 2-3　PPI 与产成品存货增速

资料来源：万得资讯，中信证券固定收益部。

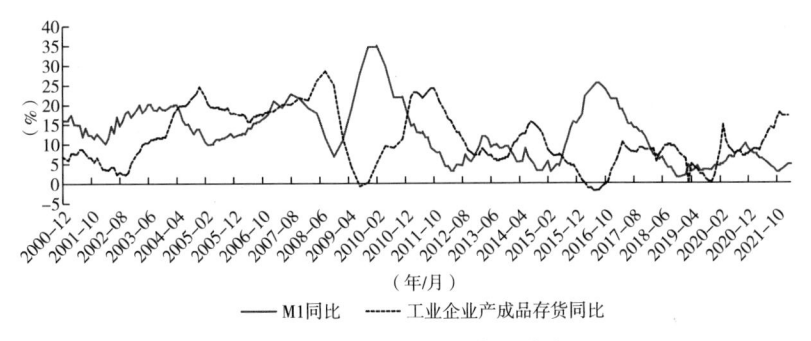

图 2-4　M1 与产成品存货增速

资料来源：万得资讯，中信证券固定收益部。

2. 产能周期：革新的阶梯

(1) 什么是产能周期?

产能周期，通常指的是法国经济学家朱格拉所发现的周期波动现象，平均为 10 年左右的变化周期，涵盖物价、利率、商业活动、投资等多个维度，而后续的研究者普遍认为驱动朱格拉周期形成的因素是投资，或者说，投资在某种程度上表征着经济的扩张和收缩，在该语境下，朱格拉周期即产能周期。产能，指的是利用当前可得的各种要素所能达成的产出规模，狭义上通常将产能等同于生产设备投资，常见的衡量产能周期的指标有：固定资产投资、产能利用率、资本形成总额、工业增加值等。

与库存周期类似，产能周期本质上是由企业生产决策和实际经济需求直接发生错位导致的，区别在于库存周期考量的是库存的增减变动，通常不考虑企业生产能力的变化，而产能周期考量的则是企业生产能力对经济需求的反应，在扩大再生产的假设下，实际产能利用情况、盈利预期、信贷条件以及技术革新、商业模式等中长期因素对企业决策的影响明显上升。从理论上说，在产能周期的上升阶段，类似于库存周期中的被动去库存，在经历一段时间的产能去化后，投资相对低位，而由于需求开始增长，带动企业产能利用率回升，该特征可被划分为被动去产能阶段；随着现有产能利用率提升、利润修复、经济前景改善，企业主动补产能；此后需求回落、盈利下滑、产能出现过剩，企业开始降低投资但产能利用率回落更快，进入被动补产能阶段；随后企业通过进一步压降投资提高产能利用率，即主动去产能（见图2-5）。

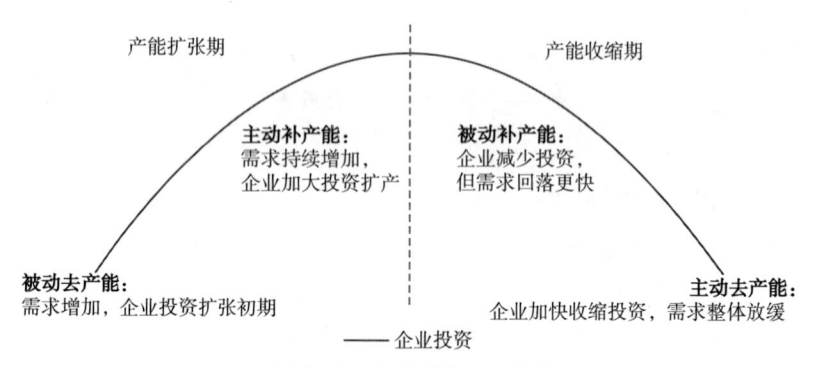

图2-5 产能周期理论阶段

资料来源：中信证券固定收益部。

(2) 中国的产能周期划分

企业的资本开支一般包括土地建筑物、机器设备和无形资产投资，由于无形资产投资数据获取难度大且占比不高，考虑到统计范围和跟踪频度，一般可以用固定资产投资来观察企业的资本开支情况，实际上，涵盖无形资产投资的指标"固定资产形成总额"与固定资产投资的增速走势基本一致。以销售量/固定资产存量作为产能利用率的估计，可将产能利用率数据扩展至1997—2021年。由于统计局公布的工业产能利用率数据始自2013年，因此需要估算2013年前的产能利用率情况。根据定义，产能利用率＝实际产量/理论产量上限，近似地，可用销售量＋库存增长量取代实际产量，以固定资产存量取代理论产量，由于库存在当期产量中占比较低，综合考虑数据可得性、时间序列长度等，可使用国企销售收入/固定资产进行估计。结果显示该估计值的走势与统计局公布的工业产能利用率在2013—2016年这四个重叠年份基本一致，通过该方法估计后可将产能利用率走势的观察期增加至以1997年为起点。

以固定资本形成总额同比增速划分产能周期，1981年至今大致经历了3轮相对完整的产能周期，分别为1981—1989年、1990—1999年、2000—2015年，持续时长分别为9年、10年、16年。在一个产能周期内，上升期和下降期持续时间大致相同，即产能周期的高点通常出现在周期中段。进入21世纪后，产能周期明显被熨平，且经历了次贷危机等冲击，整体上第三轮产能周期的上下行特征不如前两轮产能周期（见表2-2）。

(3) 产能周期的驱动力和领先指标

产能周期的起落并不是单纯的投资起伏，中国过去三轮的产能周期中主导的行业都不尽相同，体现出轻工业—耐用品制造业—复杂制造业轮番驱动的特征，中间还叠加了城镇化需求下的建设周期，围绕着产业升级兴起的投资活动，也带动了相关服务业的发展，

表 2-2　1981—2021 年产能周期划分

产能周期	产能扩张期	产能收缩期	平均增速	增速区间
1981—1989 年	5 年	4 年	15%	-7%~30%
1990—1999 年	4 年	6 年（被动补产能结尾）	22%	3%~60%
2000—2015 年	主动补产能：4 年 被动去产能：5 年	次贷危机：2 年 被动补产能：5 年	15%	3%~23%
2016—2021 年（未完）	主动补产能：1 年 被动去产能：2 年	主动去产能：3 年	9%	2%~13%

资料来源：万得资讯，中信证券固定收益部。

共同构成了产能周期的不断进阶。

由于产业变迁不容易被量化，因此从数量型指标的角度看，投资扩张/收缩的驱动力可以分为三个方面：反映现有产能的产能利用率、与效益相关联的工业企业利润增速、反映融资水平的贷款增速。

①工业产能利用率大体趋势与投资增速一致，规律为在产能利用率高点时对投资高点有一定领先性，而在产能利用率低点时则有一定滞后。说明经济总需求在某种程度上领先于投资活动，即在经济上行时投资扩张，同时由于需求上升更快，产能利用率也在提升，反之亦然，这也与 21 世纪以来产能周期大多数时间处于被动去产能和被动补产能两种状态相印证。

②工业企业利润增速领先固定资产投资增速 1 年左右。盈利预期是企业投资的重要动力，当下利润水平会影响到企业的信心。观察工业企业利润和固定资产投资的增速走势，除疫情因素影响时段外，利润增速拐点大约领先投资 1 年，可作为产能周期的观察指标。

③贷款增速领先约 0.5 年。除了利润留存，企业的扩大再生产往往需要借助金融体系提供的资金支持，因此在某种程度上看，投资和融资是一个硬币的正反面，融资渠道的通畅程度也会影响企业投资决策。由于社融数据较短，以贷款存量增速反映实体经济获取资金的情况，可以发现贷款存量增速高点大约领先固定资产投资 0.5 年。

3. 房地产周期：国民经济的重要支柱

(1) 什么是房地产周期？

房地产周期作为一个重要的周期类型，存在长周期和短周期两个维度，其中房地产长周期的概念最早由美国经济学家库兹涅茨于 1930 年提出。在对 19 世纪初至 20 世纪初多个国家的工业和农业产量及价格数据进行分析后，库兹涅茨认为经济中存在平均时长约为 20 年的周期，由于这种兴衰轮动的周期现象在建筑行业表现得最为明显，因此库兹涅茨周期又被称作"房地产周期"或"建筑业周期"。但库兹涅茨周期更多描述的是房地产市场长周期的特征，其背后的主要原因是适龄购房人口增速等长期因素。而每一个房地产长周期还可以进一步拆分成短周期，房地产短周期则主要受到货币政策和地产产业政策的影响。

通常而言，一轮典型的房地产短周期包括复苏、繁荣、衰退和萧条四个阶段（见图 2-6）。①复苏阶段：市场利率不断下降，房地产需求开始有所回升，房价止跌回稳并出现一定的上涨，房地产投资活动逐步增多。②繁荣阶段：市场利率仍旧维持较低水平或提升有限，宏观经济进一步扩张，房地产需求大幅增长带动房价走高，地产投资活跃背景下房屋空置率开始出现上升。③衰退阶段：随着地产泡沫化的苗头出现，政策端逐步收紧抑制炒楼现象的出现，市场利率开始逐步抬升，地产成交量有所下降，房价开始出现回落趋势，房屋空置率继续提高，地产投资活动有所减弱。④萧条阶段：政策紧缩进一步显效，地产成交量处于停滞，房地产价格加

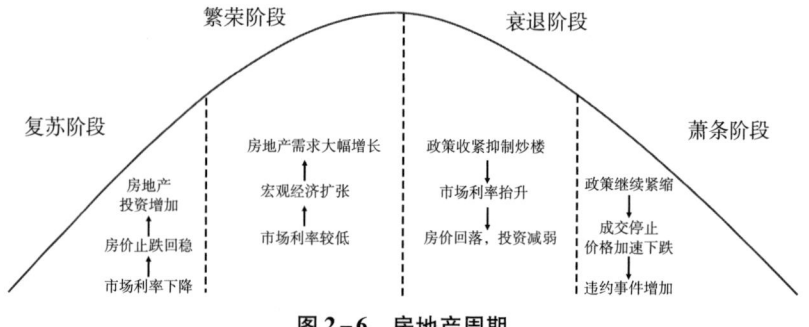

```
        繁荣阶段            衰退阶段
复苏阶段                              萧条阶段
        房地产需求大幅增长    政策收紧抑制炒楼    政策继续紧缩
   房地产投资增加  宏观经济扩张    市场利率抬升    成交停止
   房价止跌回稳  市场利率较低    房价回落，投资减弱  价格加速下跌
   市场利率下降                              违约事件增加
```

图 2-6 房地产周期

资料来源：万得资讯，中信证券固定收益部。

速下跌甚至跌破重置成本，地产违约事件增加，随着市场泡沫挤出后市场波动减弱，政策端开始着手刺激地产行业的下一轮复苏。

(2) 中美房地产周期比较

在对中国房地产周期进行分析时，由于中国房地产商品化时间较短，诸如长周期等现象并不显著，因此我们先通过分析美国房地产周期，总结其在长短周期方面的表现，并以此对比中国房地产周期的特征。

从长周期角度来看，1964 年至今美国房地产市场一共经历了两轮完整的长周期，分别是 1970—1992 年、1992—2009 年，两轮周期的平均持续时间约为 20 年，这与库兹涅茨周期所描述的周期现象基本一致，目前美国房地产市场正处于第三轮长周期当中。而从短周期角度来看，并非所有的美国房地产长周期都由若干短周期构成，但在 1970—1992 年和目前美国正在经历的房地产长周期当中，仍旧可以清楚看到美国房地产市场的短周期特征，如 1970—1982 年、1982—1992 年以及 2009—2019 年便是三轮典型的美国房地产短周期（见图 2-7）。

美国房地产长周期的主要驱动因素来自适龄购房人群增长速度的加快，而对于美国房地产短周期而言，货币政策的影响可能更加

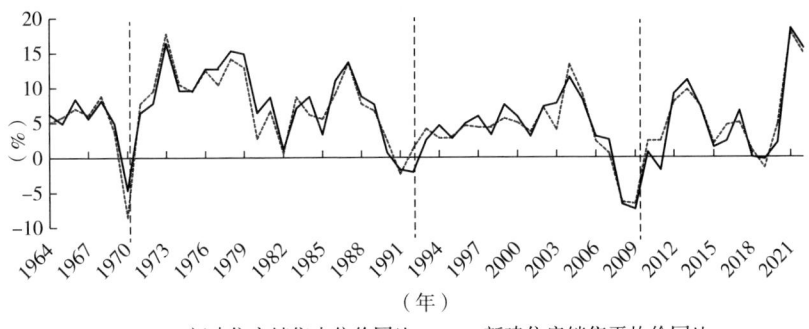

―――― 新建住房销售中位价同比　　—— 新建住房销售平均价同比

图 2-7　美国新建住房销售价格同比

资料来源：万得资讯，中信证券固定收益部。

重要。年轻和中年人口是购买住房的主力，结合 18～24 岁和 24～44 岁两个年龄段美国人口增速与美国新建住房销售价格数据可以看到，1970—1992 年、1992—2009 年两个房地产长周期分别对应 24～44 岁、18～24 岁人口增速的上行阶段。同时，在由适龄购房人口增加加快推动的房地产长周期内，短周期的形成则需要考虑货币政策和产业政策的影响，美国利率水平的下降可能会进一步刺激居民的购房热情，而当利率水平出现明显抬升后，居民的购房需求也会随之收缩，从而形成美国房地产的短周期特征。

与美国相比，1998 年中国国务院印发《关于进一步深化城镇住房制度改革加快住房建设的通知》，提出停止住房实物分配，逐步实行住房分配货币化。住房实物分配政策的结束标志着中国商品化房地产市场的正式开启。结合美国房地产长短周期的经验，中国由于地产数据链长度较短，房地产商品化至今仅走过了 25 个年头，因此目前中国尚未形成一个完整的房地产长周期。不过从短周期角度来看，中国房地产短周期特征较为明显，但与美国相比，中国房地产短周期总体持续的时间偏短，2008 年次贷危机后除本轮周期以外整体呈现 3～5 年的波动特征（见图 2-8）。

第二章　债市投资之锚：宏观经济

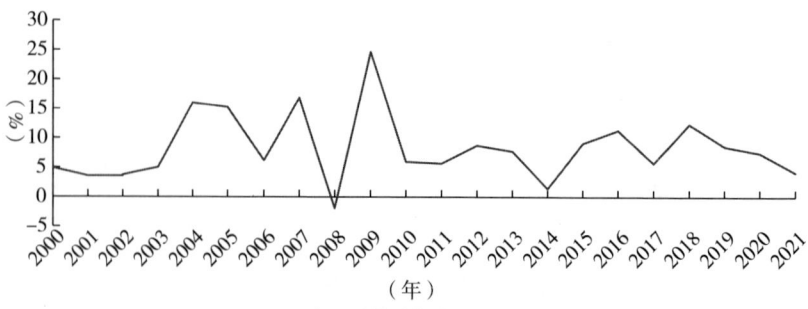

房屋平均销售价格同比

图 2-8　中国房地产长周期特征不明显

资料来源：万得资讯，中信证券固定收益部。

结合中国的货币政策与地产产业政策，2008 年以后中国房地产市场总体可分为三个短周期。①2009 年至 2012 年年中：2008 年全球金融危机爆发后，中国启动了"四万亿"经济刺激计划，与此同时央行大幅下调贷款基准利率，危机时期宽松的政策使得中国房地产市场快速触底反弹，70 个大中城市二手住宅价格增速快速上行。而后为了防止地产市场过热产生泡沫化风险，2010 年国务院发布"国十一条""国十条"等地产行业政策，注重调结构、抑投机、控风险，叠加央行逐步抬升利率水平，2012 年房价增速已经明显回落。②2012 年年中至 2014 年：这一阶段地产行业政策仍旧维持偏紧的基调，"国十一条""国十条"带来的抑制作用并没有明显的放松，但在经济下行压力加重以及中小企业融资成本居高不下等原因的推动下，2012 年央行连续降息使得地产需求有所恢复，房地产市场景气度有所回升。③2015 年至今：受前期地产政策偏紧影响，地产库存压力提升，受此影响 2015 年 6 月我国启动棚改货币化，这带动二、三线城市地产行业明显反弹，但面对地产市场波动加剧问题，从 2016 年开始政策端注重建立地产调控长效机制并提出"房住不炒""因城施策"，地产周期逐渐弱化，这也是本轮地产短周期持续时间变长的原因。

4. 债务周期：经济运转的"燃料"

(1) 什么是债务周期？

债务周期，通常指债务杠杆率的周期性波动特征，是常用的金融周期分析理论。2008年次贷危机爆发后，在总结危机教训和反思传统经济周期理论缺陷的过程中，金融周期愈发受到全球金融业界和学术界的重视。根据2017年人民银行在第三季度货币政策执行报告中对金融周期的定义，金融周期主要是指由金融变量扩张与收缩导致的周期性波动，其中广义信贷是最核心的指标之一。因此以广义信贷作为表现形式之一的债务周期作为金融周期的重要组成部分，对理解经济运转和政策制定具有重要意义。

债务周期的本质是风险与价值之间的强化和修正。居民、企业和政府部门均可以通过负债筹集资金以满足增量消费和投资需求，适度的债务扩张有利于经济的增长，但债务就像一把双刃剑，对经济既有促进效应，也有挤出效应。债务扩张会带来资产升值并强化进一步举债的动机，当债务扩张过快时，债务主体的还本付息压力提升导致系统性风险积聚，最终在达到临界值时转为债务收缩和资产贬值（见图2-9）。

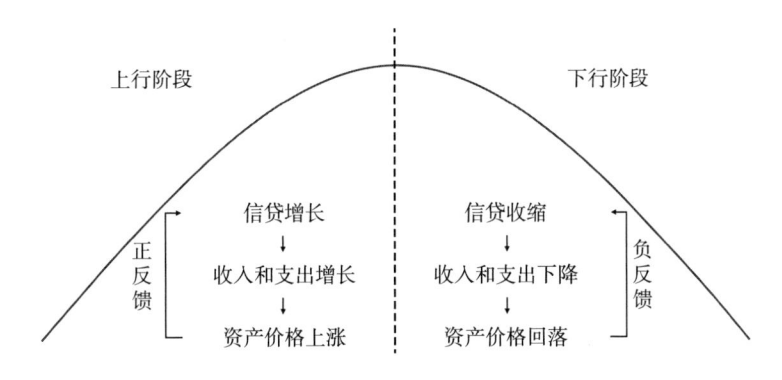

图2-9 债务周期

资料来源：万得资讯，中信证券固定收益部。

(2) 中国债务周期的划分

债务周期存在长期和短期两个维度。其中长期债务周期描述了实体部门杠杆率的趋势性上升与下降，短期债务周期则体现了实体部门杠杆率在某个趋势中的变化快慢情况，因此长期债务周期由短期债务周期构成。在衡量方法方面，长短期债务周期可以分别通过实体部门杠杆率的存量和同比增量变动进行刻画。实体经济杠杆率，也被称为非金融全社会杠杆率，是非金融企业、居民和政府三大部门杠杆率的总和，其中分部门杠杆率为该部门对金融部门债务规模与名义 GDP 的比值。

以实体部门杠杆率的存量和同比增量变动划分债务周期，1996 年至今我国仍处于第一个长期债务周期，但在这个过程中先后经历了六轮完整的短期债务周期（2000 年以前债务周期数据不完整），每轮短期债务周期持续的时长为 3~5 年。不同短期债务周期在扩张期和收缩期的振幅与时长不尽相同，通常而言危机时期由于受政策影响较为明显，杠杆率增速的波动也更为剧烈（见表 2-3）。

表 2-3　我国短期债务周期阶段划分

六轮完整短期债务周期	周期时长	债务扩张期	债务收缩期	峰值增速（同比增长）
2000 年 12 月~2005 年 12 月	60 个月	36 个月	24 个月	12.0%
2005 年 12 月~2008 年 12 月	36 个月	24 个月	12 个月	1.8%
2008 年 12 月~2011 年 12 月	36 个月	12 个月	24 个月	31.8%
2011 年 12 月~2015 年 6 月	42 个月	18 个月	24 个月	15.5%
2015 年 6 月~2018 年 12 月	42 个月	12 个月	30 个月	14.5%
2018 年 12 月~2021 年 9 月	33 个月	21 个月	12 个月	24.4%

资料来源：万得资讯，中信证券固定收益部。

(3) 债务对经济的促进与挤出效应

从中国过往的短期债务周期情况来看，当经济面临中国加入WTO（世界贸易组织）等机会或次贷危机等挑战时，债务水平的适当提升可以起到助力经济快速增长或企稳回升的作用。然而债务增长并非有利无害，其对于经济而言更像是一把双刃剑，除实现增量消费和投资需求的促进作用外，债务的过快增长也可能推升债务主体的还本付息压力，导致抑制需求和制约经济增长的挤出效应，严重时甚至可能会导致系统性风险的发生。

以美国为例，20世纪末"互联网泡沫"破裂后，2001年美国经济增速下滑至1%，美联储为了刺激经济步入降息周期当中，经过连续14次操作将联邦目标利率区间降至0.75%~1%。快速大幅的货币宽松政策确实使得美国居民部门加杠杆意愿明显提升，杠杆率增速显著加快。

居民端债务扩张在"互联网泡沫"结束后的初期起到了提振经济的作用，美国经济在2001—2004年持续好转，居民加杠杆的行为也带来了美国房地产市场的快速发展，从1996年开始美国10个大中城市房价同比增速持续走高。然而当时美国房地产市场的亮眼表现在很大程度上依赖于美国次级房屋信贷行业的发展，复杂化的次级房屋信贷产品设计加重了美国金融系统的脆弱程度，新的一轮泡沫也随之产生（见图2-10）。

2003年随着美联储进入加息周期导致利率明显上行，叠加房地产市场开始逐步降温，美国居民还款压力明显增大，次贷违约现象开始逐渐加剧。2007年美国次贷问题引发了金融机构破产并随后导致美国金融危机的出现，最终这场金融危机扩散至全球，蔓延成为全球范围的经济危机。

由此可见，当债务周期与经济周期同步叠加时，债务周期就像经济周期的效果放大器，它可能加快经济扩张的速度，也可能加重

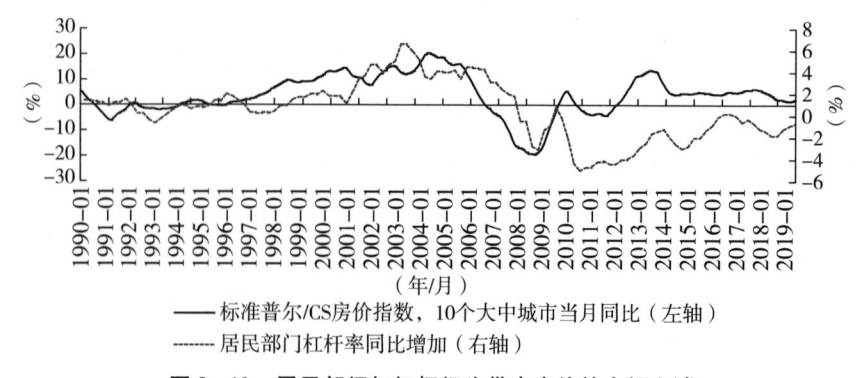

——标准普尔/CS房价指数，10个大中城市当月同比（左轴）
------ 居民部门杠杆率同比增加（右轴）

图2-10　居民部门加杠杆行为带来房价的大幅上涨
资料来源：万得资讯，中信证券固定收益部。

经济收缩的幅度。而当债务周期与经济周期不同步时，两者的作用方向可能会有所差异，在面临经济下行压力时，债务的适度扩张可以为经济增添新的增长动力，可一旦债务出现过度扩张的情形，其也可能会扰乱经济原本的复苏节奏，导致宏观调控政策的冲突与失效。

因此，对待债务问题不能一味地认为扩大债务是刺激经济的灵丹妙药，也不能把它当作经济增长过程中的洪水猛兽。想要实现债务的合理运用，助力经济的顺周期和逆周期调节，需要的是了解债务的双重效应，同时更需要准确把握债务周期的运行规律及其与经济周期的联动关系。

阶段特征：总量经济分析的视角和思路

宏观经济又称总量经济，其描述对象可以是国家，也可以是区域或者全球，相较于微观经济聚焦单一个体的经济活动，宏观经济则更多关注个体经济活动累积形成的全社会总供给和总需求，从整体层面描述经济社会的运行状态和相关经济活动。另外，由于宏观经济囊括的范围较为广泛，在对其进行分析时往往要面对复杂的信息和数据，只有在海量输入的背景下筛选有效信息，抽丝剥茧理清主线逻辑，由表及里探究底层原因，才能够完整准确地描述宏观经济的运行状态和主要矛盾。从这个角度而言，掌握宏观经济分析的切入视角、理清分析过程中需要遵循的框架思路至关重要。

1. 宏观经济分析的两个视角

在分析一个商品生产企业的经营情况时，人们往往最关注两个数据，其中一个是企业生产商品的数量，另一个是企业生产商品的价格，两个指标在很大程度上决定了企业的主营业务收入，这便是经济分析的量和价两个视角。如果把宏观经济比作一个巨大的企业，其地理范围可能是一个省份或者一个国家，其经营范围也不再局限于商品生产，而是涵盖了商品和服务等社会的方方面面。虽然宏观经济与微观经济之间存在诸多不同，将其比作一个企业并非完全恰当，但从量和价两个视角对其展开分析的方法在本质上并无不同，只不过对于宏观经济而言，反映经济总量的指标是国内生产总值，反映物价水平的指标是通货膨胀（见图2-11）。

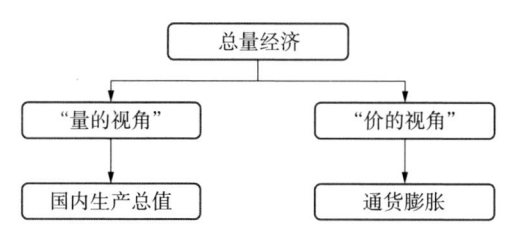

图2-11 总量经济分析方法

资料来源：中信证券固定收益部。

2. 宏观经济的总量——GDP

GDP通常指一个国家或地区所有常住单位在一定时期内生产活动的全部最终成果，因此作为国际上通用的重要宏观经济指标，GDP可以反映一个经济体的经济发展规模和速度，并在与其他经济体的横向比较中反映该经济体的总体经济实力。

GDP 的核算方式一般分为生产法、收入法和支出法三种，三种核算方式分别对应价值创造、收入形成和最终使用三个观察角度。

生产法是从价值创造的角度对 GDP 进行衡量，从这一角度出发 GDP 可以看作在核算期内生产活动的最终成果，也可以认为是所有行业增加值的总和。通过生产法衡量 GDP 的计算公式为：

$$GDP = 总产出 - 中间投入$$

收入法是从收入形成的角度衡量 GDP 的另一种方法，所有行业的增加值背后都对应着收入的分配，即生产要素在生产过程中所取得的收入份额。通过收入法衡量 GDP 的计算公式为：

$$GDP = 劳动者报酬 + 生产税净额 + 固定资产折旧 + 营业盈余$$

支出法从最终使用的角度将 GDP 进行分拆，将所有行业的增加值分别对应到不同的最终需求当中，因此 GDP 除了反映核算期内生产活动的最终成果，也反映了核算期内社会的最终需求。通过支出法衡量 GDP 的计算公式为：

$$GDP = 最终消费支出 + 资本形成总额 + 货物和服务净出口$$

GDP 的三种核算方法出发的角度不同，核算的方式不同，但其本质上是反映一枚硬币正反两面的关系。从逻辑上来看，生产法和收入法的出发点是先计算国民经济每个行业的增加值，再将这些增加值进行加总得到 GDP，其核算的思路是分析全社会最终生产成果从何而来。而与生产法和收入法不同，支出法的核算思路是分析全社会最终生产成果向何处去，将其划分为消费、投资和净出口。因此 GDP 的三种核算方法实际上具有殊途同归的效果，理论上其计算结果应该具有一致性，这也被称为三方等值原则（见图 2-12）。

```
                    ┌─ 第一产业
         ┌─ 生产法 ─┼─ 第二产业
         │          └─ 第三产业
         │
         │          ┌─ 劳动者报酬
         │          ├─ 生产税净额
GDP  ────┼─ 收入法 ─┤
         │          ├─ 固定资产折旧
         │          └─ 营业盈余
         │
         │          ┌─ 最终消费支出
         └─ 支出法 ─┼─ 资本形成总额
                    └─ 净出口
```

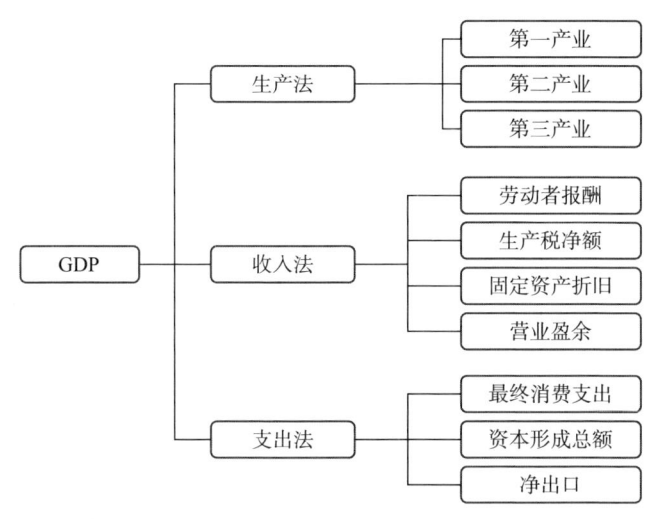

图 2-12　GDP 的三种核算方式

资料来源：中信证券固定收益部。

3. 宏观经济的价格——通货膨胀

如果说 GDP 是国民经济总量的体现，那么通货膨胀率便是衡量国民经济价格变动的代表。通常而言通货膨胀或紧缩本质上是一种货币现象，当市场上流通的货币数量超过或少于经济的实际需要时，这种供需错配会带来货币的贬值或升值，对应到物价水平上便可能造成全面而持续的上涨或下跌。由于对通胀的观测需要贯穿整个国民经济链条，而国民经济存在消费和生产两个重要环节，因此通胀指标也一般会区分消费者和生产者两个视角，分别用消费价格指数（CPI）和生产价格指数（PPI）进行描述。

(1) CPI

CPI 是反映居民端消费商品或者服务价格变动水平的经济指标，根据 CPI 计算的常用价格指数包括环比价格指数、同比价格指数、平均价格指数以及定基价格指数。CPI 的统计方法是选取对居民日常生活具有较高影响、代表性强的商品和服务，将这些固定数量的商品和服务编制成"商品篮子",并据此以月度为单位计算价格水平程度。从调查方法上来看,CPI 统计时会从全国 31 个省(区、市)抽取 500 个市县,通过抽样调查的方法选取商场、超市、农贸市场、服务网点等价格调查网点,并根据各地区消费习惯的不同对当地抽选的代表规格品进行适当调整。

我国 CPI "商品篮子"的主要组成成分包括食品烟酒、衣着、居住、生活用品及服务、交通和通信、教育文化和娱乐、医疗保健、其他用品和服务共 8 个大类,并可进一步划分成 262 个基本分类的商品与服务价格,262 个基本分类也是 CPI 计算和权重设置的最小分类。由于居民对于不同商品和服务的消费支出占比不同,因此在计算 CPI 的时候会引入权重的概念,进而反映每一类商品或服务在"商品篮子"当中所占的比重,我国的"商品篮子"中,食品项与非食品项各占比重约为 2∶8。从 2000 年开始,国家统计局规定以 2000 年的平均价格作为 CPI 统计的基期价格,并每五年进行一次基期轮换,调整"商品篮子"、调查网点、代表规格品以及权重占比。

(2) PPI

PPI 是反映企业端商品或者服务出厂价格变动水平的经济指标,根据 PPI 计算的常用价格指数包括环比价格指数、同比价格指数、平均价格指数以及定基价格指数。PPI 的统计方法与 CPI 具有相似之处,通过选取对工业生产具有较高影响、代表性强的商品和服务组成"商品篮子",计算月度价格变动。但不同之处在于,CPI 在进行统计时是通过抽样调查的方法选取超市、农贸市场等调查网点,而 PPI 则是选择代表企业作为基层填报单位,采取重点调查和典型调查相结合的方法,将全年主营业务收入在 2 000 万元及以上的企业作为重点调查对象并主观选取调查企业,将年主营业务收入在 2 000 万元以下的企业作为典型调查对象,做随机抽样处理。

我国PPI的"商品篮子"可以划分为生产资料和生活资料，包括41个工业行业大类、207个工业行业中类、666个工业行业小类、1 638个基本分类，共计2万多种代表产品。PPI在基本分类及以上同样纳入了权重的概念，生产资料与生活资料各占比重约为7∶3。2010年PPI经历了调查制度改革，第一个基期设置为2010年，此后每五年进行一次基期轮换。

PPI和CPI分别对应宏观经济的生产和消费两个上下游环节，传统经济学认为价格变动从上游生产领域出发，因此PPI通常是CPI的先行指标。当价格传导机制顺畅时，生产端价格变动将会在较短的时间里传导至消费端。然而在实际情况中，PPI与CPI走势出现长时间分歧的情况并不少见，在这种情况下，PPI与CPI的剪刀差是一个重要的观察角度。如果PPI与CPI的剪刀差持续正向或负向走扩，可能意味着价格传导机制运行不畅，即生产端价格变动没有及时传递到消费端，消费端的需求表现难以有效地向生产端反馈，而PPI与CPI走势的长时间分歧可能会导致货币政策对通胀的调控面临权衡取舍的挑战（见图2-13）。

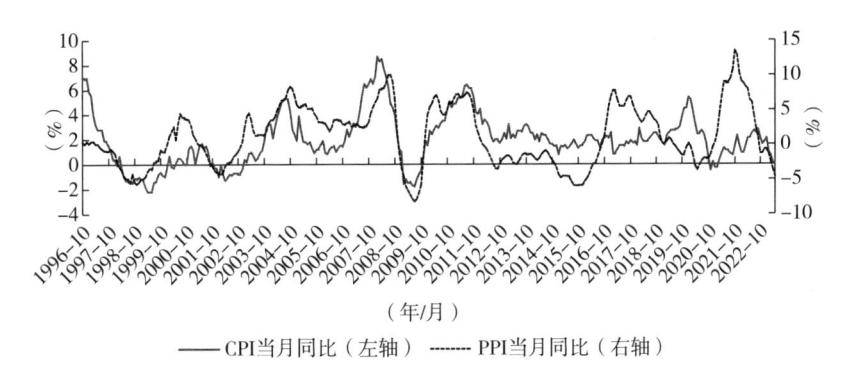

图2-13　CPI和PPI走势

资料来源：万得资讯，中信证券固定收益部。

(3) 经济周期中的量价指标表现

作为总量经济分析的两个重要视角，量和价两个维度对于判定经济周期具有重要意义。在宏观经济呈现"过热—滞胀—衰退—复苏"的周期性发展过程中，每个周期阶段对应的量价指标表现往往存在差异：①过热时期经济活动高于正常水平，GDP 和通胀增速均处于较高水平；②滞胀时期经济活动开始逐渐减弱，GDP 增速开始出现放缓，通胀增速仍旧较高；③衰退时期经济活动低于正常水平，GDP 和通胀增速都处于低位；④复苏阶段经济活动再度开始回暖，GDP 增速逐渐回升，通胀增速仍相对较低。

结合经济的量价指标把握经济周期所处的阶段，有利于帮助投资者理清大类资产配置的脉络。根据美林投资时钟理论，在经济周期的不同阶段，股票、债券、大宗商品和现金四大类资产的投资价值不尽相同，例如在经济的复苏期，随着需求的回暖，投资者对于企业的盈利预期逐渐好转，在此背景下股票资产对经济的弹性最大，而现金类资产则在其他类型资产的收益对比下吸引力减弱，大类资产投资价值呈现股票＞债券＞商品＞现金的排序（见图 2-14）。

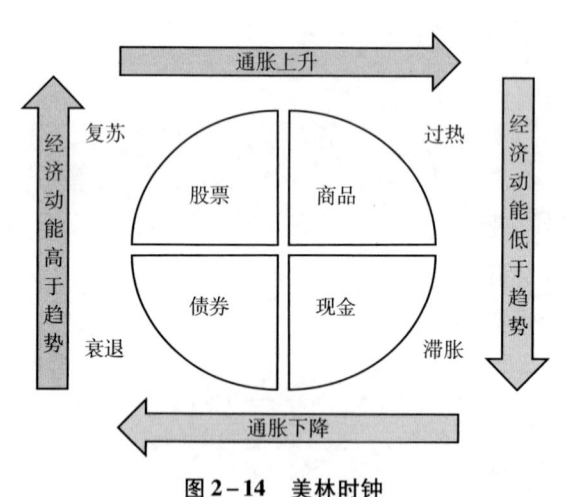

图 2-14　美林时钟

资料来源：中信证券固定收益部。

抽丝剥茧中国经济

生产的底色：产业结构变迁史

产业结构是一国经济的经脉和骨骼，是既往发展的缩影、当下的综合国力，也昭示着未来的发展潜能。从产业的总量和拉动力上看，中国目前的产业呈现"三二一"的分布结构，但与海外发达国家相比，我国第三产业的占比仍有较大的上升空间，制造业作为工业的重要组成，大致呈现基础类工业品占比下降、科技型工业品占比上升的趋势。未来，在"数字化""低碳化"等浪潮下，随着中国不断由工业大国迈向工业强国，以及伴随着技术研发、产业转移、消费观念转变等，中国的产业结构变革将逐步迈向第三产业赋能、第二产业精细、第一产业富足的全新阶段。

1. 回首20年的中国产业结构

在过去的20年间，中国的GDP体量与产业结构都发生了翻天覆地的变化。与21世纪之初相比，中国的年度实际GDP增长了逾20倍，产业结构上，目前中国大致呈"三二一"的分布形式，根据2021年的数据，第三产业占全国GDP总量的比重为54%，第二产业占比为39%，第一产业则占7%。而在1996—2006年这10年间，第一产业占比由19%降至11%，第二产业大致保持在47%，第三产业增幅最大，从34%升至42%，这10年中由于工业、服务业快速发展，第一产业占比也出现了较快的下滑。从各产业对GDP增长的拉动力来看，第一产业占比较小，对GDP的拉动力有限，21世纪以前，GDP的增长主要由第二产业拉动，进入21世纪后，第三产业的拉动力逐渐上升，2014年后第三产业的拉动力持续高于第二产业。2020年新冠疫情初期，由于服务业受到较大影响，第三产业拉动力下滑，但从整体的趋势上看，当前中国的经济增长

第二章 债市投资之锚：宏观经济

已经进入了由第三产业拉动的阶段（见图 2-15）。

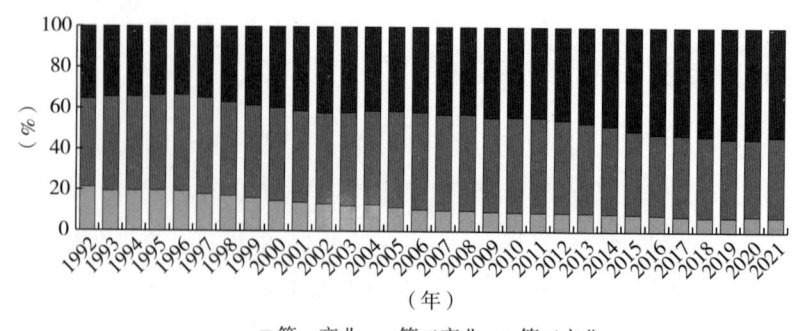

图 2-15 1992—2021 年三大产业 GDP 占比
资料来源：万得资讯，中信证券固定收益部。

2. 第二产业：制造大国向制造强国转变的征途

第二产业的 GDP 主要由工业和建筑业构成，其中工业占比 80% 以上，但 2011 年后有所下滑。在过去的 20 年中，中国的工业体系不断完善，从门类广向知识、技术密集型产业转变，但 2011 年之后，工业 GDP 增速明显下滑，也是第二产业整体出现下滑的主要原因，在此期间，由于城镇化进程的支撑，建筑业 GDP 增速始终高于工业，在第二产业中的比重也逐步上升至 20% 附近。

制造业是工业的重要子行业，制造业内部行业近年来与衣食相关的基础制造业占比下降，能源资源和医药、设备等制造业占比上升，勾勒出了中国产业升级和变迁的重要过程。工业内部主要分为采矿业、制造业和电热燃水生产供应业，无论按营收或利润指标衡量，制造业占比均在 80% 以上。在过去的 20 年，中国制造业营收增长了逾 140 倍，从行业结构上看，相较于 1999 年，2018 年制造业内部各行业占比变化明显：衣食需求相关行业如食品加工、纺织业整体营收占比下滑，造纸印刷等轻工业和化工、黑色等高耗能行业占比下降，而与新兴、科技相关的制造业如有色、汽车、电子、设备制造等行业占比上升。若简单按上游和下游区分制造业各行业，可以发现该上下游的分布相对稳定，基本呈现上游行业占比30%、下游占比70%的局面。分类别看，与衣食相关的占比下滑，能源资源和其他制造业整体上升（见图2-16和图2-17）。

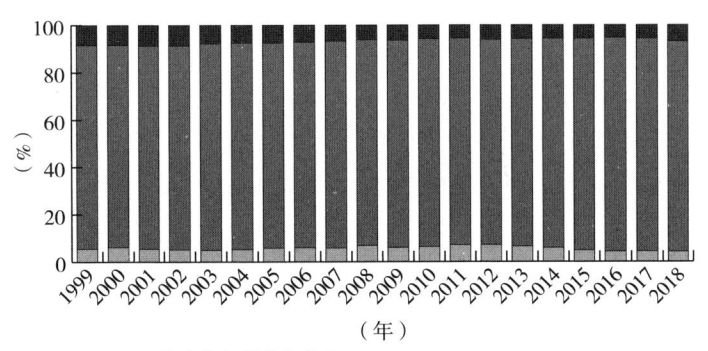

图2-16 1999—2018年工业各产业营收占比

资料来源：万得资讯，中信证券固定收益部。

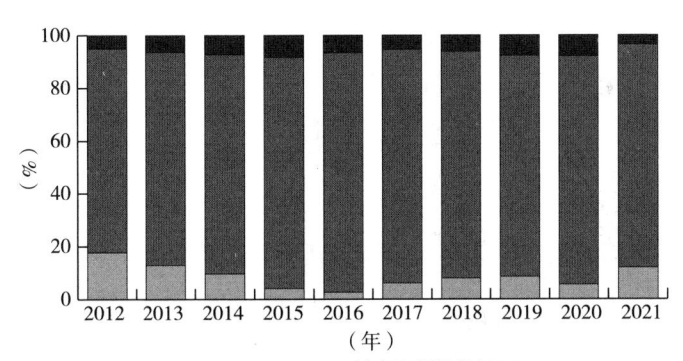

图2-17 2012—2021年工业各产业利润占比

资料来源：万得资讯，中信证券固定收益部。

3. 第三产业：软实力不断提升

第三产业包括批发和零售业，金融业，房地产业，交通运输、仓储和邮政业，住宿和餐饮业，以及2015年起独立统计的信息传输、软件和信息技术服务业及租赁和商务服务业两项，"其他行业"中还包含了科学研究和技术服务业，水利、环境和公共设施管理业，居民服务、修理和其他服务业，教育，卫生和社会工作，文化、体育和娱乐业，公共管理、社会保障和社会组织，国际组织。按照2021年各行业GDP排序，第三产业占比前五的行业分别是：批发和零售业（18%），金融业（15%），房地产业（13%），交通运输、仓储和邮政业（8%），信息传输、软件和信息技术服务业（7%）。

近20年来，占比下滑最显著的是交通运输、仓储和邮政业，批发零售和住宿餐饮业也有所下滑，金融和房地产业占比上升，背后体现的是传统"铁公基"建设退潮后相关行业增速放缓，第一产业和衣食相关消费占比下滑，以及城镇化对房地产和金融业的带动。2015年以来，批发零售和交通运输业下滑，信息软件相关服务业占比上升，其余子行业大致稳定。从增速上看，第三产业内部也出现类似的结构转变，同时，随着第三产业产值的提升，第三产业创造的就业岗位也逐年提升，目前就业人数占总体就业人员的比重接近50%，剩余部分第一和第二产业就业人员占比各半。

支出的去向：驱动经济的"三驾马车"

消费、投资和净出口作为驱动经济增长的"三驾马车"，反映了一个国家最终需求的规模和结构。改革开放以来，随着我国社会生产生活方式的演变，"三驾马车"在推动经济增长方面先后经历了四个阶段。第一阶段是消费主导经济增长，投资和净出口贡献小幅上升；第二阶段是消费与投资并驾齐驱，净出口驱动力逐步上升;第三阶段是投资驱动减弱,消费重回主导,净出口贡献率在金融危机后逐渐修复;第四阶段是投资、消费波动明显,净出口对经济增长的拉动作用有所上升。

1. 什么是经济的"三驾马车"?

GDP 的衡量方式包括生产法、收入法和支出法。其中,支出法是从常住单位对货物和服务最终使用的角度计算最终产出,能够反映一定期限内一个国家或地区最终需求的总规模和结构。从结构来看,最终产出的去向可分为消费、投资和净出口,因此这三者也被形象地比喻为驱动经济增长的"三驾马车"。

在衡量指标方面,消费、投资和净出口分别对应 GDP 分项中的最终消费支出、资本形成总额、货物和服务净出口。其中,最终消费支出可分为居民部分和政府部分,资本形成总额可分为固定资本形成总额部分和存货增加部分,货物和服务净出口则是指货物和服务出口额与进口额的差值,根据国家统计局的数据,2021 年我国消费、投资和净出口"三驾马车"的规模分别为 62.09 万亿元、47.89 万亿元、29.52 万亿元,占 GDP 的比重分别为 54.98%、42.41%、2.61%(见图 2-18)。

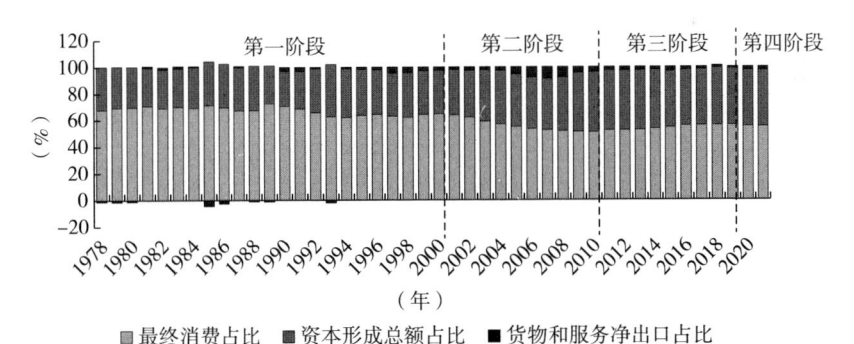

图 2-18 "三驾马车"占 GDP 的比重

资料来源:万得资讯,中信证券固定收益部。

2. 从"三驾马车"角度看中国经济结构

回顾我国1978年以来的经济发展脉络,"三驾马车"对经济的驱动作用随着我国经济结构的演变而不断发生动态变化。根据不同时期经济主导力量的差异,我国的经济结构调整大致可划分为四个阶段(见图2-19)。

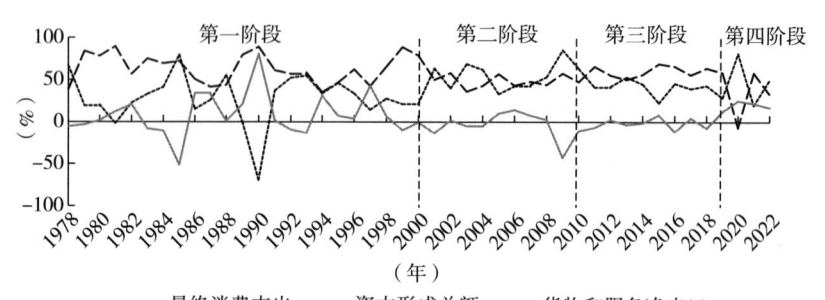

图2-19 "三驾马车"对GDP增长的贡献率

资料来源:万得资讯,中信证券固定收益部。

(1) 1978—2000年:消费主导经济增长,投资和净出口贡献小幅上升

这一阶段,消费的贡献率最高(平均为63.64%),投资的贡献率次之(平均为28.29%),净出口的贡献率最少(平均为8.07%)。从具体原因来看,受改革开放初期工业发展模式尚未成熟、国家对外开放程度较低等因素影响,固定资产投资规模整体较低,全球对我国产品的需求较弱,而消费作为满足人民生活需要的必要方式,发挥的是基础性作用,因此消费是该阶段经济增长的主导力量。整体来看,"三驾马车"对经济支撑的强弱格局总体较为稳定,但各分项贡献率的起伏波动比较明显。造成这一现象的主要原因可能是由于改革开放初期,经济体制改革处于探索阶段,宏观经济政策陆续出台,对经济运行带来较大影响,加之调控手段不够完善,最终导致了该阶段经济增长起伏波动明显。

(2) 2001—2010 年：消费与投资并驾齐驱，净出口驱动力逐步上升

与上一阶段相比，这一阶段消费的贡献率逐渐下降至第二位（平均为 48.4%），投资的贡献率逐渐上升至第一位（平均为 55.6%），净出口的贡献率虽然仍旧相对较低（受 2008 年金融危机影响，2001—2010 年的贡献率平均为 -4.01%，但若剔除金融危机影响，则 2001—2007 年平均为 1.55%），但在 2001—2007 年也呈现上升趋势。这一阶段"三驾马车"结构变动的主要原因在于，随着我国在 2001 年加入 WTO，"入世"红利快速释放，出口快速扩张，同时我国企业为满足国内外需求持续进行投资提升产能。另外，2004 年的房地产市场化改革也为固定资产投资增长注入动力。因此该阶段投资逐渐呈现出与消费并驾齐驱的势头，共同成为经济的主要驱动力。2008 年金融危机爆发造成全球经济萎缩，在出口首当其冲的背景下我国净出口总额明显下行，净出口对 GDP 增长的贡献率在 2006 年为 14.3%，但到 2009 年已经跌至 -42.8%。为应对金融危机，我国实施的经济刺激政策叠加宽松的货币政策，以基建为主导的投资规模攀升，投资对 GDP 增长的贡献率也在 2009 年达到了历史最高值 85.3%，驱动 2009 年经济增长 8.2%。后来随着金融危机影响的消退，消费和净出口开始复苏，同时在宽松政策退出的背景下，投资增速放缓，但经济增长贡献率仍居首位。

(3) 2011—2019 年：投资驱动减弱，消费重回主导，净出口贡献率在金融危机后逐渐恢复

这一阶段，消费的贡献率再次升至第一位（平均为 60.1%），投资的贡献率回落至第二位（平均为 40.1%），净出口的贡献率最少（平均为 -0.2%）。从具体原因来看，消费方面，随着新型消费、服务消费崛起，消费对 GDP 的驱动力回升。投资方面，"大

水漫灌"式政策退出，结构性问题日益突出，固定资产投资增速放缓。特别是2015年以"去产能、去库存、去杠杆"为重要内容的供给侧结构性改革实施，投资增速整体回落。净出口方面，金融危机后全球需求出现反弹，净出口对经济的贡献率也逐渐恢复。

（4）2020年至今：投资、消费波动明显，净出口贡献有所上升

这一阶段"三驾马车"对GDP增长的贡献率呈现明显的波动特征。具体来看，新冠疫情暴发快速影响了经济运行态势，受疫情防控和居民收入下降影响，消费意愿和能力双降，消费对GDP增长的贡献下跌至-6.84%。投资作为重要的逆周期调节抓手，在政策刺激下驱动力明显上行。2020年，受我国疫情防控措施到位、复工复产进度明显快于西方国家的影响，出口大幅上行，净出口的表现尤为突出，对GDP增长的贡献率升至25.33%。2021年至今，随着疫情得到有效防控，消费场景开放叠加居民收入水平回升，消费明显修复；投资受阶段性政策影响，呈明显波动特征；净出口在西方国家复工复产、供需错位现象好转下逐渐回落。

"三驾马车"的内部构造

投资：企业的"经营杠杆"

"投资"是一个具体又抽象的概念，常见的有金融投资、房地产投资，另奢侈品、球鞋等商品都可以被认为是投资对象，在更广泛的意义上，知识、健康等无形但有益的投资对象同样不乏拥趸。而在分析宏观经济时，同样存在不同的"投资"概念，例如，GDP统计中的"资本形成"更注重生产活动的行为本质，而宏观分析中常用的"固定资产投资"则更接近会计上的概念，更侧重资产权属

和生产资料的范畴，是"经营杠杆"，也是扩大再生产的基石。

经历数十年的发展，固定资产投资已由全面高速增长期进入中低速结构性转型期，结构上也由过往的地产基建驱动开始转向制造业自驱的发展模式，制造业的自主化、市场化水平均在提升，同时，在经济向高技术方向发展的背景下，轻资产服务业也将伴随制造业转型获得发展，固定资产投资和经济产值的匹配度也将进一步上升，在此过程中，"需要鼓励引导民营企业改革创新""加大企业创新激励力度""着力培育'专精特新'企业"，顺应转型需求。

1. "投资"的多重语义

在宏观经济统计分析中，投资、消费、净出口构成的"三驾马车"分析视角被业界广泛使用。其中，投资一项完整的统计定义为"资本形成总额"，而市场分析常用"固定资产投资完成额"，主要区别在于前者的统计范围包括无形资产以及库存投资，但不包含土地和旧建筑购置费等，同时，在统计口径上，前者包含500万元以下的项目投资。进一步，日常分析采用的统计局月度公布的数据为"固定资产投资完成额（不含农户）"，这与另一个指标"全社会固定资产投资完成额"同样存在差异，主要体现在统计范围、统计方法和统计频度方面，对于分析一般企事业单位等的固定资产投资活动，分析"固定资产投资完成额（不含农户）"具有较高的代表性，且为月频发布，因此接下来我们分析所涉及的"投资"，均指代"固定资产投资完成额（不含农户）"。

固定资产投资的统计范围为样本内的全面调查，分为对跨省项目、房地产开发投资和其他500万元以上投资建设项目三大类统计对象，由对应单位根据统计局制定的报表进行数据报送。值得一提的是，由于统计口径的变化（如2011年将统计起点由项目计划总投资50万元上调至500万元）、统计方法的变更（2017年由形象进度法改为财务支出法），过往年度的固定资产投资完成额绝对值存在前后口径不可比的问题，因此也与实际公布的同比增速数据存在出入（见图2-20）。

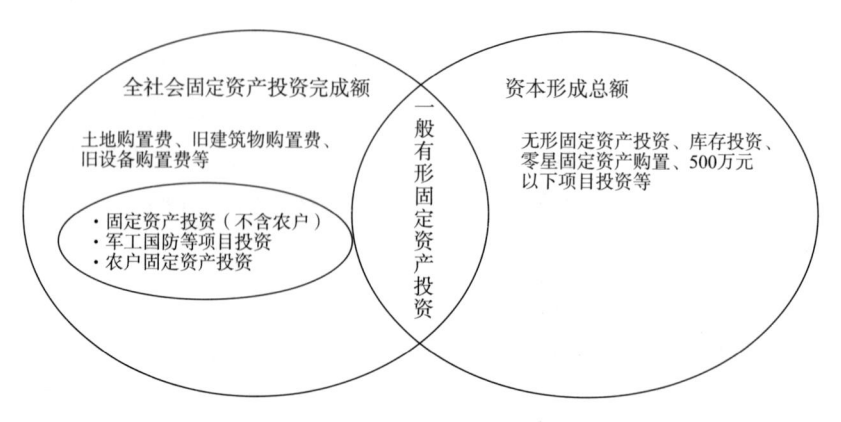

图2-20　"投资"的多重语义
资料来源：万得资讯，中信证券固定收益部。

2. 趋势：迈过高速发展期，进入换挡平台期

伴随经济转型，固定资产投资逐渐由20%以上的高速增长回落至5%附近，区域投资占比以东部地区为主，但分化逐渐收敛。21世纪以来，固定资产投资规模从2万亿元逐步增长至50万亿元附近，约占GDP的一半比例，从趋势上看大致可以分为两个阶段，2013年之前投资基本维持20%以上的高增速，2013年之后随着城镇化率和基建存量提升，叠加次贷危机后外需时现疲弱，中国经济迈入转型期，投资增速跟随经济整体逐渐回落，疫情前的2019年增速在5%附近（见图2-21）。

区域占比方面以东部地区为主，但已从60%降至40%附近，中部和西部地区均由20%上升至25%附近，东北地区过往数据缺失，2017年占比约5%。在增速方面，中西部地区在长期趋势上高于东部地区，东北地区增速近几年开始由负转正，可以看出，全国

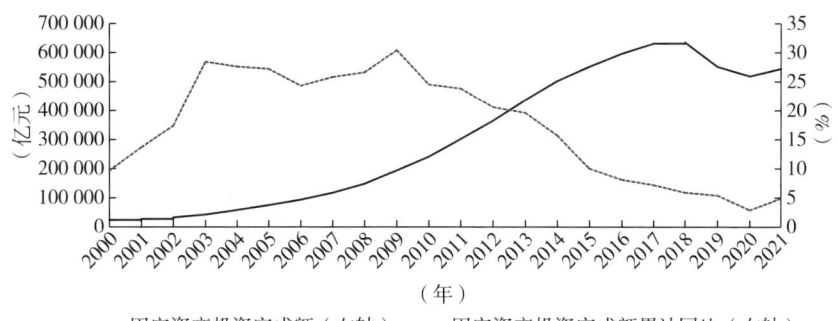

—— 固定资产投资完成额（左轴） ------ 固定资产投资完成额累计同比（右轴）

图 2-21 2000—2021 年固定资产投资走势

资料来源：万得资讯，中信证券固定收益部。

各地区之间的增速逐渐收敛。

3. 所有制：内资挑大梁，私营部门占比持续提升

随着我国工业实力逐渐提升，内资企业的投资占比最高且处于上升趋势，其中私人部门占比逐年增加。但近年来受多方面因素影响，私人部门投资增速出现较快回落。在不同类型企业中，内资企业投资占绝大多数比重，且占比逐渐上升，2017 年已超过 95%，这与我国产业自主性提升有关，港澳台商投资企业和外商投资企业各占 2%，个体户占比较小。内资企业中，私营企业占比明显上升，与国有企业占比下降的幅度相当，有限责任公司占比亦有所提升，2017 年三者的占比分别为 34%、23% 和 35%（见图 2-22）。

类似地，可以看到民间投资和地方投资占比日益提升，国有投资尤其是中央投资则逐渐下滑，这可能与社会融资渠道扩张和中央财政在减税降费及民生方面的支出上升有关，但近几年，由于经济增速下行和金融风险防控趋严，民间投资增速出现较快回落（见图 2-23）。

4. 构成：建筑安装是重要构成，新建和技改添动力

建筑安装是固定资产投资的重要组成，而从建设性质的角度看，由于产业升级的需要，新建和技改类项目的占比逐渐提升，二

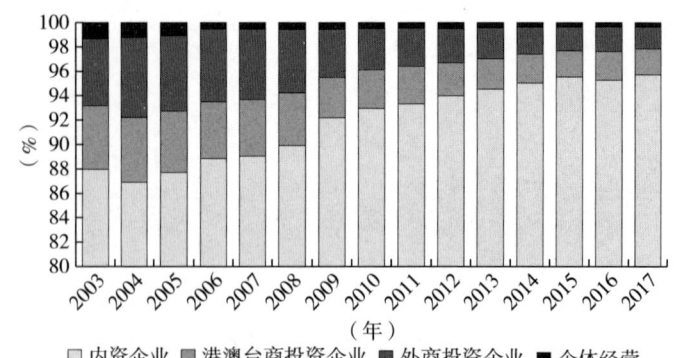

图2-22 不同所有制企业固定资产投资占比走势

资料来源：万得资讯，中信证券固定收益部。

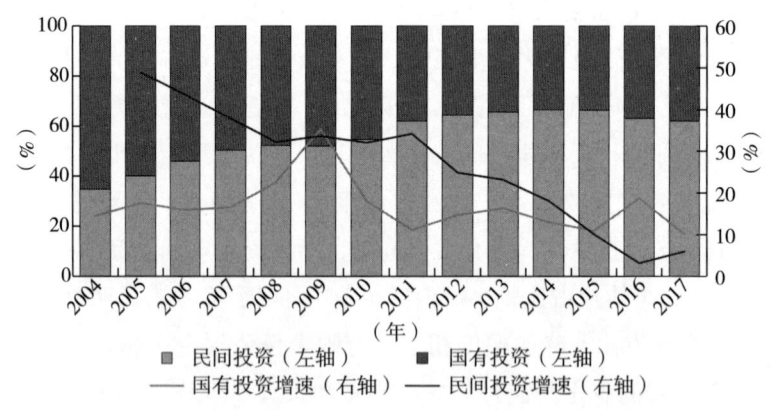

图2-23 民间和国有性质固定资产投资占比走势

资料来源：万得资讯，中信证券固定收益部。

者占比接近80%。按照构成分，固定资产投资可分为建筑安装工程、设备工器具购置和其他费用三类，其中建筑安装工程占比最高，且由60%上升至70%，说明房屋建筑类是投资的主要构成，设备工器具购置和其他费用占比分别为18%和12%。根据固定资产的建设性质，可分为新建、扩建、改建和技术改造以及其他（迁建、修复等），其中新建项目占比过半，且处于上升趋势，改建和技术改造则从10%上升到15%的水平，新建和技改项目占比的上升也与产业转型升级有一定关联，扩建和其他则有所下滑，占比分别为11%和21%（见图2-24和图2-25）。

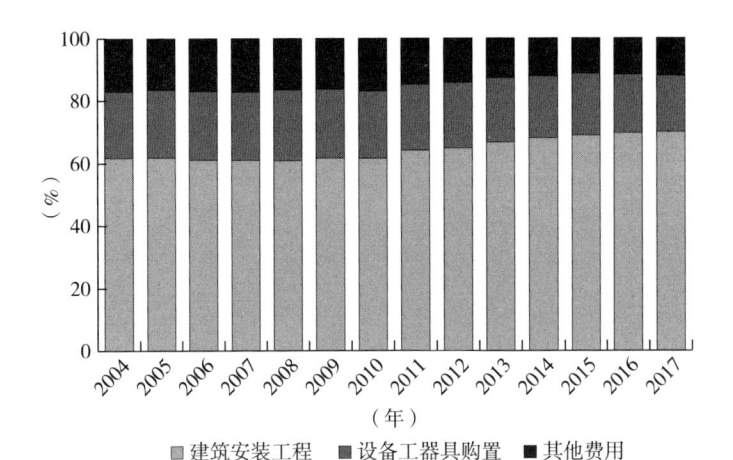

图2-24　不同类型固定资产投资占比走势

资料来源：万得资讯，中信证券固定收益部。

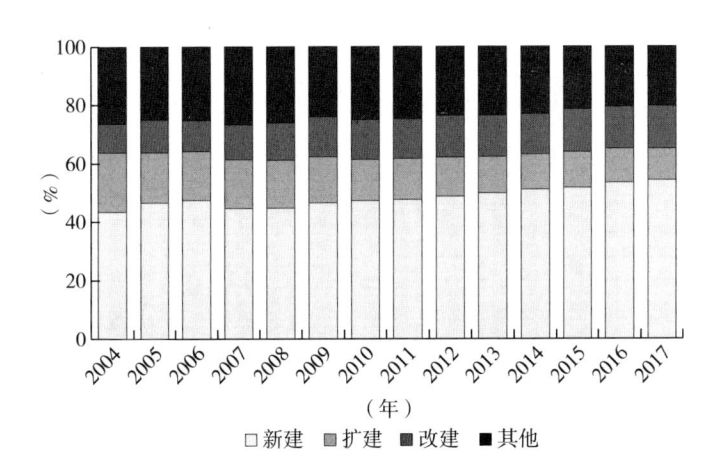

图2-25　不同固定资产建设性质占比走势

资料来源：万得资讯，中信证券固定收益部。

5. 行业：第三产业投资居首，制造业结构转换

三大产业投资增速走势与整体固定资产投资增速基本一致，第一产业的投资增速较高，但投资的绝对值很低，第三产业的绝对投资规模最大，第二产业则呈先上后下走势。三大产业中，第三产业的固定资产投资占比最高，接近70%，第二产业占比约30%，第一产业比重较低。从趋势上看，2011年以前，第二产业投资增速大多数时期都高于第三产业，因此该段时期第二产业的比重呈上升状态，高点约占固定资产投资的45%，此后第二产业投资增速逐渐下滑和落后于第三产业，从而呈现出第三产业占比重新上升的趋势，这与宏观经济结构由实物制造业慢慢向服务业倾斜的趋势相符（见图2-26和图2-27）。

地产、基建、制造业是固定资产投资的主要组成，制造业投资占比呈上升趋势，地产基建略有下滑，其余行业变动不大。其中地产和基建具有明显的重资产特征，而建筑业和部分服务业的GDP/固定资产投资比例较高，呈现出轻资产特征。参考统计局的一级行业分类，固定资产投资中占比最高的是制造业和房地产业，2017

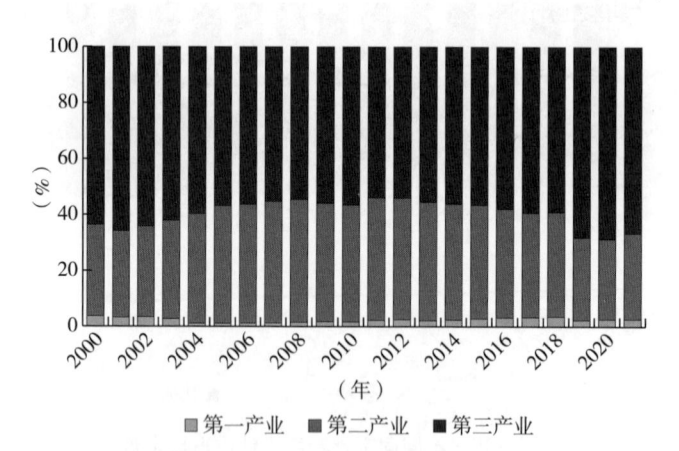

图2-26 三大产业固定资产投资占比走势

资料来源：万得资讯，中信证券固定收益部。

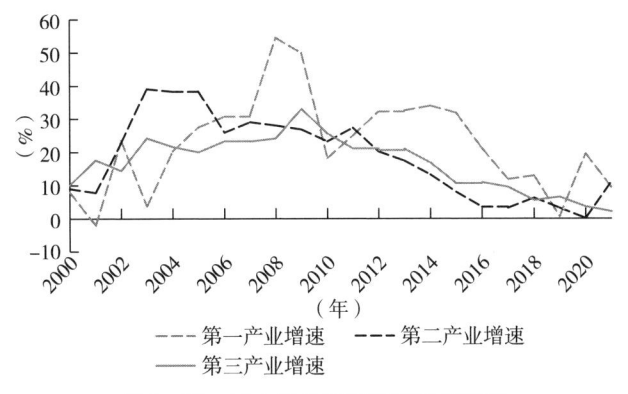

---- 第一产业增速   ---- 第二产业增速
—— 第三产业增速

图2-27　三大产业固定资产投资增速

资料来源：万得资讯，中信证券固定收益部。

年的占比为31%和22%，其次为水利环境和公共设施管理业，交通运输、仓储和邮政业，占比分别为13%和10%，电热燃水生产供应业占比为5%，后三者在广义上均属于基建范畴，即地产、基建、制造业投资合计占固定资产投资约80%的比重，是固定资产投资的核心部分，其余行业占比均在5%以下。

消费：宏观经济的"压舱石"

众所周知，货币作为交易媒介，经历了若干轮代际更迭，但货币所服务的交易行为，虽不断推陈出新，却将摊贩这一最古老的沿街售卖形式顽强地保存了下来，若用互联网的行话描述，这便是最早的线下消费场景。此后，随着社会组织形式、货币信用体系的演变，消费场景不断衍生，由分散走向集聚、由线下走向线上、由延迟走向超前，业态和模式枝繁叶茂，消费也逐渐成为促进经济增长的重要驱动力。近年来我国的GDP中，消费占比持续在50%以上，对宏观经济的影响和指引作用不言而喻。

1. 消费分析的指标

目前常用的消费指标有三类：社会消费品零售总额（月度数

据）；全国居民人均消费支出（季度数据）；最终消费支出（年度数据）。三个指标各有侧重。

(1) 社会消费品零售总额

社会消费品零售总额是指企业（单位）通过交易售给个人、社会集团非生产、非经营用的实物商品金额，以及提供餐饮服务所取得的收入金额。社会消费品零售数据分项的结构与层次较多：按照消费类型划分，可以分为商品零售消费和餐饮消费，但不包括医疗、旅行等非餐饮类的服务消费；按照消费方式划分，可以分为线下零售和线上零售，其中线上零售同样仅包含实物商品零售，不包括医疗、观影等非实物零售；按照经营单位所在地的不同，可以分为城镇和乡村；而按照经营主体的规模划分，又可以分为限额以上和限额以下，其中，限额以上商品零售的分项数据还进一步划分为16个细分行业，如粮油类、服装类等必需品，以及汽车类、石油及制品类等可选品。

(2) 全国居民人均消费支出

全国居民人均消费支出来自城乡住户调查，是指居民用于满足家庭日常生活消费需要的全部支出。人均消费支出既包括现金消费支出，也包括实物消费支出（如单位以实物报酬及实物转移的形式提供给劳动者的货物和服务，在统计上视同居民消费支出），这一点与社会消费品零售数据存在差异（主要统计企业零售端的营收情况，而实物商品等职工福利通常并不记录在企业营收中）。同时，该指标相较于社会消费品零售的另一个扩充优势在于包含了服务类消费：该指标共涵盖食品烟酒、衣着、居住、生活用品及服务、交通和通信、教育文化和娱乐、医疗保健、其他用品及服务八大分类，与CPI指标类似，可以较为完整地展示居民消费的全貌。

(3) 最终消费支出

最终消费支出是GDP支出法中的一个大项，是指常住单位为满足物质、文化和精神生活的需要，从本国经济领土和国外购买货物和服务的支出。按照消费主体的不同可以分为居民消费支出（比重约为70%）和政府消费支出（比重约为30%）。其中，居民消费支出除以总人口数量即可得到居民消费水平，该指标与城乡住户调查之下的全国居民人均消费支出较为相似，二者的不同之处在于：居民消费支出与居民消费水平的统计范围包含了居民对金融中介服务和保险服务的消费支出，而住户调查中的全国居民人均消费支出中并不包含这些。

除了公布频度外，三个指标还存在如下差异：第一，社会消费品零售是从销售方的视角统计企业零售收入，因此统计范围既包括居民，还包含企业和机关团体，但从某种意义上来说，上述带有一定投资属性；第二，社会消费品零售并不包含餐饮消费之外的服务，而GDP统计口径下的居民消费支出则包括上述服务支出；第三，对于自产自用的产品，在GDP核算中视为居民消费，但不在社会消费品零售的统计口径下（见表2-4）。

2. 中国的消费结构

可以看出，宏观层面的消费指标公布频率普遍偏低，微观上由于消费品的同质性较低，诸如批发、零售、库存等产品数据可得性也有限，因此从宏观层面看消费，通常还是会跟踪时效性相对较高的社会消费品零售数据，结合近年来的社会消费品零售表现看，近年来我国消费整体上呈现出消费升级的特征。

在消费升级背景下，汽车等可选品是中国消费的主力军。近年来，随着生活水平的不断提高，家庭恩格尔系数逐渐下降，社会消费品零售数据显示，近年来我国居民可选消费占比逐渐提升，2020年我国可选消费占总消费比重达到69.06%，其中代表性商品汽车消费占比录得29.18%，为历史最高水平。同时，虽然有新冠疫情的影响，但互联网的快速发展使得通信设备类消费占比也明显上升。

表2-4 中国三大消费指标对比

	社会消费品零售总额	全国居民人均消费支出	最终消费支出
定义	企业或单位通过交易销售给个人和社会集团的非生产、非经营用的实物商品金额,以及提供餐饮服务所取得的收入金额	居民用于满足家庭日常生活消费需要的全部支出,也包括实物消费支出	常住单位为了直接满足个人或公共消费需求而对货物和服务的支出总额,不包括非常住单位在本国经济领土内的消费支出
调查对象	企业/单位（卖方视角）	消费者（买方视角）	根据现有资料推算（主要是买方视角）
核算方法	限额以上单位直接联网填报,对限额以下单位进行抽样调查	对住户进行抽样调查	居民消费支出以住户调查中的居民消费支出资料为基础,结合其他统计资料进行计算,政府消费支出主要依据财政支出资料计算
消费主体	居民、社会集团（包括政府、企事业单位等）	居民	居民、政府
消费内容	实物商品（涵盖一些在GDP核算中可能会被纳入投资的商品,比如建筑及装潢材料）、餐饮服务	实物商品、服务消费	实物商品、服务消费（比住户调查的范围要多出金融中介服务、保险服务等）
数据发布频率	月度	季度	年度
数据发布形式	总量	人均	总量

资料来源：国家统计局．中国主要统计指标诠释：第二版［M］．北京：中国统计出版社，2013；中信证券固定收益部。

3. 消费的影响因素

(1) 消费能力

消费能力包括两个层面的含义：一是主观消费能力，即消费者的收入，既包括工资性收入，也包括财产性收入，此外还有转移性收入；二是被动消费能力，即消费者的消费资格可能会受到政策法规、公司条款以及生产能力等的鼓励或限制。

收入是消费能力最基本的保证。根据传统经济学理论，消费是收入的函数，在其他条件给定的情况下，通常而言，消费是收入的滞后变量，随着收入的增加而增加。但在商业银行和货币信用体系大发展的背景下，当期的消费则由当前收入+消费贷两部分组成，其中消费贷可理解为未来收入的某种函数。因此总的来说，可以认为消费与收入之间存在近似线性的正相关关系，其回归系数即为边际消费倾向。

消费能力存在政策、条款和生产能力等限制。一旦这些限制有所加强或放松，消费则会相应地下降或者上升。各级政府出于对社会治理等方面的考虑，会采取一系列限制消费的措施，比如对房屋、汽车购买的限制，也包括对烟酒、药品、某些国外商品等消费的限制。从消费品提供方角度，也会考虑企业的经营战略，禁止、限量或者延迟在某一地区采购或者出售相关的产品，比如某些商品的"饥饿营销"策略。此外，某些存在技术壁垒或产能供应瓶颈的领域也存在生产和消费无法匹配的现象，从而对消费能力产生限制。

(2) 消费意愿

消费意愿会随着价格水平、储蓄意愿、城镇化进程和人口结构等的变化而发生改变。

一般而言，商品的价格和消费呈现反向关系。如2015—2019年，CPI同比变化和社会消费品零售同比变化的相关性系数为-0.65，负相关关系较为明显。从结构上看，某些商品的消费会随着互补品价格的上升而下降，随着替代品价格的上升而上升，比如电动汽车价格的下降会导致汽油车销量降低（见图2-28）。

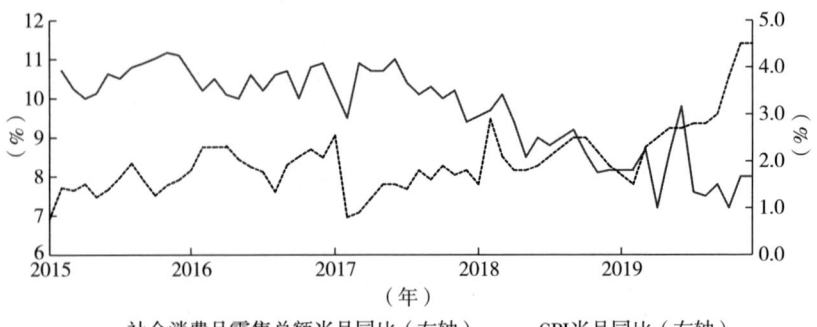

——社会消费品零售总额当月同比（左轴）　------ CPI当月同比（右轴）

图2-28　2015—2019年社零变动和价格变动
资料来源：万得资讯，中信证券固定收益部。

高储蓄特征是影响国内消费的重要因素。自2000年以来，我国储蓄率呈现"倒U形"特征，在2008—2010年达到最高峰值50%左右，近年来呈现下降趋势，但仍处于40%以上，远高于2020年世界（26.68%）、欧盟（24.52%）以及新兴市场和发展中经济体（33.15%）的平均水平。与此同时，尽管2020年受新冠疫情影响，我国最终消费率由2019年的54.99%回落至54.16%，但近20年间仍表现为"U形"曲线（见图2-29）。

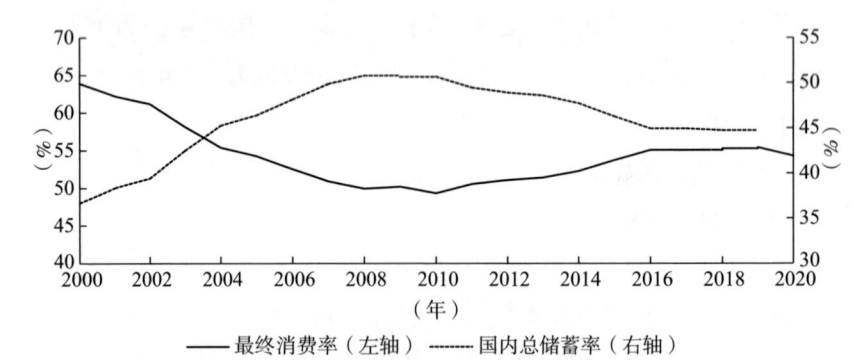

——最终消费率（左轴）　------ 国内总储蓄率（右轴）

图2-29　储蓄率与最终消费率
资料来源：万得资讯，中信证券固定收益部。

对外贸易：制造业大国的缩影

2001年加入WTO后，中国在多边贸易框架下积极参与国际贸易，进出口规模快速上涨，并逐渐成长为世界第二大经济体、货物贸易第一大国。近两年，由于全球新冠疫情冲击，我国凭借多年来塑造的产业链基础，承接了大量的海外贸易订单，贸易顺差扩大、外汇规模上升，成为人民币汇率升值的坚实基础，也是当前中美利差倒挂下政策"以我为主"的坚强后盾。因此，未来中国对外贸易的走势，对国内经济和汇率稳定乃至货币政策都会有影响，细数我国国际贸易的变革和当前特征，也是对此分析的一个起点。

1. 中国的贸易结构：货物顺差，服务逆差

中国在国际贸易中扮演着货物出口商、服务进口商的角色，在绝对规模上货物贸易占比较高，但服务贸易逆差比重并不低。国际贸易通常可划分为商品/货物贸易和服务贸易两大类，近30年来两类贸易规模均呈上升趋势，且货物贸易占比明显高于服务贸易，以进出口绝对金额衡量，服务贸易占比为10%~15%。然而站在贸易顺差的角度，可以发现大部分时候呈现出货物顺差、服务逆差的格局，但二者的比例并不稳定，近10年服务贸易逆差的绝对值占货物贸易顺差的比值为30%~50%，2019年服务贸易差额约-2 200亿美元，货物贸易差额约为4 200亿美元（见图2-30和图2-31）。

2. 服务贸易：运输和旅行逆差，TMT服务顺差

当前服务贸易的主要逆差项是旅行、运输和知识产权，建筑、TMT（数字新媒体产业）服务、咨询以及其他服务为顺差，其余分项规模不大。服务贸易包括在境内或出境进行的购买或提供服务，通常包括运输、旅行、通信、建筑、保险、金融、TMT服务、知识产权、咨询、广告宣传、电影影音和其他服务共十二大类。由于

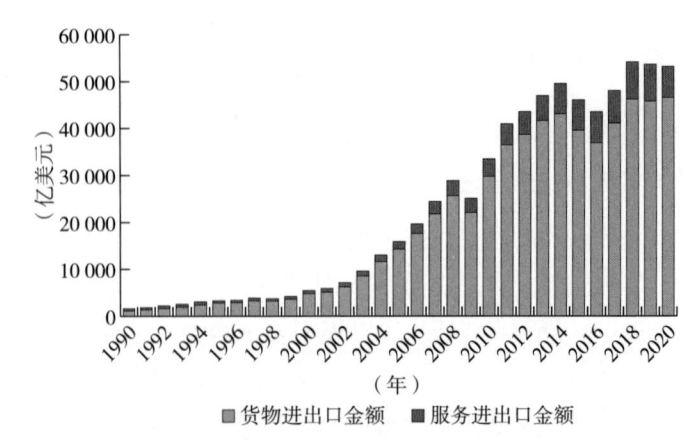

图 2-30　1990—2020 年货物和服务进出口金额走势

资料来源：万得资讯，中信证券固定收益部。

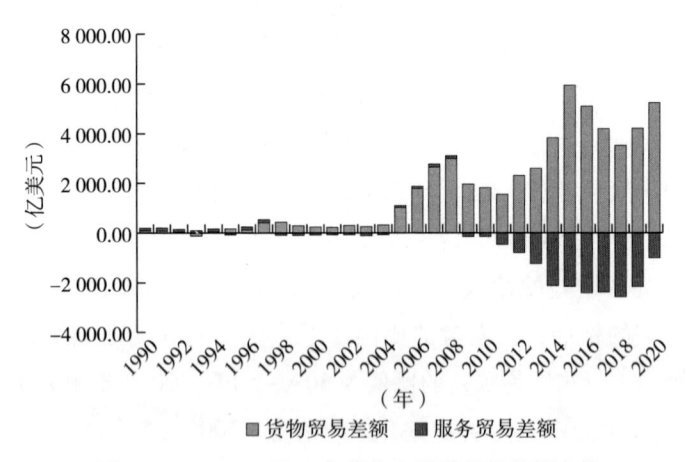

图 2-31　1990—2020 年货物和服务贸易差额走势

资料来源：万得资讯，中信证券固定收益部。

2011 年之后的数据披露不完整，观察 2010 年的进口和出口结构，运输、保险和知识产权的服务逆差占比最高，建筑、咨询和其他服务贸易顺差居前。对比 2010 年和 2019 年的贸易差额，旅行分项的贸易逆差快速扩大，运输、保险和知识产权的比例有所下降，2020 年由于疫情的影响，旅行项的逆差明显收窄。

3. 货物贸易：增速趋于回落，一般贸易取代加工贸易

中国的货物进出口贸易规模随着全球化进程逐步上升，但近10年增速有所下滑。20世纪90年代以来，中国对外进出口贸易稳步上升，尤其是21世纪初加入WTO之后，进出口贸易的增速明显提高，但2011年之后，随着我国人工、土地等资源成本上升，出口的竞争力有所下滑，进出口贸易增速整体呈现下行趋势，2021年进出口贸易总额约6万亿美元，近10年年均增速在5%附近。

货物贸易顺差也呈现扩大势头，而国际大宗商品大幅上涨容易从进口成本端挤压贸易顺差。从贸易差额的角度看，近20年间贸易顺差整体跟随进出口贸易总额逐步上升，2021年贸易顺差达到约6 800亿美元的历史高位，其间，仅1993年出现贸易逆差，2009—2011年由于次贷危机和欧债危机影响，进出口总额和贸易顺差出现下降，而2016—2017年则由于内需恢复带动进口量上升导致顺差被动收窄，同时，上述两段时期均伴随大宗商品价格上涨，计价因素也导致进口金额上升，顺差收窄。

我国的货物贸易结构逐渐由加工贸易转向一般贸易，其他贸易小幅上升，目前一般贸易/加工贸易/其他贸易的占比大致为6/2/2。按贸易方式划分，可分为一般贸易、来料加工、进料加工、出料加工、边境贸易、租赁贸易、设备进口、对外承包出口、免税贸易、监管场所贸易、捐赠物资、其他，为分析方便，大致归拢为一般贸易、加工贸易（含来料、进料、出料加工）和其他贸易。可以看到，我国的贸易结构，进口中加工贸易下降、一般贸易明显上升、其他贸易大致持平；出口中加工贸易同样下降，但由于其他贸易占比也有一定幅度的上升，一般贸易上升幅度小于进口。

动态地看，我国生产设备的进口依赖度有所下降，同时伴随着海关监管方式变化，包含保税区的其他贸易占比有所上升。进出口横向比较，早期一般贸易和加工贸易中出口的占比均高于进口，其

他贸易中进口占比高于出口，这主要是由于其他贸易进口中包含了设备进口，体现了我国早期通过进口设备进行生产并对外出口的特征，在宏观上表现为贸易顺差—储蓄—投资。进入21世纪后，虽然设备进口占比下滑，但由于加工贸易部分转入保税区等监管区域，其他贸易占比仍有一定上升（见图2-32和图2-33）。

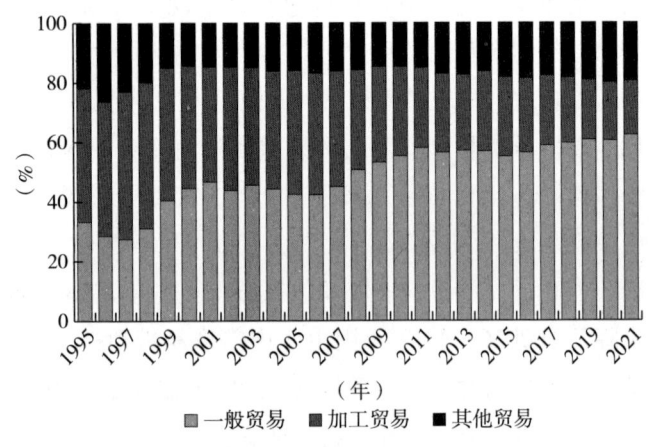

图2-32 进口贸易分类占比

资料来源：万得资讯，中信证券固定收益部。

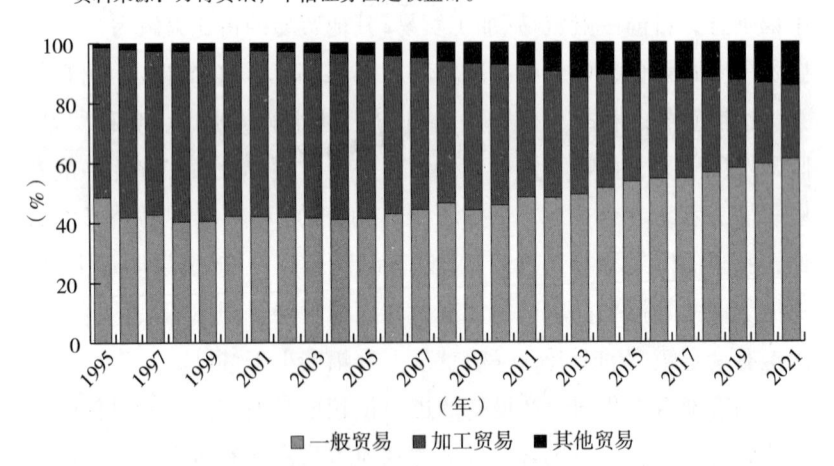

图2-33 出口贸易分类占比

资料来源：万得资讯，中信证券固定收益部。

随着产业自给水平提升，一般贸易贡献的贸易顺差逐渐提升，加工贸易顺差占比虽然下滑但仍占据半壁江山。加工贸易的主体是进料加工，相对于加工贸易，一般贸易在某种程度上可以衡量本国产业链的自主生产能力，从贸易差额的角度看，我国的一般贸易顺差和加工贸易顺差大约各占总体货物贸易顺差的50%，其他贸易常年逆差，但总体规模不高。从趋势上看，2011年以前，随着我国人均消费水平的提升和人民币购买力的增强，对商品进口的需求量提高，一般贸易差额增长较慢，随着国内制造业门类的完善，一般贸易差额逐渐上升并转为顺差，而加工贸易顺差开始下滑。近两年由于新冠疫情影响，海外订单外溢到国内，一般贸易进出口以及顺差明显上升，加工贸易顺差变动不大。

私营和外商货物贸易占比较高，也是贸易顺差的创造方，国企由于大宗商品进口较多，则为逆差方。分不同所有制企业来看，近年来国有企业、外商投资企业和其他企业进出口额占比下降，私营企业占比上升，目前私营企业进出口额占比约45%，外商投资企业占比约35%，国有企业占比约15%，其他企业占比较低。以贸易差额衡量，私营企业创造的顺差最高，外商投资企业居次，而国有企业由于能源等大宗商品和设备的进口较多，常年处于逆差。

4. 货物贸易对手方：亚美欧为主，其他地区有所上升

中国的货物贸易和顺差来源依次为亚洲、美国、欧洲，由于产业链转移和对中国香港地区的转口贸易减少，对亚洲的货物贸易占比整体呈下降趋势，但对东盟贸易占比上升，拉美、非洲和大洋洲的贸易占比均不高，其中对大洋洲存在一定规模逆差，或与铁矿、煤炭等大宗商品进口有关。中国的货物对外进出口贸易以亚洲为主，欧洲和美洲为辅，非洲和大洋洲占比较低，近年来亚洲的占比下降，主要是由对日本和中国香港地区进出口贸易下降导致，对东盟的进出口占比有所上升。对欧洲和美国的进出口比重变动不大，

对拉美、非洲、大洋洲的贸易比重有所上升。2021年亚洲占比约50%，其中东盟占13.7%，日本、韩国、中国香港和中国台湾均占5%左右，欧洲和美洲各占约20%，非洲和大洋洲各占约5%。从贸易差额的角度看，贸易顺差以亚洲和美国为主，欧洲居次，美洲小幅顺差，拉美贸易基本平衡，大洋洲则为逆差。近年来对亚洲的顺差下降，主要是对中国香港和亚洲其他地区的顺差下降，此外对欧洲、美国和东盟的贸易顺差上升，对大洋洲逆差上升，拉美变动不大。

5. 货物贸易品种：轻工机电为主，上游商品和高精尖产业逆差

中国的货物进出口和贸易顺差以轻工业品和机电产品为主，原材料工业品逆差规模较大，精密仪器也存在一定逆差。在HS编码①分类的基础上，进一步将其归类为动植物产品和食品等、原材料工业品、轻工业品、机电产品、运输设备和军工品、精密仪器和其他。进出口商品主要以轻工业品、机电产品和原材料工业品为主，近年来轻工业品规模下降，2021年占比约40%，机电产品和原材料工业品规模上升，占比各约20%，其他大类商品的占比均在5%左右。从贸易差额的角度看，轻工业品贡献了主要的贸易顺差但逐渐下降，近年来机电产品顺差后来居上，原材料工业品是最大的逆差来源，动植物产品和食品则由顺差转为逆差。

经济指标全景

我们分别从宏观经济的总量（GDP）、宏观经济的结构（产业

---

① HS编码的全称为《商品名称及编码协调制度的国际公约》，简称协调制度（HS），是由世界海关组织主持制定的，一部供海关统计、进出口管理及与国际贸易各方共同使用的商品分类编码体系。

结构、支出）和宏观经济的价格（通货膨胀）对中国经济的发展历程进行了细致分析。但受篇幅限制，未详细描述分析过程中的常用指标。"经济指标"作为观测宏观经济运行质量的"窗户"，对于经济分析至关重要，因此接下来我们承接本章研究内容，构造了经济指标全景，补充了宏观经济量价分析过程中的常用指标。具体来说，经济指标全景包括三个方面的内容：一是经济总量指标，二是经济价格（通货膨胀）指标，三是资产价格指标。在指标维度上，经济指标全景包括指标的名称、含义、常用指标或相关指标、发布单位、发布时间和频率（见表2-5）。

表2-5 经济指标全景

量价类型	地区属性	产需角度	指标名称	指标含义	常用指标或相关指标	发布单位	发布频率和时间
总量指标	国内经济		国内生产总值（GDP）	指一个国家或地区所有常住单位在一定时期内生产活动的全部最终成果，可以用来反映一个经济体的经济发展规模和速度	实际GDP增速（常用）、名义GDP增速	国家统计局	季频，次季度的首月中旬发布
			杠杆率	实体经济部门杠杆率	实体经济部门债务与名义GDP的比值	实体经济部门包括居民部门、非金融部门和政府部门，三部门杠杆率可单独计算。此外，政府部门杠杆率包括中央政府杠杆率和地方政府杠杆率	国家金融与发展实验室国家资产负债表研究中心	季频，次季度发布

第二章 债市投资之锚：宏观经济 083

(续表)

量价类型	地区属性	产需角度	指标名称	指标含义	常用指标或相关指标	发布单位	发布频率和时间
总量指标	国内经济	杠杆率	金融部门杠杆率（资产端）	金融部门债务与名义GDP的比值，金融部门债务从资产方统计为其他存款性公司对其他存款性公司债权和对其他金融机构债权	也可以从负债端统计金融部门杠杆率	国家金融与发展实验室国家资产负债表研究中心	季频，次季度发布
		生产类	工业增加值	规模以上工业企业创造的增加值，规模以上是指年主营业务收入2 000万元及以上的工业企业	—	国家统计局	月频，次月中旬发布
			工业企业利润总额	指企业在一定会计期间的经营成果，是生产经营过程中各种收入扣除各种耗费后的盈余，反映企业在报告期内实现的盈亏总额	相关指标包括工业企业利润率、亏损家数	国家统计局	月频，次月27日公布
			工业企业产成品存货	指企业报告期末已经加工生产并完成全部生产过程，可以对外销售的制成品	—	国家统计局	月频，次月27日公布

(续表)

量价类型	地区属性	产需角度	指标名称	指标含义	常用指标或相关指标	发布单位	发布频率和时间
总量指标	国内经济	生产类	工业产能利用率	为实际产出与生产能力的比率，是衡量生产资源利用程度的一个重要指标	—	国家统计局	季频，次季度中下旬公布
			官方采购经理指数（PMI）	是通过对企业采购经理的调查结果编制的综合性指数，调查内容涵盖企业采购、生产、流通等各个环节，是宏观经济变化的晴雨表，对国家经济活动的监测、预测和预警具有重要作用	制造业PMI、服务业PMI	国家统计局和中国物流与采购联合会	月频，当月最后一天发布
			财新采购经理指数（PMI）	相比于官方PMI，其样本主要覆盖小型和中型企业，更加注重私营企业的情况	可分为制造业PMI和服务业PMI	财新传媒与马克特（Markit）公司联合发布	月频，当月末或次月初发布
		消费类	最终消费支出（GDP支出法）	指常住单位为满足物质、文化和精神生活的需要，从本国经济领土和国外购买的货物和服务的支出	分为居民消费支出和政府消费支出	国家统计局	年频，次年5月发布

（续表）

量价类型	地区属性	产需角度	指标名称	指标含义	常用指标或相关指标	发布单位	发布频率和时间
总量指标	国内经济	消费类	社会消费品零售总额	指企业（单位、个体户）通过交易直接售给个人、社会集团非生产、非经营用的实物商品金额，以及提供餐饮服务所取得的收入金额。个人包括城乡居民和入境人员，社会集团包括机关、社会团体、部队、学校、企事业单位、居委会或村委会等	—	国家统计局	月频，次月14~15日发布
总量指标	国内经济	消费类	全国居民人均消费支出	指居民用于满足家庭日常生活消费需要的全部支出，既包括现金消费支出，也包括实物消费支出。消费支出可划分为食品烟酒、衣着、居住、生活用品及服务、交通通信、教育文化娱乐、医疗保健以及其他用品及服务八大类	—	国家统计局	季频，次季度首月中旬发布

(续表)

量价类型	地区属性	产需角度	指标名称	指标含义	常用指标或相关指标	发布单位	发布频率和时间
总量指标	国内经济	消费类	消费者信心指数	是综合反映并量化消费者对当前经济形势评价和对经济前景、收入水平、收入预期以及消费心理状态的主观感受，反映消费者信心强弱、预测经济走势和消费趋向的指标	由消费者满意指数和消费者预期指数构成	国家统计局	月频，每月末或次月初发布
		投资类	固定资本形成总额（GDP支出法）	指常住单位在一定时期内获得的固定资产减处置的固定资产的价值总额。固定资产是通过生产活动生产出来的，且其使用年限在一年以上、单位价值在规定标准以上的资产，不包括自然资产、耐用消费品、小型工器具	—	国家统计局	年频，通常在每年10月份
			全社会固定资产投资完成额	是以货币形式表现的在一定时期内全社会建造和购置固定资产的工作量以及与此有关的费用的总称	—	国家统计局	年频，次年第一季度发布

第二章　债市投资之锚：宏观经济　　087

(续表)

量价类型	地区属性	产需角度	指标名称	指标含义	常用指标或相关指标	发布单位	发布频率和时间
总量指标	国内经济	投资类	固定资产投资完成额（不含农户）	指城镇和农村各种登记注册类型的企业、事业、行政单位及城镇个体户进行的计划总投资500万元及500万元以上的建设项目投资和房地产开发投资，包含原口径的城镇固定资产投资加上农村企事业组织项目投资	说明：日常分析使用最多	国家统计局	月频，次月15~18日发布
			固定资产投资完成额构成项：制造业	制造业（证监会2012年行业分类门类）固定资产投资总额	制造业固定资产投资完成额同比（月频）	国家统计局	年频，2017年后不再更新
			固定资产投资完成额构成项：房地产开发投资完成额	指各种登记注册类型的房地产开发法人单位统一开发的包括统代建、拆迁还建的住宅、厂房、仓库、饭店、宾馆、度假村、写字楼、办公楼等房屋建筑物，配套的服务设施，土地开发工程和土地购置的投资；不包括单纯的土地开发和交易活动	房地产相关指标：房屋新开工面积、房屋竣工面积、房屋销售面积、土地购置面积和成交价款、70大中城市住宅销售价格、百城价格指数	国家统计局	月频，次月中旬发布

(续表)

量价类型	地区属性	产需角度	指标名称	指标含义	常用指标或相关指标	发布单位	发布频率和时间
总量指标	国内经济	投资类	固定资产投资构成项：基建	交通运输、仓储和邮政业、电力燃气及水的生产和供应业、水利环境和公共设施管理业的固定资产投资总额	细分基建行业固定资产投资完成额同比（月频）	国家统计局	年频，2017年后不再更新
		人口	人口总数	是生活在一定时间和一定地区范围的人口群的总和	—	国家统计局	年频，次年2月发布
			人口结构	按照一定划分标准确定的人口分布特征	可以按照性别、地区、城乡、年龄段、婚姻等标准进行划分	国家统计局	年频，次年9～10月发布
		收入	就业人员平均工资	规模以上单位的就业人员平均工资，具体包括规模以上工业、有资质的建筑业、限额以上批发和零售业、限额以上住宿和餐饮业、全部房地产开发经营业、规模以上服务业共16个行业门类的87万家法人单位	可分企业产权属性或者行业进行统计	国家统计局	年频，次年第二季度初发布

第二章 债市投资之锚：宏观经济

（续表）

量价类型	地区属性	产需角度	指标名称	指标含义	常用指标或相关指标	发布单位	发布频率和时间
总量指标	国内经济	收入	居民人均可支配收入	指居民可用于最终消费支出和储蓄的总和，即居民可用于自由支配的收入，既包括现金收入，也包括实物收入。按照收入的来源，可支配收入包括工资性收入、经营净收入、财产净收入和转移净收入	可分为城镇和农村项分别统计	国家统计局	季频，次季度首月中旬发布
		就业	经济活动人口	指在16周岁及以上，有劳动能力，参加或要求参加社会经济活动的人口，包括就业人员和失业人员	相关指标有劳动参与率	国家统计局	年频，次年1月发布
			就业人员	指在16周岁及以上，从事一定社会劳动并取得一定劳动报酬或经营收入的人员	可以分产业、城乡等标准进行统计	国家统计局	年频，次年1月发布
			城镇新增就业人数	指报告期内，本地区城镇累计新就业人员数与自然减员人数之差	—	人力资源和社会保障部	月频，次月中旬发布

(续表)

量价类型	地区属性	产需角度	指标名称	指标含义	常用指标或相关指标	发布单位	发布频率和时间
总量指标	国内经济	就业	城镇调查失业率	指根据国家劳动力调查推算的城镇失业人口占城镇就业人口与失业人口之和的百分比	相关指标包括31个大城市城镇调查失业率、登记失业率、PMI从业人员指数	国家统计局	月频，次月下旬发布
			全国职业供求分析——求人倍率	劳动力市场在一个统计周期内有效需求人数与有效求职人数之比	—	中国人力资源市场信息监测中心	季频，更新至2021年第三季度后未再更新
	对外经济		国际收支平衡表	是反映一定时期一国同外国的全部经济往来的收支流量表，记录了一个国家与其他国家进行经济技术交流过程中所发生的贸易、非贸易、资本往来以及储备资产的实际动态，可以综合反映一国的国际收支平衡状况、收支结构及储备资产的增减变动情况	—	国家外汇管理局	季频，次季度末发布
			国际投资头寸表	是反映特定时点上一个国家或地区对世界其他国家或地区金融资产和负债存量的统计报表	—	国家外汇管理局	季频，次季度末发布

（续表）

量价类型	地区属性	产需角度	指标名称	指标含义	常用指标或相关指标	发布单位	发布频率和时间
总量指标	对外经济	商品服务贸易	货物进出口总额	货物进口总额与出口总额之和	相关指标包括货物贸易差额	海关总署	月频，次月7~14日发布
			服务进出口金额	服务进口总额与出口总额之和	相关指标包括服务贸易差额	—	—
		直接投资	外商直接投资	指外国企业和经济组织或个人（包括华侨、港澳台胞以及我国在境外注册的企业）按我国有关政策、法规，用现汇、实物、技术等在我国境内开办外商独资企业、与我国境内的企业或经济组织共同举办中外合资经营企业、合作经营企业或合作开发资源的投资（包括外商投资收益的再投资），以及经政府有关部门批准的项目投资总额内企业从境外借入的资金	—	商务部	月频，次月中旬发布
			对外直接投资	是境内投资者向境外非金融类企业的投资	—	商务部	月频，次月中旬发布

(续表)

量价类型	地区属性	产需角度	指标名称	指标含义	常用指标或相关指标	发布单位	发布频率和时间
总量指标	对外经济	外汇	外汇储备	指为了应付国际支付的需要，各国的中央银行及其他政府机构所集中掌握并可以随时兑换成外国货币的外汇资产	—	中国人民银行	月频，每月7日发布
总量指标	对外经济	外汇	央行外汇占款	指本国中央银行收购外汇资产而相应投放的本国货币	—	中国人民银行	月频，次月中旬发布
价格指标	国内经济		GDP平减指数	是一个反映全国整体通胀率水平的指标，等于（当期现价GDP数值÷当期不变价GDP数值）×100。当期不变价GDP数值采用环比定基，即以上期价格作为不变价，通过用上期现价GDP乘以当期GDP实际增长率得到	—	国家统计局发布GDP数据后计算可得	季频，次季度首月上旬
价格指标	国内经济		CPI	反映一定时期内居民家庭所购买的生活消费品价格和服务项目价格变动趋势和程度的相对数	环比价格指数、同比价格指数	国家统计局	月频，次月9~16日发布
价格指标	国内经济		PPI	反映工业企业产品第一次出售时的出厂价格的变化趋势和变动幅度	环比价格指数、同比价格指数	国家统计局	月频，次月9~16日发布

第二章　债市投资之锚：宏观经济

(续表)

指标类型	资产类型	指标名称	指标含义	常用指标或相关指标	发布单位	发布频率和时间
资产价格	股票	上证综合指数	是上海证券交易所以该所挂牌上市的全部股票为计算范围，以发行量为权数计算的加权综合股价指数	相关指标还包括上证A股指数、上证B股指数、上证180指数、上证50指数、上证科创板50成份指数	上海证券交易所	交易日实时公布，收盘价于交易日下午3点收盘后发布
	股票	深证综合指数	是深圳证券交易所以该所挂牌上市的全部股票为计算范围，以发行量为权数计算的加权综合股价指数	相关指标还包括深证成份指数、深证成份A股指数、深证成份B股指数、深圳100指数	深圳证券交易所	交易日实时公布，收盘价于交易日下午3点收盘后发布
	债券	中债国债到期收益率	指将债券持有到偿还期所获得的收益，包括到期的全部利息	国债到期期限包括3个月、6个月、9个月、1年、3年、5年、7年、10年等。除国债外，还包括地方政府债、政策金融债等券种	中债估值中心	日频，当日发布
	债券	国债期货收盘价（活跃合约）	成交量最大的主力国债期货合约的收盘价	期货期限包括2年期、5年期、10年期等	中国金融期货交易所	日频，交易结束后发布

(续表)

指标类型	资产类型	指标名称	指标含义	常用指标或相关指标	发布单位	发布频率和时间
资产价格	汇率	在岸人民币汇率	指在境内市场的人民币汇率,主要用于国内市场的人民币与外币的兑换	包括中间价汇率、即期汇率、远期汇率	中国外汇交易中心	日频,中间价在北京时间9:15发布
		离岸人民币汇率	指境外市场的人民币汇率,主要用于境外市场人民币与外币的兑换	—	中国外汇交易中心	—
		有效汇率	通常是以对外贸易比重为权数计算的加权平均汇率。有效汇率是一个非常重要的经济指标,通常被用于度量一个国家贸易商品的国际竞争力,也可以被用于研究货币危机的预警指标	可以分成名义有效汇率和实际有效汇率	国际清算银行	日频,当日公布
		人民币汇率指数	—	包括CFETS(中国外汇交易中心)人民币汇率指数、人民币汇率指数〔参考SDR(特别提款权)货币篮子〕和BIS(国际清算银行)货币篮子人民币汇率指数	—	—

第二章 债市投资之锚:宏观经济

（续表）

指标类型	资产类型	指标名称	指标含义	常用指标或相关指标	发布单位	发布频率和时间
资产价格	大宗商品	南华综合指数	南华期货公司编制的期货综合指数	相关指标包括贵金属指数、工业品指数、金属指数、能化指数、有色金属指数、黑色指数和农产品指数等综合类指数及细分行业指数	南华期货	日频，当日发布
		CRB商品指数	CRB现货指数目前是依据美国现货市场6类经济敏感商品的价格编制的商品价格指数，这些商品所处的市场被认为会最先受到经济状况变动影响	该指标为国外经济指标。综合指数之下有6个子指数：金属指数、纺织品和纤维指数、牲畜及产品指数、脂肪和油类指数、工业原料指数、食品物料指数	美国商品调查局	日频，次工作日发布
		中国大宗商品价格综合指数	依托"中国流通产业网"大宗商品现货价格周度数据库，以2006年6月为基期利用加权平均法计算的定基指数	除综合指数外，还可以细分为有色类、钢铁类、能源类和农产品类等	商务预报	周频，次周发布

（续表）

指标类型	资产类型	指标名称	指标含义	常用指标或相关指标	发布单位	发布频率和时间
资产价格	大宗商品	中国大宗商品指数	由1个综合指数和若干个单项指数构成，综合指数由大宗商品消费指数、供应指数和库存指数加权构成，各单项指数均由不同的商品数量和金额加权构成。该指数为环比指数	—	中国物流与采购联合会	月频，次月发布

资料来源：国家统计局，万得资讯，中信证券固定收益部。

第三章

流动性的源头：
中央银行与货币政策

流动性的本质：货币派生、基础货币与货币银行体系

"天下熙熙，皆为利来；天下攘攘，皆为利往"，货币作为"利来利往"的载体，蕴含着人类货币体系数千年的历史积淀。从宏观角度说，人类社会的运转离不开货币的流动；从微观角度说，合理的货币体系更是金融市场正常运转的基石。因此，了解货币的概念，并进而了解基础货币以及货币派生的含义与过程，是开展债券市场研究的重要一环。

货币的发展与概念

从过往数千年的人类货币发展史看，货币大体经历了"商品货币—可兑换信用货币—不可兑换信用货币"三个发展阶段。

1. 商品货币

原始的物物交换往往是自发形成的，大家会自然而然地使用拥有的东西去交换缺乏的东西。只不过在没有货币的时代，交易双方的匹配会限制交易的达成，所以先将手中的物品交换成一种大家都想要的商品，再进行下一步交换的话，交易匹配的问题就会得到极大缓解。

最初的货币自此产生,此时的货币是商品,是一般等价物。通常而言,商品货币具有三个本质特点。①商品性:首先是一种商品,具有实打实的使用价值;②稀缺性:成为货币的商品往往是稀缺的;③足值性:本身具有十足的内在价值,"一份"商品就有"一份"价值。

2. 可兑换信用货币

由于金属货币的不便性,人们开始将金银存在特定的商人那里,而商人则开立一张欠条保证随时兑付,后来市场逐渐开始交易和流通这样的欠条,这种欠条正是早期的可兑换信用货币:可以交易、可以足额兑付商品货币的一种信用凭证。最早的信用货币可以追溯至中国北宋年间的"私交子"以及古代英国的"金匠券"。

后来信用货币又经历了新的发展:由于真的手持"欠条"要求兑换金银的人往往较少,因此发行比金银储备量更多的纸币也是行得通的,即"不完全准备金制度"。"不完全准备金制度"的出现使得政府敏锐发现了发行官定纸币的好处(解决金属供应不足的问题,通过印发货币来满足财政开支),因此信用货币进入政府信用时代。但封建社会时期的政府往往不能约束自己的行为,随着财政废弛,封建纸币体系往往都会崩溃。

之后随着专职经营汇兑和借贷的银行开始出现,人们创造性地设立了兼有政府性质和私人性质,能取二者之长的中央银行:①中央银行具有铸币权,并对财政透支进行约束,应对货币超发的问题;②中央银行是"商业银行的银行",具有准备金管理权,同时提供存款保险,应对挤兑风险;③中央银行运用宏观调控政策,维护金融稳定,以应对宏观经济波动。从此银行信用货币的时代到来了。

3. 不可兑换信用货币

虽然中央银行的建立标志着现代货币体系雏形已现,但早期的银行信用货币(一种是由银行发行的可转让的债务凭证)仍然无法摆脱贵金属的桎梏。在布雷顿森林体系时代，美元仍挂钩黄金，1盎司黄金等同于35美元，这种体系有很大的缺陷（贵金属的产量仍然是货币扩张的掣肘）。即便国力强如美国，也逐渐无力维持美元与黄金的对价关系，因此布雷顿森林体系最终于20世纪70年代宣告破产。人们最终明白：为了解决贵金属的有限性这个问题，彻底走向信用化才是出路。

随着1976年牙买加货币体系正式建立，持币人无法再用货币向中央银行兑换任何资产，代表着现代不可兑换信用货币体系的确立。从原理上看，当前的各国货币都由各国央行完全凭借自身信用进行发行，不与以贵金属为代表的任何资产进行挂钩。不可兑换的银行信用货币制度仍是目前来看最具备自身体系稳定性的货币制度，因此是当今的主流（见图3-1）。

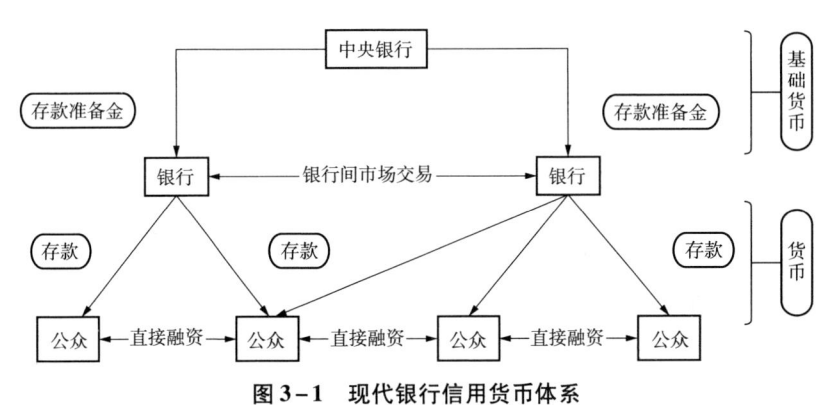

图3-1 现代银行信用货币体系

资料来源：中信证券固定收益部。

基础货币的概念及影响因素

在主流的货币政策体系中，基础货币总是一个核心概念。基础货币不仅直接决定了银行间流动性的松紧，而且还是广义流动性派生的"基础"。正如人类社会的运行离不开现代商业银行体系，现代商业银行体系的运转也离不开充足的基础货币，因此充分理解基础货币的定义与相关影响因素十分重要。

1. 基础货币的概念

基础货币是指"起创造存款货币作用的，商业银行在中央银行的存款准备金与流通于银行体系之外的通货这两者的总和"。从这一概念出发，基础货币的数量对于银行间流动性以及广义流动性都有十分显著的影响。

对于银行间流动性来说，诸如债券的一级申购、二级买卖以及资金的拆借等债券市场重要业务，多数时候交易的都是商业银行所持有的基础货币，因此基础货币总量升高时，银行间的流动性往往趋于宽松。同时，由于央行拥有调控基础货币总量的权力，因此理论上央行只需要通过管理好商业银行持有的基础货币总额，就可以有效调控银行间市场乃至广义信用扩张的总体规模，故而基础货币是央行实施货币政策调控的核心对象之一。

对于广义流动性来说，基础货币更是广义流动性的存在基础。由于基础货币具有最高的流动性，因此只有基础货币存在，其他种类的货币才有派生的前提。在贷款创造存款（LCD）的理论背景下，商业银行通过发放贷款即可以派生存款。但在这个过程中，商业银行还面临一些约束，例如客户取现以及法定准备金监管等，而这些约束都需要商业银行动用自身拥有的基础货币予以满足。如果商业银行的基础货币不足以应对取现需求或者法定准备金率考核，那么信用派生的进程也将会停止。因此基础货币规模对于全社会流动性的派生起到非常重要的限制作用。

2. 基础货币的影响因素

目前我国基础货币总额共计超过 30 万亿元，由三个部分组成：①"货币发行"：包含人们持有的现金（M0）以及商业银行的库存现金，占比约 30%；②"非金融机构存款"：人们持有的各类支付机构余额（支付宝余额、微信零钱等），占比约5%；③"其他存款性公司存款"：商业银行所持有的、存在央行负债端的存款，占比约为65%。

从影响因素来看，由于基础货币是央行的负债，因此基础货币的出现必定伴随着央行资产端的扩张，而央行投放基础货币的主要渠道包括：①央行对商业银行等金融机构的再贷款，诸如央行的逆回购操作、MLF操作、再贷款再贴现；②央行收购各类储备资产所投放的货币，诸如商业银行向央行结汇、央行购买贵金属储备等过程；③央行购买政府部门的债券，例如央行持有特别国债。上述三个渠道的共性是可以比作央行"印钞"购买资产，而央行在进行上述操作时所印制的"钞票"就是基础货币。但还有其他因素会对基础货币的规模产生影响。

3. 货币派生的理论与过程

相对而言，基础货币对于银行间市场的影响更加明显，而实体经济运行则与广义货币（M2）关联度更大。从基础货币向广义货币的转化，就是货币派生过程，也是商业银行体系的"核心使命"。因此，了解货币派生的理论与过程，将十分有助于了解银行体系以及广义货币的来源。

目前，贷款创造存款理论最能够完整、自洽地解释货币派生的全过程。贷款创造存款理论的核心要点是"货币来源于银行资产扩张"。通常而言，贷款创造存款理论所描绘的货币派生过程为：

①假想一个不存在货币的世界，客户甲来向银行A申请一笔100元的贷款，而银行A在发放100元贷款的同时，自然在负债端计入了100元存款。由于客户甲存在取现或转账需求，因此银行A就必须持有一定数额的准备金。假设央行通过逆回购向银行A投放准备金20元，且法定存款准备金率为20%，那么此时银行A将会恰好满足法定准备金的考核要求。

②如果银行 A 继续投放贷款，那么就将没有足够的准备金应对法定准备金考核，因此此时货币派生的过程就会停止。

③如果央行通过再贷款再次向银行 A 投放准备金 20 元，那么银行 A 将会拥有 40 元存款准备金。那么银行 A 可以用超额存款准备金作为支持继续放贷，这 20 元超额存款准备金还可以再派生出 100 元的存款。

贷款创造存款理论较好地阐述了货币派生的过程。当然，现实生活中虽然会有众多商业银行同时运行，但各家商业银行之间的资金往来只影响准备金的分布结构，而不会影响准备金以及存款的总量。

中国货币政策的实施依据：现代货币政策框架

经历了多年的改革与发展，我国的经济运行体制以及政策管理体系都出现了翻天覆地的变化，但无论在何种经济发展阶段，央行对于货币政策的实施与把控都显得尤为重要，因此作为央行实施货币政策的"基准"，全面了解央行货币政策框架是分析研判货币政策走向最重要的基础。

货币政策框架的含义

货币政策框架通常是指：在货币政策最终目标的指引下，中央银行遵守确定的政策规则，运用一系列政策工具，通过货币政策传导机制综合调控操作目标、中介目标的有关货币政策决策与实施的制度安排集合。在一个完整的货币政策框架中，清晰的目标体系、充足的政策工具、有效的政策传导机制以及明确的政策规则缺一不可。

1. **货币政策的目标体系是货币政策框架的基石，对于政策规则、传导机制和政策工具起到决定作用**

常见的货币政策最终目标主要有经济增长、价格稳定、充分就业以及国际收支平衡，操作目标通常有基础货币规模以及短期市场利率等，而中介目标则主要有存贷款规模、货币供应量、存贷款价格、中长期市场利率以及汇率等。从施政顺序上讲，考虑到政策目标的抽象性、可测性，以及政策传导的复杂性、滞后性，央行往往需要影响操作目标、观测中介目标来实现最终目标。

2. 为了有效地对货币政策目标展开调控，央行势必需要组建一个充足的货币政策工具箱

依据丁伯根原则"政策工具的数量至少要等于政策目标的数量"以及"政策工具必须是相互独立（线性无关）的"，央行需要拥有足够的货币政策工具。同外国央行不同，我国央行货币政策目标并不仅仅局限于经济增长或是通货膨胀，而是广泛负责经济生活中的方方面面，因此在常规的数量型和价格型政策工具外，我国央行仍构建了更加丰富的货币政策工具箱。

3. 为了有效实现最终目标，央行还需要在明确建立一套货币政策实施规则的同时，疏通货币政策传导机制

从实务层面上讲，操作目标、中介目标、政策规则以及政策传导是一个密不可分的有机整体。在给定的政策目标体系下，央行需要仔细考量政策工具的传导机制，以便更高效地实施调控作用（大体可分为数量渠道、利率渠道、预期渠道、资产价格渠道以及汇率渠道等）。在厘清传导机制后，央行将确定政策实施规则（央行为完成目标所制定的行为规范，大体可分为规则决策和相机决策两种，实务中央行通常兼而有之）。

现代货币政策框架的主要内涵

定义上，现代货币政策框架是"优化的货币政策目标、创新的货币政策工具和畅通的货币政策传导机制"的有机整体，是理解当前我国央行货币政策操作的根本依据。

1. **现代货币政策框架明确了货币政策目标体系**

现代货币政策框架直接点明了最终目标、中介目标、操作目标的内涵：最终目标为"对内保持物价稳定，对外保持人民币汇率在合理均衡水平上基本稳定"；中介目标则采取"保持广义货币供应量和社会融资规模增速同名义经济增速基本匹配"的锚定方式；操作目标则确定为"以公开市场操作利率为短期政策利率和以中期借贷便利利率为中期政策利率的中央银行政策利率体系"。概括地说，当前我国的货币政策目标体系是一个以数量型目标为调控重点，结合运用数量型与价格型工具，兼顾短中长期实现灵活调整的经济调控效果的目标体系。因此，如果仅从短期、固化视角对货币政策进行解读，很有可能会形成误判，分析的重点或许应集中于货币政策的短中长期关注点、货币供应与经济增长的关系以及金融市场利率水平等方面。

2. **现代货币政策框架阐明了央行开展货币政策操作的核心依据**

近年来我国央行货币政策工具箱不断扩展，但在以商业银行作为核心的金融体系中，现代货币政策框架点明货币政策工具实施的核心抓手是"通过流动性、资本、利率这三大外部约束影响银行货币创造行为"。因此，对于货币政策操作的分析不应局限于基础货币数量层面，商业银行资本充足水平、贷款成本、贷款结构、市场利率水平等多种因素都应纳入考量（例如普惠小微贷款支持工具等结构性货币政策工具的总量效应、不同经济情景下的政策需求以及各类型贷款利率等）。

3. **现代货币政策框架革新了货币政策传导机制**

2015年以前，我国央行的主要货币政策传导机制包括：通过数量型工具满足商业银行法定准备金需求以及负债成本；通过存贷款基准利率直接调控实体经济投融资成本。2015年后，我国虽然基本实现了存贷款利率市场化，但存贷款利率决定与调整机制并不灵活，政策利率传导出现淤塞点。现代货币政策框架中，在扩容数量型工具箱灵活调控基础货币的基础上，央行自2019年起先后实施LPR形成机制、存量浮动利率贷款定价基准转换、商业银行FTP（内部转移价格）体系、存款定价决定机制等多种改革，目前已经有效形成了从MLF到LPR再到存贷款利率的政策利率传导体系。与此同时，央行也不断加大人民币汇率的市场化改革力度，辅以离岸央票发行、外汇存款准备金等举措，极大增进了人民币汇率作为经济"稳定器"的功能，最终形成了"数量+利率+汇率"的全面货币政策传导机制（见图3-2）。

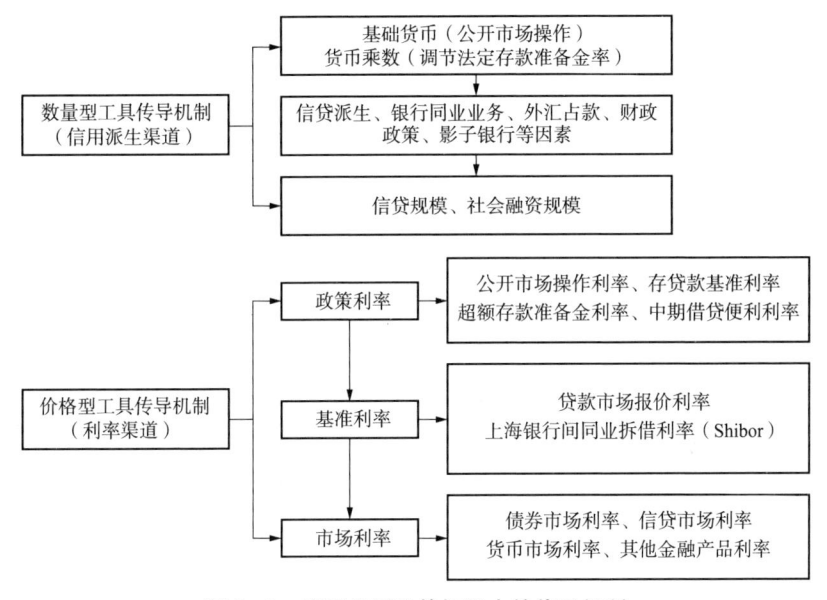

图3-2 我国货币政策框架中的传导机制

资料来源：中国人民银行，中信证券固定收益部。

权衡的艺术：货币政策的目标

构建一个完备的货币政策框架是完善我国货币金融管理体系的

重中之重，而形成清晰有效的货币政策目标则是构建货币政策框架的首要内容。然而，形成清晰有效的货币政策目标并非易事，这不仅涉及最终目标、中介目标以及操作目标的全面设定，更涉及诸多待选货币政策目标以及经济金融发展情况之间的权衡取舍。接下来我们将从货币政策目标的构成与概念出发，详细阐述我国货币政策目标体系的变迁与权衡机制。对于我国央行来说，币值稳定始终是中长期内的货币政策约束，而在短期内经济增长的权重相对较高，同时也会择机兼顾其他目标的情况（见图3-3）。

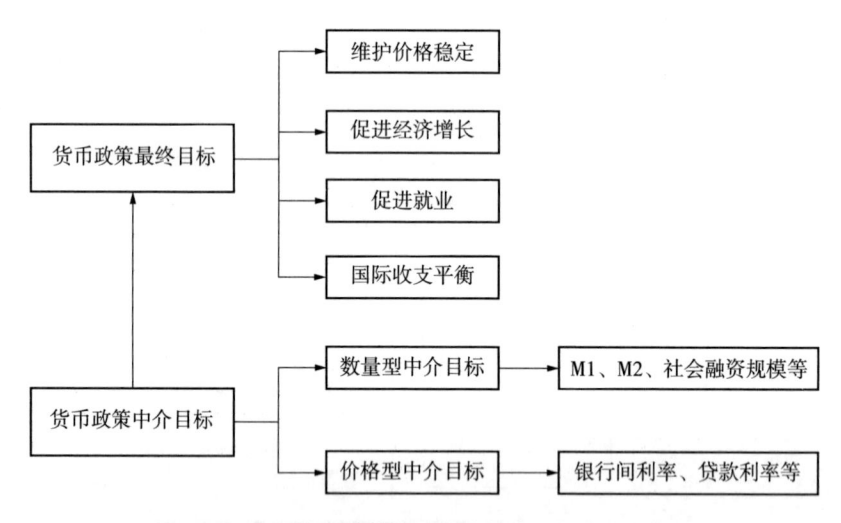

图3-3 我国货币政策框架中的最终目标和中介目标
资料来源：中国人民银行，中信证券固定收益部。

货币政策目标的构成与概念

当谈及货币政策目标时，众多相互交织的概念（诸如物价稳定、充分就业、M2、信贷以及市场利率等）往往使大家对货币政策目标产生许多困惑，因此有必要首先厘清货币政策目标的构成与概念。货币政策的最终目的常常并非一个可以直接调控的变量，中央银行所使用的工具也往往需要一个过程才能传导至实体经济。货币政策目标由三部分组成。

1. **最终目标：指政策层实施货币政策所要达成的最终目的**

通常而言，货币政策的最终目标共有维持物价稳定、保障充分就业、促进经济增长以及保持国际收支平衡四项，但一般来讲这四项不会同时成为一国央行的货币政策最终目标，而目标之间的权衡选择往往是同经济发展的阶段相互适应的。在20世纪30年代，大萧条带来的严重失业使得保障充分就业在货币政策目标中的权重极高，而20世纪70年代不断发酵的滞胀则让维持物价稳定与促进增长越发受到央行的重视，其后在"大缓和"与全球化时代，保持国际收支平衡又成为央行关注的一大重点。

2. **中介目标：指央行为了达到最终目标而选择的中介性政策变量指标**

通俗而言就是指观测较为简便而且同最终目标具有联系的经济变量。货币政策中介目标应当同时具备相关性（与最终目标有经济、统计相关性质）、可控性（各类货币政策工具可以对其进行影响）与可测性（可以计量，并能较好区分出货币政策工具的作用）。一般而言，中介目标可分为数量和价格两大类，数量型指标包括贷款规模、基础货币总量、货币供应量等，而价格型指标则包括金融市场利率、存贷款利率、汇率等。从历史经验来看，各国央行主流中介目标的选择经历了多轮变迁，从20世纪主流的贷款规模逐渐向当前的货币供应量、利率目标变化。

3. **操作目标：指央行运用货币政策工具能够直接影响或控制的变量**

操作目标是央行实施货币政策最直接的抓手，也是货币政策传导机制的起点，是同货币政策联系最为紧密、对货币政策反应最为灵敏的经济变量。考虑到央行本身的性质，操作目标通常是基础货币（总量或结构）以及金融市场利率。从历史趋势看，各国央行操作目标普遍由基础货币向金融市场利率转化，目前利率目标已经是主流选择。

依据《中华人民共和国中国人民银行法》，我国央行的货币政策目标是"保持货币币值的稳定，并以此促进经济增长"，然而看似简洁的最终目标并非全部，在对各个目标的权衡取舍中，我国央行还有着诸多考量。

现代货币政策框架下中国的货币政策目标体系

想要理解我国央行如何对货币政策目标进行权衡取舍，首先需要了解现代货币政策框架下我国货币政策目标体系的设定。随着高质量发展观念在我国经济发展工作中的权重逐渐上升，过度粗放的"大水漫灌"以及缺乏结构性微调的货币政策框架显然不符合我国的新发展理念，由此应运而生的现代货币政策框架则对我国货币政策目标进行了系统性的定义与扩展。

1. "坚持币值稳定的最终目标"

币值稳定不仅意味着内部通胀稳定，还意味着人民币汇率处于合理均衡水平，另外"促进经济增长"并非局限于GDP增速，就业以及金融体系服务实体经济效果都被纳入政策考量，因此目前我国央行的最终目标设定为"以币值稳定为首要目标，更加重视就业目标"。

2. "完善中介目标的锚定方式"

我国央行中介目标以数量型指标为核心，但简单依据往年货币供应量、社会融资规模等指标进行中介目标的设定可能导致经济潜在产出下行与过高的货币供应量之间产生矛盾，容易造成"大水漫灌"的风险。目前我国中介目标的设定遵守"匹配原则"，即"保持广义货币供应量和社会融资规模增速同名义经济增速基本匹配"。

当然，在短期逆周期需求上升时，货币供应量也可以略高或略低于名义增速，但长期来看仍要遵守"匹配原则"，而"匹配原则"也是在中长期内判断央行政策选择的核心抓手。

3. "以央行政策利率体系实现操作目标"

随着我国各类结构性货币政策工具的使用愈发频繁，以及受各类银行间流动性因素长期影响，长期精准控制基础货币的总量与结构难度较大，与此同时，如果通过流动性调节的方式将市场利率作为操作目标，则会在一定程度上失去对基础货币总量的控制能力，因此我国央行将"操作目标、政策利率和货币政策工具利率合而为一"，构建了7天期逆回购利率与MLF利率组成的央行政策利率体系。

综上所述，我国货币政策目标体系是一个以政策工具利率为抓手，以"匹配原则"为中介目标，并最终实现稳币值促增长的体系。然而正如前文所述，简单僵化的理解货币政策目标权衡不仅无益于深入理解央行政策，还可能导致投资决策上的错误。

中国货币政策目标体系的权衡取舍

货币政策目标间的权衡主要是指最终目标间的权衡。从法律层面来理解，我国央行似乎奉行的是以通胀为核心的"单一目标制"。实际上，只关注国内通胀的单一目标制确实具有更简洁直接、沟通效率高的优点，然而我国经济发展的独特路径决定了不能去狭义地理解央行。长期以来，我国政府需要对经济发展的方方面面进行管理，对宏观经济的调控与引导更是全方位的，更不用说在加入WTO后我国同海外经济的联动性明显增加，因此在通胀之外，经济发展、就业、国际收支都是央行需要负责的"隐含目标"。与此同时，随着经济体系改革的不断推进，破除低效的金融市场体系一方面需要央行在监管层面进行引导，另一方面更需要央行作为最后贷款人起到托底支持的作用，因此促进金融市场改革与维护金融市场稳定也是我国央行需要关注的重要方面。

实际上，更多的货币政策目标无疑会带来更大的挑战，不仅货币政策工具箱需要不断扩充，各种目标之间可能也会引起冲突与权衡。从近年来的货币政策实施情况看，可以对货币政策目标的权衡"排序"做出一定的梳理和推断：

1. 在中长期，币值稳定是央行的核心最终目标

从中长期看，坚守人民币币值稳定仍是我国央行的核心任务。对内，GDP平减指数明显走高时期，不论是以信贷为代表的广义流动性还是以资金利率为代表的狭义流动性都有趋于紧缩的态势（例如2016年全年、2020年三季度至2021年年末）；对外，例如在中美贸易摩擦与美联储加息等因素令人民币贬值压力增大的时点前后，若无其他扰动因素，我国的流动性也会出现收紧态势（2015年下半年至2016年年末、2022年二季度至三季度）。不过值得注意的是，相较于外部汇率压力，内部的整体通胀情况（而非单纯的CPI、PPI）更受央行重视，对中长期的货币政策走向影响较大。

2. 短期内，央行会灵活调整稳增长、控风险以及推进改革之间的目标权重

我国已经迈过了简单粗放的追求高经济增速的时代，单纯的逆周期调节也被逐渐调整为含义更宽的跨周期调节，但这并不说明央行会对经济所受的负面冲击无动于衷，这一点在2020年与2022年两轮新冠疫情冲击期间明显转松的货币政策基调上得到了直观的体现。而在此之外，央行也会实时防控金融市场风险与推进经济结构改革，2019年年中与2020年年末实施宽松政策对冲"包商银行事件"与"永煤事件"、2019年落地的LPR改革、近年来连续落地的结构性货币政策工具以及对房地产行业融资的不断调整都是央行在这方面所做的工作。当然，《中华人民共和国中国人民银行法》明确指出了经济增长（与稳就业方向一致）的"高权重"，因此稳增长的重要性相对高于控风险以及推进改革。

"施政"手段：货币政策工具

中央银行自诞生之日起，就与一国的宏观经济息息相关。纵观全球大国央行，无论是在该国历史上经济腾飞的高速发展期还是遭受种种冲击的经济下行期，均会实施相应的货币政策以实现宏观调控的政策目的，而各种各样的货币政策工具正是中央银行为达到货币政策目标采取的各种手段。对于以"保持货币币值的稳定，并以此促进经济增长"为货币政策最终目标的我国央行而言，为了满足不同时期纷繁复杂的宏观调控需求，充足的货币政策工具不可或缺。出于了解货币政策的目的，债券市场参与者势必需要了解央行的货币政策工具箱（见图3-4）。

总量型货币政策工具

1. 公开市场操作

公开市场操作是"中央银行吞吐基础货币，调节市场流动性的主要货币政策工具，通过中央银行与市场交易对手进行有价证券和外汇交易，实现货币政策调控目标"。我国已经形成每日开展公开市场操作的惯例，同时7天期逆回购利率也是货币市场的重要"利率锚"。参考货币政策执行报告，"形成每日连续开展公开市场操作"，有助于"完善常态化货币政策沟通机制，促进市场形成稳定预期"。另外，央行相关负责人也在会议上发言称"引导货币市场短期利率围绕公开市场7天逆回购操作利率在合理区间运行"。

2. 存款准备金政策

存款准备金（也可称为基础货币）是指金融机构为保证客户提

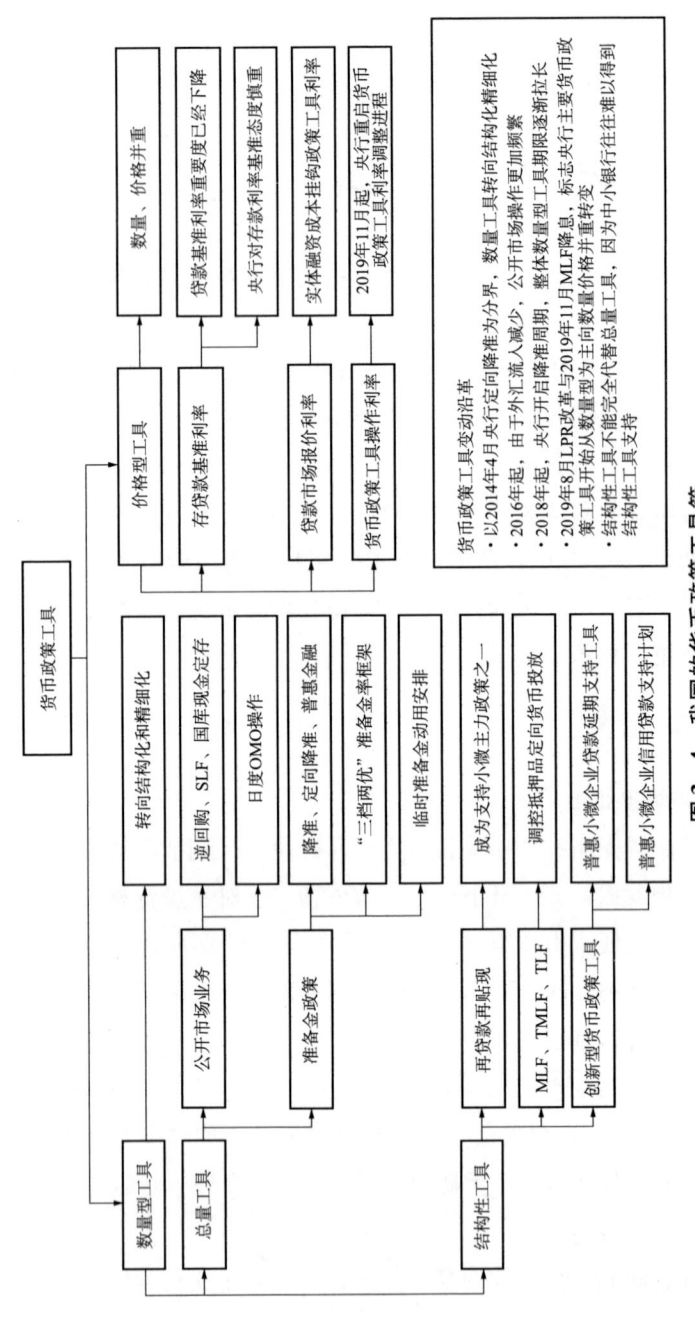

图 3-4 我国的货币政策工具箱

资料来源：中国人民银行，中信证券固定收益部。

取存款和资金清算需要而准备的资金。金融机构按规定向中央银行缴纳的法定存款准备金占其存款总额的比例就是法定存款准备金率，存款准备金率是央行重要的货币政策工具。当存款准备金总量不变时，如果央行提升存款准备金率，那么就会有更多的存款准备金将被冻结为法定存款准备金，此时超额存款准备金的总量将会减少，银行间流动性趋紧；反之，当央行降低存款准备金率时，银行间流动性趋于宽松。目前我国实行"三档两优"的法定存款准备金率框架。其中，"三档"指的是根据各类型金融机构的规模、区域、业务定位等因素，设定三个法定存款准备金率基准。而"两优"则是指在"三档"的基础上，在经过对普惠金融以及存款用途的考核后，可以进一步享受准备金率优惠。

结构型货币政策工具

与总量型货币政策工具相比，结构型货币政策工具通常是指附带有央行结构性调控意图（定向调控银行准备金、支持经济结构性转型等）的货币政策工具。因此，如果说总量型工具使得央行可以对银行间流动性进行细调微调，那么结构型工具就使得央行可以"按需"调控实体经济中的资金流向。

央行在使用上述工具时，通常会附带一些"考核标准"，例如资金的用途、特定行业信贷比例或者贷款成本等，同时也已经建立了事后抽查和台账检查的督导体系，以保证结构型工具资金落到实处。通常而言，结构型工具都需要金融机构先投放"符合央行要求"的信贷，再向央行申请资金支持。在操作形式上，分别有先贷后借与先借后贷两种。这一类工具发挥政策效果的主要原理是：通过相对较低的资金成本与严格的资金运用监管，直接改变商业银行对特定行业放贷的偏好，从而体现货币政策对特定行业的"结构性支持"。因此随着央行结构性货币政策目标的变化，再贷款的行业投向也会有所改变。

价格型货币政策工具

与总量型工具、结构型工具相比,价格型货币政策工具对市场利率的引导以及对实体经济投融资利率的影响更加直接。价格型货币政策工具是指:"中国人民银行根据货币政策实施的需要,适时运用利率工具,对利率水平和利率结构进行调整,进而影响社会资金供求状况,实现货币政策的既定目标。(见图3-5)"

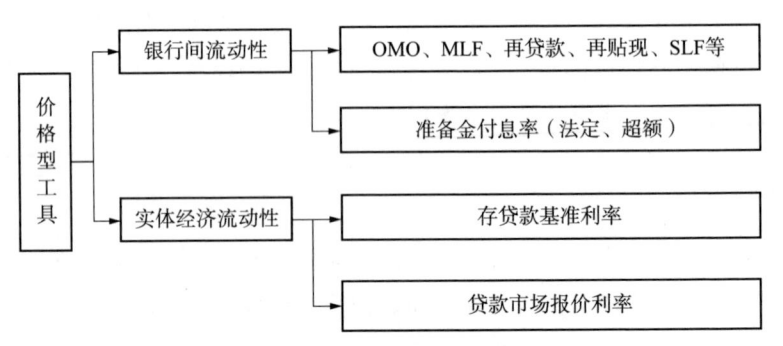

```
                    ┌── 银行间流动性 ──┬── OMO、MLF、再贷款、再贴现、SLF等
                    │                  └── 准备金付息率(法定、超额)
    价格型工具 ─────┤
                    └── 实体经济流动性 ┬── 存贷款基准利率
                                       └── 贷款市场报价利率
```

图3-5　中国人民银行价格型货币政策工具

注:我国央行对LPR主要起到引导而非直接调控作用。
资料来源:中国人民银行,中信证券固定收益部。

在利率市场化改革进程不断深化的大背景下,即便市场利率的形成机制已经逐渐由"政府管制"转向了"市场形成",但中央银行仍然需要保留能够直接影响市场利率水平的货币政策工具,以应对宏观调控的需求。从调控机制的角度讲,我国央行会对各类货币政策工具设定不同的利率水平以形成全面的货币政策利率体系,而对各类货币政策利率的调整一方面可以体现货币政策的整体取向,另一方面可以影响债券收益率曲线以及资本市场价格,并进一步通过流动性效应、预期效应等渠道影响实体经济运行。

目前,我国央行通过各类货币政策工具,已经形成了针对银行间流动性以及实体经济流动性的全面调控框架，其中：①央行通过调控 OMO 利率、存款准备金利率以及各类借贷便利工具利率，组成了我国的"政策利率走廊"，进而调控银行间流动性；②央行通过引导存贷款利率以及 LPR 利率，对实体经济融资成本产生直接影响。具体如下所述：

首先，常备借贷便利利率与超额准备金利率（IOER）分别成为我国利率走廊的上下限。利率走廊通常是指中央银行通过合理的政策工具利率组合，使得银行间资金利率被控制在利率走廊上下限区间内运行的机制。我国利率走廊的上下限分别为 SLF 利率与 IOER 利率：当市场利率高于 SLF 利率时，商业银行可以随时向中央银行以 SLF 利率融入资金；而当市场利率低于 IOER 利率时，商业银行可以将准备金以 IOER 利率存入央行。

其次，7 天期逆回购利率与 1 年期 MLF 利率是我国政策利率的中枢。我国政策利率走廊的上下限区间相对较宽，市场利率实际触及政策利率走廊的次数相对较少，因此市场利率也需要政策利率中枢的指引。货币政策执行报告指出："引导市场利率围绕公开市场操作利率和中期借贷便利利率平稳运行。"因此 7 天期逆回购利率与 1 年期 MLF 利率是我国政策利率的中枢。

最后，存贷款利率以及贷款市场报价利率会对实体经济投融资利率产生直接影响。在 2015 年之前，我国央行通过调整存贷款基准利率可以直接改变商业银行存贷款利率。而随着我国利率市场化改革进程的不断深化，2015 年后我国商业银行存贷款利率已经完全放开，存贷款基准利率也不再变化。但在市场利率自律定价机制以及全新 LPR 形成机制的共同影响下，央行可以通过引导商业银行存贷款定价以及 LPR 利率的方式，在市场化的基础上对实体经济融资成本实施调控。

读懂央行的"心":央行资产负债表剖析

跟踪央行货币政策是债券市场研究的重要一环,从日度的 OMO 操作到月度的 MLF 操作、从月度的金融统计数据到季度的货币政策执行报告,可以形成多角度、多层次的货币政策分析框架。其中央行资产负债表是研究货币政策"不可多得"的重要材料,不仅更新频率较高,而且数据统计也十分详尽与准确,还可以对基础货币、超储率等指标进行及时的定量跟踪。我国央行资产负债表是实时记录中国人民银行资产负债总量与结构变化的统计报表,于每月月中时点公布上月末数据,是我国货币金融统计中的重要一环(见图 3-6)。

项目	金额(亿元)	占比(%)	项目	金额(亿元)	占比(%)
国外资产	231 469.3		储备货币	344 206.6	
外汇	217 822.2	53.60	货币发行	109 771.3	27.00
货币黄金	3 455.76	0.90	金融性公司存款	194 279.9	47.80
其他国外资产	10 191.33		其他存款性公司存款	211 438.1	
对政府债权	15 240.68	3.70	其他金融性公司存款		
其中:中央政府	15 240.68		非金融机构存款	22 997.23	5.70
对其他存款性公司债权	131 711.7	32.40	不计入储备货币的金融性公司存款	6 409.08	1.60
对其他金融性公司债权	1 565.5	0.40	发行债券	950	0.20
对非金融性部门债权	0		国外负债	1 943.93	0.50
其他资产	26 433.63	6.50	政府存款	4 6016.9	11.30
			自有资金	219.75	0.10
			其他负债	6 674.58	1.60
总资产	406 420.8	100.00	总负债	406 420.8	100.00

图 3-6 中国人民银行资产负债表结构(2023 年 5 月末)
资料来源:中国人民银行,中信证券固定收益部。

央行资产负债表"资产端"科目解读

目前我国央行资产负债表由国外资产、对政府债权、对其他存款性公司债权、对其他金融性公司债权、对非金融性部门债权、其他资产六项资产科目组成。

1. 国外资产

国外资产包括外汇、货币黄金和其他国外资产三个子项，使用历史成本法记录并以人民币计价。首先，外汇是指央行口径下的外汇占款，即央行在外币结汇过程中所投放的人民币，是我国最主要的国外资产。其次，货币黄金是指央行在购买黄金、白银以及其他贵金属时所投放的人民币。其他国外资产是指我国央行持有的国际货币基金组织头寸、特别提款权、其他多边合作银行的股权、商业银行以外汇形式缴存的准备金等。

2. 对政府债权

对政府债权是指央行持有的对我国中央政府的债权，实际上主要是以我国财政部发行的特别国债为主。2007年，财政部发行1.55万亿元特别国债，为成立国家外汇投资公司筹集资本金，其中1.35万亿元特别国债为定向发行并最终由央行买入，该阶段央行对政府债权科目规模上升至超16 000亿元。

3. 对其他存款性公司债权

对其他存款性公司债权是指央行在实施货币政策工具操作后，所形成的对其他存款性公司（包括政策性银行、商业银行、财务公司等可以吸收存款的金融机构）债权。2015年"8·11"汇改后，央行基础货币投放渠道发生了明显变化，OMO操作更加频繁，还创设了MLF、TMLF、PSL（抵押补充贷款）以及各类创新型货币政策工具，同期该科目总规模明显增长，占比有所增加。

4. 对其他金融性公司债权

对其他金融性公司债权主要是央行出于金融稳定、流动性支持以及其他政策目的而向其他金融性公司（包括证券、保险、基金、信托以及汽车金融服务公司等金融机构）发放贷款、再贷款等货币政策工具后所形成的债权。

5. 对非金融性部门债权

对非金融性公司债权主要是央行为支持老、少、边、穷地区经济开发所发放的专项贷款，其规模相对较小，仅约占央行总资产的万分之一，2019年3月后央行不再公布该项数据。

6. 其他资产

央行官员曾提到："央行资产负债表中的'其他资产'，是未单独列示的资产科目集合，主要是一些杂项资产项目和应收暂付项目。"一般认为，央行其他资产科目包含着固定资产、暂付款项、待清理资产、待处理损失等资产。通常来说，"年底时，其他资产项目中有不少会有季节性变动的特点。待年末时点过去后，这些季节性变动会减弱或消除"，但在季节性变动之外，其他资产科目还可能受到一些特定因素的影响，主要体现在特殊时期央行稳定金融市场的政策操作。

央行资产负债表"负债端"科目解读

目前我国央行资产负债表的负债端共由储备货币、不计入储备货币的金融公司存款、发行债券、国外负债、政府存款、自有资金以及其他负债七大项组成。

1. 储备货币

储备货币又称基础货币或者高能货币，主要指"起创造存款货币作用的、商业银行在中央银行的存款准备金与流通于银行体系之外的通货这两者的总和"。目前我国储备货币总量约为30万亿元，是央行最主要的负债科目。

2. 政府存款

政府存款又可以称为财政性存款，主要是指人民银行经理国库业务收纳的财政性资金，即财政部门存放在央行的各项财政存款，俗称"国库库款"。进一步讲，政府存款主要包括中央与地方的各项财政库款（中央级预算收入款项、地方财政库款、财政专项存款和预算外资金）以及财政过渡款（国库当日收纳的、未报解的预算收入款和国家债券发行款项）。

3. 各类其他负债科目

在储备货币与政府存款之后，其他负债在央行资产负债表负债端中占比排第三位。结合各种资料，推测其他负债科目主要有：央行实施的公开市场正回购、金融机构以外汇形式缴存的存款准备金以及各类暂收款项、各类清算资金往来、财务收入等杂项，也可能同金融机构外汇存款持续增长以及央行调升外汇存款准备金率直接相关。

"水量"调节值：厘清央行流动性管理框架

流动性无疑是债券市场研究的一大重点，而央行则是所有流动性的最终源头。从这一角度出发，可以说央行进行流动性管理时所使用的框架最终决定了债券市场流动性的基本格局。过往10余年间，我国宏观经济发生了巨大的变化，而我国央行也完成了流动性管理框架的转型。我们将从央行流动性管理的基本逻辑出发，详细阐述当前我国央行所实施的流动性管理框架。

央行实施流动性管理的基本逻辑

为了简明清晰，我们所讨论的内容将集中于央行对商业银行体系基础货币（狭义流动性）的调控这一层次，且暂不涉及部分海外国家在实施超宽松后形成的非常规货币政策框架。

央行实施流动性管理的基本逻辑是：中央银行通过各类货币政策操作直接改变或间接影响商业银行的资产负债表，从而改变商业银行的货币创造行为，并最终对实体经济运行产生影响。

为了更加有效地调整商业银行资产负债表并进而引导商业银行行为，央行需要设计一整套流动性规则框架，而这一框架的核心主要有两点：一是可以有效约束商业银行流动性需求的货币规则；二是可以有效改变银行间体系基础货币总量的货币政策工具箱。

针对上述两点，首先，央行需要通过设定法定存款准备金的缴存规则来有效约束银行的流动性需求。由于存贷款规模的不断扩张，拉长视角看，商业银行需要"冻结"在央行的法定存款准备金总额势必会不断增加，如果银行间基础货币没有得到补充，商业银行可以动用的流动性势必会不断减少，从而对商业银行的生产经营产生限制。因而在缴准规则下，商业银行总是有刚性的流动性缺口需要请求央行予以补足，随之央行就将在银行间市场上占有流动性调控的主导地位，就可以通过更少的基础货币调控量起到更佳的流动性调控效果。

其次，央行还需要设计一个足够丰富的货币政策工具箱，以兼顾不同期限的流动性需求。由于商业银行存款规模在绝大多数时间内总是不断扩张，因此商业银行将会永久性的产生基础货币需求，对此央行需要一些规模较为充足、流动性投放期限相对较长、市场接受度相对较高的流动性调控工具。在此之外，银行间市场的短期波动也会持续存在，因此央行也需要一些操作较为灵活、期限相对较短的货币政策工具予以调节。结合上述工具，央行需要构建一个涵盖各个期限、各种灵活度的工具箱。

同时具备上述特征的流动性管理框架，可以称为"结构性流动性短缺的流动性管理框架"，而这正是我国央行采用的流动性管理框架。在这一框架下，央行拥有流动性调控的权力，可以更有效地调节基础货币，还能通过改变货币政策工具的价格对市场价格产生影响；而对于商业银行来说，在获得央行流动性的同时需要支付一定的政策工具利率作为成本，而这种成本的存在有助于增强商业银行经营的谨慎性与稳健性（见图3-7和图3-8）。

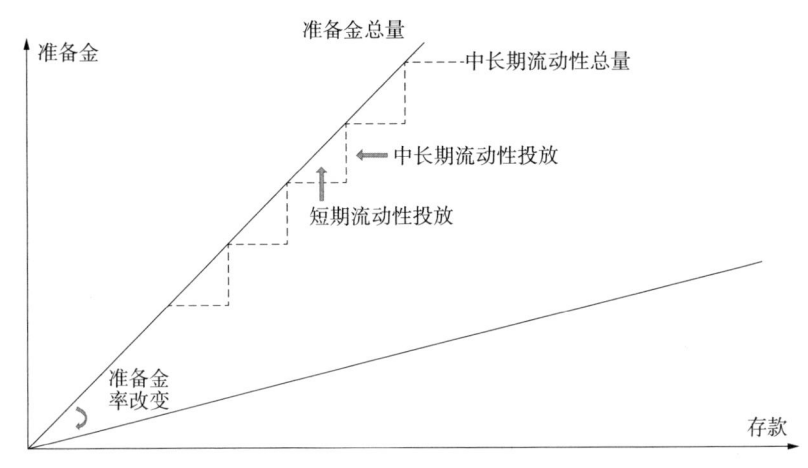

图3-7　结构性流动性短缺的流动性管理框架

资料来源：中信证券固定收益部。

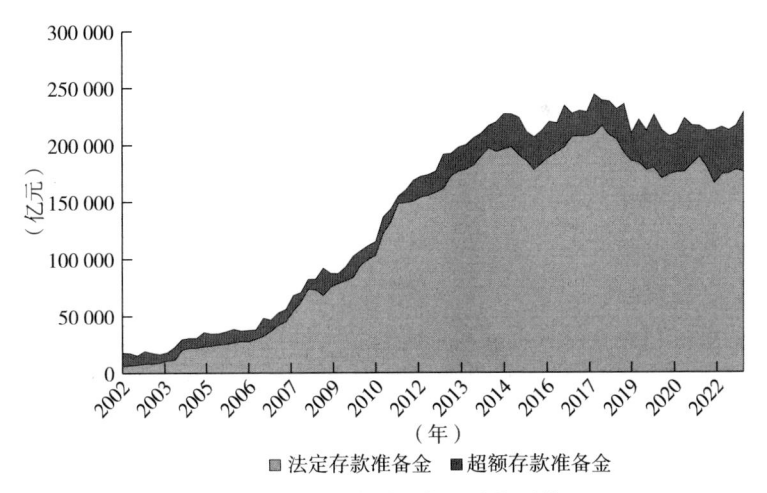

图3-8　我国存款准备金结构测算

资料来源：万得资讯，中信证券固定收益部。

第三章　流动性的源头：中央银行与货币政策

中国央行流动性管理的实践

形成结构性流动性短缺的流动性管理框架并非一朝一夕之功，中国人民银行在这方面也经历了长期的耕耘。从原理上讲，基础货币的投放来源大体可以分为内部和外部两个渠道，其中外部投放源头往往来自境外资金的流入，"不可控性"相对较大；而内部投放源头往往来自央行货币政策工具的运用，"可控性"相对较强。在过往的 20 余年间，我国基础货币创造源头经历了从外部向内部转化的两个发展阶段，而两大阶段的转变也正是央行流动性管理框架发生转变、政策调控能力逐渐增强的直观体现。

阶段一：2013 年之前，海外资金不断流入，央行流动性管理框架呈现结构性流动性盈余特征。自 2001 年我国加入 WTO 后，经济飞速发展，"双顺差"格局下外汇资金持续流入。由于强制结售汇制度的存在，央行大量购入外汇以稳定汇率，同时导致基础货币投放量出现了被动增加。然而，基础货币的被动大量投放不仅削弱了央行实施流动性管理的效率，更是存在货币投放量过大引发通货膨胀过热以及金融市场泡沫的风险。为了对冲基础货币的大量增加，该阶段央行主要采用了结构性流动性盈余的调控框架，流动性管理以回笼操作为主。

阶段二：2014 年以后，央行流动性管理框架发生切换，结构性流动性短缺框架逐步确立。2014 年起，随着"藏汇于民"进程的不断推进，外汇占款规模激增的进程开始放缓。而 2015 年实施的"8·11"汇改更是完全改变了我国央行的流动性管理框架，由于外汇占款流入减少，流动性转入结构性短缺状态，而为此央行需要主动向银行间投放基础货币，否则商业银行的贷款投放以及金融体系的正常运转都会受到极大的制约。在此背景下，央行一方面通过确定短缺型调控框架极大地增强了货币政策管理的独立性与外生性；另一方面也借此机会创设了常备借贷便利、中期借贷便利、抵押补充贷款等多种货币政策工具，为后续我国央行逐渐加强结构性政策调控奠定了工具基础。大体上看，此阶段内我国商业银行基础货币构成出现了明显变化：外汇占款总量明显减少，"对其他存款性公司债权"规模明显增加，我国商业银行基础货币总量整体恒定。目前，我国央行的流动性管理框架基本稳定：在通过结构性流动性短缺巩固央行地位的同时，通过每日逆回购操作进行短期流动性调控，通过每月 MLF 操作以及不定期降准的方式补充中长期流动性，同时辅以每季度召开发布会并撰写货币政策执行报告来进行充分的市场沟通。

"价格"调节知多少：利率体系与政策利率传导

从本质上说，流动性的"量"与"价"是两个无法分割的并列属性，任何金额的一笔资金都会有其对应的价格（利率），因此债券市场研究势必关注资金的"价"。从另一个角度讲，利率不仅仅是资金的价格，它还对居民储蓄消费、宏观政策取向和社会资源配置产生重要影响。

中国利率体系的整体情况

经过了 30 多年的市场培育与建设，我国的利率市场化改革进程已经取得了极大的成就，基本上形成了市场化的利率体系以及市场化的利率传导机制。参考中国人民银行官员在彼得森国际经济研究所（PIIE）论坛上的讲话，可以为我国关键利率体系的构成找到官方依据。当前我国关键利率体系由 4 个政策利率（OMO、IOER、SLF、MLF）以及 2 个基准性利率（国债收益率、LPR）组成，这些利率通常都可以由央行的各类货币政策工具直接或间接进行调控。

当然，虽然在央行提供的关键利率表中没有涉及，但银行间质押式回购利率、上海银行间同业拆放利率以及回购定盘利率（FR、FDR）也是我国重要的利率，同时其基准性作用也被央行论文直接确认。上述资金利率对于短期资金融通、同业存单（NCD）、同业拆借、浮动利息债券以及利率互换（IRS）具有较强的基准性作用。与此同时，如何建立政策利率、基准性利率与这些市场利率之间的传导机制，同样是货币政策所考量的重点。

中国政策利率传导的机制与逻辑

所谓的政策利率传导机制，即"从政策目标到操作利率，再到中介利率，最后到各类市场利率的传导途径"。正如前文所说，央行不可能将全部市场利率都纳入政策利率范围，因此势必需要通过适宜的政策利率传导机制将货币政策利率的调控意图传导至市场利率之中（见图3-9）。

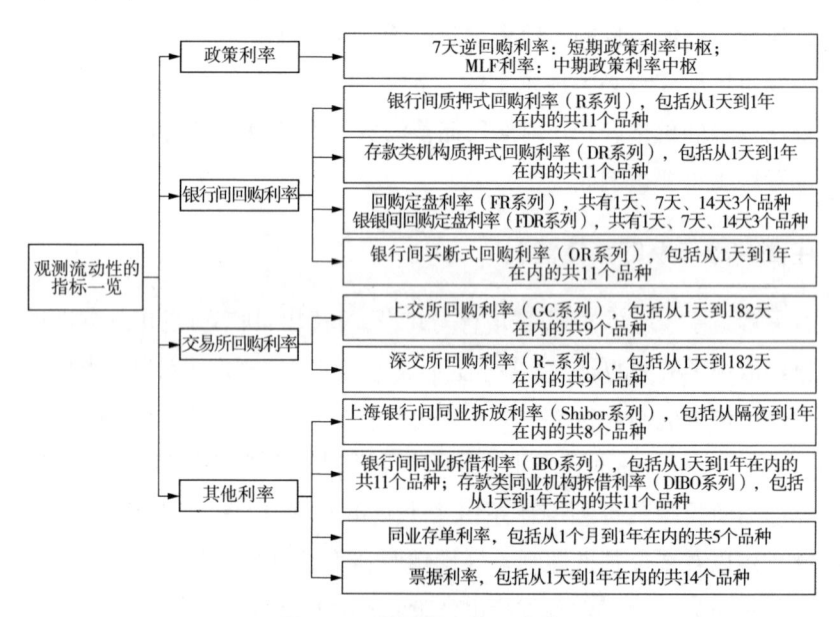

观测流动性的指标一览：

- **政策利率**
  - 7天逆回购利率：短期政策利率中枢；
  - MLF利率：中期政策利率中枢

- **银行间回购利率**
  - 银行间质押式回购利率（R系列），包括从1天到1年在内的共11个品种
  - 存款类机构质押式回购利率（DR系列），包括从1天到1年在内的共11个品种
  - 回购定盘利率（FR系列），共有1天、7天、14天3个品种
  - 银银间回购定盘利率（FDR系列）有1天、7天、14天3个品种
  - 银行间买断式回购利率（OR系列），包括从1天到1年在内的共11个品种

- **交易所回购利率**
  - 上交所回购利率（GC系列），包括从1天到182天在内的共9个品种
  - 深交所回购利率（R-系列），包括从1天到182天在内的共9个品种

- **其他利率**
  - 上海银行间同业拆放利率（Shibor系列），包括从隔夜到1年在内的共8个品种
  - 银行间同业拆借利率（IBO系列），包括从1天到1年在内的共11个品种；存款类同业机构拆借利率（DIBO系列），包括从1天到1年在内的共11个品种
  - 同业存单利率，包括从1个月到1年在内的共5个品种
  - 票据利率，包括从1天到1年在内的共14个品种

图3-9 我国利率体系全览

资料来源：中信证券固定收益部整理。

全面市场化下的中国政策利率传导机制可以概括为：①央行通过 OMO 和 MLF 等工具控制短中期基础货币的供给，从而直接影响短中期的市场基准利率曲线以及商业银行的资产负债表；②金融市场"主要基于市场对未来宏观经济走势、货币政策取向等因素的预期"，通过交易形成中长端的市场收益率曲线价格；③基于上述收益率曲线，政策制定者、商业银行以及投资者可以观察到重要的市场信息，并进一步通过商业银行的内部资金转移定价机制以及信用扩张进程形成受众面更广的存贷款利率。不过，在顺畅实现上述政策利率传导机制的过程中，我国央行仍经历了较长时间的探索，并着重解决两个方面的问题：

第一，央行需要确定合意的政策利率组合，以更加高效地调控基准收益率曲线。从海外央行的实践经验来看，仅仅盯住短期利率的调控框架已经受到了现实挑战，不论是中国还是美国，收益率曲线的长短端期限利差都并不稳定。进一步说，我国金融市场仍然处于发展阶段，距离高度有效的市场环境还有很大差距，"中央银行难以只通过调节隔夜利率来实现物价稳定的目标"。因此，在短期政策利率（公开市场逆回购利率）之外，我国央行还运用 MLF、PSL 以及多种结构性工具来对中期利率实施调控。

第二，央行需要解决金融市场利率向存贷款利率的传导问题。我国是一个以间接金融为主体的国家，商业银行是金融系统的最主要组成部分，所以各类货币政策工具基本都是通过直接作用于商业银行资产负债表（以各种货币政策工具来改变商业银行资产负债的结构与价格），再通过引导商业银行行为的变化进行后续的利率传导。即便如此，值得注意的是，我国金融市场利率（银行间资金利率、债券收益率）常常是无法与存贷款利率同步变化的，这种定价的"双轨制"正是构建政策利率传导机制的难点所在。因此，我国央行还特地进行了多种政策布置：①通过结合投放短期与中期的基础货币，能更有针对性地调控金融市场部以及信贷管理部的行为（分别对应金融市场以及存贷款市场）；②一方面通过实施 LPR 报价改革打破了存贷款利率的定价惯性，另一方面则不断引导市场利率定价自律机制改革，并将存款利率同 LPR 利率、国债收益率挂钩。

在构建了完整的货币政策传导机制之后，央行还需要确定一个合意的利率水平。参考央行官员在 PIIE 论坛上的演讲，我国央行倾向于选择将实际利率水平设定为潜在经济增速水平。当然，由于实际利率以及潜在经济增速水平都是难以准确测度的经济变量，我国央行将会采取"保守的方法"，即将实际利率定在略低于潜在经济增速的水平。

选好视角是第一步：狭义流动性与广义流动性的观测指标

债券价格与市场流动性间的关系十分密切，因此流动性分析是债券市场研究不可或缺的一环，其中，选择市场流动性的观测指标将是重要的第一步。若想更好地开展流动性分析，一概而论的笼统指标想必不够准确，而从流动性的分布和特点出发分别观测狭义与广义流动性将会更加全面。

区分狭义流动性与广义流动性的重要意义

狭义流动性通常是指商业银行以及非银机构拥有的货币总量，直观上即为债券市场以及资金市场参与者可以直接动用的资金量，是债券市场流动性最直接的度量。我国债券市场相对而言是一个"小而精"的市场，参与主体集中于商业银行、证券公司、保险机构以及非法人产品等金融机构范围。因此，债券市场参与者可动用的资金以及债券交易所带来的资金划拨绝大多数时候都被涵盖在基础货币以及非银存款范围内，它们是狭义流动性最直接的测度指标。

广义流动性通常是指居民、企业、政府机关团体所拥有的货币总量，直观上表现为各类银行存款。商业银行依托央行提供的基础货币，通过货币派生创造出居民、企业以及政府机关团体所拥有的存款。虽然狭义和广义流动性在概念上有所区别，但广义流动性可以通过影响缴准以及广义资管规模等途径影响债券市场，因此在信贷投放大月以及银行理财集中申购赎回的时点，狭义流动性也会受到扰动。

观测狭义流动性的"量""价"指标

从数量的角度来看，可以使用超储率以及非银存款规模衡量狭义流动性。

超储率指的是商业银行存放在央行的超额存款准备金占其存款量的比重，是商业银行在足额缴纳法定存款准备金后，用于发放贷款、购买资产、融出资金等业务的可以自由动用的资金。显然，不论是对于一家商业银行还是对于商业银行体系来说，超储率越高意味着商业银行可自由动用的资金越多，债券市场流动性就会更加充裕（见图3-10）。

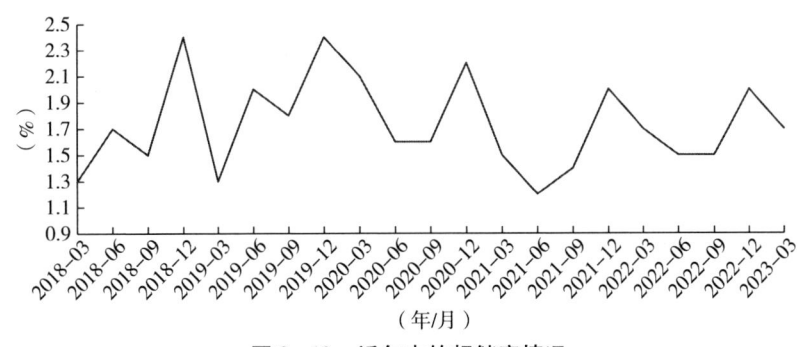

图3-10 近年来的超储率情况

资料来源：万得资讯，中信证券固定收益部。

非银存款是指券商、保险、信托、基金、银行理财以及各类资管产品等存放在托管银行账户中的资金。严格来说，非银存款属于广义流动性范畴，与基础货币并非处于同一层级上，但由于非银机构也是债券市场的重要参与者，甚至货币市场基金还是资金市场重要的资金融出方，因此如果非银存款规模较高，债券市场流动性也会更加充裕，其变化同狭义流动性的联系就更加直接。

虽然超储率与非银存款指标较为直接，但是二者不能以最及时的频率反映银行间市场的流动性总量，因此以日度频率公布的现券成交规模以及资金市场成交规模也是债券市场流动性数量指标的有力补充。

多数情况下，狭义流动性同现券、资金市场成交量呈正相关关系，因此每日盘后借助市场成交量数据也可以有效观测狭义流动性情况。值得注意的是：①由于债券市场成交量不断扩大，可以借助债券托管量等数据对成交量进行标准化处理；②资金市场成交量往往也会公布各期限数据，因此可以关注隔夜质押式回购成交量的占比情况（见图3-11）。

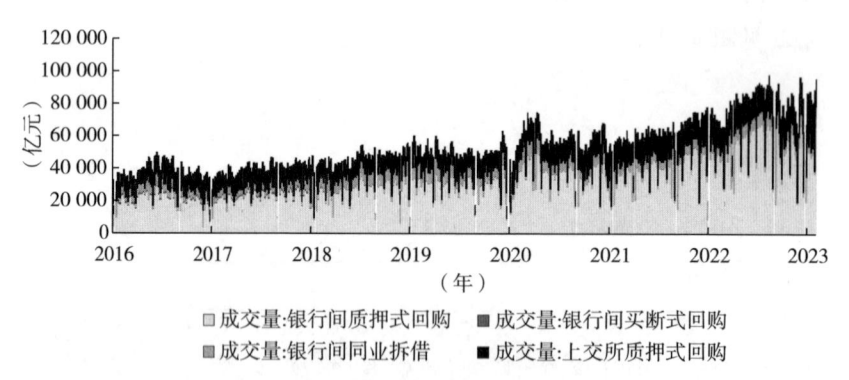

图3-11 资金市场成交量

资料来源：万得资讯，中信证券固定收益部。

从价格的角度来看，衡量狭义流动性的核心指标是各类资金的价格。

R（银行间质押式回购加权利率）、DR（存款类机构质押式回购加权利率）是观测银行间流动性最重要的价格指标。银行间市场资金融通方式主要包括质押式回购（通过质押品作为融资担保的资金回购）、买断式回购（通过转移押品所有权作为融资担保的资金回购）以及同业拆借（纯信用融资）三种，其中质押式回购占据了接近九成的交易规模，因此 R、DR 重要性较高。由于 DR 将交易机构限制为存款类金融机构，同时规定了质押券范围，因此 DR 更具有基准作用，在监管机构眼中的重要性也更高。

GC（上交所质押式回购）是观测交易所流动性最重要的价格指标。目前商业银行对于交易所市场的参与度相对有限，因此交易所资金利率的重要性不及 R、DR 利率。不过考虑到非银机构在交易所资金市场的参与度较高，因此交易所资金利率仍有较好的结构性指示意义。从成交量来看，GC 利率最具有代表性。

同业存单利率也是观测银行间流动性的重要价格指标。直观来看，同业存单衡量了商业银行在银行间市场进行中长期主动负债的成本。由于同业存单覆盖了 9 个月、1 年等期限，因此可以有效弥补 R、DR 等利率对中长期流动性价格覆盖度不足的问题。

在绝对价格水平之外，价格指标反映出的结构性因素同样值得观察。DR 和 R 两者之间的利差可以作为一个反映非银机构融资难易度的衡量指标，可以有效反映市场流动性分层的程度。另外，R、DR、GC 以及同业存单内部不同期限利率的期限利差也可以有效反映特定时点（月末、季末、税期）或是监管考核（季末 MPA 考核）的影响程度。最后，不同种类商业银行发行同业存单的利差也可以反映流动性信用分层的程度。

观测广义流动性的"量""价"指标

从数量的角度来看，M2、社会融资规模增速以及贷款规模增速可以作为衡量广义流动性规模的指标。

从本质上说，M2、社融规模、贷款增速三者的定义具有较大区别，不应一概而论。首先，M2更加侧重于衡量商业银行负债端的规模。其次，社会融资规模更加侧重于衡量金融体系资产端的规模。最后，贷款增速更加侧重于衡量商业银行资产端的规模增长。当更需要关注实体经济流动性总量以及缴准压力时，M2指标更加合适；当更需要关注金融体系或银行资产配置空间时，社融或信贷指标相对合适。另外，上述三个指标的内部增长结构变化，也能用于分析研究实体经济各部门的流动性情况变化。

从价格的角度来看，存贷款加权平均利率、LPR、各类广义资管产品收益率可以作为衡量广义流动性价格的指标。广义流动性的价格往往是决定实体经济流动性走向的主要因素，往年引发市场热议的居民存款搬家、企业"信贷—票据"套利、理财集中赎回、超额储蓄往往都是某一类广义流动性价格发生了结构性失衡的结果（见图3-12和图3-13）。

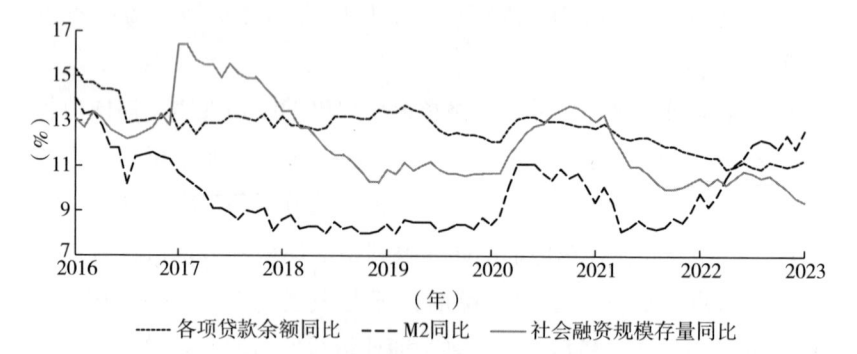

图3-12 观测广义流动性的数量指标

资料来源：万得资讯，中信证券固定收益部。

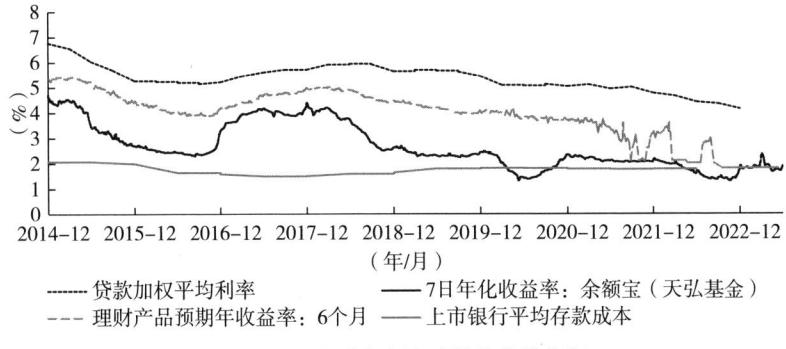

图 3-13 观测广义流动性的价格指标

资料来源：万得资讯，中信证券固定收益部。

分析狭义流动性的"经典指标"：超储率的计算

在"纷繁复杂"的各类流动性观测指标中，超储率无疑是最能直观体现商业银行资金供给潜力的观测指标，对于银行间流动性松紧的研判具有重要参考意义。因此我们将聚焦于超储率这一流动性分析的"经典指标"，对其定义以及预测方法展开讨论。

超储率是重要的流动性监测指标

超储率的全称是超额存款准备金率，衡量了超额存款准备金总量占一般存款的比例。从概念上说，"超额存款准备金是金融机构存放在中央银行内超出法定存款准备金的资金，主要用途是支付清算、头寸调拨或作为资产运用的资金"。超储率的高低会同时对狭义、广义流动性产生影响，因此是一个非常重要的研究指标。但目前央行仅按照季度公布超储率，不能满足市场研究的需要，因此对月度的超储率展开计算十分必要。

在计算超储率的方法层面，假设"超储率 = 超额存款准备金总量/一般存款 = （存款准备金总量 - 法定存款准备金总量）/一般存

款",想要计算超储率就需要分别求解该公式的分子分母,同时在计算过程中有如下几点需要注意:

首先值得注意的是一般存款(分母)的计算。一般存款包括企业存款和个人存款,在1998年央行调整金融机构一般存款的统计范围后(《关于改革存款准备金制度的通知》),在企业与居民存款之外还需将财政存款中的机关团体存款与财政预算外存款划入一般存款统计。但从实务上讲,由于通常无法直接得知财政预算外存款的总量,因此计算一般存款时往往采用"一般存款=各项存款－财政性存款"这一公式进行计算。

其次,由于"法定存款准备金总量=缴准基数×平均法定准备金率",因此对于法定存款准备金总量的计算也需要讨论。回顾历史经验,央行对需要缴准的存款范围进行了多次改革:2015年,非存款类金融机构存款(非银存款)计入准备金交存范围,但适用的准备金率暂定为零;2016年,对境外金融机构在境内金融机构的存放执行正常存款准备金率政策(之前该类存款适用的存款准备金率暂定为零);2018年,涉及港澳人民币业务清算的部分机构境外人民币存款准备金率再次调整为零。但通常来说,可以使用"缴准基数=一般存款－非银存款－境外存款"这一公式计算需缴准的存款总量。

为求准确,可以直接使用央行资产负债表公布的存款准备金总量来对超储率进行估计。由于超额存款准备金是商业银行存款准备金总量的一部分,而且遵循"借贷必相等"的复式记账法原理,各类对基础货币产生影响的因素最终都会反映在央行资产负债表负债端"储备货币"分项中,计算方法如下:

$$超储率 = 上季度末超储率(官方) + \Delta 超储率$$

$$\Delta 超储率 = \Delta \frac{准备金存款(官方) - 法定准备金}{一般存款}$$

根据 2023 年一季度货币政策执行报告，2023 年 3 月超储率为 1.7%。进而使用准备金跟踪法估算：

①根据信贷收支表可得 2023 年 4 月一般存款总量约 267.6 万亿元，估计的缴准基数约 241.0 万亿元，估算的法定存款准备金总量约为 18.3 万亿元（4 月金融机构加权平均存款准备金率约为 7.6%）。

②根据央行资产负债表可得，4 月末央行负债端中其他存款性公司存款共有约 21.8 万亿元，环比减少约 1.3 万亿元。

③根据上文超储率变化公式，估算 4 月超储率大约较 3 月下降了 0.2%，进而推算出 4 月末超储率水平约为 1.5%。

该方法的不足之处在于必须借助已经公布的央行报表才能计算超储率。但应当注意的是，超储率的计算会存在一定的误差：

①缴准基数的计算存在误差：由于无法准确计算财政性存款中的财政预算外存款总量以及部分境外人民币清算行相关业务存款，因此通过信贷收支表中数据衡量缴准基数（一般存款）的过程存在误差。

②法定准备金率的计算存在误差：一方面，平均法定准备金率的细微波动往往无法准确估计；另一方面，普惠金融定向降准等结构性货币政策工具对平均法定准备金率的影响也难以计算。因此在计算法定存款准备金总量时会出现计算误差。

③主观估计误差：在进行超储率计算时，往往会主观地对一些因素的数量变化进行估计（例如现金总量的变动、财政因素的影响等），因此人为估计的误差难以避免（见图 3-14）。

学以致用：银行间资金价格的判断方法

我们在前文中已经详细地对货币政策以及银行体系的运行进行了阐述，较为全面地介绍了各类流动性的分析方法以及观测指标。

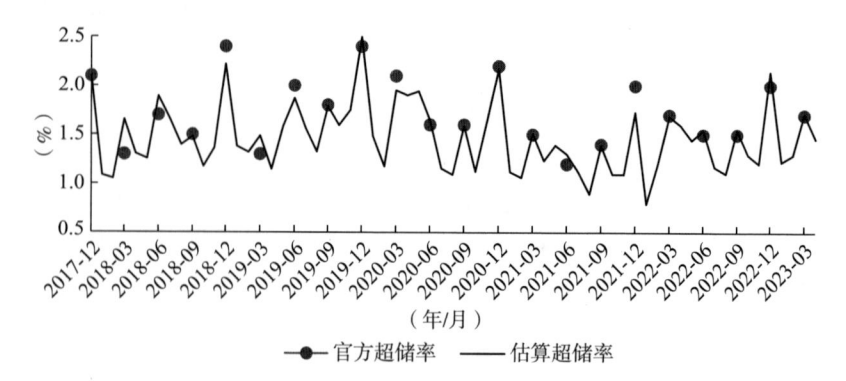

图 3−14　使用前述方法估算的超储率水平

注：由于同样使用央行资产负债表数据，前述两种方法的估计值相同。
资料来源：万得资讯，中信证券固定收益部。

而在此基础上，搭建银行间资金利率的判断框架无疑是"从理论到实践"的重要一环。

从供给视角看资金

最为经典的银行间资金面分析框架是从商业银行超额准备金率出发的，认为随着商业银行超额准备金的增加，银行间资金面的供给将会得到改善。然而，这一框架至少做出了如下假设：①商业银行是唯一的资金供给者；②商业银行的资金供给同超储率具有正相关性；③银行间市场的资金需求是稳定的。而从实际角度和上述假设出发，都可以看出仅关注超储率的资金利率分析框架显然不够全面。

我国银行间资金交易主要由质押式回购组成，借助 CFETS 的 iData 数据，可以直观看到我国银行间资金的主要供给方和需求方存在明显差异：大型商业银行、股份制商业银行以及货币市场基金是主要融出方，而各类非法人产品户以及券商、保险等非银机构则是主要融入方。因此，在进行银行间资金利率分析时，需要注意：

首先，超储率很重要，但并非全部。商业银行是银行间资金的主要融出方，而商业银行所持有的超储总额势必会对商业银行的融出产生影响：超储越多，则商业银行的资金融出潜力就越高。在方法上，既可以通过"超储五因素模型"对商业银行超储率进行实时估算，又可以通过每月公布的央行报表对超储率进行相对准确但略有滞后的估算。不过对超储率的观测并不能完全解释银行间资金利率的波动（见图3-15）。

———— R001月均值（左轴）　—— R007月均值（左轴）　—— 超储率（右轴）

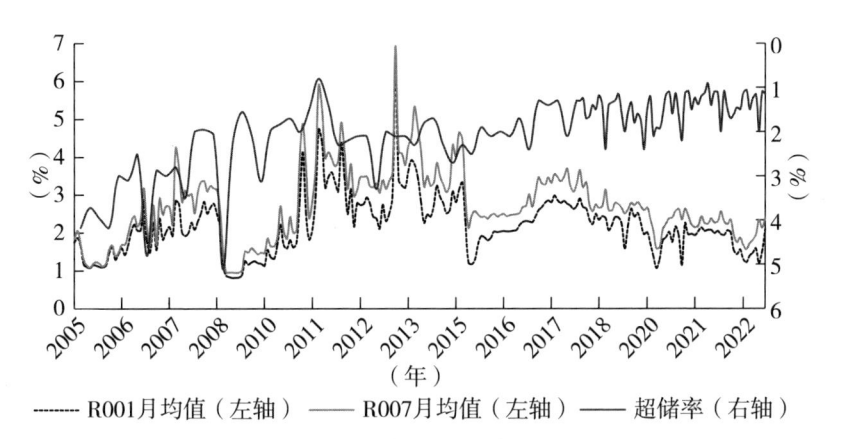

图3-15　资金利率与超储率

资料来源：万得资讯，中信证券固定收益部。

其次，非银存款规模是超储率的有效补充观测指标。与商业银行类似，货币市场基金也是银行间资金的重要融出方，其资金融出规模大致占资金总融出规模的20%，因此其资金规模不容忽视。对于货币市场基金，其闲置可用于融出的资金计入非银存款["存款类金融机构吸收的证券及交易结算类存放、银行业非存款类存放、SPV（特殊目的载体）存放、其他金融机构存放及境外金融机构存放"]。依据历史经验，非银存款占比与资金利率具有相对稳健的正相关性（见图3-16）。

最后，对于银行间资金供给进行分析还需要对银行间流动性的

第三章　流动性的源头：中央银行与货币政策

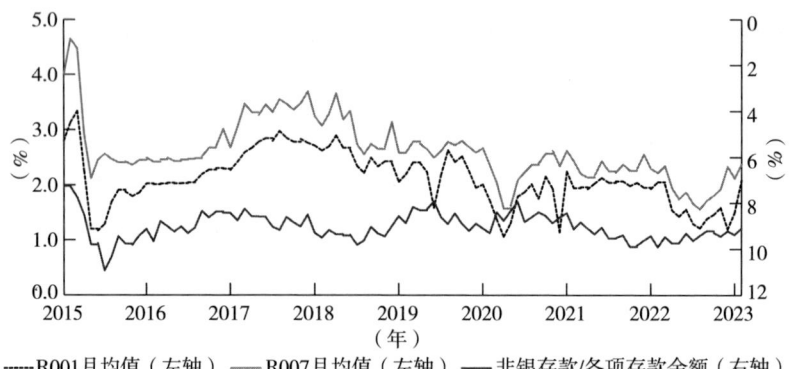

图 3-16 资金利率与非银存款占比

资料来源：万得资讯，中信证券固定收益部。

分布进行观测。从资金供给的角度说，因为中小型商业银行进行资金融出的能力以及银行间客群覆盖度相比大型商业银行有所欠缺，当大型商业银行所持有的储备货币总量较低时，资金利率往往有一定的上行压力。当然这一点也需要结合非银存款增速以及央行流动性投放结构进行分析（见图 3-17）。

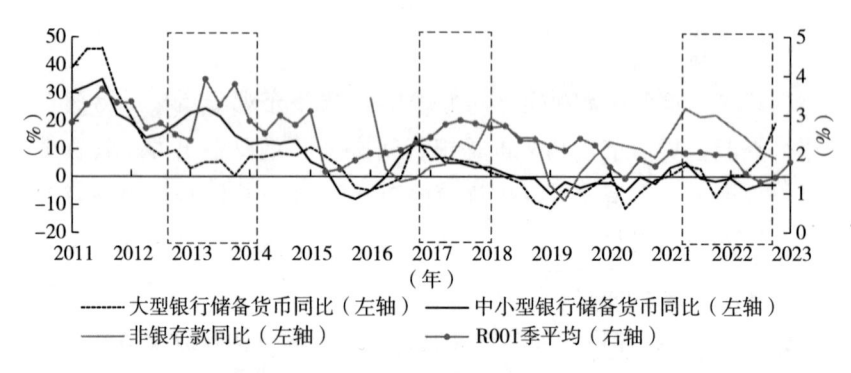

图 3-17 不同规模商业银行储备货币规模增速、非银存款增速及 R001

资料来源：万得资讯，中信证券固定收益部。

从需求视角看资金

仅仅分析银行间资金市场的供给情况显然是不够全面的。由于对于资金供给端的考察更多关注资金融出的"潜力",因此对于市场资金需求的跟踪也非常重要。

首先,市场杠杆率是观测资金市场需求的一个指标。债券市场通常都是采取"杠杆经营"的运作模式,而在一个机构融入资金后,通常都形成了对应的债券资产。对于这部分资产,在资金市场上滚续杠杆的难度通常低于处置债券,因此市场杠杆率越高,通常资金市场的需求也会更强。从我国债券市场杠杆率水平以及资金利率关系来看,可以看到近年来债券市场杠杆率与隔夜资金利率的相关性相对较高(见图3-18)。

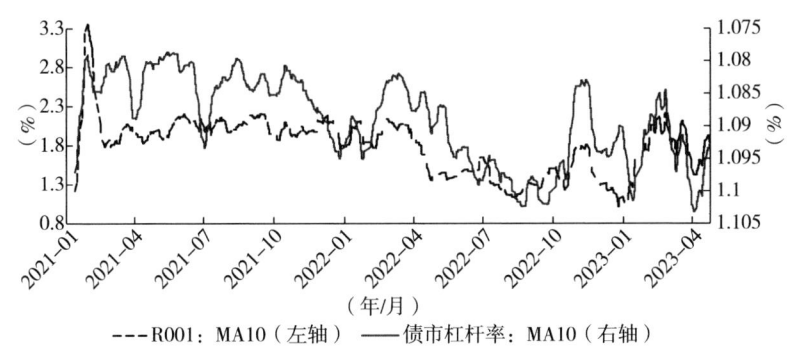

图3-18 债券市场杠杆率与资金利率

资料来源:CFETS,万得资讯,中信证券固定收益部。

其次,资金回购所用抵押品的分布也会产生影响。质押式回购是我国资金市场最常用的资金交易方式,其每日交易量通常约是同业拆借的10倍。从我国质押式回购市场的实际运行看,使用利率债作为质押式回购抵押品的交易量占比在70%以上。如果观察我国非银机构所持有的利率债规模与资金利率之间的关系可以发现,若非银机构所持有的利率债占比较高，R 利率将会较低（见图 3-19）。

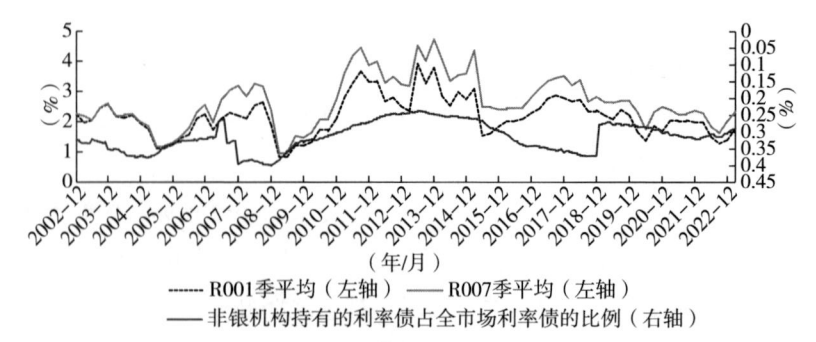

图 3-19　非银机构利率债持有比例与资金利率

注：图中跳点（2019 年 1 月）由统计数据统计时点问题引起。
资料来源：万得资讯，中信证券固定收益部。

从狭义到广义：金融数据一本通

金融是实体经济的一面镜子。不论是工厂生产出崭新的商品上架销售换回现金，还是企业为了扩大经营而举借贷款，实体经济的运行始终离不开流动性的参与。与前文内容稍有区别的是，与实体经济运行关联度更加紧密的流动性是广义流动性而非狭义流动性，而央行每月公布的金融数据则正是债券市场参与者研究分析广义流动性的"第一手资料"。

金融数据的主要构成及基本规律

金融数据是每月中上旬由央行所发布的金融统计数据以及社会融资规模数据的总称。相比于其他统计数据，金融数据的公布时间相对较早，便于市场参与者判断经济形势，同时数据来源全面直接，使得统计精度较高，因此金融数据无疑是最重要的基本面数据之一，值得对其进行深入研究。

从内部结构看，金融数据内部分项众多，但遵循"资产负债兼顾"的数据统计思路。每个月的金融数据主要由《金融统计数据报告》、《社会融资规模存量统计数据报告》以及《社会融资规模增量统计数据报告》三项组成，分别包含货币供应以及存贷款数据、社融存量及其结构、社融增量及其结构三大类数据，从内容上看，主要公布截至前一个月末时点的社融、信贷分项的环比增量情况以及货币量、社融的存量增速情况（见图 3-20）。

从数据规律看，金融数据具有相对较强的季节性特征。我国金融数据的变化规律明显受到商业银行行为的影响。通常而言，商业银行的信贷投放存在明显的季节性，出于"早投放早受益"的开门红需求、季末业绩考核、季末 MPA 考核以及年末储备贷款项目等诸多因素的影响，商业银行往往倾向于在 1 月、3 月、6 月以及 9 月做大贷款投放，从而导致了我国存贷款增长的季节性。进而考虑到贷款在社融中的占比较高，社融数据也会呈现相应的季节性。出于上述理由，可以发现金融数据的环比可比性较差，月度间的数量级差异往往极大，因此对于金融数据通常采用"同比变动"的视角进行分析（见图 3-21 和图 3-22）。

贷款数据的分析思路

贷款是我国金融体系支持实体经济最主要的方式（在社融中的占比超过 60%），因此也是金融数据中首先需要分析的部分。从数据结构上来看，央行会在金融数据中公布每个月居民、企业以及非银机构的贷款额，还会公布票据融资、各期限贷款数据以及外币贷款数据。在解读时，大体可以按照如下顺序进行分析：

首先，可以关注票据融资以及企业中长期贷款的增长情况。当一张商业汇票被贴入商业银行表内后，即会被计入商业银行的信贷规模之中，而且当前商业汇票的久期相对较短，通过交易汇票可以

图 3-20 金融数据的构成

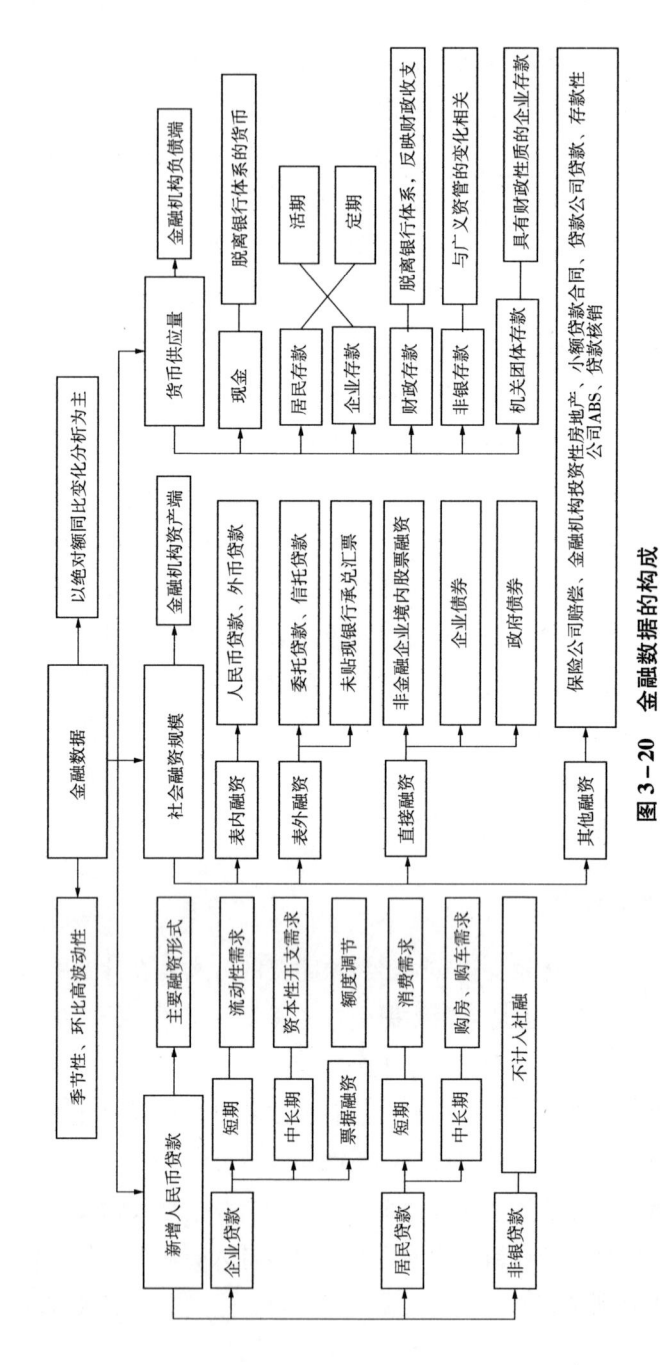

资料来源：中信证券固定收益部。

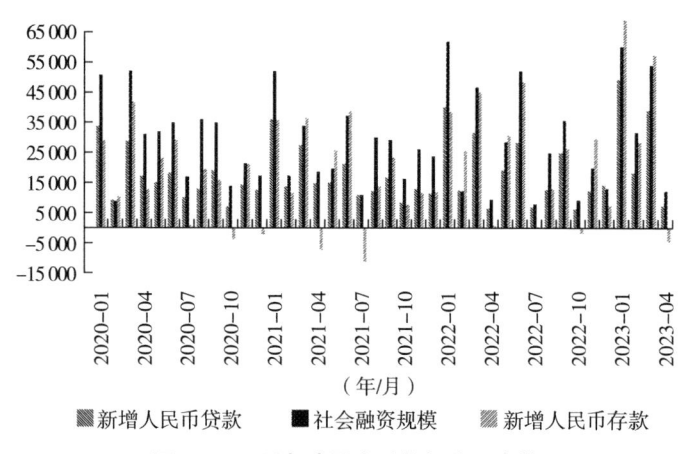

图 3-21 近年我国金融数据分项走势

资料来源：万得资讯，中信证券固定收益部。

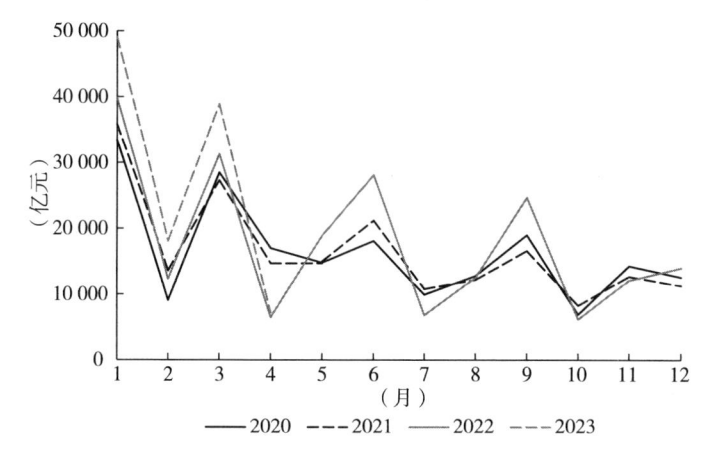

图 3-22 贷款数据的季节性规律

资料来源：万得资讯，中信证券固定收益部。

起到灵活调整信贷额度的作用，因此票据融资异常高增或许意味着实体经济融资需求相对不佳。另外，企业中长期贷款通常对应了企业的资本性开支需求，对实体经济融资需求的指示意义相对较强。当然，由于财政逆周期政策发力时常常推升基建投资需求，往往也会增加企业中长期贷款的规模，因此企业中长期贷款有时也反映了基建投资的情况。

其次，可以关注居民中长期贷款的变化情况。居民购房贷款是居民中长期贷款的主要组成部分（占比超过70%），因此居民中长期贷款的变化能够直接反映当期居民购房需求的变化，二者的增速也具有相对较好的正相关性。由于金融数据公布时间相对较早，同时数据统计全面准确，因此可以借助该项提前判断房地产销售的情况。

最后，可以借助其他贷款情况辅助判断当前的宏观金融形势。企业举借短期贷款主要是为了满足短期流动性需求，可以与企业中长贷结合分析当前企业部门经营局势。例如，若企业长短期贷款均快速增长，通常意味着企业经营预期明显向好；若企业短期贷款高增但中长期贷款低迷，通常说明企业经营压力较大，流动性吃紧，对未来预期偏悲观。居民短期贷款与居民消费以及短期商业融资密切相关，在居民消费预期向好，或是商业银行信贷条件放松时期，居民短期贷款通常会有所增长（见图3-23）。

社融数据的分析思路

社会融资指标是以实体经济为基点统计的金融数据。所谓的社融规模，是指"一定时期内（每月、每季或每年）实体经济（非金融企业和个人）从金融体系获得的资金总额"，直接衡量了实体经济从金融体系中获取的资金支持。社融指标意在全面展示融资渠道，因此也应采用更加重视结构的视角去分析和研究社融数据。

每月社融增长的结构分布情况是分析社融数据的重中之重。社融是一个较为宽泛的指标，其大体由四部分组成：表内融资（人民币贷款、外币贷款）、表外融资（委托贷款、信托贷款以及未贴现银行承兑汇票）、直接融资（企业债券、政府债券以及非金融企业境内股票融资）以及其他融资（投资性房地产、保险公司赔偿、贷款核销等）。在央行公布社融增量时，将公布上述分项的结构，因

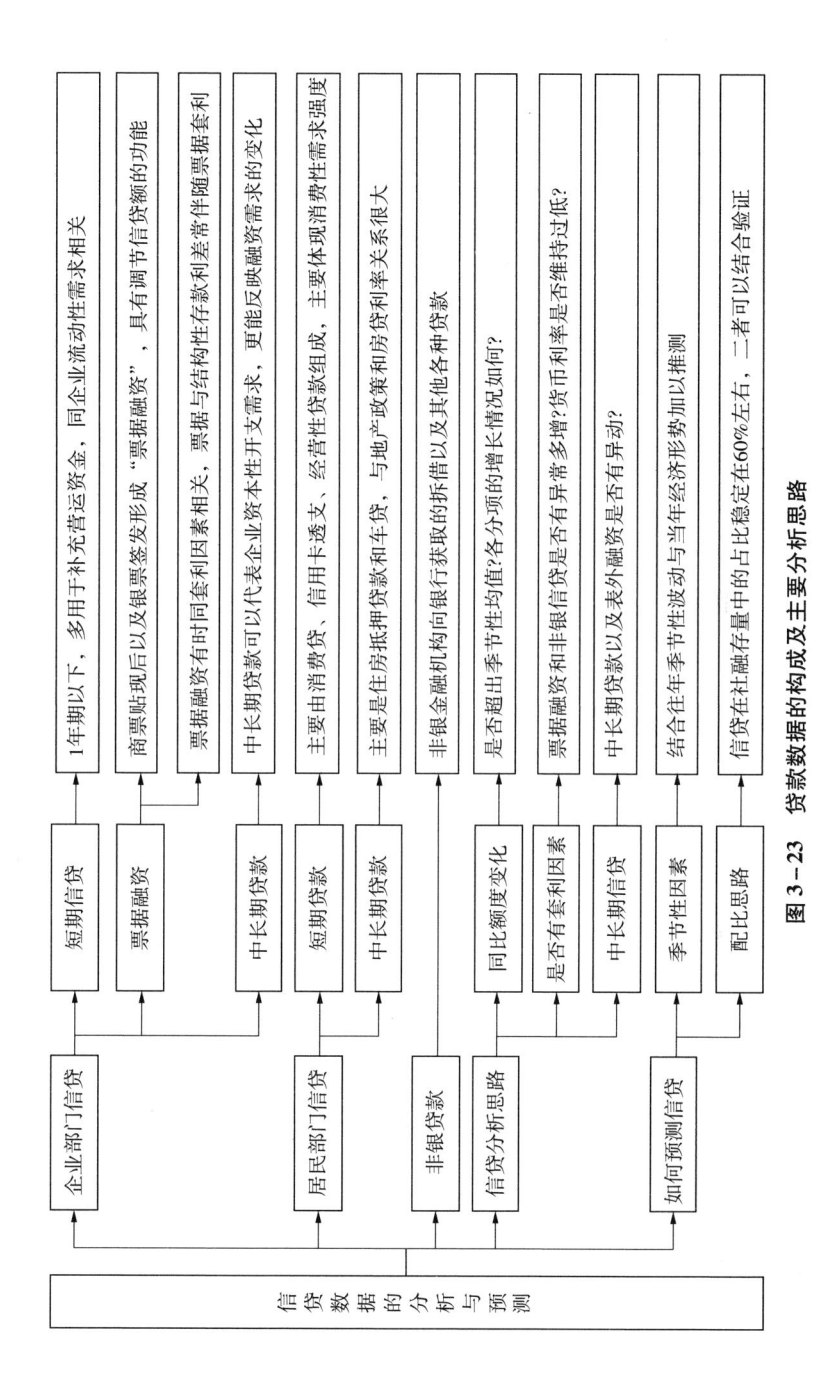

图 3-23　贷款数据的构成及主要分析思路

资料来源：中信证券固定收益部。

第三章　流动性的源头：中央银行与货币政策　　147

此可以得知每个月我国社融增长的主要拉动点。

举例而言，即便某几个时期社融增量都比较高，但内部结构可能明显不同，也说明经济金融环境或存在较大的区别：①若表内融资为主要驱动力，通常说明实体经济融资需求相对较好；②若直接融资为主要驱动力，通常说明实体经济融资需求有限，财政政策的逆周期力度较强；③近年来表外融资通常占比有限，由于信托贷款与委托贷款在含义上属于非标的范畴，因此这一项受到金融监管的影响较大，但其对社融的扰动已然有限。

近年来，社融口径经过了多次调整，例如 2018 年 9 月起央行将地方政府专项债纳入社融统计、2019 年 9 月起央行将交易所企业资产支持证券纳入企业债券统计、2019 年 12 月起央行将国债和地方政府一般债纳入政府债券统计等，如果有特定的研究需求，有时还需要对社融进行追溯调整（见图 3-24）。

存款数据的分析思路

所谓的存款数据，是指在央行每月公布的《金融统计数据报告》中所发布的 M0、M1、M2 以及人民币存款结构数据。从资产负债对应的逻辑来看，存款数据与社融数据相对，主要反映金融体系（主要是商业银行）负债端的变动。通过关注存款数据的变化，既可以较好地跟踪商业银行负债结构的变化，又可以直观地了解各实体经济部门所持有的资金总量规模的变化。具体而言：

首先，需要厘清各类存款数据的概念。定义上，M2 = 居民存款 + 企业存款 + 机关团体存款 + 非银存款 + 流通中现金（M0），但 M2 却并不能完全代表存款，诸如财政存款、可转让存款以及境外存款就不会被计入 M2 之中。虽然以信贷收支表为基础的人民币存款数据更加全面，但是 M0、M1 以及 M2 指标作为"经典"的金融统计指标，具有相对直观的特点，对于了解当前广义流动性变动格

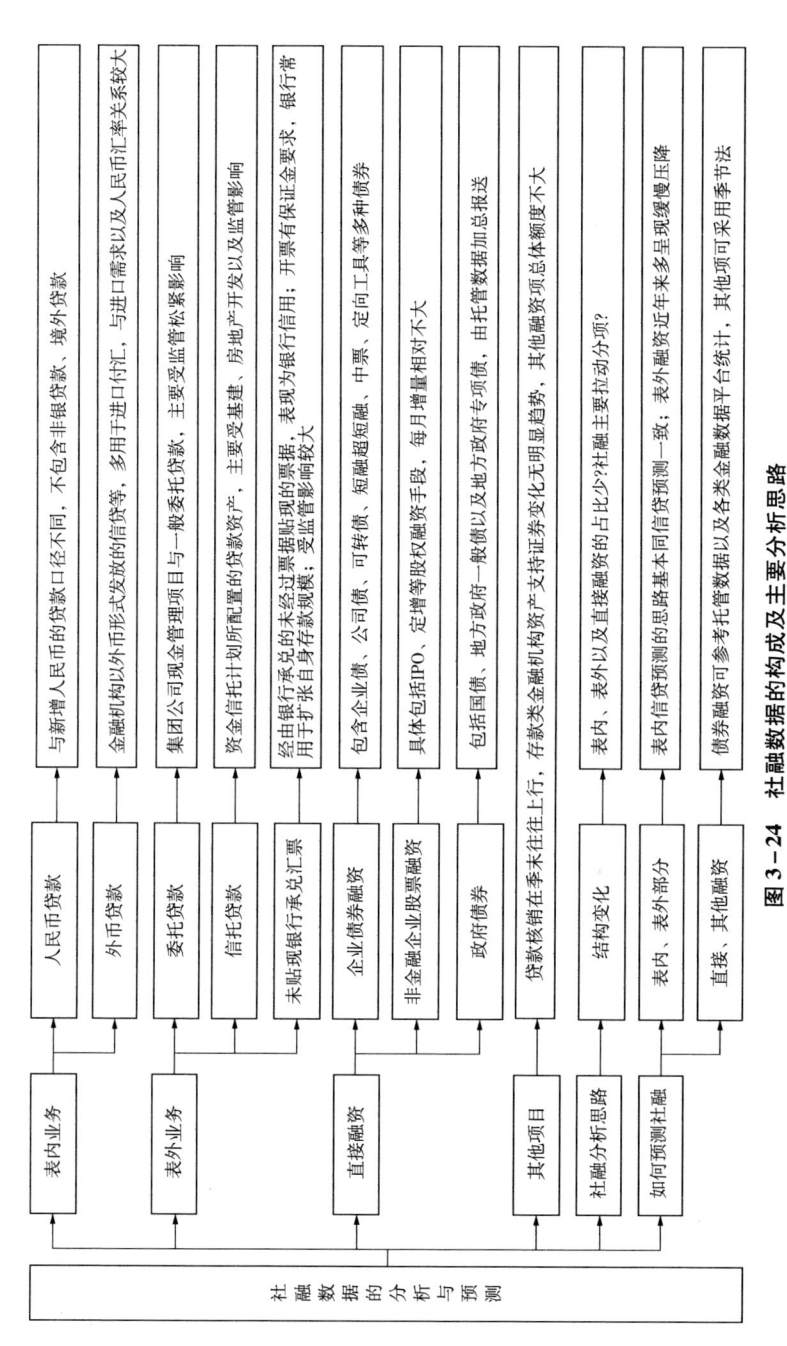

图 3-24 社融数据的构成及主要分析思路

```
社融数据的分析与预测
├── 表内业务
│   ├── 人民币贷款 —— 与新增人民币的贷款口径不同,不包含非银贷款、境外贷款
│   └── 外币贷款 —— 金融机构以外币形式发放的信ússäää贷等,多用于进口付汇,与进口需求以及人民币汇率关系较大
├── 表外业务
│   ├── 委托贷款 —— 集团公司现金管理项目与一般委托贷款,主要受监管松紧影响
│   ├── 信托贷款 —— 资金信托计划所配置的贷款资产,主要受基建、房地产开发以及监管影响
│   └── 未贴现银行承兑汇票 —— 经由银行承兑的未经贴现票据,表现为银行信用;开票有保证金要求,银行常用于扩张自身存款规模;受监管影响较大
├── 直接融资
│   ├── 企业债券融资 —— 包含企业债、公司债、可转债、短融超短融、中票、定向工具等多种债券
│   └── 非金融企业股票融资 —— 具体包括IPO、定增等股权融资手段
├── 其他项目
│   └── 政府债券 —— 包括国债、地方政府一般债以及地方政府专项债,每月增量相对不大
├── 社融分析思路
│   ├── 结构变化 —— 贷款核销在季末往往上行,存款类金融机构资产支持证券变化无明显趋势,其他融资项总体额度不大,由托管数据加总报送
│   └── 表内、表外部分 —— 表内、表外以及直接融资的占比少?社融主要拉动项?
└── 如何预测社融
    ├── 表内信贷预测 —— 表内信贷预测的思路基本同信贷预测一致
    └── 直接、其他融资 —— 债券融资可参考托管数据以及各类金融数据平台统计,表外融资近年来多呈现缓慢压降,其他项可采用季节法
```

资料来源:中信证券固定收益部。

局仍具有重要意义。

其次,需要分析存款结构并进一步分析信用派生过程的变化。可以大体将广义流动性的持有部门分为企业(企业存款与机关团体存款)、居民(居民存款)、非银金融(非银存款)以及政府四大部分。进一步,结合社融以及各类贷款数据,可以更加全面地分析信用派生过程。举例而言,2023年4月广义流动性呈现居民、企业、非银部门流动性增速下降,政府部门流动性增速上升的特征,结合同期居民信贷不振、企业贷款维持高位、直接融资有所好转等社融信贷数据的特点,可以判断出：2023年4月信用派生过程总体放缓,其中信贷需求减弱是主因,虽然政府债券同比多增予以拉动,但货币派生力度仍有下降；此外,居民存款以及居民贷款均有下降,居民部门可能出现集中提前还贷的情况。

最后,结合信贷收支表数据,还能对商业银行负债端特点进行判断。在金融数据之外,央行发布的信贷收支表还会更加详细地披露企业、居民部门存款的期限结构(活期、定期)。对于商业银行而言,活期存款成本较低但是不够稳定,定期存款成本相对高但是较为稳定,因此积极对存款期限结构进行跟踪,可以对商业银行的负债端成本以及负债稳定程度进行研判(见图3-25和图3-26)。

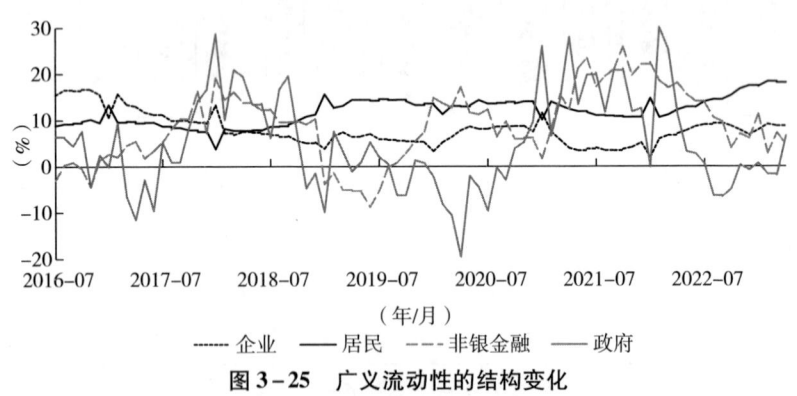

图3-25 广义流动性的结构变化

资料来源：万得资讯,中信证券固定收益部。

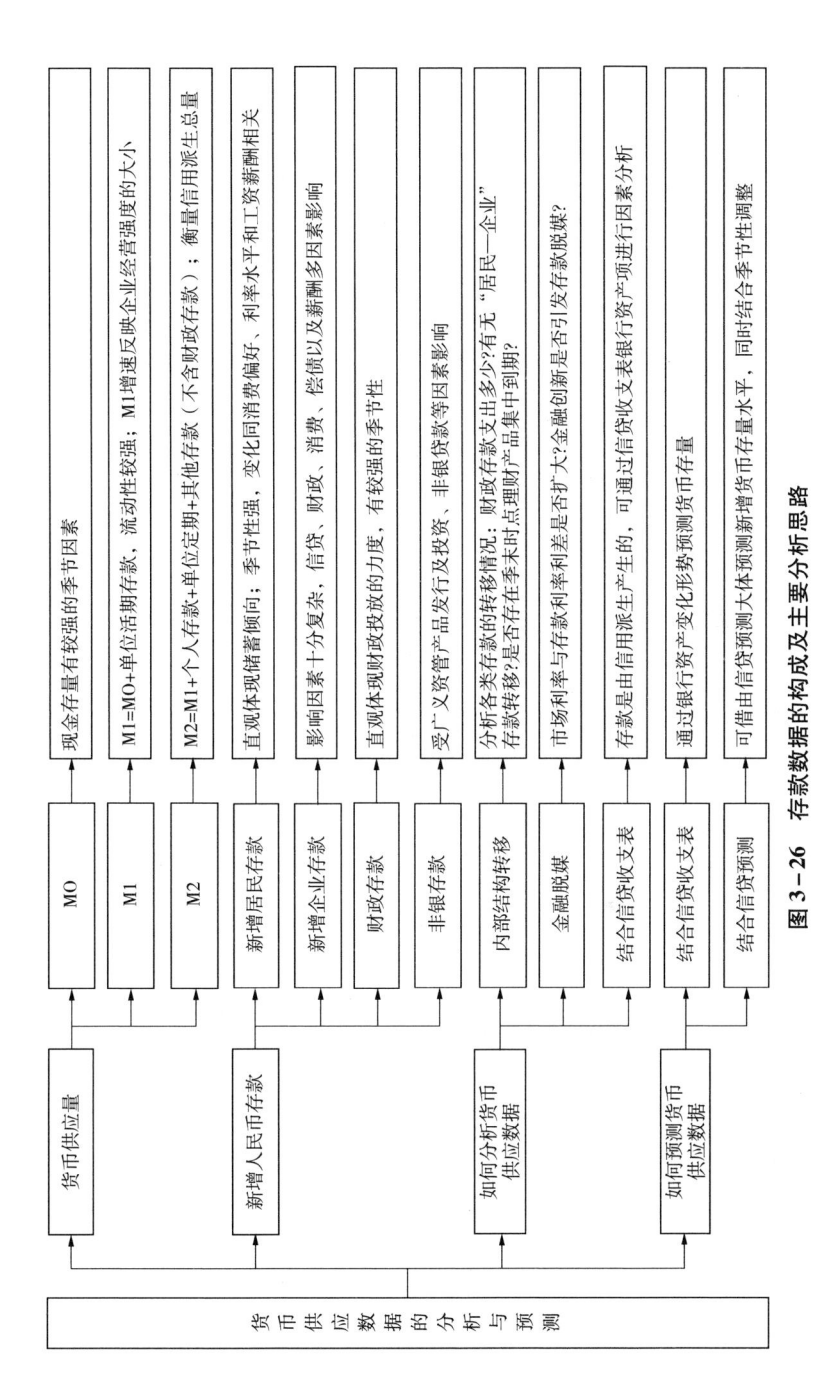

图 3-26 存款数据的构成及主要分析思路

一级	二级	三级	说明
货币供应量	M0	现金存量有较强的季节因素	
	M1	M1=M0+单位活期存款、流动性较强；M1增速反映企业经营强度的大小	
	M2	M2=M1+个人存款+单位定期+其他存款（不含财政存款）；衡量信用派生总量	
新增人民币存款	新增居民存款	直观体现储蓄倾向；季节性强，变化同消费偏好、利率水平和工资薪酬相关	
	新增企业存款	影响因素十分复杂，信贷、财政、消费、偿债以及薪酬多因素影响	
	财政存款	直观体现财政投放的力度，有较强的季节性	
	非银存款	受广义资管产品发行及投资、非银贷款等因素影响	
如何分析货币供应数据	内部结构转移	分析各类存款的转移情况：财政存款支出多少？有无"居民—企业"存款转移？是否存在季末时点进理财产品集中到期？	
	金融脱媒	市场利率与存款利率利差未时是否扩大？金融创新是否引发存款脱媒？	
	结合信贷收支表	存款是由信用派生产生的，可通过银行资产表项进行因素分析	
如何预测货币供应数据	结合信贷收支表	通过信贷变化形势预测新增货币存量	
	结合信贷预测	可借由信贷预测大体预测货币存量水平，同时结合季节性调整	

资料来源：中信证券固定收益部。

第三章 流动性的源头：中央银行与货币政策

相辅相成：货币政策、流动性与宏观经济的联系

作为金融体系的中枢，中国人民银行通过货币政策调控宏观经济运行。自中国人民银行成立以来，货币政策工具不断丰富，调控框架日益完善，有效地保障了我国经济良好发展。近年来受多重因素影响，宏观经济呈现日益复杂的局面，给货币政策的有效执行带来了挑战。在此背景下，厘清不同货币政策工具对宏观经济的影响机理和经济后果，对于提高货币政策执行效率具有重要意义。

货币政策与流动性的关系

货币政策是央行调控宏观经济的重要手段，市场流动性是实现经济调控目标的重要媒介。作为连接货币政策与实体经济的媒介，流动性如同"血液"，对金融市场和宏观经济的运行至关重要，因此我们将首先分析货币政策与流动性的关系，然后再分析流动性与实体经济的关系。表3-2所示为货币政策和流动性相关观测指标。

表3-2　货币政策和流动性相关观测指标

指标名称	指标类型	主要指标
货币政策	量	存款准备金率
		公开市场操作规模
		结构性货币政策工具（再贴现、再贷款等）规模
		其他指标
	价	公开市场操作利率
		存贷款基准利率
		SLF利率
		MLF利率、TMLF利率
		其他指标

(续表)

指标名称	指标类型	主要指标
银行间市场流动性 （狭义流动性）	量	超额存款准备金率
	价	银行间存款类机构质押式回购利率
		银行间质押式回购利率
		银行间市场拆借利率
实体经济流动性 （广义流动性）	量	M2 同比增速
		社融同比增速
		社融与 M2 的增速差
		M1 与 M2 的增速差
	价	实体部门贷款利率

资料来源：中国人民银行，中信证券固定收益部。

不同货币政策工具对流动性的影响

法定存款准备金率对流动性的影响非常明显，分市场来看，政策实施后，银行间市场流动性变动非常迅速，但实体经济流动性的变动则存在 1 个季度左右的滞后期。从近 10 年的历史经验来看，降准落地后，衡量非银与银行间资金面差异的 R 与 DR 利差多会大幅收窄，说明银行间市场流动性较为充裕。不过对于广义流动性（M2、社融同比增速）而言，受降准力度、流动性环境差异和经济运行状况等因素影响，流动性从银行间市场传递到实体经济则存在一定时滞，一般经验为从货币宽松周期内第一次降准到实体经济流动性增速触底回升的时滞约为 1 个季度。此外值得注意的是，拉长时间来看，随着融资需求增加，市场流动性逐渐被消耗，市场利率回升，实体经济流动性（M2、社融同比增速）将在 1 年左右见顶回落（见图 3-27）。

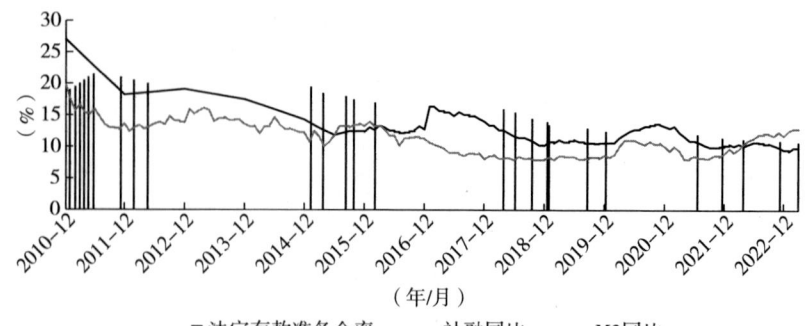

图 3-27　法定存款准备金率与实体经济流动性

资料来源：万得资讯，中信证券固定收益部。

央行调整贷款定价参考利率后，长短期贷款利率均同向变动，社会融资规模反向变动。结构上短贷利率调整速度更快、幅度更大，1～2 个季度后中长期贷款占比出现明显变动，慢于短贷占比反应速度。除法定存款准备金率外，央行也能通过调整贷款定价参考利率（调息）的方式影响实体经济流动性。回顾近年来的经验，央行下调贷款定价参考利率后，总体上长短期贷款利率均出现下行，新增贷款、社会融资规模等指标增速回升。区分新增贷款的期限类型，利率方面短贷利率比中长贷利率的变动幅度更大、反应更快。占比方面短贷占比增速更快，而中长贷款占比则通常需要 1～2 个季度的时间才能回升（见图 3-28）。

银行通过公开市场操作调节金融机构融资成本，影响银行贷款利率水平，价格指标的观测价值通常高于数量指标。公开市场操作被央行用于调节银行间市场流动性，是改变金融机构的资金成本的日常手段。通常，价格类指标比数量类指标更应受到关注，原因在于当前央行已经形成了通过公开市场操作使短期市场利率（DR007）围绕政策利率（逆回购利率）中枢波动的货币政策机制。即使法定存款准备金率等指标未发生改变，政策利率的调整也能在

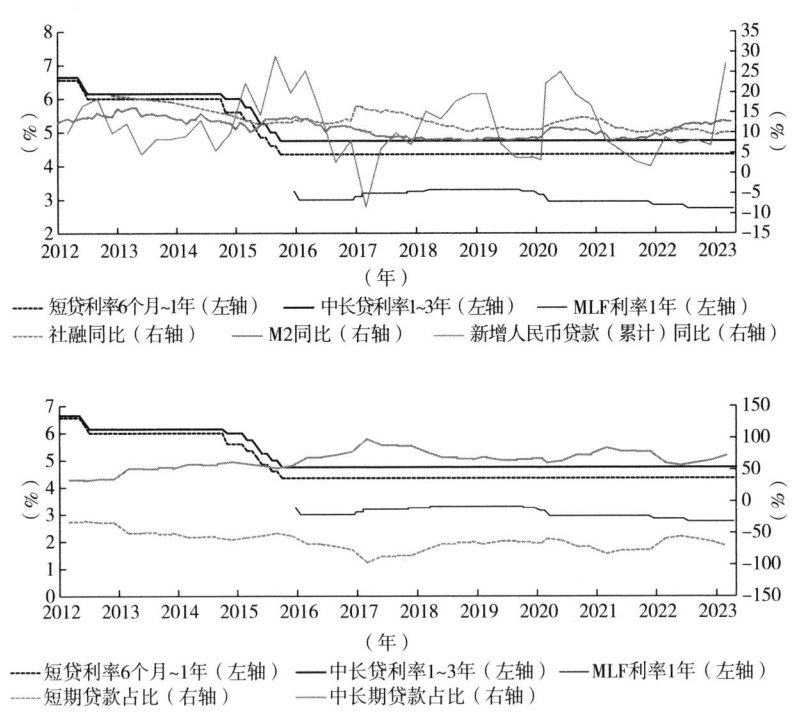

图 3-28 银行长短期贷款平均利率与实体经济流动性

资料来源：万得资讯，中信证券固定收益部。

短期内带动银行间市场利率发生变动。货币政策与流动性的关系如表 3-3 所示。

广义流动性对实体经济的影响

我们将从流动性与 GDP、投资、消费、净出口、生产等变量的关系展开讨论。需要注意的是，为了消除 2020 年之后新冠疫情对经济数据的基数效应扰动，我们对 2021 年之后与生产相关的全部实体经济增速数据均进行了几何平均处理。

1. 广义流动性对 GDP 的影响

广义流动性指标中的社融增速和 GDP 增速正相关。总体上看，

表3-3 货币政策与流动性的关系

货币政策指标	银行间市场流动性		实体经济流动性	
	相关关系	反应期限	相关关系	反应期限
法定存款准备金率	负相关	迅速	负相关	1个季度左右，社融、M2等同比增速发生明显变动
贷款基准利率	—	—	负相关	短贷利率比中长贷利率调整速度更快、幅度更大；中长贷规模在1~2个季度发生明显变动，短贷规模反应更快
MLF利率	负相关	迅速	负相关	
公开市场操作规模	无明显相关关系	迅速	无明显相关关系	—
公开市场操作利率	负相关	迅速	负相关	小幅影响银行贷款平均成本，反应速度较快
结构性货币政策工具（再贴现、再贷款等）规模	正相关	迅速	正相关	大多是定向支持三农、小微、科创、环保和扶贫等领域发展，反应期限存在差异

资料来源：中国人民银行，万得资讯，中信证券固定收益部。

社融与经济增速存在一定同步性。2012年及以前，社融和GDP增速存在明显相关性，且时滞性较短。2012年之后经济增速趋稳，社融与实际GDP的相关性开始下降，传导时间拉长到3~4个季度，与名义GDP的相关性更强（见图3-29和图3-30）。

广义流动性指标中的M1和M2增速领先名义GDP，领先程度

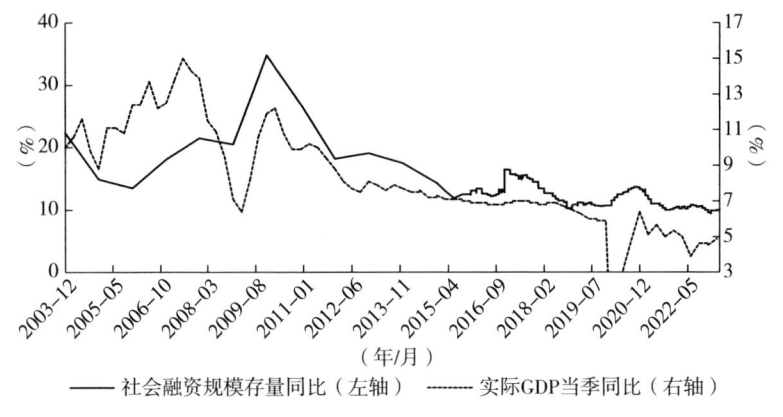

图 3-29 社融和实际 GDP

资料来源：万得资讯，中信证券固定收益部。

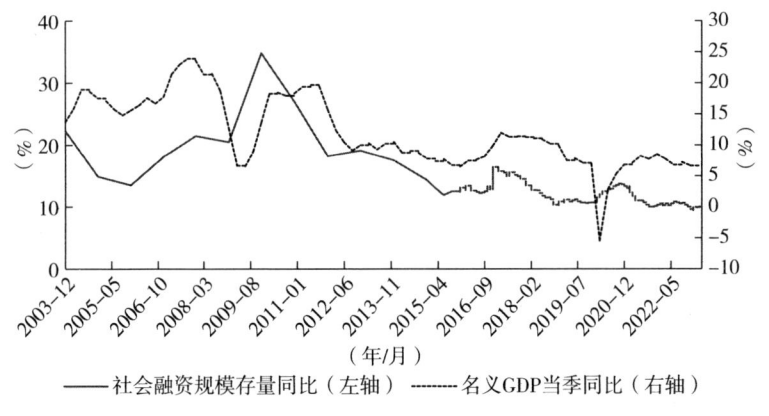

图 3-30 社融和名义 GDP

资料来源：万得资讯，中信证券固定收益部。

为 3 个月左右。提高广义流动性有助于刺激投资和消费需求，从而推动经济增长。相较于 M2，M1 与 GDP 的相关性更加明显。这是因为 M1 能够更准确地反映经济中的实际购买力，而 M2 则更偏向于反映潜在购买力。

广义流动性中的 M1 与 M2 的剪刀差指标与 GDP 增速正相关且二者基本同步。M1 与 M2 的剪刀差反映了企业资金占比和其资金活化程度：M1 与 M2 的剪刀差扩大意味着企业和居民会保留更多的活期存款用于日常经营和投资；相反，M1 与 M2 的剪刀差缩窄意味着企业和居民对未来经济预期谨慎，倾向于收缩生产并投资低风险金融资产（见图 3-31）。

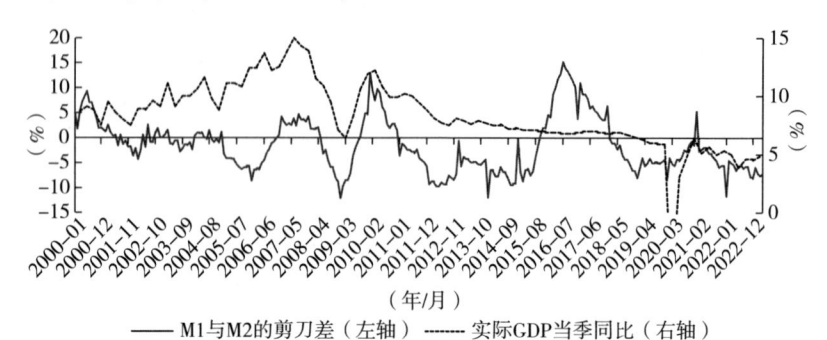

图 3-31 M1 与 M2 的剪刀差为负时，GDP 大多下行，反之则上行
资料来源：万得资讯，中信证券固定收益部。

2. 广义流动性对投资的影响

广义流动性中的社融和 M2 指标与固定资产投资呈正相关且呈同步变化。当社融和 M2 增大时，企业获得的融资增多，更容易进行固定资产投资。相反，当社融和 M2 减小时，企业获得的融资资金减少，抑制固定资产投资增长（见图 3-32）。

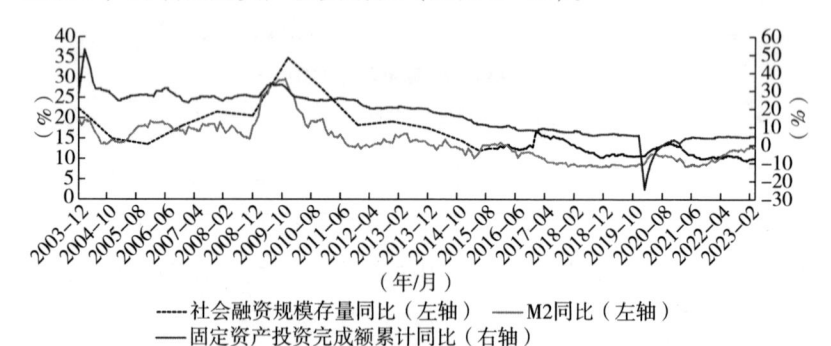

图 3-32 广义流动性与投资正相关
资料来源：万得资讯，中信证券固定收益部。

广义流动性指标中的 M1 及 M1 与 M2 的剪刀差均和房地产销售高度正相关，二者间几乎不存在时滞性。居民购房意愿增强，地产销售增加，大量居民定期存款（M2）通过房屋销售款转化为企业活期存款（M1），M1 增速高于 M2，剪刀差扩大。反之，M1 增速低于 M2，剪刀差缩小，地产投资降低（见图 3-33）。

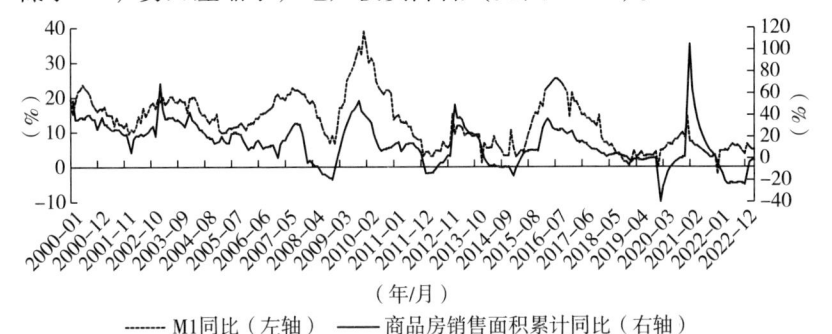

图 3-33　M1 与 M2 的剪刀差与房地产销售增速高度相关

资料来源：万得资讯，中信证券固定收益部。

3. 广义流动性对消费的影响

广义流动性中的 M1 通常领先消费并呈显著正相关关系，领先程度约 9 个月，但在 2020 年后消费受新冠疫情影响较为明显，同时与流动性的相关性减弱。M1 可用于反映经济中的实际购买力，因此 M1 增加通常表明经济扩张较快，实体经济需求提升，从而促进消费支出的增加（见图 3-34）。

4. 广义流动性对通胀的影响

M1 和 M2 的变化会传导至核心通胀，M2 领先 M1 变化约 6 个月，M1 领先 PPI 约 9 个月，领先核心 CPI 约 12 个月。通常而言，M1 与 M2 的剪刀差为正并且扩大时，货币会流入消费和投资领域，推动经济快速增长；M1 与 M2 的剪刀差为负且扩大时，存款定期化，"活钱"转为"死钱"增多，经济活力减弱，通胀率降低（见图 3-35、图 3-36 和表 3-4）。

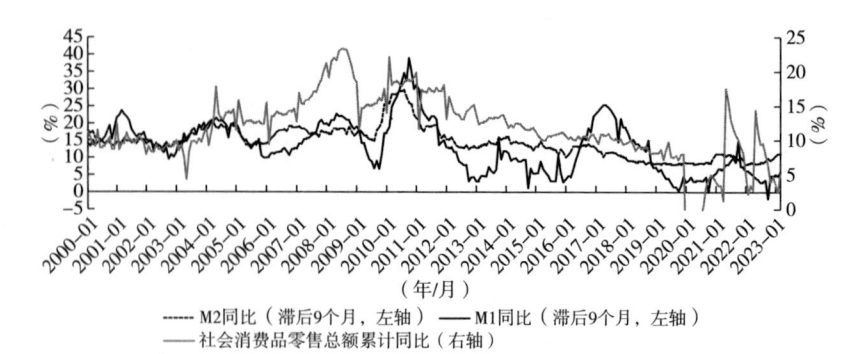

——— M2同比（滞后9个月，左轴）　——— M1同比（滞后9个月，左轴）
——— 社会消费品零售总额累计同比（右轴）

图 3-34　广义流动性和消费增速

资料来源：万得资讯，中信证券固定收益部。

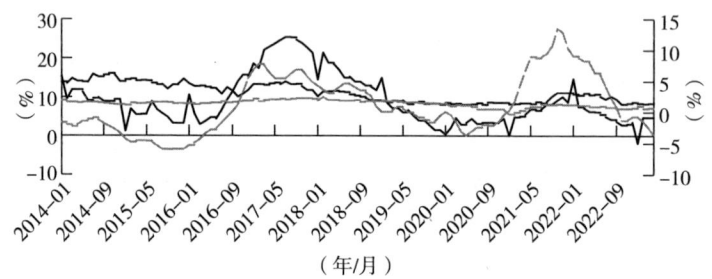

——— M1同比（滞后12个月，左轴）　---- M2同比（滞后18个月，左轴）
——— 核心CPI当月同比（右轴）　　　---- PPI：全部工业品当月同比（右轴）

图 3-35　M2 向 M1 传导，并最终反映在通胀上

资料来源：万得资讯，中信证券固定收益部。

——— M1与M2的剪刀差　——— PPI：全部工业品当月同比（滞后6个月）
——— CPI当月同比

图 3-36　M1 与 M2 的剪刀差领先 CPI

资料来源：万得资讯，中信证券固定收益部。

表3-4 广义流动性与实体经济的关系

流动性指标维度		GDP		实体经济指标							
				投资（以固定资产投资和地产投资分项为例）		消费（以社会消费品零售总额为例）		出口（以出口对GDP贡献为例）		工业生产（以工业增加值、工业企业利润、PMI为例）	通胀（以PPI, CPI为例）
	相关关系	反应期限		反应期限		反应期限		反应期限		反应期限	反应期限
社融	正相关	2012年之前在1个季度左右，2012年后拉长到3~4个季度		几乎同步		—		—		1~4个季度不等	—
M1	正相关	1个季度左右		几乎同步		3个季度左右		—		1~4个季度不等	领先PPI 3个季度左右，领先CPI 1年左右
M2	正相关	1个季度左右		几乎同步		3个季度左右		1~2个季度		1~4个季度不等	领先PPI 3个季度左右，领先PPI 1年半左右
M1与M2的剪刀差	正相关	几乎同步		几乎同步		—		—		1~2个季度	2~3个季度

资料来源：中信证券固定收益部。

由浅入深：探秘宏观审慎评估框架

在经历了 2008 年全球金融危机的风波之后，全球各国监管层都敏锐意识到宏观审慎政策在防范金融系统性风险方面的重要意义。对于宏观审慎政策的探索与实践，我国始终走在世界前列。从 2011 年引入的差别准备金动态调整机制到 2016 年 MPA 体系正式成型，MPA 体系已经成为我国金融稳定不可或缺的一大支柱（见图 3-37）。

- 差别存款准备金利率
- 再贷款再贴现、常备借贷便利
- 债券发行资格、银行间市场交易资质

约束体系

评估内容
- 资本和杠杆情况、资产负债情况、流动性、定价行为、资产质量、跨境融资风险、信贷政策执行
- 七大类指标

机构分类
- 全国性系统重要性机构
- 区域性系统重要性机构
- 普通机构

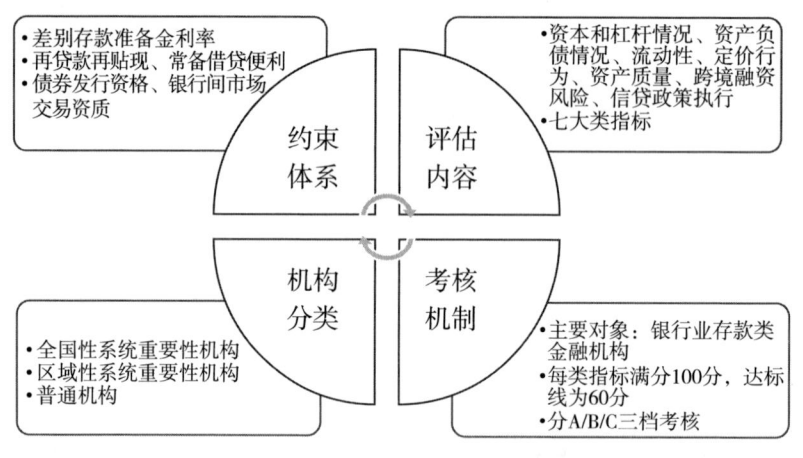

考核机制
- 主要对象：银行业存款类金融机构
- 每类指标满分100分，达标线为60分
- 分A/B/C三档考核

图 3-37 MPA 考核的基本框架
资料来源：中国人民银行，中信证券固定收益部。

MPA 考核体系的主要概念

宏观审慎政策（MPP）主要是指包括宏观审慎政策目标、评估、工具、传导机制与治理架构在内的一系列政策的总称，目的是防范系统性金融风险从而避免实体经济遭受冲击。宏观审慎评估体系（MPA）是 MPP 的主要组成部分。与传统金融监管相比，MPA 更加注重从资本和杠杆、资产负债、流动性等金融体系系统性风险的角度对金融机构进行监督与评估。

MPA 监管的主要考核指标

目前我国 MPA 考核共有七大类指标:

1. 资本和杠杆情况

"资本和杠杆情况"主要包含对银行业金融机构资本充足率和杠杆率的考察。由于"宏观审慎管理的关键在于控制杠杆率,避免风险爆发和传染",因此"资本和杠杆情况"是 MPA 考核的重中之重。随着金融机构广义信贷的不断扩张,MPA 考核会对其资本总额形成更高要求,从而对金融系统的偿付能力以及整体风险形成管控。在考核层面上,资本充足率考核是最重要的考核指标,监管层要求商业银行的资本充足率不低于宏观审慎资本充足率(见表3-5)。

表3-5　MPA"资本和杠杆情况"监管指标与监管方法

指标	计算公式	考核方式
资本充足率（80分）	资本充足率 =（总资本 - 对应扣减项）/风险加权资产×100%	资本充足率不低于宏观审慎资本充足率（C_i^*）得80分;不低于 C_i^* - 4% 得 48~80 分;否则得 0 分
杠杆率（20分）	杠杆率 =（一级资本 - 一级资本扣减项）/调整后的表内外资产余额×100%	杠杆率不低于4% 得20分,否则得0分
总损失吸收率	外部总损失吸收能力风险加权比率 =（外部总损失吸收能力 - 扣除项）/风险加权资产×100% 外部总损失吸收能力杠杆比率 =（外部总损失吸收能力 - 扣除项）/调整后的表内外资产余额×100%	暂不考核

资料来源:中国人民银行,中信证券固定收益部整理。

2. 资产负债情况

"资产负债情况"主要包含对广义信贷增速、信贷投放节奏以及同业负债等要素的监管。目前我国 MPA "资产负债情况"监管共包含四项考核指标（广义信贷增速、信贷节奏、同业负债占比以及落实资管新规情况）。另外，央行在 MPA 资产负债监管上实施异化监管，在广义信贷增速和同业负债占比两项考核中，分别对 N-SIFIs（全国性系统重要性机构）、R-SIFIs（区域性系统重要性机构）和 CFIs（普通机构）三类机构设定了不同考核标准。一方面，商业广义信贷增速需要同时与目标 M2 增速以及资本充足情况相互匹配，信贷投放节奏也不能同往年出现太大的偏离；另一方面，商业银行同业负债规模也不能越过监管红线（见表 3-6）。

表 3-6 MPA "资产负债情况"监管指标与监管方法

指标	计算公式	监管方法
广义信贷增速（10 分）	广义信贷 = 各项贷款 + 债券投资 + 股权及其他投资 + 买入返售资产和存放在非存款类金融机构款项 + 表外理财扣除现金和存款的余额 + 应收及预付款项	N-SIFIs、R-SIFIs 和 CFIs 广义信贷增速与目标 M2 增速的偏离分别不超过 20、22 和 25 个百分点得 10 分，否则得 0 分
信贷节奏（40 分）	信贷进度 = 实际新增贷款投放/预计全年贷款投放	信贷节奏与其近五年平均进度的偏离不超过 10 个百分点得 40 分，每多偏离 0.1 个百分点扣除 2 分
同业负债占比（35 分）	同业负债 = 同业拆入 + 同业存放 + 同业借款 + 同业代付 + 卖出回购 + 同业存单等 - 结算性同业存款	N-SIFI、R-SIFI 和 CIFI 同业负债在总负债中的占比分别不超过 25%、28% 和 30% 得 35 分；不超过 33% 得 15~35 分；否则得 0 分
落实资管新规（15 分）	考察机构对资管新规的落实情况	内部评估

资料来源：中信证券固定收益部整理。

3. 流动性情况

"流动性情况"也是 MPA 的一大重点,主要考核金融机构应对流动性风险的能力。目前 MPA 的流动性监管共有三项监管指标,其中有流动性覆盖率（LCR）、净稳定资金比例（NSFR）以及遵守准备金制度情况。流动性覆盖率旨在确保压力情境下商业银行具有充足的合格优质流动性资产可以用于满足未来至少 30 天的流动性需求。净稳定资金比例则是指商业银行可用的稳定资金与业务所需的稳定资金的比值,旨在确保银行在较长期限内具有充足的稳定资金来源。从商业银行角度说,MPA 流动性监管将对银行资产种类以及同业业务规模产生限制（见表 3-7）。

表 3-7 MPA"流动性情况"监管指标与监管方法

指标	计算公式	监管方法
流动性覆盖率（40 分）	不良贷款率 = 不良贷款/总贷款余额×100%	LCR 不低于 100% 得 40 分,否则得 0 分
净稳定资金比例（40 分）	拨备覆盖率 = 贷款风险损失准备/不良贷款×100% =（一般准备 + 专项准备 + 特种准备）/不良贷款×100%	NSFR 不低于 100% 得 40 分,否则得 0 分
遵守准备金制度情况（20 分）	考察机构对法定存款准备金制度的遵守情况	遵守人民币存款准备金平均法考核等制度得 20 分,否则得 0 分

资料来源:中国人民银行,中信证券固定收益部整理。

4. 定价行为

MPA 定价行为监管主要考察的是金融机构的存贷款利率定价水平以及相关定价行为是否符合宏观审慎考核的要求。由于存贷款利率的重要性,在 MPA 监管的七大项考核中,MPA 定价行为监管具有非常大的权重（"一票否决权",若该项不达标金融机构就会直接落入考核C档）。目前MPA定价行为监管中有如下监管指标：存款定价偏离度指标、执行存款利率管理规定和自律要求的相关情况、LPR利率在贷款投放中的应用情况、LPR利率在商业银行内部资金转移定价（FTP）中的运用情况、全国性银行贷款利率与LPR之间的点差、地方性金融机构开办异地存款情况（见图3-38）。

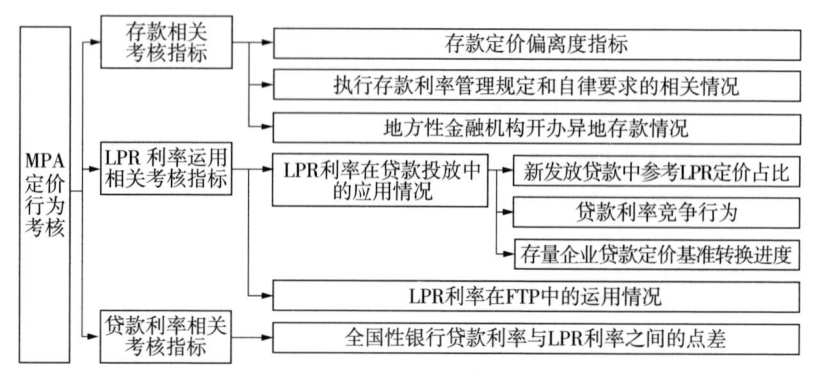

图3-38　MPA定价行为监管主要考核指标梳理
资料来源：中国人民银行，中信证券固定收益部整理。

5. 资产质量情况

"资产质量情况"主要考察机构的贷款质量以及经营和资产管理的谨慎程度，主要包含不良贷款率、拨备覆盖率以及影响资产质量的重大事件三大指标，以对金融机构信用风险暴露进行管理。首先，不良贷款率是一家商业银行不良贷款余额在全部贷款余额中的占比，须依据不同的商业银行种类将不良贷款率与同地区金融机构平均不良贷款水平进行比较打分。其次，拨备覆盖率是银行贷款风险损失准备金同不良贷款余额的比例，须将商业银行拨备覆盖率同150%以及100%两个水平比较后进行打分。最后，央行在MPA资产质量考核中添加了"重大事件"指标，主要考核是否存在可能影响商业银行资产质量的事件（见表3-8）。

表 3-8 MPA 资产质量监管指标与监管方法

指标	计算公式	监管方法
不良贷款率 (25 分)	不良贷款率 = 不良贷款/总贷款余额 ×100%	N-SIFI 不良贷款率不超过同类型机构平均得 25 分，超过 5% 得 0 分；R-SIFI 和 CIFI 不超过同地区、同类型机构平均得 25 分，超过 5% 或者超过平均 2 个百分点得 0 分（推测偏离度两档之间按正比计分）
拨备覆盖率 (25 分)	拨备覆盖率 = 贷款风险损失准备/不良贷款 × 100% =（一般准备 + 专项准备 + 特种准备）/不良贷款 ×100%	拨备覆盖率不低于 150% 得 25 分；低于 100% 得 0 分（推测两档之间按正比计分）
重大事件 (50 分)	考察机构是否发生影响资产质量的重大事件	未发生影响资产质量的重大事件得 50 分

资料来源：中国人民银行，中信证券固定收益部整理。

6. 跨境融资风险

MPA 跨境融资风险考核聚焦于商业银行因跨境资金流动和跨境融资而产生的汇率风险、期限错配和币种错配等风险，央行已经将跨境融资风险加权余额、跨境融资币种结构和跨境融资期限结构等考核指标纳入 MPA 监管（见表 3-9）。

7. 信贷政策执行情况

"信贷政策执行情况"考察机构对央行信贷政策的执行情况，更多地反映出当前的宏观政策取向和改革重点方向，主要包括信贷政策评估、信贷政策执行情况以及央行资金运用情况三项考核指标，具体来看：①信贷政策评估主要依据央行对商业银行在中小微企业信贷、涉农信贷以及本地域存款资金运用情况进行评估打分；②信贷政策执行情况主要依据政策层每年的信贷政策重点，对特定

表3-9 当前商业银行MPA考核跨境业务监管相关指标与监管方法

指标	计算公式	监管方法
跨境融资风险加权余额（25分）	跨境融资风险加权余额 = ∑本外币跨境融资余额×期限风险转换因子×类别风险转换因子 + ∑外币跨境融资余额×汇率风险折算因子	跨境融资风险加权余额不超过跨境融资风险加权余额上限得25分，否则得0分
跨境人民币业务风险（25分）	考察跨境人民币收支规模占比、跨境人民币差额币种结构、收支差额偏离度等	由央行货币政策二司评估
外汇自律行为评估（25分）	考察财务指标、银行间市场交易规范、外汇和跨境人民币展业规范、中间价报价情况等	由全国外汇市场自律机制评估
外汇管理情况考核（25分）	考察商业银行外汇的管理情况	由国家外汇管理局评估

资料来源：鞠建东，兰晓梅. 中国跨境融资管理的问题与改进［J］. 金融论坛，2021（2）；中信证券固定收益部整理。

投向信贷的贷款余额、放贷户数以及金融创新情况展开评估；③央行资金运用情况主要针对商业银行在获得央行再贷款、再贴现等货币政策工具的支持后，对央行资金的使用效果进行评估（见表3-10）。

表3-10 MPA信贷政策执行情况考核指标

考核项目	评分标准
信贷政策评估（40分）	依据商业银行"小微企业信贷政策导向评估"、"涉农信贷政策导向评估"和"县域金融机构将新增存款更多用于当地贷款评估"三项评估中结果最优的一项进行评分

(续表)

考核项目	评分标准
信贷政策执行情况（30 分）	商业银行依据每年政策层信贷政策重点开展工作，并选取三个政策方向对下述指标进行评分：①贷款余额比上季末增加；②有货户数比上季末增加；③金融服务方式有所创新
央行资金运用情况（30 分）	对商业银行使用央行货币政策工具资金（再贷款、再贴现等）的情况进行评估，依据是否按时足额还本付息、是否按要求运用央行资金开展业务以及央行资金运用规模是否达标三项进行评分

资料来源：中国人民银行，中信证券固定收益部整理。

MPA 考核的奖惩机制

在上述监管指标之外，评分体系与奖惩机制也是 MPA 监管的重要组成部分，是 MPA 监管约束金融机构行为的主要手段。

首先，考虑到金融机构在资产规模、业务领域以及金融系统重要性等方面存在差异，因此 MPA 监管对全国性系统重要性机构、区域性系统重要性机构和普通机构三类机构的考核标准也有所区别。其次，在进行 MPA 考核后，参与考核的金融机构的考核结果将会被分为 A、B、C 三档，央行分别对三档机构执行最优档激励、正常档激励和适当约束措施。其中，A 档机构的七大方面指标均为优秀（90 分以上）；C 档机构的"资本和杠杆情况""定价行为"两项中任有一类不达标（60 分以下），或者其他五个项目中任有两类不达标；而 B 档机构则为除 A、C 两档外的其他机构。最后，央行会根据 MPA 考核结果，对金融机构采取差别化的激励约束措施，其中大致分为货币政策操作和市场交易资质两大类。

分析入微：资管行业监管体系大全

我国资管行业在满足投资者和企业的投融资需求、推动经济增长方面发挥了重要作用。但限于监管体系不成熟、监管规则不统一，规模庞大的资管行业衍生出了一系列风险点，对债券市场和宏观经济的稳定形成挑战。因此，完善资产管理行业监管体系，对于规范资管行业发展、预防金融风险无疑具有重要意义。

中国资管行业发展历程

资产管理业务是指金融机构接受投资者委托，对受托的投资者财产进行投资和管理的金融服务。根据资管新规的界定，资管产品包括但不限于人民币或外币形式的银行非保本理财产品，资金信托，证券公司、证券公司子公司、基金管理公司、基金管理子公司、期货公司、期货公司子公司、保险资产管理机构、金融资产投资公司发行的资产管理产品等（见图3-39）。

从发展过程看，当前我国资管行业的繁荣局面绝非与生俱来、一蹴而就的。资管行业既是随着金融需求日益丰富、金融市场改革不断深化而不断发展，又在发展过程中累积了一系列问题。

1. **资管产品采用"资金池"模式进行"刚性兑付"**

在资金池模式下，资管公司会发行多个资管产品并混同运作，资管产品的资金与投资的资产并不具备一一对应关系。一旦资金池内的一个资管产品出现问题，风险则可能传导到整个资金池，进而引发系统性金融风险。

2. **资管产品采用多层嵌套进行监管套利**

对于银行而言，开展传统的表内业务需要受信用风险、流动性、资本充足率和贷款领域等约束，因此会和信托、证券公司合作，通过多层嵌套的方式将资金投向非标或者监管限投的行业或领

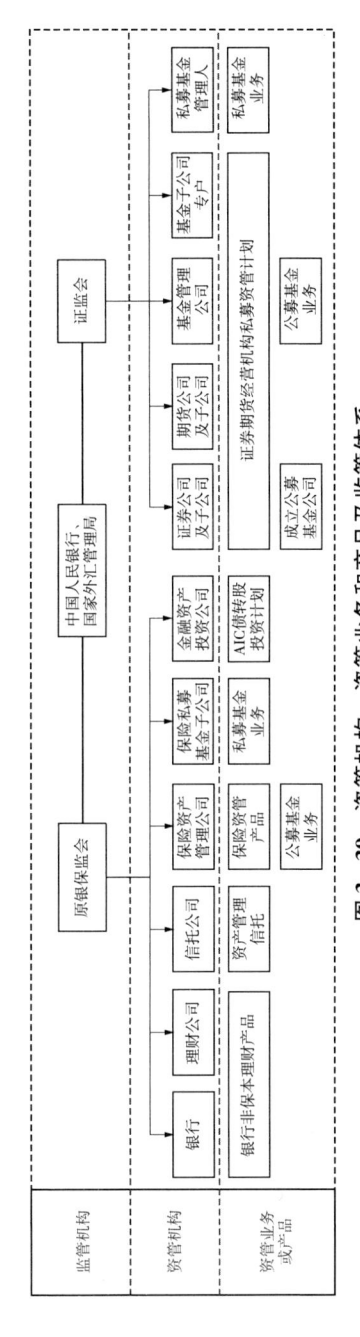

图 3-39 资管机构、资管业务和产品及监管体系

资料来源：中国人民银行、原银保监会、证监会、国家外汇管理局、中信证券固定收益部。

第三章 流动性的源头：中央银行与货币政策

域，在多层嵌套过程中系统性金融风险也不断累积。

2018年以前，监管标准不统一使得同样功能的产品可以进行监管套利，且监管部门间沟通协调少等问题导致监管效率偏低。在此背景下，政策层多次提出要防范交叉性风险，减少资金空转。为此，政策层从监管部门和监管文件两个方面进行了完善。

资管行业现行监管框架体系

2018年，银监会与保监会合并，"一委一行两会"的金融监管体系确立。2023年，《党和国家机构改革方案》计划成立中央金融委和中央金融工委，同时在银保监会的基础上组建国家金融监管总局，统一的"机构监管"架构不断完善，各部门监管协同性增强。在监管机构逐渐统一的过程中，出台统一的监管文件体系的重要性也在不断提升。2017年11月，"一行三会一局"发布《关于规范金融机构资产管理业务的指导意见（征求意见稿）》，拉开了资管行业监管改革的大幕。2018年4月，资管新规正式发布。在资管新规发布后，监管部门针对所辖的资管业务和产品，陆续出台了多部法律法规，最终形成了当前的监管文件体系。

1. 资管新规出台，顶层设计确立

作为资管行业首部统一、全面监管的纲领性文件，资管新规为规范金融机构资管业务，统一产品监管标准，防范金融风险做出明确要求。资管新规包含31条内容，主要包括以下核心措施：①明确资管业务的定义和分类标准；②界定资管产品投资范围，定义标准化债权与非标债权；③禁止资金池，实行净值化管理，打破刚性兑付；④控制嵌套层级，减少通道业务，限制监管套利行为；⑤限制杠杆操作。通过以上措施推动行业发展回归"受人之托、代客理财"的资产管理本质（见表3-11）。

表3-11 资管新规主要内容

条目	主要内容	关键内容指标
第四条、第五条	界定资管产品分类方式和投资者分类方式	固定收益类产品投资于存款、债券等债权类资产的比例不低于80%，权益类产品投资于股票、未上市企业股权等权益类资产的比例不低于80%，商品及金融衍生品类产品投资于商品及金融衍生品的比例不低于80%，混合类产品投资于债权类资产、权益类资产、商品及金融衍生品类资产且任一资产的投资比例未达到前三类产品标准
第十五条	限制资金池业务；防范期限错配；明确资管产品投资资产的集中度	金融机构应当做到每只资产管理产品的资金单独管理、单独建账、单独核算，不得开展或者参与具有滚动发行、集合运作、分离定价特征的资金池业务 单只公募资产管理产品投资单只证券或者单只证券投资基金的市值不得超过该资产管理产品净资产的10% 同一金融机构发行的全部公募资产管理产品投资单只证券或者单只证券投资基金的市值不得超过该证券市值或者证券投资基金市值的30%。其中，同一金融机构全部开放式公募资产管理产品投资单一上市公司发行的股票不得超过该上市公司可流通股票的15% 同一金融机构全部资产管理产品投资单一上市公司发行的股票不得超过该上市公司可流通股票的30%
第十六条	降低期限错配	金融机构应当强化资产管理产品久期管理，封闭式资产管理产品期限不得低于90天。资产管理产品直接或者间接投资于非标准化债权类资产的，非标准化债权类资产的终止日不得晚于封闭式资产管理产品的到期日或者开放式资产管理产品的最近一次开放日

(续表)

条目	主要内容	关键内容指标
第十七条、第二十条	明确风险准备金要求，统一负债要求、限制杠杆使用	金融机构应当按照资产管理产品管理费收入的10%计提风险准备金；每只开放式公募产品的总资产不得超过该产品净资产的140%，每只封闭式公募产品、每只私募产品的总资产不得超过该产品净资产的200%。计算单只产品的总资产时应当按照穿透原则合并计算所投资资产管理产品的总资产。金融机构不得以受托管理的资产管理产品份额进行质押融资，放大杠杆
第十八条、第十九条	实施净值化管理，明确刚性兑付类型及惩处方式	—
第二十一条	限制资管产品分级	公募产品和开放式私募产品不得进行份额分级。分级私募产品的总资产不得超过该产品净资产的140%。分级私募产品应当根据所投资资产的风险程度设定分级比例。固定收益类产品的分级比例不得超过3∶1，权益类产品的分级比例不得超过1∶1，商品及金融衍生品类产品、混合类产品的分级比例不得超过2∶1
第二十二条	消除多层嵌套，限制通道业务	资管产品只可嵌套一层资管产品

资料来源：原银保监会，中信证券固定收益部。

除资管新规外，监管部门先后发布了四个补充通知或文件，形成了初步体系：①2018年7月央行发布的《关于进一步明确规范金融机构资产管理业务指导意见有关事项的通知》，对公募资产管理产品的投向，过渡期内老产品的发行、估值方式，非标资产处理等事情进行了解释或豁免；②2018年11月央行等四部门联合发布的《金融机构资产管理产品统计制度》和《金融机构资产管理产品统计模板》；③2020年7月央行等四部门联合发布的《标准化债权类资产认定规则》；④2022年5月财政部发布的《资产管理产品相关会计处理规定》（见图3-40和图3-41）。

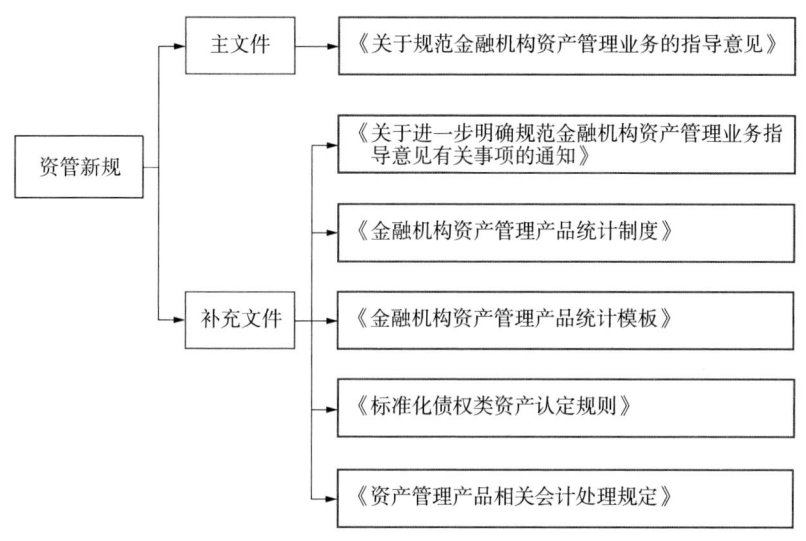

图3-40　资管新规主文件及补充文件

资料来源：中国人民银行，原银保监会，证监会，国家外汇管理局，中信证券固定收益部。

2. 不同资管行业的监管细则

银行理财：2018年9月，监管层针对银行理财业务出台《商业银行理财业务监督管理办法》（银行"理财新规"），其监管理念与资管新规整体一致。2018年12月，《商业银行理财子公司管理办法》进一步对理财子公司的设立、变更与终止、业务规则、风险管理等方面进行规定。2019年以来，《商业银行理财子公司净资本

标准化债权类资产：指依法发行的债券、资产支持证券等固定收益证券，主要包括国债、中央银行票据、地方政府债券、政府支持机构债券、金融债券、非金融企业债务融资工具、公司债券、企业债券、国际机构债券、同业存单、信贷资产支持证券、资产支持票据、证券交易所挂牌交易的资产支持证券，以及固定收益类公开募集证券投资基金等	**非标准化债权类资产**
其他债权类资产被认定为标准化债权类资产的标准： · 等分化，可交易 · 信息披露充分 · 集中登记，独立托管 · 公允定价，流动性机制完善 · 在银行间市场、证券交易所市场等国务院同意设立的交易市场交易	

图 3-41　债权类资产分类标准

资料来源：中国人民银行，原银保监会，证监会，国家外汇管理局，中信证券固定收益部。

管理办法（试行）》等法律法规陆续出台，对理财子公司的净资本运作与销售端、现金管理类理财产品和流动性风险进行了更加细化的规范（见图 3-42 和表 3-12）。

资金信托：资金信托是基于信托关系的私募资产管理产品，适用于资管新规的监管要求。2020 年 5 月，银保监会发布《信托公司资金信托管理暂行办法（征求意见稿）》，整体延续了资管新规的监管要求，同时在产品募集、投资限制、风险管理方面进行了适当调整。2023 年 3 月，银保监会将信托重新分类为资产服务信托、资产管理信托和公益慈善信托，并明确资产管理信托适用于资管新规（见图 3-43 和表 3-13）。

保险资管：2020 年 3 月，银保监会发布《保险资产管理产品管理暂行办法》，明确保险资管产品定位为私募产品，面向合格投资者非公开发行，产品形式包括债权投资计划、股权投资计划和组合类保险资管产品等。在产品方面，2020 年 9 月，银保监会发布《债权投资计划实施细则》、《股权投资计划实施细则》和《组合

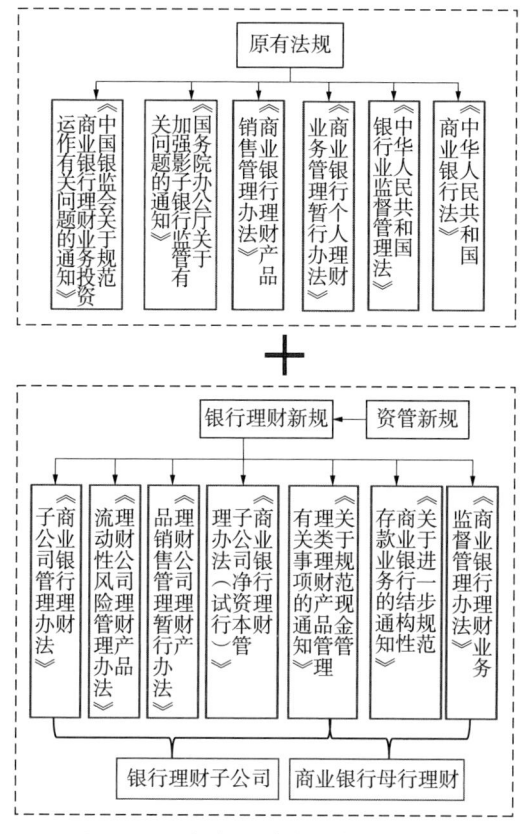

图 3-42 银行理财的监管文件体系

资料来源：原银保监会，中信证券固定收益部。

类保险资产管理产品实施细则》等配套规则。在资金运用方面，《保险资金运用管理办法》对保险资产管理产品业务进行了说明。在保管资管公司管理方面，《保险资产管理公司管理规定》对保险资管公司的设立、变更和终止、公司治理等方面进行了明确（见图 3-44）。

公募基金业务：在已有法规基础上，2017 年 8 月证监会发布了《公开募集开放式证券投资基金流动性风险管理规定》。该规定对流动性风险管理进行了充分说明（见图 3-45）。

第三章　流动性的源头：中央银行与货币政策　　177

表3-12 理财新规重要监管指标

主要内容	监管指标
不同类型理财产品投资比例	同资管新规要求
设定限额，控制集中度风险	每只公募理财产品持有单只证券或单只公募证券投资基金的市值不得超过该理财产品净资产的10%；商业银行全部公募理财产品持有单只证券或单只公募证券投资基金的市值，不得超过该证券市值或该公募证券投资基金市值的30%；商业银行全部理财产品持有单一上市公司发行的股票，不得超过该上市公司可流通股票的30%
杠杆率限制	商业银行每只开放式公募理财产品的杠杆水平不得超过140%，每只封闭公募理财产品、每只私募理财产品的杠杆水平不得超过200%
明确非标准化债权资产比例	全部理财产品投资于单一债务人及其关联企业的非标准化债权类资产余额，不得超过本行资本净额的10%；全部理财产品投资于非标准化债权类资产的余额在任何时点均不得超过理财产品净资产的35%，也不得超过本行上一年度审计报告披露总资产的4%

资料来源：原银保监会，中信证券固定收益部。

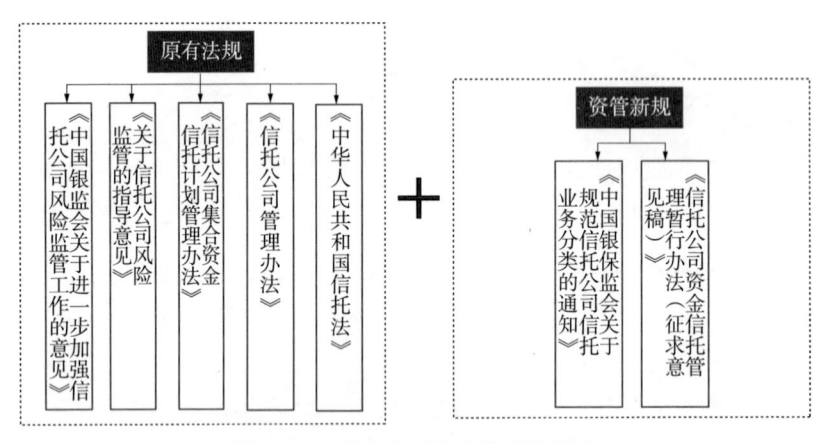

图3-43 资金信托的监管文件体系

原有法规：《中国银监会关于进一步加强信托公司风险监管工作的意见》、《关于信托公司风险监管的指导意见》、《信托公司集合资金信托计划管理办法》、《信托公司管理办法》、《中华人民共和国信托法》

＋

资管新规：《中国银保监会关于规范信托公司信托业务分类的通知》、《信托公司资金信托管理办法（征求意见稿）》

资料来源：原银保监会，中信证券固定收益部。

表3-13 资金信托管理办法重要监管内容

主要内容	监管指标
期限管理	①信托公司应当做到每只资金信托单独设立、单独管理、单独建账、单独核算、单独清算，不得开展或者参与具有滚动发行、集合运作、分离定价特征的资金池业务；②开放式资金信托所投资资产的流动性应当与投资者赎回需求相匹配；③封闭式资金信托期限不得低于九十天，且所投非标资产的终止日不得晚于封闭式资金信托到期日
股票投资管理	①每只集合资金信托计划持有单一上市公司发行的股票的市值最高不超过该资金信托净资产的25%；②每只结构化资金信托持有单一上市公司发行的股票的市值最高不超过该资金信托净资产的20%，经国务院银行业监督管理机构认可的除外；③同一信托公司管理的全部资金信托持有单一上市公司发行的股票，不得超过该上市公司可流通股票市值的30%，另有规定的除外
投资非标债权资产管理	①限制投资非标债权资产的比例，明确全部集合资金信托投资于非标债权资产的合计金额在任何时点均不得超过全部集合资金信托合计实收信托的50%；②限制非标债权集中度，全部集合资金信托投资于同一融资人及其关联方的非标债权资产的合计金额不得超过信托公司净资产的30%；③限制期限错配，要求投资非标债权资产的资金信托必须为封闭式，且非标债权类资产的终止日不得晚于资金信托到期日；④限制非标债权资产类型
强化穿透监管	①向上穿透识别投资者资质，资金信托接受其他资产管理产品参与的，应当识别资产管理产品的实际投资者与最终资金来源；②向下穿透识别底层资产，对于资金信托投资其他资管产品的，信托公司应当按照穿透原则识别底层资产；③不合并计算其他资管产品参与的投资者人数

资料来源：原银保监会，中信证券固定收益部。

证券期货经营机构私募资管：2018年10月，证监会在已有法律法规和资管新规基础上，发布《证券期货经营机构私募资产管理业务管理办法》和配套细则《证券期货经营机构私募资产管理计划

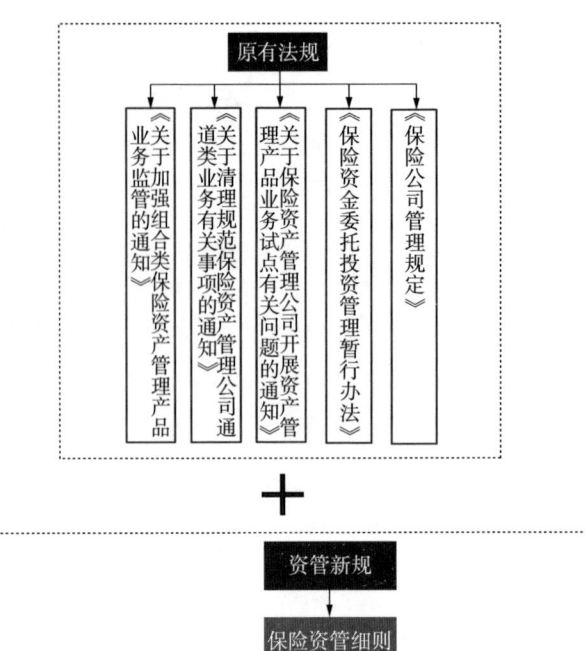

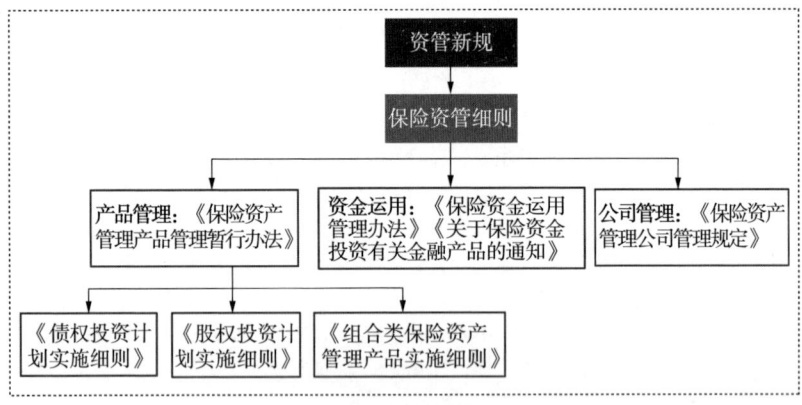

图 3-44 保险资管的监管文件体系

资料来源：原银保监会，中信证券固定收益部。

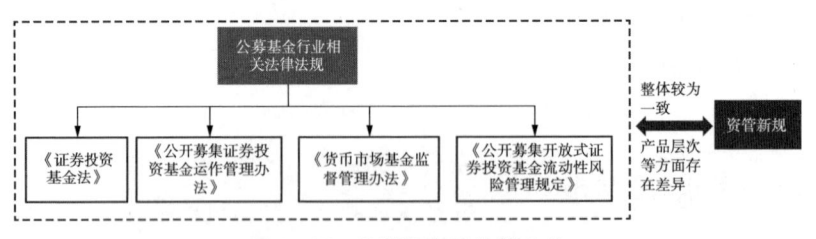

图 3-45 公募基金的监管文件

资料来源：证监会，中信证券固定收益部。

债券投资

运作管理规定》（合称《资管细则》），主要包括五方面内容：①明确各类私募资管产品均依据信托法律关系设立，并确立"卖者尽责、买者自负"等基本原则；②统一现有规则，系统界定业务形式、产品类型，以及标准化、非标准化资产；③基本统一监管标准；④适当借鉴公募经验，健全投资运作制度体系；⑤规定风险管理与内部控制机制要求（见图3-46）。

金融资产投资公司：2018年6月29日，银保监会发布《金融资产投资公司管理办法（试行）》，对金融资产投资公司的设立、变更与终止、业务范围和业务规则、风险管理和监督管理等方面进行了说明。2020年4月16日，银保监会发文对金融资产投资公司的投资范围、资金募集、投资运作、登记托管和信息披露等方面进行了要求。2022年6月17日，银保监会印发《金融资产投资公司资本管理办法（试行）》，对金融资产投资公司的资本充足率提出要求（见图3-47）。

是"指引"还是"镣铐"：监管政策与债券市场的关系

债券市场是金融市场的一个重要组成部分，它在金融体系和实体经济中承担着多种角色，例如投融资、价格发现和宏观调控等，债券市场的稳定运行关系到金融体系的稳健性和韧性，因此在金融监管政策的设定过程中无疑需要充分考虑监管政策与债市运行之间的关系。纵观近年来的金融监管，MPA考核和资管新规是极其重要的两项监管举措。接下来我们将围绕MPA考核和资管新规，对主要监管政策与债券市场的关系进行分析。

MPA考核对债券市场的影响

在MPA考核中，资本充足率、广义信贷增速、同业负债以及

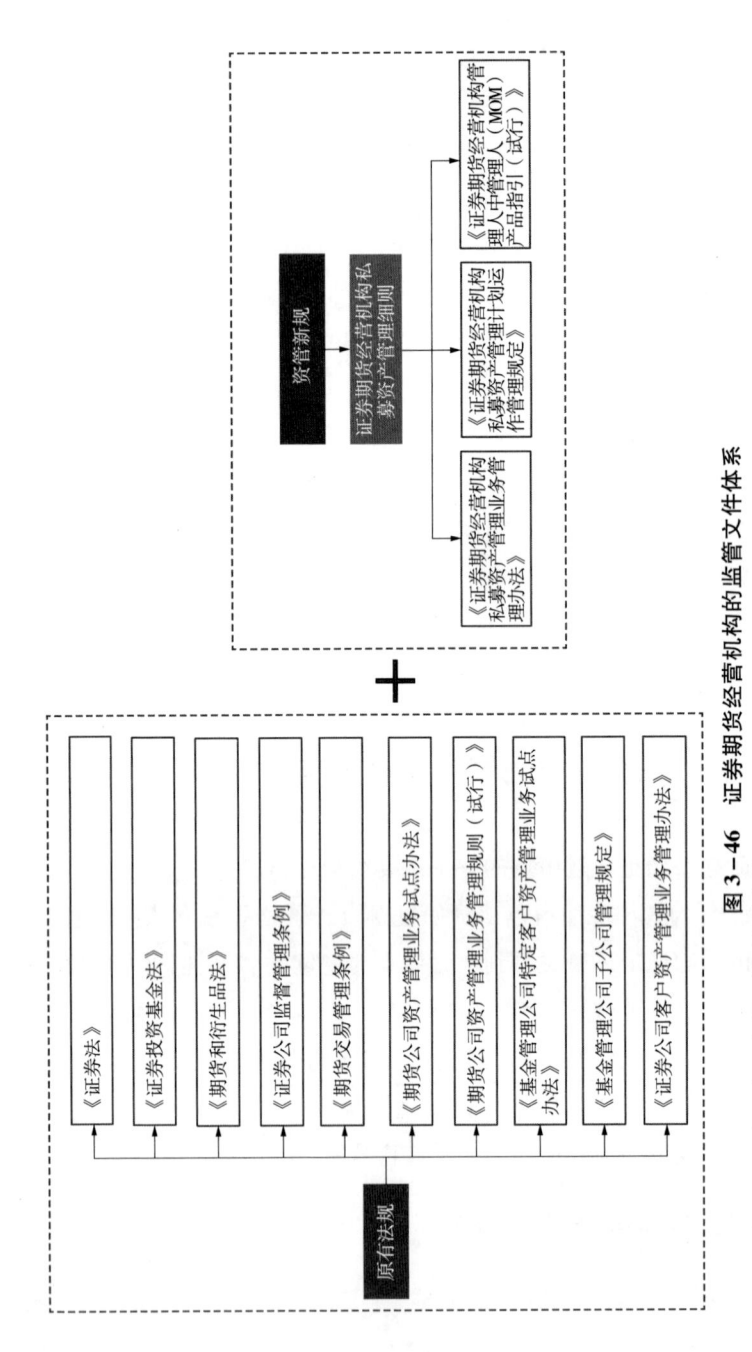

图 3-46 证券期货经营机构的监管文件体系

资料来源：原银保监会，中信证券固定收益部。

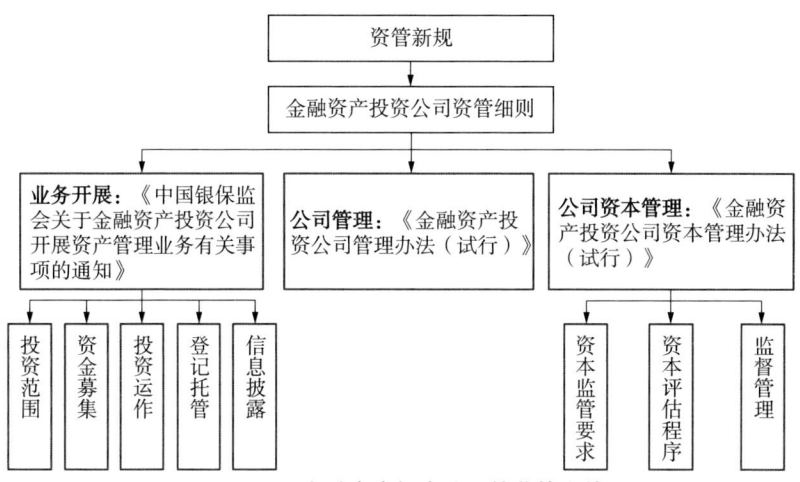

图 3-47 金融资产投资公司的监管文件

资料来源：证监会，中信证券固定收益部。

LCR 是较有代表性的考核指标。

1. 资本充足率考核对债市供求的影响

商业银行可以采取两种途径，以确保自身资本充足率高于宏观审慎资本充足率（C^*）。第一种途径是增加自身的资本充足率，第二种途径则是尽可能降低宏观审慎资本充足率。

提升资本充足率的重要途径是发行资本补充工具进行外部资本积累，从供给层面对债券市场产生影响。外部积累的主要途径包括：补充核心一级资本的股票或可转债的转股；补充其他一级资本的可转债、永续债或优先股；补充二级资本的二级资本债。在应对 MPA 周期性考核过程中，资本补充工具的发行节奏和资本充足率有较为明显的关联性，通常在资本充足率较低的情况下，资本补充工具发行量有增加的倾向。

资本充足率对商业银行债券投资行为也存在约束。债券的风险权重越高，所占用的资本就越多。选择投资低资本占用券种，可以降低风险加权资产，从而进一步提高资本充足率。如果将投资券种偏向利率债,则可提高资本充足率。因此,资本充足率水平与债市需求结构也有较明显的关联性(见图3-48和图3-49)。

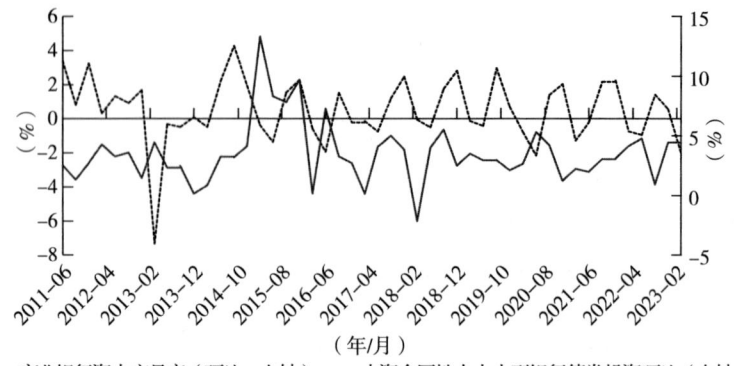

图3-48 商业银行资本充足率环比与债券投资环比

资料来源:万得资讯,中信证券固定收益部。

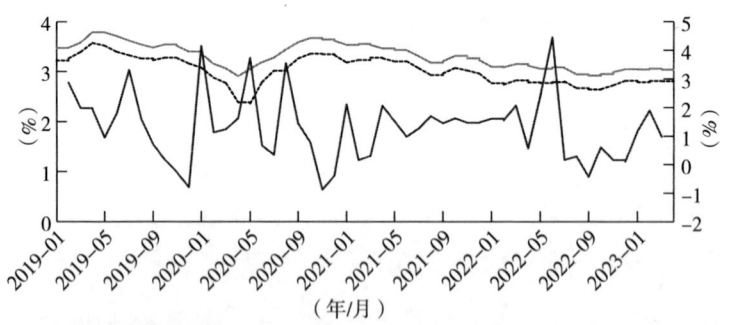

图3-49 商业银行地方债持有情况及收益率

资料来源:万得资讯,中信证券固定收益部。

2. 广义信贷增速限制表外理财和表内债券投资,影响债市需求

广义信贷更能代表全社会的整体融资情况,也是MPA考核的"核心指标"之一。具体而言,广义信贷等于各项贷款、债券投资、股权及其他投资、买入返售资产和存放在非存款类金融机构款项、表

外理财扣除现金和存款的余额、应收及预付款项的总和。从实际情况看，表内债券投资和表外理财规模等变化对债券市场影响最为明显，即表外理财监管和自营债券投资降低通常会对债市形成冲击。

对表内项目而言，债券投资也在广义信贷增速范围内，债券投资呈现季节性变化。对表外理财资产扩张的管控会导致银行理财产品的发行规模和投资力度减少，从而减少对债券市场的需求。理财更多配置国债、央行票据等优质和低风险债券，而减少对非标等高风险债券的配置。在表外理财中，同业理财成为MPA考核的管控重点，同业理财的规范化在一段时间不可避免地影响了债市需求（见图3-50、图3-51和图3-52）。

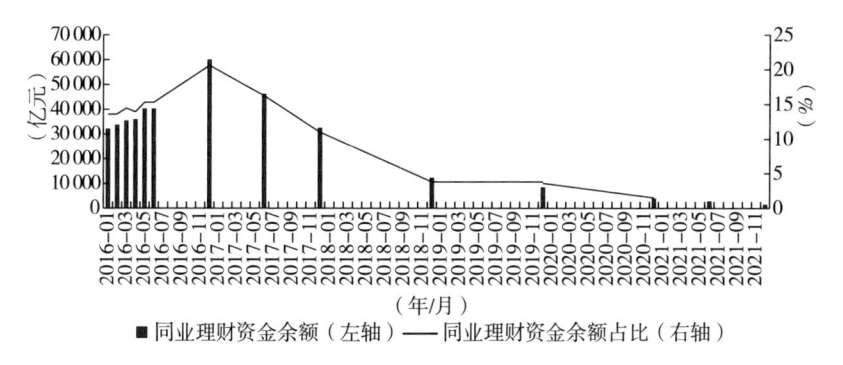

图3-50　同业理财成为报表外理财管控重点，规模迅速下降
资料来源：万得资讯，中信证券固定收益部。

3. 同业负债

同业负债考核指标要求"商业银行同业融入资金余额不得超过该银行负债总额的1/3"，这一限制将对银行同业业务形成冲击。在同业负债项目考核中，同业存单的占比较高，受考核影响较为显著。总体上看，近年来同业存单余额增速明显放缓，到期收益率震荡下行。此外，在流动性覆盖率指标的考核中，同业负债的流出系数最高。因此，NCD的供求变化也会影响银行通过LCR考核。

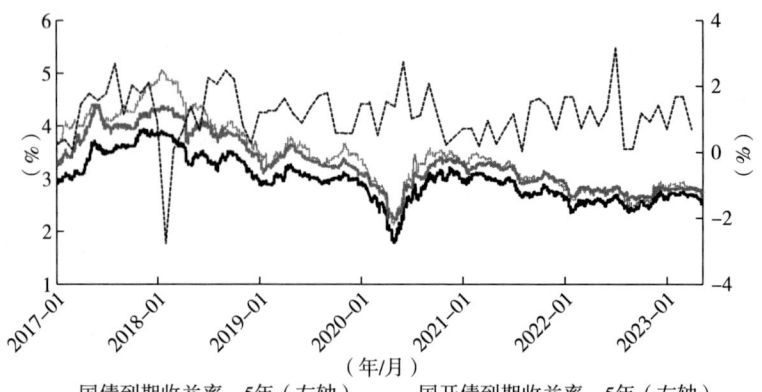

图3-51 银行债券投资环比及利率债到期收益率

资料来源：万得资讯，中信证券固定收益部。

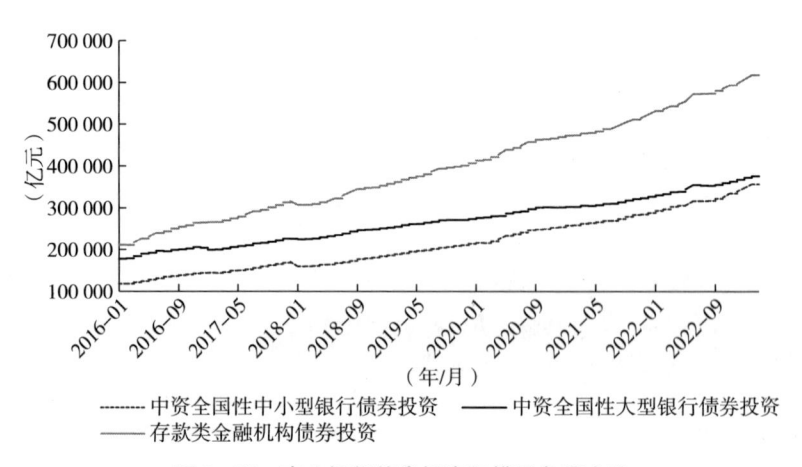

图3-52 商业银行债券投资规模及负债占比

资料来源：万得资讯，中信证券固定收益部。

NCD 的阶段性发行高峰期一般集中于每个季末月前一个月到季末月之间，而1月期发行利率的变化趋势基本与发行量的趋势相同。而在每个季末月，1个月 NCD 利率上浮明显，3个月和6个月与1个月 NCD 发行利率之间的利差都会有所收窄（见表3-14）。

表3-14 银行负债端科目对应业务形式

负债端科目	对应的具体业务形式
对存款类机构负债	银行同业存款、拆借、回购
对其他金融机构负债	非银同业存款、向非银机构拆借、回购
债券发行	商业银行金融债、同业存单

资料来源：中信证券固定收益部。

4. 流动性覆盖率

流动性覆盖率（LCR）旨在确保商业银行具有充足的合格优质流动性资产，能够在银行监管机构规定的流动性压力情景下，通过变现这些资产满足未来至少30天的流动性需求。在面对LCR考核压力时，需从分子和分母两端入手来提高LCR。对于分子端，银行可以增加优质流动性资产的规模或降低30天的现金净流出。对于分母端，银行可以借入中长期资金并控制中长期资金的融出以降低期限错配。从对机构行为的影响看，除了前文中同业负债项目以外，LCR对债市的冲击主要源自两个方面：一是机构为提升LCR改变质押式回购需求，导致资金季节性紧张；二是机构通过增加优质流动性资产提升LCR，影响品种利差。

我国银行间资金拆借市场呈现出多级网状结构，即大型银行向中型银行融出资金，而中型银行则进一步向中小型银行或非银机构融出资金。然而，考虑30天以内的质押式回购融出情况，融出方所收到的质押券不被视为高质量流动性资产（HQLA），对于那些先融入后融出的银行而言，其LCR计算中的分子和分母都会同时减少，从而导致LCR低于100%的银行的LCR进一步下降。因此，在季末月考核时点，商业银行会减少质押式回购融出，并尽量增加质押式回购融入或者直接购买HQLA，造成回购市场的资金供给减少、需求增加。从数据上看，每个季末月银行间质押式回购成交量和利率都会出现季节性上浮，一季度最为明显。

HQLA主要包括央行准备金、政府债券、国开债等。为满足LCR目标，商业银行投资债券的优先级依次是利率债、高资质信用债、低资质信用债、同业存单和商业银行债。商业银行增加HQLA将提高对应券种需求，带动债券收益率降低。从近年来的数据上看，利率债到期收益率在大部分年份的季末月都会出现下降的趋势，而信用债和利率债之间的利差在季末月则会出现规律性走阔（见图3-53和图3-54）。

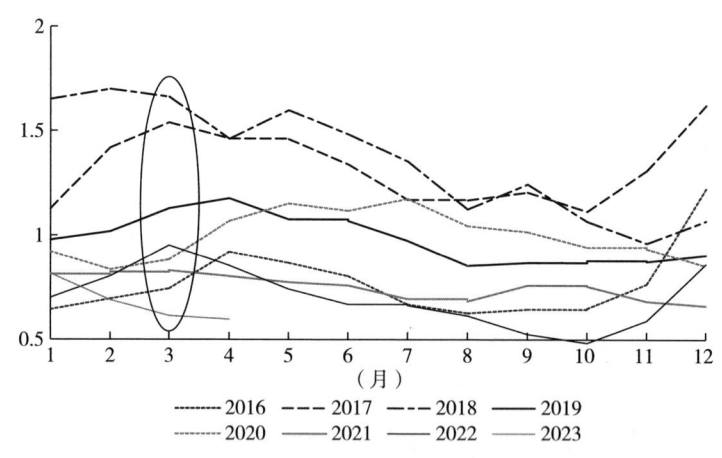

图3-53 城投债（AAA）与国债利差：5年季节性波动
资料来源：万得资讯，中信证券固定收益部。

资管新规对债券市场的影响

资管新规对资管行业的产品和投资标的提出了新的要求，逐渐改变了机构投资行为并对债券市场的走势产生影响。

1. 打破刚兑短期内冲击市场规模

打破刚兑影响机构增量，冲击存量，改变市场格局。受净值化和打破刚兑的影响，资管新规实施初期，银行理财产品市场经历了

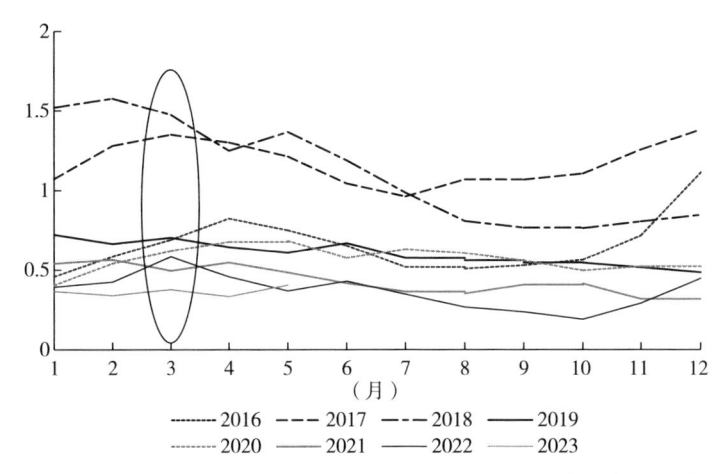

图 3-54 商业银行普通债（AAA）与国债利差：3 年季节性波动
资料来源：万得资讯，中信证券固定收益部。

较大幅度的波动。从 2018 年年中开始，各家银行逐渐将理财业务进行规范化转型，积极探索新的运作模式，理财规模逐渐恢复。资管新规颁布受益较大的是公募基金，因其具有净值化管理和权益投资的优势，市场规模迅速扩大；而券商资管、基金专户等受多层嵌套、通道业务等监管影响，规模明显萎缩（见图 3-55）。

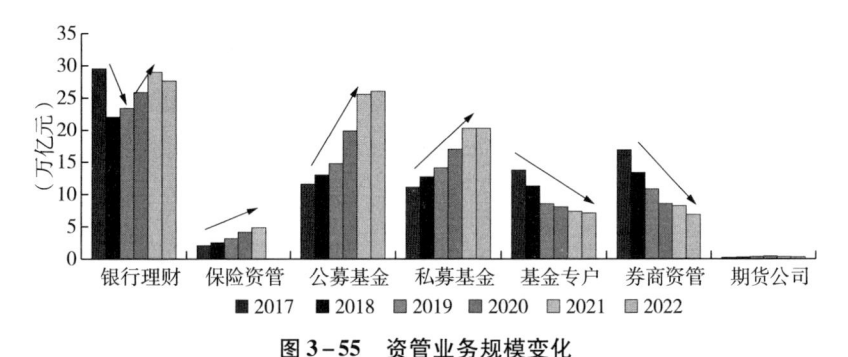

图 3-55 资管业务规模变化
资料来源：万得资讯，中信证券固定收益部。

2. 限制非标投资影响债市需求结构

资管新规对投资标的的范围进行了限制，要求压减非标投资规模、提高标债需求，进而改变了债市需求结构。在资管产品总体规模变化不大的情况下，非标投资受限会利好标债需求，从而影响二者的收益率曲线。从非标与标债的份额看，资管新规对投资标的的规定冲击了债市需求，并导致非标债在近年来被持续抛售，这部分资金转而投资高等级利率债。自2018年起，理财产品投资于标准化债券的比例持续上升，从2017年年末的43%提升到2022年年末的近64%；理财产品投资于非标准化债权类资产的比例持续下降，从2017年年末的16%降至2022年年末的6.5%。

从各券种的利差来看，在资管新规征求意见出台（2017年11月）至正式实施前（2018年3月）的这一阶段，银行理财增持了国债（大幅增持）和商业银行二级资本债，减少了商业银行次级债、中票和企业债，造成各券种间利差走阔。在此期间，3年期和5年期AAA级企业债和中票与国债利差走阔幅度为25～45基点；此后虽有下降，但在资管新规正式落地后的4月末到5月下旬期间利差再次走阔（见图3-56和图3-57）。

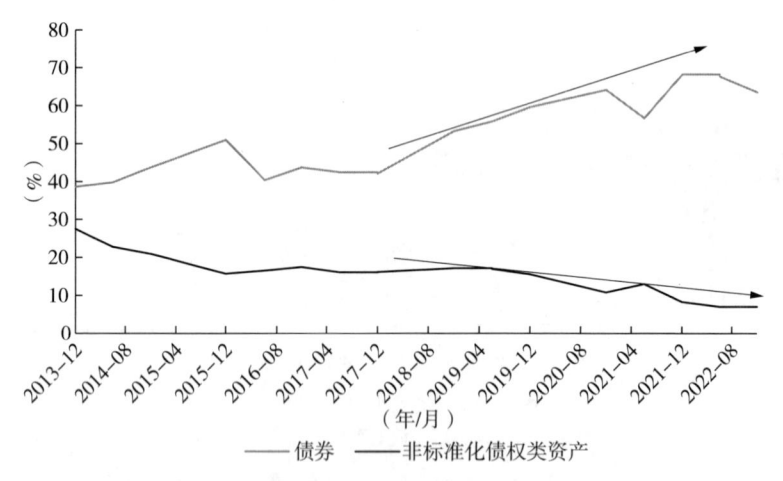

图3-56 银行理财债券与非标债权资产投资占比变化
资料来源：万得资讯，中信证券固定收益部。

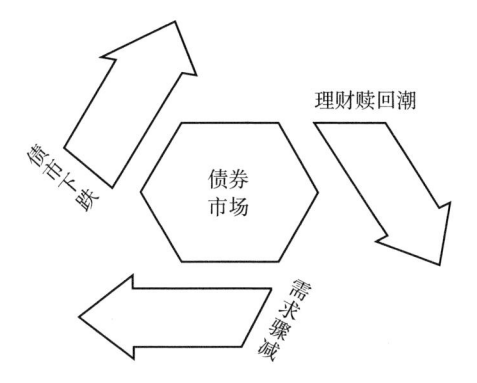

图 3-57　理财与债市的负向反馈机制
资料来源：万得资讯，中信证券固定收益部。

随着资管新规出台和净值化的推进，银行理财逐渐规范，增加了对债市的投资，与债市收益率形成反馈机制。当债市出现明显调整时，银行理财产品的投资收益将面临较大的赎回压力，债券抛压提高加剧债市下行风险，进一步增加理财赎回率，形成负面反馈机制。此外，净值型理财产品的余额占比已经从资管新规前的15%大幅提高到2023年5月初的92%，而开放式理财占比从2019年年中的65%提升至2022年年末的83%。由于其灵活申赎和收益率波动较大，增加了市场波动时的赎回风险。

3. 管控期限错配，理财发行期限延长，利好短久期债券

在期限错配被严格监管的背景下，银行理财产品必须满足期限匹配的要求，从新发行银行理财的期限结构看，2018—2022年，总体委托期限增长，其中1~3个月期限的新发理财占比从2018年的40%降至2022年的9%，24个月以上期限占比从1%升至14%。虽然在2022年年末债熊及理财赎回潮的影响下久期有所缩短，但短期纯债基金和中长期纯债基金的资产净值加权久期仍然得到显著提升，分别从2017年的0.3年和1.3年延长至2022年的0.7年和1.8年（见图3-58、图3-59和图3-60）。

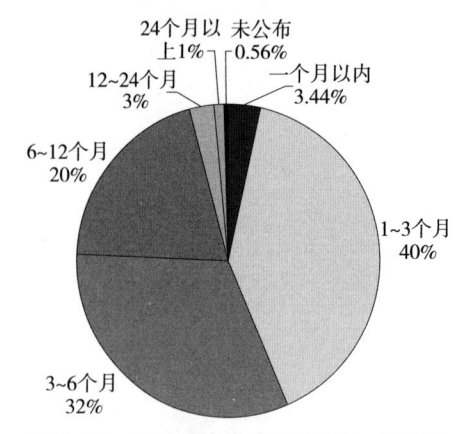

图 3-58　银行理财发行期限结构（2018）

资料来源：万得资讯，中信证券固定收益部。

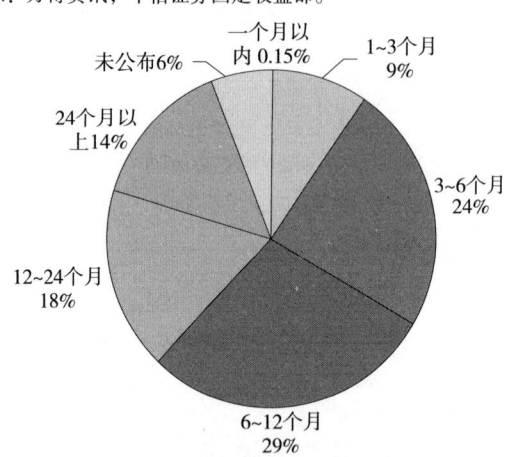

图 3-59　银行理财发行期限结构（2022）

资料来源：万得资讯，中信证券固定收益部。

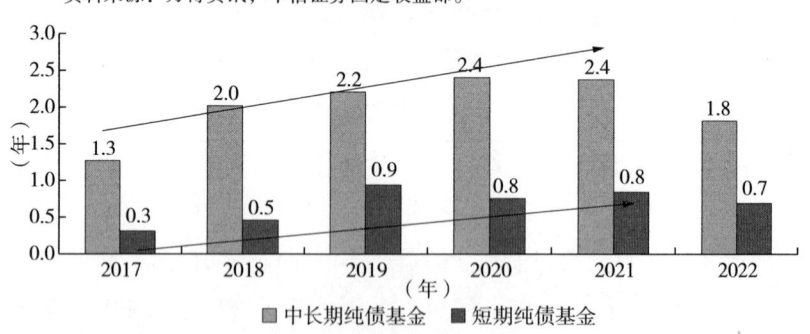

图 3-60　短期、中长期纯债基金资产加权平均久期整体延长

资料来源：万得资讯，中信证券固定收益部。

第四章

稳增长的先锋：财政体系与政府债务

财政运行的"元逻辑":财政体系详述

风风雨雨 70 年:中国财政体系的变迁

财政是国家治理的基础和重要支柱。新中国成立 70 多年以来,不同时期财政体制改革的背后,既是不同宏观经济调控和国家治理方针的直接要求,又是财政体制自身发展内在规律的直接体现。从生产建设性财政到公共财政和现代财政的历史变迁,正是我国政府职能转变、经济体制改革和社会转型发展的重要标志:1949 年中华人民共和国成立初期"统收统支,高度集中"的财政体制适应了集中财力办大事的要求,此后几经改革但仍难以改变"一放就乱,一收就死"的困局;1978 年改革开放初期"分灶吃饭"的财政体制适应了大规模经济建设的要求,地方财权和积极性大大提升,催生我国经济高速增长的同时又暴露出"诸侯经济"和中央调控乏力等问题;1994 年分税制财政体制改革适应了社会主义市场经济体制的要求,初步确立起与之匹配的公共财政体系,中央财政和宏观调控能力明显增强,同时从根本上改变了地方政府的经济发展模式；2013年后国家治理体系和治理能力现代化的总目标又赋予了财政体制新的历史使命，财政改革由"分权"走向"治权"，建立现代财政制度也成为国家治理体系基础性和保障性的重要组成部分（见图4–1）。

计划经济时期"高度集权"（1949—1977年）	经济转轨时期"分灶吃饭"（1978—1993年）	社会主义市场经济建设时期"分税制"（1994—2012年）	全面深化改革时期与国家治理相匹配（2013年至今）
国民经济恢复时期 特点：统收统支高度集中 目的：集中力量办大事，支持经济恢复	改革开放初期"分级包干" 特点：国家—企业、中央—地方间的分配关系转变 目的：放权让利，提高地方和企业积极性	1994年分税制改革 特点：符合市场经济体制要求，规范财政分配关系	2015年新《预算法》施行 特点："全""细""硬"建立"四本账"预算体系，跨年度预算平衡机制等
"一五"至"文化大革命"时期 特点：一放一收循环往复，但仍以集中统一为目的；有计划的经济建设，调动地方积极性 问题：一放就乱，一收就死	1988年财政"大包干" 特点：各地采用不同形式的财政包干办法 问题：诸侯经济、讨价还价，"两个比重"不断下降	1995年《预算法》实施 特点：建立公共财政体系，政府财政职能转变 成效："两个比重"回升，中央财政实力和调控能力明显增强 问题：地方财政收支不匹配、土地财政发酵	事权和支出责任划分改革"营改增"税制改革等 特点：从"分权"走向多维度的"治权"，财政体制提升为匹配国家治理体系的重要组成部分

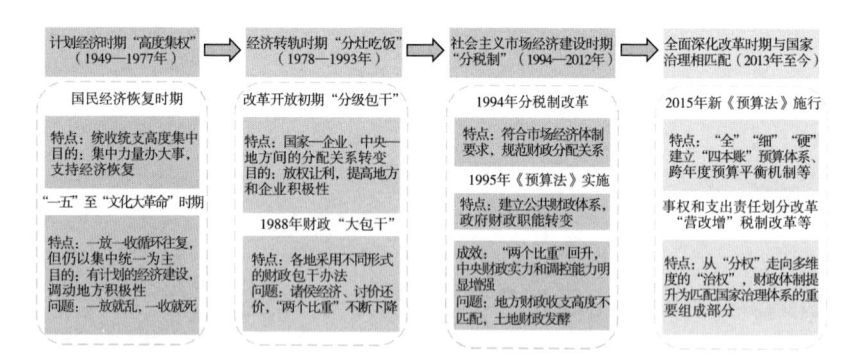

图4–1 我国财政体系的发展历程

资料来源：中信证券固定收益部。

1. 计划经济时期：高度集权的财政体制（1949—1977）

新中国成立之初，我国经济面临的首要目标是尽快改变当时贫穷落后的状况，集中财力办大事，我国开始实行"统收统支，高度集中"的财政体制。1950年年初，我国开始实行全面统一的全国财政经济工作，通过财政资金和重要物资集中管理，改变了国家建立之初财力和物力管理混乱、过于分散的状况，结束了近代以来税制长期不统一的局面，较好地适应了我国财政由农业型向工商型转型的需求。国民经济恢复时期"统收统支，高度集中"的财政体制为计划经济体制奠定了基础，也对国民经济恢复和工业化目标的实现起到重要支撑作用。

在国家建立之初财政"统收统支，高度集中"的基础上，为避免财权过多集中在中央造成的一些问题并调动地方政府积极性，我国财政体制自1953年进入初步改革探索阶段。尽管受特定历史时期背景影响，财政"放权"和"收权"改革几经波折，但整体而言计划经济时期的财政体制改革仍然以集中统一为大前提。分阶段来看：

(1)"一五"和"二五"时期放权改革，地方财政收支权力在"大跃进"时期迅速膨胀

第一个五年计划伊始，我国实行"分类分成"的财政体制，打开了此前国民经济恢复时期"统收统支"的口子，并且在基本完成社会主义三大改造后，开始围绕下放税权、简化税制对工商税制进行革新，但该时期的财政体制仍然偏重于中央财政集权，存在某些方面集中过多、统得过死的问题。

(2) 国民经济调整时期开始收权，侧重财政支出上收权力，财政收入延续"总额分成"

"大跃进"时期的财政放权在很大程度上提高了地方政府的积极性，但同时地方财权过大也带来了高额赤字和管理失序等问题，为纠正财权过于分散以及管理混乱的现象，我国自1961年起对国民经济进行全面调整，开始全面集中和上收权力，投资决策权回收中央且地方基建支出也由中央财政统一拨款。

(3)"文化大革命"时期再度放权，地方财政收支范围和管理权限逐步拓宽

随着1970年中央企事业单位下放地方，我国开始实行"定收定支，总额分成"的财政体制，适当下放管理权限并扩大地方财政预算比重；1971年起进一步实行"定收定支，收支包干，保证上缴，结余留用，一年一定"的财政体制，除中央直接管理的特定收支外，其余部分均归由地方政府管理，地方财政收支范围和管理权限进一步扩大（见图4-2和图4-3）。

2. 经济转轨时期："分灶吃饭"的财政体制（1978—1993）

1979年，中央工作会议提出：财政管理体制改革作为经济体

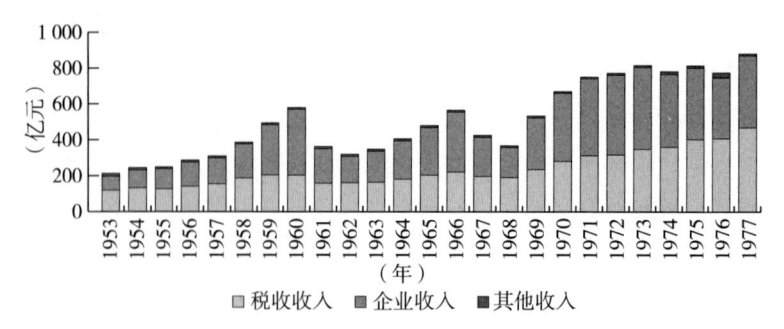

图 4-2　计划经济时期国家财政收入变化

资料来源：万得资讯，中信证券固定收益部。

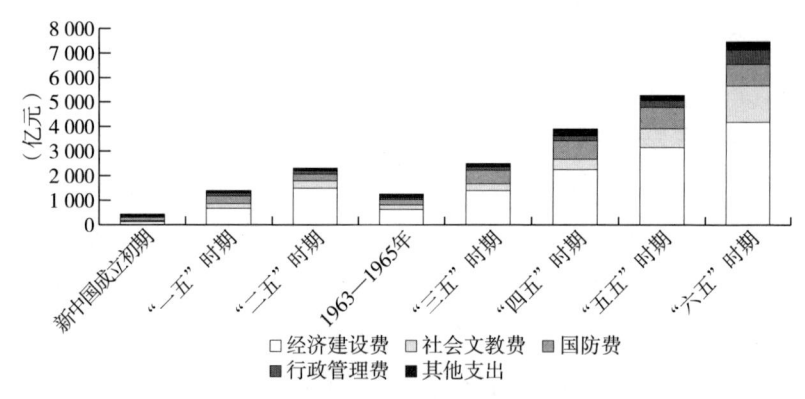

图 4-3　按功能性质分类的国家财政支出

资料来源：万得资讯，中信证券固定收益部。

制改革的突破口要先行一步。自此我国财政体制开启了"放权让利"式改革的破冰之旅。改革开放初期，财政改革通过改变计划经济体制下央地及企业的分配关系，打破了过去财政"吃大锅饭"的局面，地方政府当家理财、增收节支的积极性被充分调动，大大促进了地方生产建设和经济发展，但也逐步暴露出中央调控能力不足的问题。分阶段来看：

(1) 1980 年起我国开始实行"划分收支，分级包干"的财政体制

在保证中央层面必不可少的开支的前提下，中央与地方"分灶

吃饭"明确各级财政的权责,在巩固中央统一计划领导的同时调动地方积极性,加快了地方经济发展的步伐。

(2) 1985年实行"划分税种,核定收支,分级包干"的财政体制

1983—1984年我国分两步实施"利改税",初步形成了适应我国国情的多税种、多层次、多环节的流转税与所得税并重的复合型税收体系。1985年,在"划分税种,核定收支,分级包干"的财政体制下,财政收入由利税并重转向了以税为主,中央与地方按照"利改税"后的税种重新进行划分,国家与企业以及央地政府间的分配关系也发生了重要改变。

(3) 1988年实行中央和地方"大包干"的财政体制

1988年我国正式实行"大包干"财政体制,对各地区采用不同形式的财政包干办法,进一步加大了地方财政自主权,同时也开始了对企业经营机制的新一轮改革,企业税后利润以多种形式的承包办法上交,国家与企业的分配关系走向了"税利分流,税后还贷,税后承包"的新格局(见表4-1)。

表4-1　1988年财政包干办法分类及实行内容

财政包干办法	具体内容	实行的地区	地区数量
收入递增包干	在递增率以内收入,中央与地方分成;超过部分留给地方;收入达不到递增率,地方自有财力补足影响上解中央部分	北京市、河北省、辽宁省(不包括沈阳市和大连市)、沈阳市、哈尔滨市、江苏省、浙江省(不包括宁波市)、宁波市、河南省和重庆市	10
总额分成	根据前两年情况核定收支基数,以地方支出占总收入的比重,确定地方留成和上解中央比例	天津市、山西省和安徽省	3

第四章　稳增长的先锋:财政体系与政府债务　　199

(续表)

财政包干办法	具体内容	实行的地区	地区数量
总额分成加增长分成	在"总额分成"基础上，收入比上年增长的部分，另加分成比例	大连市、青岛市和武汉市	3
上解额递增包干	以1987年上解中央收入为基数，每年按一定比例递增上缴	广东省和湖南省	2
定额上解	按原来核实收支基数，收大于支的部分，确定固定的上解数额	上海市、山东省和黑龙江省	3
定额补助	按原来核定的收支基数，支大于收的部分，实行固定数额补助	吉林省、江西省、甘肃省、陕西省、福建省、内蒙古自治区、广西壮族自治区、西藏自治区、宁夏回族自治区、新疆维吾尔自治区、贵州省、云南省、青海省、海南省、湖北省（不包括武汉）、四川省（不包括重庆）	16

资料来源：《国务院关于地方实行财政包干办法的决定》，中信证券固定收益部。

在此背景下，中央财政收入占全国财政收入比重和全国财政收入占GDP比重不断降低，前者主要由于地方经济增长较快带动地方财政实力和宽裕程度明显增强，后者主要受财政包干制本身不稳定以及地方政府预算外收入迅速增长的影响。"两个比重"的不断下降意味着中央和国家财政整体收入压力明显加大，削弱了中央宏观调控和国家财政管理能力，然而推进经济体制改革和缩小地区间公共服务差异都需要中央有足够的财力和宏观调控能力保驾护航，社会主义市场经济体制改革目标的提出也就进一步促进了分税制财政体制改革（见图4-4和图4-5）。

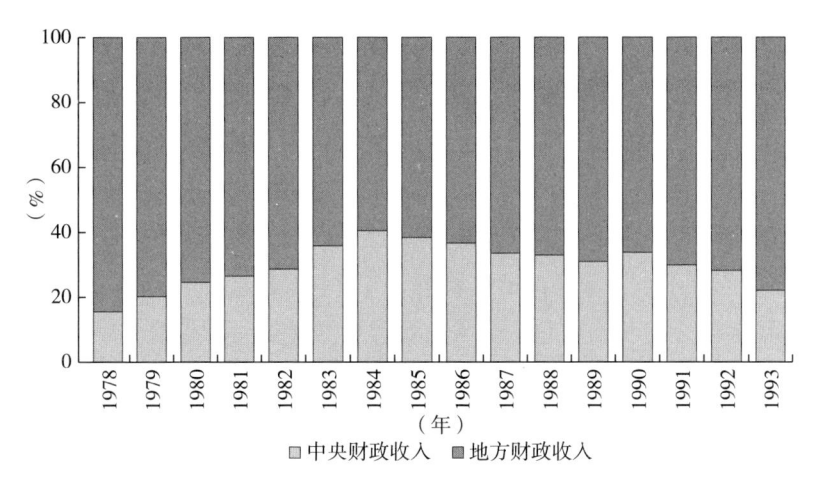

图4-4 改革开放后的中央和地方财政收入占比

资料来源：万得资讯，中信证券固定收益部。

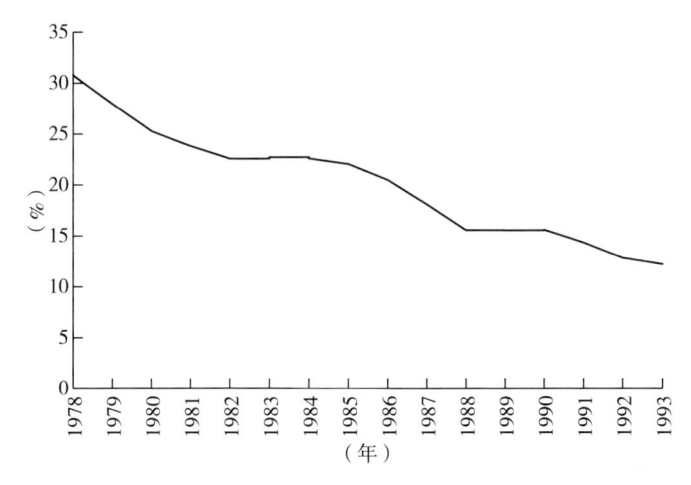

图4-5 改革开放后全国公共财政收入占GDP比重

资料来源：万得资讯，中信证券固定收益部。

3. 社会主义市场经济体制建设时期："分税制"财政体制（1994—2012）

1993年中共十四届三中全会强调"社会主义市场经济宏观调控主要采用经济办法，要在财税、金融、投资和计划体制的改革方面迈出重大步伐",对社会主义市场经济时期的财政体制改革提出了新要求。面对"分灶吃饭"财政体制下的中央和国家财政两难的局面,国务院发布《关于实行分税制财政管理体制的决定》,并自1994年开始实施分税制改革,在提高中央和地方两个积极性的同时促进改善地区间财力分配的均等化。由此,我国财政体制正式从"放权"走向"分权",彻底跳脱出了"一放就乱,一收就死"的循环困境,初步确立起了市场经济所需的财政关系基本框架,并进一步构建起与之匹配的公共财政体系和流转税体系。

从数据角度来看,自1994年分税制改革以来,中央财政收入占全国财政收入比重和全国财政收入占GDP比重不断下滑的趋势得到了扭转,并且中央财政收入占比要远高于其财政支出占比,表明在税源扩大和征管力度加强的背景之下,中央财政实力和宏观调控能力都明显增强。而与此同时,地方财政却呈现出收支高度不匹配的特征,2012年地方政府财政支出占比约85%,而财政收入占比仅略高于50%,可以说分税制改革实际上也从根本上改变了地方政府的经济发展模式:虽然改革之初中央设立了税收返还机制以防止地方收入继续下滑,并且中央向地方转移支付也可以填补一定的预算内收支缺口,但在以经济建设为中心的任务下,地方经济发展仍需要诸多的额外支出,一方面在分税制基础上须进一步增加税收规模,另一方面地方政府开始倾向于增加预算外收入扩充自身实力,其中最主要的就是以土地出让和开发为核心的"土地财政"。值得注意的是,在2007年以前土地出让收入一直纳入预算外专户管理,2007年后开始纳入地方基金预算管理并试行"收支两条线",此后土地出让收支管理各个环节进一步优化,预算外资金监管约束也成为重要的财政改革方向(见图4-6和图4-7)。

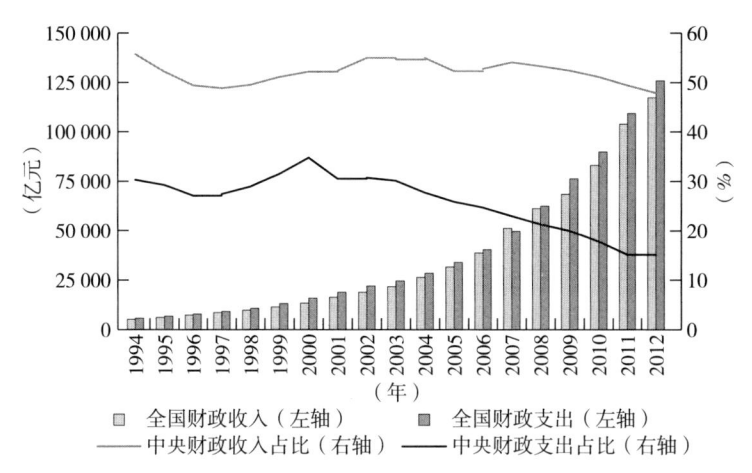

图 4-6 分税制改革后的全国公共财政收支规模及中央占比

资料来源：万得资讯，中信证券固定收益部。

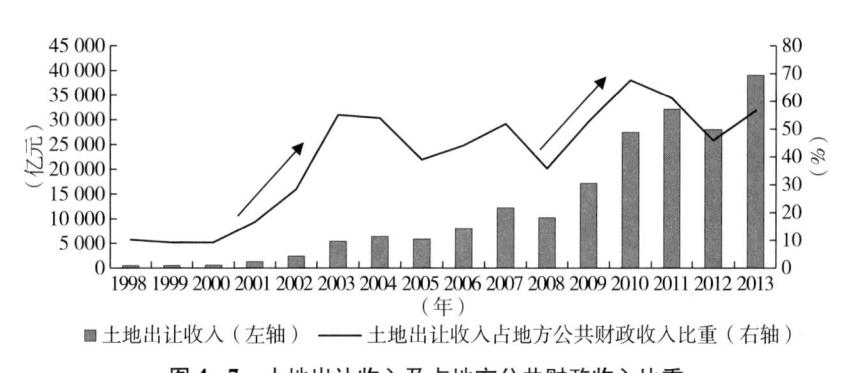

图 4-7 土地出让收入及占地方公共财政收入比重

资料来源：《中国国土资源统计年鉴》，万得资讯，中信证券固定收益部。

4. 全面深化改革时期：与国家治理相匹配的财政体制（2013年至今）

2013年中共十八届三中全会定调"科学的财税体制是优化资源配置、维护市场统一、促进社会公平、实现国家长治久安的制度保障"，全面深化改革时期实现国家治理体系和治理能力现代化的总目标赋予了财政体制新的历史使命。我国财政体制在"分权"的基础上走向了多维度的"治权"改革，由适应市场经济体制进一步提升为匹配国家治理体系的重要组成部分，牵动着包括政府与市场、中央与地方、国家与社会关系在内的各个国家治理环节。

全面深化改革时期财政体制的完善首先就体现在财政事权和支出责任划分的改革上，从以往的调动地方发展经济积极性转向了激发地方治理的主动性，从而更好地以公权保障民权、以治权保障分权的稳定性。2016年《国务院关于推进中央与地方财政事权和支出责任划分改革的指导意见》发布，为财政事权和支出责任改革方向提出了框架性指引，规范中央财政事权、地方财政事权和中央与地方的共同财政事权，并加快完善各级财政支出责任划分。

在从"管理"走向"治理"的理念转变基础上，政府预算制度体系也开启了新一轮改革，2015年新《预算法》正式施行，既是我国"建立现代财政制度"的必然要求，又是推进国家治理体系和治理能力现代化的重要保障基础。

此外，近年来全面推进"营改增"等税制改革也取得了重要成果，消除了此前的制度性重复征税，在减轻企业负担的同时促进了企业转型升级和产业结构调整。整体而言，全面深化改革时期的财政体制改革是与国家治理体系和治理能力现代化目标相匹配的"治权"改革，更加体现出了"财政是国家治理的基础和重要支柱"作用。

财政计划的"落笔"：从预算编制到财政决算

财政预算管理是我国财政体系运行的基石，是政府进行财政资金的筹集、分配以及宏观经济调控的重要工具，既体现和规范政府各项财政经济活动的范围、方向与政策，又匹配和反映社会经济效益水平与国民经济发展状况。财政预算管理周期覆盖了预算编制、预算审查批准、预算执行调整以及财政决算编制的全流程，涉及各级人民代表大会、各级政府、各级财政部门以及中央与地方各部门和单位预算管理职权的行使及管理。因此，对财政预算管理周期和流程进行梳理是深入了解我国财政体制与预算管理全貌的根本路径，同时也是解读财政资金流动过程、结果以及财政政策的重要基础（见图4-8）。

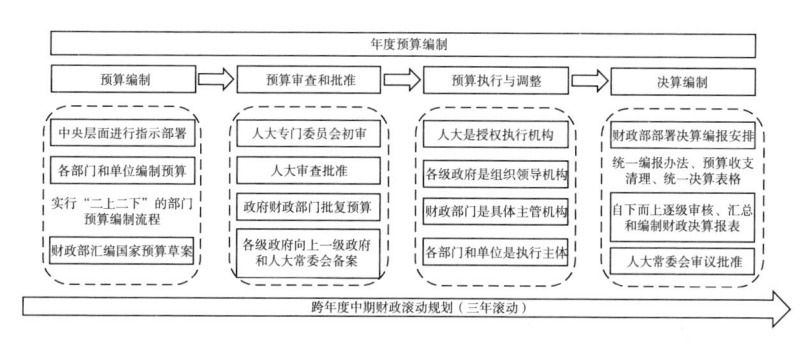

图4-8 我国政府财政预算周期全流程
资料来源：中信证券固定收益部。

1. 财政预算管理的内涵和作用

财政预算管理是政府对预算规划、预算资金的筹集、分配和使用，以及对绩效管理活动进行组织、协调与监督的过程，由于政府的全部收支都应纳入预算管理范畴，政府会通过调整预算收支及其平衡情况对财政资金进行集中和分配，并影响社会总供求的平衡，使得财政收支规模、结构以及增长速度与经济社会发展需求相适应。可以说，财政预算管理既是政府财政管理的核心组成部分，同时也是市场经济下政府宏观调控的重要手段之一。

我国《预算法》对财政预算管理的体系结构进行了规定，涉及中央与地方、各部门和单位等各行政层级及编制主体：

从预算管理级次来看，全国预算由中央预算和地方预算组成，我国实行一级政府一级预算，即设立了中央、省、市、县、乡五级预算体制。

从预算编制主体来看，各级部门和单位编制部门机关及所属各单位预算，各级财政部门以各所属部门预算为基础统一汇编总预算。

因此，按照自下而上的结构对财政预算管理体系进行梳理：①每级政府本级预算由本级各部门预算以及对下级政府的税收返还和转移支付预算构成；②地方各级总预算由本级预算和汇总的下级总预算组成；③最终财政部汇编中央预算和地方总预算，构成完整的国家预算。其中，中央预算主要承担国家安全、调整国民经济结构、协调地区发展、实施宏观调控以及由中央直接管理的事业发展经费和支出，在我国财政预算体系中占据着主导地位；地方预算主要承担地方行政管理以及经济建设、文化教育和卫生事业等经费与支出，在我国财政预算体系中也处于重要位置（见图4-9）。

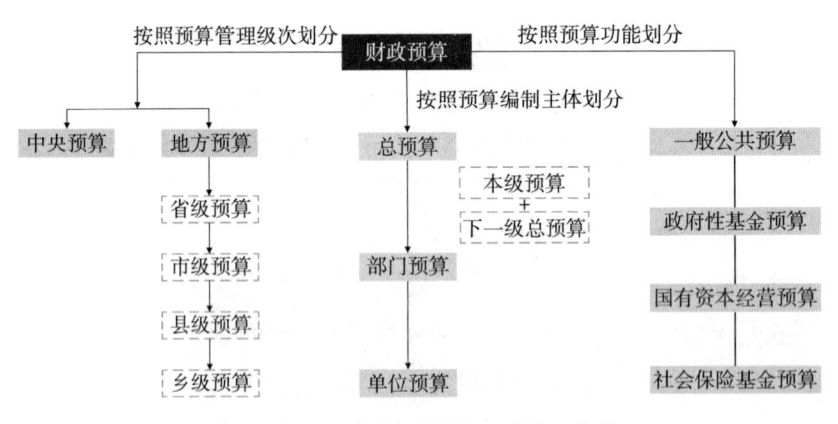

图4-9 我国财政预算管理的体系结构

资料来源：财政部，中信证券固定收益部。

与此同时，从时间维度来看，财政预算管理可以理解为一个周而复始的循环过程，其中包含了预算年度、预算周期以及跨年度中期财政规划等多个时间概念和管理要求。

首先，我国预算年度采用历年制，即自公历1月1日起至12月31日止，代表的是财政预算编制和执行所应依据的法定时限。

其次，预算周期是指涵盖了预算编制、审议批准、执行调整再到财政决算的完整过程，具有明显的周期性特征，而整个预算周期通常会跨越单个预算年度，预算周期的各阶段可能覆盖不同的预算年度。

此外，在跨年度预算平衡机制下，我国实行中期财政规划管理并按照三年滚动的方式进行编制，即在年度预算（第一年规划约束）执行结束后，及时调整后两年规划并新添年度规划，形成新一轮的中期财政规划。中期预算规划确定的未来各年度预算限额是进行预算编制的重要依据，约束着年度预算的财政资源总量和整个预算执行过程，同时也有利于提高财政可持续发展和政策的前瞻性和有效性，形成与中长期视角下国民经济和社会发展以及相关专项和区域规划相适应的财政管理模式（见图4-10）。

图4-10 财政预算管理的组成部分

资料来源：杨光焰. 政府预算管理（第二版）[M]. 上海：立信会计出版社，2016；中信证券固定收益部。

2. 财政预算管理周期与流程

财政预算管理覆盖了从短期到中长期的财政规划，发挥着财政资金分配、宏观经济调节、政府活动反馈和监督的多重功能。财政预算管理周期始于一个预算年度开始之前、止于一个预算年度结束之后，覆盖了预算编制、预算审查批准、预算执行调整以及财政决算编制的全流程，涉及各级人民代表大会、各级政府、各级财政部门以及中央和地方各部门与单位预算管理职权的行使及管理。对财政预算管理周期和流程进行梳理是深入了解我国财政体制与预算管理全貌的根本路径，同时也是解读财政资金流动过程和结果以及财政政策的重要基础。具体来看，财政预算管理周期可以划分为4个阶段。

（1）预算编制

财政预算的编制是整个财政预算管理周期的起点。在各部门具体预算编制过程中，我国采取的是自下而上的部门预算编制方式，实行"二上二下"的编制程序：

①"一上"阶段是由各部门向本级财政部门上报预算建议数。在财政部门印发部门预算编制相关通知后，从基层预算单位起各部门根据发展规划和工作目标编制年度收支预算建议计划，经过层层审核汇总形成部门年度预算建议数，并上报同级财政部门，中央各部门"一上"环节通常在每年7月底前完成。

②"一下"阶段是由财政部门审核后向各部门下达预算控制数。财政部门审核各部门报送的预算建议计划，在综合考虑财力可能进行汇总平衡后形成部门预算初步方案，并下达各部门预算控制数，要求各部门在预算控制限额内进行修改。财政部通常会在每年10月底前下达中央各部门预算控制数。

③"二上"阶段是由各部门根据预算控制数进行调整后上报财政部门。各部门根据审查意见并在财政部门下达的控制数以内，细化调整部门及所属单位预算草案，然后上报财政部门审核。中央各部门修改预算草案后通常于每年12月中上旬再次报送财政部审核。

④"二下"阶段是由财政部门汇总并形成政府预算草案，报人大批准后批复各部门。财政部门审查各部门预算草案后，汇总形成

政府预算草案，上报同级政府批准（通过政府常务会议后提交党委常务会），并提请同级人大审议，最后财政部门根据人大批准的预算草案批复给各部门，进而逐级批复给各单位。从全国角度来看，该环节通常会在次年3月底左右完成（见图4-11）。

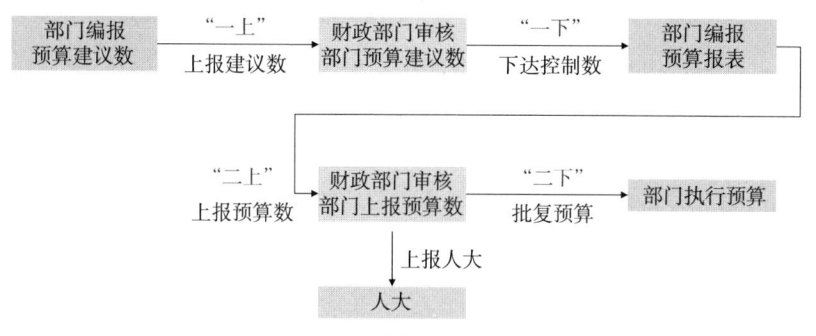

图4-11 部门财政预算编制流程
资料来源：财政部，中信证券固定收益部。

（2）预算审查和批准

各部门完成预算草案编制后须经过审查批准才具有法律效力，这也体现了财政预算的科学性、统筹性以及对政府约束的强化。实际上预算审查批准流程就包含在"二下"阶段，具体可以划分为预算草案的初审、审批以及预算批复和备案四项程序。

①初审阶段是由人大专门委员会对预算草案进行初步审查。在每年全国人大召开一个月前，财政部将中央预算草案主要内容提交全国人大财政经济委员会进行初步审查；同样，地方各级财政部门须在本级人大召开一个月前，将本级政府预算草案主要内容提交本级人大专门委员会或人大常委会进行初步审查。

②审批阶段是由人大对预算草案进行审查批准。财政部汇编中央预算草案和地方预算草案，须上报国务院审查核准后提交全国人大审查批准，国务院在全国人大作关于中央和地方预算草案的报告；同样，地方各级政府在本级人大作关于本级政府总预算草案的

报告。最终中央预算由全国人大审查批准，地方各级政府预算由本级人大审查批准。

③批复阶段是由政府财政部门向各部门进行预算批复。各级政府预算草案在本级人大审查批准后，即为本级政府预算，政府财政部门须及时向各部门批复预算，各部门逐级向所属单位批复预算。

④备案阶段是由各级政府向上一级政府和人大常委会进行预算备案。地方各级政府应将经人大批准的本级预算以及下一级政府报送备案的预算进行汇总，报上一级政府以及本级人大常委会进行备案；国务院将省、自治区、直辖市政府报送备案的预算汇总后，向全国人大常委会进行备案（见图4-12）。

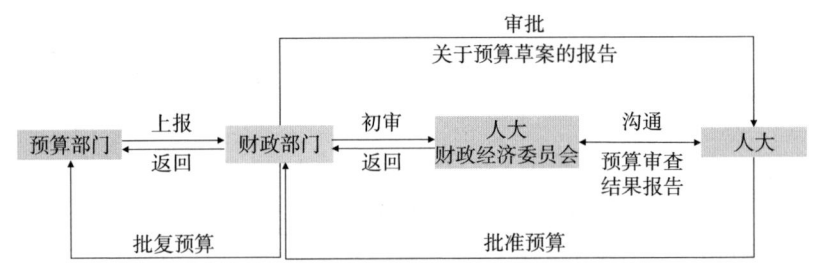

图4-12 部门财政预算审查和批准流程

资料来源：财政部，中信证券固定收益部。

(3) 预算执行与调整

财政预算经过人大批准后才具有法律效力，而预算功能的实现必须通过预算执行来完成，预算收入的执行是全面实现财政预算的基础，也是完成各项预算支出工作的必要保证。财政预算的执行包括组织实现预算收入、支出、预算平衡和监督过程，各个组织机构在预算执行中也肩负着不同的职责分工。我们从"授权审查—组织领导—组织执行—具体执行"自上而下的角度进行解读：

①人大是财政预算执行的授权执行机构。各级人大及其常委会负责监督中央和地方预算执行，审查预算执行情况报告，以及审查

批准预算执行中的预算调整方案。

②各级政府是财政预算执行的组织领导机构。地方各级政府负责组织领导本级预算执行，国务院负责组织领导中央预算和地方预算执行，决定中央预算预备费的动用以及编制中央预算调整方案等。

③各级政府财政部门是预算执行的具体负责和主管机构。财政部门负责指导和监督各部门和单位预算收支的具体执行情况，其中地方各级财政部门负责具体组织本级政府总预算执行，财政部负责具体组织中央和地方预算执行并定期向国务院报告执行情况，提出中央预算预备费动用方案以及具体编制中央预算调整方案等。

④各部门和单位是部门预算和单位预算的执行主体。分预算收支来看，财政部门统一组织预算收入执行工作，并按照各项预算收入性质和征收办法，分由财政机关、税务机关、海关及相关专职机构进行征收和管理，国家金库负责预算收入资金的收纳和保管；财政部门统一管理预算支出执行工作，财政机关、国家金库和银行机构通过规定办法向用款部门和单位拨付和分配财政资金。

具体来看，在财政预算执行中，税务部门按照国家税收法令和制度规定，组织各项工商税收及其他相关预算收入的征收管理；海关部门主要负责关税的征收管理，并代理税务部门征收进口环节增值税、消费税等相关税收；政策性银行及有关商业银行参与预算支出的执行，如国开行主办国家重点建设拨款贷款及贴息业务，农发行主办国家粮棉油储备和农业开发等业务中的政策性贷款，代理财政支农资金的拨付和监督使用，有关商业银行主要代为办理各种性质的预算拨款、结算业务和监督工作；国家金库是具体经办预算收入收纳及库款支拨的机关，承担国库现金管理以及代理财政部门向金融机构发行、兑付政府债券等相关工作（见图4-13）。

随着经济社会环境发展变化，在预算执行过程中可能会出现因特殊情况需要进行预算项目和资金调整的情形。《预算法》对预算

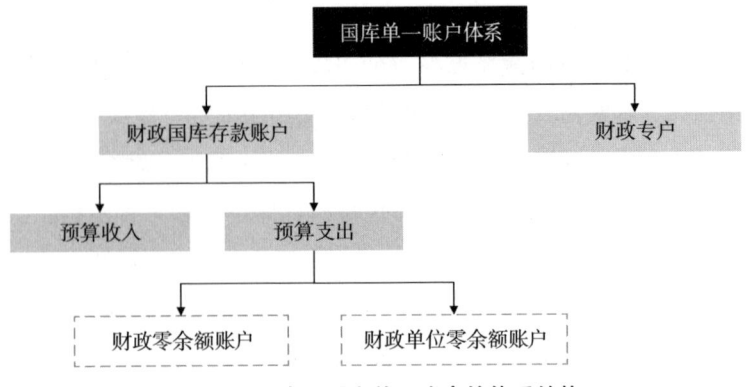

图 4-13 我国国库单一账户的体系结构
资料来源：财政部，中信证券固定收益部。

调整程序有着严格规定：经全国人大批准的中央预算和经地方各级人大批准的地方各级预算，在执行中出现需要增加或减少预算总支出、调入预算稳定调节基金、调减预算安排的重点支出数额、增加举借债务数额的情况，应当进行预算调整。预算调整方案须提请各级人大常委会进行审查批准方可执行。

(4) 决算编制

财政决算是一个财政预算管理周期的最终环节，从表现形式上看，财政决算是经法定程序进行编制和批准的年度预算执行结果的总结报告，是预算年度内各级政府财政预算收支情况的最终结果，也集中体现了政府各项财政经济活动的范围和方向。我国的财政决算体系与预算体系相一致，包含中央决算和地方决算，并且在决算编制和审核程序上也与预算编制流程有着诸多相似之处，具体而言：

首先，财政部于每年11—12月发布本年度中央和地方财政决算草案通知，对决算编报做出相应安排，决算前的准备工作包括拟定和下达决算编制的统一编报办法、组织预算收支清理以及修订和颁发统一的决算表格等内容。

其次，各级政府、各部门和单位在每一预算年度后按照国务院部署进行决算编制，次年4月地方各级财政部门自下而上进行逐级审核、汇总和编制财政决算报表，并报送上一级财政部门。

最终，财政部负责编制中央财政决算和地方财政总决算，并汇总形成国家财政决算，在经各级人大常委会审议批准后，各级财政部门向本级各部门和单位批复财政决算。

财政资金的运筹帷幄：详解财政"四本账"

财政收支的"主力"：一般公共预算

我国政府预算包括一般公共预算、政府性基金预算、国有资本经营预算和社会保险基金预算这"四本账"。其中，一般公共预算是我国财政收支的核心。接下来我们以财政的"第一本账"为核心，详细阐述一般公共预算的基本情况。

1. 一般公共预算收支的具体内容

一般公共预算是对以税收为主体筹集的资金，安排用于保障和改善民生、推动经济社会发展、维护国家安全和国家机构正常运转等方面的收支预算，是国家参与国民收入分配和再分配的主要形式，具有公益性、公平性、法制性和强制性特征。我们分别从收入端和支出端来看：

一般公共预算收入包含税收收入和非税收入两大部分，其中税收收入是国家凭借政治权力向纳税人征收的收入，构成一般公共预算收入的主体。经济是财政的基础，同时财政收入又以现价进行计算，因此财政收入主要受到经济增长和价格因素的影响，此外季节性因素、财税制度和政策调整也会带来相应的财政收入波动。改革开放以来，我国财税制度几经改革并日趋完善：改革开放之初，税制改革主要围绕涉外税收制度推进，以适应对外开放需要；1983—

1984年分两步实施国有企业"利改税",建立以税收形式管理国家与企业分配关系的模式;1994年起我国实施"分税制"改革,逐步构建起适应社会主义市场经济体制的财税体系,推动农村税费、货物和劳务税、所得税、财产税以及出口退税等机制改革,现已形成包含增值税、消费税、企业所得税、个人所得税等18个税种的税收体系,中央和地方政府按相应比例分成。

从近年来的财政预算收支情况来看,税收收入占全国一般公共预算收入的比例约为84%,其中国内增值税,企业所得税和进口货物消费税、增值税为税收收入前三大项,而非税收入作为一般公共预算收入的补充形式占比约为16%。

在四类预算收支数据中,从及时性、准确性、规范性和完整性方面来看,一般公共预算收支数据的质量都相对最高,其中税收收入质量要高于非税收入,增值税等主体税种收入质量要高于地方小税种收入。值得注意的是,不同地区的税收和非税收入比例也可能出现较大差异,通常而言,税收收入占比较高也意味着该地区的财政收入质量相对较高(见图4-14、表4-2和图4-15)。

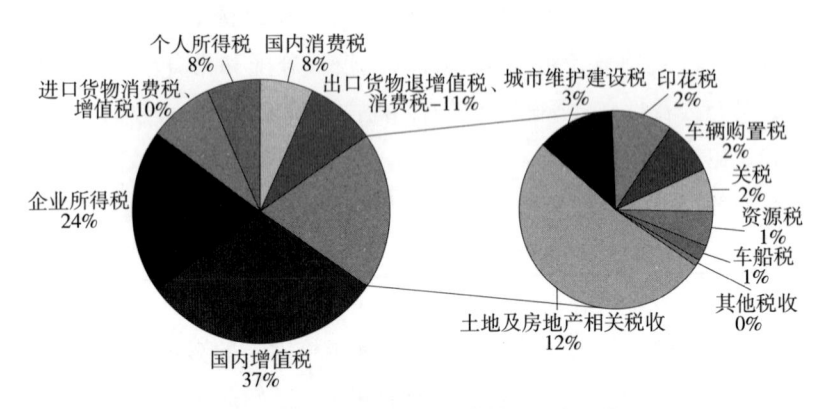

图4-14　2021年全国税收收入分布结构

资料来源:万得资讯,中信证券固定收益部。

表4-2 不同税种税收收入央地分成比例

税种	中央政府	地方政府
增值税	50%	50%
企业所得税 个人所得税	60%	40%
城市维护建设税	铁道部门、各银行总行、各保险公司总公司集中缴纳部分归中央；其他归地方	
资源税	海洋石油资源税归中央；其他归地方	
消费税 车辆购置税 关税 船舶吨税	100%	0%
契税 土地增值税 印花税 房产税 城镇土地使用税 耕地占用税 车船税 环境保护税 烟叶税	0%	100%

资料来源：中信证券固定收益部。

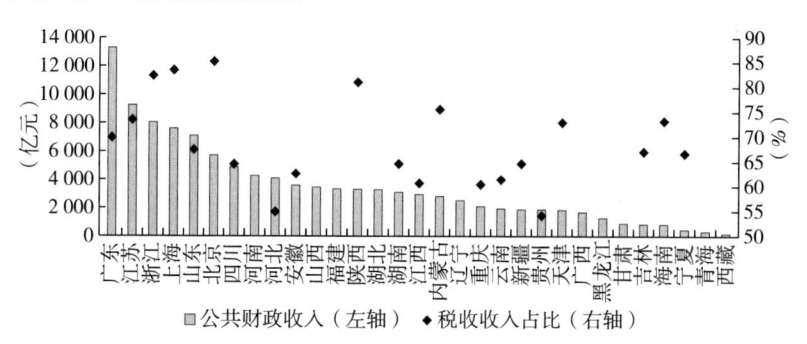

图4-15 2022年地方一般公共预算收入与税收收入占比

资料来源：万得资讯，中信证券固定收益部。

第四章 稳增长的先锋：财政体系与政府债务 215

一般公共预算支出按照功能分类可以划分为一般公共预算服务、外交、国防、公共安全、教育等20多个类级科目，包括200多个款级科目、1 200多个项级科目；按照经济性质分类也可以划分为工资福利支出、商品和服务支出、对个人和家庭补助等类级科目。由于我国行政管理体系划分较为细致，一般公共预算支出体系也已经比较全面和完善，财政支出主要取决于财政收入变动、财政体制调整以及财政政策取向。

近年来，我国一般公共预算支出随着财政收入规模的扩张而不断增加，一般公共预算收入从2013年的12.9万亿元增加到2022年的20.3万亿元，相应地，一般公共预算支出从2013年的14万亿元增加到2022年的26.06万亿元。与此同时，我国财政支出的结构也在不断优化，如一般公共服务支出占比从2013年的9.8%降至2021年的8.1%，主要对应政府过"紧日子"的长期预算安排，强化"三公"经费执行管理；社保就业支出占比从10.3%提高至13.8%，医疗卫生支出占比从5.9%提升至7.8%，主要是实施积极创业就业政策以及不断完善基本医疗卫生制度和城乡居民医保财政补助，民生类支出呈现较快增长。整体而言，目前教育、医疗、社保、文化等重点民生领域支出占一般公共预算支出的七成左右（见图4-16）。

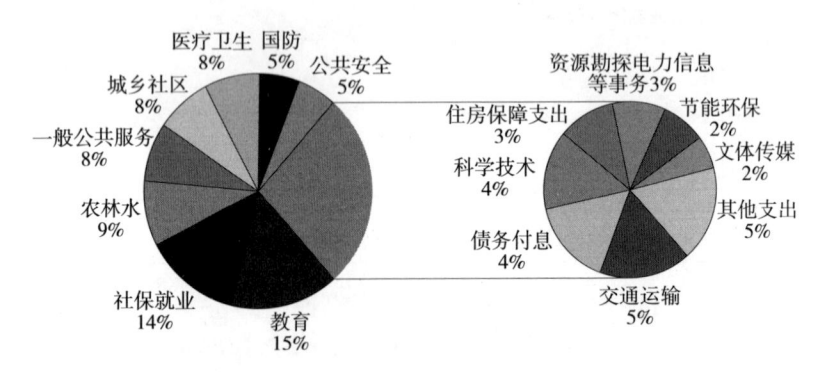

图4-16　2021年全国公共财政支出分布结构

资料来源：万得资讯，中信证券固定收益部。

全国一般公共预算除中央和地方本级收支以外，还包含从预算稳定调节基金、政府性基金预算、国有资本经营预算调入资金及使用结转结余、补充中央预算稳定调节基金、向政府性基金预算调出以及中央对地方转移支付等内容，共同构成财政"第一本账"的收入和支出总量。其中，中央政府收入端主要包括一般公共预算收入、中央预算稳定调节基金调入资金以及从中央政府性基金预算和中央国有资本经营预算调入资金三大部分，支出端包括一般公共预算支出（中央政府本级支出和中央对地方转移支付）、补充中央预算稳定调节基金以及向中央政府性基金预算调出资金；地方政府收入端主要包括地方一般公共预算收入（地方政府本级收入和中央对地方转移支付）以及从地方预算稳定调节基金、政府性基金预算、国有资本经营预算调入资金及使用结转结余，支出端包括一般公共预算支出。

2. 中国的宏观税负水平及国际比较

宏观税负是指在一定时间段内一国税收收入占当期 GDP 的比重，既是税收与经济相互作用的结果，又是影响经济发展、政府资源以及宏观调控能力的重要因素，不同时期的宏观税负水平反映着一国整体税务负担状况、财税制度变化以及与国民经济发展的协调情况。

自 1994 年分税制改革以来，我国经济运行质量提升和产业结构调整带动宏观税负水平整体稳步抬升，但近年来宏观税负随着减税降费成效显现而略有下降。从税收与 GDP 的关系来看，税收收入主要来源于第二、三产业的增加值，特别是第二产业税负相对更高，所以随着我国经济运行质量抬升以及工业化、城镇化持续快速发展，工业和服务业水平不断提升，也拉动我国宏观税负水平稳步上升。此外，随着税收征管机制逐步完善和征管手段更加现代化，税收征管效率和质量提升也对宏观税负水平起到推升作用。不过近年来宏观税负出现了小幅回落，主要是由于减税降费效能显现，特别是 2016 年全面实行营改增试点后企业税费负担有所降低，且 2016 年 7 月政治局会议首提降低宏观税负，大规模的减税降费政策进一步激发了微观主体活力。

从国际比较视角来看，虽然我国宏观税负水平一度有所走高，但与国际宏观税负水平相比仍属于相对较低水平。各国的宏观税负水平受到自身所处发展阶段以及政府职能范围的影响，根据 IMF（国际货币基金组织）统计数据，2019 年我国宏观税负水平接近 16%，略低于发展中国家的平均水平 18%，且明显低于发达国家的平均水平 25%。此外，在对各国税负进行比较分析时，还需要考虑到各国税制结构和征管水平不同使得税基与实际税收收入会有所差异，如美国销售税率在 5% 左右且以销售额为税基，对应我国增值税率 13% 但以增加值为税基，二者不能单纯进行税率比较。

我国财政"四本账"之间保持独立完整并统筹协调，并且后三本账须通过调入调出资金、预算稳定调节基金以及结转结余资金等项目与第一本账相衔接。从税收占 GDP 比重来看，我国自 1994 年分税制改革以来宏观税负水平稳步抬升，近年来随着减税降费成效显现而略有下降，与国际宏观税负水平相比仍然属于相对较低水平。

预算收支的有力补充：政府性基金预算

政府性基金预算是我国政府预算的重要组成部分，是财政的"第二本账"，具有强制性、非补偿性、征收主体多样和专户管理的特点。政府性基金收入包含铁路建设基金、民航发展基金等基金收费以及土地出让和发行彩票等方式取得收入等项目，与地方专项债务收入和上一年度结余共同构成收入总量，政府性基金支出根据收入情况安排、自求平衡，"收入大于支出"部分用于补充预算稳定调节基金、调入一般公共预算和结转下年支出。

整体而言，由于1994年分税制改革后地方财政收支高度不匹配，催生了以土地出让和开发为核心的"土地财政"，形成了我国特有的基于土地价格与土地融资、城市建设投资正反馈机制的土地财政和土地金融运行模式。因此，我国的政府性基金预算以国有土地出让收支为核心，形成了对于一般预算收入的有力补充。

1. 政府性基金预算收支的基本内容

政府性基金预算是指政府依照法律、行政法规的规定，在一定期限内向特定对象征收基金、收费，或者以出让土地、发行彩票等其他方式筹集资金，并专项用于支持特定基础设施建设和社会公共事业发展的收支预算。政府性基金预算的主要特点是根据基金项目收入情况和实际支出需要，按基金项目编制以收定支、专款专用，结转超过一定比例的部分可以统筹使用，既具有一般财政资金的共性，又具有专款专用的特性。

我国的政府性基金预算管理自20世纪80年代以来经历了一个逐渐规范化管理的过程：1993年，针对基金规模不断扩大而带来的资金挪用等问题，我国开始将政府性基金纳入各级财政预算管理并对基金和收费实行"收支两条线"，此后预算外基金项目逐步纳入财政预算管理；2010年，我国开始全面编制中央和地方政府性基金预算并构建起规范化的政府性基金预算编报体系；2013年以来，我国持续规范政府性基金管理，基金项目更加精简，在降低企业和个人负担的同时，财政性资金管理也更趋统一规范。

对于政府性基金预算，分别从收入端和支出端来看：目前，全国政府性基金主要包含铁路建设基金、民航发展基金、国家重大水利工程建设基金、城市基础设施配套费等基金收费以及土地出让和发行彩票等方式取得的收入等20余项科目，政府性基金各项收入、地方专项债务收入和上一年度结余共同构成收入总量。

①政府性基金收入以地方政府性基金收入为主体，并且有近90%的收入来源于国有土地使用权出让收入。国有土地使用权出让收入是指政府以出让等方式配置国有土地使用权取得的全部土地价款，目前包含土地出让价款收入、补缴的土地价款、划拨土地收入、缴纳新增建设用地土地有偿使用费以及其他土地出让收入5项。在2007年以前，国有土地使用权出让收入先纳入预算外基金专户管理，再将扣除征地补偿和拆迁费用以及土地开发支出等成本性支出后的余额缴入地方国库，纳入地方政府性基金预算管理；2007年后，财政部门开始将全部土地出让收入缴入地方国库，全额纳入地方政府性基金预算并实行"收支两条线"管理；2015年后，土地出让收入及其占比逐年攀升，在财政预算资金中的重要性不断提升；2017年后，土地出让收入中的新增建设用地土地有偿使用费由政府性基金预算调整转列为一般公共预算，进一步推动了财政性资金的统筹使用。

②地方政府专项债务收入是政府性基金预算的重要组成部分。根据预算法和《国务院关于加强地方政府性债务管理的意见》（"43号文"），有一定收益的公益性事业发展需政府举借债务的，由地方政府通过发行专项债券融资，以对应的政府性基金或专项收入偿还，纳入政府性基金预算进行管理。目前，地方专项债投向领域包括市政和园区、轨道交通、收费公路、环保、水利、民生、医疗、教育、社会事业及其他基建类项目。随着经济、产业和财政倾斜领域的变化，专项债资金用途也会发生转变，如2019年9月国常会提出进一步扩大地方政府专项债券使用范围，同时国常会还要求专项债资金不得用于土地储备和房地产相关领域。受此影响，教科文卫、社会保障以及脱贫攻坚项目的资金使用占比快速提升，而土地储备项目资金占比则下降明显，逐渐形成"以市政建设为主，以棚改交运为辅"的专项债资金投向体系（见图4-17）。

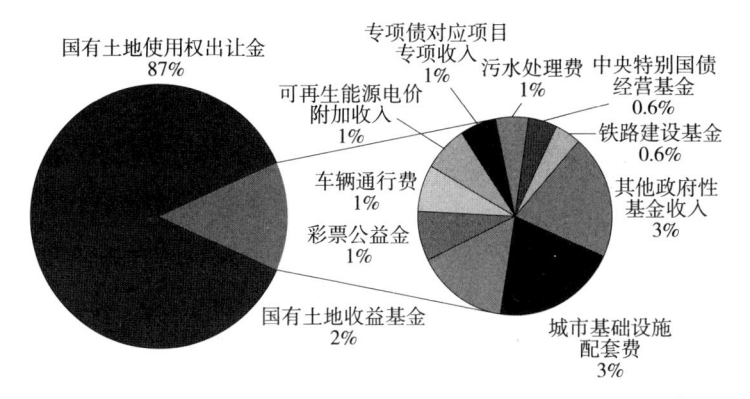

图 4-17　2021 年全国政府性基金收入分布结构
资料来源：财政部，中信证券固定收益部。

政府性基金预算各项目支出与政府性基金预算收入相对应，按照支出功能分类可以划分为科学技术支出、文旅体育与传媒支出、社保就业支出、节能环保支出、城乡社区支出（包含国有土地使用权出让收入相关支出）等 10 类科目，并且相关专项债券收入安排的支出也分别列入对应科目进行核算，政府性基金各项目支出与调出资金、结转下年支出共同构成支出总量。

整体而言，政府性基金预算编制遵循"以收定支，专款专用，收支平衡，结余结转下年安排使用"的原则，即政府性基金支出根据收入情况安排，自求平衡。根据《预算法实施条例》和《国务院关于印发推进财政资金统筹使用方案的通知》等有关政策规定，政府性基金预算有超收收入的，应在下一年度安排使用并优先用于偿还相应专项债务，并且单项政府性基金结转资金超过其当年收入 30% 的部分和已取消基金的结余资金应用于补充预算稳定调节基金；而出现短收的，应通过减少支出实现收支平衡。由于政府性基金预算通常表现为"收入大于支出"，这部分资金主要用于补充预算稳定调节基金、调入一般公共预算资金和结转下年支出三部分，近年来政府性基金预算"收入大于支出"规模逐步增加，也反映出财政第二本账盈余资金调入第一本账的重要性有所提升（见图4-18和图4-19）。

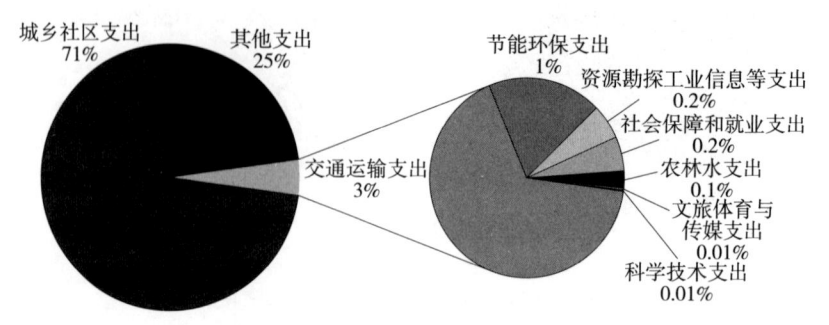

图4-18　2021年全国政府性基金支出分布结构
资料来源：财政部，中信证券固定收益部。

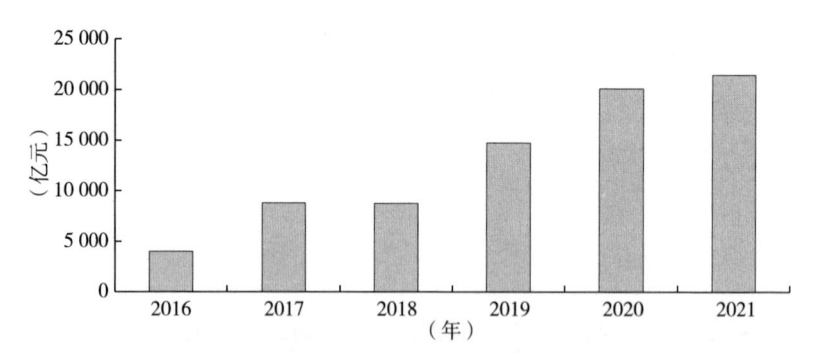

图4-19　近年全国政府性基金决算"收入大于支出"规模
资料来源：财政部，中信证券固定收益部。

2. 土地财政视角下的政府性基金预算

1994年分税制改革以来，地方政府一般公共预算收入占比出现较明显缩减，而经济发展和招商引资需求下地方财政支出责任反而有所增加，尽管中央层面也加大了转移支付力度，但地方财政整体呈现出收支高度不匹配的特征，为此以土地出让和开发为核心的"土地财政"应运而生。一方面，随着城市化和商品房改革，土地价值快速抬升，土地使用权出让收入成为支撑地方政府"土地财政"的重要资金来源；另一方面，地方融资平台通过土地抵押从银行贷款融资和其他渠道借入资金，将未来的土地收益资本化，以"土地金融"进一步推动工业化和城市化快速发展。因此，我国土地财政和土地金融运行模式的核心在于土地价格与土地融资、城市建设投资间的正反馈机制，即土地价格上涨使得地方政府通过土地出让收入和土地抵押融资获得可用资金，城市基建投资扩张和招商引资营商环境改善促进地方经济增长，同时进一步推升土地价格，地方政府也有相应能力用以偿还前期积累的大量债务；然而，当经济增速放缓，土地价格下跌带动土地出让收入和抵押融资减少，此前累积的大量债务可能将成为地方融资平台甚至地方政府的沉重负担（见图4-20）。

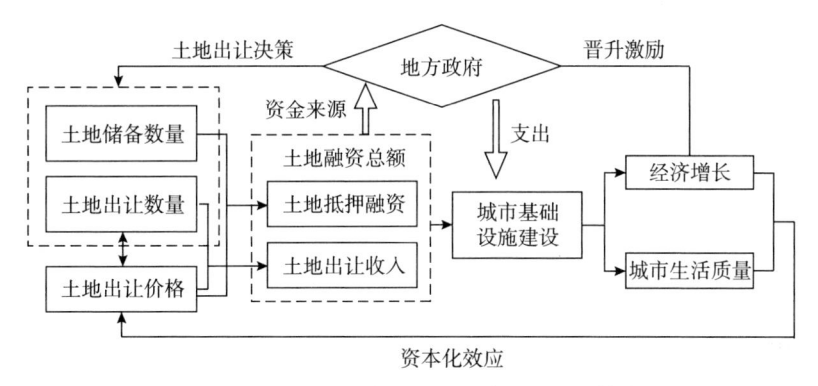

图4-20 我国土地财政与土地金融运行模式

资料来源：郑思齐，等."以地生财，以财养地"——中国特色城市建设投融资模式研究［J］. 经济研究，2014（8）；中信证券固定收益部。

从地方财政收支来看，若以国有土地出让收入以及土地和房地产相关税收共同衡量地方政府"土地财政"规模，可以发现，当前"土地财政"收入在我国地方财政前两本账中的占比超过一半，并且以国有土地出让收入为主体（占比超过40%）。特别地，经济相对发达的省市更为依赖国有土地出让收入补充地方财力，而经济相对较弱的省市则更为依赖转移支付（见图4-21）。

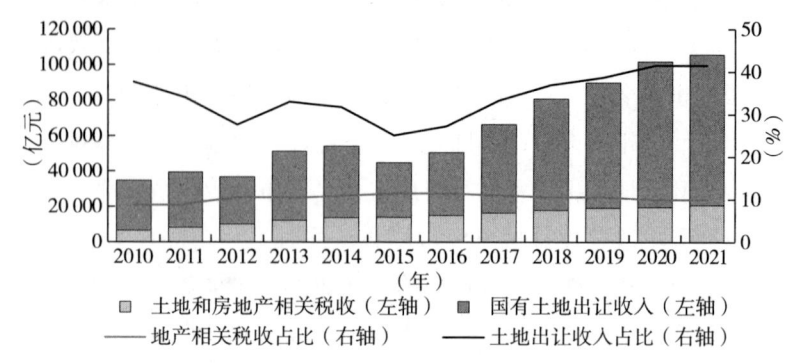

图4-21 近年"土地财政"在地方财政前两本账中的规模与占比
资料来源：万得资讯，中信证券固定收益部。

在"以收定支，专款专用"的政府性基金预算编制原则下，国有土地使用权出让收入实行全额"收支两条线"管理，土地出让收入相关支出包含国有土地使用权出让金收入、国有土地收益基金和农业土地开发资金相关支出，主要用于征地和拆迁补偿、土地储备开发、城市和农村基础设施建设等支出方向。由于土地出让收入中包含了须依法支付的征地拆迁等成本补偿性费用，因此"土地财政"收入并非全由政府自主支配，政府可用财力实际是扣除成本费用后的土地出让收益。近年来财政部不再详细披露国有土地使用权出让收入的具体支出情况而仅列示支出项目总额，因此，以可获得的最近年度数据2015年全国土地出让收支情况为例，土地出让支出中的成本性支出约占比80%，用于征地拆迁补偿、补助被征地农民、土地出让前期开发等方向；而土地出让收益安排的非成本性支出占比很小，仅约20%，主要用于城市建设、农业农村和保障性安居工程支出，也意味着"土地财政"所形成的财政资金用于基建投资的比例相对有限（见图4-22）。

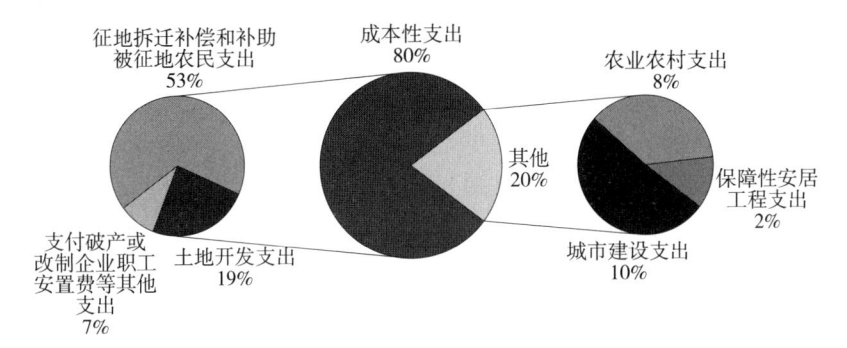

图 4-22　2015 年全国土地出让支出分布结构
资料来源：财政部，中信证券固定收益部。

整体而言，1994 年分税制改革后的地方财政收支高度不匹配，催生了以土地出让和开发为核心的"土地财政"，形成了我国特有的基于土地价格与土地融资、城市建设投资正反馈机制的土地财政与土地金融运行模式。因此，我国的政府性基金预算以国有土地出让收支为核心，形成了对于一般预算收入的有力补充。

国企也需一本账：国有资本经营预算

国有资本经营预算是对国家以所有者身份依法取得的国有投资收益，按照收支平衡原则安排相关支出的一本收支预算。其中，利润收入构成了国有资本经营预算收入的主体部分，而国企资本金注入则是主要支出方向，同时近年来国有资本收益上缴公共财政比例不断提升，更多用于保障和改善民生。从绝对规模看，虽然国有资本经营预算收支规模在财政四本账中相对较小并且对地方财力的贡献度也较为有限，但国有资本经营预算制度的发展演化与国企改革进程密切相关，能直观体现我国经济体制改革的进程。在经历了政企不分的计划经济时期、改革开放之初有计划的商品经济转型时期、经济改革转型市场起基础作用时期、全面深化改革市场起决定性作用时期四个历史阶段之后，深入了解国有资本经营预算是理解我国经济体制发展、财政体系变迁和国企改革深化的重要基础。

1. 国有资本经营预算收支的基本内容

国有资本经营预算是对国有资本收益进行支出安排的收支预算。按照国有资本经营预算管理规定，国有资本经营预算收入主要根据国有企业上年实现净利润的一定比例收取，同时按照收支平衡原则安排相关支出。我们分别从收入端和支出端来看：

国有资本经营预算收入是指国家以所有者身份依法取得的国有投资收益，包括纳入国有资本经营预算编制范围的国有独资企业和国有独资公司按照规定上缴国家的利润收入、从国有资本控股和参股公司获得的股利股息收入、国有产权转让收入和清算收入（扣除清算费用）等，与上一年结转收入共同构成收入总量。

其中，利润收入构成国有资本经营预算收入的主体部分，占比约60%。在国有资本经营预算设立之初，为继续支持国企改革和发展，同时规范企业收入分配秩序、加强国家宏观调控，财政部依据"适度、从低"原则将国企划分为具有资源性特征行业、一般竞争性行业和国家政策性企业三类，并分别执行不同档税后利润上缴比例。此后，随着国有资本经营预算实施范围不断扩大、分类方式逐步完善，国有资本收益上缴比例也有所提高。按照《财政部 国资委关于印发〈中央企业国有资本收益收取管理暂行办法〉的通知》、《关于进一步提高中央企业国有资本收益收取比例的通知》和《关于扩大中央国有资本经营预算实施范围有关事项的通知》等规定，目前纳入中央国有资本经营预算实施范围的中央企业税后利润收取比例分0、10%、15%、20%、25%五类执行，地方国企由地方财政部门决定上缴制度，通常参照中央企业执行，但各地方可能有所差异（见图4-23和表4-3）。

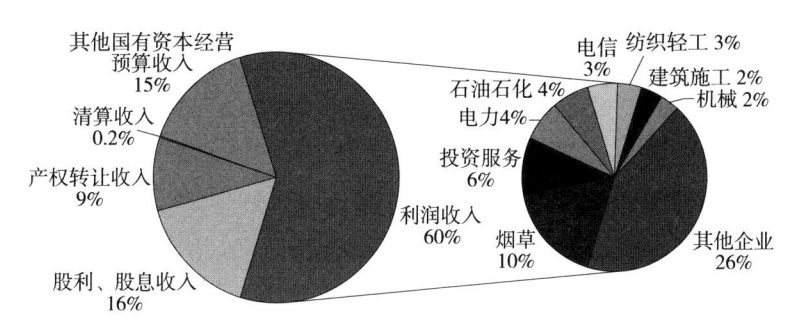

图4-23　2021年全国国有资本经营收入分布结构

资料来源：财政部，中信证券固定收益部。

表4-3　中央企业税后利润（净利润扣除年初未弥补亏损和法定公积金）收取比例

分类	利润收取比例	中央企业范围
第一类	25%	烟草企业
第二类	20%	石油石化、电力、电信、煤炭等资源型企业
第三类	15%	钢铁、运输、电子、贸易、施工等一般竞争型企业
第四类	10%	军工企业、转制科研院所、中国邮政集团公司、中国铁路总公司、中央文化企业、中央部门所属企业
第五类	免交	政策性企业（中国储备粮总公司、中国储备棉总公司），符合小型微型企业规定标准的国有独资企业、应上缴利润不足10万元的

资料来源：财政部，中信证券固定收益部。

国有资本经营预算支出包括资本性支出、费用性支出、向一般公共预算调出资金等转移性支出和其他支出，与结转下年支出共同构成支出总量。其中，资本性支出包含根据产业发展规划、国有经济布局和结构调整、国企发展要求以及国家战略安全需要的支出，费用性支出是指弥补国企改革成本方面的支出。从具体功能科目来看，国有资本经营预算支出可以划分为社会保障和就业支出（国有资本经营预算补充社保基金支出）、解决历史遗留问题以及改革成本支出、国企资本金注入、国企政策性补贴等方面，其中国企资本金注入为主要支出方向，占比接近70%。

自2007年国有资本经营预算设立以来，监管部门规定了我国国企利润上缴比例并不断完善相应监管要求，但实际上缴比例仍相对较低。按照国际惯例，上市公司分红比例多为税后可分配利润的30%~40%，且海外国资企业上缴比例通常更高，例如英国部分盈利较好企业上缴比例可能占到70%~80%。除此之外，我国国有资本经营支出中有较大比例以各种名目返还给了国企，而调入公共财政规模以及占上缴利润的比例相对较低。在此背景下，2013年中共十八届三中全会根据国企经营状况，并参考2000—2008年16个发达经济体中49家有分红数据的国企平均上缴比例，提出"提高国有资本收益上缴公共财政比例，2020年提到30%，更多用于保障和改善民生"。可以看到，近年来我国国有资本经营预算调入一般公共预算的比例逐步提高，2019年已超过30%，2021年占比约44%（见图4-24）。

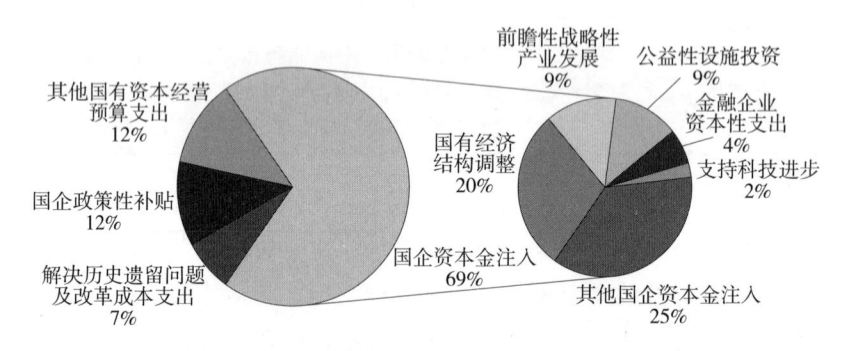

图4-24 2021年全国国有资本经营支出分布结构

资料来源：财政部，中信证券固定收益部。

2. 国企改革视角下的国有资本经营预算

在我国财政预算体制下，国有资本经营预算收支规模相对较小，并且国有资本经营预算对地方财力的贡献度也较为有限，2021年国有资本经营预算收入占 GDP 比重仅约 0.45%，地方国有资本经营收入在地方财政四本账中的占比也仅约 1%。然而，国有资本经营预算制度的发展演化与我国经济体制改革密切相关，也与国有企业改革进程相互匹配，对于理解我国财政体制和国有企业改革演进路径具有重要意义。具体可以分为四个历史阶段：

(1) 1949—1978 年：政企不分的计划经济时期

在计划经济时期，我国实行以公有制为基础、高度集中统一的计划经济体制，社会经济资源严格按照中央经济计划配置，企业并非独立的经济实体和市场主体。一方面，现代企业独立经营所需法人权利均集中于各级政府部门，国企利润全额上缴；另一方面，国企也不承担独立经营相关财务责任，政府对国企进行拨款补贴并承担资金供应、保障及亏损弥补等责任。该时期政府与国企间的收入分配关系以国家统收统支为主，纳入国家财政范畴，也尚未建立严格意义上的国有资本经营预算体制。

(2) 1978—1992 年：改革开放之初有计划的商品经济转型时期

1978—1984 年是我国经济体制改革的过渡阶段，宏观层面转向计划经济为主、市场调节为辅，国企财务管理收益分配制度改革率先实现突破，放权让利推动之下企业经营自主权逐步扩大，但从企业主要资金来源和具体经营责任来看，国企财务管理仍未脱离国家统收统支、统负盈亏的传统管理体制。1985—1992 年是我国由计划经济向市场经济转型的关键时期，国企所有权和经营权两权逐渐分离，政府层面通过"打补丁"的方式补充制定了大量制度规范，形成了适应多种财产所有制、行业范围以及企业组织经营形式的复杂庞大的国企财务管理体制。

(3) 1992—2008年：经济改革转型市场起基础作用时期

这段时期内，我国国有资本经营预算管理体制经历了"建设性预算—国有资产经营预算—国有资本金预算—国有资本经营预算"的发展历程：①我国自1992年起实施复式预算，政府预算由经常性预算和建设性预算共同构成，其中"建设性预算"即当前国有资本经营预算的前身。②1993年中共十四届三中全会首次提出建立"国有资产经营预算"，同时《企业财务通则》的出台也标志着我国适应社会主义市场经济体制要求的统一的企业财务管理体系正式确立。1995年《预算法实施条例》要求各级政府编制国有资产经营预算，开启了我国建立专门国有资本预算的开端。③1998年财政部新"三定方案"要求逐步建立政府公共预算、国有资本金预算和社会保障预算制度，"国有资本金预算"的提法也与减少政府对国企直接干预和发展资本管理的趋势相适应。2002年党的十六大确立了我国新的国有资产监督管理体制，中央和地方政府代表国家履行出资人职责。④2003年中共十六届三中全会首次提出建立"国有资本经营预算制度"，同时成立了国务院国有资产监督管理委员会，标志着我国国有资产管理所有者、国有资本出资者、国有控股和参股企业三级分层的财务管理体制初步建立。

然而，值得注意的是，1994年分税制改革后，我国国企便开始实行"缴税留利"的税收政策，直至2007年才恢复利润上缴。考虑到该阶段国企普遍资金不足并且承担了较多社会职能，为平衡利益关系、缓解国企困难局面，我国在税制改革的同时配套实施了针对国企的阶段性、过渡性让利措施，即国企税后利润留归己用，国有资本收益不上缴或者少上缴。但与此同时，随着以央企为主的国企规模扩张和盈利能力提升，国有资本经营管理也暴露出过度投资、在职消费、资金使用效率较低等现实问题。

（4）2008 年至今：全面深化改革市场起决定性作用时期

2008 年国务院《关于试行国有资本经营预算的意见》发布，标志着我国国有资本经营预算制度的正式建立，国企向国家上缴利润政策重新启动。中央国有资本经营预算自 2008 年起实施，适用央企按照"适度、从低"原则分三档上缴税后利润，此后各地陆续出台地方"实行意见"，国有资本经营预算逐渐在全国范围内得到实施，2015 新《预算法》正式施行进一步明确了我国国有资本经营预算制度的法律地位。随着国企改革进程不断推进，国有资本经营预算适用国企范围不断扩大，利润上缴比例也逐步提高，国有资本经营预算收支统计和管理制度持续优化及完善，有效发挥着政府宏观调控的职能（见图 4-25）。

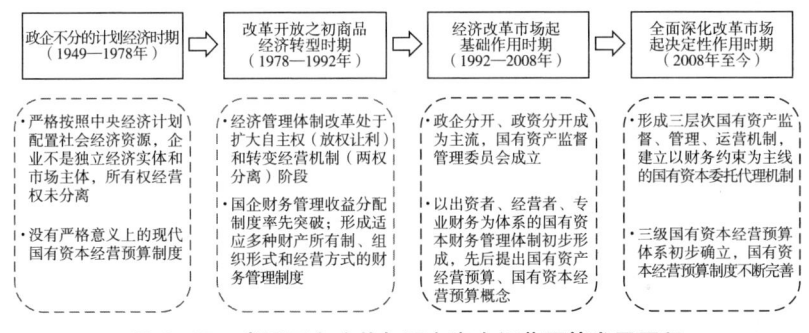

图 4-25 我国国企改革与国有资本经营预算发展历程

资料来源：胡文龙. 国有资本经营预算与财务管理制度改革四十年经验与启示 [J]. 中国流通经济, 2018 (11)；中信证券固定收益部。

与民生息息相关：社会保险基金预算

社保是民生之基。目前，我国以社会保险制度为主体的社会保障制度体系已经初步建成，是世界上规模最大的社会保障体系。其中，社会保险基金是为保障公民在年老、疾病、工伤、失业、生育等情况下获得物质帮助而建立的制度，包括基本养老保险基金、基本医疗保险基金、工伤保险基金、失业保险基金和生育保险基金。在社会保险基金预算中，保险费构成收入的主体部分，各项基金项目支出占比与收入端分布也较为一致。近年来，我国社会保险基金预算收支结余基本保持在 6 000 亿~1 万亿元，但从资金来源上看，主要是依靠来自第一本账的财政补贴提供资金补充。社会保险基金预算是与民生息息相关的财政"第四本账"，值得债券市场参与者深入了解。

1. 社会保险基金预算收支的基本内容

社会保险基金预算是对社会保险缴款、一般公共预算安排和其他方式筹集的资金，专项用于社会保险的收支预算。社会保险基金按照统筹层次设立预算，并按照社会保险项目分别编制，在统筹层次和社会保险项目中分别做到收支平衡。

①统筹层次是指社会保险资金统筹调剂使用的范围，县级、市（地）级、省级、全国统筹分别由相应级别的政府部门在其管辖范围内统筹调剂使用各项社会保险资金。通常而言，统筹层次越高，越有利于分散基金风险和增强保障能力，同时也有助于区域间劳动力的自由流动和降低制度管理成本。

②根据《社会保险法》，社会保险基金包括基本养老保险基金、基本医疗保险基金、工伤保险基金、失业保险基金和生育保险基金，各项社会保险基金按照社会保险险种分别建账、分账核算。其中，基本养老保险基金收入在我国社会保险基金预算收入中占比约为67%（企业职工基本养老保险为主），医疗保险基金收入占比约为30%。

从收入类型来看，我国社会保险基金预算收入可以划分为各项社会保险费收入、利息收入、投资收益、一般公共预算补助收入、集体补助收入、转移收入和其他收入，其中保险费收入构成社会保险基金预算收入的主体部分，占比超过70%。此外，根据《预算法实施条例》，社会保险基金预算应当在精算平衡的基础上实现可持续运行，一般公共预算可以根据需要和财力适当安排资金补充社会保险基金预算，即表现为财政补贴收入，同样也是社会保险基金预算收入的重要组成部分，占比约为23%（见图4-26）。

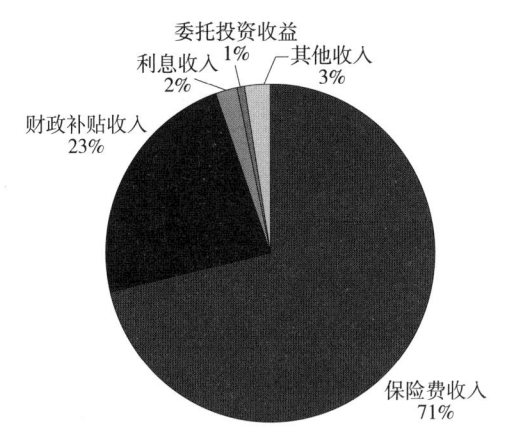

图4-26 按收入类型划分2021年全国社会保险基金预算收入分布结构

资料来源：财政部，中信证券固定收益部。

社会保险基金预算支出包括各项社会保险待遇支出、转移支出和其他支出，从社会保险险种来看，各项基金项目支出占比与收入端分布相差不大（见图4-27和图4-28）。根据《社会保险基金财务制度》，社会保险基金纳入社会保障基金财政专户并实行"收支两条线"管理，社会保险基金收支相抵后的期末余额构成基金结余，基金之间不得相互挤占和调剂，也不得用于平衡一般公共预算。也就是说，一般公共预算可以安排财政资金补充社会保险基金预算，但社会保险基金预算收大于支的部分存入专门结余账户而不再向外调出资金，具有"专款专用""只进不出"的特征。

值得注意的是，《社会保险法》规定"县级以上人民政府在社会保险基金出现支付不足时给予补贴"，虽然每年我国社会保险基金预算收支结余基本保持在6 000亿~1万亿元，但若剔除财政补

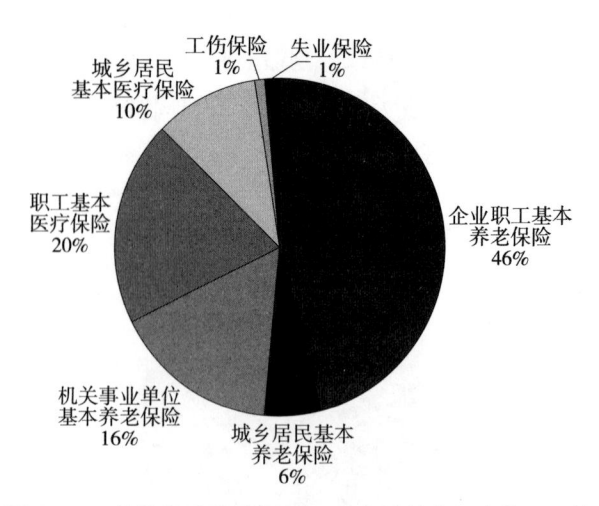

图4-27 按社保险种划分2021年全国社会保险基金预算收入分布结构

资料来源：财政部，中信证券固定收益部。

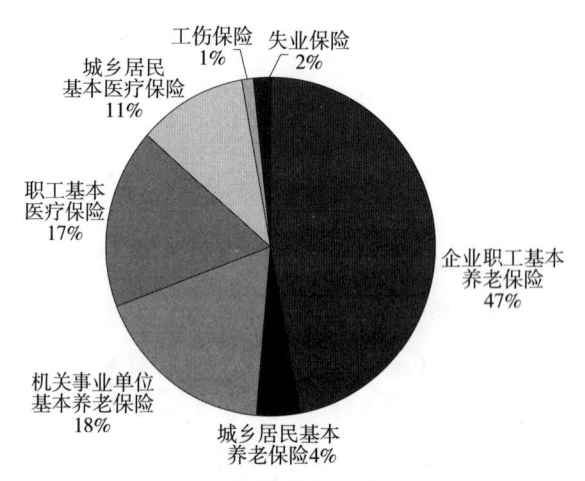

图4-28 2021年全国社会保险基金预算支出分布结构

资料来源：财政部，中信证券固定收益部。

贴因素，近年来的社保基金收支缺口则相对较大。如2021年全国社保基金本年收支结余10 183亿元，剔除财政补贴收入22 606亿元后，收支缺口达12 423亿元，表明目前社保基金收支结余主要依靠财政补贴，并且从各国社保基金收入占 GDP 比重与经济增速间的关系来看，通常随着经济增速放缓，社保负担增加可能也会加大财政补贴压力（见图 4-29）。

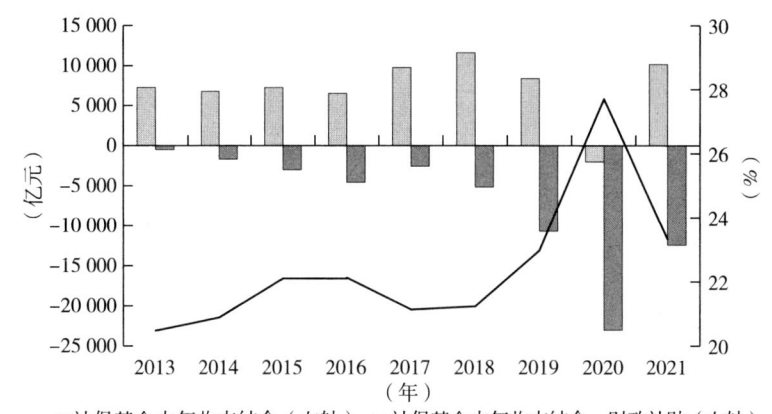

图 4-29 社保基金本年收支结余与财政补贴占收入比重
资料来源：万得资讯，财政部，中信证券固定收益部。

2. 社会保障体系下的社会保险基金预算

社会保障是保障和改善民生、维护社会公平、增进人民福祉的基本制度保障。目前，我国社会保障制度体系以社会保险制度为主体，包括社会救助、社会福利、社会优抚等制度，其中基本医疗保险覆盖 13.6 亿人、基本养老保险覆盖近 10 亿人，现已形成世界上规模最大的社会保障体系，与发达国家之间的差距也在逐步缩小。从我国社会保障制度和社会保险基金预算的发展历程来看，大致可以划分为三个阶段：

①新中国成立后，围绕劳动保险的社会保障制度初建，国内经济发展水平差异导致社会保障水平出现分化。1949 年，国民经济落后、生产资料匮乏叠加工业基础薄弱，中央层面在提出集中财力办大事的同时，也将"逐步实行劳动保险制度"作为执政目标。

1951年《劳动保险条例》正式颁布，将就业方式、社会需求和支付能力差异纳入考虑，形成了区别于西方发达国家的社会保障制度安排，以企业为缴费主体、职工个人为受益人，在企业内部进行现收现付，尚不具有社会属性。由于该时期我国城乡地区、工业和农业地区以及不同行业和企业间发展水平差异较大，以劳动适应社会主义市场经济体制保险为主要内容的社会保障水平也有明显分化。

②改革开放以来，为适应社会主义市场经济体制改革，我国开始了社会保障制度社会化建设，社会保险基金预算初具雏形。十一届三中全会以后，我国顺应经济体制改革思路，先后提出保险社会化、保险基金统筹等社会保障制度改革议题，并逐步在各地开展试点工作。1991年国务院发布《关于企业职工养老保险制度改革的决定》，确立了我国社会保险发展的基本方向，即通过社保统筹而非企业直接扣除来实现，社会保险金另账管理、专款专用，同时明确了养老保险费用来源于国家、企业和个人三者结合，而非主要依靠国家财政。该时期部分海外发达国家开始削减福利国家和社会保障制度，而我国则推进社会保障制度社会化、体系化发展，稳步扩大覆盖范围，基本实现了养老和医疗保障"应保尽保"。

与此同时，社会保险基金预算也进入了初步探索阶段。1993年中共中央《关于建立社会主义市场经济体制若干问题的决定》提出"建立政府公共预算和国有资产经营预算，并可以根据需要建立社会保障预算和其他预算"，此后《劳动法》、1995年《预算法》及其实施条例相继发布，进一步从法律层面明确要求建立社会保障预算。在此背景下，财政部开始积极研究建立社会保障预算问题，1996年国务院《关于加强预算外资金管理的决定》要求"在国家财政建立社会保障预算制度以前，社会保障基金先按预算外资金管理制度进行管理，专款专用，实行收支两条线管理"。1999年，《社会保险费征缴暂行条例》出台，明确养老保险费、基本医疗保险费和失业保险费统称社会保险基金，并进一步规定了"社会保险基金纳入财政专户，实行收支两条线管理"。部分地区在实践中对编制社会保障预算或社会保险基金预算进行了积极探索，也为最终全国社会保险基金预算的编制提供了重要参考依据。

③2010年社会保险基金预算正式确立，目前我国以社会保险制度为主体的社会保障制度体系已初步建成。2010年《社会保险法》颁布实施，确立了广覆盖、可转移、可衔接的社会保险制度，明确规定"社会保险基金通过预算实现收支平衡"，对于我国建立覆盖城乡居民的社会保障体系具有重要意义。同年，国务院出台《关于试行社会保险基金预算的意见》，基于"统筹编制、明确责任""专项基金、专款专用"原则，我国正式开始试编社会保险基金预算，进一步加强社会保险基金管理、规范社会保险基金收支行为，并以此促进经济社会协调发展。党的十八大以来，我国社会保障制度建设持续快速发展，如统一城乡居民基本养老保险制度、建立企业职工基本养老保险基金中央调剂制度等新举措相继落实，我国的社会保障制度体系现已初步建成，以社会保险制度为主体，包括社会救助、社会福利、社会优抚等制度在内，功能完备、保障有力。

走近中国国债与地方政府债

债市基准的形成：国债市场的过去、现在与未来

国债素有"金边债券"之称。自1981年国债恢复发行以来，我国国债市场快速发展，存量规模不断提升，期限结构不断丰富，国债衍生品稳步发展，国债市场对外开放持续深化，形成了市场和参与主体互惠互利、在岸市场与离岸市场互联互通的发展格局。如今，国债已然成为我国 GDP 的重要组成部分，并在我国债券市场中起着举足轻重的基础性作用。可以说，国债是我国债券市场的基石，因此，了解国债一级发行和二级成交的制度规范及市场特征也是投资者开展债券投研交易的"敲门砖"（见表4-4）。

表4-4 记账式国债一级发行和二级成交的主要特点

类型	发行期限	一级招标特点	二级投资者结构特点	流通场所	持有到期利息收入税率
贴现品种	28、63、91、181天	市场化程度高；年初、季初公告发行期限品种；在团机构少；甲类承销团有1%的基本量要求	货币基金及银行对贴现国债需求较旺盛，主要用于流动性管理	跨市场交易品种	无
常规期限品种	1、2、3、5、7、10年		各类机构均有需求，5、10年配置及交易盘偏好，3、5、7年城农商行偏好		
超长期限品种	30、50年		保险机构偏好超长期国债		

资料来源：财政部，中信证券固定收益部。

1. 国债发展的三大阶段及功能演变

(1) 国债发展的三大阶段

新中国成立后，我国国债市场整体经历了起步、探索、规范化发展三个阶段。自1981年国债恢复发行以来，国债市场飞速发展，一级和二级市场制度日益健全，国债品种不断丰富，期限结构持续完善，投资者结构不断优化，衍生品市场稳步扩张，对支持实体经济和资本市场的平稳运行起到了重要作用。

第一个阶段为1950—1980年。20世纪50年代，为平抑物价、平衡财政收支，中国曾先后发行人民胜利折实公债、国家经济建设公债，但自1968年国债本息偿付结束后，一直到1980年我国都没有发行过政府债券。

第二个阶段为1981—1987年。改革开放初期，中国对企业实行大规模减税让利政策，有效调动了各方生产积极性，推动了我国经济快速发展，但同时也导致中央财政收入吃紧。在此背景下，为进一步加强国内财政实力，更好适应改革开放后国内经济发展情况，国债重回历史舞台。不过，彼时国债发行主要依靠行政摊派，国债也无法自由买卖，投资者只能持有到期。真正意义上的国债一、二级市场尚未建立。

第三个阶段为1988年至今。1988年4月，我国先在全国7个城市开展国债流通市场的试点，国债二级市场的雏形开始出现。此后，随着流通市场范围的不断扩大以及公开招标制度的正式确立，国债一、二级市场开始快速发展。自20世纪90年代以来，我国债券市场规模稳步扩张，衍生品市场持续发展，在岸市场和离岸市场共同繁荣，有效支持了我国实体经济和资本市场的平稳运行（见图4-30）。

(2) 国债市场的主要功能

①融资功能：国债规模稳步扩张有效支持了经济发展。

自20世纪90年代以来，我国国债规模稳步扩张。1988年，国债存量规模仅为513亿元，全年总发行量为189亿元。2022年，国债存量规模、全年总发行量分别升至25.59万亿元、9.72万亿元。国债规模的稳步扩张有效提升了中央政府的财政实力，强化了财政资金对经济发展的支持，例如2020年在新冠疫情的影响下，我国

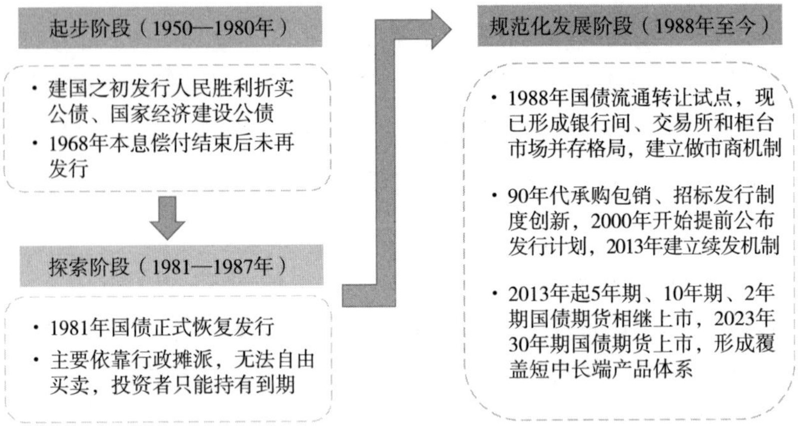

```
┌─────────────────────────┐         ┌─────────────────────────┐
│ 起步阶段（1950—1980年）  │────┐    │ 规范化发展阶段（1988年至今）│
└─────────────────────────┘    │    └─────────────────────────┘
┌─────────────────────────┐    │    ┌─────────────────────────┐
│·建国之初发行人民胜利折实 │    │    │·1988年国债流通转让试点，现│
│ 公债、国家经济建设公债   │    │    │ 已形成银行间、交易所和柜台│
│·1968年本息偿付结束后未再│    │    │ 市场并存格局，建立做市商机制│
│ 发行                    │    └───▶│·90年代承购包销、招标发行制│
└─────────────────────────┘         │ 度创新，2000年开始提前公布│
            │                       │ 发行计划，2013年建立续发机制│
            ▼                       │·2013年起5年期、10年期、2年│
┌─────────────────────────┐         │ 期国债期货相继上市，2023年│
│ 探索阶段（1981—1987年） │         │ 30年期国债期货上市，形成覆│
└─────────────────────────┘         │ 盖短中长端产品体系       │
┌─────────────────────────┐         └─────────────────────────┘
│·1981年国债正式恢复发行  │
│·主要依靠行政摊派，无法自由│
│ 买卖，投资者只能持有到期 │
└─────────────────────────┘
```

图 4-30　我国国债发展的三大阶段

资料来源：中信证券固定收益部。

经济受到很大冲击，我国政府及时加大了国债发行规模和财政支出力度，最终保障了实体企业的经营和经济的快速修复。

②投资功能：国债及其衍生品已成为多元化资产配置的重要组成部分。

自国债恢复发行以来，国债市场持续扩容，产品种类不断丰富，有效满足了各类投资者的资产配置需求。对于机构投资者来说，国债具有流动性较强、风险极低等优点，已成为其进行资产配置和流动性管理的重要工具，丰富的国债品种也便于其灵活构建投资组合并调整投资策略。与此同时，随着我国居民人均收入水平的不断提高，居民的多元化资产配置需求日益增长。国债柜台业务的稳步发展持续提升了居民投资国债的便利性，叠加收益率高于存款利率等优点，国债也成为居民进行资产配置的重要工具。

此外，随着国债规模的稳步提升，国债期货、国债交易所交易基金等衍生品也迎来了飞速发展。以国债期货为例，自2013年以来，5年期、10年期、2年期和30年期国债期货相继上市，2022

年10年期国债期货的成交量达到1 998.94万手，较2016年（617.68万手）增长超2.2倍。持续发展的国债衍生品市场丰富了市场参与主体的投资工具，也通过其价格发现功能保障了标的资产价格的有效性，进而推动了我国资本市场的稳步发展。

③开放功能：离岸国债助力人民币国际化和对外开放。

2009年9—10月，财政部在香港特别行政区发行了60亿元人民币国债，离岸国债的发行由此拉开序幕。此后，财政部逐步建立了在香港特别行政区发行人民币国债的长效机制，人民币在跨境贸易结算和投资中的应用比例越来越高，离岸国债市场持续扩张。截至2020年年底，我国财政部在境外发行的人民币国债规模已升至2 230亿元。同时，近年来我国发行外币主权债券的频率和规模也有所提高。离岸国债市场的稳步发展，一方面有助于调节离岸市场的融资成本和人民币汇率水平；另一方面也有助于实现在岸市场与离岸市场的互联互通，丰富人民币债券市场投资主体，促进人民币国际化进程的稳步推进。

2. 国债品种和期限特征及一级发行机制

（1）国债品种类型和期限特征

我国国债品种繁多，主要可以分为普通国债和特别国债两大类。其中，普通国债是指没有特定使用范围限制、可以用作经常性支出和资本性开支的国债，而特别国债则具有明确特定使用范围、专款专用的特点。进一步而言，根据国债的发行对象、流通方式及票面利率确定机制不同，普通国债又可以分为记账式国债和储蓄国债两类。

①记账式国债。

记账式国债又被称为无纸化国债，是指由财政部通过无纸化方式发行的、以电脑记账方式记录债权并可以上市交易的债券，可以进一步细分为记账式贴现国债和记账式附息国债两大类。其中，记账式贴现国债是指财政部以低于面值的价格贴现发行、到期按债券面值还本、期限为1年（不包含1年）以下的记账式国债；记账式附息国债是指财政部发行的定期支付利息、到期还本利息、期限为1年（包含1年）以上的记账式国债。

目前，记账式国债构成了我国国债市场的主体部分，2022年全年发行规模占比将近90%。由于记账式国债覆盖期限范围较为广泛，并且各期限国债具有不同的功能特征，财政部门通常针对不同时期的特定融资需求，结合各期限国债的具体特点，灵活选择国债发行的期限分配结构。

贴现国债。相较于附息国债，贴现国债（28天、63天、91天、181天）具有期限短、融资成本相对较低以及灵活性较强等特点，其配置和交易属性相对偏弱。一方面，对于财政融资而言，贴现国债的一大功能是灵活调整财政预算赤字分配，可以在临时性调配财政资金的同时调整跨年债务规模；另一方面，对于投资者而言，贴现国债也可以帮助银行、货币基金以及短期理财等机构投资者灵活应对MPA等考核指标。

1~10年期附息国债。目前，财政部对于附息国债的发行节奏为每个月按计划发行1、2、3、5、7、10、30年期品种各1次，每个季度发行50年期品种1次。从发行规模来看，1~10年期附息国债发行规模基本接近，通常会根据库款规模进行微调，且均为发一续二模式；30、50年期发行规模相对较少，近年来基本在200亿~300亿元波动，均为发一续五模式。

10年期以上附息国债。我国30年期和50年期国债属于超长期国债品种，其配置主体以长久期的寿险产品为主，但随着国债市场的不断发展，超长期国债也呈现出一些新的特点。一方面，由于近年来30年期地方债配置利差的存在，部分挤占了30年期国债的配置需求，同时2022年以来30年期国债发行频率有所增加、市场流动性得到改善,30年期国债现已成为交易和配置属性并存的国债品种。另一方面,财政部计划每年发行4次50年期国债,发行频率较低,整体流动性也相对较低,因此50年期国债或将长期保持保险配置为主的需求模式。

②储蓄国债。

储蓄国债是指面向个人投资者发行、以吸收个人储蓄为目的,满足长期储蓄型投资需求的国债,可以划分为凭证式储蓄国债和电子式储蓄国债。其中,凭证式储蓄国债是指财政部通过储蓄国债承销团面向个人投资者发行的国债,实行实名制,不可上市流通但可以根据相关规定进行兑取等方式的变现;电子式储蓄国债是指财政部通过储蓄国债承销团成员面向个人投资者发行的国债,并以电子记账方式记录投资者的购买情况,个人投资者需要开设个人国债账户并通过该账户购买国债(见表4-5)。

表4-5 记账式国债与储蓄国债的异同比较

	记账式国债	储蓄国债
相同点	以国家信用为基础,免征增值税和所得税 利息均按单利计算	
不同点	通过记账式国债承销团成员招标确定	由财政部和央行比照储蓄存款基准利率并结合市场具体情况确定
	可以上市流通	不可上市流通
	发行对象主要为银行间、交易所机构投资者	发行对象主要为个人
	主要期限品种为3个月、6个月,1、2、3、5、7、10、15、20、30、50年	主要期限品种为3、5年

资料来源:中信证券固定收益部。

③特别国债。

特别国债是指专门服务于某项特定政策或满足某个特定项目需求而发行的国债。特别国债要有稳定现金流的资产与之对应，可不列入财政赤字，但须列入国债余额。与普通国债相比，特别国债的特别之处主要体现在以下几个方面：首先，特别国债的用途不同，例如2020年我国发行抗疫特别国债用于公共卫生基建和抗疫相关的支出；其次，特别国债的收支时间不同，普通国债收入和支出存在一定时间间隔，而特别国债采取即收即支的模式；最后，特别国债的债券期限不同，普通国债按照期限通常可分为短期、中期和长期债券，而特别国债的期限主要为5年期、7年期和10年期（见图4-31）。

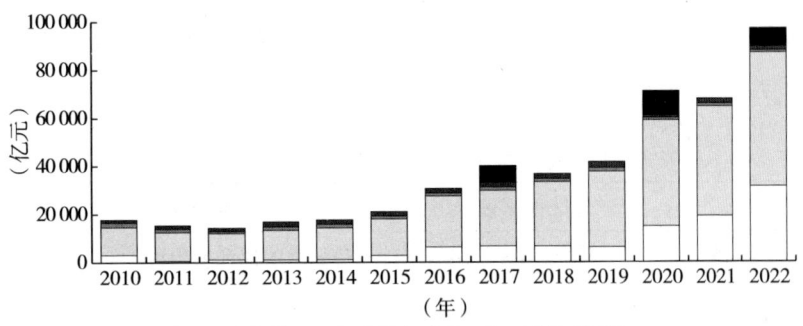

图4-31 近年各类国债发行规模

资料来源：万得资讯，中信证券固定收益部。

(2) 国债发行机制

自1993年试行国债市场化发行以来，我国国债市场快速发展，2022年当年国债发行规模已超过9.72万亿元，年末国债存量余额约25.59万亿元。目前，我国记账式国债的主要发行方式是公开招标。同时，财政部还会灵活运用单一价格招标、多价格招标和混合价格招标等方式，进一步提高国债发行效率。根据财政部《记账式国债招标发行规则》，记账式国债主要由国债承销团成员投标，通过竞争性招标确定票面利率或发行价格，即按照投标人所报买价自高向低（票面利率则相反）的顺序确定中标，直至满足预定发行额为止，其中10年期及以下期限国债适用混合式招标，而10年期以上国债适用荷兰式招标。储蓄国债主要通过承销包销或代销方式发行，以减少发行环节，提高发行效率。

除上述发行方式外，我国国债还存在定向发售与商业银行柜台发行这两个相对特殊的发行模式。定向发售即财政部直接向特定投资者发行特定的国债品种，主要对象为养老保险基金、失业保险基金及金融机构等，主要发行国家建设债券、财政债券和特种国债，扩大了国债的投资渠道。另外，柜台市场债券与银行间市场同步发行，发行价格一般参考后者定价，也是扩大国债投资基础的重要补充途径。整体而言，定向发售和柜台发行与竞标与承销包销方式相辅相成，构成了我国多元化的国债发行模式（见表4-6）。

表4-6　记账式国债招标发行的主要要素

主要要素	类别	具体规则
招标标的	票面利率	适用于附息国债
	发行价格	适用于附息国债和贴现国债
招标方式	荷兰式招标	适用于10年期以上国债。至预发额满，中标机构都以相同价格，即所有中标价格中的最低价格（当标的为利率时，最高中标利率为当期国债票面利率）来认购中标的国债数额
	混合式招标	适用于10年期及以下国债。全场加权平均利率的两位小数为当期国债票面利率。低于加权则中加权，高于加权低于边际则中实际投标利率，高于边际则未中标
边际分配原则		按倍数分配，但实际中可能会有偏差（如少或多1 000万元面额）

资料来源：财政部，中信证券固定收益部。

3. 国债二级市场成交特征及做市机制

（1）国债二级市场交易规模

国债恢复发行四十余年以来，我国国债二级市场建设取得了长足进步，逐步形成多层次的市场框架，投资主体更加多元、市场交投日益活跃，国债二级市场交易规模屡创新高。2005年，国债市场年交易规模首次突破万亿元，达到1.28万亿元；2016年，国债市场年交易规模突破十万亿元，达到12.9万亿元；2022年，国债市场年交易规模已接近55万亿元，其中银行间市场国债交易规模占比超过98%。

（2）国债做市机制

国债市场做市机制的创新完善是助推国债交易日益活跃的重要影响因素。2001年，银行间市场正式开始实施做市商制度，并在2007年基于《全国银行间债券市场做市商管理规定》进一步规范，经历了二十多年的持续发展和完善，现已组建了一支覆盖全市场最活跃机构的做市商队伍，持续为国债提供流动性。做市商报价覆盖全天主要交易时段，做市券种覆盖国债全收益率曲线，并对新发关键期限国债持续做市，在市场波动等特殊时点积极作为，对逐步构建反映供求关系的完善国债收益率曲线发挥积极作用。

除此之外，国债做市支持机制也是财政部在二级市场向做市机构随买随卖操作支持国债做市的有效工具。国债做市支持操作采用单一价格竞价的定价方式，参与机构主要为记账式国债承销团甲类成员中的做市商。自2017年6月财政部首次开展国债做市支持操作以来，国债随买随卖操作次数和规模稳步增加，已基本实现覆盖1年、2年、3年、5年、7年、10年等关键期限国债，且主要集中于1年期、3年期和5年期债券。整体而言，国债做市支持机制为做市商提供了存货管理、风险管理的有效手段，鼓励推高做市商做市积极性，有利于促进国债二级市场流动性水平提升，同时也有利于完善反映市场供求关系的国债收益率曲线，促进债券价格发现、提升曲线基准性。

(3) 国债市场流动性

从国债市场流动性角度来看，近年来我国国债月度换手率在20%的水平上下波动，且国内银行间国债流动性相较交易所更高，但与美国国债52%左右的月均换手率相比，尚有不小的差距。

对于我国债券市场而言，国债是银行间市场存量及交易规模第二大的债券品种，银行间市场国债流动性相较交易所市场更高：除2020年年初受疫情冲击影响外，银行间国债换手率在20%上下波动，与银行间债市整体现券换手率水平相近；近年来上交所国债换手率也稳步提升，2022年月均换手率提升至接近9%，但受制于存量规模，且主要投资机构为偏好配置更长期限债券的险资，国债流动性相对更低。

考虑造成中美国债流动性差距的主要原因可能在于：①持有者结构差异较大，我国国债的最大持有人是商业银行（占比约60%），而美国国债最主要的投资者是海外投资者（占比约30%），我国国债的配置属性更强，投资人的投资风格更加稳健，市场分歧要明显小于美国国债；②市场存量仍然存在差距，2021年年末美国国债余额超过22万亿美元，而同期我国国债存量仅为23万亿人民币；③中美金融衍生品市场发展水平存在一定差距，国内投资者可用的对冲工具以及利率风险管理工具相对较少；④中美经济波动幅度存在一定差异，从中长期视角看我国经济增速波动幅度相较美国更小，我国更有效的逆周期政策有利于熨平经济波动，但也使得与经济增长挂钩更明显的国债收益率波动更小，减少了国债市场的交易力量（见图4-32和图4-33）。

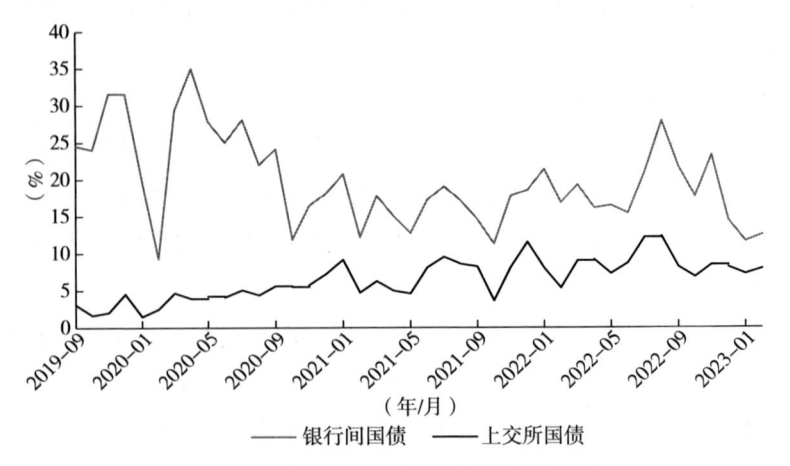

图 4-32　我国银行间与上交所国债换手率

资料来源：上海证券交易所，CFETS，万得资讯，中信证券固定收益部。

图 4-33　美国国债换手率

注：为便于进行比较分析，以美国国债日均换手率 ×20 近似估算月均换手率。
资料来源：万得资讯，中信证券固定收益部。

"准国债"的不同之处：地方政府债的额度分配、发行成交与品种创新

自 2009 年地方债恢复发行以来，地方债先后经历了"代发代还""自发代还""自发自还"三个阶段，特别是随着 2015 年新《预算法》正式实施，在法律层面上赋予省级政府发行地方政府债券的权利，地方债步入正式发展的轨道。近年来，地方债存量规模稳步增长，一级定价市场化程度提升，同时二级市场成交量和投资者数量也明显增加。截至 2022 年年末，地方债存量规模约 35 万亿元，已然成为我国债券市场的第一大品种，但在区域视角下分布并不均衡，存量规模前五的省份大约占据了全国地方债总规模的 30%，并且由于地方债投资者过于集中、信用评级相对趋同以及质押接受度整体有限，我国地方债流动性水平相较国债、政金债仍存在一定差距。

在地方债迅速发展的同时，与地方债相关的各类创新型产品也在不断推陈出新。例如，在当前我国推进"双碳"目标的背景下，债券融资在绿色转型中的重要作用日益凸显，而地方政府绿色专项债现已成为占比最高的绿色债券品种。又如，地方债 ETF 通过指数化打包的思路，有利于提高地方债的聚合度和流动性，但在实践中由于持有地方债 ETF 在会计记账、质押、处置以及监管指标等方面优势不明显，且部分交易策略难以通过地方债 ETF 实现，因此地方债 ETF 的配置和交易需求还暂未取得突破性发展。

1. 地方债的发展历程

1994 年分税制改革实施后，中央财政收入占全国财政总收入的比重不断提升，中央财力不断强化，但地方财政实力有所弱化。同年颁布的《预算法》规定"除法律和国务院另有规定外，地方政府不得发行地方债券"，从法律上禁止地方政府举债，在此背景

下,地方政府主要通过地方融资平台等方式不断开拓融资渠道。此后,随着我国财政体制逐步优化,地方债自2009年起恢复发行,大体经历了"代发代还"模式、"自发代还"模式、"自发自还"模式三个阶段的发展变化。

(1)"代发代还"模式

2009年2月,为部分缓解"四万亿"计划下地方政府的配套资金压力,财政部安排代发地方债2 000亿元,并由财政部代为还本付息,标志着地方债重回历史舞台。但由于彼时地方债券仍由财政部代理发行和还本付息,地方政府的自主程度较低,同时2 000亿元的地方债券规模略显不足,难以根本解决地方政府资金缺口问题,因此部分地方政府开始通过融资平台等渠道快速举债,隐性债务规模快速扩张。

(2)"自发代还"模式

2011年,财政部开始允许试点省市自主发行地方债券,地方债券的发行限制逐渐松动,但还本付息仍由财政部代办执行。起初地方政府自行发债试点省(市)仅包括上海、浙江、广东、深圳,此后地方债券自主发行试点持续扩容,同时地方债的批准额度逐年提高,2009—2011年地方债的批准额度持续为每年2 000亿元,2012年、2013年的批准额度分别为2 500亿元、3 500亿元。

(3)"自发自还"模式

2014年5月,《2014年地方政府债券自发自还试点办法》正式颁布,在地方政府自主发行地方债券的基础上,将此前财政部代为还本付息转变为地方政府自行还本付息,同时进一步扩容试点省(市)。此后,新《预算法》、"43号文"陆续颁布,明确指出"赋予地方政府依法适度举债权限,经国务院批准,省、自治区、直辖市政府可以适度举借债务",自此地方债市场正式进入规范化发展阶段(见图4-34)。

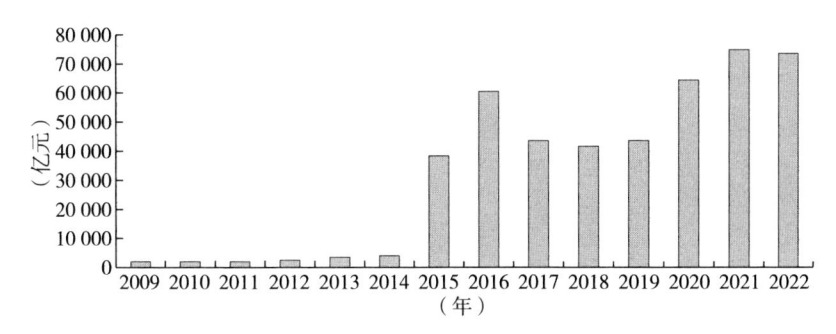

图 4-34　2015 年以来，地方债发行持续加速

资料来源：万得资讯，中信证券固定收益部。

近年来，地方债市场规模不断提高，截至 2022 年年末，地方债存量规模已达到 34.88 万亿元，较 2015 年年底 4.8 万亿元增长 6 倍有余。根据新《预算法》的有关规定，地方债余额实行限额管理，地方债的发行总额由国务院确定并报全国人大或其常委会批准；分地区的地方债限额则由财政部门根据各地区的自身情况上报有关部门审批。实践中，地方债新增限额的分配通常会考虑各地区的债务风险、财力状况、建设投资需求等因素，因此不同地区的地方债规模通常会存在差异。截至 2022 年年末，广东省（2.48 万亿元）、山东省（2.35 万亿元）、江苏省（2.07 万亿元）、浙江省（2.02 万亿元）、四川省（1.77 万亿元）的地方债余额排在前五位，共计占全国地方债规模总量的 31%，排名前十的省政府地方债余额总规模约占全国地方债规模总量的 52%，表明地方债的分布整体较为集中。

2. 地方债品种介绍

（1）新增债、置换债以及再融资债

对于地方债品种分类，按是否替换存量债务的标准可以划分为新增债、置换债以及再融资债。

①新增债券的发行目的在于筹借资金以加大财政支出，其发行

通常会增加债务余额并纳入当年的财政赤字，因此称为新增债券。

②置换债和再融资债是对地方政府存量债务进行置换或再融资，不增加债务余额。置换债的发行目的在于置换存量隐性债务，对于地方政府而言则意味着债务形式的变化（如债务主体从城投公司重新转为地方政府）。

2015 年，新《预算法》规定地方政府债券为地方政府举债的唯一合法方式，为妥善处置地方政府存量债务、化解隐性债务风险，债务置换工作正式启动。财政部在《关于对地方政府债务实行限额管理的实施意见》中明确提出，对于地方政府存量债务中通过银行贷款等非政府债券方式举借部分，通过 3 年左右的过渡期，由省级财政部门在限额内安排发行地方债券置换，解决债务期限错配、融资成本高和集中到期等问题。2015 年 3 月，财政部下达了 1 万亿元地方债置换额度，由地方政府自发自还，直至 2019 年地方债务置换工作便已经基本完成，根据万得资讯的统计，2020 年开始便没有置换债发行。

③随着置换债逐步退出历史舞台，再融资债出现在投资者的视野，再融资债是为偿还到期地方债券而发行的地方债，也就是用来"借新还旧"的债券，再融资债接棒置换债发挥了地方政府存量债务替换的作用。

2018 年 5 月，财政部发布《2018 年 4 月地方政府债券发行和债务余额情况》并首提"再融资债券"，明确再融资债券是用于偿还部分到期地方债券本金，由于地方债"自发自还"初始年份发行的债券期限相对较短，部分已经到了偿还本金的时间，再融资债券的发行有效缓解了地方政府对债券本金的偿债压力（见图 4-35）。

(2) 一般债与专项债

除了按是否替换存量债务的标准划分外，地方债还可按管理方法和偿还方式划分为一般债和专项债，二者的主要区别在于所投公共

置换/新增/再融资	专项债概念
·按照是否替换存量债务，地方政府债分成了新增债、置换债（置换隐性债务）和再融资债（置换存量到期债务）	·2014年及以前，地方政府债只有一种，即地方政府债，2015年专项债推出后，地方政府债分成两个小类（原来的地方政府债改名为一般债）
部分置换债采用定向承销方式	地方一般债务比照中央国债实行余额管理
·2014年以前，地方政府债采用公开招标发行方式。2015年，对于置换债，推出定向承销方式，要求承销团由地区存量债务的债权人组成	·2014年以前，地方政府债每年的发行额等于地方财政赤字，2015年之后开始实行余额管理，财政赤字规模是每年的净融资额

图4-35　地方债的品种介绍

资料来源：中信证券固定收益部。

项目是否产生收益，以及债务是否纳入财政赤字管理。2015年以来，财政部在进行地方债券的额度批准时会将一般债和专项债加以区分：一般债是地方政府为没有收益的公共项目发行的约定一定期限内主要以一般公共预算收入还本付息的政府债券，纳入一般公共预算管理，由地方政府一般公共预算收入偿还；而专项债是地方政府为有一定收益的公共项目发行的、约定一定期限内以公共项目对应的政府性基金或专项收入还本付息的政府债券，纳入政府性基金预算管理，不计入财政赤字，由地方政府的政府性基金收入偿还（见图4-36）。

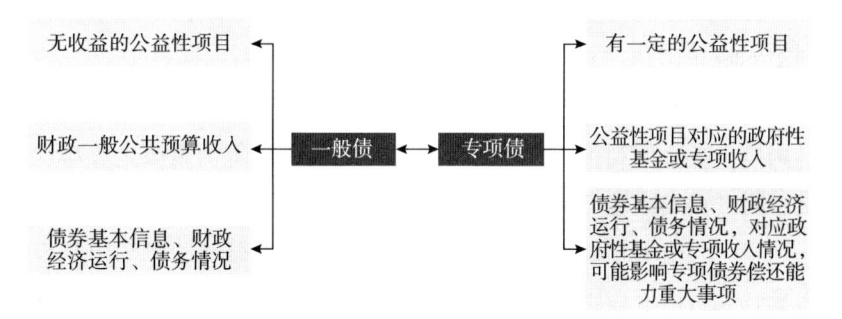

图4-36　一般债与专项债对比

资料来源：中信证券固定收益部。

从地方债的期限结构来看，我国地方债券的发行期限共有 9 个期限品种，分布在 1~30 年。2015 年地方债市场成立初期，地方债共包含 1 年、2 年、3 年、5 年、7 年、10 年 6 个期限品种；2018 年 5 月，财政部发布《关于做好 2018 年地方政府债券发行工作的意见》，指出要增加 15 年、20 年的地方债期限品种；2019 年，地方债市场进一步增加了 30 年期品种，地方债期限结构不断丰富。目前我国地方债券的发行期限共有 9 个期限品种，包含 1 年、2 年、3 年、5 年、7 年、10 年、15 年、20 年、30 年，其中，再融资债暂未发行 1 年期的债券品种，其余债券种类已发行上述全部期限品种。

3. 地方债一级定价机制

地方政府债一级定价方式几经变革，2015 年至今，大致可以划分为三个阶段：

2015 年至 2018 年 8 月，监管层面对地方债发行利差并无明确限制。地方债发行之初以置换债券为主，行政化特征明显，在发行初期一度出现低于国债收益率的现象。后财政部要求地方债的发行利率须以前 1~5 个工作日相同期限国债收益率为下限，地方债发行利率同国债利差调为正值。

2018 年 9 月至 2021 年 5 月，采用固定加点方式，地方债招标利率下限与国债挂钩。2018 年 8 月，财政部发布《关于做好地方政府专项债券发行工作的意见》，要求承销机构应当综合考虑同期限国债、政金债利率水平及二级市场地方债估值等因素决定投标价格，同时设定了地方债发行利率须在相同期限国债前五日均值至少上浮 40 基点的浮动下限，这既是地方债发行利差的历史估值中枢水平，又可以覆盖银行配置地方债的最大资本占用成本，从而明显提高地方债相对于国债的性价比。政策出台后，地方债换手率显著提高，市场需求水平扩大。2019 年 1 月底，市场传出银行受到窗口指导要求，当地银行投资购买地方政府债券投标利率，由同期限国债利率上浮40基点下调为上浮25基点，此后25基点也成为继40基点之后地方债加点的隐性边界。

③2021年6月至今，采取市场化定价，地方债招标利率打破至少上浮25基点的隐性边界。2020年11月，财务部印发《关于进一步做好地方政府债券发行工作的意见》，鼓励具备条件的地区参考地方债收益率曲线合理设定投标区间，不断提升地方债发行市场化水平，杜绝行政干预和窗口指导，促进地方债发行利率合理反映地区差异和项目差异。2021年6月起，广东、湖北等经济实力较强的省份发行的地方债逐步打破了25基点的加点下限，地方融资成本逐渐与实际情况相匹配。

一方面，分地区来看，2022年全国地方债加权平均发行利率为3.02%，但各地区发行利率有所分化，主要是由于经济发达、财政实力雄厚、债务负担轻的地方发行的地方债更具吸引力，地方政府能以更少的融资成本发行债券，并且部分地方政府偏好发行短久期债券，因此相较发行久期较长的省份而言，其发行利率也相对更低。另一方面，分品种来看，2022年专项债发行利率整体高于一般债且利差基本在20基点左右，主要是由于一般债投向无收益的政府公共项目，以一般公共预算收入代为偿还，而专项债投向于有收益的公共项目，以政府性基金或专项收入偿还，此外，专项债久期普遍长于一般债，所以理论上其发行利率应高于一般债（见图4-37）。

4. 地方债二级市场成交特点

随着近年来地方债一级定价市场化程度逐步提高，地方债二级市场成交量和投资者数量也明显增加，但受投资者过于集中、信用评级相对趋同以及质押接受度整体有限等因素影响，我国地方债二级市场交易活跃度相较国债、政金债仍然存在一定差距。

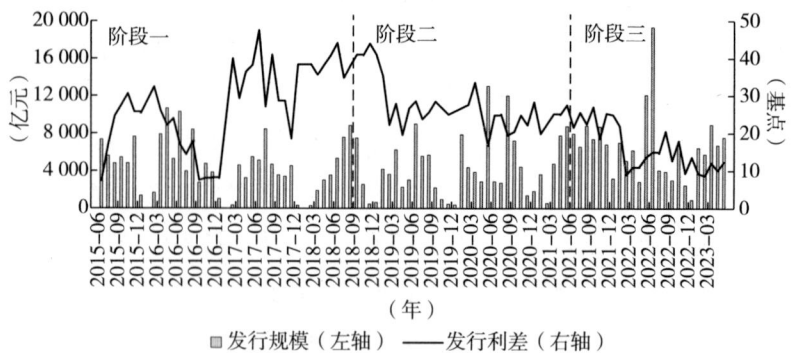

图 4-37　地方债发行规模及发行利差

资料来源：万得资讯，中信证券固定收益部。

（1）在成交活跃度方面，地方债的整体流动性不及国债、政金债

国债、政金债与地方债三者同属利率债，且三类债券的存量也总体相近，但在二级市场流动性上有较大的差别。近年来，我国地方债二级市场交易量与换手率都处于较低水平，主要原因可能在于地方债的"配置属性"较强。从中债托管数据来看，目前约有86%的地方债直接由商业银行持有（该比例明显高于国债、政金债），证券公司、保险以及产品户持有的地方债占比仅11%左右（该比例与国债相近，但明显低于政金债），因此我国交易类金融机构（证券公司、基金、银行理财产品等）对地方债的参与程度相对较低，使得地方债配置属性较强，从而限制了地方债的二级市场交易活跃度。此外，在地方债发行利率"加点"逐渐下调的大背景下，相对走低的地方债收益率或许也使得投资者对地方债的交易热情出现了一定的下降，进而拉低了地方债换手率（见图4-38和图4-39）。

（2）在成交价格方面，地方债一、二级市场利率时有偏离

目前，我国地方债一级发行仍会设定招投标定价加点下限，尚未完全实现市场化，而这常常使得地方债一、二级市场利率出现偏离。例如，在债券市场利率持续上行期，地方债一级发行利率便会

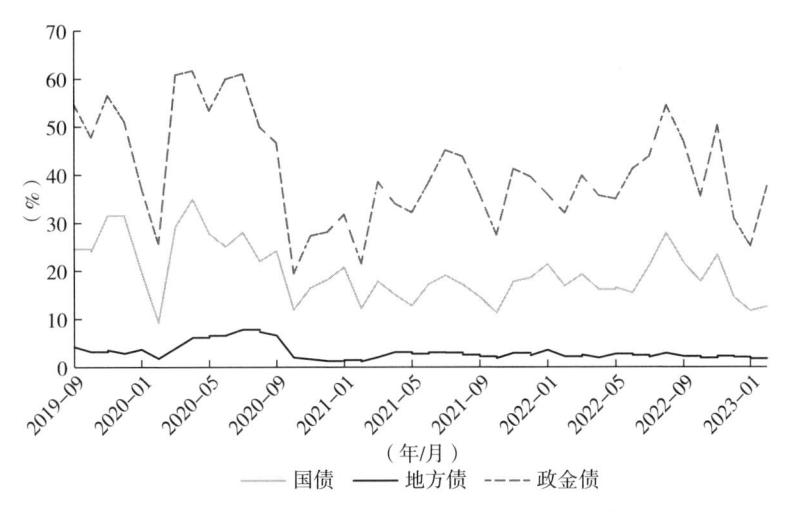

图 4-38 国债、地方债、政金债月度换手率

资料来源：万得资讯，中信证券固定收益部。

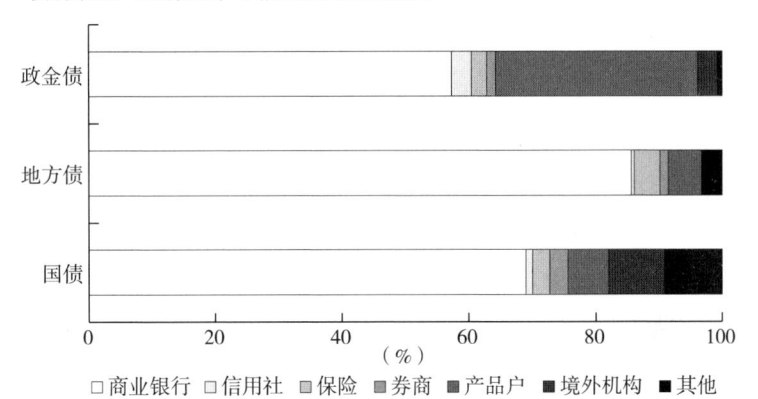

图 4-39 国债、地方债、政金债持有者结构

注：数据截至 2023 年 4 月。
资料来源：万得资讯，中信证券固定收益部。

低于二级实际成交利率；与之相对，由于不同金融机构对各省地方债的偏好有所分化，有时反而会使得部分"受热捧"地方债的二级实际成交利率低于其一级中标利率。虽然我国地方债一级招投标利率距离完全市场化尚有一定距离，但自 2021 年 6 月起，部分经济实力较强省份发行的地方债开始打破 25 基点的加点下限，这也标志着地方债一级发行市场化进程更进一步。

(3) 在成交期限方面，长久期地方债占比相对更高

从地方债二级市场成交量来看，不同期限地方债的二级市场成交活跃度也有所分化：1 年期以下地方债成交量相对较低，1～10 年期地方债整体成交量居中，而 10 年期以上的长期限地方债成交量相对较大。考虑主要是由于在市场整体利率水平相对较低的环境下，长期限地方债收益率相对更高，配置价值相对更加充分。同时，市场参与者针对地方债的投资交易策略不断丰富，也提升了长期限地方债的成交活跃度。

5. 绿色地方政府债券

绿色债券是指将所得资金专门用于资助符合规定条件的绿色产业、绿色项目或绿色经济活动的债券工具，包括但不限于绿色金融债券、绿色企业债券、绿色公司债券、绿色地方政府债券和绿色资产支持证券。相比于普通债券，绿色债券主要在债券募集资金的用途、绿色项目的评估与选择程序、募集资金的跟踪管理以及要求出具相关年度报告四个方面具有特殊性。在当前我国推进双碳战略的背景下，亟须进一步做大做强绿色债券市场，发挥债券融资在绿色转型中的重要作用，而近年来地方政府绿色专项债已成为绿色债券市场中占比最大的品种。往后看，绿色地方债将在未来绿色经济转型中发挥不可或缺的作用。

(1) 绿色债券的发展历程

国际上的绿色债券发行可以追溯至 2007 年，彼时欧洲投资银行面向欧盟 27 个成员国投资者发行全球首只绿色类债券"气候意识债券"。国际绿色债券制度的初步确立源自 2014 年国际资本市场协会（ICMA）推出的"绿色债券原则"（The Green Bond Principles）以及同年气候债券倡议组织（CBI）发布的"气候债券组织标准"（Climate Bond Standards），国际绿色债券发展步入正途。

我国绿色债券市场起步晚于国际，2014年5月8日，中广核风电有限公司2014年度中期票据在银行间债券市场完成发行募集，是我国绿色债券的早期尝试。伴随着中资企业绿色债券在国际上崭露头角，我国央行也正式推出了绿色金融债券的指引和规范。2015年12月，央行和国家发展改革委相继发布《绿色债券支持项目目录（2015年版）》和《绿色债券发行指引》。随后，国家发展改革委、上交所、深交所、证监会等机构陆续出台绿色债券的相关通知和指导意见，绿色债券政策逐步完善。

(2) 绿色债券的发行和投资情况

从发行量来看，2015—2022年，国内绿色债券发行数量和规模不断增长，从最初的8只增长到942只，2022年全年发行规模超过1.2万亿元。从债券投向来看，截至2022年年末，国内绿色债券募集资金投向中，金融行业占比为23%，工业和公用事业占比分别约为19%、14%，其他占比最大，约为37%。根据债券明细，其他主要为未被分类的地方债，并且地方债和金融债的具体投向数据也较难获取（见图4-40和图4-41）。

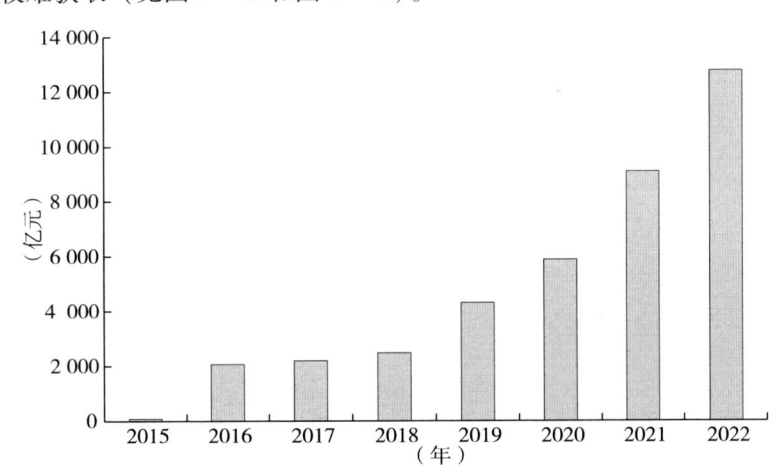

图4-40 近年中国绿色债券的发行金额

资料来源：万得资讯，中信证券固定收益部。

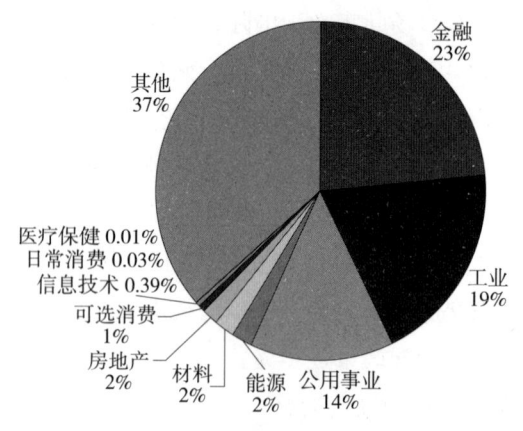

图 4-41 2022 年年末中国绿色债券投向分行业统计存量占比
资料来源：万得资讯，中信证券固定收益部。

在我国绿色债券的发行主体上，地方政府发行的绿色专项债占据重要地位。近年来，绿色地方债在国内绿色债券中的占比明显提升，2022 年已占到 23% 的比重，规模达到 2 884 亿元。此外，金融债、资产支持证券和中期票据也是我国绿色债券的主要类型，占比分别达到 26%、17% 和 13%。从投资者类型来看，我国绿色债券市场的投资者类型也在不断丰富，现已包括全国性商业银行和政策性银行、城农商行等银行业金融机构，券商、基金、保险等非银金融机构以及境外投资者。

（3）绿色地方债的发行利率特征

从发行成本上看，绿色地方债发行利率略高于地方政府新增债发行利率，差别相对不大。通过比较近年来各个期限的绿色地方债和普通地方债加权平均发行利率，可以发现，整体而言各个期限的绿色地方债均与普通地方债成本相近，其中中短期限绿色地方债略低于普通地方债，长期限则大多高于普通地方债（见表 4-7）。

表4-7　不同期限、不同种类地方债的加权平均发行利率　　　　　（%）

期限	品种类型	2018年	2019年	2020年	2021年	2022年
3年期	绿色地方债	/	3.00	2.67	2.81	/
	普通地方债	3.65	3.12	2.70	2.92	2.49
7年期	绿色地方债	4.02	3.41	3.26	3.12	2.85
	普通地方债	3.98	3.43	3.26	3.23	2.90
10年期	绿色地方债	4.04	3.48	3.18	3.37	2.94
	普通地方债	3.97	3.44	3.17	3.25	2.92
15年期	绿色地方债	4.33	3.78	3.57	3.63	3.23
	普通地方债	4.31	3.77	3.60	3.55	3.20
20年期	绿色地方债	/	3.71	3.65	3.78	3.29
	普通地方债	4.23	3.83	3.69	3.64	3.26
30年期	绿色地方债	/	4.10	3.86	3.85	3.39
	普通地方债	4.22	4.07	3.82	3.72	3.40

资料来源：万得资讯，中信证券固定收益部。

(4) 绿色地方债的发展趋势

从绿色债券的发展角度而言，国内外宏观环境及政策因素将持续推动绿色债券市场壮大。当下，环境问题已经成为各个国家在发展过程中的关注重点，全球大部分国家纷纷向绿色经济转型，从资金需求角度看，绿色经济的发展离不开大量资金支持，这势必进一步促进国际绿色债券市场的发展。而我国的"双碳"目标也将长期推动绿色产业融资保持高位，为中国绿色债券市场长期高质量发展注入强心剂。近年来，我国绿色地方债发展迅速，是绿色债券市场上的主力军，由于其发行成本更低、投资领域的公益属性更强，在"双碳"转型目标下，有望继续承担重要使命。

从绿色地方债的资金流向看，未来绿色地方债或将增加对于清洁能源和基础设施绿色升级项目的投资。目前，绿色地方债着重投资于农林水利、水污染治理、生态环保建设、环境基础设施建设领域，而2022年《政府工作报告》提出地方专项债应支持交通、能源、水利等重大工程项目，建设信息网络等新型基础设施，这与《绿色债券支持项目目录（2021年版）》中支持节能环保产业、清洁能源产业、基础设施绿色升级项目存在交叉，未来绿色地方债或将增加对于清洁能源和基础设施绿色升级项目的投资，这包括如可再生能源设施建设与运营、城镇电力设施和用能设施节能、绿色建筑、城镇环境基础设施、海绵城市、城市生态保护与建设等细分项目。

6. 地方政府债ETF

ETF通常也被称为交易所交易基金、交易型开放式指数基金，指的是在交易所上市交易的开放式基金产品。ETF主要有三个特点：①ETF大多采用被动型投资策略（跟踪某一市场指数），投资该ETF相当于购买了一篮子的资产组合，且收益特征与其所跟踪指数类似；②ETF有场外一级申赎和场内二级交易两种获取/脱手模式，投资者既可以在规定期间直接向基金公司进行申赎，也可以在交易所市场与其他投资者或者做市商交易买卖；③ETF申赎的主要方式是实物申赎，即投资者可以用指定的一篮子资产组合（如股票、债券、商品等）向发行方申购ETF份额，赎回时得到的也是对应一篮子标的资产，特殊情况下也可以按照基金公司规定的其他方式进行申赎（见图4-42）。

(1) 中国债券ETF的发展历程

我国债券ETF的发展历程较为坎坷，总体规模扩张缓慢，现存体量很小，在ETF总量中占比不高。早在2005年，我国就有了第一只权益ETF，但债券ETF发行起步较晚，直到2013年才有了第一只债券ETF产品——国泰上证5年期国债ETF，同年还成立了嘉实中证中期国债ETF和博时上证企债30ETF两只债券ETF。随后，我国相继推出了国债ETF、公司债ETF、城投债ETF、地方债ETF等不同标的资产的债券ETF产品。

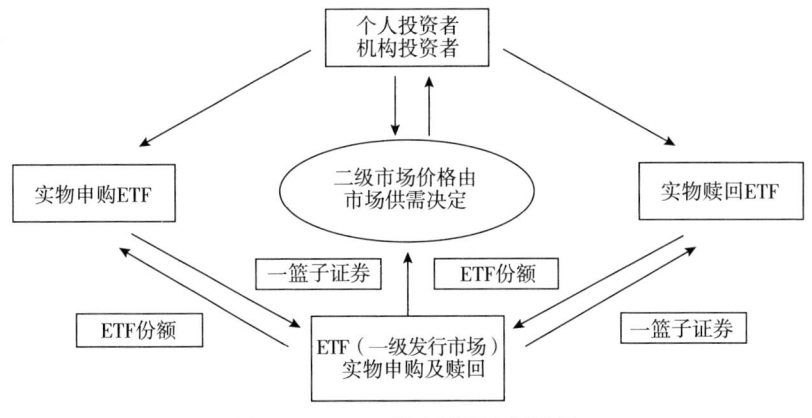

图 4-42　ETF 的申赎及交易流程

资料来源：万得资讯，中信证券固定收益部。

债券 ETF 在发展初期就遇到了赎回困境，2013 年债券收益率持续上行，债券 ETF 被大量赎回，资产规模大幅萎缩。2018 年，一方面监管层鼓励创新产品发行，另一方面随着交易所债券市场的深度和广度、交易活跃度的提升，债券 ETF 迎来了发展契机，2018 年年末，债券 ETF 资产净值约 168 亿元，同比增长 331%。2019 年后，随着鹏华中证 5 年期地方债 ETF、海富通上证 5 年期地方债 ETF 相继成立，债券 ETF 规模继续扩张（见图 4-43）。

（2）债券 ETF 的发行情况

截至 2021 年年末，我国共有存量债券 ETF 产品 15 只，其中国债 ETF 和地方债 ETF 各 5 只，债券 ETF 总规模约 240 亿元，其中利率债和信用债占比各约 50%。分债券品种看，地方债和短融 ETF 规模占比最高，均接近 30%，公司债占比约 20%，国债和城投债占比相对较低。

从持有者结构看，根据 2021 年已经披露详细持有人结构的 15 只债券 ETF 基金年报，机构投资者是绝对主力，平均持仓占比超过 90%。进一步从机构类型来看，证券公司、商业银行和保险公司持

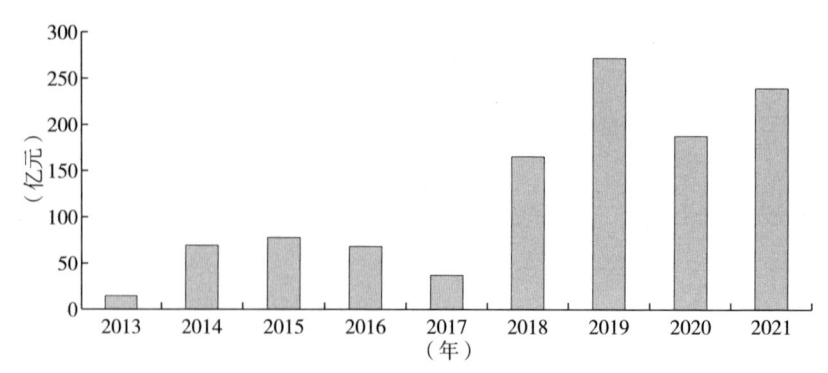

图4-43 中国债券ETF资产规模

资料来源：万得资讯，中信证券固定收益部。

有地方债ETF比重较大，其中证券公司持仓最高。商业银行持有占比较高的主要为国债和地方债ETF，持仓比重大致占前十大持有人的40%；证券公司持有地方债、可转债、城投债和短融占比较高，在各类型ETF中的持仓占比约50%；保险公司对部分利率债ETF的持仓占比较高，约50%；资管产品对各类型债券ETF均有持仓，占比约30%（见图4-44和图4-45）。

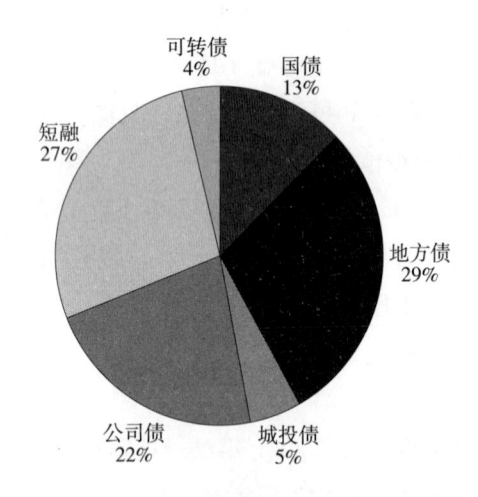

图4-44 各类型债券ETF规模占比

资料来源：万得资讯，中信证券固定收益部。

264　债券投资

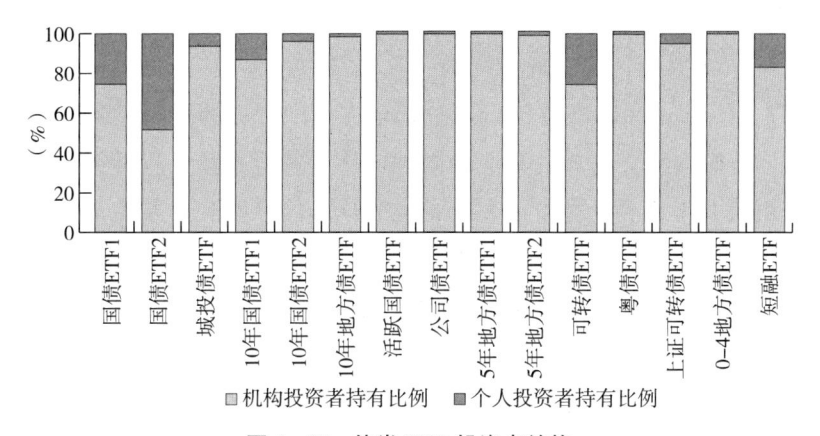

图 4-45 债券 ETF 投资者结构

资料来源：万得资讯，中信证券固定收益部。

(3) 地方债 ETF 发展中存在的问题

①债券 ETF 管理难度大，投资和处置等方面不够灵活。对于地方债而言，一方面，由于区域、类型和用途不同，且单只债券规模普遍较小，通过指数型打包的思路有利于从供给侧提升地方债的聚合度，从而提升投资效率，但部分债券本身流动性不高、价格变动不连续等也增加了 ETF 的产品管理难度。另一方面，配置型账户直接持有债券，可根据持有目的以摊余成本法计量，同时具有更高的质押便利度，而债券 ETF 采用纯市值法计量可能给配置账户带来较大的净值波动，且投资人在赎回债券 ETF 后还将面临一篮子债券的处置问题。

②债券 ETF 流动性不高，削弱其交易优势。地方债现券流动性不足或是制约 ETF 产品流动性的主要因素，并且目前债券 ETF 相比普通指数基金在实际中的优势尚不足以改变投资者的投资习惯，2021 年我国地方债 ETF 换手率为 127%，流动性较低导致产品吸引力下降，还可能带来产品价格不连续、偏离底层资产价值等方面的问题。

③投资者持有地方债 ETF 的隐性成本比持有地方债更高。在 LCR、NSFR 等风险管理指标的计算要求中，金融机构投资地方债 ETF 须计提的风险准备比直接投资地方债须计提的风险准备略高，增加了机构持有地方债 ETF 的隐性成本，并且相较于权益类 ETF、信用债 ETF 而言，地方债 ETF 的监管成本优势也不够明显。

④主流交易盘较难以通过地方债 ETF 实践。当前地方债招标发行定价仍未完全实现市场化，并且各省市地方债利差较大，因此存在区域间以及一、二级套利等交易策略，而地方债 ETF 的底层资产为一篮子地方债，交易盘难以通过地方债 ETF 实践其盈利策略，一定程度上也限制了对地方债 ETF 的投资需求。

(4) 地方债 ETF 的发展趋势

近年来，地方债迅速扩容，现已成为国内债券市场的第一大债券品种，但配置较为集中，流动性也相对有限。通过指数化打包的思路，有利于提高地方债的聚合度和流动性。然而在实践中，由于持有地方债 ETF 相比地方债本身在会计记账、质押、处置以及监管指标等方面优势不明显，且部分基于区域以及一、二级市场套利的交易策略也难以通过地方债 ETF 实现，因此地方债 ETF 的配置和交易需求还未获得突破性发展，流动性仍然受限，也难以发挥指数化投资的风险分散功能。

要进一步提升地方债和地方债 ETF 的投资交易需求，可以从如下层面切入。在投资者需求层面，一是在净值化投资理念转型的趋势中，可以发掘商业银行理财和个人/企业投资者的需求，发挥 ETF 作为工具型产品的功能和优势；二是通过税收、评级等方面的鼓励稳步推动外资机构增持境内债券资产；三是在时机合适的情况下，可以考虑进一步放宽利率债基金的监管指标，推动指数化产品的发展。在基金管理层面，可以参考海外的授权参与商（AP）模式，允许授权参与商以更灵活的申赎方式面向普通投资者和基金管理人，一方面降低产品运营难度，另一方面也可以缓解地方债 ETF 质押难、处置难的问题（见图 4-46）。

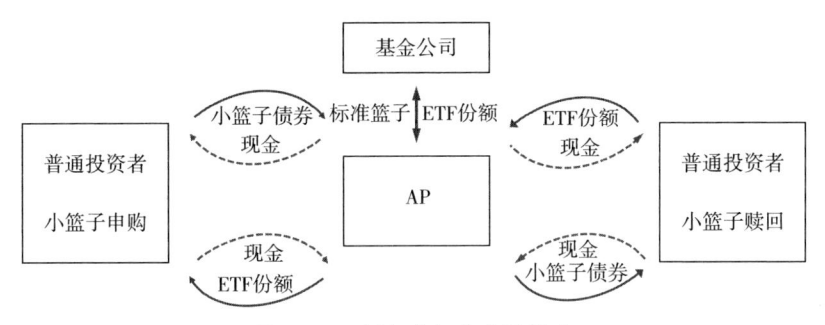

图 4-46 授权参与商交易模式
资料来源：中信证券固定收益部。

在看到困难的同时，也不应忽视近年来监管层不断推出的有利于地方债乃至债券 ETF 发展的举措。首先，2019 年 6 月中办、国办印发《关于做好地方政府专项债券发行及项目配套融资工作的通知》，提及要"推出地方政府债券交易型开放式指数基金"，从顶层设计的层面将地方债 ETF 纳入支持地方债发展的范畴。其次，随着金融市场持续提高对外开放水平，中国主权债纳入主要国际证券指数，2021 年 10 月，国务院常务会议决定将境外机构投资境内债券取得的利息收入免征企业所得税和增值税的政策延长至 2025 年年末，外资流入增加也有利于指数化投资在国内的推广。此外，2020 年 3 月证监会对证券公司的风险管理指标计算标准进行修订时，已将利率债基金在非权益类基金中单列，降低了有关监管成本，也体现出监管对长期投资工具的鼓励。相信在不远的将来，地方债、地方债 ETF、债券 ETF 等指数化产品的市场认可度将逐渐提升，满足各类投资者的投资交易、财富管理需求。

政府债务与财政政策的角色

政府债务是"危"还是"机":综合分析我国政府负债率

债务在经济社会运行中发挥着重要作用,债务关系的形成既有推动经济增长的效果,但又可能隐含着不断积累的系统性风险。而在诸多类型的债务中,政府债务的风险最受人关注。目前,我国政府债务呈现出地方债务规模高于中央、隐性负债规模较大的主要特征,中央和地方显性债务风险整体相对可控,而地方隐性负债明显分化,部分中西部地区以及层级更低的地方政府债务指标可能已经接近甚至超过国际通行的控制标准,从这一视角看,我国政府债务风险相对突出。不过,政府负债率虽是判断债务风险的主要指标,但又不能"100%说明问题",同样的杠杆率水平对于不同国家和在不同经济发展时期都有不同的含义,对于各国债务风险的判定还需要结合引发债务危机的原因和各国抵抗风险的能力进行综合判断(见图4-47)。

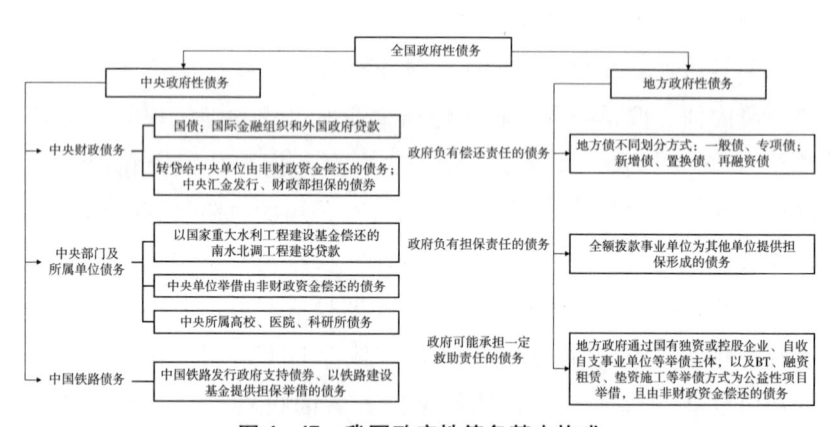

图4-47 我国政府性债务基本构成

资料来源:审计署,中信证券固定收益部。

1. 政府债务的基本内涵

债务是在社会运行过程中促进经济增长和提高生产效率必不可少的一环。虽然居民、企业和政府等各个实体经济部门都会形成债务，但由于政府部门具有公共服务的职能属性，需要在市场自发债务增长不足或过度时通过政府债务进行相应调节。因此，政府部门在举债和偿债行为上有着与私人部门不同的表现特征。

从举债角度来看，私人部门债务只需考虑投资项目的回报率和举债成本，而政府部门债务除成本收益外，还更多地受到经济增长、社会福利等软约束的影响。一方面，举债过度将导致相较于总产出而言的购买力过度增长，最终通胀加剧伴随着资产价格泡沫膨胀；另一方面，举债不足将导致相较于总产出而言的购买力不足，最终可能引发"债务—通缩"的螺旋式下跌。从长期视角来看，政府为维护全社会债务的合理增长，需要在市场自发债务增长不足时通过政府债务进行主动扩张，在增长过度时对政府债务进行主动收缩。在这样的调节机制下，长期的政府债务负担和风险应相对可控。

从偿债角度来看，与私人部门以投资收益类收入偿还债务不同，政府债务利息多需要通过增加纳税人税负以及再融资来进行偿还（"李嘉图等价"）。在经济低迷时期全社会债务增长不足，一方面政府债务的增加可以提高全社会购买力和总收入水平，进而增加税收层面的政府收入和偿债能力；另一方面，政府债务扩张通常与货币政策量化宽松相配合，央行从二级市场购买政府债券，随着市场利率降低，政府债务的融资成本也不断下降，短期内形成财政赤字货币化的现象[现代货币理论（MMT）]。回顾历史经验，在金融危机等经济受到重大冲击的情况下，财政赤字货币化通常是不可缺少的政策选项，但值得注意的是，需要掌握好退出的节奏，否则会引起通货膨胀（楼继伟，2023）。

综合而言，对于政府债务功能作用和约束边界的探讨始终离不开对于政府债务和经济增长关系的讨论。从理论上来看，政府债务和经济增长存在一种"倒 U"型曲线关系，政府适度负债有利于促进经济增长，并且也将为政府实行逆周期调节留有相应政策空间；而政府债务的过度累积将对经济增长形成抑制，政府债务高企将带来更高的税收和通胀预期以及更高的长期名义利率，挤出生产性投资并加深资源错配，最终拖累经济增长（见图 4-48）。

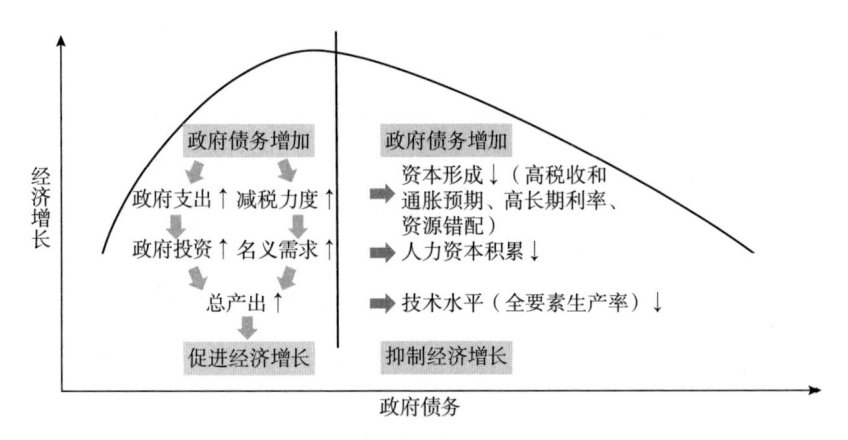

图 4-48　政府债务与经济增长的关系

资料来源：《债务的边界》课题组. 债务的边界［M］. 北京：中国金融出版社，2020；中信证券固定收益部。

2. 如何理解债务杠杆率（负债率）、债务率和赤字率

我国政府性债务主要用于经济社会发展和民生条件改善相关项目建设，大多有相应资产和收入作为偿债保障。参照主要国家和国际组织的经验做法，政府债务的负担情况通常采用负债率、债务率、赤字率等指标进行测度分析，并有相应的控制标准参考范围。

负债率又称债务杠杆率，是指年末政府债务余额与当年 GDP 的比率，用以衡量经济总规模对于政府债务的承载能力或者经济增

长对于政府举债的依赖程度,也是运用最为广泛的政府债务指标之一。国际通常使用《欧洲联盟条约》中规定的60%负债率作为政府债务风险控制的参考标准。

债务率是指年末政府债务余额与当年政府综合财力的比率,用以衡量政府债务规模相对综合财政收入的大小,其中地方政府综合财力一般包括本级财政预算收入、税收返还、转移性支付以及部分预算外收入。国际通常使用IMF确定的90%~150%作为债务率控制标准的参考范围。

赤字率是指财政赤字(政府收支差)占当年GDP的比率。一般使用《欧洲联盟条约》中规定的3%赤字率作为国际安全线。但与反映经济结构的负债率不同,赤字率更多反映的是各国政府的政策选择,《欧洲联盟条约》3%的赤字率标准并不是太客观(楼继伟,2016),赤字率红线需要根据各国经济发展水平、物价、债务余额、财政政策取向等具体国情进行综合考虑。

虽然这些政府债务指标具有简便直观、易于比较的优势,但具体进行分析时还需要以辩证的视角进行考虑。以债务杠杆率为例,保持杠杆率稳定并不意味着政府债务的可持续性,更高的杠杆率也并不等同于更高的政府债务风险,即便在相同杠杆率下,不同利率水平下的政府偿债压力不同,不同债务资金支出方向、期限结构和政策空间下的债务风险也不同。此外,政府真实的偿债能力还需要考虑到对应支出项目所形成的资产收益,以及央行在政府举债中所发挥的作用。

3. 中国政府债务水平与结构

(1) 中国政府债务增长的发展历程与现状

在从计划经济向市场经济转型之初,"分级包干"的财政体制改革开启了地方政府举债发展经济的新路径,我国债务增长以地方政府为主导并驱动国企快速加杠杆,在举债方式上以银行信贷为主要手段，但地方政府和国企债务的过度扩张也最终引发了恶性通胀和"三角债"危机。

在1994年分税制改革后，中央和地方财权、事权和支出责任进一步明确划分，叠加1995年《预算法》规定"地方政府不得发行地方政府债券"，中央政府债务占比开始快速增长。21世纪初，住房土地制度改革推升了居民债务规模，同时也支撑起地方政府"土地财政"和"土地金融"扩张。2008年美国次贷危机席卷全球，我国迅速出台了"四万亿"计划，地方政府债务开始爆发式增长。

2015年后随着我国经济逐渐步入去杠杆转型期，地方政府债务监管改革进一步深化。2014年9月"43号文"出台，要求剥离融资平台公司政府融资职能，融资平台公司不得新增政府债务，严格限定地方政府新发生或有债务，同时赋予地方政府依法适度举债权限，纳入预算并实行限额管理。此后，监管层面也不断针对地方突破"43号文"规定的行为进行纠偏，一方面通过债务置换将地方政府债券替换一部分融资平台的存量银行贷款和城投债，另一方面通过推动融资平台转型逐步破除地方政府的隐性担保，并通过资管新规等监管制度约束各类影子银行业务。

截至2022年年末，中央财政国债余额约25.87万亿元，地方政府债务余额约35.07亿元（一般债+专项债），均低于全国人大批准的债务限额，现阶段我国以国债和地方债券融资为主的政府显性债务较为透明，债务风险也相对可控。虽然从债务杠杆率来看，政府部门的杠杆率增长相对平稳（BIS统计2021年我国政府部门杠杆率71.3%），但由于城投债务被计入非金融企业部门，资金投向主要为基础设施且投资项目的回报率通常很低，融资平台转型也面临较多现实困难，因此地方政府性债务水平仍有一定低估（见图4-49和图4-50）。

从财政预算角度来看，我国官方赤字按照一般公共预算收支口

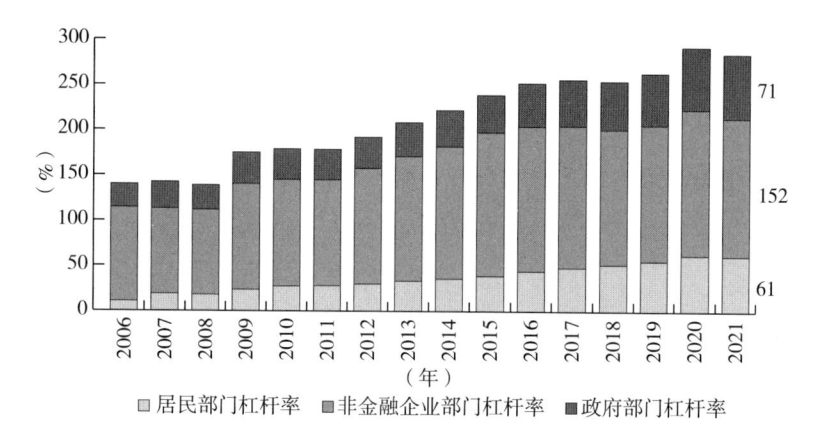

图 4-49 我国实体经济部门杠杆率结构

资料来源：万得资讯，BIS，中信证券固定收益部。

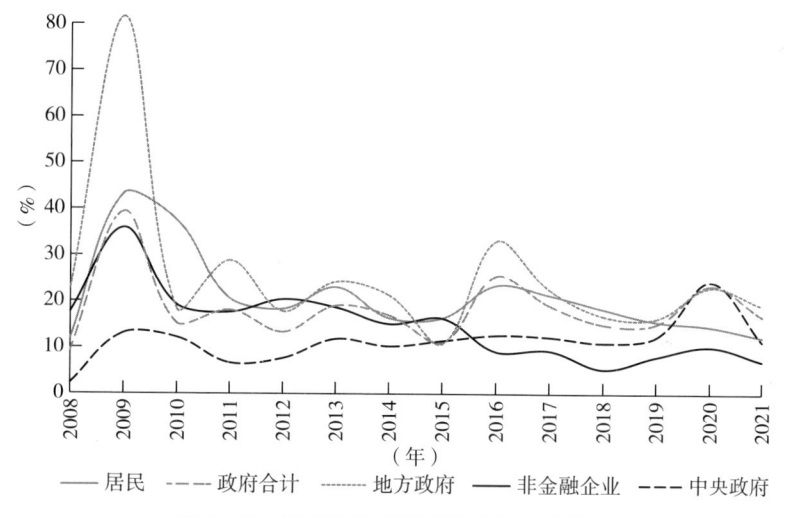

图 4-50 我国实体经济部门债务同比增速

资料来源：万得资讯，BIS，中信证券固定收益部。

径进行计算，经过补充预算稳定调节基金、结转结余和调入调出资金调整后的公共预算收支差额均与官方赤字持平，即当年新增国债和地方一般债额度总和。我国官方赤字率在 2020 年新冠疫情冲击以前未曾超过 3%，2020 年和 2021 年官方赤字率安排分别为 3.6%

第四章 稳增长的先锋：财政体系与政府债务

以上和3.2%左右，然而从衡量财政政策力度角度来看，实际财政收支差额可能更为客观地反映赤字扩张水平（楼继伟，2019）。若不考虑预算资金调节，在一般公共预算实际收支口径下，实际赤字率在2015年即已突破3%，2022年一般公共预算实际赤字率约4.7%。近年来官方赤字率与其他口径赤字率明显分化，一般公共预算收支缺口越发依赖于其他预算、预算稳定调节基金以及结转结余资金，对于实际财政收支状况的反映效果也大幅减弱。由于2010年后各个统计口径的财政支出增速整体步入下行区间，实际赤字率快速走升更多是由于财政收入增速下滑，其中既有经济增速下行的原因，又受到税制改革、税率调降、留抵退税等政策制度的影响（见图4-51和图4-52）。

全国一般公共预算支出大于收入的差额赤字规模 = 支出总量（全国一般公共预算支出 + 补充预算稳定调节基金 + 向政府性基金预算调出资金） - 收入总量（全国一般公共预算收入 + 全国财政调入资金及使用结转结余）

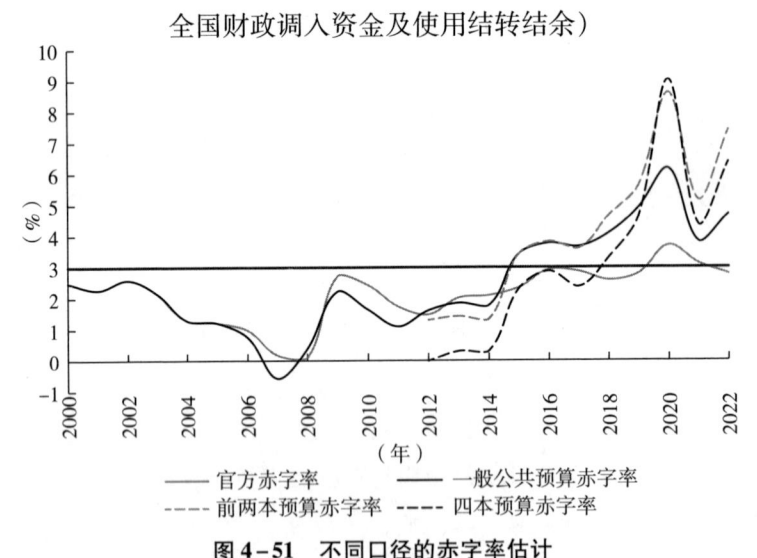

图4-51 不同口径的赤字率估计

资料来源：万得资讯，中信证券固定收益部。

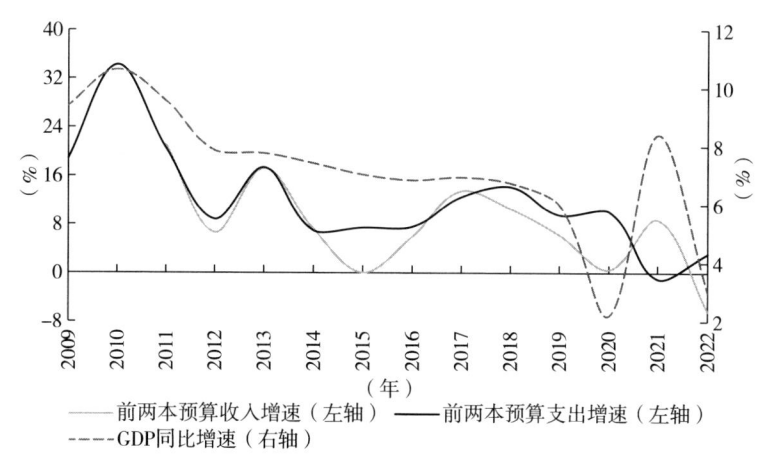

图4-52 近年前两本预算收支同比增速

资料来源：万得资讯，中信证券固定收益部。

(2) 地方政府隐性债务

我国政府性债务除国债、地方债为主的显性债务外，还包含政府负有担保责任或可能承担一定救助责任的隐性债务（政府或有债务）。2017年7月政治局会议首次提出"隐性债务"的概念，一般认为地方政府隐性债务包含地方政府融资平台、国企事业单位代替地方政府举借，并由政府提供担保、财政资金偿还、以国有资产和政府储备土地抵质押等方式支持偿还的债务，还包含在设立政府投资基金、开展PPP（政府和社会资本合作模式）合作、政府购买等过程中，通过约定回购投资本金、承诺保底收益等方式形成的债务。

截至目前，2013年审计署发布的《全国政府性债务审计结果》是对中央和地方政府性债务统计得较为全面的审计报告，其中覆盖了政府层级、举债主体、债务资金来源、债务资金投向以及未来偿债年度等多个维度的地方政府性债务信息，可以看到我国地方政府或有债务的举债主体主要为融资平台公司和国有独资或控股企业，银行贷款、发行债券和信托融资是主要融资方式。

此外，IMF也对我国政府债务划分了两个统计口径，一是预算内广义政府债务，即官方披露的中央政府债务和地方政府显性债务（地方债+2014年年底前审计报告确认的预算外负债[①]）；二是增扩概念的债务，即在预算内广义政府债务的基础上，增加了地方政府融资平台通过银行贷款、债券、信托等方式融资的预算外负债，还涵盖了政府引导基金和特别建设基金等准财政活动相关的债务。据IMF统计测算，2021年我国预算内广义政府负债率仅为47.2%，而增扩概念的负债率已高达101.4%。若以地方债、城投债和PPP余额对不同地区地方政府负债率进行粗略估计，可以发现北上广等一线城市具有较强的经济发展和债务融资实力，并且区域金融资源相对丰富，地方政府负债率也很低；而诸如贵青津等省市地方政府负债率非常之高。

但IMF增扩概念的债务统计方式也存在着一定的局限性，比如可能将一些非政府活动包含在内。在IMF与中国2022年第四条磋商中，我国政府认为"该增扩财政概念与中国的实际做法和官方财政数据并不一致"，由于2014年新《预算法》实施以后所有由地方政府融资平台发行的债务已经明确由发债主体自己承担，而地方政府不承担偿还责任，因此增扩财政概念并不能完全解释中国的财政政策立场（见图4-53、图4-54和表4-8）。

值得注意的是，地方政府隐性债务并不意味着地方政府将承担全部偿还责任，只有在原债务人无法偿还时地方财政才予以相应帮助。2013年审计署发布的《全国政府性债务审计结果》也指出"2007年以来，各年度全国政府负有担保责任的债务和可能承担一定救助责任的债务当年偿还本金中，由财政资金实际偿还的比率最

[①] 2014年政府审计后，当时地方政府融资平台债务的2/3被明确确认为政府负债。

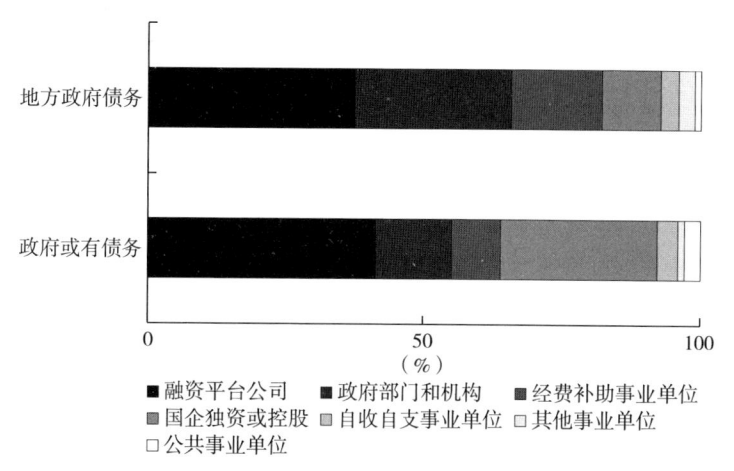

图 4-53 2013 年 6 月底地方政府性债务举借主体分布情况

注：地方政府债务是指地方政府负有偿还责任的债务，政府或有债务包含地方政府负有担保责任的债务以及可能承担一定救助责任的债务。

资料来源：审计署，中信证券固定收益部。

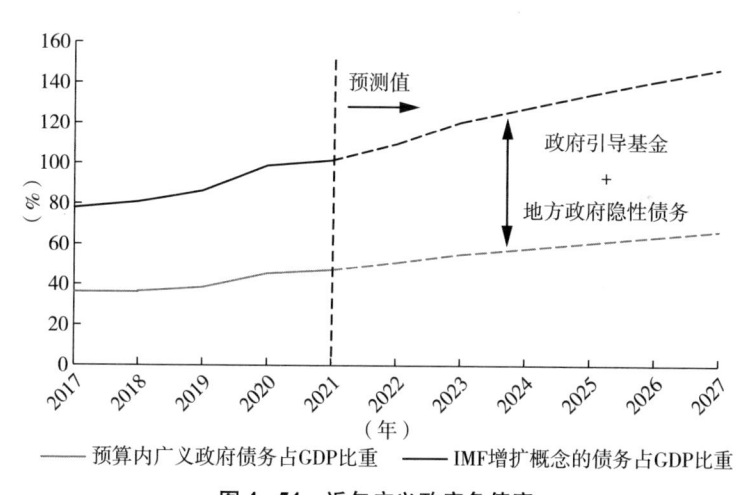

图 4-54 近年广义政府负债率

注：虚线表示 IMF 预测值。

资料来源：IMF，中信证券固定收益部。

第四章　稳增长的先锋：财政体系与政府债务　　277

表4-8　2022年不同口径的地方政府负债率估计

地区	地方债余额（亿元）	地方债余额 GDP	地方债+城投债余额 GDP	地方债+城投债+PPP投资额 GDP
广东	24 770.88	19.18%	22.72%	27.24%
山东	23 535.25	26.92%	40.04%	48.32%
江苏	20 678.34	16.83%	39.41%	44.90%
浙江	20 162.13	25.94%	50.06%	62.23%
四川	17 665.63	31.13%	48.04%	66.15%
河北	15 645.61	36.93%	40.88%	54.37%
湖南	15 371.73	31.58%	48.08%	58.36%
河南	15 071.70	24.57%	30.72%	45.30%
湖北	13 837.60	25.75%	37.90%	49.05%
安徽	13 217.29	29.34%	40.51%	52.46%
贵州	12 424.78	61.62%	75.12%	125.61%
云南	12 055.02	41.63%	45.69%	79.79%
福建	11 885.35	22.38%	29.91%	36.30%
辽宁	10 896.96	37.61%	38.63%	46.63%
江西	10 805.55	33.69%	52.51%	66.78%
北京	10 550.17	25.35%	29.65%	35.44%
重庆	10 012.57	34.37%	55.31%	64.74%
陕西	9 687.72	29.56%	38.53%	49.46%
广西	9 595.63	36.48%	44.33%	61.64%
内蒙古	9 328.74	40.28%	40.78%	50.34%
新疆	8 912.53	50.24%	57.68%	89.45%
天津	8 641.80	52.98%	74.79%	93.88%
上海	8 537.30	19.12%	23.88%	23.94%
黑龙江	7 202.63	45.30%	46.91%	54.01%
吉林	7 112.22	54.42%	62.47%	84.70%
山西	6 258.50	24.41%	28.33%	44.54%
甘肃	6 001.98	53.58%	59.29%	85.08%
海南	3 387.66	49.69%	51.77%	59.09%
青海	3 014.92	83.51%	86.01%	100.56%
宁夏	1 969.93	38.86%	42.96%	60.00%
西藏	565.26	26.51%	36.53%	36.60%

资料来源：万得资讯，中信证券固定收益部。

高分别为19.13%和14.64%",若按照该比例折算,2012年年底全国政府性债务负债率和债务率分别为39.43%和113.41%,均处于国际通用的控制标准参考范围内。在此基础上,2020年《债务的边界》一书中对各省隐性债务(城投平台存量有息债务的2/3)的折算系数进行了分组估计,并用地方显性债务和折算后的隐性债务之和衡量地方政府实际负债水平。该统计口径下的全国整体债务率相对可控但区域分化明显,超过1/3的省市债务率突破100%(2016年财政部发文称"债务率超过100%的区县没有新增债额度"),且天津、贵州和广西折算后债务率超过了150%的国际警戒线。

综合而言,我国政府性债务呈现地方债务规模高于中央、隐性负债规模较大的特点。全国债务杠杆率和债务率等指标表明,中央和地方显性债务风险整体相对可控,而地方隐性负债明显分化,部分中西部地区以及层级更低的地方政府债务负担和风险相对更高,面临财政实力偏弱、财政压力过大以及隐性债务对财政依赖度过高等长期的现实问题,债务指标可能已经接近甚至超过国际通行的控制标准(见表4-9)。

4. 政府负债率的国际比较

目前各国的债务增长模式主要表现为以居民部门消费驱动、以政府部门驱动和以非金融企业部门驱动三大类。在 BIS 统计口径下,截至2022年第三季度,我国实体部门杠杆率为296%(位列全球42个国家中的第9位),整体债务水平偏高。分部门来看,政府部门和居民杠杆率分别为76%和61%(分别位列第16位和第19位),政府债务负担和居民加杠杆尚处中等水平,而非金融企业部门杠杆率高达158%(位列第5位)。但考虑到我国非金融企业部门债务扩张背后还隐含着政府债务扩张的影子,因此实际政府债务负担可能较 BIS 的统计数据更大。

从影响因素来看,各国政府负债率受经济发展状况、政治体制、

表 4-9　2018 年各省级行政区折算后债务率估计

省份	显性债务（亿元）	隐性债务（亿元）	折算系数（%）	折算后隐性债务（亿元）	地方政府综合财力（亿元）	显性债务率（%）	全口径债务率（%）	折算后债务率（%）
西藏	99	314	10	31	2 062	5	20	6
北京	3 877	33 865	10	3 387	11 230	35	336	65
上海	4 694	11 744	10	1 174	10 722	44	153	55
河南	5 548	9 065	10	906	11 567	48	126	56
广东	9 023	13 810	10	1 381	18 622	48	123	56
甘肃	2 069	5 155	10	516	3 829	54	189	67
重庆	4 019	13 150	10	1 315	7 408	54	232	72
浙江	9 239	25 303	10	2 530	16 917	55	204	70
江苏	12 026	50 012	10	5 001	20 014	60	310	85
内蒙古	6 217	2 369	15	355	9 965	62	86	66
黑龙江	3 455	2 409	15	361	5 459	63	107	70
吉林	3 193	3 787	15	568	4 900	65	142	77
湖北	5 716	16 986	15	2 548	8 755	65	259	94
新疆	3 378	5 139	15	771	4 987	68	171	83
四川	8 503	22 411	15	3 362	12 129	70	255	98

(续表)

山东	10 197	13 198	15	1 980	14 170	72	165	86
天津	3 424	22 182	15	3 327	4 483	76	571	151
江西	4 269	9 126	15	1 369	5 206	82	257	108
海南	1 719	3 218	15	483	2 071	83	238	106
湖南	7 667	15 050	15	2 257	8 673	88	262	114
福建	5 463	9 887	15	1 483	6 073	90	253	114
宁夏	1 248	364	15	55	1 384	90	117	94
陕西	5 395	10 074	20	2 015	5 959	91	260	124
河北	9 737	4 932	20	986	10 125	96	145	106
云南	6 725	11 412	20	2 282	6 498	103	279	139
青海	1 529	1 220	20	244	1 450	105	190	122
辽宁	8 455	2 994	20	599	6 814	124	168	133
广西	7 790	10 232	20	2 046	6 044	129	298	163
贵州	8 607	11 775	20	2 355	5 892	146	346	186
全国	163 281	341 184	—	45 689	233 408	70	216	90

资料来源：《债务的边界》课题组. 债务的边界 [M]. 北京：中国金融出版社，2020；中信证券固定收益部。

第四章　稳增长的先锋：财政体系与政府债务

宏观政策以及经济周期甚至地缘政治局势等因素影响而呈现不同特征。我们在前文探讨了政府债务与经济增长间的关系，一般而言，政府通过增加支出来刺激经济通常会带动政府负债率走高，而当政府采取紧缩财政政策来维持经济稳定时，政府负债率则有降低趋势。此外，发达国家由于政府支出较高，并且在国防、基建和社会福利等领域投入较多财政资源，通常也会较发展中国家具有更高的政府负债率，截至 2022 年第三季度，发达经济体政府负债率约 103%，明显高于新兴市场国家 62% 的负债率水平。

以政府负债率较高的美日两国为例进一步分析，可以看到：①日本政府负债率高达 228%，居全球之首，主要是受长期的经济停滞、通胀低迷以及老龄化背景下巨额的社保支出压力影响，同时也与日本央行实时宽松货币政策和日本政府大规模的财政刺激政策密不可分，2020 年新冠疫情暴发后其政府负债率进一步飙升。虽然日本政府长期维持高杠杆，但由于日本政府内债规模要远高于外债，同时外汇储备规模也较高，对应维持本币汇率稳定的能力也相对更强，所以日本政府债务风险在全球范围内并不突出。②美国政府负债率近 113%，也相对较高，主要与贸易逆差持续扩大、政府财政赤字和大规模的财政刺激措施相关。美国政府负债率之所以能长期维持高位，主要原因在于美国作为世界第一大经济体，美元在国际货币体系中也占据着核心地位，美国可以通过财政赤字货币化输出流动性和通胀压力（正如 2008 年金融危机和 2020 年新冠疫情时期）。

历史上著名的几次债务危机也都具有不同的特征和原因：①20 世纪 80 年代的拉美债务危机主要是由于激进的经济扩张政策下盲目举债，叠加美联储加息的外部因素最终引发政府外债违约，而此后能够得到跨国银行贷款的国家债务负担和财政状况都相对较好；②1997 年亚洲金融危机主要是由银行和企业外债违约引发，固定汇率制度和货币错配则加剧了债务危机的爆发，而此后亚洲国家普遍提高了汇率灵活性,并积极采取措施降低货币错配风险;③2008年次贷危机主要由居民债务违约引发,过度的金融创新和放松的金融创新加速了资产泡沫破裂,而此后以银行业监管为核心的金融监管政策不断强化,国际上形成了宏观审慎与微观审慎并重的全新监管框架;④2012年欧债危机主要是受次贷危机影响,由欧盟内部的结构性矛盾以及过度宽松的财政和高福利政策引发的主权债务危机,而此后为解决欧盟成员国债务问题,欧盟财政规则也更加严格,但直至2020年欧债危机的余波也尚未结束。

当前市场对于各国债务风险的判定依据主要就是政府负债率,认为较高的政府杠杆率意味着该国政府债务负担较重,在债务问题方面也显得更加脆弱,容易受到来自内部基本面或者外部汇率等方面的冲击从而引发债务危机。但值得注意的是,政府负债率仅是衡量一国财政状况和负债压力的指标之一,杠杆率的高低并不一定意味着债务风险大或财务状况健康,同样的杠杆率水平对于不同国家和在不同经济发展时期都有不同的含义,对于各国债务风险的判定还需要结合引发债务危机的原因和各国抵抗风险的能力进行判断(见图4-55和图4-56)。

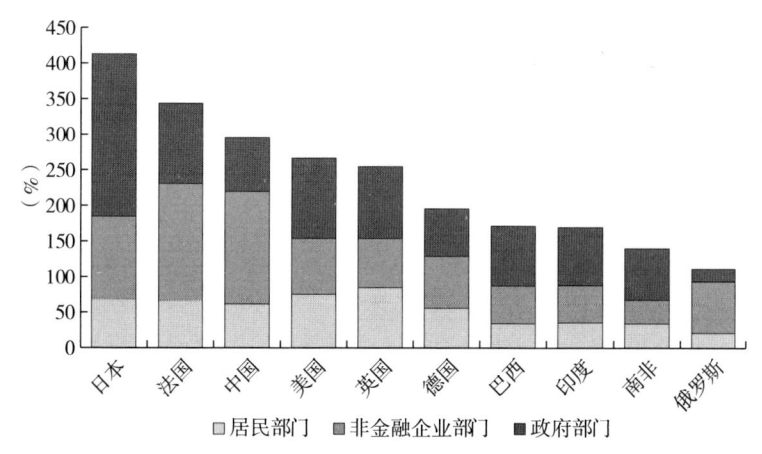

图4-55 2022年9月主要经济体实体部门杠杆率

资料来源:万得资讯,BIS,中信证券固定收益部。

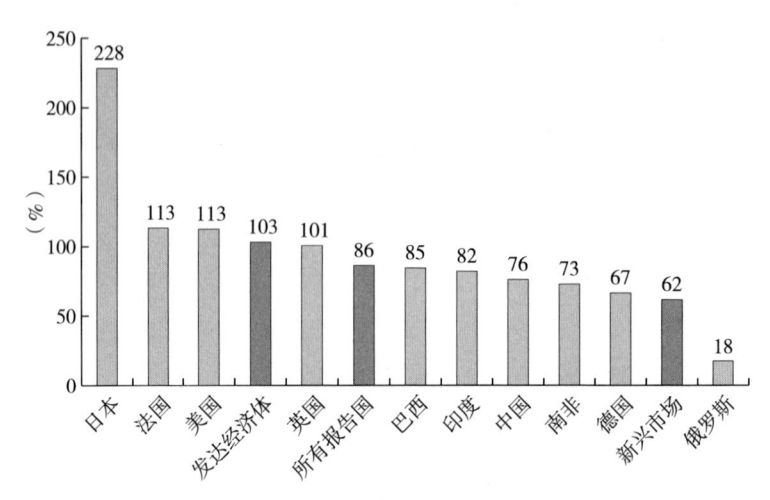

图 4-56　2022 年 9 月主要经济体政府部门杠杆率
资料来源：万得资讯，BIS，中信证券固定收益部。

从"逆周期"迈向"跨周期"：财政政策与宏观经济的关系

《史记札记·货殖列传》中记有"旱则资舟，水则资车，物之理也"，直接体现了我国古代朴素的逆周期调节思想。在经济学领域，由于市场存在天然的顺周期性，宏观政策进行逆周期调节主要意在熨平短期经济周期性波动。而近期越发成熟的跨周期调节思想则更多聚焦于中长期结构性和趋势性变化，同时覆盖多个逆周期调节过程，强调政策的连续性、稳定性和可持续性。新中国成立 70 多年来，财政政策作为宏观调控的重要工具，在不同经济发展时期都发挥着关键作用，计划经济和经济转轨时期的财政调控以行政手段为主；1994 年我国进入社会主义市场经济建设时期后，财政调控转变为以税收和政府债券等经济手段为主，财政政策更具主动性和时效性，其中也蕴含着从逆周期调节到跨周期调节的宏观调控思想（见图 4-57）。

——— 经济增速　——— 债券收益率　--- 政策松紧

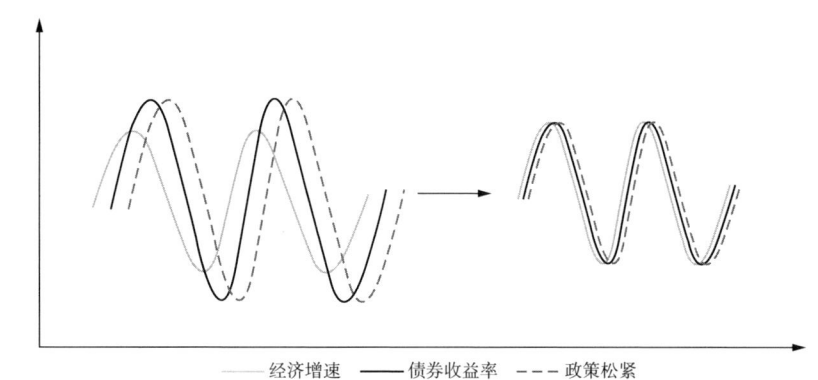

图 4-57　跨周期调节思路下经济、政策和债市的关系变化
资料来源：中信证券固定收益部。

1. 逆周期与跨周期调节的内涵

在宏观经济运行过程中，各类资源要素的顺周期积累会起到"加速器"作用，在经济上行时期可能进一步推动经济过热滋生泡沫，而在经济下行时期又可能反作用于经济从而加剧衰退风险。逆周期调节是指从一个经济周期的视角出发，当经济处于波峰时施以紧缩政策，当经济处于波谷时施以扩张政策，通过拉高谷底、削平顶峰以平抑短期经济周期性波动，削弱系统性风险的顺周期积累。通常而言，逆周期调节可以较好地应对经济短期波动，但是对于中长期结构性问题则缺乏相应调控机制。为此，跨周期调节应运而生，旨在从跨越多个经济周期的中长期视角出发，兼顾长期增长与短期波动、总需求与总供给、稳增长与防风险之间的动态平衡。

逆周期调节和跨周期调节在调控目标、时间跨度以及政策工具上都有所差别。①在调控目标上，逆周期调节着眼于围绕经济增长、充分就业、物价稳定、国际收支平衡四大目标的短期周期性问题，而跨周期调节则旨在解决与经济长期稳定增长相关的产业结构、人口结构和系统性风险等结构性和趋势性问题，以及跨经济周期的政策传导路径和效果。②在调控时间上，逆周期调节通常持续

第四章　稳增长的先锋：财政体系与政府债务　　285

时间较短，即在完成相应短期目标后退出，而跨周期调节则以解决中长期问题为目标进行长期调控并不断完善调整。③在政策工具上，逆周期调节主要依靠财政货币政策解决通胀和就业等短期问题，而跨周期调节除财政货币这类短期调控工具外，还涉及战略规划、人口和科技政策等长期调控工具，同时更加强调各类宏观政策间的协调配合。

然而，从二者的关系上来看，逆周期调节与跨周期调节应互为补充、协调配合。2020年7月，中央政治局会议首提跨周期调节，2021年12月中央经济工作会议进一步部署"跨周期和逆周期宏观调控政策要有机结合"。由于市场存在天然的顺周期性，跨周期调节仍然离不开逆周期调节，跨周期调节本质上需要覆盖多个逆周期调节过程，将短期问题纳入长期视角来考虑，结合把握总量问题和结构性问题，从而保证政策的连续性、稳定性和可持续性。值得注意的是，跨周期的着力点在于通过更精细的调节，降低传统经济周期中供给和需求的错配幅度。因此，传统的"宏观—政策—利率"分析框架仍然受用，但经济、政策与市场的节奏会更加同步，经济周期的峰谷将被压缩。

具体到财政政策上，根据凯恩斯宏观调控理论，财政政策具有自动稳定器和相机抉择的双重功能。①自动稳定器功能是内嵌于经济的自发性调节机制，基于税制和社保等预先设定的政策体系，财政收支可以自发实现随经济周期变化的扩张或收缩。如我国预算内财政具有明显的以收定支、量入为出特征，财政收入对于经济增速的变化较为敏感，而财政支出则存在一定刚性，财政收支对经济增速变化的差异反应是财政政策发挥出自动稳定器功能的主要原因。②相机抉择功能是政府进行积极干预的主动性调节机制，即根据经济社会状况和政策目标变化相机选择财政政策进行主动干预。如在高失业、低产出时期通过降低税率和增加支出来刺激经济恢复，而在高通胀、需求过热时期通过紧缩型财政政策来修正经济。

可以说，自动稳定器功能是财政政策对经济进行逆周期调节的第一道防线，而当经济面临大幅波动风险时还需要相机抉择的财政政策来加强调控力度。进一步而言，财政政策进行跨周期调节不但要涵盖逆周期调控，而且需要将平衡财政收支压力、化解政府债务风险以及合理设置政府杠杆率等中长期目标纳入考虑，兼顾短期财政稳增长目标和中长期财政防风险能力（见图4-58、图4-59和图4-60）。

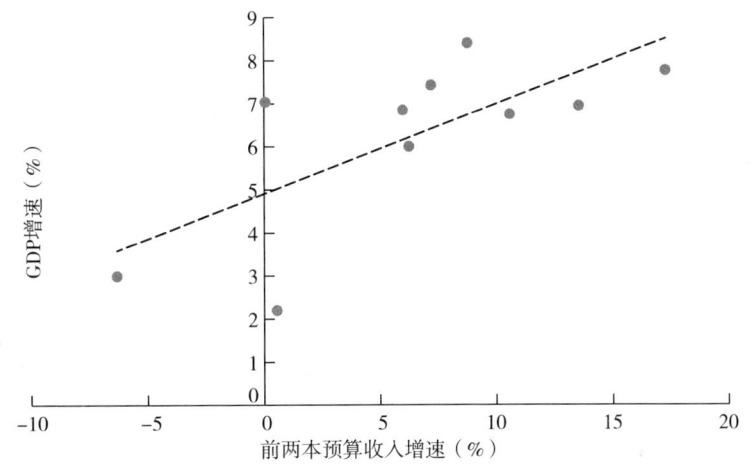

图4-58 公共财政及政府性基金预算收入与GDP增速的关系
资料来源：万得资讯，中信证券固定收益部。

2. 中国财政宏观调控的历史经验

财政政策是政府在国民经济运行和发展过程中进行宏观调控的重要工具。新中国成立70多年以来，我国的财政体制经历了从生产建设性财政到公共财政和现代财政的历史变迁，不同时期的财政政策在调节社会供求关系、调整经济产业结构以及实现国家治理目标中发挥着关键作用，财政宏观调控的目标、工具和方式也逐渐发生转变。

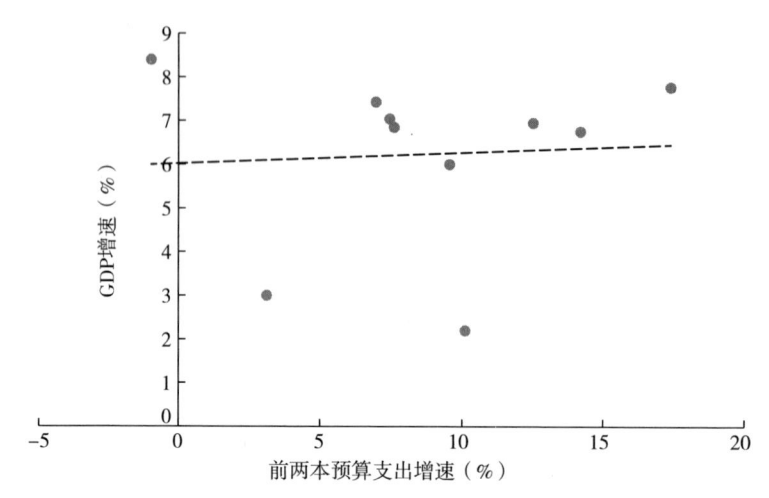

图 4-59　公共财政及政府性基金预算支出与 GDP 增速的关系
资料来源：万得资讯，中信证券固定收益部。

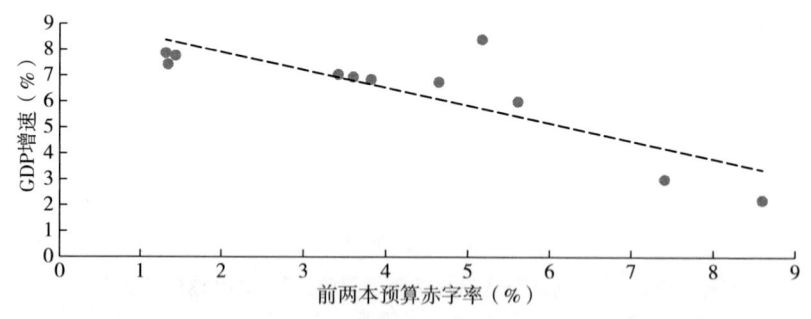

图 4-60　公共财政及政府性基金预算口径下赤字率与 GDP 增速的关系
资料来源：万得资讯，中信证券固定收益部。

在计划经济时期，国民经济面临较大波动，对应财政"放权"和"收权"改革几经波折。财政政策主要通过政府投资规模和方向来对国民经济进行调控，同时还会直接参与企业生产经营等微观主体活动，具有较为鲜明的行政色彩。

到了改革开放经济转轨时期，面对经济过热的局面，财政政策开启了逆周期调节之路，不过由于该时期财政政策仍以直接调控的行政手段为主，国民经济增速呈现出一定的"硬着陆"特征。如1978—1981年改革开放之初通胀形势较为严峻，中央通过压缩基建投资和收缩银根等紧缩政策抑制通胀，但同时也导致经济增速下滑较快；1982年经济开始趋冷，工业生产显著下滑，直至1986年二季度进入新一轮信贷扩张和通胀加剧周期；1988年经济进一步全面升温，国务院发布《关于做好当前物价工作和稳定市场的紧急通知》，并提出"治理经济环境、整顿经济秩序"要求，实施紧缩财政和紧缩信贷的"双紧"政策，以期"用3年或者更长一些时间基本完成治理整顿任务"，而后经济增速过快和物价水平高涨的态势得到控制，同时固定资产投资结构和产业结构也有所改善，但由于该轮宏观调控主要采用行政手段和直接调控的方式，经济增速回落出现"硬着陆"。

1994年分税制改革后，我国正式步入社会主义市场经济建设时期，财政政策逐步向间接调控转化，并且政策主动性明显增强，更多考虑到经济周期性波动情况进行逆周期调节。具体来看，根据不同时期的经济发展状况和财政政策取向，大体可以分为四个阶段：

1994—1997年：我国采取适度从紧的财政政策，以抑制90年代初期的经济过热现象。从1993年上半年开始，我国再度陷入经济过热和通货膨胀，适度从紧的财政政策与货币政策相配合，在通过增收节支和控制债务等总量政策进行调控的同时，实施有松有紧的结构性调整以强化对于国民经济薄弱领域的支持，促使经济实现"软着陆"。

1998—2004年：我国实施积极的财政政策应对亚洲金融危机所带来的需求冲击。1998年受亚洲金融危机影响，国内经济面临较严重的内需不足和通缩趋势，我国开始实施积极的财政政策主动进行逆周期调节，调控手段更多转向间接调控且财政实力不断加强，主要通过加大政府投资、刺激消费和调节收入分配等措施推动经济持续快速增长和结构调整优化。

2005—2007年：我国实施稳健的财政政策促进经济结构性调整。从2005年开始，国民经济呈现加速发展态势，通胀压力尚存，但同时面临部分行业和地区投资不足的状况，经济发展"冷热不均"。我国随即开启了新一轮宏观调控，将积极的财政政策转向总量松紧适度、结构有保有控的稳健的财政政策，以"控制赤字、调整结构、推进改革、增收节支"为主要调控内容，国民经济保持平稳增长并且产业投资结构方面也出现相应优化。

2008年后：我国实施积极的财政政策应对金融危机带来的外部冲击，并从国家治理角度出发进一步发挥财政逆周期和跨周期调节作用。2008年年初我国宏观调控以"双防"为目标，即防止经济增长过热和防止明显通货膨胀；进入2008年年中后，在全球金融危机影响下，我国内外需收缩，通缩压力加剧，宏观政策转变为"一保一控一调"（即保增长、控物价、调结构）；至2008年四季度进一步调整为"一保一扩一调"（即保增长、扩内需、调结构），以应对危机之下需求不足的主要矛盾。2010年10月，我国率先宣布退出全面反危机政策轨道，重回危机前的积极财政政策与稳健货币政策松紧搭配的调控组合，国民经济发展迈入新常态。2020年7月，中央政治局会议首提"完善宏观调控跨周期设计和调节"，在应对新冠疫情冲击的同时，也强化了跨周期调控对于政策可持续性以及新发展阶段经济平稳健康运行的重要意义（见图4-61）。

由于市场存在天然的顺周期性，宏观政策进行逆周期调节主要意在熨平短期经济周期性波动，而跨周期调节则更多聚焦于中长期结构性和趋势性变化，同时覆盖多个逆周期调节过程，强调政策的连续性、稳定性和可持续性。新中国成立70多年来，财政政策作为宏观调控的重要工具，在不同经济发展时期都发挥着关键作用，

计划经济时期（1949—1977）行政色彩鲜明的直接调控
- 国民经济面临较大波动
- 财政政策通过政府投资直接调控经济，直接参与企业生产经营

经济转轨时期（1978—1993）行政手段为主的逆周期调控
- 国民经济过热、通胀形势严峻
- 财政和货币"双紧"政策仍以直接调控为主，经济出现"硬着陆"

社会主义市场经济建设时期（1994年至今）经济手段为主的逆周期调控、主动性明显加强
- 1994—1997年：20世纪90年代初经济过热、通货膨胀，采取适度从紧的财政政策，经济实现"软着陆"
- 1998—2004年：亚洲金融危机后内需不足、通货紧缩，实施积极的财政政策间接调控，财政实力不断加强
- 2005—2007年：经济发展"冷热不均"，转向稳健的财政政策，经济平稳增长、产业结构优化
- 2008年至今："一保一控一调" → "一保一扩一调" → 积极财政+稳健货币 → 逆周期+跨周期

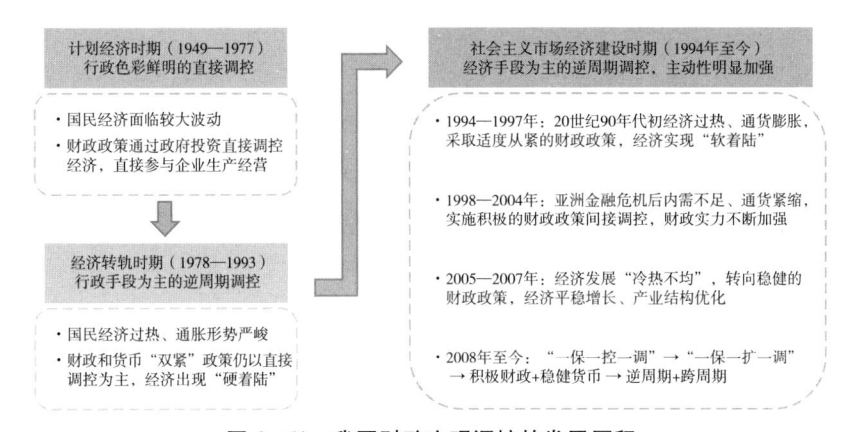

图 4-61　我国财政宏观调控的发展历程

资料来源：中信证券固定收益部。

财政宏观调控的目标、工具和方式也逐渐发生转变。随着经济体制改革，我国财政宏观调控目标由简单的平衡财政目标向促进经济持续健康发展和结构性改革的多元目标转变，调控工具从计划经济和经济转轨时期的以行政手段为主，向进入社会主义市场经济建设时期后以税收和政府债券等经济手段为主转变，财政政策由直接调控转向间接调控且更具主动性和时效性，进一步从国家治理角度发挥出财政逆周期和跨周期调节作用。

第五章

先发者的经验：
美国经济与债市

异曲同工的底层框架：美国经济基本面

超级大国的百年发展简史与经济结构变迁

1776年7月4日《独立宣言》发表，宣告北美十三个英属殖民地从大不列颠王国独立，美利坚合众国正式宣告成立，从此以后7月4日也成为美国独立纪念日。经过200多年的发展，美国也成为当今世界上最大的经济体，其经济形势以及政策走向对于全球而言具有举足轻重的影响。

由于宏观经济的复杂性，研究分析一国经济往往不是一件易事。有时需要通过对分散在不同历史时期中的经济周期变化进行梳理总结，从而形成全局性的宏观视角；有时也需要利用分项拆解的方式，将复杂的经济分解为各个分项逐一展开分析。

1. 美国经济发展简史

以史为镜，可知兴衰。近100年来美国的经济发展先后经历了"大萧条"和二战时期、战后繁荣时期、20世纪70年代滞胀时期、新经济时代、次贷危机和经济回稳时期，以及新冠疫情和后疫情时期共计6个阶段。通过对不同历史时期美国经济变化的背景和原因进行梳理，可以了解美国基本面表现的时代特征，为研究美国经济提供历史视角（见图5-1）。

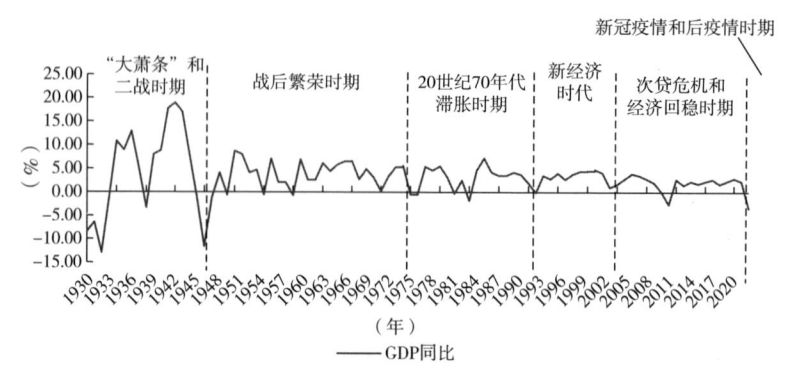

图5-1 美国经济时期划分

资料来源：万得资讯，中信证券固定收益部。

(1) "大萧条"和二战时期（1929—1945）

20世纪20年代，随着第一次世界大战的结束，美国作为战胜国开始进行战后正常经济秩序的恢复。汽车工业的迅猛发展刺激了众多行业的快速增长，加上经济治理和财政政策的协调配合，美国经历了一战后的繁荣发展阶段，这段时期也被称为"咆哮的二十年代"。

然而就在美国经济日趋繁荣之时，一场突如其来的"大萧条"让美国经济陷入危机当中。"咆哮的二十年代"期间美国经济的发展使得美国政客认为繁荣将得到延续，美国标普500指数在1929年9月16日达到31.86的高点，然而10月24日"黑色星期四"美股遭遇重挫，随后在11月13日下跌至17.66点，下跌幅度达到了惊人的44.6%。随着美国股票市场的崩盘，在"咆哮的二十年代"持续增长的工业生产指数也开始出现大幅下跌并持续数年之久，这场危机逐渐发展成为席卷世界的经济萧条（见图5-2）。

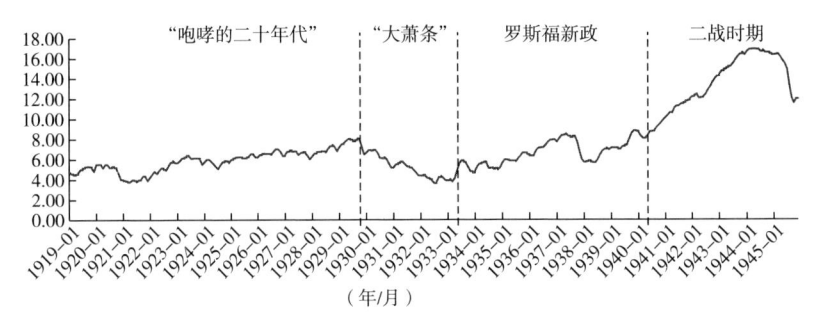

图 5-2　"大萧条"时期美国工业生产指数
资料来源：万得资讯，中信证券固定收益部。

1933 年美国总统罗斯福上台，推出"罗斯福新政"，主张"三 R 政策"，即救济、复兴和改革，并制定了包括《紧急银行法》《国家产业复兴法》等一系列法案。在这一历史时期，国家干预经济和运用财政政策调整经济成为美国经济学界的强大思潮，这也为"罗斯福新政"的实施提供了理论依据。"罗斯福新政"的施行使得美国经济开始触底回升，实际 GDP 增速开始反弹，到 1939 年第二次世界大战爆发之前，美国实现了"大萧条"后的经济复苏。然而并非所有国家都能够从"大萧条"的经济危机中走出，在德国、意大利和日本等国家国内矛盾日益激化的背景下，第二次世界大战爆发，美国也进入了战时管理时期。

（2）战后繁荣时期（1945—1973）

第二次世界大战胜利后，美国经历了 20 年的经济繁荣时期。20 世纪 50 年代到 70 年代，美国经济迎来了飞速发展，在这段时间内美国国家垄断资本主义快速崛起，同时第三次工业革命爆发带来了生产率水平的进一步跃升。在大力拓宽全球市场的同时，美国对国内资源进行了整合，大力发展社会福利政策。以上因素带来了美国西部和南部区域的发展，美国实现了二战之后经济的迅速反弹并维持了较高的经济增长，工业生产指数持续走高（见图 5-3）。

第五章　先发者的经验：美国经济与债市

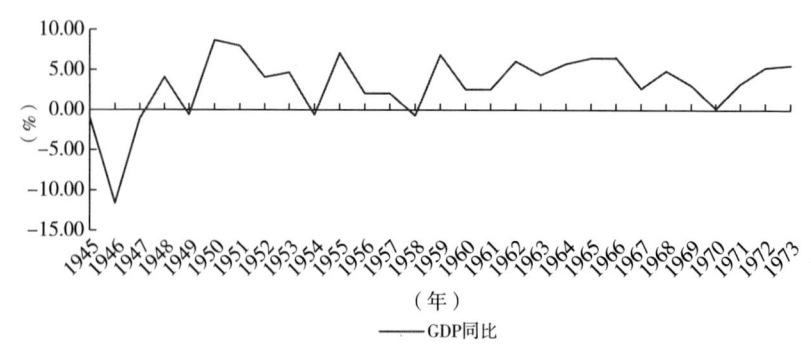

图 5-3　战后繁荣时期美国经济增速

资料来源：万得资讯，中信证券固定收益部。

经济的繁荣也带来了居民就业水平的改善，60年代开始美国社会失业率持续降低，就业市场表现强劲，但是就业指标在反映经济周期所处阶段方面具有滞后性。实际上60年代后期美国经济已经开始出现一些走弱的迹象，这其中包括60年代后半段美国经济增速逐年下滑，通胀水平开始升高，这些因素也为美国步入70年代的"滞胀"时期埋下了伏笔。

(3) 20世纪70年代"滞胀"时期（1973—1990）

进入70年代，美国物价水平开始出现上涨，时任美国总统尼克松在1971年推出"价格管制"措施。在战后经济繁荣发展时期，美国物价水平整体平稳，然而到了70年代初，美国通胀开始出现松动，二战后第一次出现较为明显的物价上涨，引发了社会的普遍担忧，与此同时社会失业率开始升高，经济增速出现放缓迹象。为应对持续升高的通胀压力，当时的尼克松政府宣布出台"价格管制"政策，在1971年和1973年先后两次宣布冻结工资和部分生产资料的价格，要求其在管制期间不得变动。然而这种做法并没有为美国经济带来好转，1972年美国的失业率水平仍旧居高不下，而通胀水平在1972年下半年开始持续走升。1973—1975年和1979—1982年发生的两次石油危机推升了工业原材料价格，美国通胀形势进一步恶化，经济增速也在两次石油危机期间大幅下滑，美国陷入了"滞胀"（见图5-4和图5-5）。

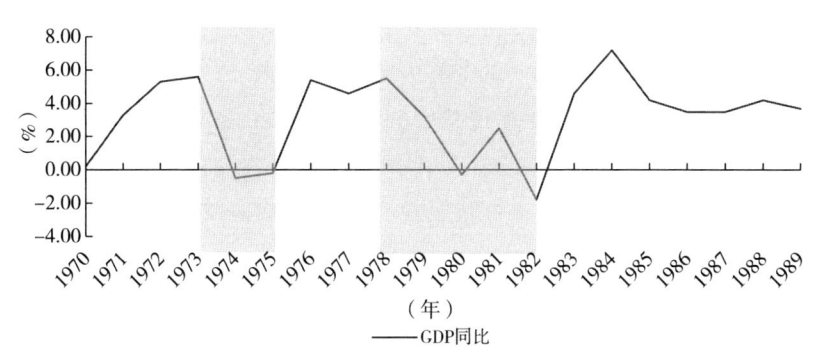

图5-4　70~80年代美国经济增速

资料来源：万得资讯，中信证券固定收益部。

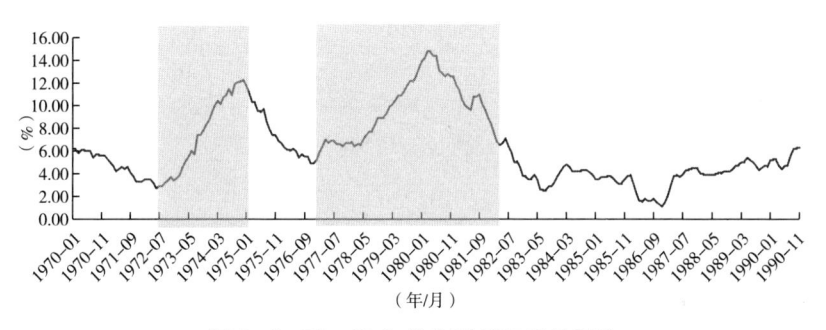

图5-5　70~80年代美国CPI当月同比

资料来源：万得资讯，中信证券固定收益部。

1979年上任的美联储主席沃尔克采用紧缩货币政策，叠加美国总统里根的赤字控制政策，终于遏制住了走高的通胀，但也付出了美国经济衰退的代价。1979年保罗·沃尔克宣布就职美联储主席，并将应对通胀问题作为其任期内的重要工作，上任两周内就将联邦基金目标利率上调至11%，通过控制货币供应量的方式打破市场的通胀预期。1981年美国总统里根上台后，于1985年通过了《平衡预算暨紧急赤字控制法案》，美国联邦财政赤字逐年下降。在

第五章　先发者的经验：美国经济与债市　　299

货币和财政政策的共同努力下，1982年美国通胀水平开始回落，失业率也开始出现下降，美国经济增速也在触及这一时期的低点后开始进入低通胀水平下的经济恢复期。

(4) 新经济时代（1990—2000）

随着美国克服了70年代开始的高通胀，80年代后期美国开始进入经济恢复阶段，并在90年代初再次增长提速，信息技术的快速发展推动美国进入了新经济时代。1992年克林顿当选美国总统，其上台后推出了一系列新的科技政策，宣布成立国际科学技术委员会负责制定科技战略目标。在政府的大力支持下，美国高科技产业快速发展，美国经济也再度进入了高增速、低通胀、低利率的繁荣发展时期（见图5-6）。

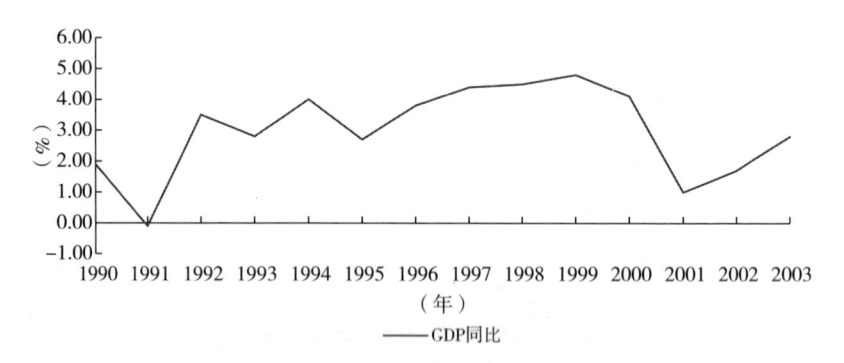

图5-6 新经济时代美国经济增速

资料来源：万得资讯，中信证券固定收益部。

但在政府支持科技发展的同时，投机行为也开始滋生，美国科技股泡沫积聚并于2000年破裂，形成著名的"互联网泡沫"。克林顿政府的新经济政策带来经济发展的同时，也带来了市场的非理性行为。在新经济时代后半段美国科技公司股票估值大幅走高，"互联网泡沫"积聚，美国纳斯达克指数在2000年3月达到顶峰。2000年5月美联储为防止经济过热，延续之前亚洲经济危机之后的货币正常化进程进行了加息操作,但这也间接造成了"互联网泡沫"的破裂,此后纳指便开始一路下跌,美国经济增速也在2001年大幅下降。

(5) 次贷危机及经济回稳时期(2001—2019)

"互联网泡沫"破裂后,美国经济增速大幅下滑,美联储为刺激经济降息至48年来低位,货币政策宽松的举措带来了经济好转,但也催生了房地产市场泡沫。"互联网泡沫"破裂后,2001年美国经济增速下滑至1%,美联储为了刺激经济步入降息周期当中,经过连续14次操作将联邦目标利率区间降至0.75%~1%。快速大幅的货币宽松政策确实使得美国经济在2001—2004年持续好转,但宽松的利率环境却产生了另一个严重的问题,继互联网之后美国房地产市场开始出现泡沫,房价指数2000—2004年维持高速增长且速度有所加快(见图5-7)。

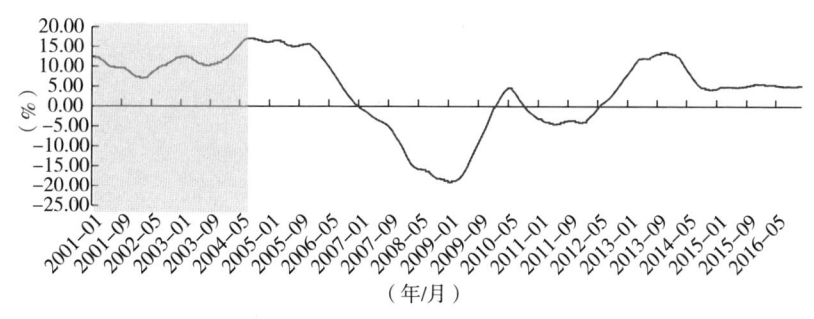

图5-7 美国标准普尔/CS房价指数当月同比(20个大中城市)
资料来源:万得资讯,中信证券固定收益部。

房地产市场的抢眼表现加快了美国次级房屋信贷行业的发展,但受2003年开始的利率上升和房地产市场降温的影响,次贷违约现象逐渐加剧,2007年美国次贷危机爆发并蔓延形成全球经济危机。

为应对次贷危机给美国经济带来的严重打击,美联储在实行零利率的基础上,开始通过量化宽松(QE)的方式向市场提供流动性进而刺激经济复苏。次贷危机时期美联储自2008年11月开始共计推出三轮 QE，并于 2014 年 10 月结束。三轮 QE 过后美联储资产负债表规模扩张约 2.4 万亿美元。美国经济增速在 2010 年恢复至正常区间并维持总体平稳，美国经济进入经济恢复和平稳增长阶段。

（6）新冠疫情和后疫情时期（2020 年至今）

美国在次贷危机发生后用了十余年的时间使得经济恢复增长，但好景不长，2020 年突如其来的全球新冠疫情使得美国经济基本面再次遭受严重冲击。2020 年新冠疫情暴发并逐步蔓延至全球，由于病毒的高传染性，生产活动和社交距离受到严重影响，经济活动停摆，大量民众失业，2020 年 4 月美国失业率一度飙升至 14.8%，作为美国经济支柱的消费也在 2020 年二季度初出现了大幅下跌，新冠疫情给美国经济带来的冲击一度超过 2008 年的次贷危机。

为应对新冠疫情冲击，美国实行了大规模财政政策＋极度宽松的货币政策，政策支持使得美国经济实现了快速反弹并进入逐步修复的过程中。但在疫情冲击下，一方面就业市场的恢复较为缓慢；另一方面，美国大规模财政转移支付刺激了居民需求也拉动了商品价格，美联储极度宽松的货币政策和美国消费品进口依赖程度较高推动价格升高，这些因素使得美国面临通胀大幅走高的局面，对于美国经济而言，后疫情时代的恢复之路仍需时间（见图 5-8）。

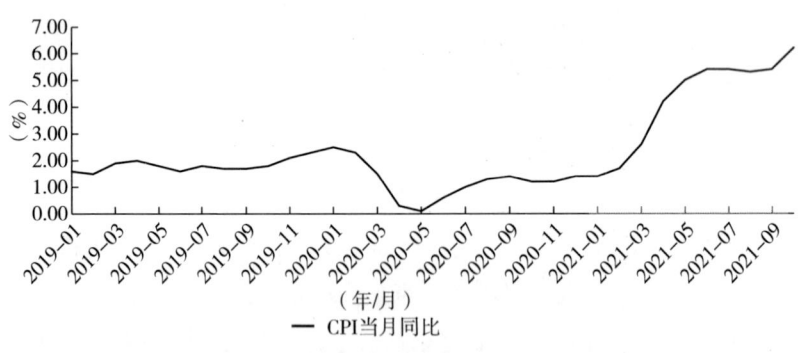

图 5-8 后疫情时期美国通胀大幅上升

资料来源：万得资讯，中信证券固定收益部。

2. 美国经济结构的变迁

在从全局角度回顾近百年来美国经济变化的背景和原因之后，本部分将从需求结构和产业结构这两个方面分析美国经济结构的变迁。这种对经济进行化整为零的分解思路，既是经济研究的重要方法论之一，也将贯穿后续整个美国经济基本面的分析框架。

(1) 需求结构

1776 年美国正式建立，这也是美国经济以国家层面开始进入发展的起点。经过 100 多年的努力，美国终于在 1890 年经济总量超越英国成为世界第一大经济体。而在此后的 130 年时间里，美国经济一直处于世界领先地位。截至 2020 年，美国的 GDP 达到了 20.9 万亿美元，约占全球 GDP 比重的 24.7%。

GDP 的核算方法可分为支出法、生产法和收入法三种。在支出法下，美国经济的主要需求可以分为消费、投资、净出口和政府支出四个分项。根据支出法四个分项在美国 GDP 总体的占比情况，可以看出美国经济需求结构的转变过程（见图 5-9）。

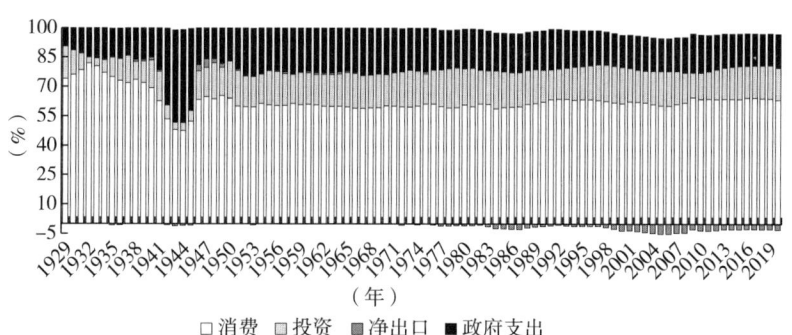

图 5-9 美国需求结构分项占 GDP 比重

资料来源：万得资讯，中信证券固定收益部。

结合近百年来的历史数据情况，美国经济需求结构总体呈现出以下三个特点：

①消费始终是美国最重要的经济支柱。第二次世界大战之前，美国消费约占美国 GDP 比重的 70% 以上，随着美国加入二战战场，美国军费明显增加，政府支出占 GDP 比例明显上升，消费占比有所下降，但整体仍旧维持在 50% 左右。战争结束后，政府支出脱离战争状态回归正常，美国消费占比快速回升并逐渐稳定在 60% 的权重水平上。在经历了 20 世纪 70 年代的"滞胀"时期之后，美国经济在 80 年代开始触底反弹，并走过了 90 年代"新经济时代"的繁荣发展时期，美国消费在 GDP 当中的权重占比逐步稳定在 67% 左右的水平上，可以说消费是美国经济最重要的发展支柱。

②第二次世界大战后美国私人投资占 GDP 比重总体较为稳定。作为经济构成的另一个重要分项，第二次世界大战之前美国私人投资占 GDP 的比重约为 10%。第二次世界大战后，美国依靠战争赚取了大量的收入，经济形势稳定后国内私人投资活动也逐渐活跃起来，私人投资占比逐步有所提升。当前美国私人投资占 GDP 比重总体稳定在 18% 左右。

③20 世纪 80 年代起美国净出口开始进入贸易逆差时期。关于净出口在美国经济当中的占比情况，首先其整体占比水平不高，80 年代以前其权重基本维持在 0 左右，部分时期如 1947 年占比较高。而到了 80 年代，美国对外贸易情况开始出现长期性的转变，进入了贸易逆差时期。至于美国产生贸易逆差并一直维持的主要原因，一方面美国是全球第一的消费大国，其国内具有较高的消费需求；另一方面美国经济以服务业为主，农业和工业占比相对较低，而制造业又以高端工业为主，这使得美国在生产全球化的背景下相较生产要素成本更低的国家不具有比较优势，这两个因素支撑了美国较高的进口需求，形成了长期贸易逆差的情况。

总体来看，近百年来美国经济的需求结构变化不大，但分项权重在不同历史时期有所调整，形成了消费是经济最重要的支柱，对外贸易常年逆差的鲜明结构特征。

(2) 产业结构

相较于需求结构，美国经济产业结构变迁的现象更为明显。按照生产法来看，美国GDP应该等于总增加值扣除中间购买支出。其中总增加值按照产业结构可以划分为以农业为主的第一产业、以工业为主的第二产业和以服务业为主的第三产业（见图5-10）。

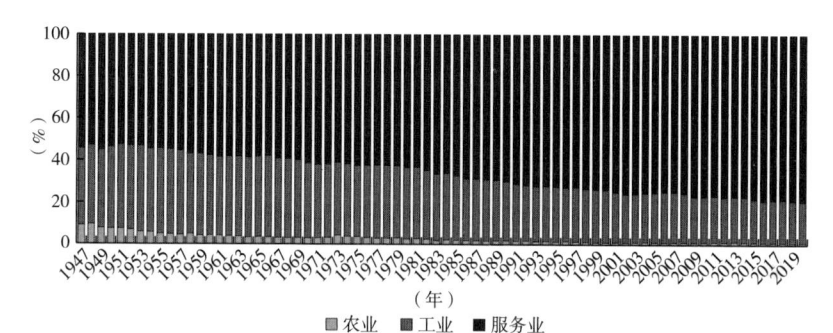

图5-10 美国行业增加值占GDP比重

资料来源：万得资讯，中信证券固定收益部。

从美国产业结构的演化过程来看，美国产业重要程度排序经历了从"一二三"到"二三一"再到"三二一"的过程，即先后经历了以农业经济、工业经济和服务业经济为主导的阶段。

①初期产业阶段：殖民时期第一产业在美国经济当中处于主导地位，但中后期美国工业化开始起步。1607—1783年，美国处于殖民时期，这一时期美国经济的主要支柱是第一产业，农业在美国的国民经济当中处于主导地位，其占比一度高达90%。即使从当前情况来看，虽然目前美国第一产业增加值占比已经非常低，但是美国仍旧是世界范围内的农业大国和农业强国。在殖民时期的中后期，美国产业结构开始出现变迁，工业化开始起步，与农业相关的轻工业率先得到了发展，开始进入以农产品和初级工业品为主的初级产业阶段，第二产业增加值占比有所提升。

②中期产业阶段：第二次工业革命带来生产率水平的大幅提升，第二产业逐渐开始取代第一产业成为美国最大的经济支柱。殖民时期结束后美国开始工业化进程，19世纪中期第二次工业革命开始，人类进入"电气时代"，由工业革命带来的新技术和新发明被普遍应用于工业生产领域当中，极大提高了工业生产率水平。在生产力的转变之下，以工业为主的第二产业逐渐开始取代以农业为主的第一产业，同时跟初期产业阶段与农产品相关的轻工业（如棉纺织业等）率先得到发展类似，在中期产业阶段以服务业为代表的第三产业也开始出现较快发展，其中以与工业联系密切的服务业表现较为突出。

③后期产业阶段：第三产业权重占比超过第二产业，形成了当前美国以服务业为主的产业经济结构。20世纪初美国达到中期产业阶段的工业化巅峰，而后美国先后经历了大萧条和第二次世界大战，在这一时期美国的第三产业发展超过了第二产业，第三产业占比开始占据主导地位，美国进入后期产业阶段。20世纪70年代，第三次工业革命带来的信息技术发展使美国的产业结构进一步得到调整和优化，服务业增加值占比持续提升，第一产业和第二产业从业人员也开始逐步向第二产业过渡，形成了当前美国以服务业为主的产业经济结构。

从产业结构变迁情况来看，美国的产业结构呈现出阶段性演进的特征，主导产业从第一产业过渡到第二产业，再过渡到如今以第三产业为绝对主导，整体走过了完整连续的产业结构转变道路。

美国人有多能花钱：作为经济增长发动机的美国消费

1886年，奔驰开始了第一辆内燃机汽车的商业化生产，这也标志着世界上第一辆汽车的诞生。对于汽车而言，发动机是为其提供动力的装置，也是最为重要的汽车组件，被称为汽车的"心脏"。如果将一国经济看作行驶的汽车，其前进也需要有动力的支撑。

对于美国经济的驱动力而言，消费就是美国经济增长的"发动机"，而消费指标可以看作观察"发动机"动力的"仪表盘"。美国的消费指标可分为实际消费指标和消费者信心指标两大类，通过对美国消费指标的观察可以掌握美国消费的现状和预期。而从影响美国消费的因素来看，最为重要的是美国居民的个人可支配收入情况，其主要来源包括工资收入与政府转移支付。

1. 美国经济增长的"发动机"

消费是美国经济增长的"发动机"。2000—2020年，消费对于美国实际GDP同比的平均贡献率为76.2%。

美国个人消费支出以服务为主，细分类别主要集中在住宅、交通、食品和保险类支出。从大类分布来看，美国个人在商品和服务方向上的消费支出占比分别为三成和七成。商品当中耐用品消费约占总体消费的10%，非耐用品约占21%。其中耐用品包括汽车及汽车零件、家具和耐用家用设备、娱乐商品和车辆等，非耐用品包括场外消费用食品饮料、服装鞋袜以及汽油和其他能源商品等。服务则主要包括住房与公用事业、保健、交通运输、娱乐、食宿、金融服务等。

2. "发动机"动力的"仪表盘"

如果说消费是美国经济增长的"发动机"，那么消费指标可以看作观察"发动机"动力的"仪表盘"。美国经济统计指标众多，其中既包括政府官方给出的数据统计，也包括部分非官方机构构建的观测指标。总体来看，美国消费指标可以分为实际消费指标和消费者信心指标两大类。

(1) 实际消费指标

①个人消费支出。观测美国消费表现的第一个重要的实际消费

指标是由美国经济分析局（BEA）发布的个人消费支出。作为美国商务部下属主管经济分析的美国政府机构，BEA 在每月底左右会发布一份《个人收入和支出报告》，内容包括上个月的个人总收入、个人可支配收入、个人总支出以及个人消费支出等一系列重要数据。其中个人消费支出是指直接或间接代表居住在美国的"个人"购买的商品和服务价值，其英文简称为 PCE，PCE 同时在使用习惯上也代指个人消费支出平减指数，后者是美联储观察美国通胀的重要指标。由于 BEA 也是美国 GDP 的发布机构，因此其发布的消费数据在重要性上最高。从美国个人消费支出当月同比的走势来看，美国消费与美国经济增速走势整体一致，这也印证了消费是美国经济增长主要动力来源的观点（见图 5-11）。

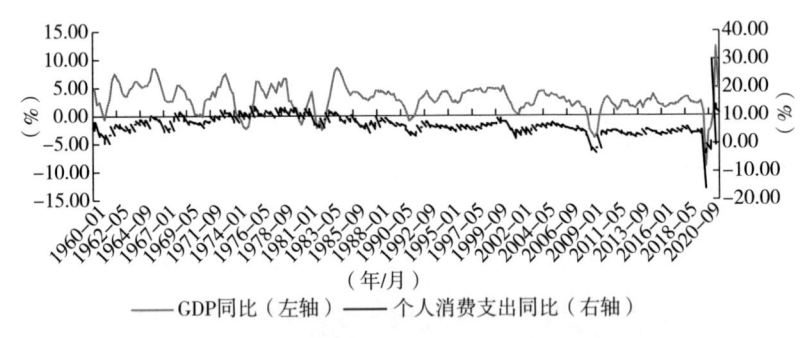

图 5-11　美国实际 GDP 增速与个人消费支出增速

资料来源：万得资讯，中信证券固定收益部。

②零售销售数据。除美国经济分析局发布的个人消费支出外，另一个由美国官方机构发布的消费指标为商务部普查局（BC）发布的零售和食品服务销售额数据。与 BEA 每月发布《个人收入和支出报告》类似，BC 会在每个月中旬发布《零售销售月报》，公布其统计口径下上个月美国的消费情况。零售销售数据是根据美国各种类型和规模的零售商店抽样调查中所获得的零售商售出所有消费金额整理得出，因此其与我国社会消费品零售数据有相似之处，

可以看作美国版的"社零"数据。由于零售销售数据在发布时间上比个人消费支出数据更早，同时其也属于官方统计口径，因此零售销售数据对于市场的影响更强。

③红皮书商业零售销售数据。除美国经济分析局和商务部普查局发布的官方统计数据外，部分非官方机构也会通过自有数据库构建美国零售销售数据，红皮书商业零售销售数据便是重要的商业机构观测指标。美国红皮书零售销售数据由红皮书研究机构（Redbook Research）发布，其以全美代表约9 000家商店的一般商品零售商为样本，统计一周内的连锁店销售情况，因此红皮书商业零售销售数据为周频数据，发布时间为每周二。

④ICSC高盛连锁店销售数据。非官方机构统计的另一个重要消费数据为ICSC高盛连锁店销售数据，但目前该数据已停止对外公布，日后是否会恢复更新尚未可知。ICSC高盛连锁店销售数据由美国国际购物中心协会（ICSC）和高盛（Goldman Sachs）联合统计一周内的连锁店销售情况，因此该数据和红皮书商业零售销售数据一样为周频数据，发布时间也是每周二。但由于2020年发生的新冠疫情导致美国零售业大幅受损，2020年8月之后ICSC高盛连锁店销售数据便停止公布，目前高盛公司仍旧单独对该指数进行跟踪，但日后是否会再次发布尚未可知。

（2）消费者信心指标

除前文介绍的个人消费支出等实际消费指标外，美国消费数据的另一个大类是消费者信心指标。如果说实际消费指标反映的是美国消费的现状，那么消费者信心指标在一定程度上可以说是反映了美国消费者对于未来的预期。

①密歇根大学消费者信心指数。密歇根大学消费者信心指数是市场当中最为常用的消费者信心指标。密歇根大学消费者信心指数由美国密歇根大学的研究人员通过对至少500位消费者的电话调查

计算得出，数据为月度数据，公布时间在每个月的第二个周五。在进行调查的过程中，密歇根大学的研究人员主要关注五个问题。家庭财务状况是否较一年前有所改善；当前是否为购买大型家居用品和其他大型商品（如房子、汽车）的好时候；家庭财务状况在一年后会改善还是恶化；未来一年商业情况是否会改善；未来五年国家经济形势是否会改善。研究人员将受访者的回答按照"是"和"否"进行分类计数，并以1966年第一季度为基期计算出消费者信心指数。

在消费者信心指数之下还包括两个二级指标，分别为消费者现状指数和消费者预期指数，这两个二级指标分别针对前两个和后三个问题进行计算。由于消费者信心指数不仅包括了受访者对于当前家庭财务情况和商业情况的判断，也包括了其对于未来这两方面的预期，预期会影响到家庭的消费决策，因此在一定程度上消费者信心指数对于美国实际消费指标具有领先性。

②彭博消费者舒适度指数（ABC News消费者信心指数）。彭博消费者舒适度指数是衡量消费者信心的更高频指标。彭博消费者舒适度指数由Langer Research协会依据每周对在全美成年人范围内进行的250次电话采访结果计算得出，数据为周度数据，公布时间为每周五。其调查问题包括：当前国家经济状况好坏、当前个人财务状况好坏、当前购买环境的好坏。彭博消费者舒适度指数在2011年彭博取得授权之前又被称为ABC News消费者信心指数。与密歇根大学消费者信心指数相比，彭博消费者舒适度指数仅衡量了消费者对于当前消费环境的判断，2014年彭博将指数的范围从（-100，100）调整至（0，100），因此指数在2014年4月出现了跃升（见图5-12）。

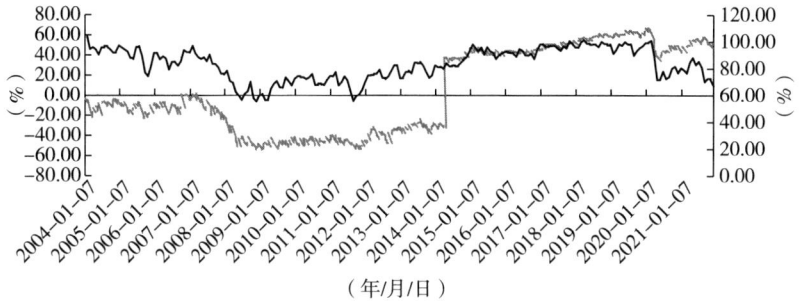

——彭博消费者舒适度指数（左轴） ——密歇根大学消费者信心指数（右轴）

图 5-12　两种消费者信心指数走势

资料来源：万得资讯，中信证券固定收益部。

表 5-1 总结了美国消费指标情况。

表 5-1　美国消费指标概览

	指标名称	发布机构	频率	发布时间
实际消费指标	个人消费支出	美国经济分析局（BEA）	月度	每月中旬发布上月数据
	零售销售数据	美国商务部普查局（BC）	月度	每月底左右发布上月数据
	红皮书商业零售销售数据	红皮书研究机构（Redbook Research）	周度	每周二发布上周数据
	ICSC 高盛连锁店销售数据	美国国际购物中心协会（ICSC）和高盛（Goldman Sachs）	周度	每周二发布上周数据（2020 年 8 月开始停更）
消费者信心指标	密歇根大学消费者信心指数	密歇根大学（UMich）	月度	每月第二个周五发布上月数据
	彭博消费者舒适度指数（ABC News 消费者信心指数）	Langer Research 协会	周度	每周五发布上周数据

资料来源：中信证券固定收益部。

3. "发动机"动力的影响因素

对于美国消费这台经济"发动机"而言，影响其动力最重要的因素是美国居民的个人可支配收入情况。居民的个人可支配收入是其消费的资金来源，从美国个人消费支出与个人可支配收入同比增速之间的关系来看，可以看到个人收入的增长对消费起到较为明显的促进作用，居民收入水平的增加将提升居民的购买意愿，带来消费的上涨。

而对于美国居民的个人可支配收入而言，其主要可以归纳为两个来源。第一个重要来源是工资收入。从美国居民个人可支配收入与员工薪酬的增速关系来看，作为收入的重要来源，当薪资水平上升时，居民手中的可支配收入也显著提高，进一步引起美国消费的走强，并可能带来物价水平的升高。薪资水平与美国就业市场表现密切相关，当就业市场面临供小于求的局面时，企业可能会采取提高工资待遇的方式吸引员工，而如果社会薪资水平的上涨最终引发消费和通胀水平的明显走高，员工可能会在物价压力下要求企业提供更高的薪资水平，这种闭环影响也是美联储在观测通胀指标时有时会提到的"工资—物价"螺旋影响。

美国居民个人可支配收入的第二个重要来源是政府的转移支付，其主要以各种救济金的形式进行发放。政府转移支付对于美国居民可支配收入的影响在2020年和2021年新冠疫情时期表现得尤为显著。受疫情带来的经济停摆影响，大量美国员工遭受失业打击，美国政府通过财政政策以直接"发钱"的方式对家庭进行救助，两任美国总统特朗普和拜登分别通过了大规模财政拨款法案。这种直接"发钱"的行为引发了美国个人可支配收入的大幅变化，其在一定程度上支持了美国消费在疫情高峰过去后的反弹修复，但从另一方面来看，这种财政拨款带来的消费刺激，也在一定程度上导致了美国通胀水平的大幅提高。

锈迹斑斑的传统制造业与独领风骚的高端制造业

作为美国经济的重要组成部分，制造业增加值在美国 GDP 当中所占的比重约为 11%，所以制造业表现是观察美国经济景气程度的重要角度。

对于经济在全球领先的美国而言，低端制造业的外迁使得当前美国制造业显露"空心化"迹象。但在高端制造业方面，美国高新技术产业在制造业增加值当中所占的比重仍旧高于我国，其制造业增加值也因此仍在全球范围内位居前列。

1. 美国制造业总览

美国制造业增加值在全球范围内仍位居前列。从全球主要经济体制造业增加值来看，2020 年美国制造业增加值约为 2.3 万亿美元，这一数值虽然低于中国，但远高于日本和德国等以制造业为主的国家。因此当前的美国制造业从总量角度来看在全球范围内依然位居前列（见图 5-13）。

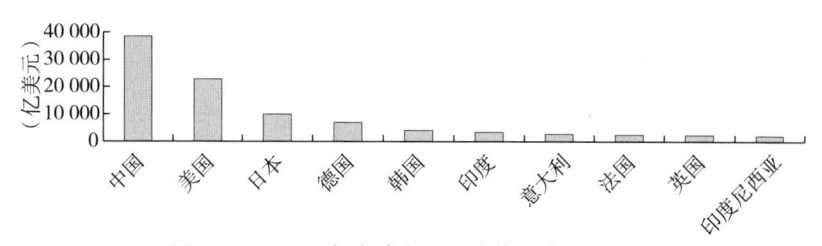

图 5-13 2020 年全球主要经济体制造业增加值

资料来源：万得资讯，世界银行，中信证券固定收益部。

但随着产业结构发生转变，美国制造业增加值占 GDP 的比重逐年下降。美国在经济发展的过程中先后经历了两次重大产业结构变迁。第一次产业结构变迁从 19 世纪中期的第二次工业革命开始，新技术的应用使得工业生产率水平提高，以工业为主的第二产业逐渐取代以农业为主的第一产业，成为美国经济的支柱。第二次产业结构变迁发生在"大萧条"和第二次世界大战时期,这一时期美国工业化达到顶峰,截至1957年年底,美国制造业增加值占GDP的比重高达27%。但随着美国居民生活水平的逐渐提高以及全球产业转移的发生,美国第三产业快速发展并接替第二产业占据主导地位,自此美国制造业增加值占GDP的比重也开始逐渐下降。

美国耐用品制造业增加值占比略高于非耐用品。按照产品属性,美国制造业可以划分为耐用品和非耐用品,两者的区别主要在于使用寿命的长短。耐用品在美国制造业增加值当中的占比略高于非耐用品,以2020年为例,美国耐用品制造业增加值占比约为55.8%,非耐用品占比约为44.2%。

美国耐用品制造业主要涵盖的产品类别包括木制品、非金属矿物制品、初级金属制品、加工金属制品、机械、电子产品、电气设备、汽车、其他运输设备、家具以及杂项耐用品。其中电子产品是美国耐用品制造业最主要的产品,除此之外,增加值占比相对较高的产品还有机械、加工金属制品、其他运输设备等。

美国非耐用品制造业涵盖的产品类别则主要是食品饮料、纺织、服装皮革、纸制品、印刷、石油煤炭、化学产品以及塑料橡胶产品。其中非耐用品制造占比较高的是化学产品和食品饮料,以2020年为例,两者的行业增加值合计约占非耐用品行业增加值的68%。

加利福尼亚州、得克萨斯州以及五大湖地区的制造业GDP和就业人数在全美占比较高。从美国各州的制造业数据来看,加利福尼亚州和得克萨斯州是美国制造业GDP和就业人数最多的两个州,其高端制造业发展迅猛,世界闻名的硅谷便坐落在加利福尼亚州旧金山市。除以上两个州以外,美国东北部五大湖区域(伊利诺伊州、印第安纳州、俄亥俄州、密歇根州、明尼苏达州、纽约州、宾夕法尼亚州、威斯康星州等)以其传统制造业同样在美国制造业GDP和就业人数上具有举足轻重的地位。但随着传统工业的衰退,五大湖地区传统制造业发展逐步开始走下坡路，因此也被称作"铁锈带"地区。

2. 美国制造业观测指标体系

制造业表现是观察美国经济景气程度的重要角度，而对于美国制造业观测指标体系而言，其主要由制造业 PMI、工业生产和产能利用率、制造商库存及订单、制造业就业人数等指标构成。

(1) 制造业 PMI 指标

美国制造业 PMI 指标与我国具有相似之处。在我国，制造业 PMI 指标有官方制造业 PMI 与财新制造业 PMI 两种，而对于美国来说，其常用的制造业 PMI 指标也有两个，分别是由美国供应管理协会（ISM）发布的 ISM 制造业 PMI，以及由金融信息服务提供商 Markit 公司发布的 Markit 制造业 PMI。

ISM 是全球最大也是最权威的采购、供应和物流管理等领域的专业组织之一，在美国，ISM 发布的制造业 PMI 具有较高的市场关注度。ISM 制造业 PMI 为月频数据，在每月第一个工作日发布上月数据。该指标基于调查问卷结果计算得出，在问题设置上主要包括客户新订单数量、产出速度和水平、供应商交货时间、公司库存、公司客户保存的股票数量、公司为产品和服务支付的费用、尚未交付的订单数量、新出口订单数量、材料进口情况以及公司就业情况。通过企业代表对问题给出更好、更糟或保持不变的评价，ISM 公司可以得到新订单、产出、就业、供应和库存五个扩散指数，并通过赋予指数权重计算出总体的综合指数。

从美国制造业 PMI 指数与实际 GDP 同比增速的历史关系来看，两者之间在趋势上总体表现同步，但由于 GDP 数据为季度数据，因此制造业 PMI 指数在一定程度上弥补了每个季度中期经济观测的缺失，是观察美国经济走势的高频指标（见图 5-14）。

美国 Markit 制造业 PMI 同样为月频数据，其通常在每月 23 日左右公布当月初值数据，因此相较 ISM 制造业 PMI 而言，其发布时

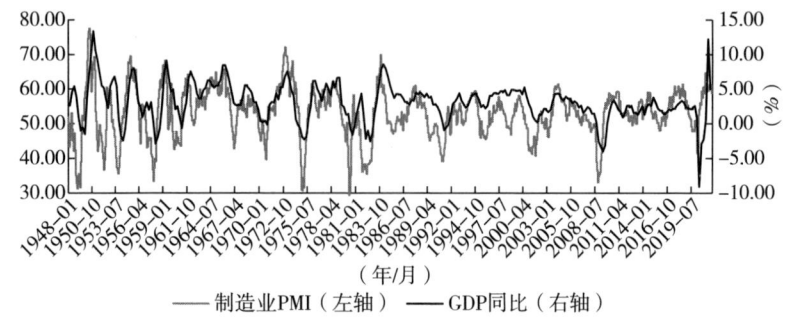

图 5-14　美国制造业 PMI 与实际 GDP 同比增速

资料来源：万得资讯，中信证券固定收益部。

间更早。但由于 Markit 制造业 PMI 只包括来自私营企业的信息，而 ISM 制造业 PMI 在私营企业之外还包括北美产业分类体系（NA-ICS）列表，因此 ISM 制造业 PMI 的统计范围更广，其重要性也相对较高，同时这也是两者之间可能存在分歧的重要原因。

（2）工业生产和产能利用率指标

美联储作为美国央行，在履行央行职责时需要对美国经济进行密切的指标跟踪，因此美联储会在每月中旬发布《工业生产和产能利用率报告》，其中涵盖了上月美国两项重要的工业指标，分别是工业生产指数和产能利用率。

美国工业生产指数衡量全美实际产出，可以用来判断美国工业总体表现强弱。工业生产指数可以分为总指数、市场分类以及工业分类三种指数，其中市场分类可划分为未成品、初级和半成品以及产成品，工业分类可进一步划分为制造业、采矿业和公用事业。工业生产指数主要通过工业企业每月的产品数量除以基期，再以工业增加值为权数通过加权平均的方式计算出总指数，因此美国工业生产指数是相对指标。

美国产能利用率则是衡量工业总产出占生产能力的百分比，同时也经常被用来判断市场供求关系。在分类方式上，美国产能利用率与工业生产指数类似，也包括总指数、市场分类以及工业分类三种，而在此基础上产能利用率指标在工业分类下进行了更为细致的划分。

(3) 制造业库存及订单指标

美国商务部每月会发布《制造商出货、库存和订单报告》，内容涵盖美国制造业总体以及耐用品和非耐用品的出货量、库存以及订单情况。从发布时间上来看，美国商务部通常在每月25日左右发布当月耐用品相关数据的初值，再在次月初发布含制造商总体数据以及非耐用品相关数据，并对耐用品部分进行修正。

在这项指标当中，最值得关注的是制造商库存以及新增耐用品订单数据。其中前者可以帮助观察美国库存周期所处阶段，进而判断美国经济周期变化。而对于后者来说，由于耐用品一般指使用寿命超过三年的产品，如国防设备、飞机等运输设备和企业设备等，因此剔除运输部分的核心耐用品订单增速通常被看作衡量美国商业投资的指标。

ISM制造业PMI分项当中也含有制造业库存和新订单，但PMI指标是环比概念，同时指标构建方式意味着其为相对指标，而美国商务部发布的制造商库存和订单数据则是绝对指标，两种指标存在较为明显的差异。但从历史走势来看，制造商库存环比与ISM制造业PMI库存分项走势较为一致，而制造商新增订单环比则比ISM制造业PMI新订单分项走势波动更为剧烈，但在极端时期两者表现一致（见图5-15）。

(4) 制造业就业指标

美国劳工统计局会在每月第一个周五发布上月非农就业数据，其中涵盖美国除农业以外的各个行业具体就业市场情况，因此制造业就业作为非农就业数据的一部分会一起进行披露。具体来看，非农就业数据当中有关制造业就业情况的指标，主要包括制造业就业人数、失业率、平均工时以及平均时薪等。除此之外，如美国ADP

—— 制造商库存环比（左轴） —— ISM制造业PMI自有库存（右轴）

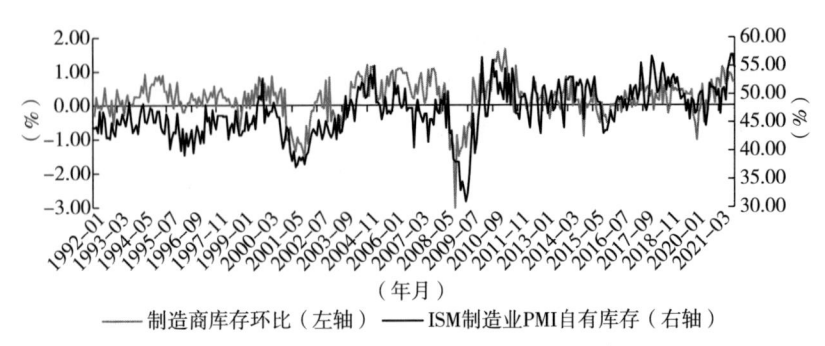

图5-15 美国制造商库存环比与ISM制造业PMI自有库存分项

资料来源：万得资讯，中信证券固定收益部。

（美国自动数据处理公司）就业数据以及 ISM 制造业 PMI 也会包括制造业就业情况，可一同作为观察美国制造业就业市场的指标。

表 5-2 总结了美国制造业观测指标体系情况。

表5-2 美国制造业观测指标体系

	指标名称	发布机构	频率	发布时间
制造业PMI指标	ISM 制造业 PMI	美国供应管理协会	月度	每月第一个工作日发布上月数据
	Markit 制造业 PMI	Markit公司	月度	每月23日左右发布当月初值数据
工业生产和产能利用率指标	工业生产指数	美联储	月度	每月中旬发布上月数据
	产能利用率	美联储	月度	每月中旬发布上月数据
制造业库存及订单指标	制造商出货量、库存及订单等	美国商务部	月度	每月25日左右发布当月耐用品初值，次月初发布完整报告
制造业就业指标	非农就业数据	美国劳工部	月度	每月第一个周五发布上月数据

资料来源：中信证券固定收益部。

美国人也爱买房吗：美国房地产市场分析

2010年以后美国房地产市场步入新一轮上涨周期当中，截至2022年已持续了约12年之久。新冠疫情时期，与疫情冲击下的美国消费、就业等基本面指标不同，美联储史无前例的宽松货币政策使得美国抵押贷款利率大幅走低，美国房地产市场也因此在疫情当中表现亮眼。

根据美国商务部经济分析局披露的数据，美国住宅投资约占私人固定资产投资的20%，因此房地产市场是观察美国经济的重要角度。美国房地产市场观测指标体系主要由房屋开工、房屋销售、房屋价格、房地产市场景气程度、房屋库存以及抵押贷款等指标构成。历史上美国地产周期与经济周期表现较为一致，2022年市场对美联储的加息预期不断强化，美联储退出量化宽松不仅会对美国股市产生下行压力，还可能对其房地产市场也造成负面影响。

1. 美国房地产市场总览

住宅投资是美国固定资产投资的重要组成部分。按照BEA披露的国民所得与生产统计（NIPA），美国私人固定资产投资可以分为住宅投资和非住宅投资两大部分，其中非住宅投资包括建筑、设备和知识产权产品投资。从历史数据来看，住宅投资在美国固定资产私人投资总额当中的占比可达到约20%。而对于行业增加值而言，当前美国房地产行业增加值约占美国GDP总值的12%。

按照新房与二手房的区别划分，美国房地产市场可以分为新屋市场与成屋市场两类，其中成屋市场在美国房地产市场当中占据主导地位。由于美国城市化进程开始较早，因此在美国房地产市场当中成屋市场占据更高的比重。从房屋销售数量占比来看，美国成屋销售数量约占整体地产销售数量的90%。但由于成屋市场交易并不纳入经济增长统计当中，因此其重要性略低于新屋市场。

美国房地产市场是观察美国经济的重要角度。由于房地产行业具有跨行业拉动效应，一方面其房屋建造过程直接体现在经济增长当中，并带动水泥、玻璃以及陶瓷等建筑原材料的需求；另一方面在房屋建造完毕后，还将带动家具、家电等地产后周期消费，因此房地产市场与宏观经济表现密切相关且具有一定的领先特征，是观察美国经济的重要角度（见图5-16）。

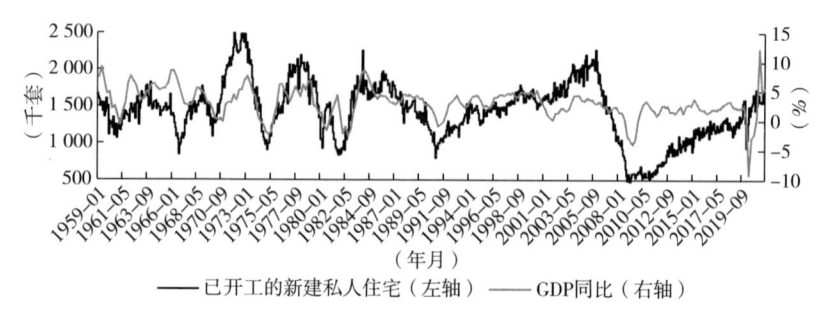

图5-16 美国新屋开工数量与经济增速
资料来源：万得资讯，中信证券固定收益部。

2. 美国房地产市场观测指标体系

美国房地产市场观测指标体系主要由房屋开工、房屋销售、房屋价格、房地产市场景气程度、房屋库存以及抵押贷款等指标构成。

（1）房屋开工指标

房屋开工指标主要针对的是美国新屋市场，由于房地产具有跨行业拉动效应，因此美国房屋开工数据不只是观察美国房地产市场的重要指标，也是观察美国宏观经济走势的重要前瞻数据。美国商务部人口普查局于每月第12个工作日发布上月新屋建造报告，内容包括新屋开工以及营建许可数据，两项数据分别由开工调查和营建许可调查两个抽样问卷调查统计得出。除总体数据外，报告还按照住宅房型分为1单元（独栋）、2~4单元以及5单元以上三种类别披露细项数据。从美国新屋开工数据与营建许可数据的历史走势来看，二者之间走势高度相关且均在一定程度上领先于美国经济表现（见图5-17）。

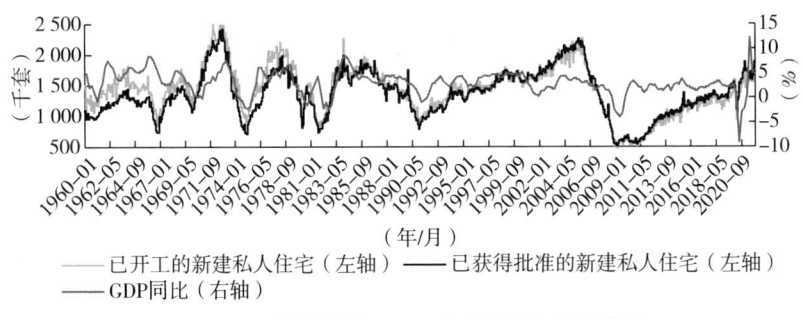

图5-17　美国新屋开工、营建许可与经济增速
资料来源：万得资讯，中信证券固定收益部。

（2）房屋销售指标

美国房屋销售指标既包括新屋市场也包括成屋市场，两个市场的销售数据分别由不同的统计机构披露。在新屋市场方面，美国商务部人口普查局每月第12个工作日会发布新屋销售报告，披露上月美国新建住房销售情况。新屋销售报告与新屋建造报告相互独立，但由后者的开工调查统计得来，其统计对象仅包括1单元住宅且销售数据以签订出售合约为准，因此新屋销售数据也被称作预售屋销售数据。

在成屋市场方面，美国成屋销售数据由全美地产经纪商协会（NAR）在每月第三周的周五披露上月数据。与新屋销售数据不同的是，美国成屋销售数据并非以签订出售合约为准，而是需要完成房屋交付手续，因此成屋销售数据反映的成交情况较新屋销售有所滞后。为了解决这一问题，NAR在成屋销售数据之外还在每月最后一周披露成屋签约销售指数，从数据的及时性来看，成屋签约销售指数相较成屋销售数据更受市场关注。

（3）房屋价格指标

美国最重要的房价指标是由标准普尔公司和 MacroMarkets 共同编制的标准普尔/CS 房价指数。虽然该数据为月度数据，却是每月的第二个周二发布两月前数据，因此房价数据相对其他指标而言时效性问题较为严重。标准普尔/CS 房价指数有 10 个大中城市和 20 个大中城市两种口径，数据发布公司分别在两种口径下赋予样本城市权重占比，再通过房价统计数据进行加权得出最终的房价指数。

（4）房地产市场景气程度指标

与美国消费指标有密歇根大学消费者信心指数反映消费市场景气程度类似，美国房地产市场同样存在景气程度指标。全美房屋建筑商协会（NAHB）在每月第 11 个工作日发布当月全美房屋建筑商协会/富国银行住房市场指数，该指数以协会会员调查问卷方式统计而来，问卷内容主要包括当月独户房型销售情况、未来 6 个月独户房型销售预期以及潜在买家流量三个问题。

（5）房屋库存指标

房屋作为商品也存在库存的概念，库存水平是判断市场供需力量强弱的重要指标。美国商务部人口普查局在每个季度第二个月初会披露上季度的房屋空置率数据，而房屋空置率在一定程度上可以理解为美国房屋的库存水平，其变化可能与美国总体经济形势密切相关。如 2008 年由于美国次贷危机爆发，房地产市场便首当其冲，在此期间美国房屋空置率水平出现了大幅上升。而 2020 年全球新冠疫情暴发后，在极度宽松的货币政策与大规模财政刺激影响下，美国房地产市场表现亮眼，美国房屋空置率在低位水平出现进一步快速下降（见图 5-18）。

（6）抵押贷款指标

由于大多数居民的购房行为涉及抵押贷款，因此在分析美国房地产市场时，除房屋销售以及房屋价格等指标外，美国抵押贷款指

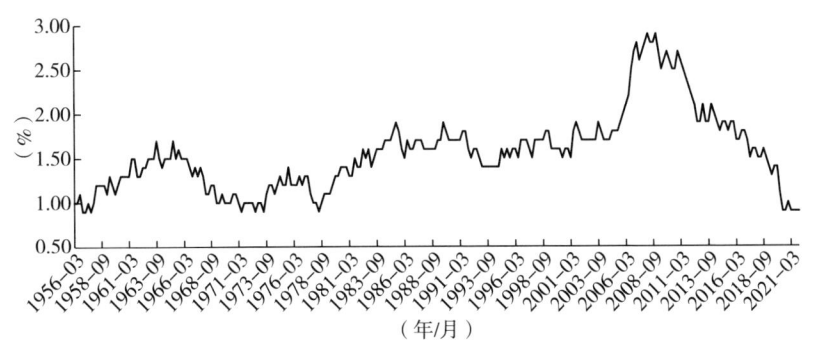

图 5-18 美国房屋空置率

资料来源：万得资讯，中信证券固定收益部。

标也值得密切关注。美国抵押贷款银行协会（MBA）根据会员每周的抵押贷款申请数量，在每周三会发布上周的抵押贷款指数。根据贷款目的，抵押贷款指数可以分为 MBA 再融资指数和购买指数，在此基础上美国抵押贷款银行协会还会发布 MBA 市场综合指数。

表 5-3 总结了美国房地产市场观测指标体系情况。

表 5-3 美国房地产市场观测指标体系

	指标名称	发布机构	频率	发布时间
房屋开工指标	已开工的新建私人住宅	美国商务部人口普查局	月度	每月第 12 个工作日发布上月数据
	已获得批准的新建私人住宅		月度	
房屋销售指标	新建住房销售	全美地产经纪商协会（NAR）	月度	
	成屋销售		月度	每月第三周周五发布上月数据
	成屋签约销售指数		月度	每月最后一周发布上月数据
房屋价格指标	标准普尔/CS 房价指数	标准普尔公司和 MacroMarkets	月度	每月第二个周二发布两月前数据

第五章　先发者的经验：美国经济与债市

（续表）

指标名称		发布机构	频率	发布时间
房地产市场景气程度指标	全美房屋建筑商协会（NAHB）/富国银行住房市场指数	全美房屋建筑商协会	月度	每月第11个工作日发布当月数据
房屋库存指标	房屋空置率	美国商务部人口普查局	季度	每季度第二个月初发布上季度数据
抵押贷款指标	MBA市场综合指数 MBA再融资指数 MBA购买指数	美国抵押贷款银行协会（MBA）	周度	每周三发布上周数据

资料来源：中信证券固定收益部。

在美国房地产市场观测指标体系当中，市场较为关注房屋开工指标和房屋销售指标，其中房屋开工指标可以看作美国宏观经济的前瞻指标，而房屋销售指标则是美国地产周期最为直观的体现。

美国房屋销售指标和景气程度指标均与新屋开工指标正相关，且都对新屋开工指标具有领先性。因为房地产行业属于典型的重资产行业，所以现金流对于房企而言至关重要。新房的开工一方面显示了房企对于未来房地产行业景气程度的判断，另一方面在现金流上需要依靠房屋销售形成回款，而房屋销售表现一定程度上也是市场景气度的直观体现。从美国新屋开工指标与行业景气度指标以及销售指标的历史关系来看，住房市场指数以及新屋销售指标均与新屋开工指标正相关，且二者对于开工指标具有一定的领先性（见图5-19和图5-20）。

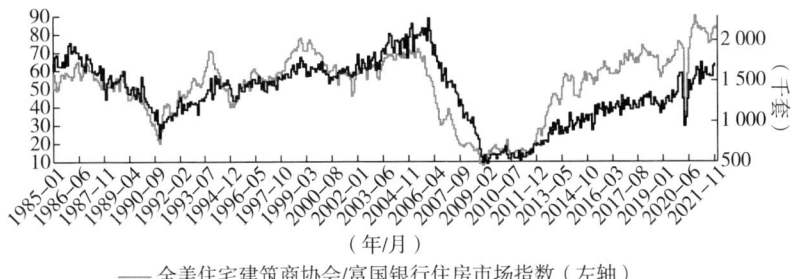

图 5–19　美国房地产市场景气指数与新屋开工

资料来源：万得资讯，中信证券固定收益部。

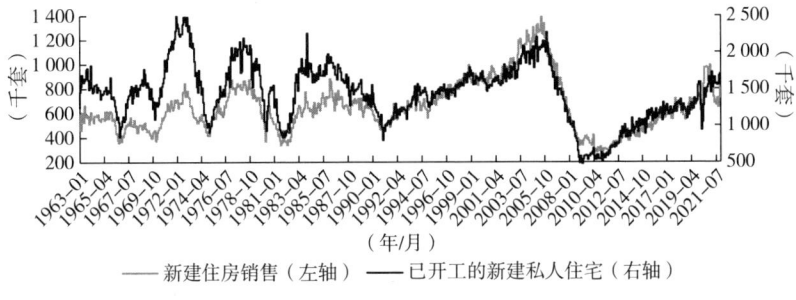

图 5–20　美国新屋销售与新屋开工

资料来源：万得资讯，中信证券固定收益部。

新屋销售与抵押贷款指标正相关，且领先于房价指标。对于销售指标而言，抵押贷款指标的表现是其重要的影响因素，由于购房者往往需要通过按揭方式购买，当市场抵押贷款利率较低时，新屋销售数据往往也出现提升。而销售数据的走高，也意味着房地产需求的好转，供需关系的变化将体现在房屋价格当中，推动房价上涨。因此从美国新屋销售与抵押贷款指标和房价指标的关系来看，新屋销售指标与抵押贷款指标正相关，销售提升后房价指标也倾向于走高（见图 5–21）。

——新建住房销售（左轴） ——标准普尔/CS房价指数（右轴）

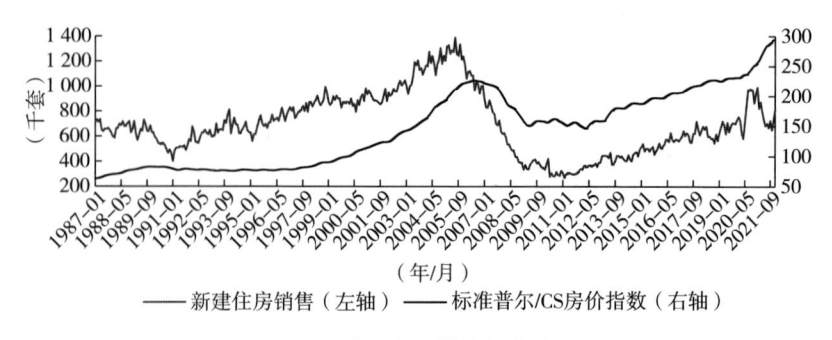

图 5-21 美国新屋销售与房价指标

资料来源：万得资讯，中信证券固定收益部。

"招工难"还是"找工难"：美国就业市场透视

20世纪30年代，随着美国股票市场的暴跌，世界范围的"大萧条"席卷而来，这也引发了大规模的失业浪潮。身处其中的凯恩斯于1936年出版了举世闻名的《就业、利息和货币通论》，提出欲实现充分就业，政府必须运用积极的财政和货币政策刺激有效需求。充分就业理论作为凯恩斯主义经济学推演逻辑的起点，对西方发达国家的政府和央行宏观调控起到了重要参考意义。

作为判断美国财政和货币政策走向的重要参考，美国就业市场的表现举足轻重，其观测指标的变动，意味着影响就业市场的宏观环境发生了变化，而影响美国就业市场的因素既有短期因素也有长期因素，不同时间维度的因素均对其就业市场的需求和供给产生影响。

1. 美国就业市场结构

伴随着产业结构的转变，1948年以来美国就业市场非农就业人数在总体趋势上持续增长，并成为美国就业市场的主导力量。与之相比农业部门就业人数自1948年以来逐渐减少，并从2000年开始维持相对稳定的状况。据统计，2021年美国非农部门就业人数约为1.5亿人，农业部门就业人数约为230万人，两部门就业人数差距巨大，因此对于美国就业市场变动的分析主要聚焦于非农部门就业（见图5-22）。

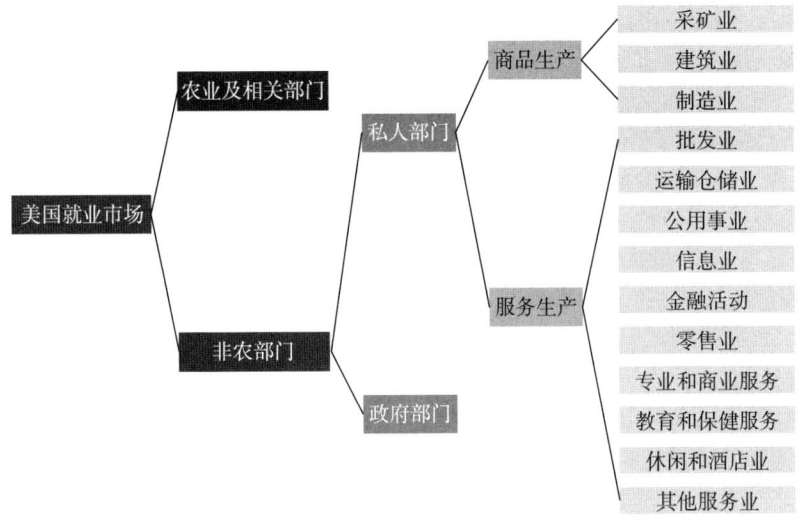

图5-22 美国就业市场结构

资料来源：万得资讯，中信证券固定收益部。

美国非农部门就业可以分为私人部门就业和政府部门就业，其中私人部门就业可进一步划分为商品生产和服务生产两类。1939年以来，美国商品生产就业人数占比持续下降，政府部门就业人数占比略有上升但总体变动不大，当前两者就业人数占比较为接近，各占非农部门总就业人数的15%左右。与以上两个部门相比，美国服务生产就业人数则快速增加，1939年美国服务生产就业人数占整个非农部门就业人数的比例约为49%，而从2013年开始，这一比例已经稳定在70%以上。服务生产就业人数的提升也侧面反映了美国逐渐转向以服务业为主导的产业结构变化（见图5-23）。

具体来看，商品生产主要包括采矿业、建筑业以及制造业。美国商品生产就业以制造业就业为主，19世纪中叶制造业就业人数约占商品生产就业总人数的80%。然而随着美国制造业"空心化"

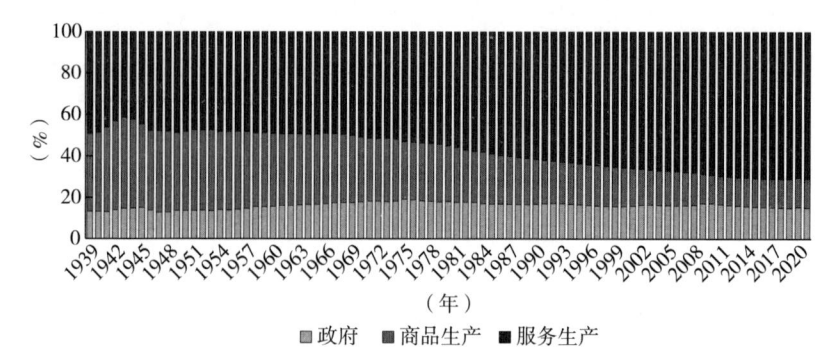

图 5-23 美国非农部门就业结构

资料来源：万得资讯，中信证券固定收益部。

问题逐渐显露，制造业就业人数占比开始下滑。截至2021年，美国制造业就业人数占商品生产就业的比重约为60.7%。

与商品生产相比，服务生产囊括的行业相对较多，主要包括批发业、运输仓储业、公用事业、信息业、金融活动、零售业、专业和商业服务、教育和保健服务、休闲和酒店业以及其他服务业。其中教育和保健服务、专业和商业服务、零售业、休闲和酒店业以及金融活动五个行业的就业人数占比相对较高，合计约占美国服务生产就业总人数的80.2%。

美国失业率与经济增速之间的关联度较高，且失业率指标滞后于经济增速变动。从前瞻性角度来看，就业对于预判经济走势的参考意义有限，但由于就业问题一方面涉及美国经济社会的福祉民生，另一方面其也是美联储制定货币政策的两个目标之一，因此美国就业问题直接联系到其财政政策和货币政策，对于市场把握美国政策走向具有重要意义（见图5-24）。

以新冠疫情时期为例，2020年年初暴发的疫情使得美国就业市场遭受冲击，2020年3月非农就业人数开始出现减少，而4月份更是创下了单月减少2 050万人的历史最高纪录。在此背景下，美

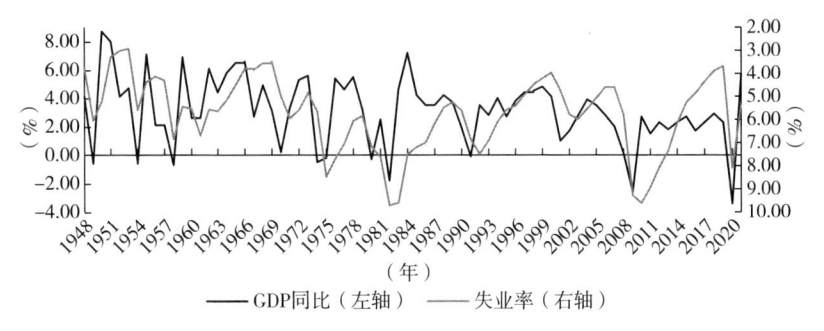

图 5-24 美国经济增速与失业率

资料来源：万得资讯，中信证券固定收益部。

国扩大财政政策规模，为失业人口发放补充失业救济金。同时美联储于 3 月份开启"零利率+无限量 QE"的极度宽松货币政策，支持美国经济修复。因此就业市场表现在一定程度上成为新冠疫情期间美国实行大规模财政刺激和极度宽松货币政策的重要原因之一。2021 年以来美国就业市场逐步恢复至新冠疫情前水平，这也对美联储从 2021 年缩减购债规模到 2022 年启动加息的宽松货币政策退出起到了至关重要的作用。

2. 美国就业市场观测指标体系

剖析美国就业市场可以从衡量其表现的指标入手，美国就业市场观测指标体系主要包括非农就业指标、ADP 就业指标、失业金申领指标、职位空缺和劳动力流动调查指标。

（1）非农就业指标

美国非农就业指标出自美国劳工统计局（BLS）发布的《就业形势报告》，该报告于每月第一个周五披露上月就业市场情况，其数据来源分为家庭调查（CPS）和机构调查（CES）两个部分。其中家庭调查过程中，劳工统计局通过对 60 000 户家庭抽样进行电话和信件访问，获得有关劳动力情况、就业失业情况以及人口特征数据。而机构调查则是劳工统计局从超过 38 万个非农机构样本中收集数据，包括就业人数、工时和工资水平等。结合两项调查所形成的美国非农就业指标主要包括：衡量就业人数变化的新增非农就业人数；衡量劳动力市场参与情况的失业率、劳动力参与率；衡量员工薪酬情况的平均周薪等。

①新增非农就业人数。新增非农就业人数是每次就业报告发布后市场关注度最高的数据之一。由于在美国就业市场当中非农就业人口占绝大多数，而农业部门就业人数又较为稳定，因此新增非农就业人数在一定意义上可以认为是整个就业市场的边际变动。每次非农就业报告发布之前，市场都会对新增非农就业人数进行预测，而当数据发布时，其对于金融市场走势的影响十分显著。新增非农就业人数受到如此关注的主要原因在于，一方面它是美国经济基本面的表现，另一方面就业作为美联储的货币政策目标之一，可能影响市场对于美联储接下来行动的预期。

②失业率。与新增非农就业人数同样重要的还有失业率数据，劳工统计局公布的失业率数据可以按照计算公式的分子与分母差异分为 U1~U6 六个口径，美国官方所使用的失业率口径是 U3，即用目前处于失业状态但是正在积极寻找工作的劳动力人数除以劳动力人口，其中劳动力人口指 16 岁及以上剔除现役军人后有能力工作的人口当中积极寻找工作的人口总和（见表 5-4）。

表 5-4 不同口径美国失业率计算方法

口径	计算方法
U1	失业 15 周及以上劳动力人口/劳动力人口
U2	暂时失去工作以及完成临时工作的劳动力人口/劳动力人口
U3	目前处于失业状态但正在积极寻找工作的劳动力人口/劳动力人口
U4	（目前处于失业状态但是正在积极寻找工作的劳动力人口＋失去继续寻找工作信心的劳动力人口）/（劳动力人口＋失去继续寻找工作信心的劳动力人口）

(续表)

口径	计算方法
U5	（目前处于失业状态但是正在积极寻找工作的劳动力人口＋失去继续寻找工作信心的劳动力人口＋有意愿及能力但暂时未积极寻找工作的劳动力人口）／（劳动力人口＋失去继续寻找工作信心的劳动力人口＋有意愿及能力但暂时未积极寻找工作的劳动力人口）
U6	（目前处于失业状态但是正在积极寻找工作的劳动力人口＋失去继续寻找工作信心的劳动力人口＋有意愿及能力但暂时未积极寻找工作或出于各种原因找不到工作的劳动力人口）／（劳动力人口＋失去继续寻找工作信心的劳动力人口＋有意愿及能力但暂时未积极寻找工作或出于各种原因找不到工作的劳动力人口）

资料来源：BLS，中信证券固定收益部。

③劳动力参与率。如果说失业率衡量的是在就业市场当中有多少人当前没有找到工作，那么劳动力参与率衡量的就是有能力工作的人当中有多少人进入了劳动力市场。劳动力参与率等于已经有工作或正在寻找工作的人数除以适龄工作人口数，其中适龄工作人口是指16岁及以上剔除现役军人后有能力工作的人口数量。从计算公式上可以看出劳动力参与率与失业率之间存在密切联系，因此将劳动力参与率与失业率结合起来可以判断美国劳动力市场的整体参与情况（见图5-25）。

④员工薪酬。员工薪酬数据即平均时薪和平均周薪，薪酬水平能够在一定程度上反映出当前劳动力市场上的供给与需求情况。作为居民个人可支配收入的重要来源，员工薪酬与居民消费和物价水平之间有密切的关系。员工薪酬的上涨可能形成"薪资上涨→物价升高→薪资上涨"的循环传导链条，物价水平的升高可能来自员工薪酬上涨带动需求提升或企业成本上涨形成的价格转嫁。从历史走势来看，美国平均周薪和CPI增速之间存在联动关系（见图5-26）。

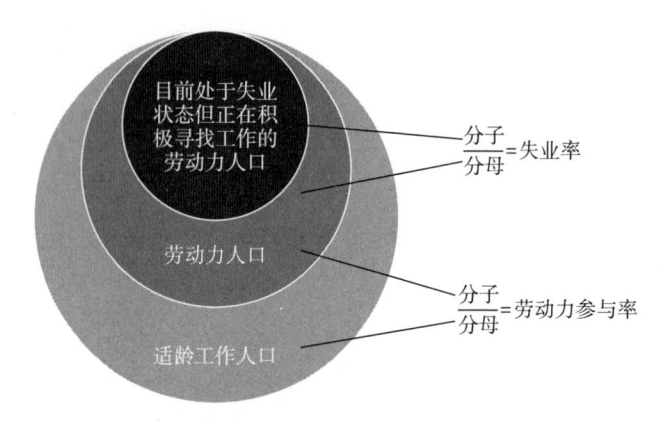

图 5-25 失业率与劳动力参与率关系

资料来源：BLS，中信证券固定收益部。

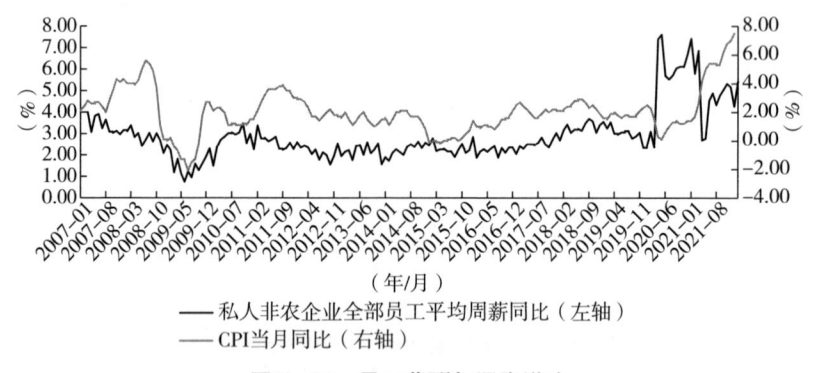

图 5-26 员工薪酬与通胀增速

资料来源：万得资讯，中信证券固定收益部。

(2) ADP 就业指标

ADP 就业指标由美国自动数据处理公司（Automatic Data Processing）于每月第一个周三发布上月数据，其数据统计样本包括 35 万个美国非农私企（非农就业指标统计样本包括公共部门），由于 ADP 就业指标发布时间早于非农就业数据，且对于非农就业指标具有预测意义，因此 ADP 就业指标又被称作"小非农"。

ADP 就业指标当中最受关注的数据为 ADP 非农就业人数，其变化反映了美国非农私营部门的就业问题,由于非农就业数据和 ADP 就业数据在发布机构和时间以及统计口径和方法上存在差异,因此部分时期二者的变动方向和幅度可能有所不同,但从历史走势上来看,非农就业人数与 ADP 就业人数在整体趋势上是一致的。由于非农就业数据是官方统计背景、口径更为全面,所以其市场影响力更为明显,其重要性也更高。但是 ADP 就业数据由于发布时间较早,在一定程度上可以为预测非农数据表现提供参考(见表 5-5)。

表 5-5 非农就业指标与 ADP 就业指标差异

	非农就业指标	ADP 就业指标
发布机构	美国劳工统计局	美国自动数据处理公司
发布时间	每月第一个周五	每月第一个周三
统计口径	包括企业和政府部门	仅包括私营企业部门
指标重要性	相对较高	相对较低

注:BLS 与 ADP 均统计非农就业数据,因此以上口径均不包括农场工人、私人家庭雇员和非营利企业雇员就业人数。

资料来源:BLS,ADP,中信证券固定收益部。

(3) 失业金申领指标

美国失业金申领指标由美国劳工统计局于每周四发布上周数据,其统计内容主要为美国各州失业保险计划办公室报告的每周失业保险索赔,根据失业保险索赔数据可以评估美国各州的劳动力市场状况。

失业金申领指标分为当周初次申请失业金人数和持续领取失业金人数。其中初次申请失业金人数为美国各州在统计当周截至周六的首次填表申请人数,而持续领取失业金人数为经过初始申请并经过一周失业,继续要求申请失业一周的人数。

由于失业金申领指标为周度指标,可以作为观测美国就业市场的高频指标,因此市场在预测非农数据时,除了通过早两天发布的

ADP就业数据外，也会关注上个月每周的失业金申领情况。

(4) 职位空缺和劳动力流动调查指标

职位空缺和劳动力流动调查指标由美国劳工统计局于每月10号左右发布上月数据。美国劳工统计局通过职位空缺和劳动力流动调查（JOLTS调查），对16 000个美国非农企业和政府机构进行分层抽样，统计各州的职位空缺、雇佣、离职、解聘裁员以及其他解雇情况。

职位空缺和劳动力流动调查指标主要包括职位空缺率、雇佣率和解雇裁员率三个数据。其中职位空缺率通过统计调查月最后一个工作日的职位空缺信息，计算职位空缺数占其与就业人数总和的比例。雇佣率是以调查月全月新增加的就业人口作为雇佣数，衡量雇佣数占总就业人数的比重。解雇裁员率与雇佣率相反，其衡量的是调查月解除雇佣状态的人数占就业人数的比例。

表5-6总结了美国就业市场观测指标体系情况。

表5-6 美国就业市场观测指标体系

	指标名称	发布机构	频率	发布时间
非农就业指标	新增非农就业人数、失业率、劳动力参与率、平均周薪等	美国劳工统计局	月度	每月第一个周五发布上月数据
ADP就业指标	ADP非农就业人数等	美国自动数据处理公司	月度	每月第一个周三发布上月数据
失业金申领指标	初次申请失业金人数、持续领取失业金人数	美国劳工统计局	周度	每周四发布上周数据
职位空缺和劳动力流动调查指标	职位空缺率、雇佣率、解雇裁员率等	美国劳工统计局	月度	每月10号左右发布上月数据

资料来源：BLS，ADP，中信证券固定收益部。

3. 影响就业的短期与长期因素

影响就业市场的因素可以从短期因素和长期因素两方面进行考虑，不同时间维度的影响因素均涉及需求端和供给端两方面的作用。

(1) 短期因素

①经济景气程度会影响企业的用人需求。新冠疫情期间美国服务业企业被迫关闭，导致大量服务业从业人员失业，并经历了很长时间才得以基本恢复。

②居民的劳动参与意愿同样会影响社会就业情况。例如2021年上半年在美国服务业岗位恢复的背景下，补充失业救济金等原因使得部分民众寻找工作的意愿较低，抑制了劳动力的供给。

(2) 长期因素

①人口增长和人口结构将影响长期劳动力供给。以欧洲和日本为代表的人口老龄化国家便面临劳动力人口的供给端压力，而美国当前也同样出现了此种担忧。

②产业结构的切换会影响到不同行业的劳动力需求。美国近年来呈现的制造业"空心化"趋势，便给美国本土的就业形势带来了一定的困难。

③技术进步可能会导致部分用人岗位的消失。随着美国自动化技术和人工智能的发展，部分原本依靠人工作业的岗位已经被替代。

美国的生活成本高吗：详解美国通胀

如果说GDP是从量的角度观察一国经济的发展，那么通货膨胀便是从价的角度展现经济的运行情况。通胀问题一方面关乎美国民众的日常生活，是社会福利民生的重要组成部分；另一方面也是美联储货币政策的两个目标之一，是分析其政策制定的重要依据。美国通胀观测指标体系主要由CPI、PCE和PPI三个指标构成。

1. CPI

美国的 CPI 由美国劳工统计局在每月中旬发布上月数据，其反映一定时期内居民购买生活消费品和服务项目价格的变动情况。在统计 CPI 数据的过程中，美国劳工统计局对美国 87 个城市的 26 000 家商铺和 4 000 个家庭进行调查，根据调查结果编制成 CPI。

因为 CPI 衡量一篮子商品和服务的价格，所以每种商品和服务在 CPI 篮子当中有特定的权重，劳工统计局每两年对 CPI 篮子权重进行一次调整，以保证 CPI 统计结果能够尽量反映不同时期的消费特征。根据 2022 年 1 月美国劳工统计局发布的权重数据，美国 CPI 指数的一级分项及其权重见表 5-7。

表 5-7　美国 CPI 分项及权重　　　　　　　　　　　　　　　　（%）

分项	权重
食品与饮料	14.3
住宅	42.4
服装	2.5
交通运输	18.2
医疗保健	8.5
娱乐	5.1
教育与通信	6.4
其他商品与服务	2.6

资料来源：BLS，中信证券固定收益部。

由于 CPI 篮子当中部分商品受暂时性因素影响波动较大，例如粮食价格可能由气候变化导致，能源价格可能受战争因素影响，这些商品价格变动并非由市场供求关系引起，因此在 CPI 指数的基础上剔除食品和能源等价格不稳定商品之后，可以进一步演化出核心 CPI 的概念，核心 CPI 衡量的是消费价格当中变动较为稳定的部分。

根据美国 CPI 与核心 CPI 同比的历史走势，核心 CPI 同比走势更为稳定。相较 CPI 而言，因为核心 CPI 能真正反映市场供求关系，同时政策制定过程中关注的是中长期价格趋势，因此核心 CPI 是更为重要的社会物价指标和政策观察指标（见图 5-27）。

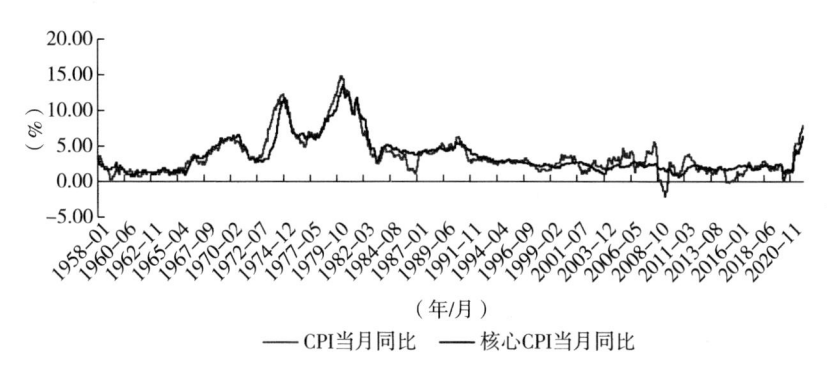

图 5-27 美国 CPI 与核心 CPI 同比

资料来源：万得资讯，中信证券固定收益部。

2. PCE

除 CPI 外，衡量居民端消费价格的另一个重要指标是个人消费支出（PCE）。对于 PCE 指标而言，也存在去除食品和能源商品后的核心 PCE 概念，而核心 PCE 同比也是美联储进行通胀观测的参考指标。美国经济分析局在每个月底左右发布《个人收入和支出报告》，披露上月美国 PCE 数据，因此从发布时间上来看，美国 PCE 指数的发布时间要晚于 CPI。

与 CPI 一样，PCE 指数同样是由一篮子商品和服务价格加权得来，但二者在权重方面的区别是，BEA 每个季度都会调整 PCE 篮子的权重，这比 CPI 篮子的调整频率更高，同时 BEA 并不会披露 PCE 篮子构成权重的具体数据，因此 PCE 分项的权重通常是根据以往各分项支出占比来近似测算。PCE 篮子主要可以分为耐用品、非耐用品和服务三大类，每个类别可以进一步分为其他细项。根据

2021年12月的数据测算，美国PCE指数分项及其权重见表5-8。

表5-8 美国PCE指数分项及权重 （%）

分项	权重
耐用品	**12.6**
机动车辆及零部件	4.3
家具和家用设备	2.9
娱乐商品和车辆	3.6
其他耐用品	1.8
非耐用品	**22.0**
食品	7.8
服装和鞋	3.0
汽油、燃油，以及其他能源产品	2.5
其他非耐用品	8.7
服务	**65.4**
居住及水电气	23.4
医疗护理	16.0
娱乐	3.4
食品和住宿	6.8
金融服务和保险	8.0
其他服务	7.8

资料来源：BEA，中信证券固定收益部。

PCE指数与CPI相比，除在发布时间、篮子构成以及权重调整频率方面两者存在不同外，两个指数的计算方式也存在不同，CPI采用的是拉氏公式，而PCE指数采用费希尔链式公式，同时PCE指数考虑了替代效应，例如牛肉对猪肉的替代效应，CPI由于不考虑替代效应可能会造成对通胀水平的高估。

历史上美国CPI同比和PCE同比走势大体一致，偶有分歧走势的情况，主要是由两个指数编制差别造成。结合 CPI 和 PCE 两个指标的区别，PCE 指数由于更频繁的权重调整以及考虑替代效应，其反映的通胀水平或更为准确，因此虽然其发布时间晚于 CPI，却是美联储观察通胀的参考指标，重要性相对更高。而如果考虑数据的及时性以及国际横向比较，CPI 指标使用起来可能更加及时和方便。

3. PPI

CPI 和 PCE 衡量的是居民端消费价格，而 PPI 衡量的是企业端产品出厂价格。美国 PPI 由美国劳工统计局于每月中旬发布上月数据，劳工统计局对 25 000 家企业进行采样，这些企业每个月为指定的产品提供报价，劳工统计局结合这些报价进行 PPI 的编制。

美国劳工统计局披露的 PPI 可以按照行业和商品进行分类，也可以按照其所处的需求阶段分为中间需求和最终需求两种。企业处于消费者的上游，因此 PPI 的提升可以向下游传导至 CPI。以新冠疫情时期为例，全球生产原材料价格的攀升导致美国 PPI 增速大幅走高，而这种上游价格上涨也在一定程度上导致了美国 CPI 增速的走升（见图 5-28 和图 5-29）。

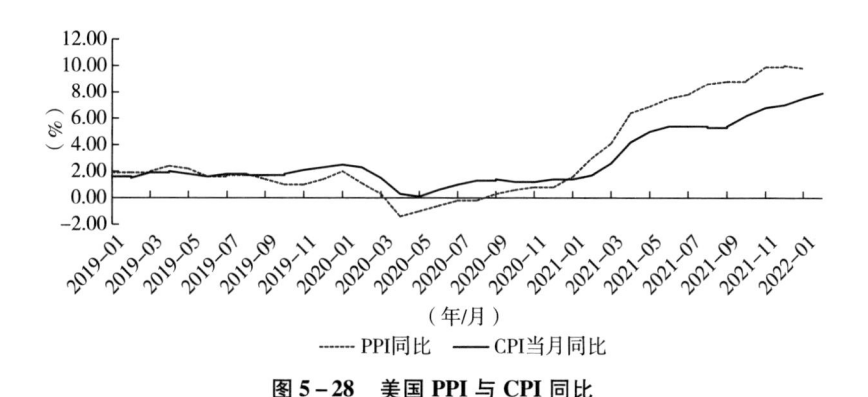

图 5-28 美国 PPI 与 CPI 同比

资料来源：万得资讯，中信证券固定收益部。

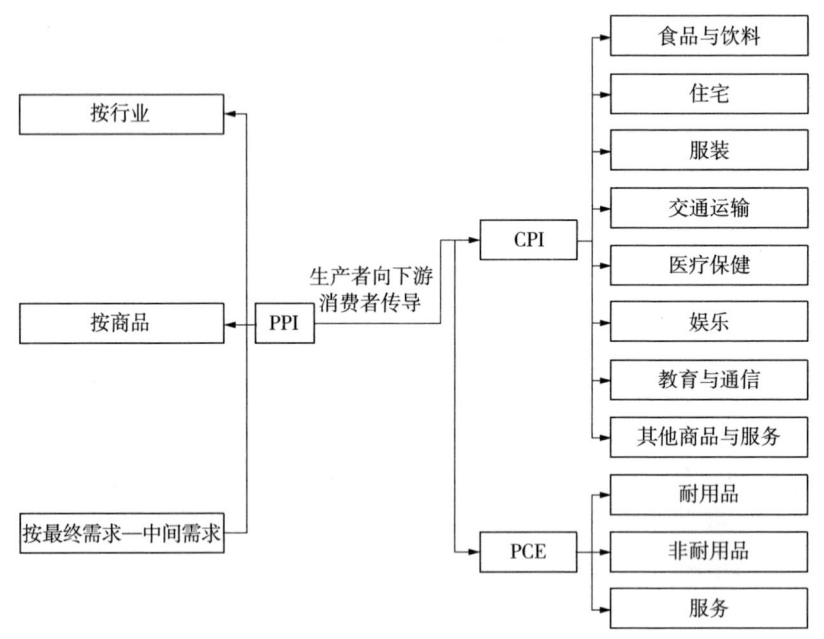

图 5-29　美国通胀观测指标体系

资料来源：万得资讯，中信证券固定收益部。

表 5-9 总结了美国通胀观测指标体系情况。

表 5-9　美国通胀观测指标体系

指标名称	发布机构	频率	发布时间
CPI	美国劳工统计局	月度	每月中旬发布上月数据
PCE	美国经济分析局	月度	每月底左右发布上月数据
PPI	美国劳工统计局	月度	每月中旬发布上月数据

资料来源：BLS，BEA，中信证券固定收益部。

美国经济的"导航系统"：宏观政策与利率体系

财政政策如何掌舵：美国财政体系与收支结构

财政政策是美国政府一项重要的宏观调控手段，会对美国经济产生明显影响。要全面理解美国财政政策和体系，有必要了解美国政治体制的全貌以及美国财政的收支结构等多个方面。对于一个国家而言，财政收入和支出在本质上是政府参与的社会分配，美国财政的收入来源相对集中，税收收入在各级政府财政收入中占据主导地位；而美国财政的支出方向则相对广泛，涵盖国防、教育和公共福利等多个方面，同时由于各级政府职能不同，其财政支出结构存在一定差异。整体来看，美国政府可以通过有针对性地调节财政收入水平或是财政支出力度，达到宏观经济调控的目的。

1. 美国政府的整体架构

美国是联邦制国家，由联邦政府以及各州共同行使国家主权。其中，联邦政府在宪法的授权下主要行使涉及国防、外交和货币等方面的国家主权。而其余没有被宪法授予联邦政府的权利都将由各州及其人民所有，因此虽然联邦政府可以在一定程度上统筹全国的政策，但美国各州仍保有相当大的自主权，它们拥有各自的州宪法，可以自由决定州内的法律、财政和教育等方面的事宜（见图5-30）。

（1）联邦政府

联邦政府是美国的中央政府，下设三大机构，分别是以美国国会为代表的立法机构、以美国总统为代表的行政机构，以及以联邦法院为代表的司法机构。根据"三权分立"的原则，这三大机构分别独立行使立法权、行政权和司法权，并相互制约。

①立法机构。联邦政府立法机构包括美国国会及其辅助机构，掌控立法权。美国国会由众议院和参议院组成。美国国会每两年举行一次国会选举，其中一次和总统选举同时进行，另一次则在总统任期的中期举行。在国会选举中，全部的众议员都将通过普选重新选出，而参议员则重新改选1/3。

立法是美国国会最重要的工作，其涵盖范围较广，而制定财政政策也是其重要的组成部分，诸如减税、发放消费补贴等财政政策

图 5-30 美国的政治体制

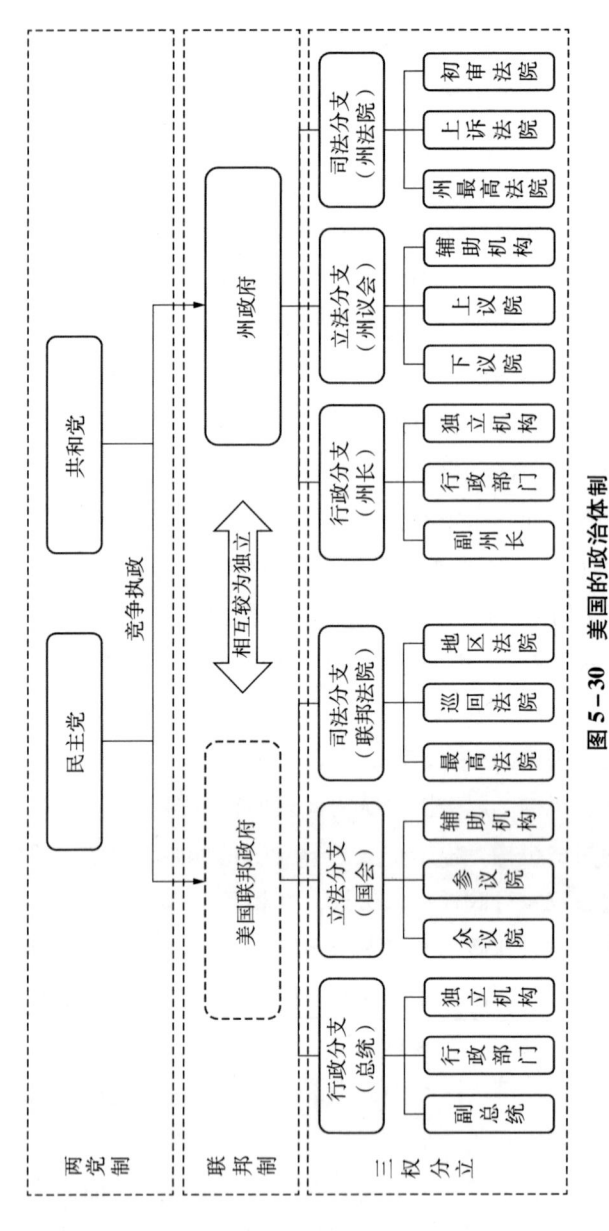

资料来源：美政府网站，中信证券固定收益部。

都需要国会立法才能推进。例如，在奥巴马执政时期，美国国会拟定提案并审议通过了《患者保护与平价医疗法案》，增加约 9 000 亿美元支出以完善医保体系；而在特朗普政府执政时期，国会立法通过了《2017 年减税与就业法案》，预计在其后的十年内减税约 1.1 万亿美元。

②行政机构。联邦政府行政机构由总统、副总统和各类行政部门组成，掌控联邦政府的行政权。依照美国宪法的规定，总统是行政机构的最高领导人，负责实施国会制定的法律，并需不定时向国会提交国情信息。

联邦政府的行政机构下设 15 个行政部门，包括国务院、国防部和财政部等，它们负责维持联邦政府的日常运转以及法律的具体执行。除了上述部门外，联邦政府还拥有数量庞大的独立行政机构，包括中央情报局、联邦调查局和美联储等，它们直接向美国总统负责，在各自的责任范围内行使职权。

虽然行政机构主要负责执行国会的法律，但根据实际需求，行政机构也有权制定自己的行政法规，不过这些行政法规都需要经国会授权才能正式生效。

③司法机构。联邦政府司法机构由联邦最高法院和下级联邦法院组成，行使司法权，负责确认立法机构和行政机构是否违宪以及审理适用联邦法律的案件。

联邦最高法院是美国的最高审判机关，共有九名大法官，他们由美国总统任命，经参议院通过后就任。大法官为终身制，除非经国会弹劾，否则无人能解职大法官，这就使得大法官在很大程度上能够免受政治压力的影响。下级联邦法院包括巡回法院和地区法院等，这些法院负责审理适用于联邦法律的具体案件。

(2) 州政府及地方政府

根据美国宪法的规定，美国各州与联邦政府共同行使美国主权，它们之间并非从属关系，各州保有较大的自主权，拥有独立的立法机构、行政机构和司法机构，可以制定并执行各州的法案。州政府和地方政府的自主权也体现在财政方面：州政府和地方政府拥有独立的财政预算，且仅需本级立法机构审议通过，无须经过联邦政府的批准。

美国的地方政府包括县政府和市政府，这两级政府同样具有较大的自主权，拥有自己的议会和行政部门。这些议员和县市长等官员由民选产生，州长并非县长的上级，同样县长也并非市长的上级。因此地方政府可以在不与州宪法和法律冲突的情况下制定自己的法律，实施自己的政策。

2. 美国的政党制度

民主党和共和党是美国的两大政党，它们的执政理念有所不同。因为财政政策需要由国会或州议院投票通过才能生效，而在此过程中国会和州议院的多数党可以在很大程度上左右投票结果，所以最终被通过的政策往往会带有浓重的党派色彩。

(1) 美国两大政党概述

民主党和共和党的一大区别在于实施宏观政策的理念不同。民主党更倾向于"大政府"的概念，支持设立一个强有力的政府来支持美国公民，也支持对各类市场行为进行必要的监管，并倾向于削减国防开支；与之相反，共和党则更倾向于"小政府"的概念，是美国保守主义的代表，更关注个人的自由，反对政府过度干涉公民的权利以及市场的自由运行，且倾向于增加国防支出以增强美国军事实力（见表5-10）。

(2) 美国政党制度的特征

美国的政党制度具有鲜明的"两党制"特征，民主、共和两党竞争执政、轮流执政。自二战结束以来，民主党和共和党长期竞争美国总统一职以及参议院和众议院的多数席位。在总统竞选方面，两党竞争"势均力敌"：自1945年至今的20个总统任期之中，

表5-10 民主党和共和党政策差异

	民主党	共和党
税收政策	支持累进税制,主张对富人加征更高的税率;主张在必要时提高税率以补助政府	反对累进税制,主张对任何群体都征收相同的税率;反对加税
社会福利	提高最低工资;推行全民医保制度;健全公立教育体系;保障弱势族裔的权利;支持LGBT(性少数群体)权益	反对提高最低工资;主张医保应由个人选择是否参保;推动私立学校的发展;反对政策向少数族裔倾斜;反对LGBT
环境政策	支持环保主义;支持对野生动植物的保护;推崇可再生能源和清洁能源	主张施行环保政策可能会影响国内经济;偏向于化石能源
外交政策	反对单边主义,积极谋求广泛的国际支持;对国际移民持开放态度	不排斥单边主义;强烈反对非法移民

资料来源:中信证券固定收益部整理。

民主党总统和共和党总统分别执政10次,单党派最长执政3个总统任期。而在国会方面,民主党则占据了较大的优势:自1945年至今的40届国会之中,民主党有27次占据参议院多数席位,并有28次占据众议院多数席位。

由于联邦法案需要参众两院审议通过,并经总统签字方能生效,因此如果总统、参议院和众议院由不同政党占据,则可能会影响法案的提出与推行。

3. 美国的财政收入结构

因为美国是联邦制国家,所以美国各级政府均保有较高的独立性,而这种独立性也体现在财政收入层面:联邦政府、州政府及地方政府均拥有独立的财政收入来源,各级政府的收入预算只需要通过同级立法机构的审议便可，无须上级政府的批准。美国各级政府的财政收入以税收为主，在联邦制的背景下，美国实行分税制，各级政府可以根据其职能自行制定税收法案，确定税种与税率并独立征税，这意味着美国各级政府的税种和税率之间可能存在不同，同时各州及地方政府的税种和税率之间也存在一定的差别。

各级政府对税收的依赖程度也有所不同：联邦政府几乎完全依靠税收获得收入，而税收占州政府及地方政府收入的比重则为一半左右。

（1）美国联邦政府财政收入结构

美国联邦政府的收入结构比较单一，税收是其最主要的财政收入来源。联邦政府征收的税种较为广泛，包括个人所得税、社会保险税和企业所得税等。而除以上三大税种外，其他税种和杂项收益的占比均相对较小。个人所得税自20世纪60年代起就一直是联邦政府最主要的税收来源，而随着美国医保和社会保险系统的逐步完善，社会保险税的占比逐年提升。企业所得税则是当前联邦政府的第三大收入来源，其占比曾高于社会保险税，但随着此后企业所得税率不断下调，以及越来越多的美国企业选择注册在海外避税，截至2020年，企业所得税的占比仅约6%（见图5-31）。

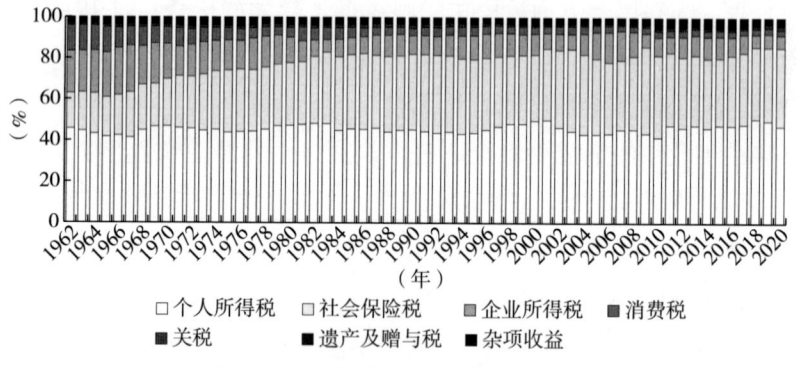

图5-31 美国联邦政府财政收入结构

资料来源：万得资讯，中信证券固定收益部。

（2）美国州政府及地方政府财政收入结构

与美国联邦政府相比，州政府及地方政府的财政收入结构则更加多元。州政府及地方政府的财政收入主要由税收、使用者付费与专项受益、联邦政府转移支付和保险信托收入构成。其中税收虽然也是州政府及地方政府的主要财政收入来源，但其占比明显低于联邦政府，常年处于40%~50%。使用者付费与专项受益和联邦政府转移支付是州政府及地方政府另两大收入来源，前者包括州及地方政府提供服务所赚取的收入以及其他杂项收入，而后者包括联邦政府提供给州政府的各类转移支付项目，它们涵盖教育、医疗等多个领域（见图5-32）。

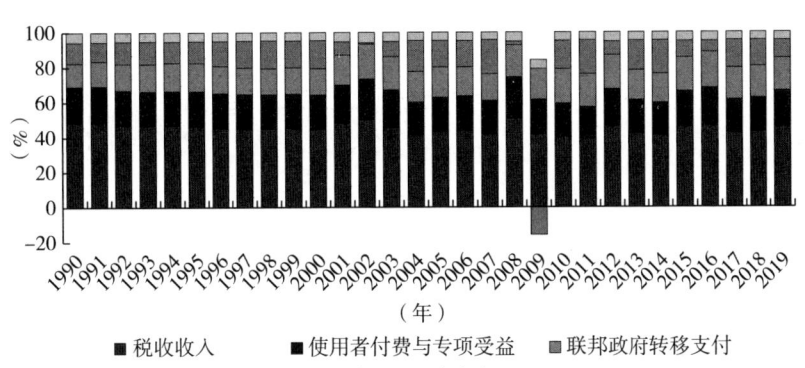

图5-32 美国州政府及地方政府财政收入结构
资料来源：万得资讯，中信证券固定收益部。

在税收方面，州政府及地方政府所征收的主要税种和联邦政府有所不同，州政府及地方政府主要依赖销售税和总收入税、房产税以及个人所得税，这些税种近30年来的占比相对稳定，约占州政府和地方政府总税收的90%以上，同时它们之间的占比差别相对较小。

(3) 着重税收调控的收入政策

通过实施财政政策，美国联邦政府可以调节财政收入水平来应对国内经济挑战，从而维持经济稳定发展。以税收政策为例，2000年至今，美国联邦财政收入经历了两次比较明显的萎缩，分别在2001—2003年和2008—2009年（见图5-33），背后的主要原因就是当时联邦政府分别应对互联网泡沫破裂和次贷危机所采取的减税政策。2001—2003年，时任美国总统小布什签署了《2001年经济增长与减税协调法案》等法案，以大幅降低个人所得税来应对衰退。2008—2009年，奥巴马则签署了《2009年美国复苏与再投资法案》，为美国个人提供了每人400美元的退税支持，以刺激受次贷危机重创的经济（见图5-33）。

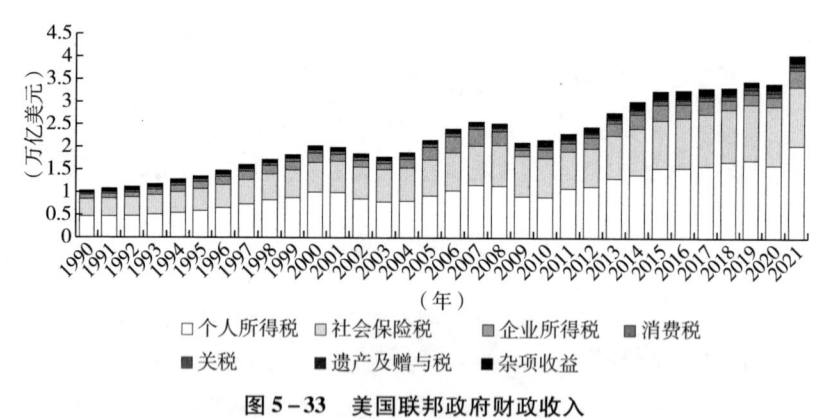

图5-33　美国联邦政府财政收入

资料来源：万得资讯，中信证券固定收益部。

4. 美国政府的财政收入流程

(1) 联邦政府的财政收入流程

联邦政府获得财政收入需要依靠立法来达成，对于美国联邦政府而言，由于税收一直是其主要收入来源，其余收入的占比常年低于5%，因此讨论其财政收入流程主要是讨论其税收的立法流程。

美国联邦政府税收立法的前期工作主要由财政部负责，具体交由税收分析办公室、税收立法顾问办公室和国际税收顾问办公室这三个财政部下属机构执行。这三个机构将在广泛征求专家学者以及相关利益集团意见的基础上编制税改提案交付总统修改，并最终由总统提交国会审议。

在国会审议的过程中，税改提案将首先交付众议院的税收委员会进行审议，并据此拟定税改法案交众议院表决。这份法案在通过众议院表决之后将交付参议院的财政委员会进行审议，审议通过后，该委员会将起草一份参议院版本的税改法案，交付参议院讨论、修改以及表决通过。

由众议院和参议院拟定税改法案往往会存在不同，因此在两院分别表决通过了自己拟定的税改法案之后，这两份法案将交付国会联席委员会整合成最终的税改法案，再交回两院审议，并在经过两院投票通过之后交付总统签字（见图5-34）。

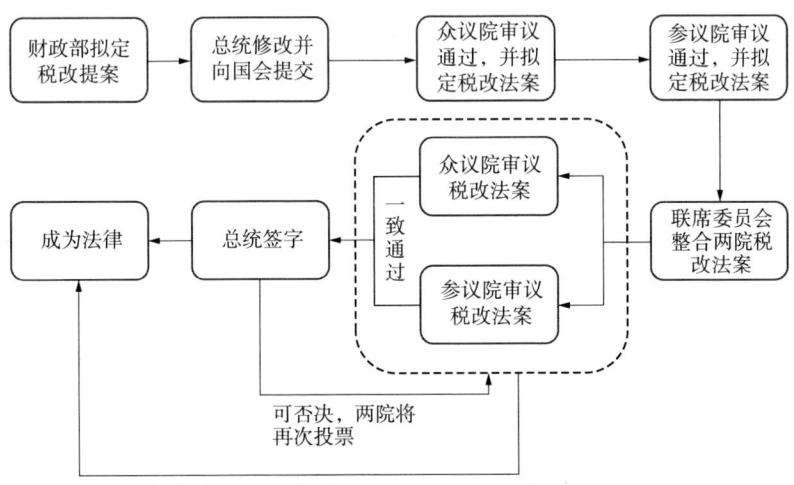

图5-34 美国联邦政府税收立法流程
资料来源：美国联邦税务局，中信证券固定收益部。

(2) 州政府的财政收入流程

与美国联邦政府一样,税收收入也是其州政府的主要收入来源。美国各州均独立进行税收立法,大致包括州议院根据州长的提案制定税改法案、参众两院对该法案进行讨论和表决、表决通过后交付州长签字等步骤,具体的流程在各州之间可能会存在不同。

除了税收收入外,州政府还可以通过联邦政府转移支付、提供有偿服务等方式获得财政收入。其中联邦政府转移支付由美国国会立法确定,转移支付项目既可以是联邦政府某些经济刺激法案的一部分,也可以单独立法。而州政府从提供有偿服务中获得的收入则和立法关系不大,这些收入包括公立学校的学费和公立医院的诊疗费等。

5. 美国的财政支出结构

和财政收入类似,美国各级政府也拥有独立的财政支出预算,联邦政府和州政府的财政支出结构存在明显不同。

(1) 美国联邦政府财政支出结构

美国联邦政府的财政支出分为法定支出、自主性支出和债务利息支出这三个部分。其中法定支出的占比最大,自主性支出次之,债务利息支出的占比则相对较小。以2021财年为例,法定支出、自主性支出和债务利息支出的占比分别为71%、24%和5%。

自主性支出是指包含在联邦政府年度预算中的支出项目,涉及国防、教育和交通等领域,可分为国防支出和非国防支出,1995年以后两者各占自主性支出的一半左右。国防支出与美国的军事活动息息相关,非国防支出则涵盖了医疗、交通以及维持联邦政府正常运行等方面的支出。新冠疫情期间,由于联邦政府在医疗和收入保障方面的支出有所提高,非国防支出占自主性支出的比例达到55%左右的历史高点。

法定支出则通常不由联邦政府年度预算决定,它是联邦政府在某些法定项目上的支出。在法定支出之中，社会保障、医疗保障和医疗补助是三大传统支出项目。2020年以前，这三者所占份额变化不大，合计约占到法定支出的80%。不过新冠疫情暴发后，美国政府实施财政刺激政策以保障公民收入，因此法定支出内的收入保障和其他项目所占比例均大幅上升，在2021财年总计占到法定支出的47%左右。

债务利息支出是联邦政府向美国国债所支付的利息。与法定支出和自主性支出相比，美国联邦政府债务利息的占比相对较小，其支出规模同时受美国国债规模和利率水平的影响。

(2) 美国州政府及地方政府财政支出结构

美国州政府及地方政府的主要职能是提供各类公共服务，其财政支出也立足于上述职能，主要集中在教育、公共福利、保险信托和公用事业等方面。教育支出在1990年之后一直是州政府和地方政府的最大支出项，约占总支出的30%。公共福利支出包括医疗补助以及提供给贫困居民的现金援助等，它在总支出中占比第二且比例逐年提升，已从1990年的11%提升至2019年的19%。保险信托支出紧随其后，它是提供给退休金和失业保险等社保项目受益者的现金支出，约占总支出的10%。此外，公用事业支出、医院支出和公路支出的占比相近，三者分别占总支出的5%~7%。其余支出项目的比例较小，均不满5%。

(3) 以保障为中心的支出政策

通过实施财政政策，美国联邦政府同样可以调节财政支出力度进而化解国内经济问题。在经济受到冲击的时候，联邦政府将提高财政支出力度以刺激经济。例如，为应对次贷危机，奥巴马政府推出了《2009年美国复苏与再投资法案》，带动联邦政府财政支出在2009—2011年维持高位。但过高的支出力度可能会使联邦政府受到激增的财政赤字的困扰，此时联邦政府可能被动地削减开支。例如在 2011—2013 年，美国政府受国债上限问题的困扰而通过了《2011 年预算控制法案》等法案以控制赤字规模，而对财政支出的削减正是其中一环。受上述政策的影响，联邦财政支出在 2012 年和 2013 年有所下滑（见图 5-35）。

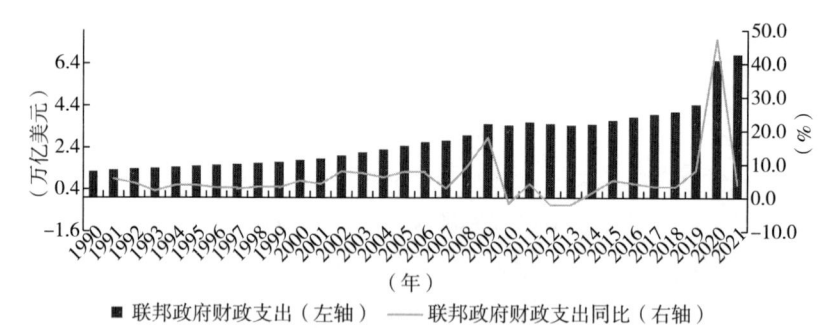

图 5-35　美国联邦政府财政支出规模
资料来源：万得资讯，中信证券固定收益部。

6. 美国政府的财政支出流程

（1）美国联邦政府的财政支出流程

美国联邦政府的财政支出必须通过一系列立法程序达成。在行政机构拟定完具体的财政支出项目之后，美国国会需要首先通过授权法案来为联邦政府执行该项目提供权限。在获得了权限之后，这些财政支出项目的资金需要由国会立法拨款。对于自主性支出项目而言，美国国会将通过在年度财政预算程序中制定的年度拨款法案来为其提供拨款，而对于法定支出项目而言，它们的资金来源于相应法案的拨款，无须经年度拨款法案拨款（见图 5-36）。

①授权法案。在美国联邦政府及其机构的任一支出项目获得拨款并开始执行之前，美国国会都需要首先针对该项目制定授权法案（Authorization Bill）。授权法案为联邦政府及其机构执行某些政策或项目等行为提供权限，一项授权法案的有效期可以维持多年，因此针对同一项目，国会并不一定要每年重新授权。在通过授权法案得

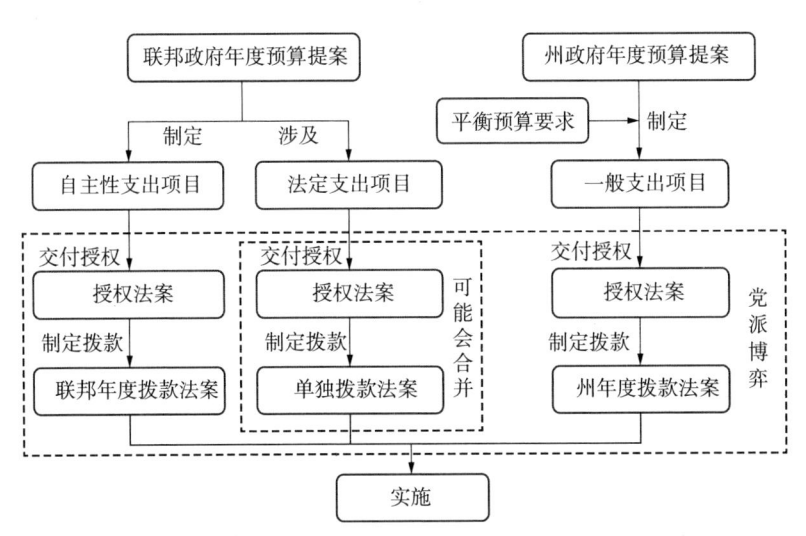

图 5-36 美国财政支出流程

资料来源：美政府网站，中信证券固定收益部。

到授权后，项目还需通过拨款法案获得资金。

②自主性支出项目由年度财政预算程序拨款。在获得授权法案授权之后，自主性支出项目将由年度财政预算程序敲定的年度拨款法案进行拨款。授权法案为自主性支出项目的开展提供了权限，它的制定独立于年度财政预算程序，只有经过授权的自主性支出项目才能从年度拨款法案中获得拨款。自主性支出项目的拨款水平需要逐年确定，这一般需要在每年 10 月开始的美国联邦政府财年之前完成。

年度财政预算程序的流程从美国总统制定并提交年度预算案开始，在国会审议总统的年度预算之后，参众两院将分别起草各自的预算决议，并在讨论、整合之后形成共同预算决议。此后，国会两院将以这一共同预算决议为指导，正式制定、整合并表决通过年度拨款法案，最终交由总统签字结束，流程如图 5-37 所示。

③法定支出项目通过相应法案获得拨款。美国联邦政府的法定

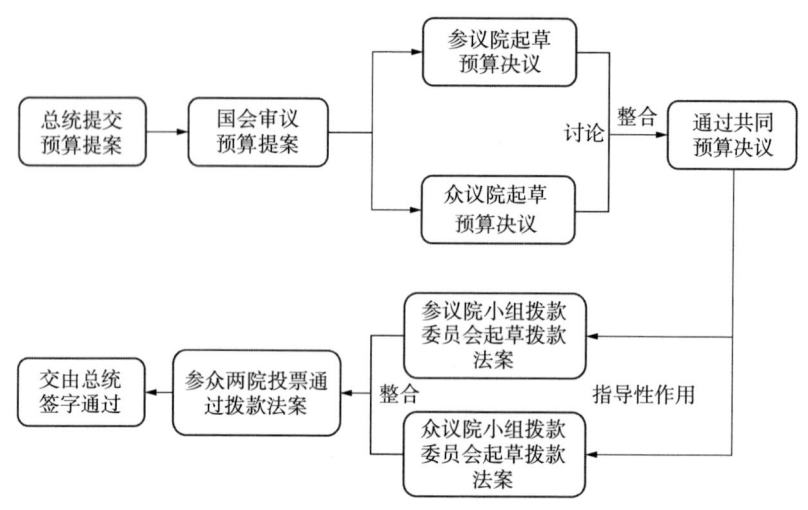

图 5-37　美国联邦政府年度财政预算程序

资料来源：美政府网站，中信证券固定收益部。

支出项目主要包含具有社会福利性质的项目，它们由独立的法案确立，获得授权和拨款。与自主性支出项目不同，法定支出项目只需要在立法的时点通过国会的授权和拨款便可，无须每年的年度拨款法案重新拨款。

法定支出项目的授权与拨款等立法程序与一般的法案立法程序相似，须由参议员或众议员拟定法案，提交给参众两院下设的对应领域的小组委员会审议，随后再交由全体委员会审议。全体委员会审议通过后，法案将交付参众两院审议，通过后交总统签字生效。这些法案将规定法定支出项目的持续时间和每年的拨款金额，如有必要，国会可以通过再度立法的方式延长这些法定项目的有效期，或是提前结束这些项目。

（2）美国州政府的财政支出流程

美国州政府的一般支出涵盖了教育、交通和医疗等领域，占州政府总支出的 80%~90%，这部分支出的流程和美国联邦政府的自主性支出类似，需要由州长制定财年预算提案并交由州议会审议拨款，不过州政府预算并非每年都要制定，部分州每两年将同时制定后两个财年的一般支出预算。

州政府一般支出与联邦政府自主性支出之间最大的区别在于，多数州政府面临平衡预算要求。所谓的平衡预算要求指的是，州政府的一般收支应该收支平衡，不能像联邦政府一样拥有预算赤字并通过发行债券的方式来填补空缺，这也限制了州政府的一般支出规模。不过州政府也并非完全不能举债，部分资本投资项目支出的资金就来源于发行市政债券。但由于市政债券往往需要以所投资本项目的收入为担保，因此它的发行实际上也受到类似于平衡预算要求的限制。

7. 财政收支的缺口与补丁——财政赤字和政府债券

联邦政府的财政收支难免会出现不平衡的状况，如果财政收入大于支出，则政府会实现财政盈余，反之，则会产生财政赤字。财政赤字是一个观察财政政策力度和方向的良好指标，美国联邦政府的财政政策都蕴含在其财政赤字的一升一降之间。总体来看，联邦政府的财政赤字规模大致可以2008年为界分为两个阶段（见图5-38）。2008年之前，联邦政府的财政赤字相对温和，且偶有实现盈余，这些财政盈余弥补了过去的亏空，保障了联邦政府乃至美国经济的稳定运行。而在2008年以后，由于次贷危机重创了美国经济，联邦政府加大财政支出力度以刺激经济，在扩大财政赤字的路上越走越远，赤字已然成为美国的一个严重问题。

巨额的财政赤字并不能凭空产生，它需要联邦政府通过发行国债来筹集资金。不过，虽然发行国债可以填补财政赤字的资金缺口，但在现实中美国国债并不能无限量发行，美国国会立法限制了联邦政府的举债上限，该上限即美国的"债务上限"。债务上限是财政部举债的天花板，但为了适应不断膨胀的国债余额，美国国会

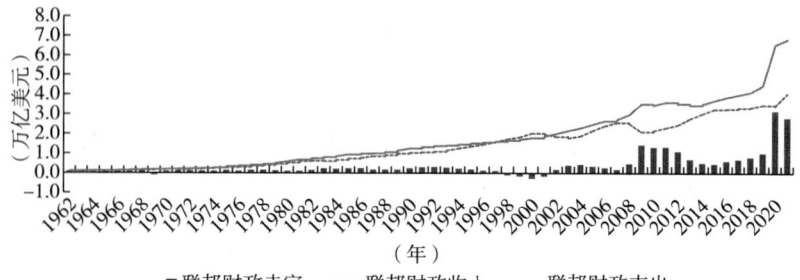

图 5-38 美国联邦政府财政赤字规模

资料来源：万得资讯，中信证券固定收益部。

将这一天花板一抬再抬。债务上限从1980年年初的8 800亿美元被一步步上调至2021年年末的31.4万亿美元。但即便是如此频繁地上调债务上限，它在近年来的巨额财政赤字面前还是显得捉襟见肘。

当债务接近法定上限的时候，联邦政府可能受到债务上限危机的困扰。此时，由于联邦政府已无法通过新发国债进行融资，因此部分已被授权拨款的支出项目可能会被迫暂停。在更严重的情况下，联邦政府可能会无力支付现存国债的利息，导致主权债务违约。近年来影响最大的一次债务上限危机发生在2011年，彼时标普首次将美国主权评级从AAA降级至AA+，两党针对债务问题展开激烈辩论，最终奥巴马通过《2011年预算控制法案》削减财政赤字，换取了债务上限的提高。

8. 美国财政部一般账户

美国财政部一般账户（Treasury General Account，简写为TGA）是美国财政部在美联储开立的存款账户，用于美国财政的各类收支活动。正如居民开立银行账户用于处理日常收支一样，美国财政部在处理各类收支活动时也需要一个"银行账户"，这在某种意义上等同于"国库"。TGA开立在纽约联邦储备银行之下，联邦政府通过税收以及发行国债所获得的各类收入将流入TGA，并在此后成为各类财政支出项目的资金，从TGA中流出。因此TGA规模的变化能在一定程度上反映出美国财政收支力度的变化。

TGA和商业银行的准备金都是美联储的负债，它们之间存在此消彼长的关系。在美国财政部通过税收或是发行国债获得收入时，居民、企业和金融机构等主体在商业银行账户的钱就会被划转给财政部，使得商业银行准备金体系内的资金流入TGA。而在财政部进行财政支出时，财政部会将TGA中的钱支付给这些主体，使得TGA中的资金流回准备金体系之内。从历史情况来看，TGA和准备金规模在短期之内此消彼长的趋势较为明显（见图5-39）。

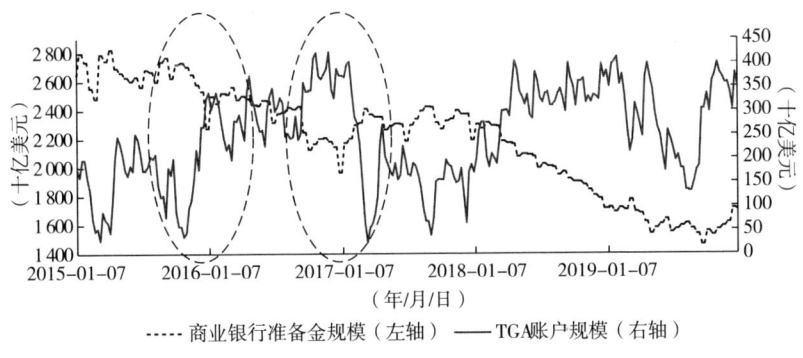

图5-39 TGA和商业银行准备金规模

资料来源：万得资讯，中信证券固定收益部。

在2008年10月之前，联邦政府并未将其资金集中保留在TGA之中，而是将资金分散在全国各家商业银行的财政部税收和贷款账户（Treasury Tax and Loan Note Accounts，简写为TT&L）之中，由于TT&L开立在商业银行中，因此其规模变动对商业银行准备金体系造成的影响相对较小。

但2008年10月以后，TGA迅速接替了TT&L的职能，美国财政部的资金几乎完全被归入TGA之中。出现这种转变的原因主要有两个：

一是美联储为了刺激受到次贷危机冲击的美国经济，实施了多轮量化宽松，这导致商业银行准备金规模从 2008 年 10 月初的约 2 000 亿美元迅速膨胀至 2011 年 10 月的 1.6 万亿美元。而在此期间 TGA 的规模并没有发生明显变化，多数时间都维持在 1 000 亿美元以内，这使得 TGA 规模的波动对准备金的影响有所降低，所以美国财政部不再需要将财政资金存放在 TT&L 中去避免财政收支行为过度影响市场。

二是美国财政部从 TT&L 中获得的利率要低于联邦基金利率，而到了 2008 年 10 月以后，美联储开始以超额存款准备金利率向存款准备金以及 TGA 支付利息，这一利率在绝大多数时候都比联邦基金利率要高，因此将资金存入 TGA 可以增加财政部的利息收入。基于上述两个原因，TT&L 中的资金迅速减少，到了 2009 年以后，TT&L 的规模长期维持在 20 亿美元左右。最终，TT&L 于 2012 年起被美国财政部弃用，TGA 成为财政部管理现金的唯一账户。

9. TGA 对美国金融市场的影响

TGA 规模的短期波动会直接影响商业银行的准备金规模，并间接影响美国金融体系流动性。这种间接影响可以从 TGA 规模和美联储隔夜逆回购规模之间的联动关系中看出，在 TGA 向银行体系释放出资金时，银行体系中的流动性变得更加充裕，这将使得金融机构通过隔夜逆回购向美联储回流资金的意愿有所增强，表现为隔夜逆回购规模的相应上升。而当财政资金积压在 TGA 中时，资金无法回流商业银行，此时金融市场的流动性往往偏紧，使得商业银行参与隔夜逆回购的意愿下降，表现为隔夜逆回购规模在相对低位运行。

除了短期波动以外，TGA 水平的长期变动可能会对流动性造成更为深远的影响。例如，自 2015 年 5 月起，美国财政部改变其现金管理政策，决定提高 TGA 长期持有的资金规模，以确保其可以满足一周的财政支出，TGA 规模从 2011—2015 年的日均约 690 亿美元提升至 2015—2019 年的日均约 2 470 亿美元，并导致用以衡量美国流动性水平的美国国债与欧洲美元利差（Treasury & Eurodollar Spread，简写为 TED 利差）随之长期走升，反映出美国金融市场中的流动性存在长期减少的趋势（见图 5－40）。

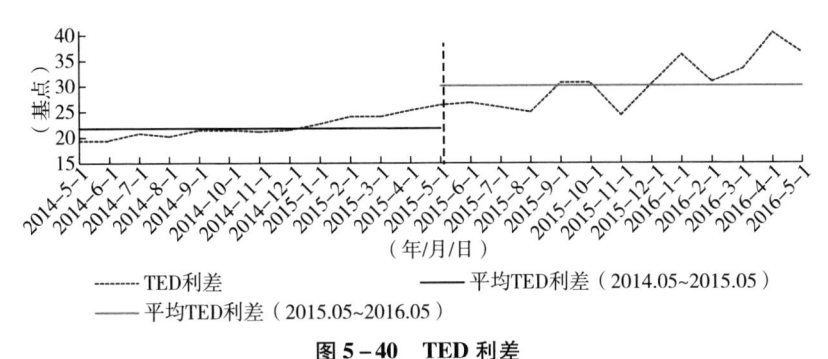

图 5－40　TED 利差

资料来源：万得资讯，中信证券固定收益部。

在 TGA 短期内出现巨额变动的时候，美联储可能会观察财政部的行动，通过执行一些"反向操作"来降低财政活动对金融系统的流动性的影响，为财政政策的实施创造有利条件。

例如在新冠疫情暴发之后，美国政府推出了 2 万亿美元左右的刺激政策。为此，美国财政部大肆举债以募集资金，不过相应支出计划的推动却略显迟缓，财政收支的不平衡使得 TGA 的规模迅速膨胀，从疫情前的 4 000 亿美元左右，快速膨胀至 2020 年 7 月末的约 1.8 万亿美元的高点。这意味着市场中有大量的流动性被收归于 TGA。观察到这一点的美联储在大幅降息之外，还大规模购买国债和抵押贷款支持证券，既通过下压国债利率降低了财政部融资成本，也向市场中补充了大量的流动性，在一定程度上缓解了发行国债给金融市场带来的流动性压力（见图 5－41）。

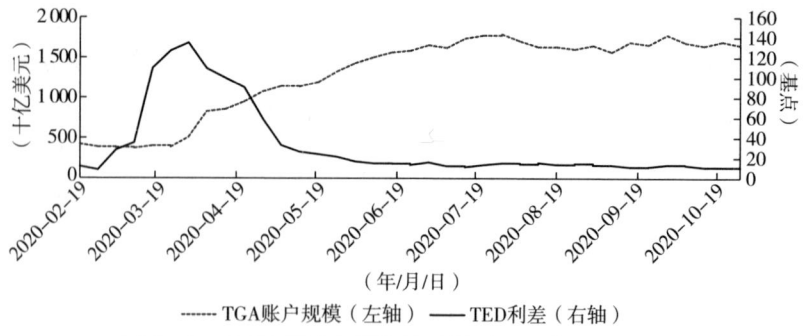

图 5-41 TGA 账户规模和流动性（2020 年 2～10 月）
资料来源：万得资讯，中信证券固定收益部。

在美联储的"反向操作"下，美国金融市场的流动性并未因TGA规模的膨胀而捉襟见肘。市场流动性仅在疫情暴发初期较为紧张，TED利差一度突破130基点，而此后虽然TGA的规模不断攀升，但在美联储的配合下TED利差迅速缩减并维持在10~20基点，这表明美联储可以通过货币政策来抵消财政因素对流动性的压力。

货币政策的道与术：美联储与它的货币政策工具箱

美国联邦储备系统（简称美联储）作为美国的中央银行，虽然其诞生至今100年出头的历史在世界上并不算特别长，但丝毫不影响其作为当今世界第一大经济体的中央银行在全球中的重要地位。如同罗马并非一日建成，美联储从其成立到现在也经历了不断完善的发展过程，最终形成了当前特殊的组织架构，联邦储备委员会、联邦储备银行和联邦公开市场委员会作为美联储的三大核心机构，按照既定的体制各司其职，以实现维持物价稳定和充分就业的双重目标。了解这个历经百年风雨的庞然巨物从组织架构到运行体制的背景，是分析其货币政策的框架中不可或缺的一环。

作为与财政政策并驾齐驱的宏观调控手段，美联储的货币政策同样会对美国经济产生巨大影响。对于美联储而言，维护价格稳定和促进充分就业等是其重要的目标，而要实现这些目标，美联储的货币政策工具箱里有多样化的货币政策工具，可以通过数量型或价格型的调控方式，影响货币供给以及政策利率。而政策利率位于美国利率体系顶端，其变化又会最终传导至实体经济，进而实现美联储的宏观调控意图（见图5-42和图5-43）。

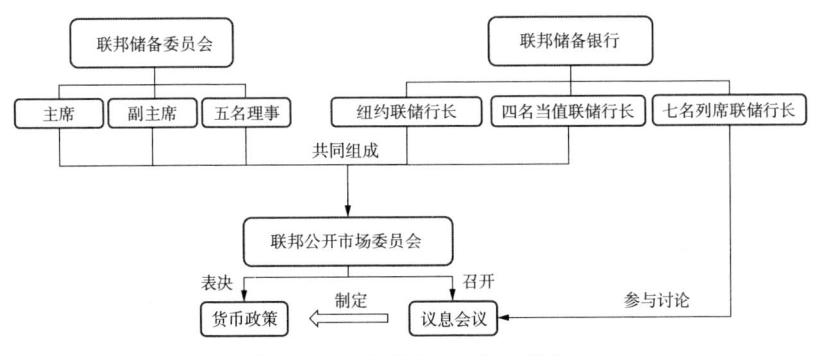

图5-42 美联储三大核心机构

资料来源：美联储，中信证券固定收益部。

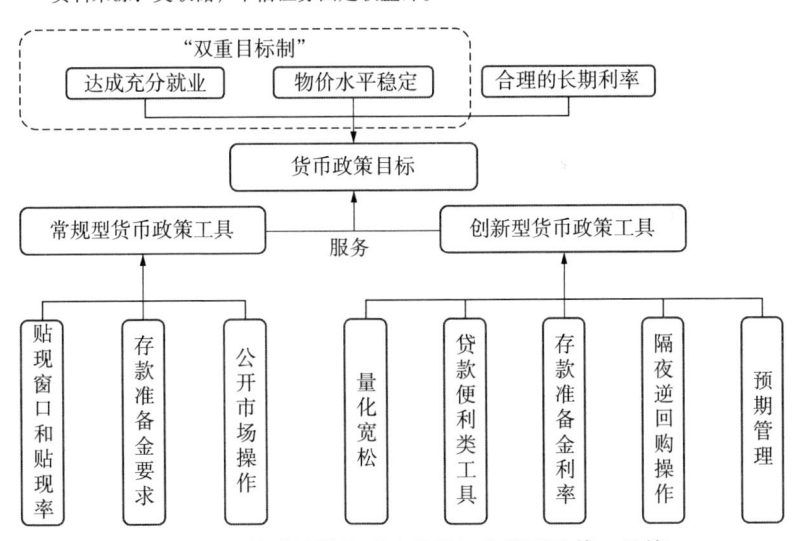

图5-43 美联储的货币政策目标和货币政策工具箱

资料来源：美联储，中信证券固定收益部。

1. 美联储的职责

美联储是美国的中央银行，它的主要职责包括以下五点：

执行美国货币政策以促进最大化就业、保证价格稳定以及维持合适的长期利率。

通过积极监控并应对国内外形势以维护金融系统稳定和遏制系统性风险。

促进私人金融机构的稳定性和可靠性，并监控其对整体金融系统可能造成的影响。

通过向银行系统以及美国政府提供促进美元交易便利化的服务以增进支付结算系统的安全度和有效性。

通过以消费者为中心的监管和检查、对新出现的消费问题及其趋势的分析和研判、推动社区经济发展活动，以及对消费者法律法规的管理等方式，来推动消费者保护和促进社会发展。

上述职责作为美联储的立身之本，指导其制定并执行货币政策、管理成员银行以及开展其他运营工作。

2. 美联储的组织结构

正如《铸币法案》(Coinage Act) 所要求的"硬币的正面须刻有'自由'(Liberty) 字样"，美国把对自由和独立的渴望同样刻进美联储的结构之中。在制定《联邦储备法案》之初，美国政府就有意避免将美联储设立为一个单一架构的中央银行，而是将其"一分为二"成联邦储备委员会以及 12 家彼此独立的联邦储备银行。尽管联邦储备委员会是联邦政府独立机构，但联邦储备银行则是股权由公共部门和私人部门混合持有的非营利机构，从而避免制定货币政策的权力过度集中于联邦政府。

1935 年，美联储设立联邦公开市场委员会以制定和执行公开市场操作，至此美联储最核心的三大机构全部设立。三大机构按照既定的制度各司其职，以实现美联储维持物价稳定和实现充分就业的双重目标。

(1) 联邦储备委员会

联邦储备委员会（Board of Governors）是美联储的管理部门，负责指导并监控美联储的整体运行。其为联邦政府独立机构的一员，直接向美国国会负责，负责向美联储提供通常性指导并管理12个联邦储备银行的运行。联邦储备委员会由7位理事组成，每位理事均由总统提名，并由参议院批准。美联储理事的任期为14年，理论任期结束时间均为偶数年的1月31日，且无法连任。为防止总统对委员会施加过大的影响，理论上每位理事的任期起始时间须互相间隔两年，这就使得每任总统一般最多只能提名两位理事。然而，由于多数理事会在任期届满之前辞职，所以一些总统将有机会额外提名理事人选，该理事将继承前任理事的剩余任期，在届满后有机会再度获得提名并获得一个完整任期。委员会主席和副主席也均由总统从理事中提名，并由参议院批准，任期4年，可连任。

(2) 联邦储备银行

联邦储备银行（Federal Reserve Banks）是美联储的运作机构，负责具体落实联邦储备委员会的指导性意见。联邦储备银行共有12家，设立于全国各地以避免权力过于集中于某些地区，它们及其下属24家分支机构负责发行货币、监管成员银行、提供清算等重要金融服务，以及履行"最后贷款人"的职责。地域差异仍然是货币政策制定过程中重要的考虑因素，各个联储银行须收集其属地经济金融数据以供公开市场委员会参考，且12家联储银行行长将轮流担任公开市场委员会票委，所以联储银行对货币政策具有较大影响。

(3) 联邦公开市场委员会

联邦公开市场委员会（Federal Open Market Committee，简写为FOMC）负责制定美联储的货币政策，并据此实施公开市场操作。

公开市场委员会由12名票委组成，7名联邦储备委员会理事和1名纽约联储银行行长固定占据8个名额，剩下的4名票委由其余11家联储银行行长轮流担任，每年分组轮换。公开市场委员会每年召开8次常规美联储议息会议讨论美国和全球的经济和金融形势，评估维持价格稳定和可持续经济增长所面临的风险，以此决定货币政策的方向和节奏。在有必要的时候，公开市场委员会还将召开额外会议（如新冠疫情初期FOMC召开临时会议决定降息）。所有的联邦储备委员会理事和联储银行行长均有资格出席会议并发表意见，但只有12名公开市场委员会票委有资格投票决定货币政策。议息会议结束当天下午两点，美联储会发表声明以总结公开市场委员会对经济发展形势的研判以及相应的货币政策决定，并简要介绍委员会制定政策时的考虑因素。会议纪要则在会议结束后第三个周三发布，该纪要将囊括所有会上讨论的关于货币政策的重要话题，包括参会者的观点、经济展望的不确定性以及委员会决策的依据等。自2007年起，在3、6、9、12月的议息会议结束后，美联储还会公布经济预测和点阵图，其中经济预测内容涵盖GDP、失业率和通货膨胀等，点阵图主要体现参会者对未来中性联邦基金目标利率的看法。因为纽约联储银行地理位置十分重要，所以由纽约联储银行负责根据利率决议执行具体的公开市场操作。

3. 美联储货币政策目标及调控方式

（1）长期目标

根据《联邦储备法案》的规定，美联储货币政策的长期目标分别是促进最大化就业、维持物价稳定以及保持长期利率处于合理水平。在美联储实际制定货币政策的过程中，如果最大化就业和物价稳定两项长期目标得以实现，那么美国长期利率将自然处于合理水平，因此美联储货币政策目标也常被表述为促进最大化就业以及维持物价稳定的"双重目标制"，其中维持物价稳定指的是将通货膨胀率（以核心 PCE 测算）控制在一定时间内平均 2% 的水平。但物价和就业目标之间可能会存在冲突，例如在经济的扩张期，过热的经济环境会使得失业率下行并推高通货膨胀水平，此时为了保证物价水平的稳定，美联储将通过加息的方式打压通胀，而这种方式在短期内将一定程度上推升失业率并导致利率水平的波动。因此，短期之内美联储需要在货币政策目标间进行权衡（见图 5-44）。

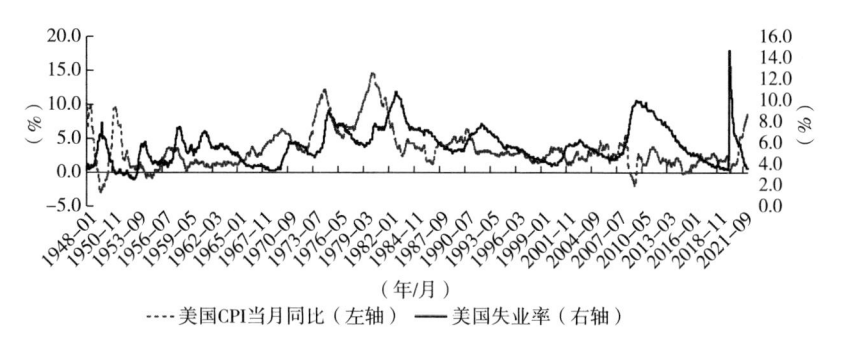

图 5-44　最大化就业和维持物价稳定这两项长期目标之间可能存在冲突
资料来源：万得资讯，中信证券固定收益部。

（2）调控方式

针对给定的长期目标，美联储会根据经济金融的具体形势而选择不同的调控方式。

数量型的调控方式以货币供应量为目标。20 世纪 70 年代末期至 90 年代初期，美联储就采用了这种方式。这一时期美国经济处于滞胀阶段，在通胀快速上行的背景下，名义利率受到通胀的影响比较大，美联储直接通过提高银行系统准备金要求的方式来收缩货币供应，以此来抗击通胀。在该时期，M1、M2 都曾被当作货币调控的中介。

价格型的调控方式则以市场利率为目标。1993 年至次贷危机前，美联储便采取了价格型调控方式，通过议息会议设定具体的联邦基金目标利率，并通过公开市场操作来使得联邦基金利率（市场利率）向目标移动。由于彼时美国银行系统的超额准备金规模较小，因此美联储可以较为容易地通过公开市场操作来改变准备金规模，以此影响联邦基金利率。

次贷危机发生后，由于联邦基金利率下行至接近零利率，价格型调控的空间被严重压缩，因此美联储再度将一些数量型调控方式（例如量化宽松）加入调控手段之中以进一步释放流动性，调控手段也因此呈现出价格型和数量型并行的特征。

综上所述，美联储的货币政策调控方式是因时而变的，不同时期美联储主要使用的货币政策工具也有所不同。

4. 政策利率

美国的政策利率主要包括联邦基金目标利率、贴现率、存款准备金利率和公开市场操作利率四种。其中联邦基金目标利率是美国政策利率的核心，其他所有政策利率均围绕它变动。美联储通过调控上述四种政策利率来调控联邦基金利率，并由其进一步向市场利率传导。

（1）联邦基金目标利率

联邦基金目标利率是美国最重要的政策利率，美联储通过调控联邦基金目标利率来引导联邦基金利率的走势。美国联邦基金目标利率由美联储议息会议决定，而联邦基金目标利率的调整也就是市场常说的美联储"加息"与"降息"。

在2008年12月以前，联邦基金目标利率是一个具体的值，但由于联邦基金利率每天不断变动，相较单一的利率点位，将目标利率设定成一个利率区间更有助于美联储展示其货币政策意图，所以2008年12月以后，联邦基金目标利率变成了一个宽25基点的区间，美联储通过这种方法有效地引导了联邦基金利率基本在目标利率区间内波动。

（2）贴现率

贴现率是美联储通过贴现窗口向银行提供短期信贷的利率。美联储通过贴现窗口发放的贴现贷款一共有三种，分为一级信贷、二级信贷和季节性信贷。

其中一级信贷是美联储为财务状况良好的银行提供的一种借贷便利，期限以隔夜为主，而其利率就是贴现率。通常情况下，为鼓励银行在联邦基金市场中相互拆借，美联储将贴现率设定为高出联邦基金目标利率100基点，但在近年来的各类危机事件中，美联储曾下调贴现率和联邦基金目标利率之间的利差，以此向市场提供更为充足的流动性。

二级信贷是美联储向面临财务困境的银行提供的贷款，其利率往往比贴现率高50基点，以体现一定的流动性风险溢价。

季节性信贷是美联储为存款规模具有季节性的银行提供的信贷，其利率由联邦基金利率和存款利率决定，和贴现率无关。由于银行通过贴现窗口获得借款往往具有负面效应，即向市场传递借款银行很可能面临流动性危机或是财务困境的信号，所以银行大多只在面临大型危机期间才会启用贴现窗口。

（3）存款准备金利率

存款准备金利率是美联储向商业银行存放在美联储的存款准备金支付的利率，分为法定存款准备金利率（Interest Rate on Required Reserves，简写为IORR）和超额存款准备金利率（Interest Rate on Excess Reserves，简写为IOER）。

IORR和IOER于2008年10月引入，在此之前美联储对准备金账户不支付任何利息。在2008年10月~2020年3月的这段时间内，IORR和IOER完全一致，但因为次贷危机时期美联储通过"零利率+多轮量化宽松"的方式向市场注入了大规模流动性，导致美国商业银行的超额存款准备金规模远大于法定准备金，且由于商业银行超额存款准备金的变动将直接影响市场流动性，所以 IOER 相对而言会受到更多的关注，同时 IOER 也是目前美国利率走廊的上限。2020 年 3 月之后，美联储将法定存款准备金比例降至 0，2021 年 7 月，美联储进一步将 IORR 和 IOER 合并成存款准备金利率（Interest Rate on Reserve Balances，简写为 IORB，见图 5–45）。

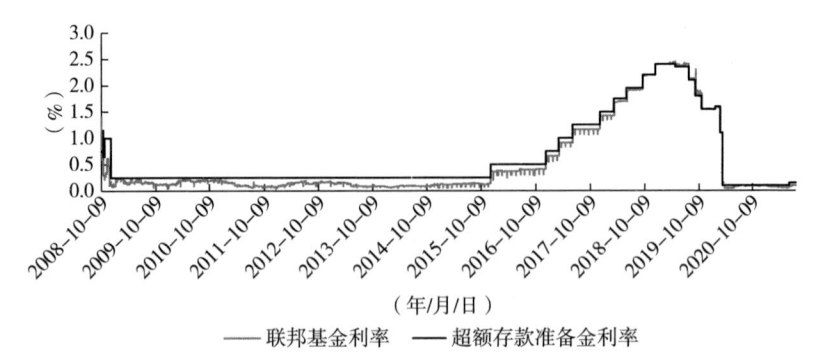

图 5–45　联邦基金利率长期在超额存款准备金利率下运行
资料来源：万得资讯，中信证券固定收益部。

(4) 公开市场操作利率

公开市场操作利率是美联储实施各类公开市场操作时所使用的利率。美联储的公开市场操作包括永久性或暂时性买卖美国国债等债券。其中永久性操作指的是现券买卖，在 2008 年以前，现券买卖是美联储调整准备金余额的供给，并引导联邦基金利率的主要手段。

暂时性操作指的则是回购操作。美国的回购操作同样分为正回购和逆回购，但是方向和中国正好相反：美联储通过正回购向市场中释放流动性，而通过逆回购来回笼流动性。当前美国最重要的公开市场操作利率是美联储于 2013 年引入的隔夜逆回购（Overnight Reserve Repurchase，简写为 ON RRP）利率。隔夜逆回购以国库券为标的，按预先设定的固定利率进行。

隔夜逆回购利率之所以重要的原因有两点：一是隔夜逆回购市场的规模自2021年年末以来突破了1万亿美元的大关，相对较大；二是隔夜逆回购的覆盖范围相对较广，除了银行外，部分非银机构也可以与美联储交易。上述两个特点使得隔夜逆回购利率能够有效反映美国金融机构的最低资金收益，隔夜逆回购利率也是目前美国利率走廊的下限（见图5-46）。

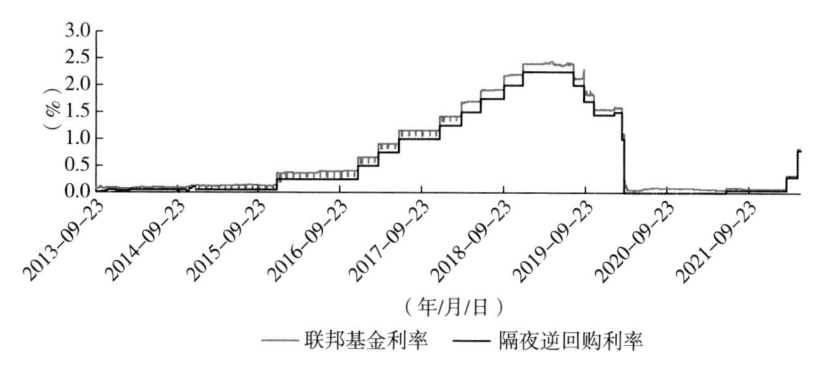

图5-46 联邦基金利率长期在隔夜逆回购利率上方运行
资料来源：万得资讯，中信证券固定收益部。

5. 创新型货币政策工具

随着金融产品的不断创新以及金融市场的不断变化，传统型货币政策工具越来越难以满足美联储调控货币政策的需求。因此，自次贷危机以来，美联储新设立了一系列创新型货币政策工具来充实自己的工具箱，以应对新时期更为复杂的需求。

（1）量化宽松

量化宽松是一种大规模资产购买计划，是美联储为应对次贷危机而引入的最有名且最重要的创新型货币政策工具之一。在次贷危机期间，虽然美国短期利率已经接近零利率，然而与投资决策关系更为紧密的长期利率仍旧过高。为解决上述问题，美联储引入了量化宽松操作来向金融体系进一步注入大量流动性，并直接对长期利率进行干涉。

在该操作下，美联储通过大量购买抵押贷款支持证券和美国长期国债等债券，在下压美国长期利率的同时，也缓解了金融机构的流动性危机。2008 年 11 月~2014 年 10 月，美联储一共采取了三轮量化宽松政策，直接使得美联储资产负债表规模从次贷危机前的约 8 000 亿美元迅速扩张至 2014 年的约 4 万亿美元。从结果来看，美联储通过量化宽松为整体经济复苏奠定了良好基础，但该操作也同时导致银行体系的超额准备金规模迅速扩张，使得传统公开市场操作的效能被严重削弱。

(2) 贷款便利类工具

除了实施量化宽松外，美联储在次贷危机以及新冠疫情期间还引入了一系列贷款便利类工具来直接向金融机构提供流动性。这些便利类工具的目标群体和具体的实施方式均有所不同，但本质都较为相似，即以各种手段向市场提供流动性或优质资产，以此保证金融系统的稳定运行（见表 5-11）。

表 5-11　美联储创设的贷款便利类工具

工具	功能
短期拍卖便利（Term Auction Facility）	向存款机构发放短期贷款，其利率由竞拍决定
一级交易商信贷便利（Primary Dealer Credit Facility）	向美联储的一级交易商发放贷款，其贷款条件和方式与贴现窗口类似
短期证券拆借便利（Term Securities Lending Facility）	向金融市场出借可供用作抵押品的国债等短期证券
商业票据融资便利（Commercial Paper Funding Facility）	直接购买实体企业的商业票据来向其提供资金支持
一级市场企业信贷便利（Primary Market Corporate Credit Facility）	通过一级市场信贷工具直接为企业提供资金

(续表)

工具	功能
二级市场企业信贷便利（Secondary Market Corporate Credit Facility）	通过在二级市场购买公司债券来支持信贷市场
期限资产支持证券贷款便利（Term Asset-Backed Securities Loan Facility）	向特定等级资产支持证券持有者提供信贷

资料来源：美联储，中信证券固定收益部整理。

(3) 预期管理

预期管理是美联储用以引导市场预期而采用的一种十分特殊的货币政策工具，也被称为前瞻性指引。例如，在短期利率已经接近零利率而难以继续下行的时候，除了通过前文所述的大规模购买长期债券来直接下压长期利率外，美联储还可以通过预期管理来释放将会长期维持低利率的信号，以此引导长期利率下行。预期管理和其他货币政策工具均有所不同，因为它仅仅依靠塑造或改变市场预期来实现美联储的货币政策意图。

货币政策与实体经济之间的桥梁：美国货币市场

货币市场作为美国利率市场的中间部分，上承美联储政策利率的制定，下接实体部门的融资，因此货币市场利率在美国利率体系中也发挥着承上启下的作用。美国货币市场主要由联邦基金市场和回购市场构成，虽然回购市场规模占据美国货币市场的主要地位，但联邦基金市场同样是美国金融机构获得短期资金的重要渠道。由于美国联邦基金目标利率是美联储价格型工具主要调控的目标，所以也意味着货币市场是美联储实施货币政策的关键一环，其流动性的充盈情况与美联储的货币政策态度一定程度上互为因果，即货币市场流动性的充盈程度会影响美联储的公开市场操作，而美联储的政策态度也会反过来影响货币市场（见图5-47）。

```
                        ┌──────────────┐
                        │  美国货币市场  │
                        └──────┬───────┘
                  ┌────────────┴────────────┐
         ┌────────┴────────┐         ┌──────┴──────────┐
         │   联邦基金市场    │         │   回购市场        │
         │（联邦基金利率EFFR）│         │（担保隔夜融资利率SOFR）│
         └─────────────────┘         └──────┬──────────┘
                                   ┌────────┴─────────┐
                          ┌────────┴────────┐  ┌──────┴──────────┐
                          │  三方回购市场     │  │  双边回购市场      │
                          │（广义一般担保利率BGCR）│ │（双边回购利率 Bilateral Repo Rate）│
                          └────────┬────────┘  └─────────────────┘
                     ┌─────────────┴──────────────┐
              ┌──────┴──────────┐         ┌───────┴───────────┐
              │  传统三方回购市场  │         │  一般担保品回购市场  │
              │（三方一般担保利率TGCR）│      │（一般担保品回购利率GCF Repo Rate）│
              └─────────────────┘         └───────────────────┘
```

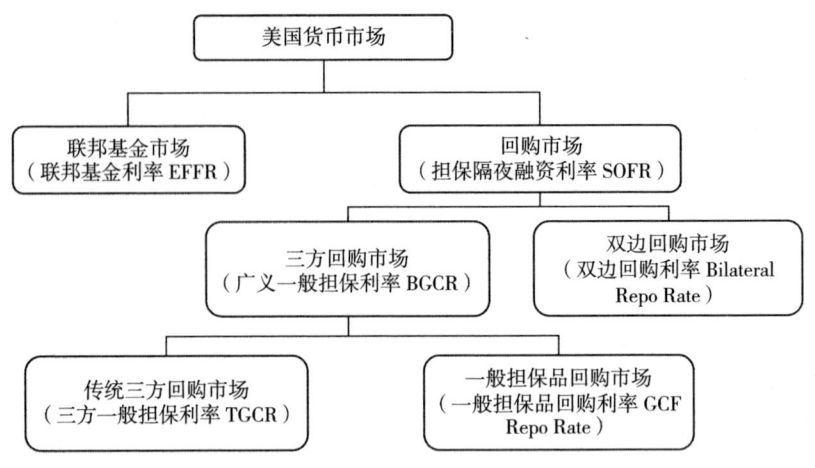

图 5-47 美国货币市场构成及货币市场利率
资料来源：美联储，中信证券固定收益部。

1. 美国货币市场构成

货币市场通常指进行期限在一年以内的金融资产交易的市场，也被称为短期金融市场或短期资金市场。对于美国而言，美国的货币市场主要由联邦基金市场和回购市场构成，其中回购市场可以进一步划分为双边回购市场和三方回购市场，而三方回购市场又包括传统三方回购市场和一般担保品回购市场。美国货币市场以回购市场为主，其日均成交量占比约为93%（见图5-48）。

（1）联邦基金市场

联邦基金市场是美国商业银行与其他金融机构之间进行无抵押拆借准备金的市场，美国商业银行可以在这一市场交易调节准备金余额的盈缺。而联邦基金利率作为联邦基金市场交易利率的加权中位数，是美联储货币政策的主要调控目标。

次贷危机以前，美国联邦基金市场日均成交量较高，然而由于美联储在次贷危机时期通过"零利率+三轮量化宽松"向市场注入大规模流动性提振经济，这导致美国商业银行的超额存款准备金规

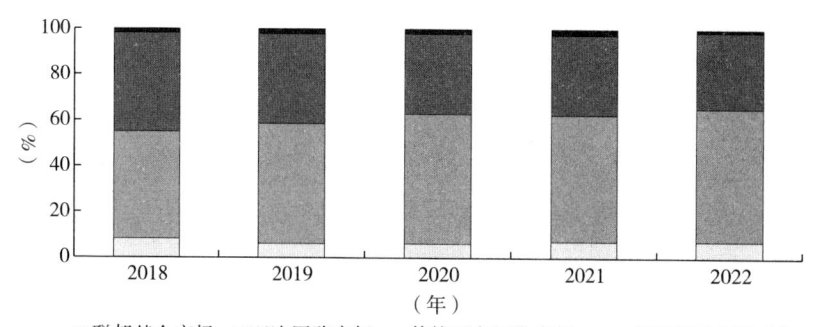

图 5-48　美国货币市场日均成交量占比

资料来源：万得资讯，中信证券固定收益部。

模在次贷危机以后大幅上升，因此美国商业银行之间调剂准备金盈缺的需求明显下降，这也带来了美国联邦基金市场交易量的萎缩。时至今日，美国联邦基金市场更多是美国金融机构获得稳定短期资金的一个渠道。

（2）回购市场

与联邦基金市场进行的无抵押拆借交易不同，美国回购市场是通过签订证券回购协议进行短期资金融通交易的市场。按照交易参与方数量的区别，回购市场可以划分为双边回购市场和三方回购市场。其中双边回购市场相较三方回购市场，其交易结构更为简单，仅需要两方机构分别作为资金融入方和融出方进行一对一直接交易。而三方回购市场则是在双边回购市场的基础上，增加了负责质押担保品管理的第三方，当前担任美国三方回购交易中介机构的是美国纽约梅隆银行。

根据是否存在中央对手方，美国三方回购市场又可以进一步分为传统三方回购市场和一般担保品回购市场，其中一般担保品回购市场由美国固定收益清算公司（Fixed Income Clearing Corporation，简写为 FICC）作为交易的中央对手方，交易过程中的托管和清算

第五章　先发者的经验：美国经济与债市

工作由美国固定收益清算公司完成。

从历史交易规模统计数据来看,美国双边回购市场日均交易规模略高于三方回购市场。而三方回购市场当中,传统三方回购市场占据主要地位,一般担保品回购市场的交易量占比较低。

美国回购市场对应的市场利率有三方一般担保利率(Tri-Party General Collateral Rate,简写为 TGCR)、广义一般担保利率(Broad General Collateral Rate,简写为 BGCR)和担保隔夜融资利率(Secured Overnight Financing Rate,简写为 SOFR)。其中 TGCR 涵盖了传统三方回购市场中以国债为担保品的交易,BGCR 在 TGCR 的基础上额外涵盖了以国债为担保品的一般担保品回购市场回购交易。SOFR 则是同时衡量三方回购市场和双边回购市场的利率指标,其在 BGCR 所涵盖的交易的基础之上,进一步涵盖了双边回购交易(对担保品种类有规定的特殊双边回购除外)。

2. 美国货币市场参与者结构与抵押品类型

(1) 参与者结构

美国货币市场参与者主要包括货币市场基金、美国商业银行、政府支持机构(Government Sponsored Enterprises,简写为 GSE)、政府部门、共同基金、社保养老基金、非金融企业、控股公司、抵押贷款房地产信托基金、证券经纪商、外资银行、海外实体、金融管理局和保险公司等。

由于货币市场是短期资金交易市场,因此可以按照资金流动方向将美国货币市场参与主体分为净融出机构和净融入机构(见图 5-49 和图 5-50)。

在货币市场净融出机构方面,货币市场基金由于投资方向为货币市场中的短期有价证券,是美国货币市场当中最重要的资金净融出机构类型,其资金净融出占比高达 65.2%。紧随货币市场基金之后的是美国商业银行,银行作为典型的资金融出机构,其净融出规

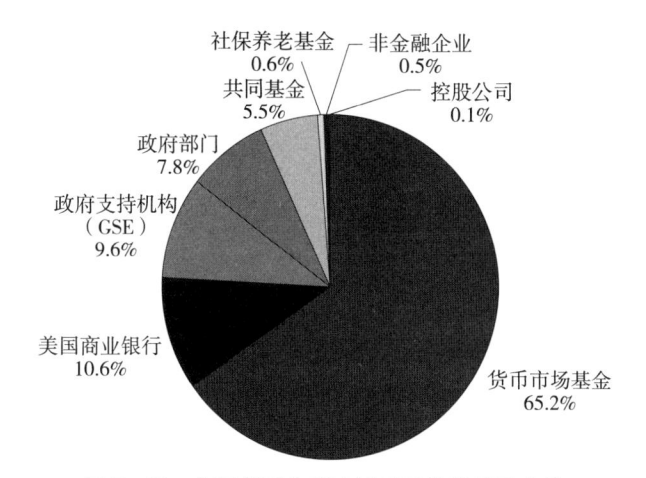

图 5-49　美国货币市场净融出机构类型及占比

资料来源：万得资讯，中信证券固定收益部。

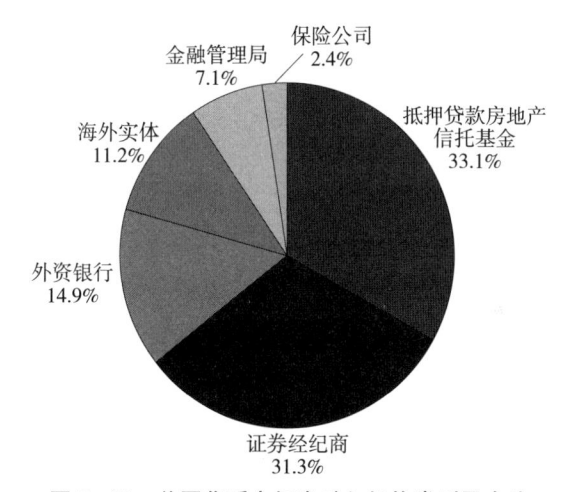

图 5-50　美国货币市场净融入机构类型及占比

资料来源：万得资讯，中信证券固定收益部。

模占比约为 10.6%。除货币市场基金和商业银行外，其他机构类型如政府支持机构、美国政府部门（联邦和州政府）、共同基金、社保养老基金、非金融企业以及控股公司等，由于其自身资金较为充沛，在美国货币市场中也基本可以划分为资金净融出机构。

在货币市场净融入机构方面，抵押贷款房地产信托基金和证券经纪商作为金融中介机构，其业务性质导致两种类型的机构具有较高的资金需求，两者的资金净融入占比分别高达33.1%和31.3%。除抵押贷款房地产信托基金和证券经纪商外，如外资银行、海外实体、金融管理局以及保险公司等机构，同样也在美国货币市场中的资金净融入方占有一席之地。

（2）抵押品类型

对于美国货币市场当中常见的抵押品而言，由于联邦基金市场属于无抵押拆借市场，因此美国货币市场抵押品的概念主要针对回购市场。

根据美国证券业及金融市场协会（Securities Industry and Financial Markets Association，简写为SIFMA）披露的2022年3月美国回购市场抵押品价值数据，美国三方回购市场抵押品种类主要包括美国国债、机构抵押贷款支持证券（Mortgage Backed Securities，简写为MBS）、股票、公司债、担保抵押证券（Collateralized Mortgage Obligation，简写为CMO）、机构债券、资产支持证券（ABS）、市政债以及货币市场工具等。其中美国国债（含剥离国债）和机构MBS是美国三方回购市场最为重要的两类抵押品种，二者的抵押品价值占比分别达到72.4%和14.8%，合计占总抵押品价值的八成以上。国债和机构MBS之所以能够成为美国回购市场最为重要的抵押品，主要是由于两类证券信用风险较低，美联储在次贷危机和新冠疫情期间进行量化宽松操作的资产购买标的也主要是这两种证券（见表5-12）。

3. 美国货币市场流动性的指示意义

货币市场作为美国利率市场的中间部分，上承美联储政策利率的制定，下接实体部门的融资，所以美国货币市场是美联储实施货币政策的关键一环，其流动性的充盈情况与美联储的货币政

表 5-12　美国三方回购市场抵押品种类

	抵押品价值 (十亿美元)	抵押品价值占比 (%)
美国国债（不含剥离国债）	2 605.8	70.6
机构 MBS	546.1	14.8
股票	168.5	4.6
投资级公司债	86.9	2.4
美国剥离国债	65.5	1.8
机构抵押担保债券（CMO）	61.6	1.7
非投资级公司债	39.3	1.1
机构债券/剥离债券	29.7	0.8
非投资级私人抵押担保债券	19.4	0.5
非投资级 ABS	18.3	0.5
市政债务	12.9	0.3
投资级 ABS	12.7	0.3
货币市场工具	11.5	0.3
投资级私人抵押担保债券	9.8	0.3

资料来源：SIFMA，美国劳工统计局。

策态度在一定程度上互为因果，即货币市场流动性的充盈程度会影响美联储的公开市场操作，而美联储的政策态度也会反过来影响货币市场。

以 TGCR 和美国隔夜回购操作金额为例，通常而言 TGCR 利率围绕美国联邦基金利率上下波动，但 2019 年 9 月由于缴税等因素导致货币市场资金供给不足，TGCR 由 2.19% 快速上升至 5.25%，美国货币市场流动性大幅收紧，受此影响美联储也宣布启动正回购操作，向货币市场注入流动性。因此通过美国货币市场利率和美联储正回购操作规模可以判断美国货币市场是否面临"钱荒"局面（见图 5-51）。

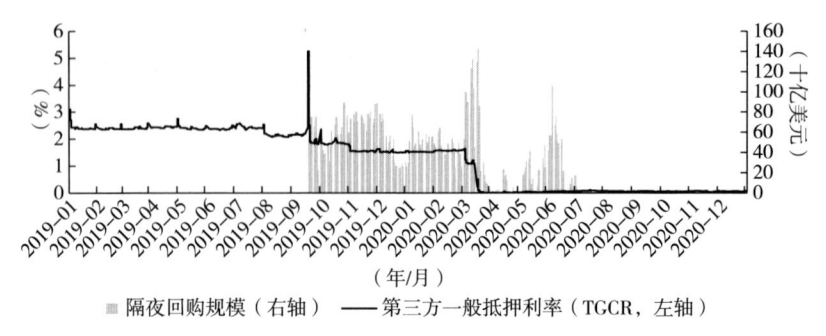

图 5-51　美国三方一般抵押利率与隔夜回购规模
资料来源：万得资讯，中信证券固定收益部。

另外，随着美联储于次贷危机和新冠疫情时期均采用零利率和量化宽松操作为货币市场提供大规模流动性，导致美国商业银行拥有大量的超额存款准备金。所以除了"钱荒"，美国货币市场也会出现流动性过剩，而通过美联储逆回购操作规模可以判断流动性过剩的情况。由于美联储隔夜回购利率是目前美国利率走廊的下限，当市场金融机构大量使用美联储隔夜逆回购工具时，意味着市场已经不存在比赚取利率下限更好的资产选择，这也意味着美国货币市场资金已经过剩。

总体而言，美国货币市场主要由联邦基金市场和回购市场构成，虽然回购市场规模占据美国货币市场的主要地位，但联邦基金市场同样是美国金融机构获得短期资金的重要渠道。美国货币市场参与者主要包括货币市场基金、商业银行、抵押贷款房地产信托基金、证券经济商等多种类型的市场主体，并以美国国债和机构 MBS 作为回购市场最重要的两类抵押品种。作为美国利率体系承上启下的中间部分，美国货币市场连接了美联储与美国实体经济，其流动性的表现无论是对于美联储制定货币政策，还是对于市场观察美联储的政策态度，都具有重要的参考意义。

美国实体经济的融资途径：债与贷

通过融资有效利用社会的闲置资金，将其引导至有需求的实体部门，是提升实体经济运行效率的重要手段。在美国，实体部门可以通过权益融资、债券融资和贷款等方式从市场中以直接或间接的方式融入资金，但不同实体部门所侧重的融资途径有所不同，这和各实体部门的主体特征密不可分。同时，各种融资途径的资金来源、融资期限和其所对应的利率也各有不同。了解美国各实体部门的主要融资途径，有助于加深对美国利率体系的整体理解（见图5-52）。

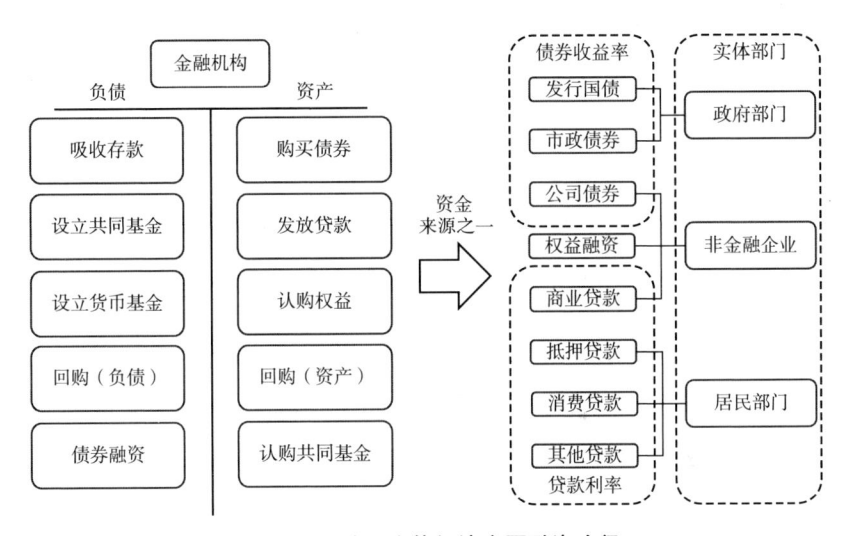

图5-52　美国实体经济主要融资途径

资料来源：美联储，中信证券固定收益部。

按照融资主体的不同，美国实体经济部门可以分为政府部门、非金融企业部门和居民部门。金融机构与上述三个实体部门联系紧密：资金从实体部门流向金融机构，成为金融机构的负债，而金融机构又会将这些资金以贷款等形式发放回实体部门，反过来成为实体部门的负债。接下来我们将首先介绍金融机构的负债结构，明确资金流入金融机构的具体途径，随后对各个实体经济部门的主要融资途径进行一一介绍。

1. 金融机构

(1) 金融机构的负债结构

美国的金融机构包括商业银行等存款类机构和投资银行等非存款类机构。根据美联储的分类，美国金融机构的负债来源包括吸收存款（仅存款类机构）、设立共同基金、债券融资和回购交易等多种。

其中，吸收存款是金融机构的最主要负债来源，其占比超过金融机构总负债的1/4。另外三大负债来源包括设立共同基金、债券融资以及设立货币基金等，占比分别为25%、18%和6%。这四种负债来源占了金融机构总负债超过75%的比例，其余负债的占比则相对较小。

(2) 金融机构的主要负债：存款

存款是金融机构的主要负债，但并非所有的金融机构都可以吸收存款。吸收存款是存款类金融机构的特权，其中商业银行吸收了市面上85%左右的存款，剩余约15%的存款则存于信用社或储蓄机构。对于商业银行而言，存款约占到它总负债的87%。商业银行将通过向实体部门提供融资（例如通过贷款方式）的方式，将负债转化为商业银行的资产。

存款类金融机构的存款可以分为三大类：支票存款、储蓄存款和定期存款。支票存款是美国居民存入资金用以支付日常生活开支的一种支取便捷的存款。储蓄存款和支票存款类似，无固定存款期限，不过银行往往会对储蓄存款的支取频率进行限制。定期存款则拥有固定存款期限，在未到期之前则无法提前支取，并根据规模大小（以10万美元为界）进一步划分为小额和大额定期存款。

从占比上看，支票存款和储蓄存款在商业银行存款中占绝大部分，且它们的合计占比长期保持上升态势，从2000年年末的54%

提高到 2020 年年末的 89%。与之对应，定期存款的规模占比则长期保持下降态势，从 2000 年的 46% 下降至 2020 年的 11%，这主要是因为在美联储量化宽松的影响下，定期存款的利率随市场利率而大幅下行。不过在 21 世纪美联储的前两轮加息周期中（2004—2006 年以及 2016—2018 年），由于整体市场利率上行，定期存款的吸引力也有所提升，其占比出现暂时性的回暖（见图 5-53）。

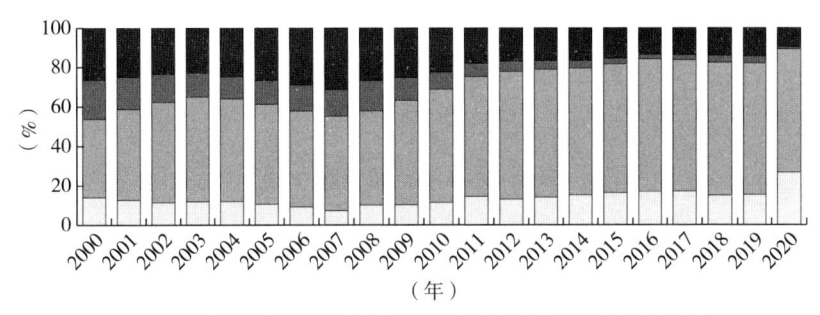

图 5-53 美国商业银行存款构成

资料来源：万得资讯，美联储，中信证券固定收益部。

2. 政府部门

通过发行债券直接融资是美国政府部门的唯一融资途径。政府债券以政府信用为担保，以税收等为支撑，信用水平在各类债券中是最高的，利率也是最低的。由于美国是联邦制国家，美国政府部门融资可以分为联邦政府和州及地方政府两个层级。

(1) 联邦政府

美国联邦政府通过发行国债或特别国债进行融资，以弥补其财政赤字。美国国债的期限由 1 个月到 30 年不等，覆盖了联邦政府不同期限的资金需求。联邦政府还于 1997 年引入通胀保值国债（TIPS）进一步吸引了市场资金。2021 年，美国国债的年发行量达到 15.1 万亿美元，其中期限在 1 年以内的短期国债发行量约占

68%，是发行的主力，美国联邦政府通过滚动发行的方式来长期保有低成本资金；中期国债的发行量居次位，约占总发行量的26%；而期限在10年以上的长期国债和中长期TIPS的发行量则相对较小。这些不同期限国债的收益率是美国联邦政府以自身信用为担保获得融资的利率，反映了美国联邦政府的资金成本。

(2) 地方政府

美国的州及地方政府通过发行市政债券募集资金。和美国国债不同，美国市政债券当中仅有三到四成以税收为偿债资金，这类市政债被称为一般责任债券，其余的市政债券则通常以所融资项目的运营收入为偿债资金，被称为收入债券。由于地方政府的信用水平一般低于联邦政府，所以地方政府通过市政债券进行融资的成本，即市政债收益率，通常高于美国国债。美国州及地方政府更倾向于通过发行收入债券进行融资，其发行占比在2021年接近70%。

3. 非金融企业

与金融企业、政府部门以及居民部门不同，美国非金融企业的主要融资渠道为权益融资，占其融资总量超过80%，而债务融资的占比则相对较小。在债务融资渠道内，贷款融资的占比要高于债券融资。

(1) 权益融资

权益融资是美国非金融企业最主要的融资方式，这一融资结构也成就了美国较为发达的权益市场。截至2021年年末，美国非金融企业的权益融资总量达到78万亿美元，位居全球首位。同时，得益于美国金融市场高度对外开放的特征，外国资本也是美国非金融企业的重要权益融资来源，外资直接投资占了权益融资总量的14%（见图5-54）。

(2) 债务融资

和权益融资相比，债务融资在非金融企业融资方式中的占比较低。在所有非金融企业债务融资渠道中，贷款融资的占比最大，约

贷款融资
11.2万亿美元，11%

债券融资
7.7万亿美元，8%

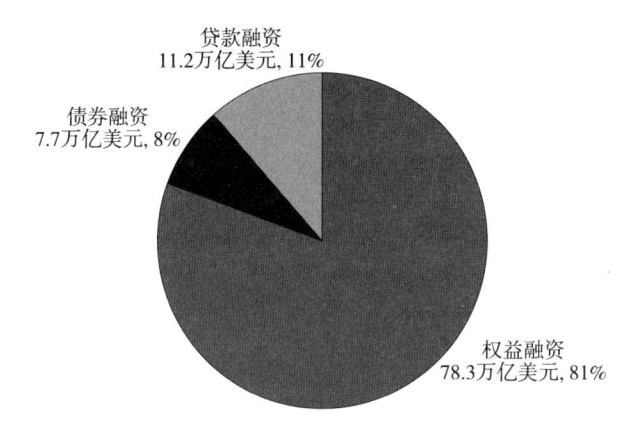

权益融资
78.3万亿美元，81%

图 5-54　美国非金融企业融资途径（2021 年年末）
资料来源：美联储，中信证券固定收益部。

占 60%。非金融企业从商业银行等金融机构获得的贷款主要包括抵押贷款和商业贷款，其中抵押贷款的占比超过 50%，这些抵押贷款的抵押品种以不动产为主。商业贷款和其他贷款的占比则相近。美国非金融企业的债券融资占比则约为 40%，其中主要以公司债券为主，2021 年年末的存量约为 6.7 万亿美元，也包括了少量的商业票据。

由于企业主体的差异性，不仅不同期限的公司债有不同的收益率，同期限的公司债也会因信用水平的不同而拥有不同的收益率。这些收益率全面反映了美国各类企业的融资成本，同时也能在一定程度上反映发债企业的运行状况。

4. 居民部门

和其他三个部门不同，居民部门既无法发行股票，也无法发行债券，因此它的融资完全依赖于向商业银行等存款类金融机构申请个人贷款。美国居民主要通过抵押贷款和消费贷款融资，根据美联储口径，居民部门 2021 年年末贷款融资规模达 17.7 万亿美元，其中约 68% 是抵押贷款，25% 是消费贷款。

（1）抵押贷款

对于美国居民部门而言，抵押贷款往往特指美国居民为购置住房等不动产而申请的贷款。借助抵押贷款，居民在购买住房时无须支付全部价款，这为居民购房提供了便利，2021年年末美国居民部门的抵押贷款规模已经达到12万亿美元。由于抵押贷款以房屋、土地等作为抵押品，因此，虽然抵押贷款的期限相对较长，但其利率通常低于消费贷款。

（2）消费贷款

相较居民抵押贷款主要用于购置住房，消费贷款则涵盖了居民生活的方方面面，几乎所有和居民消费行为有关的贷款都可以被纳入消费贷款。2021年年末美国居民部门的消费贷款规模约为4.4万亿美元，远低于抵押贷款规模。消费贷款可以是无担保的贷款，例如信用卡贷款等，也可以是有担保贷款，例如新车贷款。也正是因为消费贷款可以没有担保品，或者是担保品的价值较低，所以即便消费贷款的期限通常更短，但其利率一般要高于抵押贷款。由于消费是美国经济的主要驱动力，因此观察消费贷款的投放和其利率走势也有助于把握美国经济形势。

美国利率传导机制

综合来看，美国的利率体系自上而下可分成政策利率、货币市场利率和实体利率三大部分，这些利率并非独立存在。作为美国利率体系的起点，美联储通过调控政策利率来引导货币市场利率，进而影响实体利率以此实现最终的货币政策目标，这一过程则被称为利率传导机制。在此过程中，美联储政策利率向货币市场利率的传导通过利率走廊机制实现，而政策利率在传导至美国货币市场利率后，将通过影响资金成本和市场预期的方式，由债券市场和信贷市场两个渠道进一步传导至美国实体利率，最终形成了美国自上而下、逐层传导的利率体系（见图5-55）。

图 5-55 美国利率传导机制

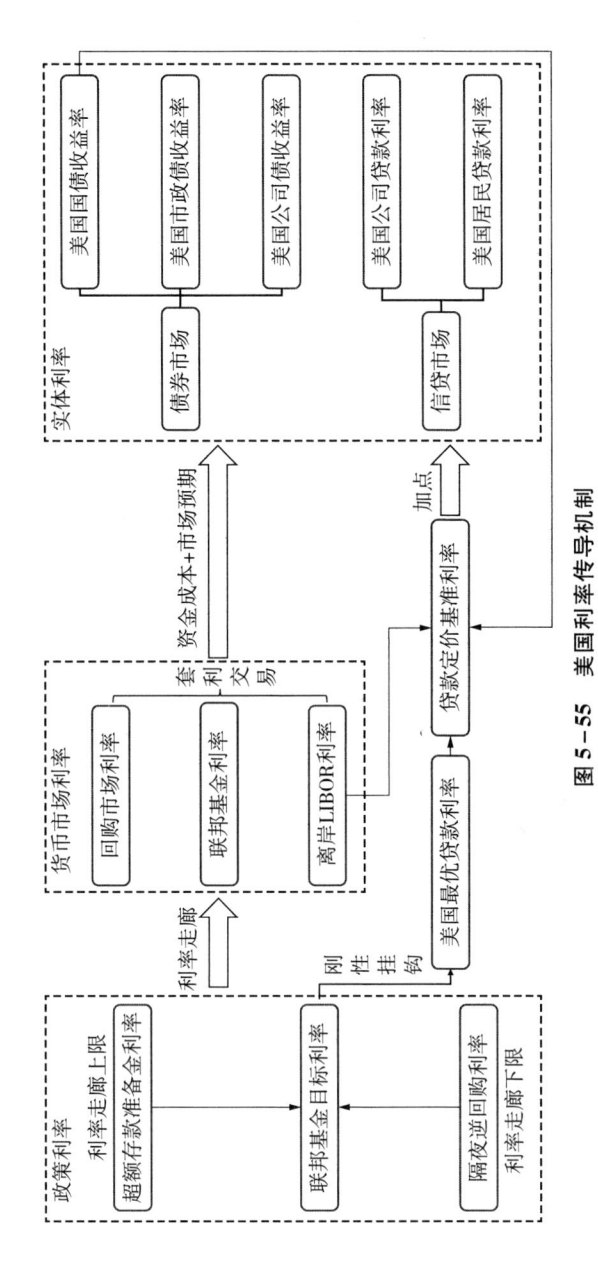

资料来源：中信证券固定收益部。

第五章 先发者的经验：美国经济与债市

1. 从政策利率向货币市场利率传导

美联储设定的政策利率是美国利率体系的起点，而货币市场作为美国利率体系中承上启下的中间部分，美联储政策利率向货币市场利率的传导通过利率走廊机制实现。

次贷危机以前，在美国商业银行准备金不足的稀缺准备金框架下，美国利率走廊以贴现率为上限，以 IOER 为下限。由于次贷危机发生前，美国商业银行并非全都拥有充足的存款准备金，因此商业银行天然具有在货币市场拆借准备金的需求。而对于美国商业银行而言，其补充准备金的最高成本是以贴现率向美联储获得的短期信贷成本，如果联邦基金利率高于贴现率，则美国商业银行会倾向于从美联储以贴现率获取准备金，而不是以更高的联邦基金利率从货币市场拆借准备金，因此贴现率是联邦基金利率的上限。另外，如果联邦基金利率低于美联储向商业银行提供的 IOER，则银行会将多余的资金存入准备金账户赚取 IOER，而不是以更低的联邦基金利率拆借给货币市场上的交易对手，因此 IOER 成为联邦基金利率的下限。如此一来，贴现率和 IOER 就组成了利率走廊，联邦基金利率将在利率走廊的区间内运行。

次贷危机以后，美联储改用充足存款准备金框架设定利率走廊，当前美国利率走廊机制以 ON RRP 为下限，以 IOER 为上限。次贷危机时期美联储采取的"零利率+量化宽松"政策使得商业银行超额存款准备金规模大幅提升，而商业银行准备金大幅宽裕的局面使得商业银行自货币市场拆借准备金的需求显著降低，因此联邦基金利率承受巨大下行压力。当联邦基金利率高于 IOER 时，商业银行可以选择将其超额存款准备金向联邦基金市场投放从而赚取更高收益，而这种套利机会的存在也使得 IOER 成为次贷危机以后联邦基金利率的上限。

同时，由于原本作为利率走廊下限的 IOER 在次贷危机后成为利率走廊的上限，因此美联储于 2013 年引入 ON RRP 作为利率走廊的新下限。隔夜逆回购覆盖的参与主体比存款准备金要广，银行以及其他一些非银金融机构均可以和美联储进行逆回购交易，从而将资金流回美联储。如果联邦基金利率低于 ON RRP，则金融机构会倾向于以联邦基金利率在货币市场获得资金，并和美联储进行逆回购交易来进行套利，从而抬升联邦基金利率至 ON RRP 之上，因此 ON RRP 在引入以后便开始发挥利率走廊下限的作用（见图 5-56）。

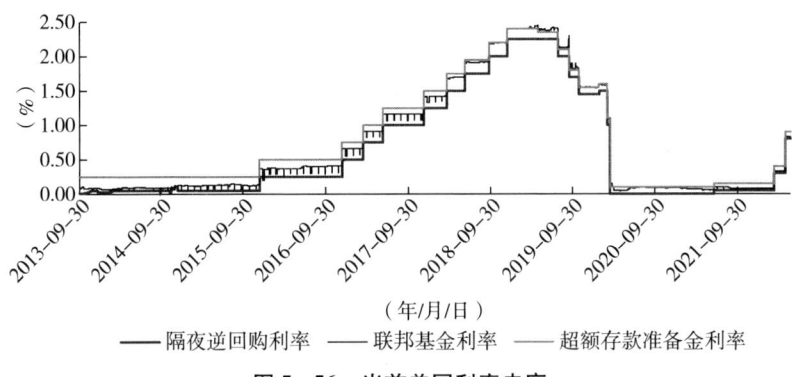

图 5-56　当前美国利率走廊

资料来源：万得资讯，中信证券固定收益部。

关于美国政策利率与货币市场利率之间的传导机制，以 2022 年 3 月美联储的政策调整为例，美联储宣布将联邦基金目标利率区间上调 25 基点至（0.25%，0.50%），与此同时美联储宣布提高 IOER 至 0.4%，提高 ON RRP 至 0.3%，以此美联储将利率走廊的上下限提高至政策利率区间上下限附近。当联邦基金利率高于 IOER 时，美国商业银行可以选择将超额存款准备金投放至联邦基金市场，进而压低联邦基金利率，当联邦基金利率低于 ON RRP 时，商业银行可以选择从联邦基金市场借入资金并与美联储进行逆回购交易进行套利，带动联邦基金利率上行。因此当美联储调整政策利率时，通过利率走廊机制美联储可以将联邦基金利率运行在联邦基金目标利率区间内。

而在美国政策利率传导至联邦基金利率之后，由于美国联邦基金市场、回购市场以及离岸美元市场的部分参与主体相同，因此相同主体在不同的货币市场之间可以进行套利交易，这种套利交易在一定程度上使得美国联邦基金利率、回购市场利率以及伦敦同业拆出利息率（London Interbank Offered Rate，简写为 LIBOR）之间形成传导，这样也导致了美国不同货币市场利率的变动趋势一致。

2. 从货币市场利率向实体利率传导

美联储政策利率在传导至美国货币市场利率后，将通过影响资金成本和市场预期的方式，由债券市场和信贷市场两个渠道进一步传导至美国实体利率。其中美国债券市场利率包括美国国债收益率、市政债收益率以及公司债收益率等，信贷市场利率包括美国企业贷款利率和居民贷款利率等。美国政策利率经由货币市场的中间传导，达到调整美国实体经济部门融资成本的目的。

对于债券市场渠道而言，当政策利率下调导致货币市场利率下降时，一方面美国货币市场参与者的资金成本会有所下降，另一方面短期美债与货币市场相比其相对收益也将有所提高，这将导致短期美债需求提升，因此短期美债收益率也将有所下行。而中长期美债收益率是在短期美债收益率的基础上增加由未来美国基本面预期等带来的期限溢价，所以短期美债收益率的下行也会通过收益率曲线传导至中长期美债，造成中长期美债收益率下行。美债收益率在一定程度上可以视作美国市政债券和美国公司债券的定价参考利率，美债收益率的下降也将引导市政债和公司债收益率的下行。

除资金成本外，债券市场渠道还存在通过市场预期影响实体利率的方式。美债收益率与货币市场利率不同，美国货币市场作为金融机构的融资渠道，货币市场利率的调整通常晚于政策利率的调整，而美国国债作为配置和交易性金融资产，美债收益率可能基于市场对于政策利率的预期而提前调整，因此从美国联邦基金利率、金融票据利率以及美债收益率的历史关系当中可以看出，美债收益率变动在一定程度上领先货币市场利率。

对于信贷市场渠道而言，美国非金融企业和居民部门通过美国商业银行获得贷款利率可以认为是由贷款定价基准利率和银行加点两部分组成。

美国商业银行通常使用的贷款定价基准利率有三种，分别是离岸市场LIBOR利率、美国国债收益率以及最优贷款利率。其中离岸市场LIBOR利率属于美国离岸市场货币利率，由LIBOR报价行通过报价给出，反映美元离岸市场无担保拆借成本。美国国债收益率反映美国最高信用主体的融资成本。而最优贷款利率则是美国银行等金融机构向其最优质客户发放贷款时所参照的利率，其利率水平与美国政策利率刚性挂钩，等于联邦基金目标利率上限上浮300基点。当美国政策利率下调导致货币市场利率下降时，LIBOR利率、美国国债收益率以及最优贷款利率也将相应下行，从而通过贷款定价基准利率降低企业和居民的贷款利率。

关于商业银行在贷款定价基准利率上加点的确定方法，由于美国采用利率市场化机制，银行对于企业和居民贷款利率在定价基准利率上的加点幅度主要与银行自身的负债成本有关，负债成本较低的银行可以在定价时采用较少的加点幅度从而吸引更多贷款。而从美国商业银行的负债结构来看，存款约占其总负债规模的87%。因此当美国政策利率下调导致货币市场利率下降时，其不仅带来商业银行贷款定价基准利率的下降，也会通过引发商业银行存款利率下行降低银行的负债成本，进而减少银行的贷款加点幅度，使得美国企业和居民的贷款利率降低（见图5-57）。

总体而言，在美国利率体系框架内，利率传导机制分为政策利

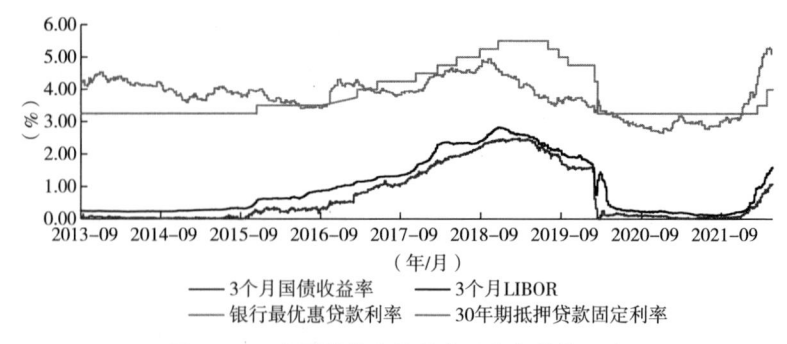

图 5-57　美国贷款定价基准利率与贷款利率

资料来源：万得资讯，中信证券固定收益部。

率向货币市场利率传导和货币市场利率向实体利率传导两个阶段。首先，美联储通过运用多样化的货币政策工具，使得美国政策利率借助利率走廊和不同货币市场之间的套利交易先传导至美国货币市场；其次，货币市场利率再通过影响资金成本和市场预期的方式，由债券市场和信贷市场两个渠道进一步传导至美国实体利率，最终实现美联储的货币政策目标，同时也形成了美国自上而下、逐层传导的利率体系。

全球债市的"巨无霸"：美国债券市场

庞然大物亦有章法：美国债市概览

美国债券市场的开端可以追溯到美国独立战争时期，用于为战争募资的债券在见证了美国诞生的同时，也孕育了日后全球最大的债券市场的雏形。美国建国之后，纽约证券交易所的成立为美国债券带来了稳定的交易场所，美国债券的品种也不断扩充，公司债券、市政债券以及 MBS 等新型债券品种相继被推出。20 世纪中期，机构投资者占比的提升使美国债券交易的场所开始转向场外，逐渐形成了其以场外市场为主的格局。目前美国债券市场规模庞大，种类齐全，交易活跃，为美国境内乃至全球各地的投资者提供了多样化的投资选择，同时各类清算、托管和监管机构各司其职，保障了这个庞然大物的平稳运行（见图5-58）。

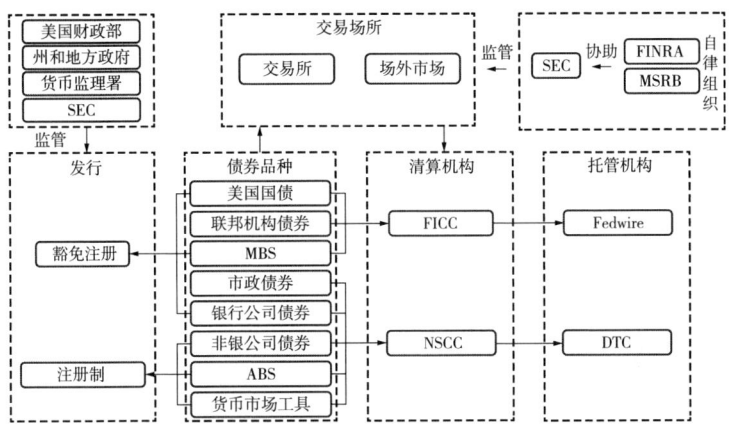

图5-58 美国债券市场、基础设施与监管机构

资料来源：中信证券固定收益部。

1. 美国债券市场概览

罗马并非一日所能建成，从发行第一张债券，到成为全球债券市场中最重要的组成部分，美国债券市场已历经200多年的风雨。在此期间，随着美国经济实力发展成为世界第一，美国债券市场的规模也不断增长，成为全球体量最大的债券市场，而多样化的品种和活跃的二级交易也吸引了全球投资者的参与。

（1）主要债券品种

美国债券市场拥有包括美国国债、抵押贷款支持证券、公司债券、市政债券、资产支持债券、联邦机构债券和货币市场工具在内的较为齐全的债券品种，为美国政府、金融机构和企业提供了全面的债券融资选择，同时也为全球投资者提供了多样化的投资标的。

其中，美国国债是由美国财政部发行的债券，以美国联邦政府的信用为担保。近十多年来，联邦政府激增的财政赤字加速了国债发行，使其在债市中的占比迅速走升。截至2021年年末，美国国债是美国债券市场中规模最大的债券品种，占债市总规模的42.8%，这一占比为1980年以来的最高水平。

除了国债外，MBS和公司债券也是美国债券市场的主要债券品种。截至2021年12月末，这两种债券在债券市场中的规模占比分别为23.1%和18.8%。市政债券是美国债券市场的第四大债券品种，不过其7.7%的占比较前三大券种而言相对较低。ABS、联邦机构债券和货币市场工具等其余债券品种的占比则都不足5%（见图5-59）。

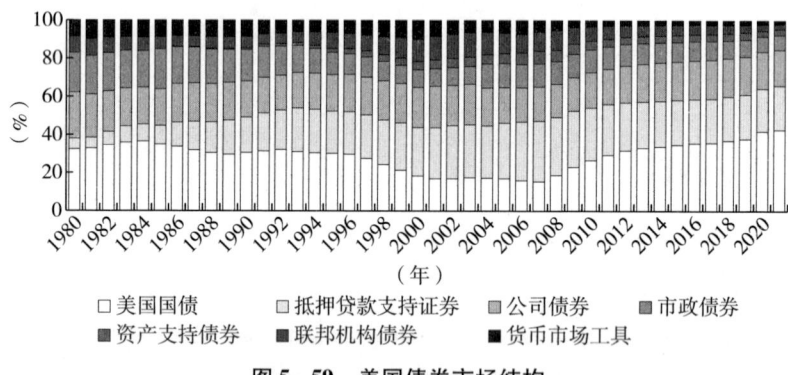

图5-59 美国债券市场结构

资料来源：SIFMA，中信证券固定收益部。

（2）一级市场发行情况

虽然美国债券市场在发展的过程中经历过起落，但其发行量在二十多年来总体实现了大幅增长。1996年，美国债券市场的年发行量仅为2.1万亿美元，此后开始震荡上行至2007年的6.5万亿美元。虽然在2008年，债市年发行量受到次贷危机的影响而一度萎缩至4.7万亿美元，但此后便回升并重新稳定在每年6万亿~7万亿美元左右。新冠疫情期间，国债和MBS的大规模发行带动债市年发行量达到2020年的12.5万亿美元和2021年的13.8万亿美元。

美国债券市场的主要发行券种在不同时期有所不同。2008年以前,美国房地产业繁荣发展,房贷需求激增,大量的房贷乃至次级贷款被打包成MBS,使得MBS成为当时美国债券市场的发行主力。此后,房价泡沫破裂,房地产市场陷入低谷,MBS的发行量也从2007年的2.43万亿美元大幅萎缩至2008年的1.39万亿美元。2009年以后,联邦政府为了填补大幅增加的财政赤字而大举增发美国国债,此消彼长下使得国债接替MBS的位置,成为美国债市的主要发行品种。2021年,美国国债和MBS的发行量占比相近,分别为38%和34%(见图5-60)。

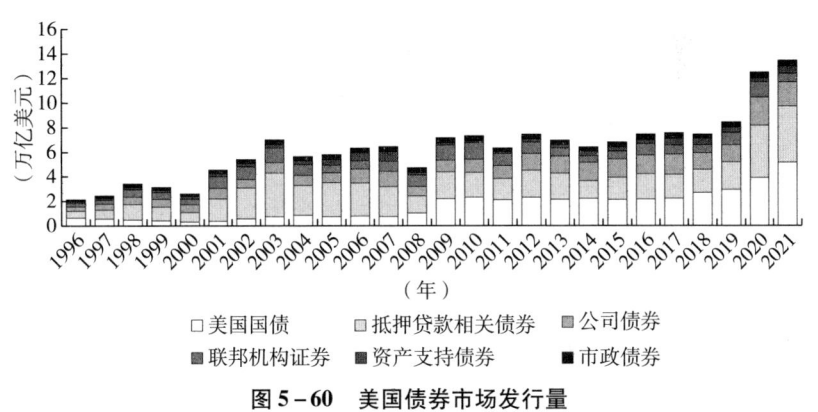

图5-60 美国债券市场发行量

资料来源:SIFMA,中信证券固定收益部。

(3)二级市场流动性

从流动性的角度来看,美国国债的流动性最优,MBS的流动性仅次于国债。自2010年以来,美国国债的日均成交量大约维持在5 000亿~6 000亿美元,约占债市总成交量的2/3,日均换手率大约在3%~4%(以日均成交量除以年末存量估算)。值得注意的是,虽然近年来美国国债的成交量呈上升趋势,但是换手率却逐年走低,这可能是因为国债的发行量激增,但债市的交易需求变化不大。美国债市中 MBS 的交易同样十分活跃，它的日均成交量大概为 2 000 亿~3 000 亿美元，日均换手率则大致稳定在 2%~4%。

除国债和 MBS 外，美国债市其余债券的流动性都相对较差。联邦机构证券的流动性在 2008 年以前相对较好，日均交易量在 1 000 亿美元左右，日均换手率在 3%~4%，但 2008 年以后，其二级市场迅速萎缩，日均交易量和换手率均不及原先的 1/10。公司债券的流动性从长期来看变化不大，虽然日均成交量从 2002 年的 180 亿美元上升至 2021 年的 370 美元，但日均换手率长期维持在 0.3%~0.4%。市政债券的日均成交量长期徘徊在略高于 100 亿美元的水平，但它的日均换手率自 2000 年以来呈下降态势，从 2000 年的 0.59% 下降至 2021 年的 0.22%。最后，资产支持证券的流动性比较差，日均成交量仅为十几亿美元，日均换手率仅约为 0.1%。

(4) 投资者结构

美国债券市场的投资者较为多元，包括银行、基金、保险、政府和海外投资者等。从投资者结构的角度来看，根据美联储美国金融账户（Financial Accounts of the United States）的统计数据，截至 2021 年年末，外资是美国债券市场最大的投资者，持有美国各类债券占债市总规模的比例约为 24%。在实施了多轮量化宽松和债券购买计划之后，美联储是美国债市的第二大投资者，占比约为 15%，它持有的债券以美国国债和 MBS 为主。银行、共同基金和保险公司投资债券的占比接近，分别为 12%、10% 和 10%，政府和个人养老基金合计也同样约占 10%。其余的投资者占比则相对较小（见图 5-61）。

2. 美国债券市场的基础设施

完善的基础设施是美国债券市场蓬勃发展的基石，其交易所市场和场外市场互有所长，为各类债券提供了自由交易的场所，清算和托管机构统一高效、分工明确，在降低交易成本的同时，也提高

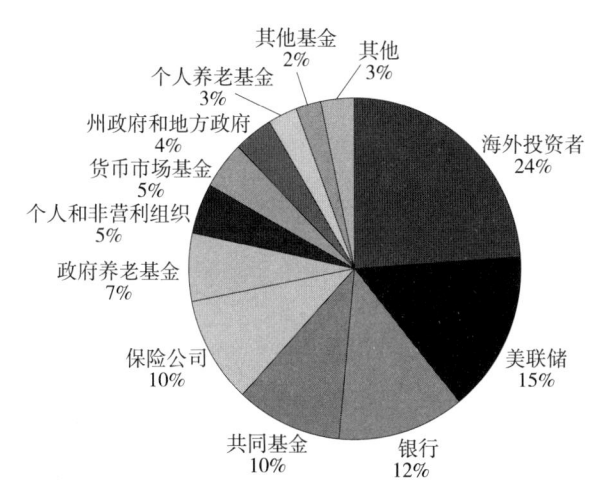

图 5-61　美国债券市场投资者结构（2021 年年末）
资料来源：美联储，中信证券固定收益部。

了债券交易效率。

(1) 交易场所

美国债券市场同样可分为场内市场和场外市场，其中场外市场是债券的主要交易场所。场内市场由纽约证券交易所、纳斯达克交易所等证券交易所构成，其中纽约证券交易所的历史最为悠久，上市的债券品种也最为丰富。交易所中上市的债券以公司债券为主，市政债券和外国债券等其他债券品种也有少量上市。投资者的交易单将通过交易所的自动交易系统以价格优先、时间优先的原则进行匹配成交，交易的透明度相对较高。场外市场没有特定的交易场所，主要围绕做市商和经纪商进行。做市商、经纪商和客户之间通过网络、电话等途径协商交易，诸如彭博等多种交易平台也为场外交易提供了便利。

(2) 清算与托管机构

不同品种的债券由不同的机构负责清算。美国债券市场的清算机构包括 FICC 和全国证券清算公司（National Securities Clearing

Corporation，简写为 NSCC），这两家公司都是美国证券存托与清算公司（Depository Trust & Clearing Corporation，简写为 DTCC）下属的子公司，分别负责不同债券的清算工作。

FICC 的政府证券部负责国债和联邦机构债的清算，抵押贷款部负责 MBS 的清算。上述机构根据交易信息进行债券清算，清算完成之后，美联储的 Fedwire 系统将进行债券的结算与转移，其中国债的结算往往发生在交易日的次日（T+1），不过应交易双方的需求，也可以发生在交易后的任一工作日（T+N）。而 MBS 的结算则往往发生在每个月的固定结算日，具体日期由 SIFMA 确定。

公司债券和市政债券的清算与结算则由 NSCC 负责，时间一般为交易日后的第二个工作日（T+2），结算完成后，美国存管信托公司（Depository Trust Company，简写为 DTC）将根据结算结果划转债券。

不同品种的债券同样托管在不同的机构。美国债券市场的托管机构包括美联储开发的 Fedwire 系统和 DTC。美国国债、联邦机构债和机构 MBS 将托管在 Fedwire 的簿记系统之中，投资者可以直接持有这些债券，也可以通过中介机构间接持有债券。公司债券、市政债券等券种则托管在 DTC 的簿记系统之中，投资者同样可以通过 DTC 的登记系统直接持有债券，或是通过其他中介机构间接持有。

3. 美国债券市场的监管机构

美国债券市场的监管机构包括美国财政部和州及地方政府等政府部门，美国证券交易委员会（SEC）和货币监理署等政府机构，以及美国金融业监管局（Financial Industry Regulatory Authority，简写为 FINRA）和市政证券规则制定委员会（Municipal Securities Rulemaking Board，简写为 MSRB）等自律组织。美国债券市场实施一级发行多头监管、二级流通统一监管的监管制度。

(1) 一级发行监管

美国债券一级发行的主要监管机构包括SEC、美国财政部、州及地方政府以及货币监理署等。其中，SEC是美国联邦政府独立机构，负责美国各类证券的监管工作。货币监理署隶属于美国财政部，负责监管美国的银行、存款机构和非美银行在美分支。

不同债券的一级发行受到不同机构的监管。《1933年证券法》确立了美国债券发行注册制，规定发行人在发行债券前需要依法向SEC提交有关文件进行注册，由SEC进行一级发行的监管。但部分债券可以豁免注册，包括美国国债、市政债券和由银行发行的公司债券等，这些豁免注册债券的一级发行交由其他监管机构分别监管，其中美国国债的一级发行由美国财政部和美联储共同管理，市政债券的一级发行直接由州政府及地方政府监管，而银行公司债券的一级发行由货币监理署等银行监管机构负责监管。

(2) 二级流通监管

在二级市场债券流通方面，SEC是美国债券二级市场唯一的监管机构，它在国会立法授权之下，对场内外的一切交易、清算和结算等行为进行全面监管。不过在SEC的监督之下，FINRA和MSRB等一些独立的自律组织也会协助SEC进行二级监管工作。FINRA是美国证券业规模最大的独立自律组织，负责监督经纪商和做市商，在实务中，SEC并不直接进行债券交易的一线监管，而是授权FINRA进行。FINRA设立交易报告和合规系统（Trade Reporting and Compliance Engine，简写为TRACE系统）来跟踪统计债券市场的交易情况，根据SEC的要求，包括国债、联邦机构债、公司债券在内的绝大多数场内外的债券交易都必须上报给TRACE系统。MSRB负责协助SEC制定市政债券的监管制度，用来规范做市商和经纪商的行为。上述监管措施体现了监管者紧贴市场的监管原则，保障了美国债券市场的稳定运行。

美国债券市场的中流砥柱：美国国债

作为当前世界上规模最大的主权债券，美国国债以美国联邦政府信用为背书并由其财政部发行，占据了美国债券市场规模的半壁江山，交易量也高过其他债券品种之和，是美国乃至全球债券市场中重要的债券品种之一，了解美国国债是探索美国债券市场的第一步也是重要一步。我们将首先介绍美国国债的品种、规模等基本信息，并详细梳理美国国债的一级发行流程。而如果说一级市场是美国国债发达的根系的话，那二级市场就是它繁茂的树冠。相较一级市场，美国国债二级市场的重要性也不遑多让，全球各地的投资者在交易商串联之下，共同组成了这个每日交易量达到数千亿美元的活跃市场（见图5-62）。

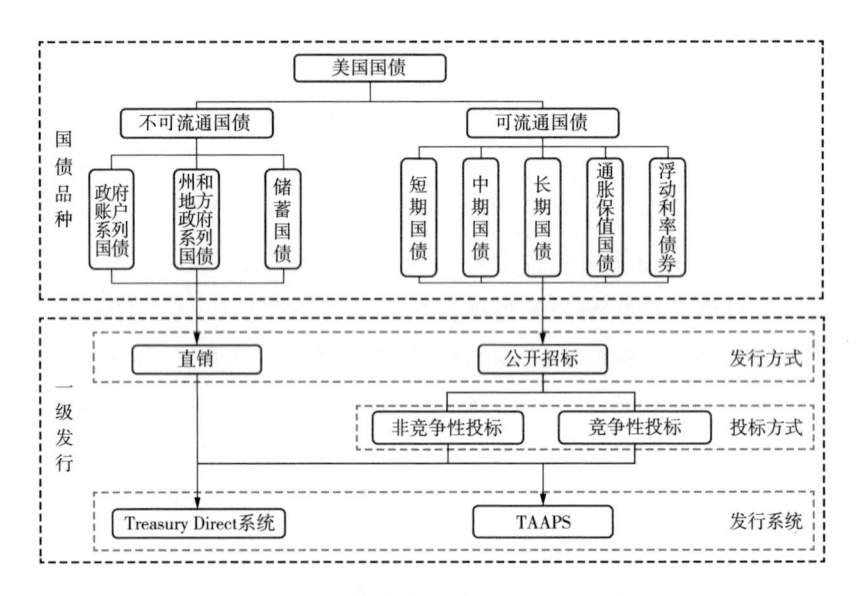

图5-62 美国国债品种与一级发行概览
资料来源：美国财政部，中信证券固定收益部。

1. 美国国债概况

美国国债由美国财政部发行，并获得联邦政府"完全的信用背书"，可以被认为是一种几乎没有风险的债券。美国国债的历史可以追溯至美国独立战争时期，虽然在当时作用较为单一，仅用于为战争筹款，但随着美国社会的不断发展，美国国债已经是联邦政府各类支出的重要融资来源，也是保障联邦政府平稳运行的"钱袋子"。

（1）美国国债的品种

美国国债品种多样，依照在债券市场中的流通性可以分为可流通国债和不可流通国债。其中可流通国债的规模较大，是美国联邦政府的主要融资手段。

①可流通国债。可流通国债包括期限在1年以内的短期国债，期限在2~10年的中期国债，期限长于10年的长期国债以及TIPS和浮动利率债券（Floating Rate Notes，简写为FRN）。短期、中期和长期国债均是较为普通的美国国债品种，没有特殊条款，和常规债券一样定期付息并到期偿本。其中，短期国债一般折价发行，不支付票息，而中期国债和长期国债均每半年付息一次。

TIPS是美国财政部于1997年推出的新型国债品种，它的本金会随着美国劳工统计局统计的城市消费者CPI（Consumer Price Index for All Urban Consumers，简写为CPI-U）而变动。在TIPS到期时，投资者会收到变动后的本金或原始本金之中较大的那一个，因此在发生通胀时TIPS可以帮投资者抵御通胀，而发生通缩时投资者的本金偿付也不会受到通缩影响。TIPS当前共有5、10、30年这三种期限，每半年付息一次，每次的票息会随本金而变动。

FRN于2014年推出，它的票面利率由基准利率和利差两部分组成。FRN的基准利率为13周期限国债最新一期招标的最高收益率，由于13周国债每周都会招标，所以FRN的票面利率也会每周改变，以此帮助投资者抵御利率风险。利差则是由美国财政部在每次招标时确定，在存续期内不会发生改变。FRN 的期限为 2 年，每个季度付息一次。

上述附息国债的票息均免征州或地方税，但是需要缴纳联邦税（见表 5-13）。

表 5-13 可流通国债

	短期国债	中期国债	长期国债	TIPS	FRN
期限	1 年以内	2~10 年	长于 10 年	5/10/30 年	2 年
付息频率	不付息	半年	半年	半年	季
本金是否变化	否	否	否	根据 CPI-U 变化	否
利率是否变化	否	否	否	否	根据 13 周国债最新一期招标的最高收益率变化

资料来源：美国财政部，中信证券固定收益部。

②不可流通国债。不可流通国债的种类较为复杂，包括政府账户系列国债（Government Account Series，简写为 GAS）、州和地方政府系列国债（State and Local Government Series，简写为 SLGS）和储蓄国债等。

GAS 是发行给社会保险信托基金、联邦雇员退休基金和失业信托基金等由政府运行的信托基金的特殊债券，是一种在政府内部持有的不可流通国债。它的规模庞大，可以占到国债总额的约 1/4。

联邦政府于 1969 年立法禁止州政府或地方政府将发债所得资金投资于高收益资产，并于 1972 年设立 SLGS，供州政府或地方政府购买。州政府或地方政府可以购买定期 SLGS（Time Deposit SLGS）或是活期 SLGS（Demand Deposit SLGS）。定期 SLGS 的期限从 15 天到 40 年不等，利率将会大致参照同期限国债收益率设定，活期 SLGS 则每天滚存，利率为 13 周国债最新一期招标的平均收益率。

储蓄国债分为 EE 和 I 两个系列，主要的区别在于 EE 系列支付固定的利率，而 I 系列支付的利率会根据 CPI-U 而每两年调整一次，因此在高通胀时期，I 系列债券的表现将强于 EE 系列（例如 2022 年 8 月 I 系列债券的年利率为 9.62%，EE 系列为 0.1%）。但若持有 EE 系列债券超过 20 年，则本金将即刻翻倍。两种储蓄国债均每半年付息一次，在 1 年的封闭期过后，它们均可以随时兑现（见表 5-14）。

表 5-14 不可流通国债（部分）

	定期 SLGS	活期 SLGS	EE 储蓄国债	I 储蓄国债
期限	15 天~40 年	1 天（滚存）	至少 1 年	至少 1 年
付息频率	半年	每天	半年	半年
本金是否变化	否	否	20 年后翻倍	否
利率是否变化	否	是	否	是

资料来源：美国财政部，中信证券固定收益部。

(2) 美国国债的规模和发行量

美国国债规模庞大，组成复杂。根据美国财政部的统计，截至 2022 年 4 月，美国国债的总规模为 30.4 万亿美元，这是一个较为宽泛的口径，包括了联邦政府的一切债务。其中占比最大的是中期国债，约占美国国债总规模的 44.1%，GAS 次之，占 22.4% 左右。短期国债、长期国债和 TIPS 分别占 12.6%、12.0% 和 5.7%，其余国债的占比相对较小。

而根据 SIFMA 的统计，截至 2021 年年末，美国债券市场中的国债总规模为 22.6 万亿美元，这一口径仅包括了前文介绍的 5 种可流通国债。这一规模常年保持增长，自 2008 年起增长速度明显加快，截至 2021 年年末，美国国债占美国债券市场总规模的比例达到42.8%，是债券市场中规模最大的债券品种。从构成上来看，债券市场中存量美国国债以中期国债为主，占债市中国债总规模的56.5%，短期国债和长期国债次之且占比相近，分别为16.4%和15.1%，TIPS和FRN的占比则都相对较小，分别为7.5%和2.6%（见图5-63）。

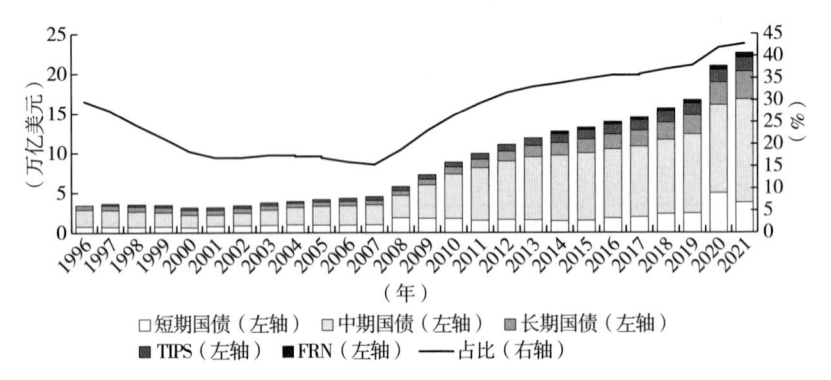

图5-63 美国债券市场中美国国债规模及其占债市总规模的比例
资料来源：万得资讯，中信证券固定收益部。

从发行量来看，美国国债的年发行量几乎与存量相当，2021年共发行了20.0万亿美元，而当年末的存量则为22.6万亿美元，这主要是因为美国财政部以发行短期国债为主，涉及大量的滚动发行。自1996年以来，短期国债发行量占每年总发行量的比例徘徊在65%至85%之间，远高于其他品种国债。中期国债次之但占比仅在15%~25%，而其余品种的发行量均相对较小。发行短期国债既可以保证迅速筹集到所需资金，又能避免债务规模的长期抬升，同时以短期利率融资通常还能降低债务成本，因此以发行短期国债为主的发行策略为美国财政部的债务管理赋予了较大的灵活性。

2. 美国国债的一级发行

美国财政部为可流通国债建立了一套井然有序的一级发行体

系，各期限国债有着独立的发行节奏以及发行时间，各类投资者均可通过多种方法参与其中。同时，每次的招标结果也常常蕴含着一些关于市场需求的重要信息。不可流通国债则多由投资者通过 Treasury Direct 系统直接从美国财政部购买。

（1）发行频率

在一级发行方面，美国财政部采取公开招标的方式发行可流通国债，不同国债的招标频率往往各不相同。一般而言，国债的期限越短，它的招标频率就越频繁。期限在半年以内的国债每周均有发行，52 周国债每 4 周发行一次，2~7 年期国债则是每个月发行一次。10 年期及期限更长的国债在每年的 2 月、5 月、8 月和 11 月发行，并在每个常规发行月的后两个月分别进行一次增发（例如，3 月和 4 月将会分别增发 2 月发行的那一期国债），增发的国债拥有和原始国债相同的期限和票面利率，但它们的发行价格则会有所变动。通胀保值国债和浮动利率债券的发行频率则更加复杂，具体情况归纳于表 5-15 中。

表 5-15　美国国债发行频率

国债期限	常规发行	增发
4~26 周	每周	—
52 周	每 4 周	—
2~7 年	每月	—
10~30 年	2、5、8、11 月	1、3、4、6、7、9、10、12 月
5 年 TIPS	4、10 月	6、12 月
10 年 TIPS	1 月、7 月	3、5、9、11 月
30 年 TIPS	2 月	8 月
2 年 FRN	1、4、7、10 月	2、3、5、6、8、9、11、12 月

资料来源：美国财政部，中信证券固定收益部。

(2) 发行流程

每次国债公开招标的时间表都会提前数个月确定，整个发行流程包括宣告日（Announcement Date）、招标日（Auction Date）和发行日（Issue Date）三个重要时间点。美国财政部在宣告日公布当期国债的具体招标信息与截标时间，自宣告日开始，至招标日的截标时间为止，投资者可自由进行投标或修改自己的投标。招标日的截标时间之后，美国财政部将统计所有拍得国债的投资者，这些投资者将于发行日缴款并获得国债。招标结束后，当期发行的美国国债便可以上市交易，不过国债的交割依然要到发行日才能进行。

不同国债的宣告日、招标日和发行日往往会相互错开。各期限国债的宣告日、招标日和发行日如表5-16所示。考虑到投资者需

表5-16　美国国债一级发行重要时间窗口

国债期限	宣告日	招标日	发行日（缴款日）
4周、8周	周二	周四	下周二
13周、26周	周四	下周一	下周四
52周	周四	下周二	下周四
2年	每月下半月	宣告日后数个工作日	每月最后一天*
3年	每月上半月	宣告日后数个工作日	每月15日*
5年	每月下半月	宣告日后数个工作日	每月最后一天*
7年	每月下半月	宣告日后数个工作日	每月最后一天*
10年	每月上半月	每月第二周	每月15日*
20年	每月上半月	宣告日后的某个当月周三	每月最后一天或次月第一个工作日*

（续表）

国债期限	宣告日	招标日	发行日（缴款日）
30年	每月上半月	每月第二周	每月15日*
各期限TIPS	发行月的月中	宣告日后的某个当月周四	发行月的最后一个工作日
2年FRN	发行月的下半月	发行月的最后一周	发行月最后一天（常规）* 发行月最后一个周五（增发）

注：* 代表遇假日顺延至下个工作日。

资料来源：美国财政部，中信证券固定收益部。

要在发行日进行缴款，且到期日和发行日多为同一天，因此提前设定好有规律的发行日，可以在一定程度上方便金融机构实施事前规划、调拨资金，避免国债缴款与到期对资金面造成过大的扰动。

(3) 投标方式

美国国债投标可分为竞争性投标或非竞争性投标。进行竞争性投标的投资者需要同时报出自己能够接受的利率和投标金额，而参与非竞争性投标的投资者仅上报投标金额，同意被动地接受最终的中标利率。这两种投标方式的投标金额上限也有所不同，单次招标中每位投资者竞争性投标金额不得超过当次总招标量的35%，非竞争性投标金额不得超过1 000万美元（见表5-17）。

表5-17 美国国债竞争性投标和非竞争性投标

	竞争性投标	非竞争性投标
是否报出利率	是	否
是否报出投标金额	是	是
投标金额上限	单次招标的35%	1 000万美元
是否能保证获得国债	否	是
投标途径	TAAPS	Treasury Direct TAAPS

资料来源：美国财政部，中信证券固定收益部。

投标结束后，美国财政部将优先接收所有非竞争性投资者的投标，然后按照投标利率从低到高的顺序，依次接收竞争性投资者的投标，直到达到总招标量为止。最后一位被接收的竞争性投资者所报出的收益率即为最高收益率，所有中标投资者都将以这一利率拍得当期国债。如果在最高收益率上的总投标金额超过了剩余的招标金额，那么以最高收益率投标的投资者将会以自身的投标金额为权重，瓜分边际上剩余的招标金额。如果非竞争性投标覆盖了所有的招标量，那么美国财政部会接收部分竞争性投标，以确定一个公允的最高收益率（见图5–64）。

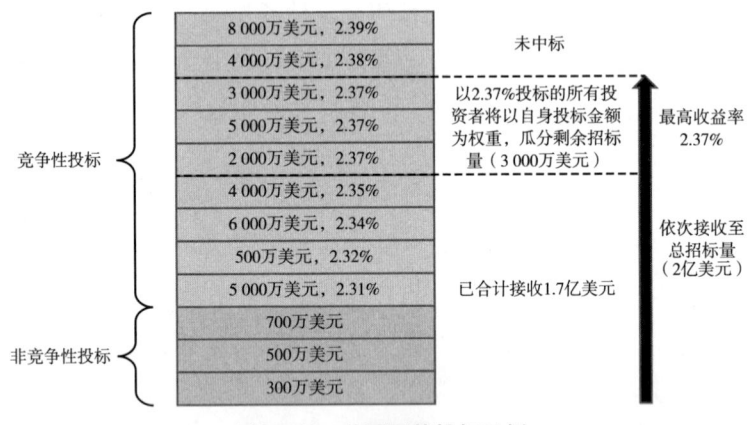

图 5–64　美国国债投标示例

资料来源：万得资讯，中信证券固定收益部。

美国财政部为参与招标的投资者提供两种投标渠道。其一是在美国财政部的 Treasury Direct 系统中直接从财政部购买国债，包括个人投资者，以及信托、公司、合伙企业等实体在内的投资者均可采用这种方式直接投标，但该渠道仅能进行非竞争性投标；其二是通过国债自动招标处理系统（Treasury Automated Auction Processing System，简写为 TAAPS）进行，该渠道仅限机构投资者注册使用，这些机构投资者不仅可以为自己的自营账户投标，也可以代表自己的客户进行竞争性或非竞争性投标。

(4) 招标结果

在招标结束之后，美国财政部会在招标日当天公布招标结果，包括最高收益率、中标价格、投标额和发行额等重要信息。最高收益率直接反映了市场愿意为此期国债支付的价格，是市场需求最直接的体现，不过投标额和发行额中也蕴含着一些重要的信息。投标额是所有参与招标投资者的总投标金额，发行额是本期国债的最终发行金额。投标额和发行额之比为竞拍倍数，它能够反映投资者对美国国债的需求。较高的竞拍倍数意味着投资者对国债的需求较高，反之则投资者对国债的需求相对较低。

3. 美国国债的二级市场

(1) 美国国债的二级交易体系

美国国债的二级交易主要在场外市场进行，由国债做市商做市驱动。交易所是早期美国国债的主要交易场所，但是随着美国国债数量不断增加，期限、票息率的多样性使国债难以在交易所交易，因此美国国债的交易场所开始逐渐转向场外，并最终形成了现在以场外市场为主的交易格局。在场外市场中活跃着大批政府债券经纪商和交易商为国债交易做市或是以自有账户进行交易。

不同于我国扁平化的债券市场，美国的债券市场对投资者和做市商有明确的分层，国债市场也不例外。美国国债做市商通过国债买卖价差获利，但它们也需要承担为国债报价，并在报价范围内与对手方交易的义务。金融机构在满足包括流动资本覆盖率在内的一系列指标后，可以自愿申请成为国债做市商，同时，作为美联储公开市场操作交易对手方的一级交易商也会自动成为国债做市商。这些做市商之间可以直接询价交易，也可以通过交易经纪商来间接达成交易，不过非做市商的国债投资者则不能直接与其他投资者交易国债，而必须通过做市商来达成交易。

(2) 美国国债的投资者结构

从投资者结构的角度来看，美国国债主要由海外投资者、美联储、共同基金和养老基金持有。美元世界货币的地位和美国长期的贸易逆差使海外各国投资者大量持有美元，美国国债是它们重要的投资标的，虽然近年来海外投资者增持美国国债的速度相对较慢，但其仍然是美国国债的第一大投资者，截至2021年年末占比约30%，其中日本和中国分别是美国国债的前两大海外投资者。而美联储在实施了数轮量化宽松之后，于2012年起成为美国国债的第二大投资者，新冠疫情期间的购债计划更是使其持有国债规模迅速膨胀，截至2021年年末占比约24%。共同基金的规模增长迅速，对美国国债的配置需求也相应增加，使它成为美国国债的第三大投资者，占比约15%，养老基金的占比则为13%，也相对较高。银行机构、州和地方政府、个人投资者和保险公司的占比分别为7%、6%、2%和2%。值得注意的是，虽然海外投资者和美联储共持有了过半数美债，但它们在国债一级招标中所占的份额并不大，二级市场是它们获得美债的主要途径（见图5-65）。

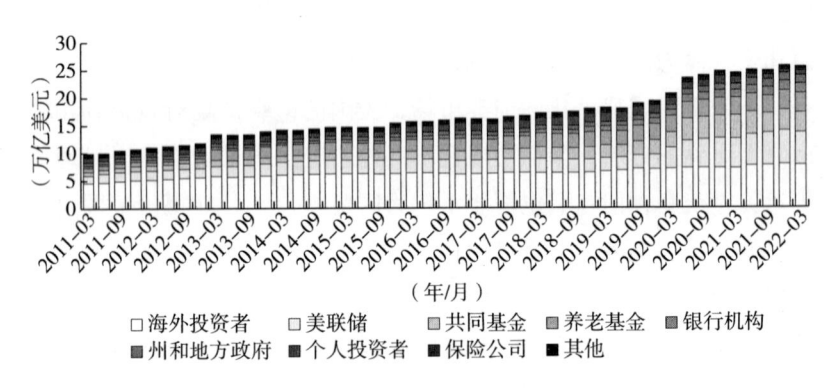

图5-65 美国国债投资者结构

资料来源：万得资讯，中信证券固定收益部。

(3) 美国国债的流动性

美国国债流动性在美国债券市场各券种中首屈一指，剩余期限在 11 年以下的美国国债是债券市场中的主要交易品种。美国国债平均日交易量可以达到 6 000 亿美元左右，以日均交易量除以年末存量估算，美国国债 2021 年的日均换手率约为 2.8%。从具体期限来看，美国国债主要成交品种的剩余期限集中在 11 年以内，其中短期国债，剩余期限在 3 年以下、3~6 年以及 6~11 年的附息国债的成交量均十分接近，日均成交量都在 1 000 亿~1 500 亿美元。期限在 11 年以上的国债成交量相对偏低，不过也有 500 亿美元左右。TIPS 的日均成交量最低，在 100 亿~200 亿美元，但这主要是因为 TIPS 的规模相对较小。

2010 年至今，尽管美国国债的存量规模明显膨胀，但是二级市场中美国国债日均交易量却变化不大，使得美国国债日均换手率（以每月日均交易量除以当月末存量估算）长期走低。一方面原因在于美联储通过量化宽松和直接参与一级招标等方式大量增持美国国债，降低了可于二级市场中交易的国债数量。另一方面的原因在于各国政府为控制系统性金融风险，在次贷危机后出台了包括《多德—弗兰克法案》以及《巴塞尔协议》在内的多项监管措施，要求银行持有更多优质资产，推升了美国境内外银行对美国国债的需求。由于这部分增量需求以配置为主，交易并不活跃，拉低了美国国债的换手率。此外《多德—弗兰克法案》中的"沃尔克规则"限制商业银行参与自营交易，部分交易盘的撤出也对美国国债换手率构成不利影响（见图 5-66）。

4. 美国国债收益率的指示性作用

(1) 美国国债的避险特征

美国国债低风险、高流动性的特性使其成为一种优质的避险资产。在市场被恐慌情绪占据的时候，投资者对风险资产的偏好将会

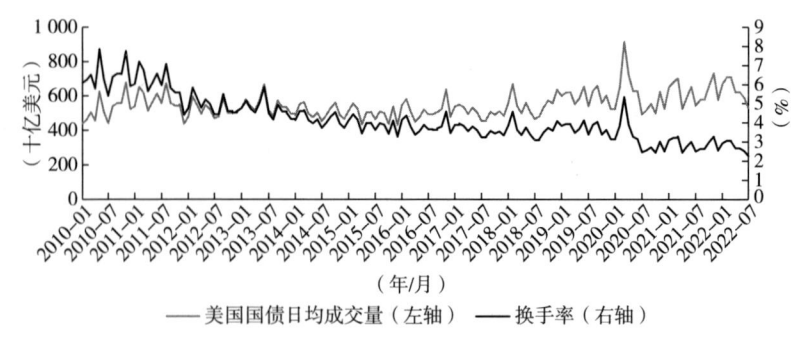

图 5-66　美国国债日均交易量和换手率

资料来源：万得资讯，中信证券固定收益部。

降低，对无风险资产的偏好则会相应提升，而美国国债由于风险较低，在全球大类资产配置中具有避险的特性，因此投资者会倾向于持有美债。在过去的 20 年间，衡量市场恐慌情绪的标准普尔 500 波动率指数（CBOE Volatility Index，简写为 VIX）和 10 年期美国国债收益率在短期内的反向变动关系就体现了美国国债的避险特征，而这一特征在诸如互联网泡沫、次贷危机和新冠疫情等大规模危机发生时尤为明显（见图 5-67）。

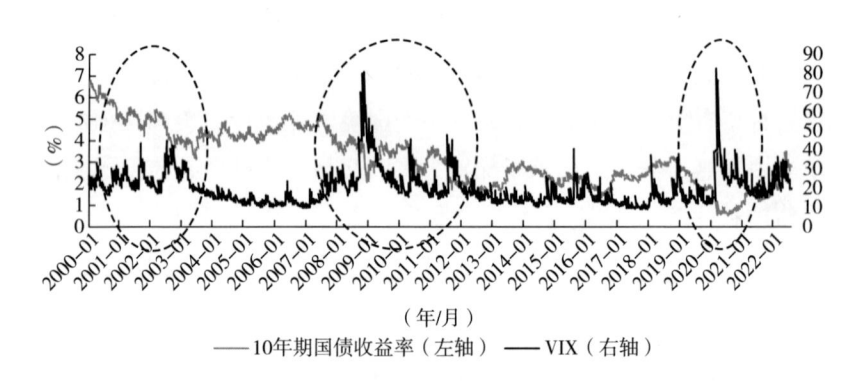

图 5-67　美国国债收益率和 VIX

资料来源：万得资讯，中信证券固定收益部。

(2) 隐含在 TIPS 收益率之中的通胀预期

理论上各期限国债收益率可以被分为实际收益率和通胀预期这两部分，由于 TIPS 国债的本金会随通货膨胀率变动，可以帮助投资者抵御通胀风险，因此它的收益率可以被近似认为是美国国债的实际收益率。在实务中，美国财政部用各期限国债收益率减去对应期限 TIPS 收益率，构造出通胀预期（Treasury Breakeven Inflation，简写为 TBI）这一指标，由于国债收益率数据来源于实际交易，因此 TBI 这一指标能够较为准确地反映出市场的通胀预期。TBI 共有 5 种不同期限，各期限 TBI 走势相仿。

(3) 美国国债收益率所反映出的美元流动性

美元 LIBOR 是美元在欧洲美元市场的无担保拆借利率，由无风险利率和风险溢价组成。美元 LIBOR 上升既可能是因为无风险利率上升，也可能是因为美元流动性收紧导致市场拆借意愿减弱，从而导致的风险溢价上升。因此，通过构造 3 个月期美元 LIBOR 和 3 个月期美债收益率的利差（TED 利差），就可以剔除无风险利率而仅保留风险溢价部分，从而观测风险溢价中暗含的美元流动性情况。从历史情况来看，在欧债危机、美国货币市场基金改革和新冠疫情等时期，TED 利差都有效地反映出了美元流动性的紧张状况（见图 5-68）。

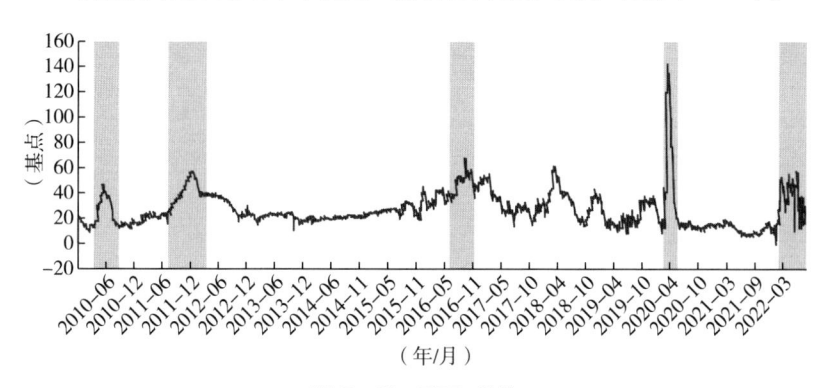

图 5-68 TED 利差

资料来源：万得资讯，中信证券固定收益部。

美国各州和地方政府的融资源泉：市政债券

作为美国版的"地方政府债"，在200多年的历史中，美国市政债券为不计其数的市政项目融资，是美国州和地方政府的融资源泉。市政债券的规模在美国债市各券种中排名第四。尽管投资市政债并非全无风险，但政府背景还是使市政债的违约风险远小于同级别公司债券，是较为稳健的投资选择。

1. 美国市政债券简介

美国市政债券的发行主体为各州和地方政府及其代理或授权机构，以及为公共项目进行融资的项目公司等，其资金主要用于基础设施建设等资本项目。市政债券在美国已有200多年的历史，截至2021年年末，美国市政债存量规模达4.06万亿美元，较1980年的约4 000亿美元几乎翻了十倍，是美国市政项目建设长期稳定的融资来源，但由于美国国债和MBS等其他债券品种的迅速发展，美国市政债券存量占美国债券市场总存量的比例从1980年的20%下降到2021年的7.7%左右（见图5-69）。

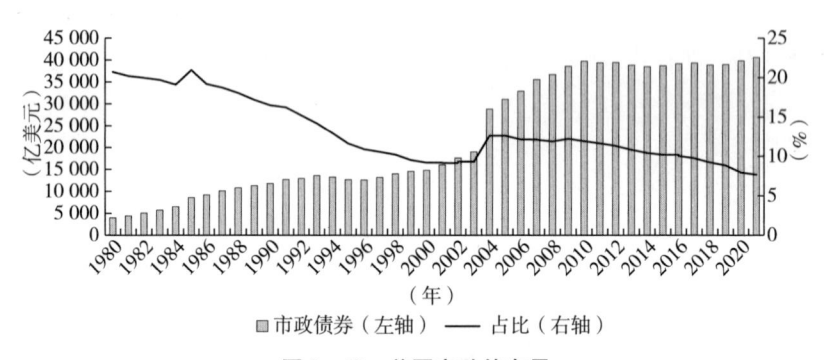

图5-69 美国市政债存量

注：2004年存量跃增是因为SIFMA的数据来源有所变化。
资料来源：SIFMA，中信证券固定收益部。

根据偿债资金来源的不同，美国市政债券主要可以被划分为一般责任债券和收入债券两类。

一般责任债券是由州、地方政府或前两者的附属单位发行，以州或地方政府的信用为担保，其偿债资金来源为当地政府的税收收入。根据各州及地方政府征税权力的不同，一般责任债券可被进一步分为无限制税收一般责任债券、有限制税收一般责任债券。对于无限制税收一般责任债券而言，政府可以通过提高税率的方式募集资金用以还债，因此这种债券通常被认为是市政债中风险最低的债券。而有限制税收一般责任债券则限定了发债主体为还本付息而进行征税的税率上限，因此它的偿付会更多依赖当地政府的过往信用，其票面利率也相对高于无限制税收一般责任债券。一般责任债券约占市政债总发行额的30%~40%。

收入债券没有州或地方政府的信用担保，其偿债资金不来源于税收收入，而是来源于所融资项目当前或未来的运营收入。这类债券并不具备地方政府的税收支持，因此投资者需要研判项目的运营收入能否覆盖应偿债务，违约风险相对一般责任债券而言更大。由于收入债券融资的项目各不相同，机场、大学、高速公路、医院的经营收入都可能成为相应的收入来源，因此不同收入债券的违约风险也可能存在较大差异。收入债在美国市政债市场中的发行占比相对较高，约占市政债总发行额的60%~70%。

2. 市政债券的一级发行

(1) 发行方式及额度

市政债可以公募或私募发行。公募发行分为竞拍发行和议价发行，竞拍发行由市政债发行人公布竞拍通知，由投资银行或者商业银行等投资者在竞拍日投标决定市政债的发行价格，由于市政债券由各州及地方政府发行，故不像美国国债那样有规律和固定的竞拍时间表。议价发行则是由市政债发行人决定一名或者多名承销商为小组，这个小组将协调发行人和投资者的需求，协商得出市政债的发行价格，因此议价发行较竞拍发行更为灵活，更偏向于一事一议。私募方式则是发行人采取非公开方式，向机构投资者等合格投资者直接发行市政债。

从历年发行情况来看，市政债主要以公募发行为主，私募发行规模占比相对较小。而在公募发行中，议价发行的占比远高于竞拍发行，这可能是因为议价发行赋予了发行人和投资者较高的灵活性。以2021年为例，当年采取公募方式发行的市政债占比约为95%，其中议价发行占比约为74%，竞拍发行占比约为21%，私募发行占比仅为约5%。

在发行额度方面，各州及地方政府发行市政债须符合"经常账户平衡预算"原则和遵守美国税收法的规定，同时各州的宪法和普通法对市政债发行规模也进行了限制。由于一般责任债券的偿债资金为各级政府税收，与政府运行和居民收入息息相关，因此各州宪法和普通法通常对一般责任债券的债务规模施加限制。而收入债券的偿债资金来源于项目本身，不影响政府运行，因此受到的限制相对较少，主要建立在以项目为基础的审核制度上。

（2）发行期限

根据债券的发行期限不同，美国市政债券可分为短期票据和中长期债券。其中短期票据的期限集中在一年以内，而中长期债券的期限可以长至20年甚至30年以上。各州宪法对一般责任债券的发行期限通常会有所限制，而对于收入债券而言，其发行期限通常不允许超过目标项目的合理使用年限。从历年发行情况来看，新发市政债的平均到期期限约为15~20年，相对较长。注意到自2008年次贷危机以后，市政债的平均发行期限明显下降，这可能和投资者的风险偏好在次贷危机后转弱，他们对长期市政项目以及长期限市政债的信心下降有关（见图5-70）。

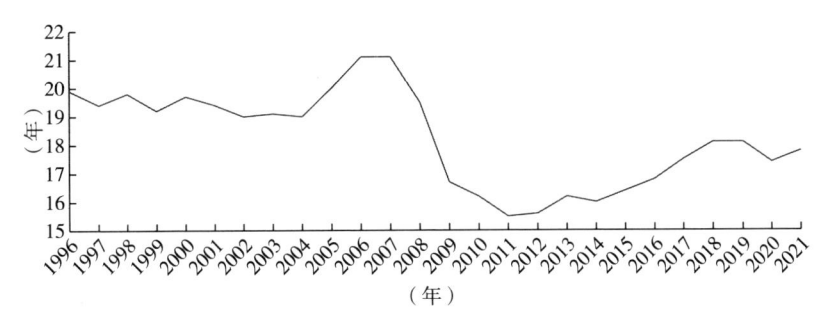

图 5-70　美国市政债平均到期期限

资料来源：万得资讯，中信证券固定收益部。

3. 市政债券的二级市场

(1) 投资者结构

美国市政债券整体风险较低，且在提供较高利息的同时，利息收入也免征联邦所得税，对各类投资者而言均有较强吸引力。不同于其他债券品种，美国市政债的主要投资者为个人投资者和非营利组织，截至2021年年末，美国市政债券存量约为4万亿美元，其中个人和非营利组织持有市政债券规模达1.8万亿美元，占比44%。其余占比较大的投资者为共同基金、商业银行以及保险公司，其中共同基金持有规模1.28万亿美元，占比28.99%；银行机构持有规模6 555亿美元，占比14.81%；保险公司持有规模5 243亿美元，占比11.84%。其他投资者持有1 596亿美元，占比仅3.6%。

(2) 流动性

市政债券日均成交量相对稳定，但相较国债、机构MBS以及公司债券而言，其流动性相对较差。2021年美国市政债券日均成交量约为88亿美元，远小于同期美国国债日均成交的6 241亿美元，仅约占美国债券市场日均成交额的0.92%。2021年机构MBS和公司债券的日均成交额分别为2 793亿美元和370亿美元，占比分别为29.24%和3.87%，也远高于市政债券。通过日均成交量除以其当年年末未偿还总量可以估算得出，2021年美国市政债券的日均换手率约为0.22%，而同口径估算下美国国债2021年的日均换手率约为2.76%，远高于市政债换手率，这可能是因为市政债以个人投资和非营利组织为主的投资者结构限制了它的二级交易活跃度（见图5-71）。

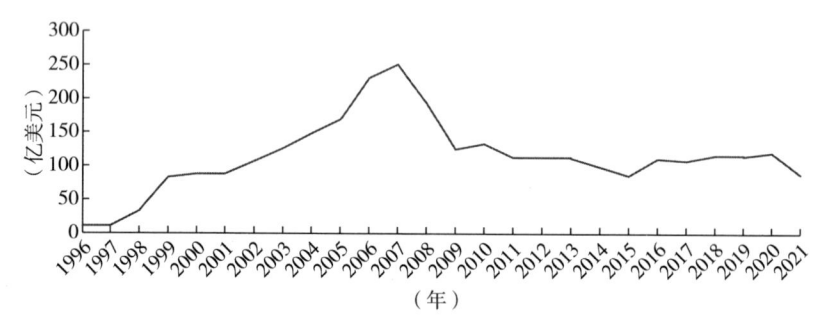

图5-71　美国市政债日均成交量

资料来源：万得资讯，中信证券固定收益部。

4. 市政债券的违约情况

美国市政债虽然有地方政府信用背书，信用等级高，但不同于美国国债和联邦机构债，市政债并不能被简单看作无风险资产。首先，仅市政债中的一般责任债券拥有州和地方政府的税收担保，收入债券则依靠所融资项目的收入偿债，本就存在违约可能。其次，即便一般责任债券也可能因为当地政府的破产而无力偿还本息，例如2013年美国底特律市破产事件，涉及的债务规模达到200亿美元（其中包含部分市政债），而联邦和州政府明确表示不提供资金支持，只能进行破产清算，导致投资人群体遭受了部分损失。

但市政债的违约风险相对较低。根据国际评级机构穆迪发布的报告《1970—2021年美国市政债券违约和回收情况》，截至2021年年底，在过去的51年内美国市政债券违约事件共计114起，涉及规模720多亿美元，其中有约5/6的违约发生在2007年以后，显示近年来市政债的违约频率有所提升。根据穆迪在报告中测算的违约率，美国全部市政债的10年累计违约率约为0.15%，其中评级为投资级（穆迪评级在Baa及以上）的市政债10年累计违约率为0.09%，投机级市政债（穆迪评级在Ba及以下）为6.94%。与之相对，穆迪测算全球公司债的10年累计违约率为10.36%，其中投资级为2.17%，投机级为28.92%。因此政府背景还是使市政债的违约风险低于同级别公司债券，是一个相对稳健的投资选择。

异军突起的MBS与日渐式微的联邦机构债券

在美国债券市场中，能够获得政府背书的债券品种并非只有国债和市政债券，MBS和联邦机构债也同样蕴含了一定的美国政府信用。其中，与房地产市场息息相关的MBS在美国已"遍地开花"，目前是美国债券市场的第二大品种。而美国的联邦机构债虽也同样蕴含联邦政府的信用，但其存量规模自2008年以来持续下降，二级市场也相对冷清，与存量规模仍处上升期的MBS相比已日渐式微。

1. MBS概况

MBS是一种较为特殊的债券品种，它在偿债资金来源、本息支付模式、债券投资风险等多个方面均不同于普通债券。和ABS类似，MBS也是"资产证券化"的产物。每一只MBS都由特定的抵押贷款池"支持"，这些抵押贷款池由具有相似的风险、贷款利率、期限等要素的一系列抵押贷款组成，抵押贷款定期支付的贷款本息将汇入抵押贷款池，并在扣除一定的费用后成为MBS的偿债现金流。根据抵押贷款底层资产类型的不同，MBS可以被分为住宅抵押贷款支持证券（Residential Mortgage-Backed Securities，简写为RMBS）和商业抵押贷款支持证券（Commercial Mortgage-Backed Securities，简写为 CMBS）两类，其中 RMBS 的抵押贷款池由个人住房抵押贷款组成，CMBS 的抵押贷款池则由商业地产（如写字楼、商场等）抵押贷款组成。

抵押贷款特殊的还贷模式令 MBS 的本息支付模式显著不同于普通债券。由于抵押贷款较为特殊，借款人不仅会定期支付利息，也会同时偿还部分本金（类似于国内房贷的"等额本金"或"等额本息"模式），因此 MBS 也将相应地定期支付给投资者利息和部分债券本金，这显著不同于普通债券"定期付息，到期偿本"的本息支付模式。随着到期日临近，MBS 的本金会逐渐缩减至 0，支付的利息也将逐期减少。

依照本息支付模式的不同，MBS 可以被分为过手证券（Pass-through Securities）和抵押担保证券（CMO）两大类。过手证券的结构较为简单，来自抵押贷款池的本息将在扣除管理费、担保费等费用之后直接按照投资者的认购比例，分别支付给所有过手证券的投资者，而若是底层抵押贷款违约，则过手证券的投资者也将按认购比例遭受不同程度的本金或利息损失。CMO 的结构较为复杂，这类证券往往被划分为多个"层级"，每个层级将拥有不同本息支付方式，并相应拥有不同的久期、风险以及预期收益率，其抵押贷款池对抵押贷款资质的要求相对宽松。

CMO 拥有多种模式，例如在"依次偿还"模式下，所有的层级都将同步获得利息收入，但是不同层级的本金偿还顺序有先有后。久期最短的层级（图 5-72 的层级 A）将首先获得本金收入，在该层级的本金被完全偿还后，久期次短的层级（图 5-72 的层级 B）将接替获得本金收入，以此类推。那些长久期层级投资者的本金将最晚得到偿付，但也相应能获得最高的利息收入。而在"分离"模式下，CMO 被划分为"仅本金"和"仅利息"两个层级。"仅本金"层级将仅获得来自抵押贷款池的本金收入，而"仅利息"层级将仅获得来自抵押贷款池的利息收入。

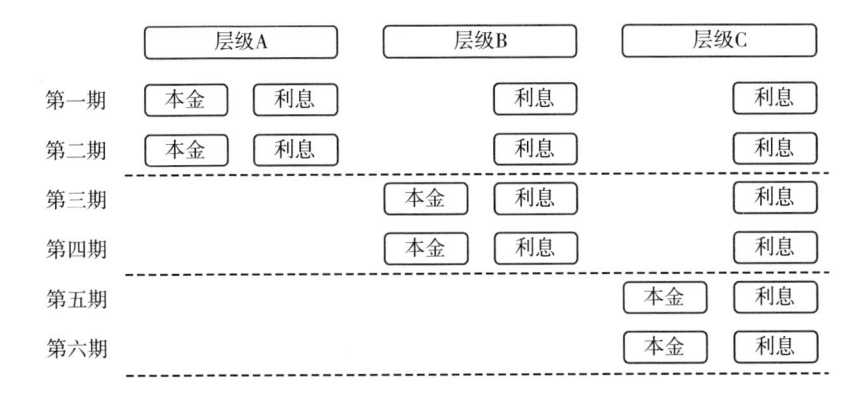

	层级A	层级B	层级C
第一期	本金　利息	利息	利息
第二期	本金　利息	利息	利息
第三期		本金　利息	利息
第四期		本金　利息	利息
第五期			本金　利息
第六期			本金　利息

图5-72　"依次偿还"模式下，各层级所获得的每期现金流
资料来源：中信证券固定收益部。

在MBS市场中，联邦政府独立机构和政府支持企业（GSE）是最重要的发行方，由它们发行的MBS被称为机构MBS，信用风险相对较低。联邦政府独立机构是美国政府行政体系的一大组成部分，由它们发行的MBS将拥有美国政府的信用担保，因此违约风险极低，在联邦政府独立机构中，美国政府国民抵押贷款协会（吉利美）是最重要的MBS发行方。政府支持企业是由美国联邦政府创设的私有制公司，负责帮助联邦政府实施公共政策，包括联邦国民抵押贷款协会（房利美）和联邦住房抵押贷款公司（房地美）等。虽然政府支持企业发行的MBS不受到美国政府的显性担保，但因为这些企业拥有在必要时向美国财政部借款的权利，因此也被认为拥有美国政府的隐性担保。回顾历史，在次贷危机期间深陷泥潭的房利美和房地美均得到了美国政府的注资和接管。

由其他私营机构发行的MBS均为非机构MBS，这些MBS无政府担保，信用风险相对较高，因此非机构MBS常常使用CMO架构来在投资者间重新分配风险，以此吸引投资者。

2. 投资 MBS 所面临的风险

(1) 利率风险和信用风险

与其他债券投资者一样，MBS 的投资者需要承担利率风险和信用风险。利率风险是几乎所有债券投资者都需承担的风险，而底层贷款的违约可能性使部分 MBS 投资者须承担信用风险。机构 MBS 能或多或少地获得美国政府的信用担保，违约风险相对较低，但对于非机构 MBS 而言，贷款违约所造成的损失则需要由 MBS 投资者承担，违约风险较高，因此对于底层贷款违约率和违约损失率等指标的考察就至关重要。

(2) 提前还款风险

除了上述常规风险外，MBS 的投资者还需要额外承担提前还款风险这一较为独特的风险。由于 MBS 的现金流收入完全来自抵押贷款池所支付的本金与利息，因此如果抵押贷款的借款人提前部分偿还或是完全偿还了其贷款，则 MBS 的投资者也会相应地提前收到本金，并损失这部分本金原可产生的利息收入，这就构成了 MBS 的提前还款风险。除了影响利息收入外，借款人提前还款也将缩短 MBS 的久期，并使 MBS 投资者（尤其是寿险机构等长期投资者）面临久期错配的风险。

与提前还款风险相伴的是 MBS 的负凸性，这也是 MBS 不同于普通债券的又一大特征。普通债券的凸性为正，这意味着随着利率水平的持续降低，债券价格上涨速度会逐渐加快；而随着利率水平的持续升高，债券价格的下跌速度则会逐渐降低，均有利于投资者。而抵押贷款借款人的提前还款权使 MBS 的凸性为负。具体而言，提前还款权实际上和可赎回条款类似，在利率水平持续降低时，借款人提前还款率提升将使得 MBS 久期缩短，MBS 价格的上涨速度也会逐渐降低；而在利率水平持续升高时，提前还款率下降将拉长 MBS 的久期，放大利率上行对 MBS 价格的负面影响，使

MBS 价格的跌幅更大。负凸性使得 MBS 投资者将承担更大的利率风险，因此为了对冲负凸性，MBS 投资者往往需要在利率下行时买入国债，或是在利率上行时卖出国债，这种所谓的"凸性对冲"策略本质上是一种正反馈交易，将可能放大短期之内的市场波动。

提前还款风险难以完全规避，但投资者可以通过投资于不同本息支付模式的 MBS 来承担不同程度的提前还款风险。例如前文所提及的"分离"模式的 CMO 就可以在投资者间重新分配提前还款风险。在该模式下，"仅利息"层级的投资者收入将完全取决于底层的抵押贷款能产生多少利息，如果提前还款率走升，本金的提前偿还将降低抵押贷款所产生的利息收入，进而使"仅利息"层级投资者的投资收入相应降低。与之相对，"仅本金"层级的投资者收入来源于贷款本金，因此本金提前偿还将使它们提前收回投资，并提高投资收益率。

3. MBS 的特殊交易模式——TBA 模式

和所有债券一样，买卖双方可以就任意 MBS 达成交易，这种交易模式被称为"指定交易"。只要意向相合，买卖双方可以就任意的抵押贷款池以及它们所支持的 MBS 达成交易，这赋予了指定交易较高的自由度。

但 MBS 巨大的数量使得交易特定 MBS 往往较为困难，因此市场中绝大多数的 MBS 采用 TBA 模式进行交易。由于整个 MBS 市场由成千上万的抵押贷款池以及它们所支持的 MBS 构成，想交易特定 MBS 理论上需要找到持有该 MBS 的交易对手方，并对这只 MBS 单独定价，整个交易流程较为烦琐。因此为了便利买卖双方的交易，TBA 交易应运而生。在 TBA 交易中，交易双方并不指定交易特定的 MBS，交易合约仅约定了 MBS 的发行人、期限、票面利率、价格、面额这五个要素以及合约的结算日，在结算日任意满足上述五要素（有时也会约定一些额外要素）的 MBS 都可以被用于交割，这一做法有效提升了 MBS 的流动性。TBA 合约给予交易卖方选择交割券的权利，因此和国债期货交易类似，TBA 交易也有所谓的最便宜可交割债券（CTD 券），即交易的卖方有动力选择最便宜且能够符合要求的 MBS 进行交割。

TBA 交易的流程类似于期货交易，包含三个重要日期：交易日、通知日和结算日。在交易日，买卖双方将就上文所述的五个 MBS 要素达成一致并签订合约，但不会具体指定所需交割的 MBS。结算日之前的第二个工作日为通知日，卖方在当天的下午三点前将准备用于交割的 MBS 的信息告知买方。在结算日，买卖双方将交割 MBS 以及券款，交易正式完成。SIFMA 将 MBS 依照期限和发行人等要素分成几个类型，每个类型的 MBS 每月仅集中结算一次，这也意味着从 MBS 达成交易到最终结算有时要经历约一个月的时间（见图 5-73）。

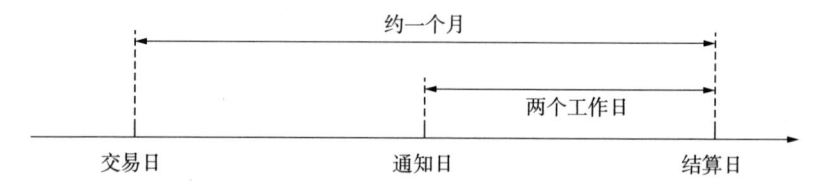

图 5-73 TBA 交易模式

资料来源：中信证券固定收益部。

4. 联邦机构债概况

除美国国债、市政债券和机构 MBS 以外，联邦机构债（Federal Agency Securities）也是一种蕴含了美国政府信用的债券品种。根据 SIFMA 的定义，联邦机构债包括由联邦政府独立机构以及政府支持企业发行的债券，但不包括机构 MBS。和机构 MBS 类似，由联邦政府独立机构发行的联邦机构债将得到美国政府的信用担保，而由政府支持企业发行的联邦机构债也同样能获得"隐性担保",因此联邦机构债的违约风险也相对较低。除了房利美与房地美外,联邦住房贷款银行(Federal Home Loan Banks)和联邦农业信贷系统(Farm Credit)同样是联邦机构债的主要发行方。联邦机构债的资本利得和利息收入需要缴纳联邦税和州税,不过部分发行人(如联邦住房贷款银行)的联邦机构债可以免缴州利息税。

5. MBS 和联邦机构债的一二级市场

(1) MBS 和联邦机构债的发行量与存量

回望历史,MBS 与美国房市"兴衰与共",当前已是美国债券市场中除美国国债以外的第二大债券品种,而联邦机构债同样也经历了一段高速发展期,但自 2010 年以来已经日渐式微。吉利美早在 20 世纪 70 年代初就已经开始发行 MBS,在房地产市场需求的支撑下 MBS 开始进入大众视野,规模稳步增长。进入 21 世纪以来,美国房地产市场泡沫持续膨胀。房贷需求的急剧增加使得非机构 MBS 市场迅速发展,带动 MBS 存量规模于 2008 年年末达到 9.47 万亿美元的阶段性高点。2008 年房贷泡沫破裂所引发的次贷危机使得非机构 MBS 市场受到重创,但新冠疫情暴发后美联储零利率政策显著刺激房市,使 2020—2021 年 MBS 发行量"井喷",MBS 市场再度寻回增长动能。截至 2021 年年末,MBS 的存量已达 12.2 万亿美元,仅次于美国国债。联邦机构债的规模在 2008 年之前同样经历了一段较为稳定的增长期,但随着 2008 年以后"两房"逐渐缩减联邦机构债的发行量,当前的联邦机构债存量规模已经日渐式微,截至 2021 年年末,联邦机构债存量为 1.43 万亿美元,较其 2008 年年末 3.21 万亿美元的峰值水平已缩水了一半有余(见图 5-74)。

(2) 机构 MBS 和联邦机构债的投资者结构

联邦机构债和机构 MBS 主要被银行等存款机构、美联储以及海外投资者持有,其余投资者的占比相对不高。根据美联储的统计

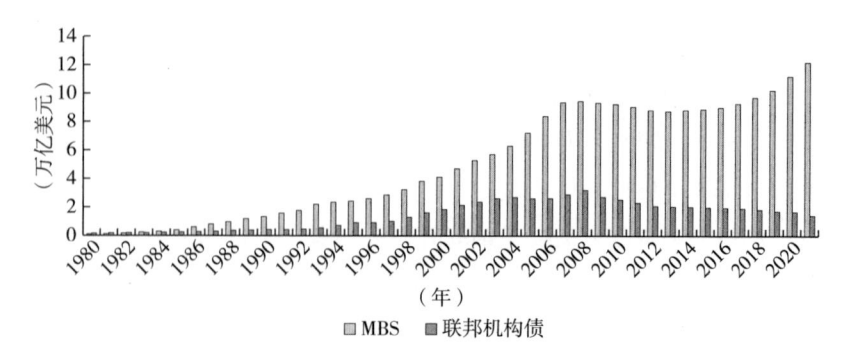

图 5-74　美国 MBS 和联邦机构债的存量
资料来源：SIFMA，中信证券固定收益部。

数据，截至 2021 年年末，银行等存款机构是联邦机构债和机构 MBS 的最大投资者，占全市场的比例约为 32.6%，机构 MBS 高流动性和低风险的特性或是吸引银行配置的原因。而多轮量化宽松使得美联储的机构 MBS 持有量自 2009 年以来显著提升，截至 2021 年年末已持有约 2.6 万亿美元机构 MBS 和联邦机构债，占比约为 25.0%，成为联邦机构债和机构 MBS 的第二大投资者。海外投资者是联邦机构债和机构 MBS 的第三大投资者，2021 年年末占比约为 11.6%。其余投资者包括共同基金和货币市场基金等，占比都相对较低（见图 5-75）。

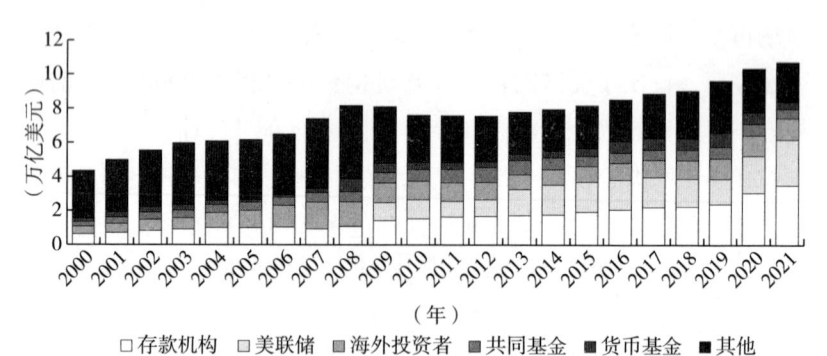

图 5-75　美国联邦机构债和机构 MBS 的投资者结构
资料来源：美联储，中信证券固定收益部。

(3) MBS 和联邦机构债的流动性

低风险、大体量以及 TBA 交易的便利性使得 MBS 拥有相对较高的流动性，在各类债券品种中仅次于美国国债，而联邦机构债的流动性则相对较低。MBS 的二级交易较为活跃，具有可观的市场深度。自 2011 年以来，每天有 2 000 亿～3 000 亿美元的 MBS 达成交易，日均换手率为 2%～3%，这一流动性水平仅次于美国国债（日换手率为 3%～6%）。机构 MBS 是 MBS 市场中最主要的交易品种，其交易量占 MBS 总交易量的 98%～99%。非机构 MBS 的流动性较低，日均成交量不足 50 亿美元，日换手率仅为约 0.2%，联邦机构债的流动性同样较低，日均交易量仅为数十亿美元，日换手率在 0.2%～0.3%。从具体交易途径来看，高灵活性使得 TBA 交易成为 MBS 最主要的交易途径，超过 90% 的 MBS 交易是通过 TBA 交易达成的（见图 5-76 和图 5-77）。

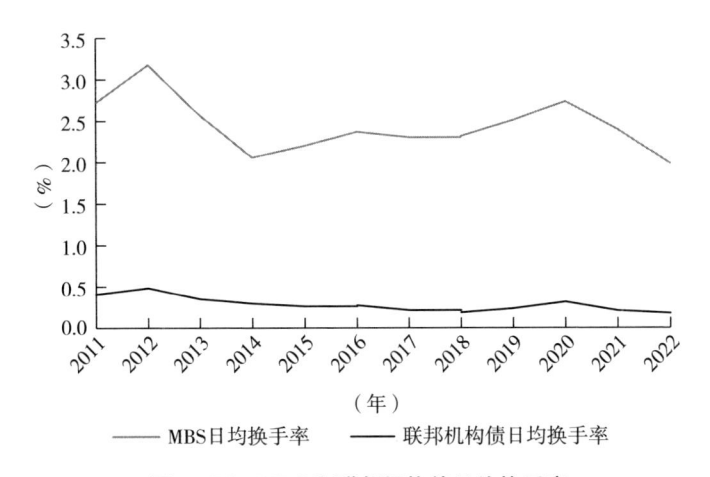

图 5-76　MBS 和联邦机构债日均换手率

资料来源：SIFMA，中信证券固定收益部。

6. MBS 的优点与潜在负面影响

总体来看，MBS 强化了抵押贷款的流动性，各方参与者均能从

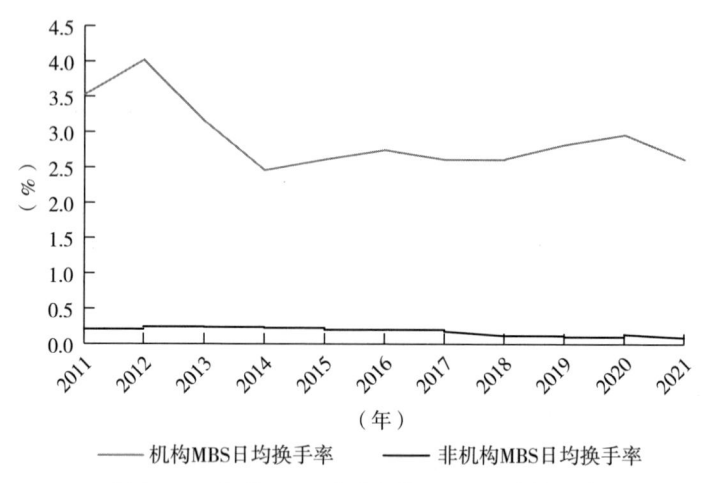

图 5-77 机构 MBS 和非机构 MBS 日均换手率

资料来源：SIFMA，中信证券固定收益部。

中获益。对于贷款人而言，MBS 改善了住房抵押贷款的流动性，贷款人可借此回笼贷款资金并将其再次贷出，且不论是优质贷款还是次级贷款均可以被打包出售给投资者，提高了贷款人发放各级贷款的意愿和能力；对于借款人而言，贷款人对发放抵押贷款偏好的提升将有助于借款人以更低利率获得抵押贷款，全面降低了地产购置门槛，有效拓展了房地产市场的深度及广度。对于投资者而言，MBS 提供了多元的投资选择，风格保守的投资者可以选择机构 MBS，在承担极低风险的同时，享受高于美国国债的收益率，风格激进的投资者则可以选择以次级贷款抵押的 MBS 或是 CMO 的中高风险层级等，以期博取更高收益。

但也不能就此忽略了 MBS 为金融市场带来的潜在负面影响，历史上已有过次贷危机这一惨痛教训。各级别抵押贷款均可成为 MBS 的底层资产，即便次级贷款也可以通过发行 MBS 来获得稳定回款，而将贷款打包成 MBS 出售后，贷款人无须再关注抵押贷款是否能顺利偿还。因此贷款人仔细审查借款人信用资质的动力有所减弱，对发放次级贷款的偏好边际提升，这将可能导致本无法获得贷款的信用资质较差的借款人也能顺利申请贷款，助长了投机行为，提高了金融体系的系统性风险。次贷危机正是这一风险集中暴发的典型例子，房价泡沫诱发了房贷和 MBS（尤其是非机构 MBS）的发行热潮，对借款人信用要求的放宽使得大量次级贷款涌入市场，最后房价泡沫破裂，房贷违约率飙升，建立于其上的 MBS 市场也遭受重创。次贷危机后，美国国会通过了《多德—弗兰克法案》，要求抵押贷款的贷款人必须为打包成 MBS 的贷款保留 5% 的信用风险，这一监管规定使得贷款人不能在发行 MBS 之后成为"甩手掌柜"，提高了他们审查抵押贷款借款人信用资质的动力，降低了 MBS 市场的潜在风险。

信用为先的美国公司债券

美国公司债作为美国公司为筹集资金而发行的债务凭证，是美国债券市场的重要组成部分。美国公司债的规模在美国债市各券种中位列第三，其流动性弱于美国国债和 MBS，但交易活跃度在近年来有所改善。与美国国债、MBS 和联邦机构债不同，因为没有美国政府的信用担保或隐性担保，所以美国公司债相较之下会提供更高的收益率，其收益率高于美国国债的部分被称为信用利差，这也是公司债投资者博弈的重要收益来源之一。

1. 美国公司债的存量与发行

美国公司债存量在美国债券市场各券种中位列第三，其市场规模增长先快后慢，占债券市场总规模的比例较为稳定。回顾历史，美国公司债市场规模在 1980—2021 年的年增长速度前高后低，年均增速约为 7.8%，占美国债券市场总规模的比例常年维持在 20% 左右。截至 2021 年年末，美国公司债存量规模达 10.1 万亿美元，约占美国债市总规模的 19%，仅次于国债和 MBS，是美国债券市场中的第三大券种（见图 5-78）。

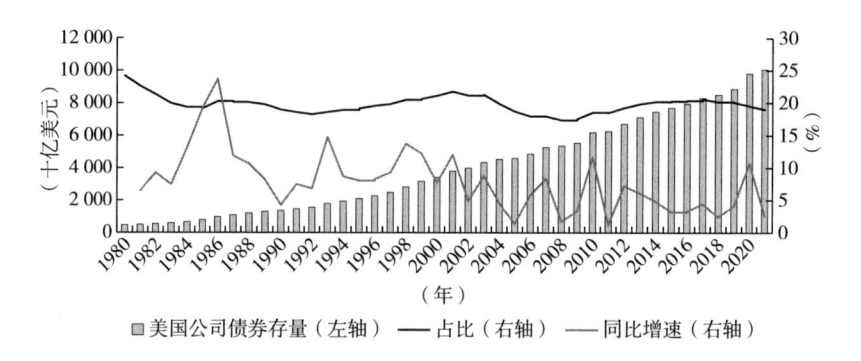

图 5-78　美国公司债存量与占比

资料来源：SIFMA，中信证券固定收益部。

美国公司债可以公募或私募发行。其中公募发行的公司债所面向投资者的范围最广，二级交易的便利性也相对较高，不过由于公司债并非 SEC 允许豁免发行注册的券种，因此公募发行的公司债需要在 SEC 注册并向公众披露公司重要的财务信息，存在一定的信息披露成本。与此同时，有些美国公司为了降低这一成本，便根据 Reg D 等条例，在较为宽松的信息披露要求下采用私募发行的方式豁免注册，不过除非满足特定要求，否则私募发行的公司债往往会被限制二级交易，因此其流动性相比公募发行而言存在一定的先天劣势。

美国公司债的年发行量整体呈上升态势。在 2007 年及以前，美国公司债的年发行量波动上行，但次贷危机爆发使美国经济受到巨大冲击且投资者风格趋于保守，导致 2008 年美国公司债年发行量较前一年大幅减少 38%。此后随着经济逐步修复，公司债发行量缓慢回升。新冠疫情期间，在宽松财政和货币政策的刺激下，美国公司债年发行量飙升至 2020 年的 2.27 万亿美元和 2021 年的 1.96 万亿美元，分别创下历史最高与次高纪录（见图 5-79）。

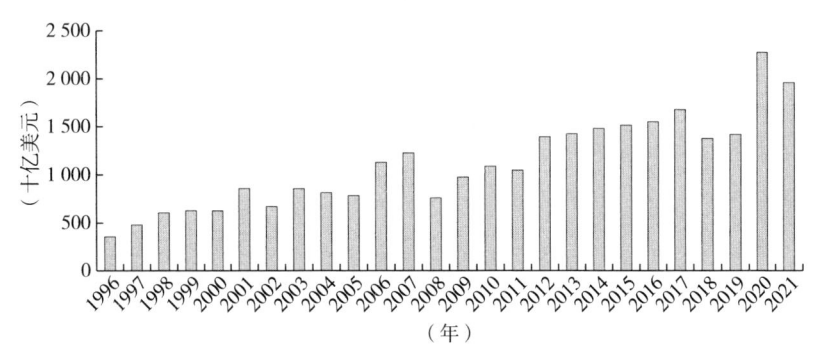

图 5-79 美国公司债发行量

资料来源：SIFMA，中信证券固定收益部。

2. 美国公司债的二级交易与投资者结构

(1) 公司债的流动性

美国公司债的流动性在美国各类券种中位列第三，与美国国债和 MBS 相比存在一定的差距。美国公司债的日均交易量从 2011 年的 206 亿美元升至 2021 年的 370 亿美元，日均换手率也相应从 0.33% 提升至 0.37%，流动性略有提升，但相较美国国债和 MBS 而言还有较大的差距，日均换手率仅约为 MBS 的 1/5~1/10，更是远低于美国国债。

从交易方式来看，美国公司债的二级交易以公开交易为主，但近年来依照 144A 规则交易的公司债交易量增长速度较快，这也是美国公司债市场的流动性有所提升的重要原因。公开交易是美国投资者在公开市场中达成的交易，是美国公司债最主要的交易方式，2021 年约有 72.3% 的公司债交易通过公开交易达成。而除公开交易外，公司债还有另一种主要交易方式即 144A 规则，这是为了便利私募公司债交易而引入的规则。满足该规则的条件后，未在交易所上市交易的私募债券可以被非公开地出售给合格机构投资者，这大幅降低了私募公司债的交易门槛，显著提升了其流动性。2021 年，通过 144A 规则达成交易的公司债日均交易量约为 101 亿美元，较2011年的38亿美元大幅提升了166%，占全部公司债交易量的比例也升至27.3%，交易的便利性使144A规则越来越受到投资者的青睐，这也有效提升了美国公司债市场的流动性（见图5-80和图5-81）。

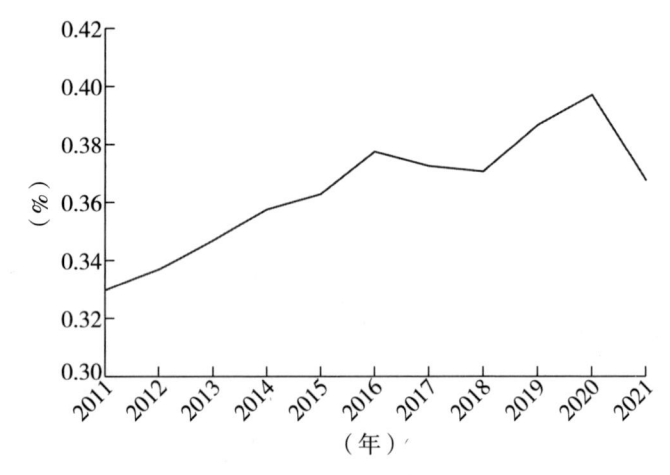

图5-80 公司债券日均换手率

资料来源：SIFMA，中信证券固定收益部。

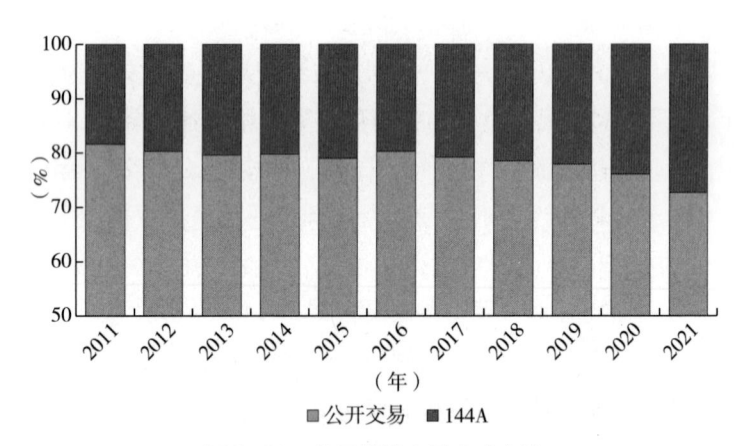

图5-81 公司债券交易方式占比

资料来源：SIFMA，中信证券固定收益部。

（2）投资者结构

从投资者结构来看，海外投资者是美国公司债的最大投资者，各类保险公司和基金公司的持债占比同样较为可观。截至2021年年末，海外投资者约持有29%的美国公司债，是美国公司债最主要的投资者群体，这说明美国公司债的国际化程度相对较高。除海外投资者外，以人寿保险、财产保险、共同基金、私人养老基金和ETF基金为主的各类保险公司和基金公司同样配置了规模可观的公司债，截至2021年年末，上述机构的持债占比合计约为58%。不过要注意，除海外投资者外，此处所统计其他类型投资者的持债数据既包括美国公司债，也包括其所持有的海外债券，因此这一口径并不完全等同于美国公司债的投资者结构，仅能作为一定的参考（见图5-82）。

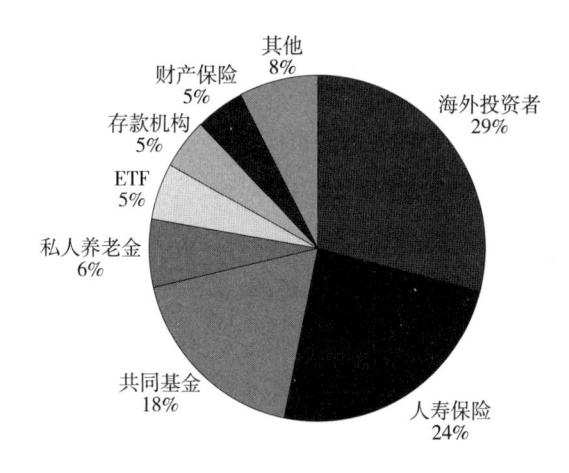

图5-82 美国公司债和海外债券投资者结构（2021）
资料来源：美联储，中信证券固定收益部。

3. 美国公司债的信用评级与信用利差

（1）信用评级

美国公司债没有政府的信用担保，其违约风险受发行人的经营状况、流动性水平等因素影响。不同于拥有联邦政府明确或隐性信用担保的美国国债和机构 MBS 等债券品种,美国公司债没有美国政府的信用背书,其违约风险和偿付能力因发行人而异,受发行人经营状况和资产流动性等多种因素影响。从长期来看,经营状况良好的发行人往往能实现更高的利润,偿债资金来源稳定,因此其公司债的违约风险相对较低。而从短期来看,公司资产流动性水平会对公司债的偿付能力构成扰动,如果一家公司有多笔公司债集中到期,而其持有的现金不足且资产的短期变现能力不足的话,该公司就可能不得不折价出售资产或借入高价短期资金,甚至产生违约等严重后果。

信用评级机构会衡量公司债的违约风险并形成信用评级,依照违约风险的高低,公司债可以被归为投资级债券和投机级(高收益)债券。全球三大信用评级机构,穆迪、标普和惠誉,会根据一系列指标衡量美国公司债的违约风险,并形成一套评级体系。以穆迪为例,穆迪的评级体系分为从 Aaa 到 C 的 9 个大档,除 Aaa、Ca 和 C 外,其余 6 个大档又可以分为 3 个小档,如 Aa1、Aa2 和 Aa3。债券将依照其违约的可能性被赋予相应评级,其中 Aaa 为最高评级,该评级中的债券拥有最高的信用质量以及最低的违约风险,C 为最低评级,该评级中的债券信用质量最差,且往往已经违约,投资者很难收回债券本息。穆迪评级高于或等于 Baa(等价于标普和惠誉的 BBB 评级)的公司债违约风险相对较小,被归为投资级债券,评级低于 Baa 的债券往往存在一定的违约风险,被归为投机级债券。由于投机级债券的票面利率或到期收益率往往更高,因此这类债券也被形象地称为高收益债券(见表 5-18)。

(2) 信用利差

美国公司债收益率和美国国债收益率之差即为信用利差,它由美国公司债的风险溢价、流动性溢价以及税收溢价等多种因素决定。

表 5-18　穆迪信用评级标准

信用评级	描述
投资级债券	
Aaa	信用质量最高，违约风险最低
Aa	信用质量高，违约风险非常低
A	信用质量中上，违约风险低
Baa	违约风险中等，可能存在投机性质
高收益债券	
Ba	有实质性的违约风险，存在投机性质
B	违约风险高，投机性较强
Caa	信用质量很差，违约风险非常高
Ca	存在高度投机性质，很可能违约，收回本息尚有一定可能
C	信用质量最差，通常已经违约，收回本息可能性很小

资料来源：穆迪官网，中信证券固定收益部。

风险溢价用以弥补美国公司债的违约风险，是信用利差最重要的影响因素。由于美国公司债没有政府的信用担保，存在一定的违约风险，因此投资者往往会要求获得比同期限美国国债等无风险债券更高的收益率，这部分收益率即美国公司债的风险溢价。横向对比来看，信用风险是风险溢价的主要影响因素，高评级公司债的信用风险更低，因此其风险溢价以及信用利差往往低于低评级公司债。纵向对比来看，宏观经济以及投资者风险偏好的变化对风险溢价以及信用利差的影响也较为显著。在经济下行期，美国公司的盈利能力下滑将对其偿债能力构成负面影响并导致信用利差走阔，低资质公司由于偿债能力本就较弱而往往会遭受更大的冲击。因此可以看到在 2000 年互联网泡沫破裂、2007 年次贷危机爆发以及 2020 年新冠疫情初期等时期，美国公司债的信用利差均明显走阔，且低评级公司债信用利差的走阔幅度高于高评级公司债（见图 5-83）。

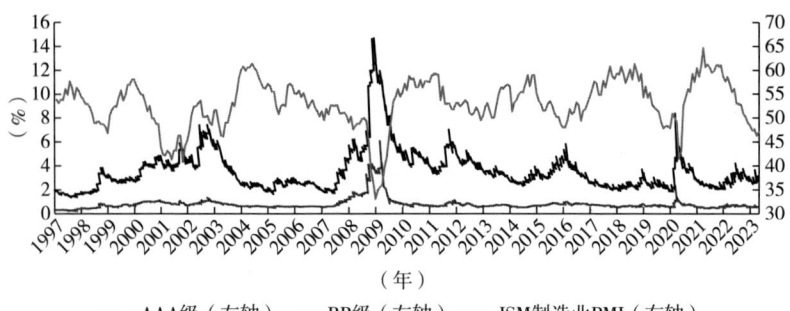

──── AAA级（左轴） ──── BB级（左轴） ──── ISM制造业PMI（右轴）

图 5-83　美银美国公司债期权调整利差和美国制造业 PMI
资料来源：万得资讯，中信证券固定收益部。

流动性溢价来源于美国公司债和国债二级市场流动性的差异，也会对信用利差构成影响。由于美国国债二级市场交易更加活跃，因此投资者往往会要求公司债提供更高的收益率以补偿它和国债的流动性差别，并形成流动性溢价。流动性越差的公司债，其流动性溢价就越高，信用利差也就相应越大。流动性溢价也可能会受到市场流动性的影响，在市场流动性宽松的时候，投资者更加青睐票息相对较高的公司债，使得信用利差走窄；而在流动性紧张的时候，投资者则更倾向于持有流动性相对较好的国债，使得信用利差走阔（见图 5-84）。

──── AAA级（左轴） ──── BB级（左轴） ──── TED利差（右轴）

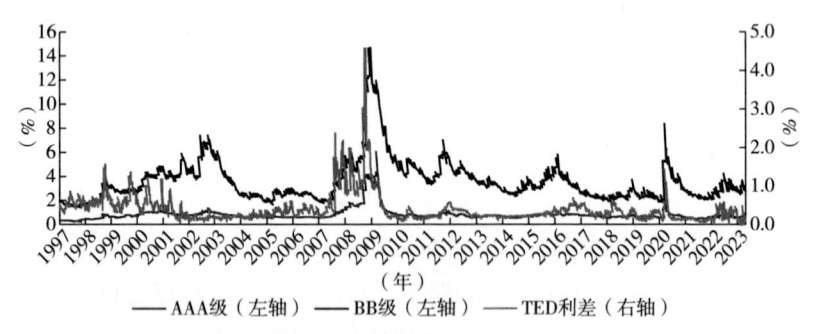

图 5-84　美银美国公司债期权调整利差和 TED 利差
资料来源：万得资讯，中信证券固定收益部。

税收溢价来源于美国政府对公司债和国债不同的税收制度。美国国债的利息收入虽然需要缴纳联邦税，但一般可以免除州税与地方税，而公司债的利息收入则需要同时缴纳联邦税、州税与地方税，因此即便其他条件相同，投资者也会要求美国公司债提供更高的收益率以弥补这部分差异。

总的来看，信用利差会随着宏观经济和投资者风险偏好等因素而变动，这也是公司债投资者博弈的重要收益来源之一。信用利差虽然能够增厚投资收益，但如果发行公司因某些负面原因而无法正常经营，甚至陷入破产的困境，则即便债券投资者也可能会遭受损失，因此在投资美国公司债的过程中，合理评估发行人"信用"的重要性不言而喻。

第六章

债市投资的观局谋策：
常用投资策略解析

债市投资的对象：了解中国债券大家族

政府信誉的象征：利率债

利率债指的是有政府信用背书的债券，而政府背书的特性使其通常被认为没有信用风险，因而该类债券主要面临的是利率风险。作为中国债券大家族中规模最为庞大的"一员"，利率债占据了我国债券市场的半壁江山。了解利率债不仅有助于熟悉债市中主要债券品种的特征，也有益于对我国债市发展历史形成更深入的理解（见图6-1）。

1. 国债

国债是指一国中央政府发行的债券，其发行人信用度最高，违约风险最低，在国际上也常被称为"金边债券"。目前我国国债主要由记账式国债和储蓄国债两大类构成，二者在发行对象、发行方式、发行期限和流通方式等方面存在差异。记账式国债指的是由财政部以无纸化方式发行，用电脑记账方式记录并可上市交易的国债，持有者主要为机构投资者，可进一步分为记账式贴现国债和记

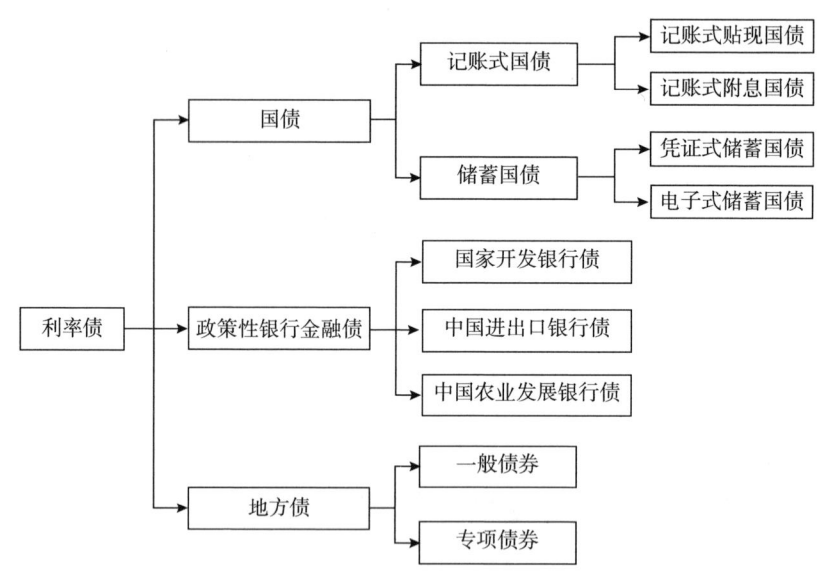

```
利率债 ─┬─ 国债 ─┬─ 记账式国债 ─┬─ 记账式贴现国债
         │        │              └─ 记账式附息国债
         │        └─ 储蓄国债 ─┬─ 凭证式储蓄国债
         │                     └─ 电子式储蓄国债
         ├─ 政策性银行金融债 ─┬─ 国家开发银行债
         │                    ├─ 中国进出口银行债
         │                    └─ 中国农业发展银行债
         └─ 地方债 ─┬─ 一般债券
                    └─ 专项债券
```

图 6-1 利率债分类

资料来源：万得资讯，中信证券固定收益部。

账式付息国债。储蓄国债面向个人投资者发行，并可进一步分为凭证式和电子式储蓄国债，前者可使用现金或银行存款直接购买，后者须通过个人国债账户购买。

从发展历程来看，国务院于1981年颁布《国库券条例》，标志着我国现代国债市场的成立，然而当年国债的发行规模不足50亿元，而到了2022年，我国国债的年发行量已经达到9.7万亿元。这一数字不仅反映出我国国债市场的快速发展，也折射出我国债券乃至金融市场所取得的显著成就。

2. 地方政府债

地方政府债券（简称"地方债"）是指地方政府发行的债券，按照管理方法和偿还方式的地方债可划分为一般债和专项债。一般债资金用途相对广泛，通过一般公共预算收入来还本付息，而专项债则常常为特定项目发行，并通过项目对应的政府性基金或专项收入还本付息。按是否替换存量债务，地方债可分为新增债、置换债以及再融资债。新增债券的发行目的在于筹借资金以加大财政支出，其发行通常会增加地方政府债务余额。置换债的发行目的在于置换存量隐性债务，对于地方政府而言意味着债务形式的变化（如债务主体从城投公司转为地方政府）。2019年地方债务置换工作基本完成，置换债也暂时退出历史舞台。再融资债是为偿还到期地方债务而发行的地方债，也就是用来"借新还旧"的债券。

从发展历程来看，1950年发行的东北生产建设折实公债可以看作我国地方债的起源，1958年中央颁布《关于发行地方公债的决定》，提出自1959年起停止发行全国性公债，而各省、市、自治区、直辖市可以在必要时发行地方建设公债作为辅助筹资手段，因此1959—1993年如吉林、福建、辽宁、黑龙江、四川、安徽、江西等省份曾经陆续发行过地方经济建设公债。但随着1981年国债开始恢复发行，1995年我国实施的《预算法》对地方债发行进行规定：除法律和国务院另有规定外，地方政府不得发行地方政府债券。这一禁令一直持续至2009年，由于受到2008年国际金融危机的影响，我国政府决定采取积极的财政政策，这也使得地方债在2009年迎来发行重启。自恢复发行以来，地方债发行共经历三个阶段。第一阶段以"代发代还"模式为主。2009年2月为部分缓解"4万亿"计划下地方政府的资金压力，财政部代发地方债2 000亿元，并由财政部还本付息。第二阶段以"自发代还"为主。2011年，财政部允许试点省市自主发债，但还本付息仍由财政部代办。2014年，以"自发自还"为代表的第三阶段开启，地方债市场正式进入新的发展阶段，发行试点进一步扩容，并由地方政府自行还本付息。

3. 政策性金融债

政策性金融债（简称"政金债"，也被称为政策性银行债）是由我国政策性银行（国家开发银行、中国农业发展银行和中国进出口银行）为筹集信贷资金，经国务院批准向银行金融机构及其他机构发行的金融债券。从发展历程来看，政金债的发行始于1994年，国家开发银行是第一家发行政金债的政策性银行。政金债问世之初采用行政派购的发行方式，后来政金债进行了发行机制改革，国家开发银行、中国进出口银行分别于1998年、1999年以市场化发行的方式发行了政金债，中国农业发展银行于2004年开始发行政金债。2022年全年，我国政金债发行量达到5.8万亿元。

企业实力的考验：信用债

除利率债以外，其余类型债券并无政府级别的信用背书，因此相较利率债它们会面临信用风险，故这些债券被称为信用债。按照发行主体来看，信用债可分为金融企业信用债和非金融企业信用债，其中金融企业信用债主要指的是由银行和非银金融机构发行的信用债，而非金融企业信用债则包括公司债、企业债和各类非金融企业债务融资工具等。

1. 金融企业信用债

金融债券，指的是银行及非银行金融机构依照法定程序发行并约定在一定期限内还本付息的有价证券。根据此定义，政策性金融债也属于金融债券的范畴，但由于按照本书利率债与信用债的划分方式，政策性金融债是利率债的一种，因此我们主要介绍的是金融债券当中的金融企业信用债，其发行主体主要是商业银行、证券公司、保险公司、财务公司、金融租赁公司和汽车金融公司等。

从发行规模来看，金融企业信用债的发展可以分为2014年以前、2014—2018年和2019年以后三个阶段。其中2014年以前金融企业信用债总发行量相对较低，但在《商业银行资本管理办法（试行）》的影响下，银行次级债从2014年开始迅速放量，这导致金融企业信用债总发行量明显升高。而2019年监管推动银行发行永续债以丰富银行一级资本补充渠道，银行次级债发行规模再度放量，使得金融企业信用债总发行规模再上台阶。截至2022年年末，金融企业信用债存量11.21万亿元，以商业银行次级债券（47.47%）、商业银行债券（23.91%）、证券公司债（19.09%）为主，保险公司债券仅占2.76%（见图6-2和图6-3）。

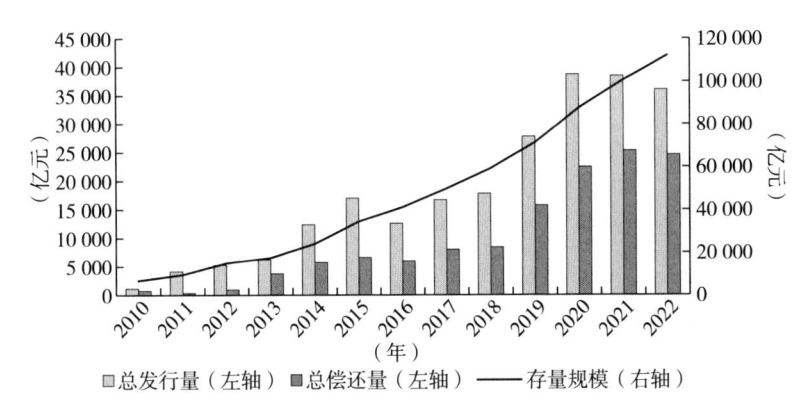

图6-2　金融企业信用债发行及存量规模

资料来源：万得资讯，中信证券固定收益部。

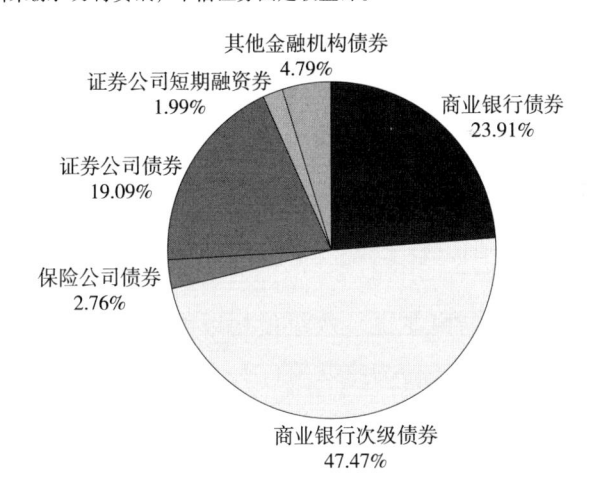

图6-3　各类金融企业信用债存量金额占比

注：截至2022年12月。
资料来源：万得资讯，中信证券固定收益部。

2. 金融企业信用债品种

（1）商业银行债

商业银行发行的信用债可以根据资金用途分为两大类：用于业务资金补充的商业银行债券以及用于资本补充的商业银行次级债券，其中次级债券可以根据补充资本的不同再细分为商业银行二级资本债和商业银行永续债，二级资本债用以补充商业银行二级资本，而商业银行永续债则是指商业银行发行的无固定到期日债券，用以补充其他一级资本。自2004年年初至2022年年末，商业银行累计发行金融债券12.8万亿元左右，其中商业银行债与次级债各占四、六成（见图6-4）。

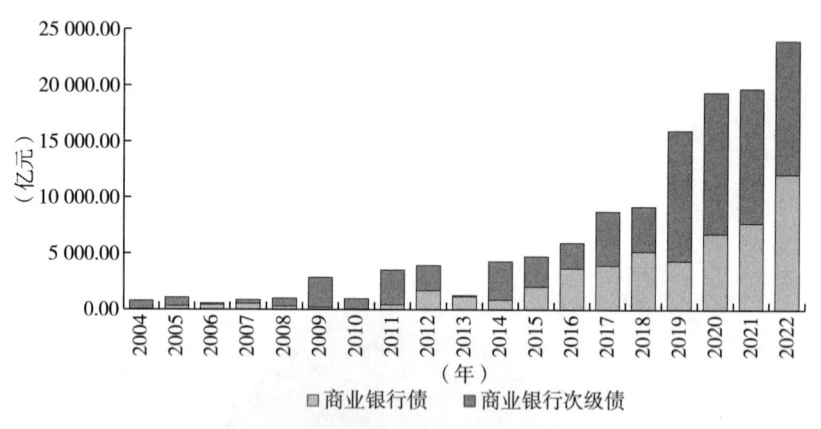

图6-4 商业银行金融债发行金额统计

资料来源：万得资讯，中信证券固定收益部。

商业银行债券与商业银行次级债均以大型商业银行、股份制商业银行和城市商业银行为主要发行人，三者占比超过90%。具体来看，商业银行债券主要由股份制商业银行与城市商业银行发行，这或许是因为这两类银行的业务拓展需求更为旺盛，而用于资本补充的次级债券主要由大型商业银行与股份制商业银行发行，这或许是因为它们的资本补充需求更强。存量商业银行债券的期限基本在 3 年以内，而商业银行次级债券受监管机构要求，发行期限均在 5 年以上，因此存量次级债券的剩余期限明显长于商业银行债券（见图 6-5 和图 6-6）。

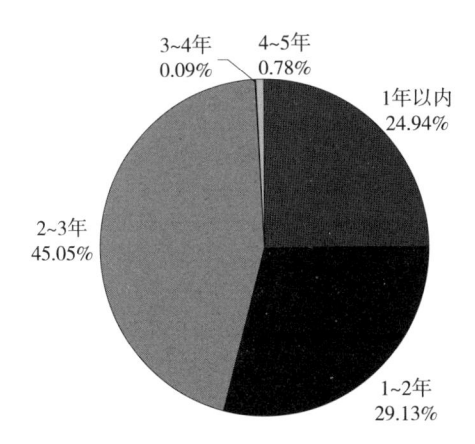

图 6-5　存量商业银行债剩余期限分布

注：截至 2022 年 12 月。
资料来源：万得资讯，中信证券固定收益部。

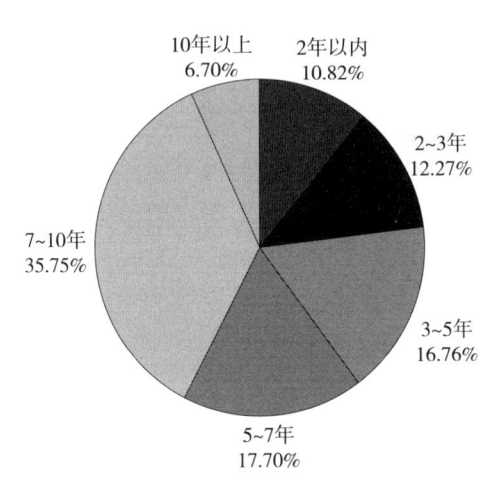

图 6-6　存量商业银行次级债剩余期限分布

注：截至 2022 年 12 月。
资料来源：万得资讯，中信证券固定收益部。

(2) 保险公司债

保险公司发行的金融债规模相对较小，其用途主要是补充保险公司的资本从而满足监管要求。保险公司债包括保险公司次级定期债务、资本补充债券和无固定期限资本债券等。次级定期债务指的是为了弥补临时性或者阶段性资本不足而发行的期限在5年及以上的债券，2015年之后便再无发行。资本补充债券是指保险公司发行的用于补充附属一级资本的期限在5年及以上的债券，该类债券自2015年起发行，是当前保险公司补充资本的主要债务工具。2022年8月，人民银行和银保监会联合发布《关于保险公司发行无固定期限资本债券有关事项的通知》，使得保险公司无固定期限资本债券（或称保险公司永续债）发行成为可能，公告发布一年后2023年9月泰康人寿获批国内首单保险公司永续债（见图6-7）。

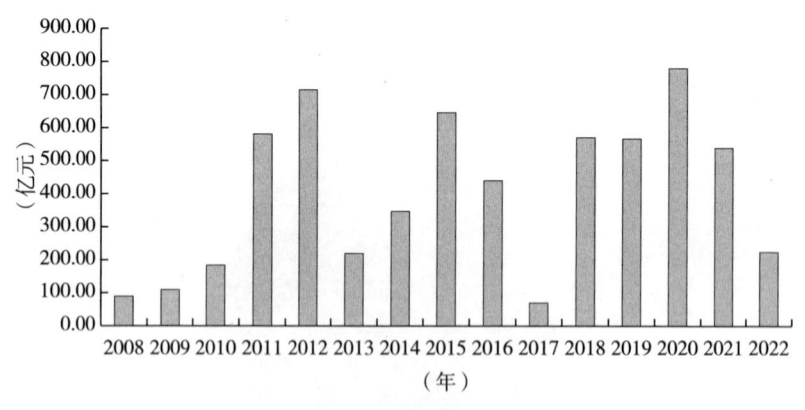

图6-7 保险公司债发行金额统计

资料来源：万得资讯，中信证券固定收益部。

2008—2022年，保险公司的年发债规模共呈现三拨上涨和回落。2011年较多保险公司利润增速出现下滑，补充资本的需求导致发债数量走升。2015年监管推出资本补充债券，保险公司发债规模再度小幅走升。2018年，随着保险行业新一轮改革的推进，保险公司发债规模再次攀升。

寿险公司是保险公司债主要的发行主体，这或许是因为寿险公司业务具有长期性的特点，对偿付能力充足率要求更高，因而常通过发行资本补充债来补充资本金。保险公司债发行期限主要采用5+5结构，其存量债券以5~10年期为主。

（3）证券公司债券

证券公司所发行的债券可分为证券公司短期融资券和证券公司债。其中前者在银行间市场发行，主要用于补充流动资金，期限在1年以下，后者在交易所市场发行，除了补充流动资金外还可以补充资本，使用更为灵活，发行期限在1年以下至15年期均有。

证券公司债进一步可分为普通债券和次级债券。其中普通债券主要作用为补充流动资金、补充信用交易业务资金需求（融资融券、质押式回购等）、用于权益/固定收益类资产的投资等，其资金用途与证券公司短期融资券差别不大，但期限更长。而次级债券相较普通债券除用于补充流动资金及满足业务开展需求外，还可用于补充资本。

证券公司债发行有三轮明显的放量，均与当时监管政策的变化相对应。第一轮是2012年《证券公司次级债管理规定》颁布实施后，2013—2015年证券公司债发行规模高速增长，叠加2015年公司债扩容，证券公司债发行规模达到当时的最高峰。第二轮及第三轮则对应证监会修订《证券公司风险控制指标管理办法》，发债规模在2017年、2020—2021年显著提高。证券公司存量债券的期限普遍偏短，集中在3年以下，以1~3年为主，占比接近50%（见图6-8和图6-9）。

3. 非金融企业信用债

自2005年短期融资券诞生以来，我国非金融企业信用债便进

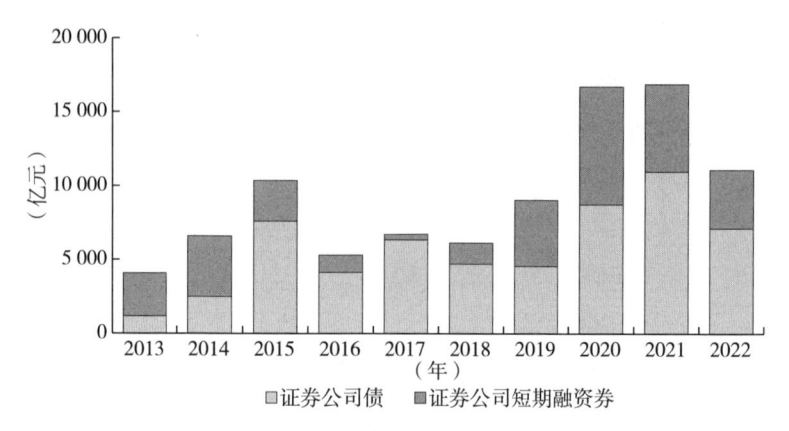

图 6-8 各类型证券公司金融债发行金额统计
资料来源：万得资讯，中信证券固定收益部。

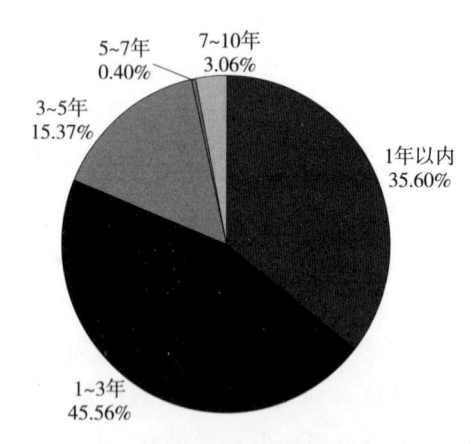

图 6-9 存量证券公司债剩余期限分布
注：截至 2022 年 12 月。
资料来源：万得资讯，中信证券固定收益部。

入了高速发展时期。目前我国非金融企业的债券融资工具种类众多。根据监管机构的不同，非金融信用债主要可以被分为证监会监管下的公司债、企业债、项目收益债、资产支持证券和不动产投资信托基金，以及银行间交易商协会监管下的非金融企业债务融资工具，包括短融、超短融、中票、非公开定向债务融资工具和资产支持票据（Asset-Backed Notes，简写为 ABN，见图 6-10 和图 6-11）。

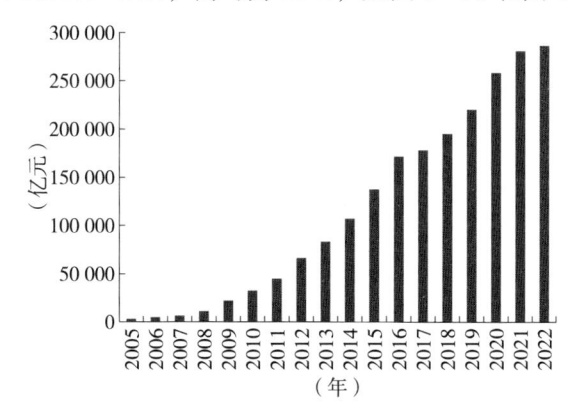

图 6-10　我国非金融信用债市场存量规模
资料来源：万得资讯，中信证券固定收益部。

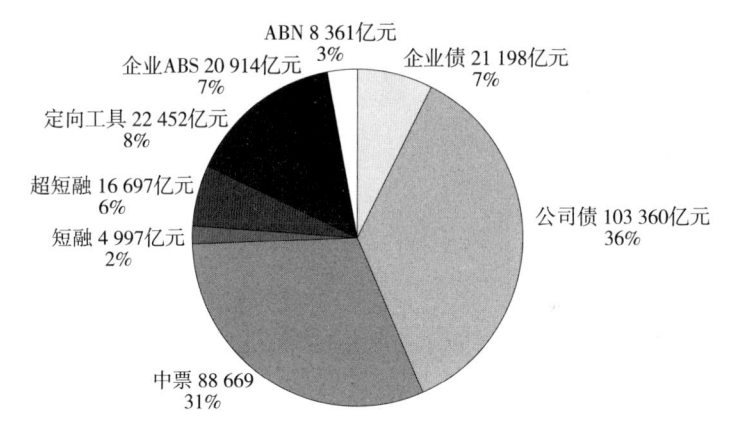

图 6-11　2022 年非金融信用债市场存量规模及占比

- ABN 8 361 亿元　3%
- 企业 ABS 20 914 亿元　7%
- 定向工具 22 452 亿元　8%
- 超短融 16 697 亿元　6%
- 短融 4 997 亿元　2%
- 中票 88 669　31%
- 公司债 103 360 亿元　36%
- 企业债 21 198 亿元　7%

资料来源：万得资讯，中信证券固定收益部。

4. 非金融企业信用债品种

(1) 公司债

公司债指的是上市公司或非上市公众公司按照法定程序发行并约定在一定期限内还本付息的有价证券。公司债的发行主体为公司形式的法人机构。公司债受到证监会监管，于交易所市场发行，根据发行方式，公司债可以被分为公开发行的公募公司债和非公开发行的私募公司债。

自 2007 年诞生以来，公司债发行主体范围由沪深交易所上市公司扩大至所有公司制法人，且审批流程大为简化，这带动了公司债发行量和存量规模的快速上升。2014 年年底公司债存量为 7 681 亿元，在非金融信用债总量中仅占 7.18%。而截至 2022 年年底公司债已一跃成为我国非金融信用债中存量规模最大的品种，规模达到 10.34 万亿元，占非金融信用债的 36.06%（见图 6-12）。

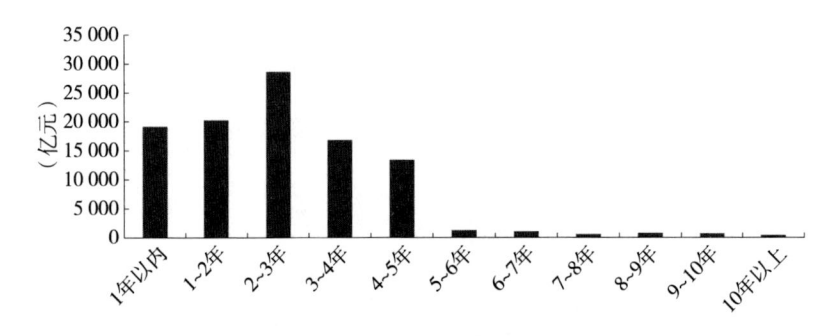

图 6-12　公司债期限结构（按存量）

注：截至 2022 年 12 月。
资料来源：万得资讯，中信证券固定收益部。

我国公司债主要有以下特点：第一，发行主体以地方国有企业和中央国有企业为主，且评级为 AA、AA+ 和 AAA 的主体占 98% 以上；第二，我国公司债涵盖各个期限，且短期和中期的公司债占比较高；第三，从行业角度看，工业企业是公司债发行主力军，其他对公司债有较高需求的行业包括房地产、公用事业等；第四，从区域上划分，我国公司债存在地域分布不平衡的问题，多集中于发达地区（见图 6-13 和图 6-14）。

(2) 企业债

企业债券的发行主体为企业，和公司债相比企业债的不同体现

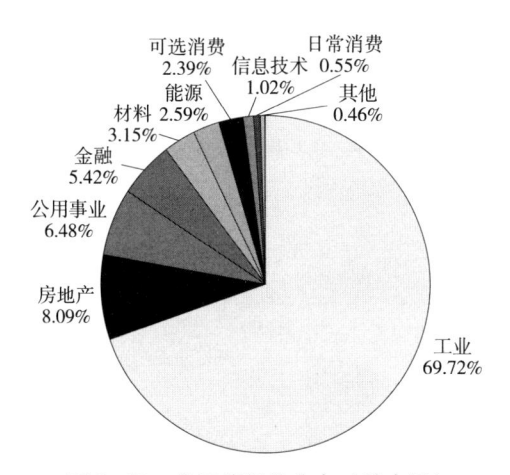

图 6-13　公司债行业分布（按存量）

注：截至 2022 年 12 月。
资料来源：万得资讯，中信证券固定收益部。

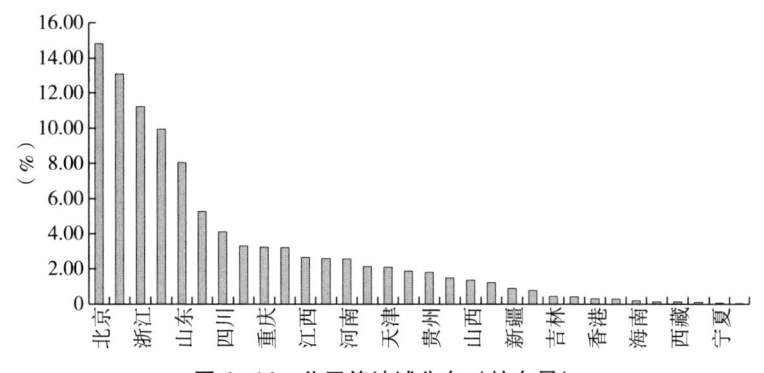

图 6-14　公司债地域分布（按存量）

注：截至 2022 年 12 月。
资料来源：万得资讯，中信证券固定收益部。

在：第一，企业债主要由中央政府部门所属机构、国有独资企业或国有控股企业发行，发行人资质更好；第二，通过企业债募集的资金主要用于政府部门项目，如固定资产投资和基础设施建设，而公司债券可根据企业自身需求提出发行需求并使用募集资金。

2008 年后，随着发行核准程序的简化以及城投平台的发展，企业债年发行量大幅增长，在2014年达到最高值6 977亿元，占非金融信用债发行总量的13.02%。此后，随着地方政府债务和城投债的监管趋严，企业债的发行量同步呈下降趋势。2022年，企业债发行量下滑到3 691.30亿元，占比仅为2.64%（见图6-15和图6-16）。

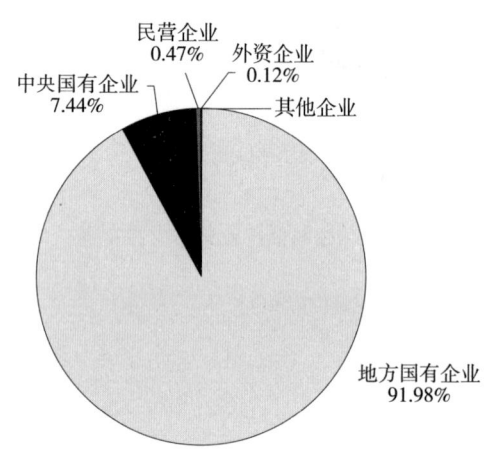

图6-15　企业债发行主体类型占比（按存量）

注：截至2022年12月。

资料来源：万得资讯，中信证券固定收益部。

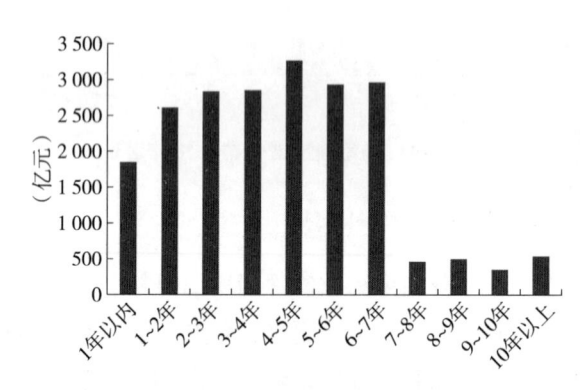

图6-16　不同期限企业债规模（按存量）

注：截至2022年12月。

资料来源：万得资讯，中信证券固定收益部。

企业债具有以下特点：第一，发行主体高度集中，地方国有企业占比达到91.98%以上，同时发行主体评级较高，评级为AA、AA+、AAA的企业占比为94.18%；第二，我国企业债发行期限一般比公司债更长，4~5年期和5~6年期的企业债最为常见；第三，企业债的行业分布与公司债较接近，工业、公用事业和能源占比最高。

(3) 非金融企业债务融资工具

具有法人资格的非金融企业在银行间债券市场发行的有价证券被称为非金融企业债务融资工具，具体包括短融（CP）、超短融（SCP）、中期票据（MTN）、非公开定向债务融资工具（PPN）和资产支持票据等品种。

短期融资券指的是期限在1年或1年以内的债券。于2005年诞生的短期融资券是银行间市场上最早出现的债务融资工具。2008年，交易商协会推出的中期票据填补了1年期以上的空白，其期限以3~5年期为主。从发行量上看，中票的年发行量逐渐走升，短融的年发行量在2015年以后则有所回落。

银行间债券市场于2010年推出超短期融资券。超短融的期限在270天以内，且募集资金不得用于长期投资。基于周期更短、效率更高等优势，超短融年发行量不断提高，在2014年已经超过了短期融资券。

非公开定向债务融资工具是向银行间市场特定机构投资人发行的债务融资工具，并在特定机构投资人范围内流通转让。由于是以非公开方式发行，PPN具有发行方案灵活、信息披露简化等优势。

资产支持票据是在银行间债券市场发行的，以基础资产所产生的现金流作为还款支持的债务融资工具，期限一般是3~5年。ABN通过结构化设计使得资产出表和破产隔离成为可能，发行人可以盘活存量资产、优化资产结构并降低融资成本，投资人可以通过购买 ABN 的方式弱化发行人主体信用风险，更多关注基础资产信用情况（见图 6-17 和图 6-18）。

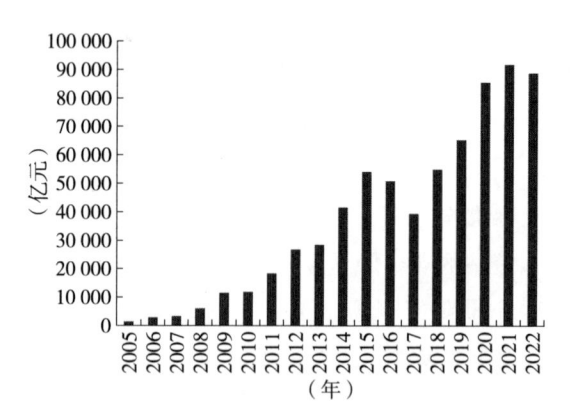

图 6-17 非金融企业债务融资工具存量规模
资料来源：万得资讯，中信证券固定收益部。

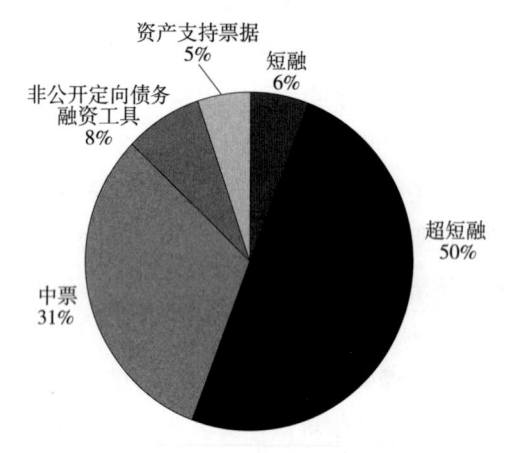

图 6-18 2022 年非金融企业债务融资工具存量规模占比
资料来源：万得资讯，中信证券固定收益部。

截至 2022 年年末，我国非金融企业债务融资工具总存量规模达到 14.13 万亿元，中票、定向工具、超短融是占比最高的三个品种，其中中票占比约为 62.8%，定向工具约为 15.9%，超短融约为 11.8%。

(4) 其他非金融信用债

①资产支持证券（企业 ABS）。资产支持证券是指企业或其他融资主体将合法享有的、缺乏流动性但具有可预测的稳定现金流的资产或资产组合（基础资产）出售给特定的机构或载体（SPV），SPV 以该基础资产产生的现金流为支持发行证券，以获得融资并最大化提高资产流动性的一种结构性融资手段。

2015 年以来，企业 ABS 的发行规模不断上升，基础资产涵盖范围持续扩大。2022 年企业 ABS 年发行规模为 1.16 万亿元，是 2015 年的 6 倍多，基础资产类型也已达到 26 种。从各资产类型的发行规模来看，占比最高的包括融资租赁债权、企业应收账款和供应链应付账款等。企业 ABS 以中短期为主，主要为 1 年以内和 1~3 年的品种。企业 ABS 发行主体较为均衡，中央国有企业、地方国有企业和民营企业占比最高且占比较为接近，发行人主要来自金融业、房地产业和工业。

②房地产投资信托基金（REITs）。REITs 作为一种信托基金，以证券化手段募集多数投资者的资金，交由专门机构对流动性较低、单笔交易规模较大的不动产进行经营管理，并将增值收益按比例分配给投资者。我国公募 REITs 业务于 2021 年 5 月正式起航。自 2021 年 6 月 21 日首批 9 只产品上市以来，REITs 市场经过一年半的发展，规模已扩增至 2022 年年末的 24 只上市交易产品，发行总规模超 783 亿元。

③项目收益债。项目收益债是指由非金融企业发行，并以募投项目预期现金流为主要偿债来源的债务融资工具，目前项目收益债券的发行方式采用注册制。截至 2022 年年末，市场上共有 146 只项目收益债，债券余额达 696.11 亿元，平均每只债券余额规模为 4.77 亿元。

与企业债相比，项目收益债有以下主要区别：第一，项目收益债的发行主体是项目实施主体或其实际可控制人；第二，所募集的资金必须用于特定项目的投资和建设；第三，项目收益债主要通过项目建成后的运营收益进行偿还。

兼具债性与股性：可转债与可交债

如果说利率债和信用债只具有债券特性，那么可转债与可交债便是在债券特性基础上又增加了股票特性的债券品种。在债券特性方面，可转债和可交债持有者可以像利率债和信用债持有者一样将债券持有至到期而获取本息收益，而在股票特性方面，可转债和可交债的持有者还可以在换股期内将债券转换成对应公司的股票，从而享受股票上涨带来的收益。而可转债和可交债能够兼具双重特性的关键便在于债券转股的核心条款。

1. 可转换公司债券

（1）基本概念

可转换公司债券简称"可转债"，是一种由上市公司发行，可在规定的转股期内按照约定的转股价格转换成指定公司股票的特殊债券。可转债的特点之一是"转股权"，在转股期内（通常为可转债发行后6个月至债券赎回），投资者若觉得约定的转股价格划算（即当前股价比转股行权价更高），可选择将其转换为股票。可转债的另一特点是"有债底"，由于可转债在不行使转股权的时候是一种债券，因此即便股价下跌，其也能享有债券特性提供的保底收益。

（2）核心条款

可转债共有四个核心条款，分别是：下修条款、回售条款、赎回条款和转股条款。这些条款是可转债存续期内投资者和发行人博弈的重点。

转股条款约定了可转债的持有人能够将债券转换为股票的具体

价格，即转股价格，以及持有人可进行转股操作的时间，即转股期。

下修条款是属于可转债发行人的一项权利，即发行人可以将期初议定的转股价格向下调整。若下修达成，则在转股价格降低的同时，单张债券所能转换的股票数量也会有所增加。下修条款可作为观察发行人促转股意愿的工具，触发的条件越宽松，触发条件后发行人的行动越积极，则反映出发行人促转股意愿越强。

回售条款可看作对投资者的保护性条款。在回售条款下，可转债持有人可以将其持有的可转债份额以事先约定的价格卖回给发行人。换言之，回售条款是持有人拥有的一项看跌期权，一般来说当标的股票价格远远低于转股价格时，投资者将会选择触发回售条款。

赎回条款与回售条款相对应，是有利于发行人的条款。当标的股票的价格达到发行人制定的价格时，在赎回条款下发行人有权向持有人赎回持有人所持有的全部可转债份额。这是因为当股价明显高于转股价时，转债对于发行人而言的融资性价比下降，因此发行人希望转债持有人尽快转股。赎回条款可以分为转股期前和转股期内两个部分。转股期前的赎回条款，赋予了发行人在标的股票价格达到一定标准的情况下，以赎回价格赎回可转债的权利。发行人可通过转股期前的赎回条款在标的股票价格上涨时选择赎回，再以比转股价格更高的价格通过二级市场抛售等方式减持标的股票。相较而言，转股期内的赎回条款，对持有人相对有利，在标的股票价格远高于转股价格时，持有人可以在尚未触发赎回条款时及时启动换股，并通过在二级市场抛售标的股票取得高于赎回价格的收益。

（3）发行及存量规模

中国宝安集团股份有限公司于1992年11月发行宝安转债，拉开了我国转债市场的帷幕。然而宝安转债发出后由于权益市场大环境低迷，直至到期也未能实现顺利转股，初出茅庐的可转债在2001

年以前的发展相对缓慢。2001年，证监会发布《上市公司发行可转换公司债券实施办法》和《关于做好上市公司可转换公司债券发行工作的通知》，对券商的辅导和承销工作做出指引，活水的引入使得转债市场迎来了一段繁荣时期。

2010年5月，400亿元的中行转债开启了转债市场规模的第一次大扩容。随后，250亿元工行转债、230亿元石化转债、200亿元民生转债等陆续登台。一级市场迎来繁荣之际，二级市场也开始发力。在2015年的权益市场大牛市中，转债二级市场价格屡创新高。但也正由于股价走高，大量转债被陆续赎回。赎回潮后转债市场存量骤降，而后权益市场陷入低迷，新券供给也未跟上，可转债发行量和存量规模都出现了明显回落。

2017年沪深交易所相继发布新规，将可转债申购由定金申购转变为信用申购，在一定程度上降低了可转债的申购门槛，这也进一步助力了可转债发行，可转债发行市场快速扩容，其存量规模也开始大幅攀升。另外，2017年再融资规定修订和减持新规发布以后，定增规模逐年下降，可转债融资则受到鼓励，因此在2019年银行补充资本的助力下，可转债一级发行迎来井喷式增长（见图6-19）。

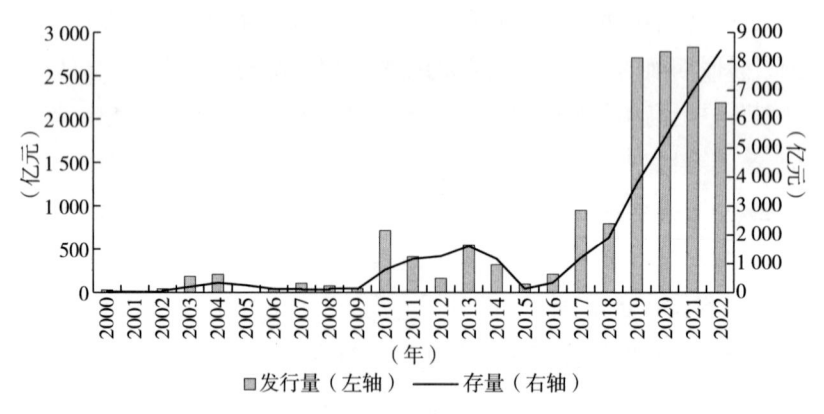

图6-19 可转债近年发行量及存量变化

资料来源：万得资讯，中信证券固定收益部。

（4）发行结构

可转债大多通过公募方式发行，私募可转债较为稀缺。截至2022年年末，历年发行的公募可转债规模合计超过1.5万亿元，而私募可转债的发行规模仅180亿元左右。从发行企业性质来看，通过公募发行的可转债中，民营企业和地方国有企业是主力，其发行规模占总规模的80%以上。

2. 可交换公司债券

（1）基本概念

可交换公司债券简称"可交债"，指的是上市公司的股东依法发行，并在一定期限内依据约定的条件可以交换成该股东所持有的上市公司股份的债券品种。与可转债类似，可交债也可以视作内嵌股票看涨期权的债券，即可交债的投资者既可选择持有债券至到期，获取本息收益，也可以选择在换股期内将可交债交换为对应上市公司的股票，享受股利分配或资本增值方面的收益。

但可交债与可转债也存在差异：一是发行主体不同，可交债的发行主体是上市公司的股东，交换的是股东存量股票，因此换股并不稀释股本，而可转债的发行主体是上市公司，转换的是新增股票，因此转股会稀释股本。二是发行目的不同，可交债的发行主体是上市公司股东，其发行可交债的诉求既可能是减持也可能是低成本融资；而可转债的发行主体是上市公司，上市公司发行可转债的诉求多为股权融资，促进转股的动力较强。三是条款设定不同，可转债基本为公募发行，而可交债多为私募发行，也因此可交债条款设定可能较可转债更为灵活。

和可转债类似，可交债的核心条款也由下修条款、回售条款、赎回条款和转股条款这四项构成，在条款的定义上与可转债基本相同。

（2）近年发行规模及存量规模

可交债的诞生主要是为了解决上市公司大股东和中小股东减持解禁限售股的问题，旨在通过这一手段为其提供融资途径，减少对股市的冲击，维护资本市场稳定。2008年10月17日，证监会在可转债监管文件的基础上发布《上市公司股东发行可交换公司债券试行规定》，推出可交债这一创新工具。由于发行门槛较高、相关制度并不完善，试行规定推出后较长一段时间内并无可交债成功发行。直至2013年10月14日，武汉福星生物药业有限公司发行了2.57亿元可交换私募债，拉开了我国可交债市场的帷幕。

自2013年10月首只私募可交债"13福星债"发行以来，可交债的一级市场不断升温，特别是随着2015年证监会发布《公司债券发行与交易管理办法》，以及沪深交易所发布《非公开发行公司债券业务管理暂行办法》，公募与私募可交债的监管体系趋于完善，给了可交债市场一次快速成长的机会。然而2018年可交债发行遭遇断崖式下滑，这可能是因为2017年证监会发布的《上市公司股东、董监高减持股份的若干规定》（即减持新规）和交易所相应发布的交易细则涉及可交债，对市场造成了一定的冲击。不过随后的2019年，股市行情转好，可交债发行再度回暖。但近年来，由于受到公募可转债供应持续放量的影响，叠加私募可交债关注度受到影响，可交债发行量相较2018年以前的恢复并不明显（见图6-20）。

（3）发行结构

在发行结构方面，可交债与可转债存在明显的区别，可交债发行以私募为主，公募可交债数量较少。由于私募可交债条款较为灵活，目前私募可交债的发行规模和存量规模均要显著大于公募可交债。截至2022年年末，历年私募可交债共发行3 568.62亿元，规模约为公募可交债1 215.70亿元的3倍，而在私募可交债的发行企业中，民营企业占比最高，比例达73.50%。

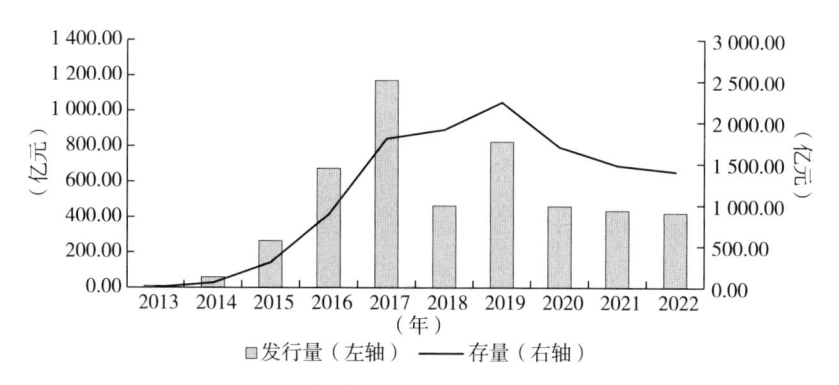

图 6-20　可交债自诞生以来发行量及存量变化

资料来源：万得资讯，中信证券固定收益部。

债券投资风险管理的重要手段：利率衍生品

固定收益类衍生品可用于管理固定收益产品风险，越来越受到市场投资者的青睐。近年来我国固定收益类衍生品市场发展迅速，产品种类不断丰富，参与机构也不断增加。目前我国固定收益类衍生品市场主要由利率衍生品、信用衍生品、外汇衍生品和商品衍生品构成，其中常见的利率衍生品主要包括利率互换、国债期货、远期利率合约和利率期权等（见图 6-21）。

1. 利率互换

利率互换（IRS）是指交易双方约定在未来的一定期限内，对约定的名义本金按照不同的计息方法交换利息的交易。通常来讲，利率互换交易要求双方的币种和本金皆一致，同时仅对利息做轧差交易，本金只作为计息基础，并不会产生交割。利率互换类型较多，最常见的是同币种固定对浮动的利率互换。

从参考利率来看，国内利率互换交易的参考利率为经中国人民银行授权全国银行间同业拆借中心发布的银行间市场具有基准性质的市场利率或人民银行公布的基准利率，浮动端参考利率主要包括

```
固定收益类衍生品 ──┬── 信用衍生品
                  ├── 外汇衍生品
                  ├── 商品衍生品
                  └── 利率衍生品 ──┬── 利率互换
                                  ├── 国债期货
                                  ├── 远期利率
                                  └── 利率期权
```

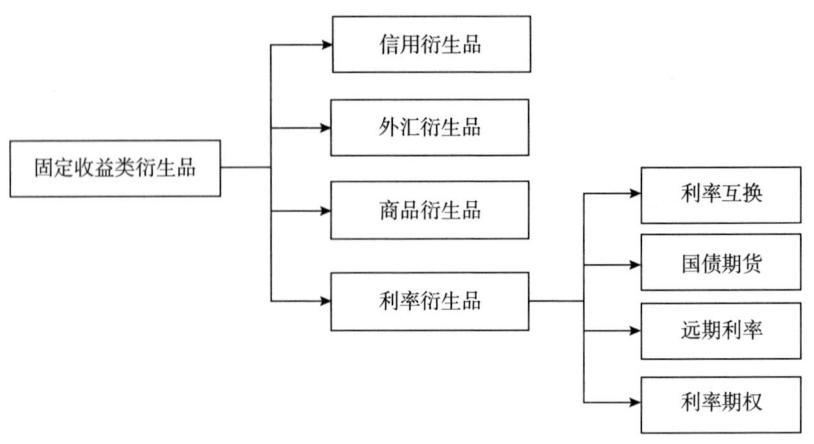

图 6-21　FICC 产品分类示意

资料来源：中信证券固定收益部。

回购定盘利率（FR007）和上海银行间同业拆放利率（Shibor 利率）。目前，利率互换市场上的主力品种为 FR007 IRS 和 Shibor 3M IRS，期限以一年期为主。

自 2006 年开展试点以来，我国利率互换市场迅速升温。2006 年 2 月，央行发布《关于开展人民币利率互换交易试点有关事宜的通知》，首笔利率互换交易在国开行与光大银行间达成，拉开了利率互换市场发展的序幕。此后几年，以 FR007 IRS 和 Shibor IRS 为核心的市场格局逐渐形成，投资机构也拓展到所有银行间债券市场参与者。2014 年起，上海清算所推出利率互换集中清算业务，IRS 名义本金总额加速抬升。近年来，市场接连推出以 LPR、GB10（10 年期国债收益率）、D10/G10（10 年期国开债与国债收益率基差）为基准利率的互换产品，利率互换品类不断丰富（见图 6-22）。

作为利率衍生品的一种，利率互换具有以下三大功能。①对冲利率上行风险的功能。这一功能主要基于利率互换较好的流动性，市场收益率快速上行时，由于非活跃券流动性较差，难以立即平

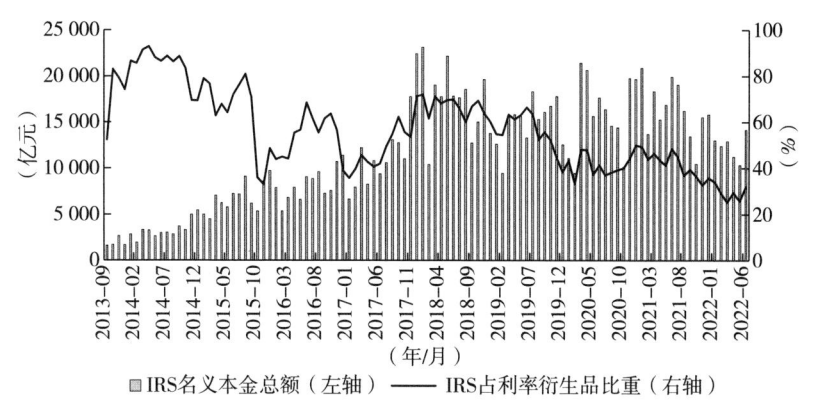

图 6-22 利率互换名义本金总额与利率衍生品市场占比

资料来源：万得资讯，中信证券固定收益部。

仓。此时可以支付固定利率并买入浮动利率，暂时对冲利率上行风险，待持有债券流动性好转再进行平仓。②银行负债管理功能。同业存单是银行的重要负债来源，其发行利率和利率互换合约的参考利率 Shibor 3M 具有很强的相关性。因此，银行可以买入固定利率互换以对冲发行利率和负债成本走高的风险。③降低企业发债成本的功能。企业发债多是固息债的形式，当经营现金流不足时，不得以在利率高点发债融资。此时，企业可以支付浮动利率并买入固定利率，等同于将固息债转为浮息债，融资成本在利率下行后降低。

2. 国债期货

国债期货指的是买卖双方通过有组织的交易场所，约定在未来特定时间，按预先确定的价格和数量进行券款交收的国债交易方式。国债期货属于场内衍生品，国内现有的国债期货合约种类包括四种：2年期（TS）、5年期（TF）、10年期（T）和30年期（TL）国债期货，分别于2018年8月17日、2013年9月6日、2015年3月20日、2023年4月21日推出（见表6-1）。

表6-1 当前我国国债期货品种

	2年期	5年期	10年期	30年期
合约标的	面值为200万元人民币、票面利率为3%的名义中短期国债	面值为100万元人民币、票面利率为3%的名义中期国债	面值为100万元人民币、票面利率为3%的名义长期国债	面值为100万元人民币、票面利率为3%的名义超长期国债
可交割国债	发行期限不高于5年，合约到期月份首日剩余期限为1.5~2.25年的记账式附息国债	发行期限不高于7年，合约到期月份首日剩余期限为4~5.25年的记账式附息国债	发行期限不高于10年、合约到期月份首日剩余期限不低于6.5年的记账式附息国债	发行期限不高于30年，合约到期月份首日剩余期限不低于25年的记账式附息国债
报价方式	百元净价报价			
最小变动价位	0.002元	0.005元	0.01元	
合约月份	最近的三个季月（3月、6月、9月、12月中的最近三个月循环）			
交易时间	9：30~11：30，13：00~15：15			
最后交易日交易时间	9：30~11：30			
每日价格最大波动限制	上一交易日结算价的±0.5%	上一交易日结算价的±1.2%	上一交易日结算价的±2%	上一交易日结算价的±3.5%
最低交易保证金	合约价值的0.5%	合约价值的1%	合约价值的2%	合约价值的3.5%
最后交易日	合约到期月份的第二个星期五			
最后交割日	最后交易日后的第三个交易日			
交割方式	实物交割			
交易代码	TS	TF	T	TL
上市交易所	中国金融期货交易所			

资料来源：中国金融期货交易所。

近年来，国债期货市场整体发展迅速。在成交量方面，各期限国债期货成交量均有所增长。2年期国债期货年成交量于2022年超过700万手，5年期国债期货2022年总成交量超过1 100万手。10年期国债期货是国债期货市场最活跃的品种，2022年10年期国债期货的年成交量接近2 000万手。30年期国债期货自2023年4月推出后成交量也快速增加，截至2023年10月已总计成交超过200万手（见图6-23）。

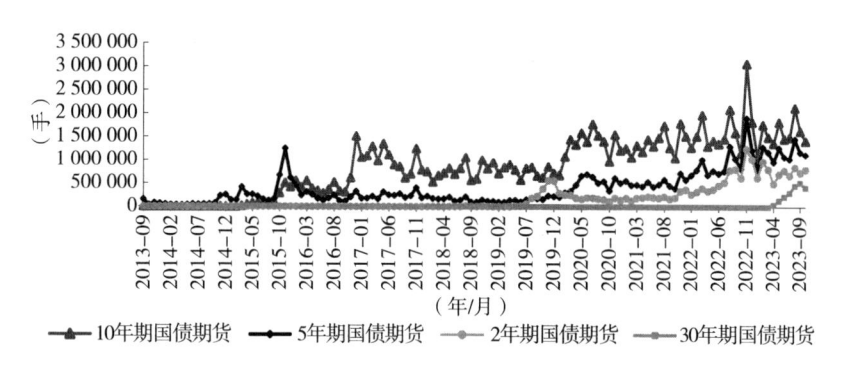

图6-23 国内不同品种国债期货成交量

资料来源：万得资讯，中信证券固定收益部。

3. 远期利率

远期利率协议，指交易双方约定在未来某一日，交换协议期间内一定名义本金基础上分别以固定利率和参考利率计算的利息的金融合约。其中，远期利率协议的买方支付以固定利率计算的利息，卖方支付以参考利率计算的利息。

2007年9月底，人民银行发布《远期利率协议业务管理规定》，并决定自当年11月1日起可以开展远期利率合约业务，同年10月外汇交易中心发布《关于远期利率协议交易备案有关事项的通知》，并于12月发布《远期利率协议交易操作规程》，我国远期利率协议交易正式起步。2007年11月5日，中信银行与香港汇丰银行正式达成了名义本金为 2 亿元的首笔人民币内陆远期利率合约；2017 年 12 月 13 日，中国工商银行达成了首笔银行间人民币远期利率合约。

我国远期利率协议的交易方式包括点击成交和询价交易两种，参与者既可以通过外汇交易中心的交易系统，也可以通过电话、传真等方式达成交易。如果交易过程中没有通过外汇交易中心的系统，交易机构需要在交易达成的下一个工作日向外汇交易中心备案交易情况。目前我国远期利率协议采用的参考利率为 Shibor 利率，交易单笔名义本金金额以万元为单位，最小交易量为 10 万元，最小变动单位为 1 万元。

4. 利率期权

2020 年 3 月外汇交易中心发布《关于利率期权业务试运行上线的通知》，我国正式开始试点推行利率期权交易，目前试运行的利率期权品种类型包括利率互换期权和利率上限/下限期权两种，两种期权类型均为欧式期权。

利率互换期权是指期权交易双方有权在约定日期以约定条件买卖约定利率互换的期权合约。按照利率互换期权规定的固定利率收支方向，利率互换期权可进一步分为固定利率支付方利率互换期权和固定利率收取方利率互换期权，由于浮动利率上涨的情况对于固定利率支付方更为有利，因此固定利率支付方利率互换期权为看涨期权，固定利率收取方利率互换期权为看跌期权。

利率上/下限期权是指期权买方在约定期限内有权要求期权卖方支付由于参考利率超过/低于约定的利率水平而产生的差额利息的期权合约，因此又可以被分为利率上限期权和利率下限期权。在利率上限期权中，在约定期限内，如果参考利率在约定条件下高于执行利率，则利率上限期权卖方向买方支付超出部分的利息；在利率下限期权中，如果参考利率在约定条件下低于执行利率，则利率下限期权卖方向买方支付不足部分的利息。

2020年我国利率期权刚推出时可以选用的参考利率为1年和5年LPR，2021年外汇交易中心进一步将银银间回购定盘利率FDR001和FDR007纳入参考利率范畴。在交易方式上，利率期权采用询价交易，报价方式包括对话报价、意向报价、点击成交报价、请求报价、指示性报价等。

债市投资的基础：统一分层的债券市场体系

债券的"IPO"：一级市场发行

债券市场的一级市场又被称为发行市场，是各类债券与投资者"初次见面"的场所。发行人、承销商和投资者构成了一级市场的主体，在一级市场完成了一个债券从"问世"到"承销"到"购买"的全过程。目前，一级市场的发行模式分为簿记建档、公开招标和私募发行这三种，而常见的公开招标方式有荷兰式招标和混合式招标这两种。虽然在概念上，一级市场和二级市场有所区分，但一级市场中的许多关键指标对二级市场可能存在影响。

1. 一级市场概况

（1）一级市场的概念

我国债券市场实行分层化管理，根据市场功能可将债券市场分为一级市场和二级市场。其中，一级市场又被称为"发行市场"，是各主体发行债券的场所，而二级市场又被称为"流通市场"，是债券在一级市场发行后，各类投资机构进行债券投资交易的场所。

由于所处层级和功能定位的不同，一级市场与二级市场存在明显的差异。从价格的角度来看，一级市场的发行价格通过簿记建档或公开招标的方式确定，而二级市场的交易定价机制使得其价格往往和发行价格不同。从供给来源的角度来看，一级市场的债券来源于发行机构，而二级市场的债券则源于投资者所进行的二次交易。虽然在概念上对一级市场和二级市场进行了区分，但二者之间也呈现出较强的关联性。比如，一级市场上债券的发行规模和供需情况也会影响其在二级市场上的价格。

(2) 一级市场的参与者

一级市场的参与者共有发行人、承销商和投资者这三类。他们各司其职，保证了一级市场的流畅运行。

发行人负责债券发行并按时偿还债券本金和利息。发行人须经监管部门审批或备案从而具备发行资格。在正式发行债券之前，发行人应提前公开披露募集说明书、发行公告、发行方法等信息。一级市场常见的发行人有中央及地方政府、中央银行、政府支持机构、金融机构、企业法人等。

承销商的职责是指导与帮助发行人完成债券发行。承销商既可以作为投资者参与债券发行投标或认购，也可以在发行期内将承销债券向中央结算公司的其他结算成员进行分销。常见的承销人有大型商业银行、大型证券公司等。

投资者主要为机构投资者，除境内银行、证券公司、基金、保险、非法人投资者、非金融机构这些传统债券市场投资者外，符合我国市场准入机制的外资机构也可参与一级市场的投资。此外，企业债券的发行机制中还引入了直接投资人制度，直接投资人是指承销团成员之外的具备一定资格，经债券监管部门批准后可直接参与债券投标和申购的投资人，例如在企业债的一级发行中，企业债券持有量排名前50名的投资人，可申请成为直接投资人（见图6-24）。

- 职责：由主承销商牵头，其他承销商成员参团承销指导与帮助发行人完成债券发行、参与债券的发行投标和认购，并在发行期内将承销债券向其他分销认购人进行分销
- 常见承销商：大型商业银行、大型证券公司

承销商

发行人

- 职责：经监管部门审批或备案具备发行资格的筹资人发行债券
- 常见发行人：中央及地方政府、各类金融机构等

投资人

- 职责：进行债券一级市场的投资行为
- 常见投资人：商业银行、证券公司、保险公司、符合我国市场准入机制的外资机构等

图6-24　债券一级市场的参与者

资料来源：中信证券固定收益部。

（3）一级市场各类债券的发行及承销情况

随着我国债券市场规模的逐步扩大、市场体制愈发完善，债券品种也日趋丰富。目前，在一级市场发行的债券品种多达十数种，既有包括国债、地方政府债等在内的利率债，也有包括公司债、企业债等在内的信用债。从发行规模的角度来看，同业存单自2013年推出后，其发行规模便逐步扩大，2022年全年的发行规模超过20万亿元，是一级市场发行规模最大的品种。而在同业存单之外，国债和地方债在历年总发行规模中也具有较高的占比，2022年国债和地方债各发行了9.7万亿元和7.4万亿元（见图6-25）。

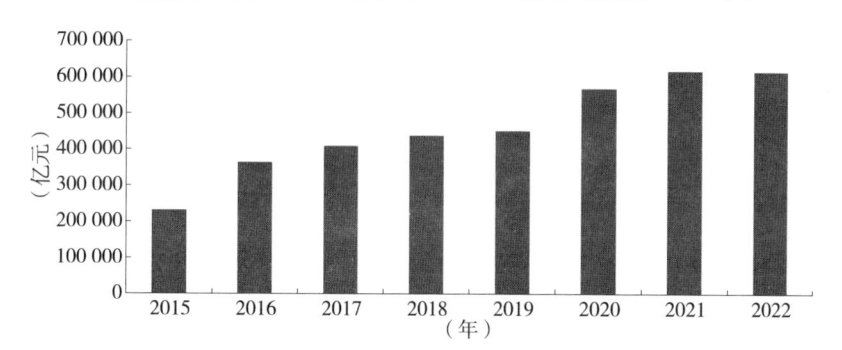

图6-25　近年债券的发行规模

资料来源：万得资讯，中信证券固定收益部。

2. 一级市场的发行模式

一级市场的发行模式有簿记建档、公开招标发行和私募发行这三种。其中，公开招标发行根据发行顺序可分为首场发行和追加发行，根据招标方式可分为荷兰式招标、混合式招标、美国式招标（现国内已不使用）和数量招标。

（1）簿记建档

簿记建档是一种国内外均常见的债券发行模式。受发行人委托的主承销商担任"簿记管理人"一职，在和债券发行人进行沟通之后开展预路演，向投资者披露关于债券以及债券发行人的信息。随后，簿记管理人将预路演所获的市场信息反馈给发行人，并根据投资者需求和市场情绪与发行人协商确定债券价格区间。下一步，簿记管理人开展正式路演，与投资者以一对一的方式沟通并销售债券，同时开展簿记建档工作。在了解投资者的认购意向后，承销商按照利率从低到高（或价格从高到低）的顺序进行排序并配售债券（见图6-26）。

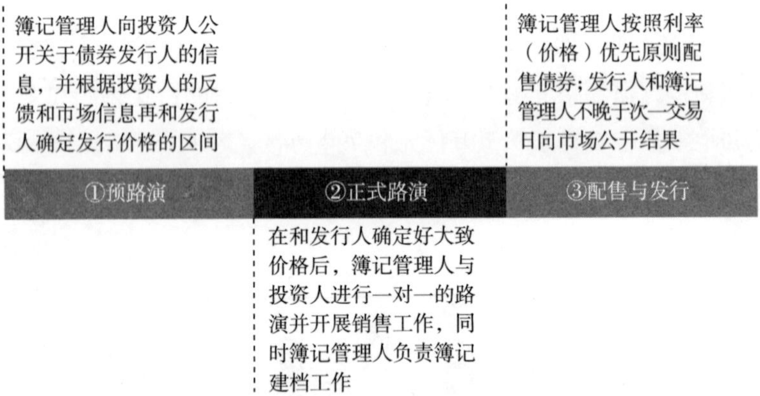

①预路演	②正式路演	③配售与发行
簿记管理人向投资人公开关于债券发行人的信息，并根据投资人的反馈和市场信息再和发行人确定发行价格的区间	在和发行人确定好大致价格后，簿记管理人与投资人进行一对一的路演并开展销售工作，同时簿记管理人负责簿记建档工作	簿记管理人按照利率（价格）优先原则配售债券；发行人和簿记管理人不晚于次一交易日向市场公开结果

图6-26 簿记建档的发行流程
资料来源：上海证券交易所，中信证券固定收益部。

簿记建档本质上反映的是发行人、承销商和投资者三者之间就债券发行、债券定价等问题不断协商,最终完成债券发行和投资的过程。信用债大多采用簿记建档的方式发行,由于在簿记建档的发行模式之下,承销商需要对投资人进行反复路演,承销商和投资人也须对债券价格进行反复沟通,因此簿记建档的发行流程较为烦琐,不适合发行规模较大的债券。但簿记建档模式可让投资人对发行人的了解更充分,发行成功率也更大。

(2)公开招标发行

①首场发行和追加发行。招标发行是指债券发行人通过招标方式向有资格的承销商发标,而投标者中标后可再按一定价格向社会再行出售。招标发行有利于形成公平合理的发行条件,提高发行效率,降低发行成本。在债券发行市场化程度不断提高的背景下,通过招标发行问世的债券越来越多。在公开招标发行的模式下,投标人可直接竞价来确定债券的发行利率(或价格)。根据发行顺序,公开招标可分为首场发行和追加发行两种模式。首场发行主要采用荷兰式招标和混合式招标的投标形式。在首场发行结束后,发行人也可再举行一场追加发行,而追加发行多用数量招标。

②荷兰式招标。在荷兰式招标的规则下,承销商按照投标利率由低至高(或投标价格由高至低)的顺序进行排列,以募满发行额为止,所有承销商中的最高投标利率(或最低投标价格)为当期债券的中标利率(或价格),各承销商均按中标利率(或价格)承销债券。

假设发行人欲发行100亿元的债券且有5位承销商投标。甲以2.45%的利率投标20亿元,乙以2.50%的利率投标20亿元,丙以2.55%的利率投标30亿元,丁以2.60%的利率投标35亿元,戊以2.75%的利率投标25亿元。投标人按照投标利率由低到高(或投标价格由高到低)的规则进行排序后可知,在丁承销商的投标处已经达到招标总量的100亿元,因此丁的投标利率是本场招标的中标利率，丙、甲、丁、乙分别按照2.60%的中标利率承销20亿元、30亿元、30亿元和20亿元，而戊则未中标。对于投标者而言，所有中标价格都一样，因此荷兰式招标也被称为"单一价格招标"。目前，荷兰式招标适用于10年期以上（不含10年）的国债、政策性银行债、地方债和部分信用债（见表6-2）。

表6-2 以荷兰式招标为例的一级市场招标

承销商	投标利率 （%）	中标利率 （%）	投标量 （亿元）	中标量 （亿元）
甲	2.45	2.60	20	20
乙	2.50	2.60	30	30
丙	2.55	2.60	30	30
丁	2.60	2.60	35	20
戊	2.75	—	25	—

资料来源：中信证券固定收益部。

③混合式招标。在混合式招标的规则下，承销商按照投标利率由低至高（或投标价格由高至低）的顺序进行排列，以募满发行额为止，对所有中标承销商的投标利率以中标量为权重进行加权平均计算得出加权平均利率。投标利率低于加权平均利率的承销商按照加权平均利率承销中标债券，投标利率高于加权平均利率的承销商按照各自的投标利率承销中标债券。

假设同样的发行人欲发行100亿元的债券且有5位承销商投标，按照5位承销商投标利率由低至高的顺序进行排列（或投标价格由高至低进行排列）。由于发行人共发行100亿元的债券，因此投标仍在丁处结束，戊未中标。在混合式招标中，债券的票面利率是全场加权平均中标利率。经过计算2.45%×（20/100）+2.50%×（30/100）+2.55%×（30/100）+2.60%×（20/100）=2.525%，可知当期债券的票面利率为2.525%。甲和乙的投标利率分别为

2.45%和2.50%，均低于票面利率的2.525%，因此甲和乙按照2.525%的票面利率分别承销20亿元和30亿元。而丙和丁的投标利率分别为2.55%和2.60%，均高于票面利率的2.525%，他们则分别按照各自的投标利率承销30亿元和20亿元。

在荷兰式招标中，每个承销商最后的中标利率（或中标价格）都相同，而在混合式招标中，每个承销商最后的中标利率（或中标价格）不尽相同。目前，混合式招标适用于10年期以下（含10年）的国债招标（见表6-3）。

表6-3　以混合式招标为例的一级市场招标

承销商	投标利率（%）	中标利率（%）	投标量（亿元）	中标量（亿元）
甲	2.45	2.525	20	20
乙	2.50	2.525	30	30
丙	2.55	2.55	30	30
丁	2.60	2.60	35	20
戊	2.75	—	25	—

资料来源：中信证券固定收益部。

④数量招标。在部分国债的首场发行结束后，发行人根据情况还可选择追加发行。与首场发行不同的是，追加发行往往采用数量招标。在数量招标的模式下，发行人可确定数量招标的总中标量，随后承销团成员以计划承销的数量进行投标。如果投标规模最终小于追加发行的规模，则每个承销商皆可按照投标量进行承销；如投标规模超出追加发行的规模，则按照各承销商投标量的权重重新分配各中标数量。所有追加招标的中标者均按当期国债的加权平均利率承销债券。

假设发行人欲通过追加发行额外发行共计70亿元的债券，且共有甲、乙、丙和丁4位承销商进行追加招标。由于总投标量超过追加发行的 70 亿元，甲、乙、丙和丁在重新分配后各自承销 15 亿元、10 亿元、20 亿元和 25 亿元（见表 6-4）。

表 6-4　以数量招标为例的一级市场招标

承销商	投标量（亿元）	中标量（亿元）
甲	30	15
乙	20	10
丙	40	20
丁	50	25
总计	140	70

资料来源：中信证券固定收益部。

(3) 私募发行

私募发行在一级市场发行中较为少见，主要用于公司债、企业 ABS、资产支持票据等债券的发行。在私募发行的模式下，债券发行人和承销商主动去寻找潜在投资者，且只向特定投资者披露发行信息并协商确定票面利率等。

3. 一级市场的相关指标

一级发行会形成全场倍数、中标利率、边际利率和边际倍数这 4 个指标。这些指标不仅反映投资者对某只债券乃至债券市场走势的看法，而且也可能对债券的二级交易产生影响。

(1) 全场倍数和中标利率

全场倍数也被称为认购倍数，指的是各承销商投标总量与债券发行量的比值。例如，某一场招标共发行 100 亿元债券，而全场总投标量达 300 亿元，则该场招标的全场倍数为 3。全场倍数通常反映的是市场对于该债券投标的热情和认可度。

中标利率指的是各承销商实际中标的利率。在荷兰式招标中，所有中标者的最高利率为中标利率，如表 6-2 的例子中乙的投标利率即为全场的中标利率,这一利率也会成为票面利率。而在混合式招标中,各承销商的中标利率不尽相同(见图6-27)。

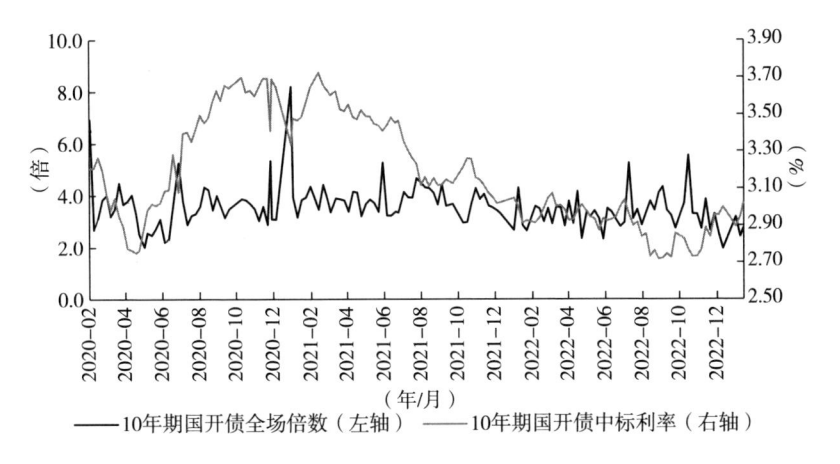

图6-27 10年期国开债的全场倍数和中标利率

资料来源:万得资讯,中信证券固定收益部。

(2) 边际利率与边际倍数

边际利率指的是将投标利率从低至高排列后,累计投标规模达到计划发行规模时的投标利率。例如在表6-3的混合式招标中,边际利率为2.6%。在荷兰式招标中,边际利率即中标利率,而在混合式招标中,边际利率的意义则更为凸显,因为边际利率和中标利率的利差在一定程度上可以反映投资人的预期。如果利差较大,则说明投资人对该债券的定价存在较大分歧。

边际倍数指的是边际标位上的投标量与边际标位上最终中标量的比值。同样以表6-3为例,当边际利率为2.60%时,乙的投标量和中标量分别为35亿元和20亿元,则边际倍数为1.75。边际倍数反映了市场对边际利率的认可度,边际倍数越高,则表明市场对边际利率的看法越趋向一致。

债券投资的江湖：二级市场流通

一级市场是债券的"发行市场"，二级市场则是债券的"流通市场"，经过一级市场发行的债券将在二级市场流通和交易。我国债券二级市场可分为场内市场和场外市场。其中，场内市场又被称为交易所市场，由上交所和深交所市场构成，而场外市场则主要由银行间市场和柜台市场构成。我们将围绕银行间市场和交易所市场展开，介绍债券二级市场的构成、规模和交易方式等。

1. 中国债券交易场所概览

债券的二级市场由场内市场和场外市场组成。其中，场内市场指在证券交易所内买卖债券所形成的市场，因此也被称为交易所债券市场；场外市场指在证券交易所外形成的市场，主要包括银行间债券市场和银行柜台债券市场。

银行间债券市场是我国最主要的债券交易场所，2022年银行间债券市场现券交易量为268.51万亿元，占债券市场现券交易总量的87.54%；而交易所债券市场现券交易量为38.22万亿元，仅占债券市场现券交易总量的12.46%。2022年银行间债券市场回购交易量为1 379.80万亿元，占债券市场总回购交易量的77.37%（见表6-5和表6-6）。

表6-5 2022年中国债券市场各类交易成交统计

交易市场	现券交易 总金额（万亿元）	比重（%）	回购交易 总金额（万亿元）	比重（%）	同业拆借 总金额（万亿元）	比重（%）	合计 总金额（万亿元）	比重（%）
银行间债券市场	268.51	87.54	1 379.80	77.37	87.61	100.00	1 735.92	79.71
上海证券交易所	21.76	7.09	358.44	20.10	—	—	380.20	17.46

(续表)

交易市场	现券交易 总金额(万亿元)	比重(%)	回购交易 总金额(万亿元)	比重(%)	同业拆借 总金额(万亿元)	比重(%)	合计 总金额(万亿元)	比重(%)
深圳证券交易所	16.46	5.37	45.12	2.53	—	—	61.57	2.83
合计	306.73	100	1 783.36	100	87.61	100	2 177.69	100

资料来源：万得资讯，中信证券固定收益部。

表6-6　2022年中国债券市场存量统计

交易场所	债券数量(只)	债券数量比重(%)	债券余额(万亿元)	债券余额比重(%)
银行间	34 231	52.35	46.85	33.15
上交所	15 739	24.06	12.83	9.08
深交所	3 826	5.85	2.83	2.00
银行间、交易所	11049	16.89	37.69	26.67
银行间、柜台	198	0.30	19.22	13.60
银行间、交易所、柜台	240	0.37	20.45	14.47
其他	118	0.18	1.46	1.03

注：银行间、交易所代表这些债券可以同时在银行间市场和交易所市场交易，下同。
资料来源：万得资讯，中信证券固定收益部。

2. 银行间债券市场

(1) 债券品种

银行间债券市场交易的债券种类繁多，包括国债、政策性金融债、地方政府债、商业银行债、商业银行次级债、企业债、公司债、政府支持机构债、企业资产支持证券、非银行金融机构债、证券公司短期融资券、超短融、中票、同业存单等。在2022年银行间债券市场各类债券的交易规模中，政策银行债、同业存单和国债的交易规模较大，占比分别约为38%、21%和20%（见图6-28）。

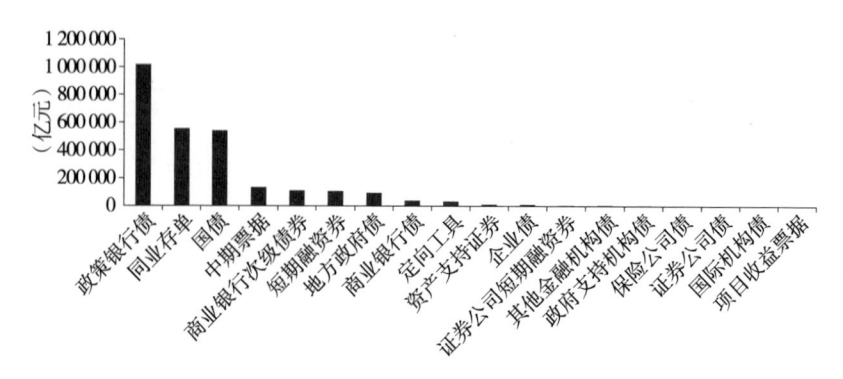

图6-28 2022年银行间市场各类债券交易规模

资料来源：万得资讯，中信证券固定收益部。

(2) 投资者

银行间债券市场的投资者包括商业银行、证券公司、保险公司、基金管理公司、信托公司、期货公司等金融机构。此外，非法人类合格机构投资者也是银行间债券市场的重要参与者，包括证券投资基金、银行理财产品、信托计划、保险产品等。截至2022年年末，共有近4 000家主体参与银行间债券市场的投资交易（见图6-29）。

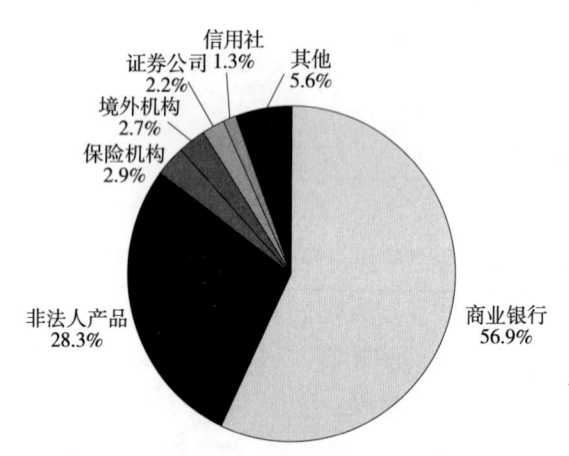

图6-29 2022年银行间债券市场投资者结构

资料来源：万得资讯，中信证券固定收益部。

478　　债券投资

(3) 交易方式

由于银行间债券市场是场外市场，因此询价交易是银行间债券市场的常用交易方式。具体来看，询价交易有意向报价和对话报价两种报价方式。其中意向报价指的是交易员向其他市场参与者发出买入报价或卖出报价；对话报价指的是交易员向特定对象发出要素明确的报价，经对方确认即可直接成交。

1997年银行间债券市场创立后，为了提高银行间债券市场的流动性，促进银行间债券市场的发展，银行间债券市场自2001年开始引入做市商制度，做市商在债券市场中开展做市业务，通过对做市券种连续报出买卖价格，并与其他市场成员按报价达成交易的方式为市场提供流动性。截至2021年年末，银行间债券市场共有93家做市商。

3. 交易所债券市场

(1) 债券品种

上交所债券市场交易的主要债券品种包括国债、地方政府债、企业债券、公司债券、可转换公司债券、可交换公司债券、企业资产支持证券、信贷资产支持证券等。在2022年上交所债券市场各类债券的交易规模中，公司债、可转债和证券公司债的交易规模占比较高，分别为47%、33%和8%（见图6-30）。

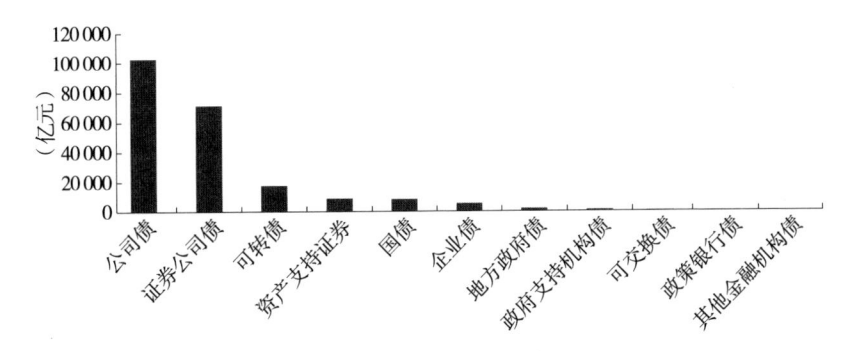

图6-30 2022年上交所市场各类债券交易规模
资料来源：万得资讯，上海证券交易所，中信证券固定收益部。

深交所债券市场交易的主要债券品种包括国债、地方政府债券、政策银行债、企业债券、公司债券、可交换公司债券、证券公司债券、企业资产支持证券等。在2022年深交所债券市场各类债券的交易规模中，可转债交易规模占比超过85%，是深交所最主要交易的债券品种，其次为公司债。

（2）投资者

上交所和深交所都建立了债券交易参与人制度。交易所会员可直接成为债券交易参与人，非会员机构可以按照相关规定申请成为债券交易参与人。同时，上交所和深交所按照财产状况、金融资产状况、投资知识和经验、专业能力等因素，将债券市场投资者分为专业投资者和普通投资者。专业投资者可以认购及交易在上交所或深交所上市交易或者挂牌转让的全部债券，但公司债券、企业债券等仅限专业投资者中的机构投资者认购及交易。普通投资者是专业投资者之外的投资者，债券投资范围限定为国债、地方政府债、政金债等部分债券。从投资者的具体构成来看，交易所主要投资者主要包括证券公司、基金、期货、商业银行、保险、信托财务公司等金融机构以及其发行设立的理财产品。

（3）交易方式

交易所市场作为我国的场内债券市场，采用的交易方式主要分为五种，分别是匹配成交、点击成交、询价成交、竞买成交和协商成交。根据《上海证券交易所债券交易规则》《深圳证券交易所债券交易规则》等规则文件的说明，上述五种交易方式的定义如下所述：

匹配成交指的是按照时间优先、价格优先的原则，对债券交易申报自动匹配成交的交易方式。

点击成交指的是由报价方发出报价，受价方点击报价后由交易系统确认成交或自动匹配成交的交易方式。

询价成交指的是债券投资者发送询价请求,并选择询价回复确认成交的交易方式。

竞买成交指的是债券卖方按照竞买成交规则,将债券出售给最优应价方的交易方式。

协商成交指的是债券投资者之间通过协商的方式达成意向并经系统确认成交的交易方式。

沪深交易所自2022年4月25日起分别开始实行《上海证券交易所债券交易规则》和《深圳证券交易所债券交易规则》,这也是我国交易所债券市场的现行交易规则。其中上交所方面,公开发行的债券和债券通用质押式回购交易均采用"匹配成交、点击成交、询价成交、竞买成交和协商成交"的交易方式。非公开发行公司债券、特定债券和资产支持证券采用"点击成交、询价成交、竞买成交和协商成交"的交易方式。债券质押式协议回购交易与债券质押式三方回购交易可以采用"点击成交、询价成交、协商成交"的交易方式(见表6-7)。

表6-7　上交所债券交易方式

交易种类	交易方式
公开发行债券的现券交易与债券通用质押式回购交易	匹配成交、点击成交、询价成交、竞买成交和协商成交
非公开发行公司债券、特定债券和资产支持证券	点击成交、询价成交、竞买成交及协商成交
债券质押式协议回购交易与债券质押式三方回购交易	点击成交、询价成交、协商成交

资料来源:上海证券交易所,中信证券固定收益部。

深交所方面,公开发行债券的现券交易可采用"匹配成交、点击成交、询价成交、竞买成交及协商成交"的交易方式。非公开发行债券以及资产支持证券的现券交易可采用"点击成交、询价成交、竞买成交及协商成交"的交易方式。次级资产支持证券、可转债的现券交易采用全价价格进行申报。债券通用质押式回购采用"匹配成交、协商成交"的交易方式（见表6-8）。

表6-8 深交所债券交易方式

交易种类	交易方式
公开发行债券的现券交易	采用净价价格申报，匹配成交、点击成交、询价成交、竞买成交及协商成交
非公开发行债券以及资产支持证券的现券交易	采用净价价格申报，点击成交、询价成交、竞买成交及协商成交
次级资产支持证券、可转债的现券交易	采用全价价格申报
债券通用质押式回购	匹配成交、协商成交

资料来源：深圳证券交易所，中信证券固定收益部。

综合来看，银行间市场和交易所市场在诸多方面都存在区别。从债券品种来看，银行间债券市场的债券品种更多样化，债券交易以国债、政策性金融债等为主，交易所市场的债券品种相对而言较少，债券交易以公司债、可转债等为主。从交易方式的角度看，银行间债券市场以询价交易为主，交易所债券市场则以竞价交易为主。除此之外，两个债券市场在登记结算机构方面也存在差异，这一点将在后文中进行具体介绍（见表6-9）。

表6-9 银行间债券市场与交易所债券市场对比

指标	银行间债券市场	交易所债券市场
债券品种	国债、政策性金融债等	公司债、可转债等
投资者结构	合格机构投资者	专业投资者和普通投资者

(续表)

指标	银行间债券市场	交易所债券市场
中介机构	中央结算公司和上清所（托管、结算） 中国外汇交易中心暨全国银行间同业拆借中心（中介及信息服务）	中国证券登记结算有限公司（托管、结算） 上交所（交易服务） 深交所（交易服务）
交易类型	现券交易、债券回购、远期利率协议和利率互换等	现券交易、债券回购、利率互换、国债期货等
交易方式	询价交易为主	竞价交易为主
交易平台	中国外汇交易中心暨全国银行间同业拆借中心本币交易系统（CFETS系统）	新债券交易系统、固收平台

资料来源：中信证券固定收益部。

秩序的维持者：各司其职的基础设施

我国债券市场的基础设施纷繁复杂，我们将从托管、结算和监管这三个层面对不同基础设施进行介绍。在托管方面，目前我国债券市场共有三家登记托管机构，每一家机构的定位和职责不一，分别涵盖了银行间市场和交易所市场。在结算方面，上述托管机构也承担了债券结算工作，结算方式包括全额结算和净额结算等。在监管方面，我国债市有自上而下的法律法规和业务规则来更好地规范市场行为，不同债券由不同机构负责监管，共同为债市保驾护航。

1. 债券托管

债券托管是指托管机构接受债券持有人委托，对债券持有人的债券权益进行维护和管理的行为。根据是否存在中介机构，债券托管可分为一级托管和多级托管两类，一级托管指的是投资者以自己的名义直接将所持有的债券托管于中央托管机构，多级托管指的则是投资者将所持有的债券托管于中介机构，中介机构再将这些债券以自身的名义托管于中央托管机构。

我国债券市场实行的是一级托管和多级托管并行的制度，共有三家中央托管机构，分别是中央国债登记结算有限责任公司（简称中央结算公司）、银行间市场清算所股份有限公司（简称上清所）和中国证券登记结算有限责任公司（简称中证登）。中央结算公司和上清所主要负责托管银行间市场债券，采用一级托管。中证登则负责托管交易所市场债券，在交易所交易的国债和地方政府债等债券采用多级托管的模式，以中证登为中介，最终托管于中央结算公司，而交易所公司债、可转债、私募债等债券则直接一级托管于中证登。

上述三家托管机构所负责托管的债券品种存在一定的不同。中央结算公司主要负责托管地方政府债、国债、政策性银行债、商业银行债等；上清所主要负责托管同业存单、中期票据、定向工具、短融和超短融等；中证登则主要负责托管公司债券、国债、地方债等（见图6-31和图6-32）。

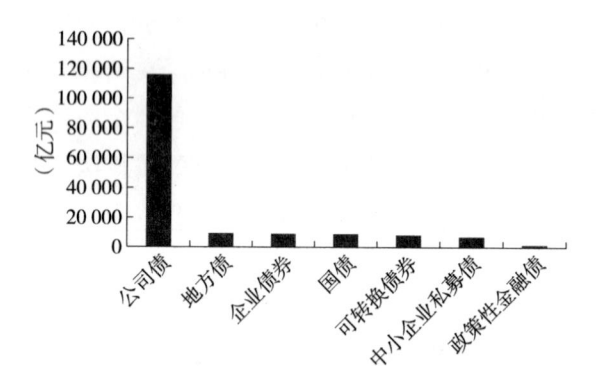

图6-31　2022年中证登各类型债券托管规模
资料来源：2022年中证登统计年报，中信证券固定收益部。

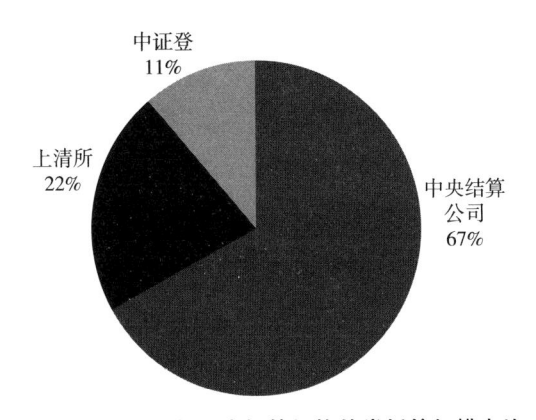

图 6-32　2022 年三家托管机构债券托管规模占比

资料来源：万得资讯，2022 年中证登统计年报，中信证券固定收益部。

2. 债券结算

我国债券中央托管机构同样承担了债券结算的职能，即银行间债券市场的结算工作由中央结算公司和上清所负责，交易所市场的结算工作由中证登负责。

按照头寸是否轧差来区分，债券结算可分为全额结算和净额结算两种方式。全额结算指的是逐笔结算每一笔债券和资金的交付，净额结算指的是轧差计算某一机构在一段时间内收付债券以及资金的净额。银行间债券市场主要采用全额结算，由中央结算公司和上清所提供结算服务；交易所债券市场则主要采用净额结算，由中证登提供结算服务。

按照债券交收和资金支付的关系，债券结算又可分为券款对付（DVP）、纯券过户、见券付款和见款付券等方式。其中 DVP 指的是在结算时同时进行债券交割与资金支付，提高了交易的安全性，是最主要的一种结算方式，中国人民银行也曾发布公告要求银行间市场的债券交易应采用 DVP 方式。其他结算方式使用较少，往往仅限于特定券种的结算。

银行间债券市场的结算周期主要有 T+0 和 T+1 两种，其中 T

为交易达成日，T+0 意味着在交易达成当天便完成结算，不过只有在交易日 16：50 之前达成的交易才能 T+0 结算。而如果与境外机构开展交易，则结算周期可以被延长至 T+1 以上。交易所债券市场的结算周期也同样有 T+0 和 T+1 两种。

3. 债券监管

（1）债券市场的法律法规

我国债券市场法律规范体系自上而下主要由法律、行政法规、部门规章、规范性文件构成，除此之外还有自律监管规则、业务规则和业务协议等，其中法律、行政法规又被称为市场法律法规。

从颁布机构和效力来看，法律由全国人民代表大会或其常务委员会制定，在债券市场法律体系中应当最优先适用。行政法规和部门规章分别由国务院和国务院下属部门（包括债券市场监管机构）制定。自律监管规则主要是指证券交易所、交易商协会的自律组织的规则。业务规则主要是指债券市场基础设施（例如中证登、上清所等）发布的业务操作制度。业务协议则是债券市场基础设施与客户签订的服务协议。

目前针对我国债券市场的通用法规主要是《民法典》，债券募集说明书的法律性质、债券法律关系的基本结构，以及债券发行人与持有人的基本权利义务等方面内容均应适用《民法典》及其相关司法解释的规定，为我国债券市场提供了基础性规定。除此之外通用法规还包括分债券品种的管理条例和管理办法等，例如《中华人民共和国国库券条例》《企业债券管理条例》《地方政府债券发行管理办法》。

在通用法律法规之外，由于我国债券市场包括银行间市场、交易所市场和商业银行柜台市场，不同市场在监管机构、交易品种、投资者类型等诸多方面存在区别，因此各市场之间的法律法规也有所差异。其中，银行间市场基本法律法规主要包括《中国人民银行法》《全国银行间债券市场债券交易管理办法》，以及针对各类银行间市场债券品种、业务类型的管理办法和业务指引等。交易所市场基本法律法规主要包括《证券法》《公司债券发行与交易管理办法》，以及沪深交易所颁布的各类管理制度等。商业银行柜台市场基本法律法规主要包括《全国银行间债券市场柜台业务管理办法》，以及针对储蓄国债和地方债等债券品种的管理办法（见图6-33）。

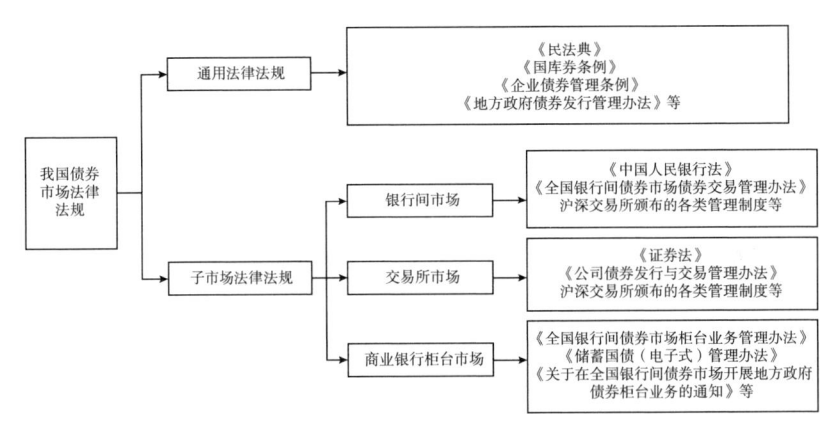

图6-33 债券市场的法律法规及业务准则

资料来源：中国债券信息网，上海证券交易所，深圳证券交易所，中信证券固定收益部。

(2) 债券市场的监管机构

由于我国不同的债券品种属于不同监管部门核准或注册，并在不同的债券市场发行和流通，因此形成了多头监管局面。目前，我国债券市场的主要监管机构有财政部、央行、国家金融监督管理总局、证监会和交易商协会等政府机构和自律组织。这些监管机构负责监管不同类型的债券，如财政部负责监管国债、地方政府债，交易商协会主要负责监管包括短融、中票等债券在内的非金融企业债务融资工具。2023年3月国家金融监督管理总局在中国银保监会的基础上组建，接管原银保监会的职责，负责监管商业银行债等债券品种，证监会则在监管公司债和企业支持债券的基础上，进一步接手此前由国家发展改革委监管的企业债，债券市场的监管体系朝着"统一监管"又迈出了重要一步（见图6-34）。

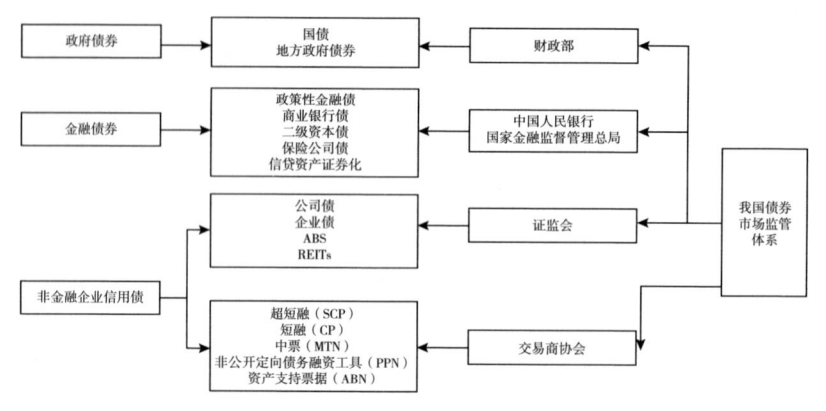

图6-34 债券市场的监管机构

资料来源：中信证券固定收益部。

各有千秋：债券市场的主要参与者

债券配置的主力军：商业银行

投资者行为是债券市场投研分析的重要组成部分，理解不同类型机构投资者的行为特征和配债逻辑，将有利于分析判断其对债券市场结构和价量走势的影响。商业银行一直是我国债券市场特别是银行间债券市场的最主要参与方，其债券持仓总量占据了全市场债券托管量的半壁江山，其中又以国有行为最。在内外部的双重约束下，不同类型的商业银行表现出了不同的债券投资偏好：国有行以长期持有到期的债券资产为主，重仓利率债且持债久期相对较长；股份行债券投资也以配置盘为主，但政府债持仓比例较国有行偏低，同时二级市场交易更为活跃；城农商行的持债偏好有较明显的分化，多数城商行持债久期较国股行更短，政金债占比相对更高，农商行则是同业存单持有量最大的商业银行类型；外资行债券投资体量较小、久期偏短，以国债为主且多为交易盘资产（见图6-35）。

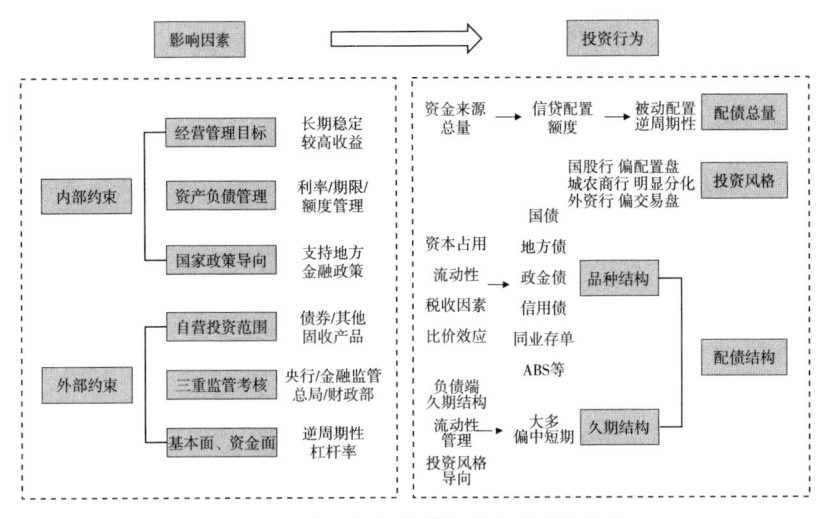

图6-35 商业银行债券投资行为分析框架
资料来源：中信证券固定收益部。

1. 债券市场机构投资者结构变迁

经过30余年的快速发展，我国债券市场已发展为以银行间、交易所和银行柜台市场为主的统一分层的市场格局，其中，银行间债市占据主要份额，2022年年末债券存量余额接近全市场的90%。从债券托管角度来看，我国债券市场实行一二级托管并存的制度，其中，银行间债市实行一级托管，交易所和银行柜台债市实行二级托管，债券托管体系以中债登为主体，2022年年末中债登、中证登、上清所债券托管量分别占比74.6%、12.1%、13.3%。从债券品种来看，中债登负责政府债、企业债总托管，以及政金债、信贷ABS等品种托管；中证登负责政府债、企业债分托管，以及公司债等品种托管；上清所则负责非金融企业债务融资工具等品种托管。考虑到交易所债券统一集中在中证登登记托管，其详细托管数据获取难度较大，且市场份额占比较小，故我们主要围绕银行间债券市场展开论述（见表6-10）。

表6-10 中央托管机构主要托管品种及债券业务份额对比

	中债登	中证登	上清所
成立时间	1996年	2001年	2008年
主要托管品种	国债、地方政府债、企业债（总托管），及政策性金融债、政府支持机构债、信贷资产支持证券、商业银行债、非银行金融机构债、国际机构债券等	国债、地方政府债、企业债（分托管），及公司债、股票、基金等	非金融企业债务融资工具、可转让存单等
债券托管量份额	96.47万亿元（74.60%）	15.69万亿元（12.13%）	17.16万亿元（13.27%）
结算方式	实时全额	全额+净额	全额+净额

注：数据截至2022年年末。
资料来源：中国债券信息网，中信证券固定收益部。

银行间债市机构投资者主要包括特殊结算成员、商业银行、非银金融机构（信托公司、财务公司、租赁公司和汽车金融公司等）、券商、保险、基金、非金融机构、非法人产品以及境外机构投资者等，从性质上看，非法人产品、基金公司及基金会等投资主体可以合并划为"广义基金"进行分析。我国在2013—2016年迎来了大资管时代，广义基金在银行间债市的持仓占比加速抬升，打破了原有的商业银行占比70%左右的市场格局；随着资管新规、银行理财子监管政策落地，广义基金持债增速有所收窄，市场持仓占比开始逐渐趋稳；与此同时，我国债券市场对外开放也进一步深化，2016年2月央行3号公告允许符合条件的境外机构投资者投资银行间债市，此后有关放宽投资限制、简化流程制度等一系列灵活便利政策陆续推出，外资成为改变当前中国债市格局的重要边际力量。因此，理解不同类型机构投资者的行为特征和配债逻辑，有利于分析判断投资者行为对债券市场结构和价量走势的影响。

从全市场持仓分布来看，目前商业银行仍然是银行间债市的最主要参与方，广义基金次之。截至2023年4月，商业银行和广义基金持有债券规模分别约75万亿元和35万亿元，持仓占比分别为约57%和27%。分券种来看，政府债券和政金债的市场托管量最大，不同券种的持有者结构有所分化，其中商业银行更加偏好地方政府债、国债和政金债等利率债，而广义基金主要持有金融债，并积极布局同业存单、中票，以及短融、超短融等信用债。

2. 从券种和久期角度，看商业银行债券投资行为特征

（1）风险偏好差异：资产配置及债券持仓结构

商业银行资金运用通常有贷款、债券投资、股权投资、存放央行存款、买入返售和同业往来六大方向，目前大型银行和中小型银行资金运用均以贷款为主，占比约60%。但在有价证券投资结构上，二者表现出了不同的资产配置倾向：大型银行更重债券投资，其债券投资在资金运用中的占比基本稳定超过20%；而中小型银行则配置了相当一部分的股权及其他投资（基金+非标），2014年《关于规范金融机构同业业务的通知》发布以来，同业融出资金开始与银行资本挂钩，且同业业务期限也受到限制，在强监管推动下，中小型银行同业往来在资金运用中的占比有所回落，但与大型银行相比仍旧较高。因此从整体资产配置结构上看，大型银行的风险偏好较中小银行更低，更重债券投资，投资风格更偏保守稳健型。

债券投资是商业银行除贷款投放以外最为重要的资产配置渠道，不同类型的商业银行在债券投资券种和期限结构上也呈现出不同的投资特征。由于中债登仅以"全国性商业银行"口径合并披露国有行和股份行债券托管数据，并且自2021年3月起不再公布各类商业银行的细分托管数据，故我们将以上市银行季报和年报数据为基准，进一步分析当前国有行、股份行，以及城农商行、外资行的债券投资特征（见图6-36）。

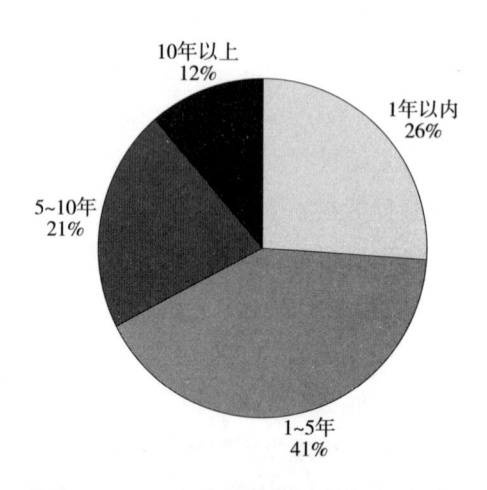

图6-36 全市场存量债券剩余期限结构
注：数据截至2022年年末。
资料来源：万得资讯，中信证券固定收益部。

①国有行债券投资在商业银行中占比超过一半，成为我国债券市场最主要的债券投资机构。国有行债券投资基本集中在政府债投资（占比约70%），并配置少量的金融债和公司债。国有行债券资产期限在1年以下的占比为10%~20%，1~5年占比为40%左右，5年以上占比为40%~50%（见图6-37）。

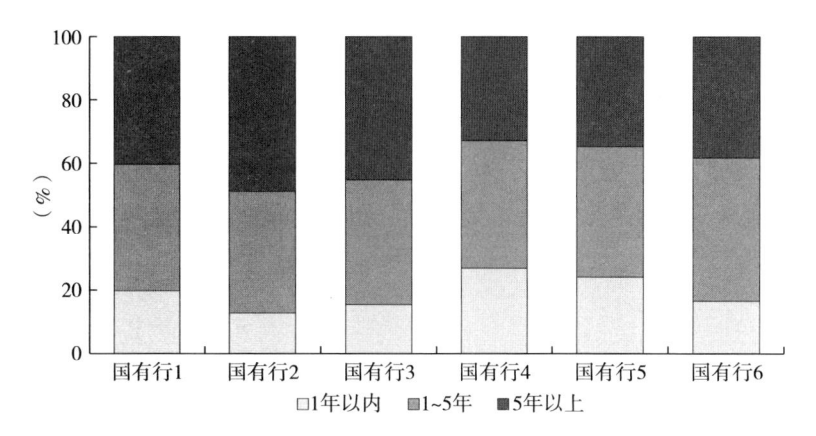

图6-37　国有行债券投资剩余期限结构

注：数据截至2021年年末（受限于数据可获得性，国有行2、国有行4、国有行5以金融投资近似估计债券投资久期结构）。

资料来源：公司年报，中信证券固定收益部。

②股份行债券投资占商业银行债券投资的比例接近20%，但各股份行债券投资品种略有分化。相较于国有行而言，股份行风险偏好有所抬升，一是压缩了政府债的配置比例，部分银行政府债投资占比不足40%，二是更多向商业银行及其他金融机构债、公司债等信用债倾斜，配置比例为30%~40%。由于上市银行基本不披露债券投资的具体期限结构，我们以上市银行金融投资期限结构进行近似估计。相较于国有行而言，股份行的债券持仓久期相对更短，以1~5年期债券为主，剩余期限5年以上的债券占比基本压缩在30%以下（见图6-38）。

③城商行与农商行的债券持仓量基本相当，但二者在具体投资品种和期限结构上存在明显差异。城商行利率债持仓占比超过80%，但与国股行相比，城商行配置了更高比例的政金债和更低比例的地方债，并在一定程度上增加了企业债和同业存单投资，风险偏好相对更高。与国股行相比，城商行持债久期进一步缩短，债券剩余期限多集中于1~5年，但也有个别银行长久期债券占比接近50%（见图6-39）。

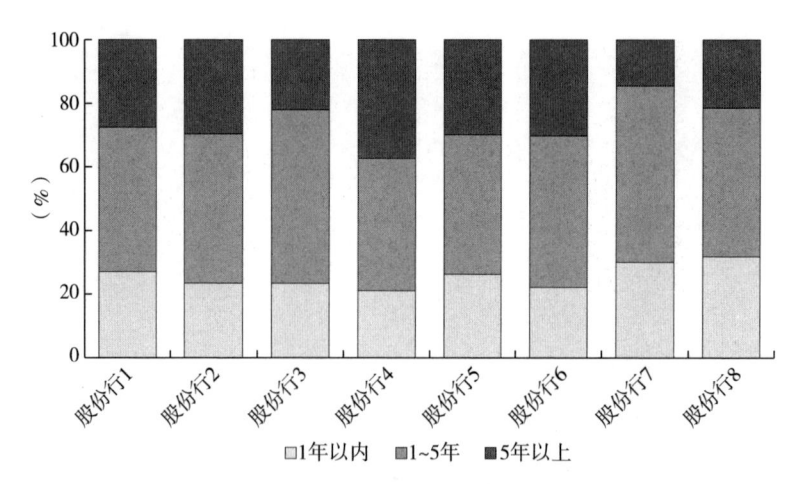

图 6-38　股份行金融投资剩余期限结构

注：数据截至2021年年末。
资料来源：公司年报，中信证券固定收益部。

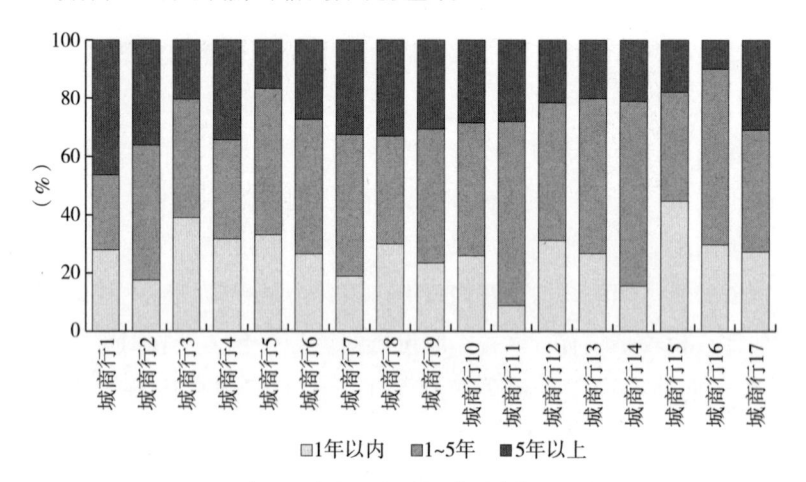

图 6-39　城商行金融投资剩余期限结构

注：数据截至2021年年末。
资料来源：公司年报，中信证券固定收益部。

④农商行政府债持仓比例仅占30%，与城商行相比，其政金债投资占比更高，而国债、地方债投资占比明显压缩；此外农商行同业存单投资占比（近30%）显著高于其他类型商业银行，包揽了

商业银行近60%的同业存单资产,是商业银行中最主要的同业存单投资机构。与城商行期限结构特征类似,农商行债券持仓久期较国股行明显更短,但也呈现出与城商行不同的中短期债券结构。农商行多配置更高比例的1年期以下短期债券,但不同农商行在期限结构上也表现出较明显的个体差异,如部分银行1~5年期债券或1年期以下债券占比达到了近80%,而也有个别银行配置了超过一半的5年期以上长期债券(见图6-40)。

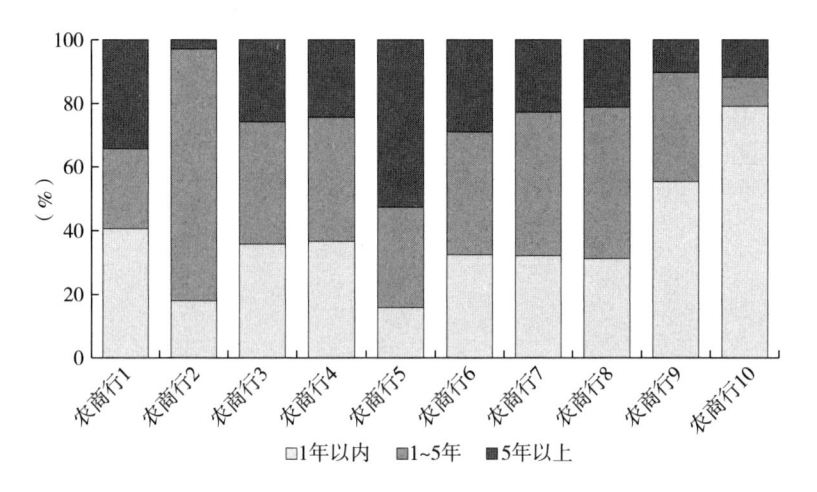

图6-40 农商行金融投资剩余期限结构

注:数据截至2021年年末。
资料来源:公司年报,中信证券固定收益部。

⑤与国股行重仓利率债的投资偏好类似,外资行利率债品种持仓占比超过80%,但其中多为国债投资,地方债投资占比仅为8%。此外外资行在债券资产配置中,表现出对信贷ABS类结构化产品的兴趣,ABS投资占比约7%。外资行对于中短期的债券最为偏好,金融投资剩余期限/现金流剩余到期日多集中于5年期以下(占比约90%,见图6-41)。

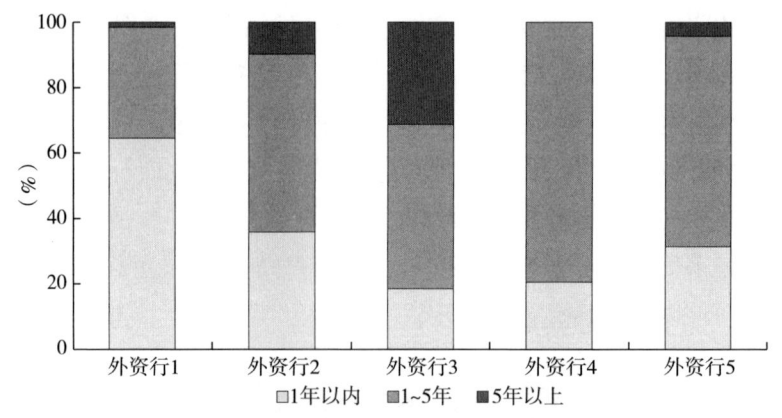

图 6-41　主要外资行金融投资剩余期限结构

注：数据截至 2021 年年末（受限于数据可获得性，外资行 1、外资行 2、外资行 4 以金融投资未折现现金流期限结构进行估计）。
资料来源：公司年报，中信证券固定收益部。

（2）投资风格差异：配置盘与交易盘投资偏好

我们进一步从配置和交易两类投资行为来看商业银行的债券投资风格和偏好。整体而言，国有行债券投资以持有到期为主，债券资产多为配置盘资产，交易频率、规模及债券投资杠杆明显较低；股份行债券投资虽然也以配置盘为主，但二级市场交易更为活跃；城商行和农商行配置盘和交易盘的个体分化较为明显，配置盘占比相对更低，二级市场交易较为活跃；外资行则更偏向于交易盘，虽然债券投资体量小，但交易活跃度较高。

在资产配置结构上，我们以会计处理中的计量方法作为划分标准，将以摊余成本计量的金融资产（AMC）归为偏配置盘资产，将以公允价值计量且其变动计入其他综合收益的金融资产（FVOCI）和以公允价值计量且其变动计入当期损益的金融资产（FVPL）归为偏交易盘资产。

①截至 2021 年年末，在国有行债券投资中，明确以交易为目的 FVPL 债券资产占比均在 10% 以下，AMC 债券资产占比为 60%～

80%，配置盘资产远高于偏交易盘资产，表明国有行债券投资以配置盘为主。

②相较于国有行而言，股份行的债券投资风格相对激进，FVPL债券资产占到10%~20%，AMC债券资产则压缩至60%左右，明显低于国有行的配置盘资产比例。

③城商行和农商行的个体投资风格分化较大，可能受限于个体投研能力和金融市场业务差异，AMC债券资产占比从10%到90%分布不等，但城商行相较于农商行更为激进，FVPL债券资产占比相对更高。

④外资行在资产配置结构上呈现出与其他商业银行不同的特征，AMC债券资产非常少（占比不足20%），而偏交易盘资产占据了绝大部分，个别银行FVPL债券资产占比达到了近50%。

在市场交易行为上，国股行债券投资以长期持有到期为主，并适时对资产结构进行周期性调整，2021年国股行现券买卖规模是债券持有规模的1.4倍，明显低于城商行的9.7倍以及农商行/农合行的5.0倍，表明国股行在二级市场的交易并不活跃，农商行交易相对活跃，而城商行在交易层面最为激进。此外，商业银行作为货币市场主要资金融出方，通常较少再通过融入资金加杠杆的方式进行投资，整体债券杠杆水平［即债券托管量/（债券托管量－质押式回购净融入余额）］不高，但呈现分化特征，国股行作为我国债市最大的资金融出方，投资风格偏保守，债券杠杆率也相对最低，城商行债券杠杆率要略高于农商行/农合行（见图6-42和图6-43）。

3. 从内外部约束条件，解读商业银行的配债逻辑

商业银行债券投资面临着内外部双重约束，前者主要包含经营目标、资产负债管理及国家政策导向考量等因素，后者主要包括以资本监管和流动性监管为核心的金融监管约束，以及经济基本面、资金面的影响。

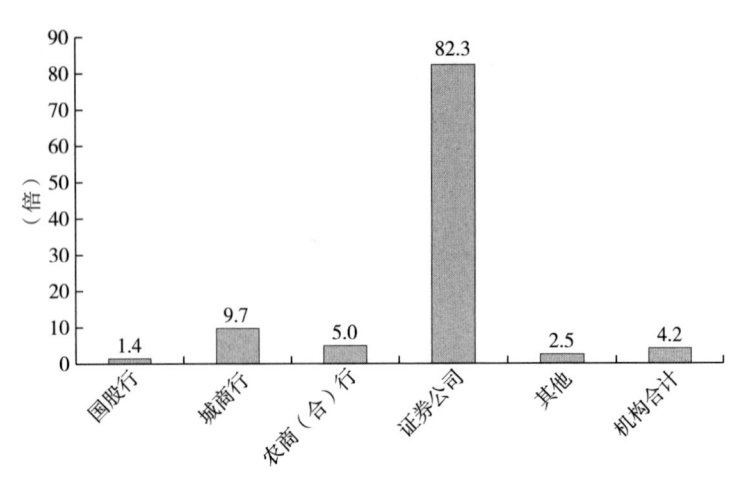

图 6-42　2021 年机构投资者现券交易额占托管额比例

注：托管量数据截至 2021 年 2 月。

资料来源：CFETS，万得资讯，中信证券固定收益部。

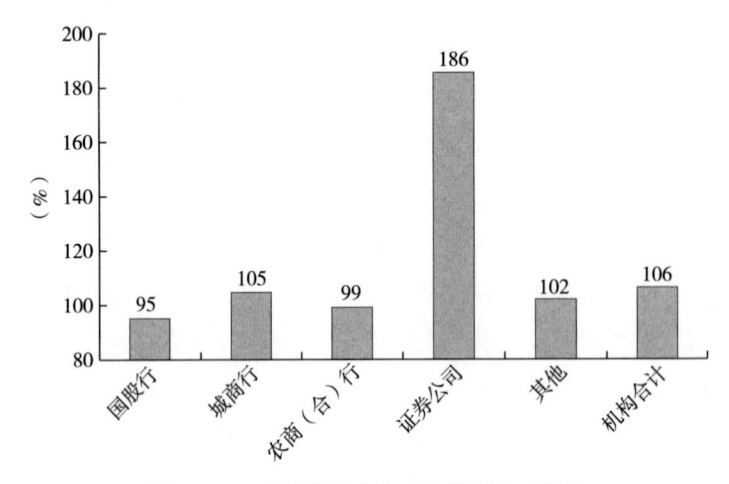

图 6-43　机构投资者债市杠杆率分布结构

注：数据截至 2021 年 2 月。

资料来源：万得资讯，中信证券固定收益部。

（1）内部约束：经营目标与资产负债管理

商业银行经营管理决策通常遵循安全性、流动性和效益性三大原则，商业银行债券投资需要在兼顾安全性和流动性原则的基础上，

498　　债券投资

追求盈利最大化目标。在我国商业银行"两部门"的内部决策机制下,资产负债部将基于自身利润最大化目标,调配存贷款和央行中长期资金,并确定存贷款规模及定价,再以一定资金成本将剩余可用资金转移给金融市场部,后者基于自身利润最大化目标调配短期资金流。此外,总行资金池汇集各业务部门资金头寸,司库综合考虑每笔资金的融资利差、利率风险及信用利差来确定内部转移定价曲线。①

①国有行和股份行的资产负债管理体系较为成熟,存贷款竞争优势是支撑其资产配置和债券投资结构的重要内部原因。

在配债规模上,商业银行配债额度通常具有被动配置、逆周期性的特点,在年初董事会确定目标额度的基础上,优先满足信贷配置额度后的可用资金才用于债券投资。在券种结构上,国有行和股份行更易通过配置以利率债为主的标准账户获得较高利差,特别是国有行在较低的资金成本下,不太需要配置较多的资管产品或者牺牲一定的信用风险敞口投资于信用债。在期限结构上,国有行和股份行更多配置1~5年期债券,与其资金来源以吸收存款为主体、存款久期偏中短期的负债结构特征基本匹配。

②城农商行的资产管理和经营能力相较国股行更弱,更高的负债成本推升其债券投资风险偏好。

在当前存款竞争较为激烈的市场环境下,城农商行等中小型银行的存款基础相对薄弱,存款久期更长且更加依赖于同业负债来弥补资金来源缺口,这也带来了较大的资金成本压力。在券种结构上,城农商行倾向于通过信用下沉提高资产收益,城商行政金债、信用债配置比例相对较高,在二级市场上也以政金债为主要交易品种;农商行在传统信贷上的竞争力较弱,配置同业存单可能获得较

---

① 资料来源:孙国峰,段志明. 中期政策利率传导机制研究——基于商业银行两部门决策模型的分析[J]. 经济学(季刊),2017,16(01):349-370.

政府债更高的投资收益。在期限结构上，城农商行持债久期普遍偏短，这可能源于近年来监管层面要求加强地方法人银行机构的流动性管理，重点关注期限错配、流动性缺口大等问题，抗风险能力相对较弱的城农商行会倾向于增加短期债券投资。

③外资行在我国业务规模相对较小，债券投资更多布局利率债和部分ABS产品。

外资行在我国国内的业务规模相对较小，主要集中于对公服务、投资银行和跨境业务，债券投资量也不大。在券种结构上，外资行配置了较多利率债和部分ABS产品，具体而言：受内部风控等方面限制，同时可能对国内投资环境尚不熟悉，外资行更偏好于利率债特别是国债品种；由于外资行对我国评级机构评级结果和发债企业资质的认可程度尚待提升，对于信用债的投资也更为谨慎；而随着银行间市场ABS市场规模和收益率提升，我国部分ABS产品在标普等国际评级机构获得了较高信用评级，外资行也开始积极布局ABS产品投资。在投资期限上，外资行以交易盘债券投资为主，交易较为活跃，也更加倾向于投资短久期债券资产（见图6-44和图6-45）。

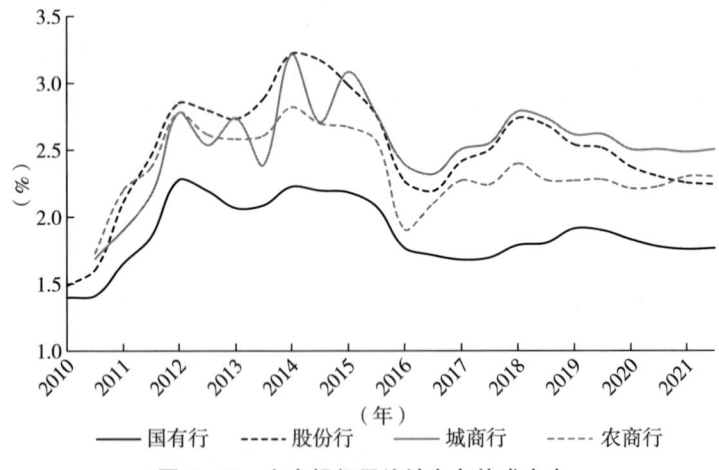

图6-44 上市银行平均计息负债成本率

资料来源：万得资讯，中信证券固定收益部。

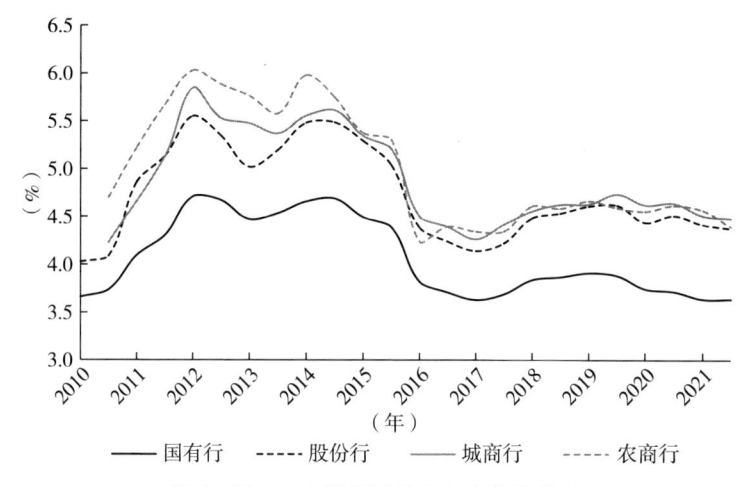

图 6-45　上市银行平均生息资产收益率

资料来源：万得资讯，中信证券固定收益部。

商业银行债券投资决策还受国家和地方政策导向影响。国有行和股份行重仓的利率债中以政府债为主要品种，其配置政府债主要系配合财政发力，认购节奏与政府债发行规模和节奏相匹配。在税收方面，商业银行投资政府债将获得免征企业所得税和增值税的免税收益。此外，自2015年起，部分地方政府增加地方政府债作为当地国库现金定存质押品，在支持地方金融的政策导向影响下，地方政府债吸引力有所提升，投资地方政府债或可获得相对较佳的综合收益。

(2) 外部约束：经济基本面与金融监管因素

首先，我国《商业银行法》对商业银行自营投资范围进行了相应划分，允许"买卖政府债券、金融债券"，明确"不得从事信托投资和证券经营业务，不得向非自用不动产投资或者向非银行金融机构和企业投资"。2016年，银监会出于统计目的设计了《G31投资业务情况表》（"G31报表"）以监测商业银行自营投资项目，并适时根据宏观经济环境及金融市场发展进行修订，目前G31报表囊括了债券投资、权益类投资、公募基金、私募基金、资管计划和其他类投资业务，且后三类投资项目须穿透底层资金投向填报至对应的债券、权益或公募基金科目。

其次，我国商业银行主要受到央行、国家金融监管总局和财政部三重监管。其中，央行主要基于 MPA 和央行金融机构评级体系对银行进行宏观审慎管理；国家金融监管总局主要基于各类风险监管指标、"腕骨"（CARPAL）监管指标体系和商业银行监管评级体系对银行进行微观审慎监管；财政部则主要监管国有行高管绩效考核及薪酬制度，以及商业银行对《企业会计准则》的遵守情况。在各类监管指标和考核体系中，对商业银行债券投资行为影响最大的当数资本监管和流动性监管两大监管约束。

①在资本监管方面，央行 MPA 及《商业银行资本管理办法（试行）》《商业银行杠杆率管理办法》主要考察商业银行资本充足率和杠杆率，并在此基础上对系统重要性银行提出了更高监管要求。若以满足（宏观）资本充足率要求作为商业银行债券投资的操作目标，商业银行会倾向于持有利率债、3 个月以内同业存单等风险权重更低的金融资产以减少资本占用，以便留存出更多资本金供实现信贷投放和资产扩张。农商行配置较多同业存单且久期偏短，既有比价效应的考量，还与资本监管要求下节约资本占用的风险管理需求相匹配。

②在流动性监管方面，央行 MPA 及《商业银行流动性风险管理办法》对流动性风险监管指标及监测工具进行了详细规定，资产规模不小于 2 000 亿元的商业银行适用流动性覆盖率（LCR）、净稳定资金比例（NSFR）、流动性比例（LR）和流动性匹配率（LMR）考核；资产规模小于 2 000 亿元的商业银行适用优质流动性资产充足率（HQLAAR）、流动性比例和流动性匹配率考核。若以改善 LCR 和 NSFR 作为商业银行自营投资的操作目标，商业银行会倾向

于持有高流动性资产,由于国债、政金债、财政部担保的地方政府债均属于一级资产,其他地方政府债属于2A级资产,故商业银行在债券投资结构中更可能先向利率债倾斜,再考虑信用级别较高的信用债,最后才会考虑不纳入HQLA计算范围的同业存单和商业银行债。从久期结构来看,短期债券更有利于改善商业银行流动性监管指标,流动性风险管理能力相对有限的城农商行持债久期也相对更短。

值得注意的是,农商行在债券投资比例和种类上还受到相对更加严格的投资限制。在债券投资种类上,2014年银监会发布《关于加强农村合作金融机构资金业务监管的通知》,对农村金融机构投资不同评级信用债的主体资格进行了分类限制,强调其风控能力应与业务发展风险相匹配,并要求省联社在安全、流动原则基础上,可以慎重选择国债、央票、金融债、AAA企业债及同业存单等低风险品种进行投资,严禁投资信用风险高、流动性差的业务品种。在债券投资比例上,2019年银保监会发布《关于推进农村商业银行坚守定位 强化治理 提升金融服务能力的意见》,强调农商行应将业务重心回归信贷主业,要求各项贷款占比指标(各项贷款期末余额/表内总资产期末余额)不得低于50%,意味着农商行的债券投资空间或相应有所压缩。

除满足安全性和流动性的经营管理要求外,效益性作为商业银行经营决策的重要原则之一,也在一定程度上影响着商业银行的债券投资品种和期限选择。在综合考虑税收、资本占用、信用风险成本和贷款派生存款收益的基础上,对商业银行贷款及主要债券投资的综合收益进行估算,在债券资产风险溢价、银行自身盈利水平和风险管理水平等影响因素下,不同商业银行的债券资产综合收益呈现明显差异(见表6-11)。

表6-11 上市银行贷款及债券投资综合收益率估算

(%)

银行类别		一般贷款	10年期国债	10年期国开债	10年期地方债	5年期商业银行普通债AAA	5年期企业债AAA	1年期同业存单AAA
名义收益率		4.53	2.85	3.02	3.02	3.02	3.29	2.60
税收成本		1.40	0	0.76	0	0.75	1.02	0.65
增值税		6	0	0	0	0	6	0
所得税		25	0	25	0	25	25	25
资本占用成本	国有行	2.09	0	0	0.42	0.52	2.09	0.52
	股份行	1.79	0	0	0.36	0.45	1.79	0.45
	城商行	1.79	0	0	0.36	0.45	1.79	0.45
	农商行	1.54	0	0	0.31	0.38	1.54	0.38
风险权重		100	0	0	20	25	100	25
资本充足率	国有行				17.35			
	股份行				13.36			
	城商行				12.39			
	农商行				11.94			
资本回报率	国有行				12.05			
	股份行				13.37			
	城商行				14.41			
	农商行				12.90			

(续表，%)

不良率	国有行	1.27	—	—	—	—	—
	股份行	1.31	—	—	—	—	—
	城商行	1.90	—	—	—	—	—
	农商行	3.24	—	—	—	—	—
派生存款收益	国有行	1.27	—	—	—	—	—
	股份行	1.37	—	—	—	—	—
	城商行	1.22	—	—	—	—	—
	农商行	1.39	—	—	—	—	—
净息差	国有行			1.69			
	股份行			1.83			
	城商行			1.63			
	农商行			1.85			
综合收益率估计	国有行	2.25	2.85	2.27	2.60	1.74	0.18	1.42
	股份行	2.65	2.85	2.27	2.66	1.82	0.49	1.50
	城商行	2.48	2.85	2.27	2.66	1.82	0.49	1.50
	农商行	2.83	2.85	2.27	2.71	1.88	0.73	1.56

注：数据截至2023年3月31日。
资料来源：万得资讯，中信证券固定收益部。

最后，经济基本面、资金面也会影响商业银行的债券投资行为。一般而言，在经济处于复苏周期或经济过热时，微观主体运营状况良好且扩大再生产需求高，对于商业银行而言实体投资收益高且信用风险相对小，银行会增加信贷资产配置和非标投资，该阶段通常利率走高，伴随着银行缩减配债增速；在经济下行时期，实际融资需求疲弱，商业银行信贷投放不足而可能面临资产荒，该阶段通常利率处于低位，欠配压力推动银行配债需求被动走高，流动性更佳的债券型资产更受青睐。

长久期的忠实"拥趸"：保险机构

我国保险业历经40余年发展，市场主体不断丰富，市场规模显著扩容，发展水平持续提升。自2004年保监会发布《保险资产管理公司管理暂行规定》起，保险资管公司成为保险资金的专业管理单位，在发挥保险保障的功能作用的同时，保险开始兼具理财功能并具有资产管理工具的定位。自2017年起，我国连续保持全球第二大保险市场地位[1]，庞大的保险资金在实体经济和金融市场运行中发挥着不可替代的作用，保险机构也已发展成为资本市场中重要的机构投资者。

保险资金的债券投资行为受到内外部双重约束，其中内部约束主要源于保险资金的负债属性，而外部约束主要来自资产配置和偿付能力相关的监管要求。因此，保险资金投资以安全稳健、资产负债匹配为原则，需要保证长期投资收益的稳定，在满足覆盖保险预定利率的要求及风险可控的前提下获得更高收益。近年来，保险资金资产配置趋向多元化，其中以债券投资为主，呈现多配置少交

---

[1] 参见瑞士再保险研究院发布的Sigma世界保险业报告，https://www.swissre.com/institute/research/sigma-research/World-insurance-series.html。

易、偏好利率债和长久期债券以及对信用债资质要求较高等主要特征（见图6-46）。

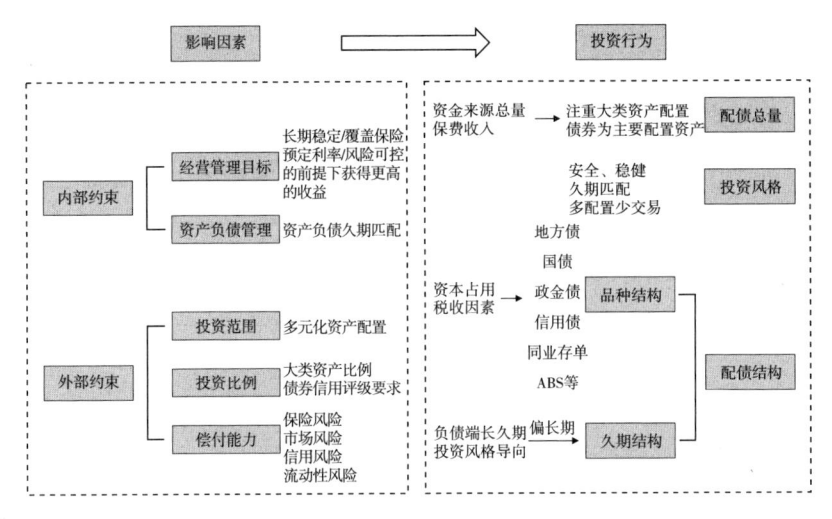

图6-46 保险机构债券投资行为分析框架

资料来源：中信证券固定收益部。

1. 保险机构投资的整体特征

近年来，保险资金规模整体稳步抬升，截至2023年4月，我国保险资金运用余额已达到26.11万亿元，规模同比增长10.5%（见图6-47）。

从投资主体来看，保险机构包括保险公司（人身险、财产险、集团及再保险）、保险资管公司等类型。从投资模式来看，保险资金投资以委托投资方式为主，主要通过其相关联的保险资管公司进行投资。其中，委托投资约占74%，包括委托关联方和非关联保险资管等系统内管理人投资（占比70%），以及委托公募基金、券商及券商资管等系统外管理人投资；保险公司自主投资占比26%。除保险机构委托保险资管管理的系统内保险资金外，保险资管管理的资金还包括三方保险资金、银行资金及年金等（见图6-48）。

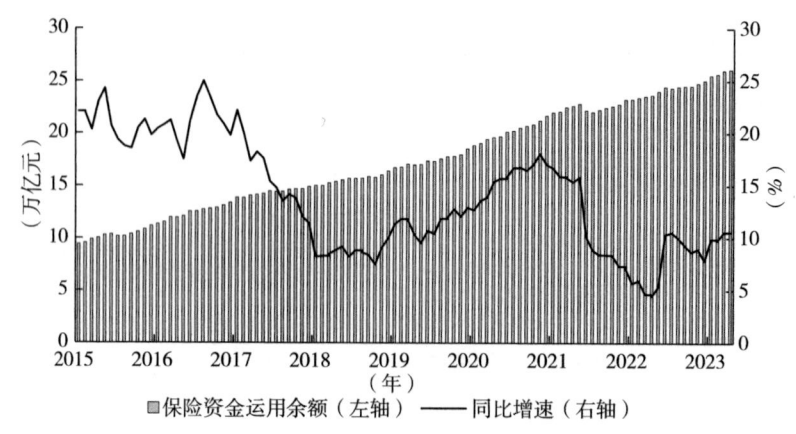

图 6-47　保险资金运用余额及增速

资料来源：万得资讯，中信证券固定收益部。

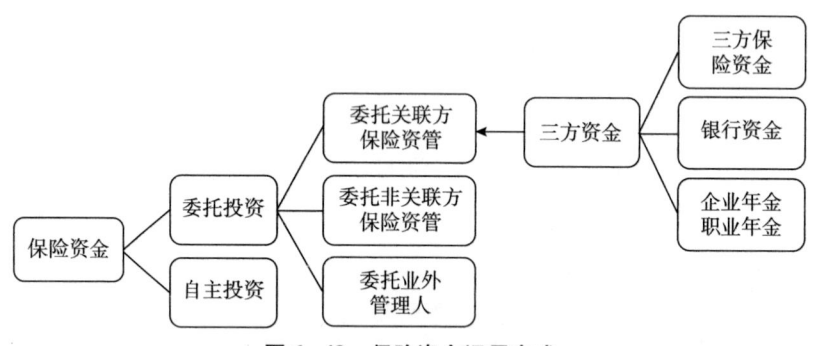

图 6-48　保险资金运用方式

资料来源：中国保险资产管理业协会，中信证券固定收益部。

保险资金投资主要需要满足以下三个条件：一是安全性原则，保险资金的负债属性决定了投资安全性要求高，风格须以稳健为主，在风险可控的前提下获得收益；二是绝对收益，保险投资收益应至少保证可覆盖保险预定利率；三是资产负债久期匹配，保险公司负债久期长决定了保险可投资周期相对长的资产。

具体到资产配置，近年来保险资金资产配置呈现多元化趋势，其中：

①债券为保险资金第一大投向，并且近年来在低利率环境下债

券配置规模和占比持续提升。可以看到,保险机构配债比例与利率走势趋同,通常会在利率拐点后进行相应调仓,保险公司在右侧交易可能主要是由于追求票息收益和债券投资绝对收益。

②以另类投资为代表的其他投资占比维持高位。非标资产主要包括理财产品、信托产品、不动产、非上市公司股权等,其长久期和高收益特征也与保险资金负债端的长久期属性相匹配。起初,监管层面对保险资金投资非标的政策约束偏松,主要是考虑到非标资产涉及基建和不动产等大型项目,保险资金可以充分发挥其长期资金的优势作用。然而2016年起伴随监管趋严,非标项目供给减少,近年来非标投资规模及占比趋于稳定但仍处高位,目前是仅次于债券的第二大投资方向。

③银行存款和股票资产占比相对较低。银行存款是保险资金基本的投资方式,2017年以前由于存款收益率相较其他资产更低,银行存款占比持续下滑,而近年来银行存款配置占比基本稳定在10%以上。股票和证券投资基金的占比则相对较小,通常会跟随权益市场行情波动而略有变化,近年来基本稳定在10%以上(见图6-49和图6-50)。

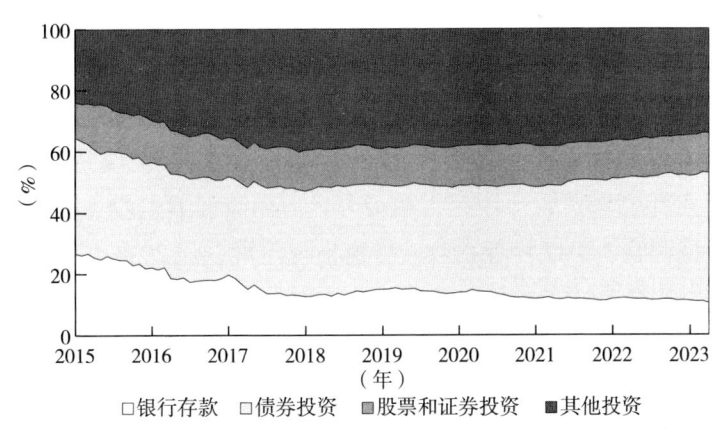

图6-49 保险资金运用余额结构分布

资料来源:万得资讯,中信证券固定收益部。

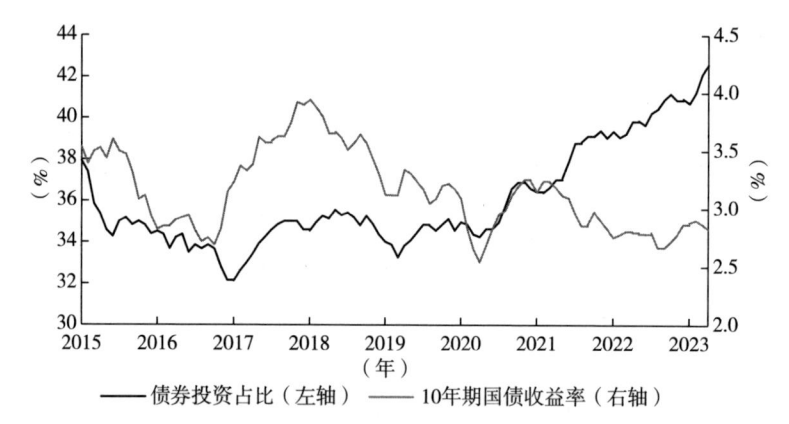

图 6–50　保险资金债券配置比例与 10 年期国债收益率走势
资料来源：万得资讯，中信证券固定收益部。

2. 保险机构投资的负债约束

根据《保险资金运用管理办法》的定义，"保险资金"是指保险集团（控股）公司、保险公司以本外币计价的资本金、公积金、未分配利润、各项准备金以及其他资金。保险资金具有负债性和长期性的特点：一方面，保险资金主要来源于各项准备金，属于保险公司对被保险人的负债；另一方面，负债端占比较大的人身险久期较长，如寿险保单保障期限较长，通常在 15 年以上，有的期限长达二三十年，目前我国人身险业平均负债久期超过 12 年。

从保险资金的主要来源看，2015 年费改后万能险最低保证利率完全市场化，评估利率上移至 3.5%，带动万能险销量增加，2016 年年初保费收入增速大幅提升，后随着监管趋严、人身险业务转型调整，2017 年保费收入增速出现下滑，但 2018 年开始企稳回升，2022 年保险公司保费收入已达到 4.7 万亿元，其中寿险收入占比超过一半。此外，保费收入不断增加支撑保险资产总额持续扩张，截至 2022 年年末，保险公司资产总额已超过 26 万亿元。随着保费收入和保险公司资产总额的增加，保险资金运用余额也随之上升（见图6-51和图6-52）。

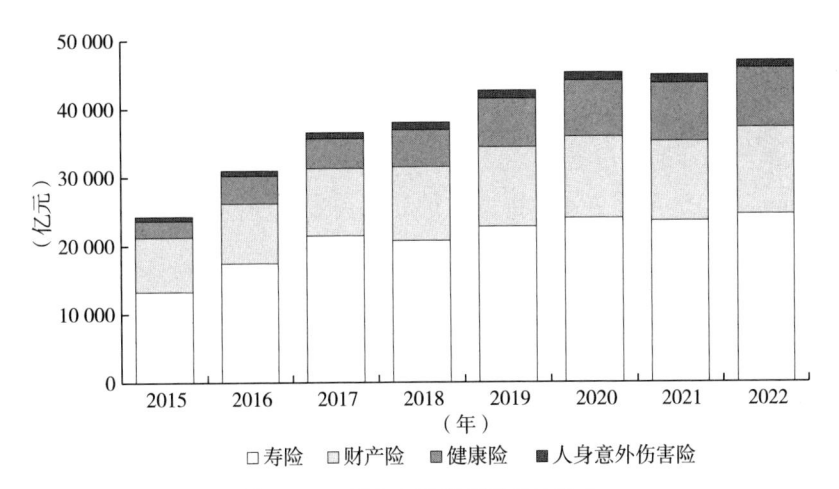

图6-51 近年各险种保费年度收入

资料来源：原银保监会，万得资讯，中信证券固定收益部。

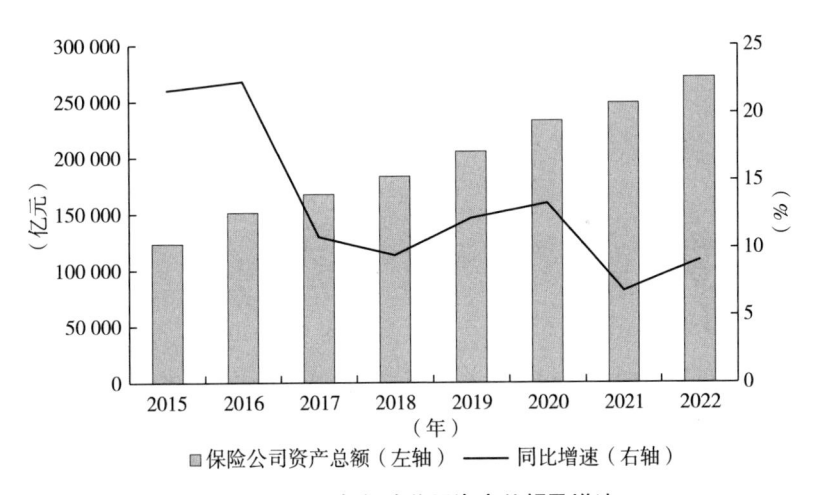

图6-52 近年保险公司资产总额及增速

资料来源：原银保监会，万得资讯，中信证券固定收益部。

3. 保险机构投资的监管约束

我国保险投资监管体系主要包含两大部分：一是直接对资产配

置做出定性和定量监管,二是通过约束监管保险机构的偿付能力,间接对资产配置做出要求。

(1) 资产配置监管要求

基于安全性原则,保险资金会受到较为严格的投资限制。根据 2014 年 2 月保监会出台的《关于加强和改进保险资金运用比例监管的通知》,保险公司投资资产可划分为流动性资产、固定收益类资产、权益类资产、不动产类资产和其他金融资产五大类。其中,保险可投资的固定收益类资产范围包括境内的银行定存、协议存款、债券型基金、固收类保险资管产品、企业(公司)债和剩余期限在 1 年以上的政府债、准政府债,以及部分境外银行存款和债券资产。此外,2018 年 1 月保监会发布的《保险资金运用管理办法》明确了禁止投资领域,包括禁止直接从事房地产开发、投资不符合国家产业政策的企业股权和不动产等。

近年来,监管层面对于保险资金投资企业债的评级及投资比例限制开始逐渐放宽,包括取消保险资金可投金融企业(公司)债白名单要求和外部信用评级要求,以及根据保险机构信用风险管理能力和抗风险能力,分类设置可投非金融企业(公司)债最低外部信用评级要求等内容。目前,我国保险资金可以投资债券、股票(权)、金融衍生品等多种资产,也可以开展跨境投资,资金运用范围已接近国际同业。

(2) 偿付能力监管要求

除资产配置要求外,偿付能力是保险资金监管的核心要素。2008 年,保监会颁布《保险公司偿付能力管理规定》(简称"偿一代"),确立了第一套针对保险公司偿付能力的监管制度。2012 年 3 月,《中国第二代偿付能力监管制度体系建设规划》(简称"偿二代")提出"用三至五年时间,形成一套既与国际接轨、又与我国保险业发展阶段相适应的偿付能力监管制度"。2015 年 2 月,保监会正式发布中国风险导向偿付能力体系实施17项监管规则以及《关于中国风险导向偿付能力体系实施过渡期有关事项的通知》，我国进入"偿二代"过渡期。2016年1月，随着《关于中国风险导向的偿付能力体系正式实施有关事项的通知》发布，"偿二代"正式实施。2021年12月，银保监会发布《保险公司偿付能力监管规则（Ⅱ）》，标志着我国"偿二代"二期工程建设顺利完成（见图6–53）。

"偿二代"监管体系

第一支柱 定量资本要求	第二支柱 定量监管要求	第三支柱 市场约束机制
1号：实际资本 2号：最低资本 3号：寿险合同负债评估 4号：保险风险最低资本（非寿险业务） 5号：保险风险最低资本（寿险业务） 6号：保险风险最低资本（寿险业务） 7号：市场风险最低资本 8号：信用风险最低资本 9号：压力测试	10号：风险综合评级（分类监管） 11号：偿付能力风险管理要求与评估 12号：流动性风险	13号：偿付能力信息公开披露 14号：偿付能力信息交流 15号：保险公司信用评级

16号：偿付能力报告　17号：保险集团

公司偿付能力管理

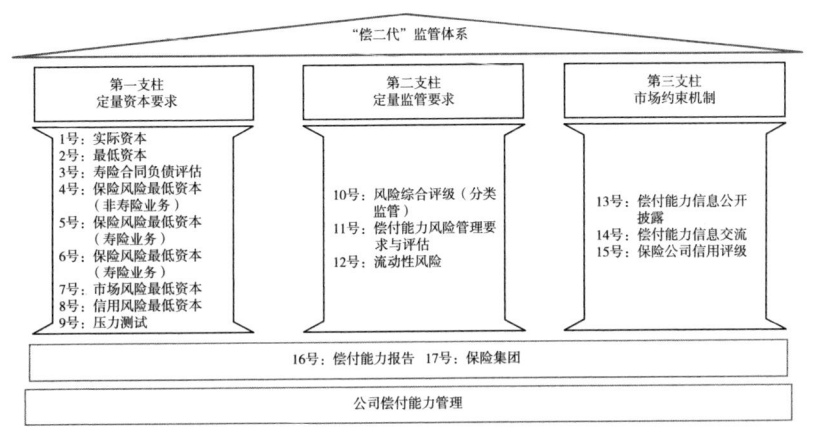

图6–53　"偿二代"三支柱监管框架与保险公司偿付能力监管规则1~17号
资料来源：原银保监会，中信证券固定收益部。

偿付能力充足率是核心监管指标，指的是保险公司实际资本和最低资本之比。其中，最低资本是根据保险风险、市场风险和信用风险的最低资本，以及"偿二代"针对不同风险设置的系数矩阵进行风险聚合来计算整体量化风险的最低资本。这意味着保险公司配置不同资产将对应不同程度的最低资本要求，从而对保险公司的资产配置行为形成约束。具体而言，"偿二代"监管对于保险资金投资固收类资产的影响主要体现在以下两个方面：

①对不同险种投资固收类资产的久期选择有一定影响。由于保险资金配置固收类资产，久期越长、资产负债久期缺口越大，相应

风险因子越高，对资本计提的要求也就越高，寿险负债久期较长，因而寿险投资更注重资产负债久期匹配，财险负债久期偏短，因而财险资金更倾向于配置中短久期债券。

②对保险资金投资信用债的资质选择有一定影响。在"偿二代"监管体系下，信用债久期越长，各评级之间的风险因子的差距也就越大。因此，保险资金投资久期较长的债券时，更倾向于选择对资本占用较少的利率债或者高等级信用债。

4. 保险机构债券投资的特点与逻辑

截至 2022 年年末，保险机构债券投资规模已达 10.25 万亿元。受限于数据可得性，我们将中债登、中证登、上清所保险机构债券托管量相加，并以此估算保险公司在境外市场的债券持仓约为 4.42 万亿元。

在负债约束和监管体系的投资框架下，保险资金债券投资主要以安全性、绝对收益、资产负债久期匹配为原则，呈现出偏好利率债和长久期债券、信用债资质要求较高以及配置型投资等主要特点。

①从券种分布结构来看，2022 年保险机构的利率债持仓占比最高，达到 62%，其中又以地方债为主，国债次之。这主要是由于对于期限接近的利率债，国债和地方债的税收成本均为零，而政金债则需要缴纳 25% 的所得税，并且地方债的收益也相对更高，因此地方债同时具有税收优势和收益率优势。

②由于保险资金强调安全性、风险偏好较低，而信用债品种受到久期偏短、信用环境下沉以及监管约束等影响，因此保险机构信用债持仓占比不高，主要集中于 AAA 级的高评级信用债。根据 2021 年主要上市保险公司年报数据，新华保险持仓债券信用评级为 AA/A-2 或以上的比例大多为 100% 或已非常接近，投资性存款及持仓债券中信用评级为 AAA 级的占比也处在高位，反映出保险

资金对于信用债资质要求较高（见图6-54和表6-12）。

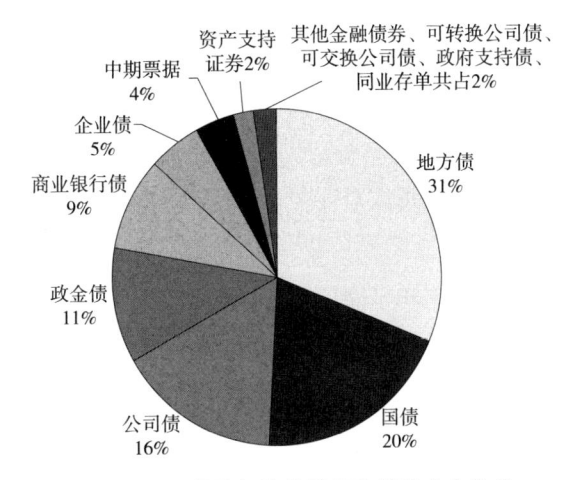

图6-54　保险机构债券投资券种分布结构

注：数据截至2022年。
资料来源：万得资讯，中信证券固定收益部。

表6-12　主要上市保险公司持有信用债资质分布情况　　　　　　　　（%）

上市保险公司	持有AA级以上	持有AAA级
新华保险	100	95
中国人寿	100	97
中国平安	98.9	85.7
中国人保	100	99.8
中国太保	99.1	93.4

注：数据截至2021年年末。
资料来源：公司年报，中信证券固定收益部。

③由于保险资金具有长期性特征，保险资金投资债券的久期相对较长。保险公司尤其是寿险业务面临资产负债期限的负缺口，因而对长久期资产存在持续的增持需求。截至2019年二季度末，我国人身险公司负债平均久期13.19年，较2018年年末延长了2.01

年，而资产久期仅延长 0.52 年达到 5.76 年，导致久期缺口扩大近 2 年达到 7.43 年[①]。此外，根据现券交易数据，近年来保险公司 10 年期以上的超长债净买入规模占比逐年增加并维持在 60% 左右，反映出保险资金对长久期债券资产的需求较大。

④保险机构债券投资多为配置型投资，主要原因在于保险资金具有负债属性，并且投资收益需要覆盖保单预定利率，因此保险资金大多基于绝对收益考虑进行投资，即在利率绝对水平较高时配置，持有到期收益可覆盖负债成本，而频繁交易则可能额外增加风险。可以看到，近年来保险机构的债券净买入和债券市场利率走势基本呈现正相关关系。保险机构重视票息收益，通常在利率上行期会加大债券配置，因而呈现出与商业银行类似的债券配置行为。

不容忽视的力量：广义资管产品

2018 年，资管新规正式落地，要求对资管行业进行大力整改。2022 年，财政部印发《资产管理产品相关会计处理规定》，实施范围为适用资管新规且执行企业会计准则的各类资管产品，即"包括但不限于人民币或外币形式的银行非保本理财产品，资金信托，证券公司、证券公司子公司、基金管理公司、基金管理子公司、期货公司、期货公司子公司、保险资产管理机构、金融资产投资公司发行的资管产品等"。根据上述对于广义资管产品的定义，我们选取其中最具代表性的银行理财、公募基金、证券公司资管（简写"券商资管"）和资金信托四类机构投资主体，分别探讨其发展历程、债券投资行为特征及主要影响因素。

[①] 参见央行发布的《中国金融稳定报告（2020）》中的"专题五 新形势下保险资金运用的挑战及应对"。

1. 银行理财债券投资

2018年资管新规落地后,银行理财开始向真正意义上的"信义义务"资管产品转型,整体规模先降后升,现已成为我国资管市场规模最大的广义资管产品。在资产配置层面,由于近年来监管趋严且投资者对理财产品的安全性要求提升,银行理财的资产配置越来越注重安全性与流动性,债券类和存款类资产所占比重不断提升。具体到债券投资,银行理财兼具配置和交易属性,债券持仓以商业银行二级资本债和政金债为主,但信用债投资风险偏好逐步下降,多以中高等级信用债为主,且期限偏好方面有一定缩久期的趋势(见图6-55)。

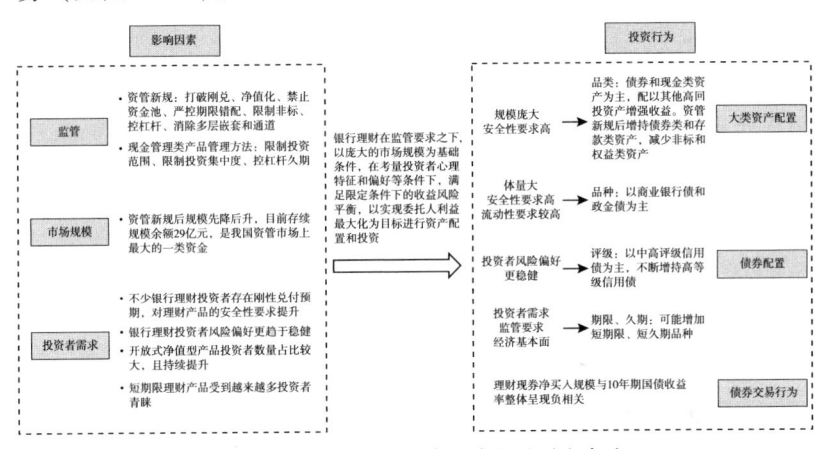

图6-55 银行理财债券投资行为分析框架

资料来源:中信证券固定收益部。

(1) 银行理财基本发展情况与监管变迁

初创阶段(2004—2006):2004年,我国商业银行开始模仿国外模式发展理财业务,主要以发行结构性理财产品为主,具有高风险、高收益特征。

普及阶段(2007—2011):从2007年开始,随着信贷资产和信托贷款理财产品的发行数量增长,银信合作规模也快速扩张,银行在做大信贷规模的同时不断扩展中间业务收入，银行理财成为重要的"影子银行"业务。但 2009—2011 年，银监会下发一系列通知对银信合作业务进行了限制，使得以信贷资产类理财业务为主导的发展时期告一段落。

暴发式增长阶段（2012—2017）：2012 年以来，随着利率市场化的推进以及金融体系脱媒化，监管层面开始放松对券商、基金、保险的监管要求，银行合作渠道更加多元化，银行理财迎来了暴发式增长。2015 年股市去杠杆之后，银行同业理财加速扩张，"同业杠杆"也开始大幅提升。

规范发展阶段（2018 年至今）：2018 年 4 月，资管新规正式落地。在此之前，银行理财普遍采用"资金池"模式，通过期限错配、信用错配、流动性错配等手段实现盈利，银行为提高收益通常会借此投向高风险资产，同时也加大了风险管理难度。资管新规要求每个产品在净值化的基础上都需要独立建账、隔离运营，因此各种风险无法在产品之间转移，银行理财开始向真正意义上的资管产品转型，从满足自身超额收益最大化为目标转向了满足委托人利益最大化为目标。此后，《标准化债权类资产认定规则》《关于规范现金管理类理财产品管理有关事项的通知》等各类监管文件也陆续发布，随着监管规则补充完善，银行理财去通道、去嵌套效果显著，现已成为我国资管市场上最大的一类广义资管产品（见表 6-13）。

（2）银行理财负债端要求

银行理财除受到资管新规等更为严格的监管限制外，还会基于资金期限、开放期、委托人资产要求以及满足限定条件下的收益风险平衡等考虑，以实现委托人利益最大化为目标进行资产配置和投资。

从负债端投资者风险偏好来看，银行理财投资者以个人投资者为主，尽管资管新规要求打破刚兑，目前净值型理财产品投资者数

表6-13 各类机构存续产品数量、规模情况

机构类型	存续产品数（只）	存续产品规模（亿元）	存续规模同比（%）
全市场总量	36 319	290 030	12.14
大型银行	1 224	18 215	-69.49
股份制银行	2 485	51 721	-35.19
城商行	11 933	36 158	-11.16
农村金融机构	8 220	11 175	2.52
理财公司	10 483	171 937	157.72
其他机构	1 974	824	7.93

注：数据截至2021年年末。
资料来源：银行业理财登记托管中心，中信证券固定收益部。

量占比已超过99%，但由于多数个人投资者仍未充分认识投资风险，在产品破净时往往不会选择接受波动风险，而是退回到存款等品种上来，这意味着投资者对于理财产品的安全性要求较高、风险偏好更趋于稳健，如2021年年末投资于风险等级为一级和二级的投资者数量占比分别为40.90%和49.14%。因此，银行理财出于委托资金性质、品牌形象等考虑，投资行为也会趋于谨慎，以债券类和现金类资产为主，配以其他高回报资产增强收益。

从产品期限偏好来看，截至2021年年末，T+0理财产品投资者数量占比明显增长，占比达54.23%，7天以内和7天至1个月的理财产品投资者数量占比也有所增加，表明期限在1个月以内的理财产品受到越来越多投资者的青睐。由于T+0产品的赎回规则较为灵活，对资金流动性要求较高，因此，随着T+0产品受众越来越广泛，为应对负债端短期化趋势，并保证产品流动性和偿还能力，银行理财在设置产品策略时可能会考虑缩短久期，增加短期流动性强的资产（见图6-56）。

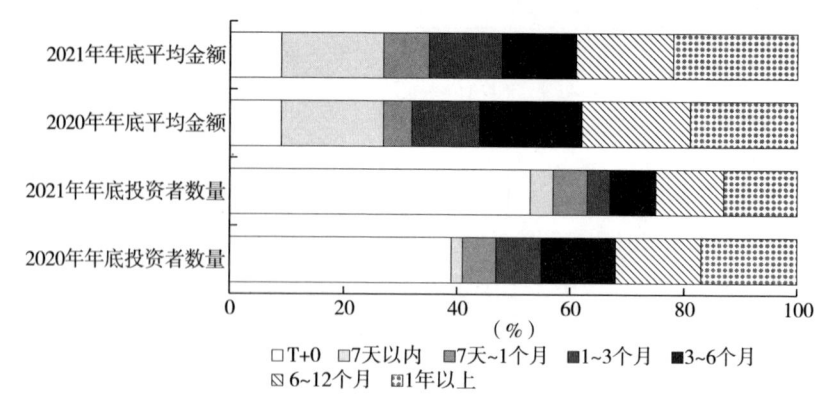

图 6-56　各期限理财产品投资者数量及平均持有金额分布结构
资料来源：银行业理财登记托管中心，中信证券固定收益部。

(3) 银行理财资产配置和债券投资特征

从大类资产配置情况来看，自资管新规发布以来，银行理财资产配置更加注重安全性与流动性，不断增持债券类和存款类资产，特别是以国债、政策性金融债券为主的利率债占比提高，而受到"去通道、去嵌套"以及非标资产范围明确等影响，非标资产配置有所减少，并且由于股市行情波动较大，权益类资产配置比例也逐步下滑，但不同类型理财产品的资产配置结构也有所差异（见图 6-57）。

根据中债登托管数据，银行理财债券持仓以商业银行债和政金债为主。其中，政金债具备信用风险小、体量大、流动性好的特点，而商业银行二级资本工具占比较高的原因在于较普通信用债具有一定的品种溢价，同时银行（特别是国股行）的信用风险相对更低，具有高票息、信用风险小、体量大的特点。银行理财被上清所统一归入非法人产品进行统计，主要持有同业存单、中期票据、超短融等债券，且近年来同业存单占比呈现上升趋势。

从债券投资风险偏好来看，银行理财投资以中高评级信用债为

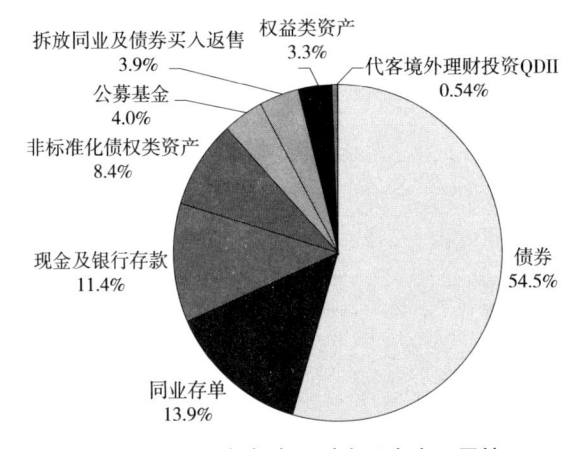

图 6-57　2021 年年末理财产品资产配置情况
资料来源：银行业理财登记托管中心，中信证券固定收益部。

主，但近年来风险偏好也有所下降。截至 2021 年年末，银行理财持有利率债 91.83 万亿元，占总投资资产的 5.81%；持有信用债 815.17 万亿元，占总投资资产的 48.13%，其中以 AA + 及以上信用债为主。随着估值方法转变，理财净值波动加大，投资者风险偏好更加稳健，后续银行理财或也将更加偏好中高评级债券。

从二级市场交易特征来看，银行理财进行债券投资与市场利率密切相关，特别是在净值化转型后，银行理财的交易属性有所增强。整体而言，理财现券净买入规模与 10 年期国债收益率整体呈现负相关关系（见图 6-58）。

2. 公募基金债券投资

公募基金与银行理财同属于广义资管范畴，是我国债券市场中的重要参与者之一，债券基金、混合基金和货币基金投资均配置了一定比例的债券资产。整体而言，在严监管背景之下，各类公募基金主要根据投资者结构以及相应收益风险需求，结合基金自身特点，以实现较高相对收益和满足投资者利益最大化为目标进行资产配置，呈现出差异化的投资特征。

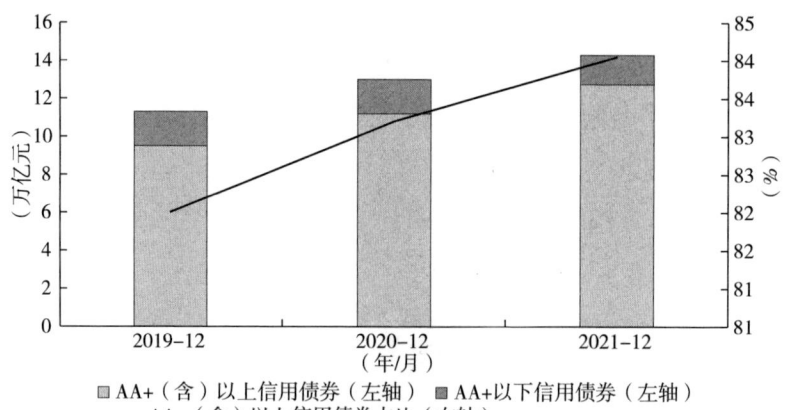

图 6-58　银行理财产品持有信用债评级情况

资料来源：银行业理财登记托管中心，中信证券固定收益部。

(1) 公募基金的监管要求与发展历程

根据中国证监会于2014年颁布的《公开募集证券投资基金运作管理办法》（简写为"管理办法"），公募基金可以分为债券基金（债基）、股票基金、货币基金（货基）、FOF和混合基金（混基）五类。由于股票基金持有债券比例较小，FOF投资于基金不直接投资股票债券等资产，所以我们主要围绕债基、货基和混基展开分析。

①债基根据投资范围可以进一步分为纯债型基金、混合债券型基金、指数型基金以及可转债基金。其中，纯债型基金一般投资于债券、ABS、债券回购、银行存款、同业存单等，风险较小、收益更为稳定；混合债券型基金包括一级基金和二级基金，风险相对更大，业绩受到股票影响较多；指数型基金以被动指数债基为主，在管理成本和交易费用方面具备一定优势；由于可转债兼具债券与权益特征，可转债基金风险收益来源与普通债基有明显区别，其收益、风险特征更接近股票型基金。

从发展历程来看，2002年南方基金推出第一只开放式债基，2004年《证券投资基金法》正式实施，标志着证券投资基金活动步入规范化运行。2014年管理办法出台，要求债基必须80%以上投资于债券，且对集中度、杠杆率等方面提出要求。2018年资管新规发布后银行理财、基金专户等资管产品规模下降，但由于公募基金在2014年开始已经受到较多监管，所以在该时期具备一定的竞争优势，债基规模快速增加，从2018年年末的2.45万亿元扩张至2021年年末的6.88万亿元。

②货基仅投资于货币市场工具，以同业存单和短期国债为主，因具有高安全性、高流动性、稳定收益性的特点而受到投资者青睐。自2013年天弘余额宝成立以来，互联网金融产品的快速发展推升了货基规模高速增长，2015年年末货币基金规模高达3.4万亿元，几乎已占据全部公募基金总规模的一半。随着《货币市场基金监督管理办法》《公开募集开放式证券投资基金流动性风险管理规定》等政策出台，货基的投资范围、集中度、流动性等监管趋严，使得摊余成本法货基增量规模受到了一定限制。

③混基投资于股票、债券以及货币市场工具，没有投资比例的限制，因此风险收益相对适中，有利于投资者在不同资产之间进行分散投资。从政策层面来看，混基主要受到2014年出台的管理办法以及2018年资管新规的监管约束。根据混基投资债券和股票比例不同，可以划分为偏股混合型基金、平衡混合型基金、偏债混合型基金和灵活配置混合型基金。其中，偏债型混基没有类似二级债基债券投资比例必须80%以上的限制条件，其债券投资占比往往为50%~80%，因此偏债型混基的风险和收益也往往大于二级债基（见表6-14）。

表6-14 各类基金分类与特点

基金	细分种类		投资对象	特点
债券基金	纯债券型基金	短期纯债基金	主要投资于期限在一年以内的债券	投资范围小，预期收益低，但风险小、收益较为稳定
		中长期纯债基金	主要投资于期限在一年以上的中长期债券	
	混合债券型基金	混合债券型一级基金	可参与一级市场新股申购、股票增发，2012年以后一级债基打新受限，规模增长不大	相比纯债型基金收益更高，风险也更大
		混合债券型二级基金	可适当参与二级市场股票买卖，也可在一级市场申购新股	相比一级债基的选择范围更广，股票的持仓对业绩有显著影响
	债券指数基金	被动指数债券型基金	被动跟踪债券指数	有效地降低个券下跌对整个投资组合的影响，收益低，但在管理成本和交易费用方面具有一定的优势
		增强指数债券型基金	在跟踪指数的基础上，一定比例的基金资产采用积极投资策略	
	可转债基金	—	主要投资可转债	收益、风险特征更接近股票型基金，收益比其他债券基金高，风险也更大
混合基金	偏股混合型基金		股票投资占比为50%~80%	风险适中
	平衡混合型基金		债券、股票比例较均衡	

(续表)

基金	细分种类	投资对象	特点
混合基金	偏债混合型基金	债券投资占比为50%~80%	风险适中
	灵活配置混合型基金	按照市场来调整	
货币基金	—	主要投资于短期货币工具	具有高安全性、高流动性、稳定收益性

资料来源：银行业理财登记托管中心，中信证券固定收益部。

截至2022年7月，公募基金市场资产净值共计25.48万亿元。其中，货基资产净值为10.01万亿元，占整个市场规模的39.30%；其次为债基资产净值为7.42万亿元，占比达29.12%；混基资产净值5.37万亿元，占比为21.06%。

(2) 公募基金投资者结构

在严监管背景下，公募基金结合基金自身特点，以实现较高相对收益和满足投资者利益最大化为目标进行资产配置和投资。由于公募基金的相对排名往往是投资者进行选择的重要参照，因而会面临较大的考核压力，同时投资者结构和属性也决定了公募基金需要在相对与绝对收益之间取得平衡。

①债基的主要持有者是机构投资者，占比约87%，其中中长期纯债基金的机构持仓占比在90%以上。债基预期收益偏低，但收益稳定且风险较低，基本符合银行、保险等机构投资者中长期稳健增值的投资需求，而债基收益率偏低，且定开债基封闭周期往往在1~5年，对于个人投资者吸引力相对不高。

②货基的主要持有者是个人投资者，持仓占比约在61%，主要是由于投资者希望通过货基获取相对稳健的收益，并且货基具备良好的流动性，也可以充分满足个人投资者的现金需求。

③混基的主要持有者是个人投资者，持仓占比约在81%，这主

要是由于混基投资收益相较纯债基金更高，同时风险也相对适中，对于有一定风险承担能力的投资者更有吸引力。

(3) 公募基金资产配置和债券投资特征

根据监管要求，债基应当80%以上投资于债券，主要目的在于稳健增值，而近年来债基债券投资占比已经超过90%，并且仍有上升趋势。进一步从债券持仓来看，截至2022年一季度末，利率债和信用债持仓占比分别为42.53%和52.68%，考虑主要是受相对排名考核压力的影响，叠加监管层面对公募基金有较为严格的杠杆限制，债基更倾向于通过信用债赚取票息。

但值得注意的是，近年来债基持有利率债比例提升，其中以政金债为主，而信用债比例有所下降。主要原因可能是2008年发布的《关于企业所得税若干优惠政策的通知》对公募基金利息收入和资本利得免税，相比于此前已经免税的国债，政金债受益更加明显；而随着我国债券市场信用风险加速暴露、违约事件频发，债基持有信用债的意愿也有所下降。此外，2014年发布的管理办法要求基金总资产不能超过基金净资产的140%，此后债基平均杠杆率自历史高点进入下行区间，近年来基本稳定在120%左右（见图6-59和图6-60）。

货基主要投资于短期债券和现金，具有安全边际较高、市场流动性较高、收益相对稳定等特点，其债券和现金占比均约为40%。部分基金报告显示，货基的其他资产主要包括应收证券清算款、应收利息、存出保证金、应收申购款等。进一步从债券持仓来看，货基债券投资以同业存单为主，主要是由于相比短期国债和金融债，同业存单的性价比相对较高，且具备流动性强、整体违约风险小等特点。在2014年管理办法发布以后，货基整体杠杆水平也有所下降，近年来维持在106%左右（见图6-61和图6-62）。

混基中股票资产占比较高，约为70%，而债券占比仅约20%，

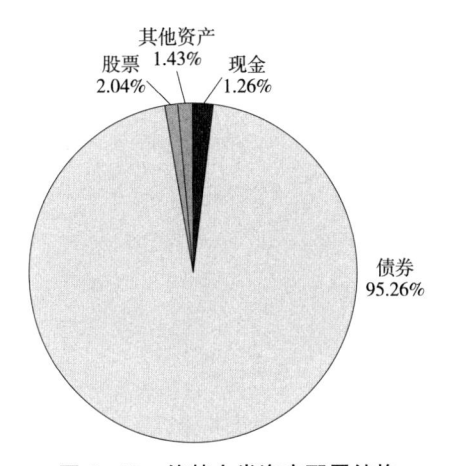

图 6-59 债基大类资产配置结构

注：数据截至 2022 年 3 月。
资料来源：万得资讯，中信证券固定收益部。

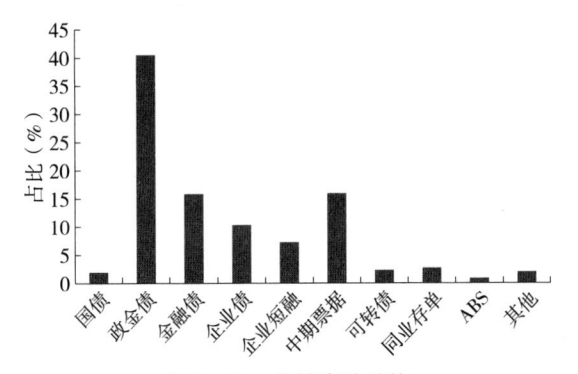

图 6-60 债基券种结构

注：数据截至 2022 年 3 月。
资料来源：万得资讯，中信证券固定收益部。

考虑主要是由于混基投资者希望能获得比债基更高的收益，同时风险相对股票基金要小，因此混基中股票占比较高以提高收益率，同时配置一定比例的债券以控制总体风险。进一步从债券持仓来看，混基相较债基更偏好配置信用债，特别是配置企业债、中票、可转债以提高投资收益，而利率债占比相对较少。

第六章 债市投资的观局谋策：常用投资策略解析

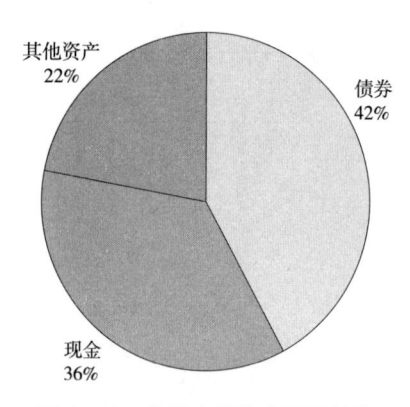

图 6-61　货基大类资产配置结构

注：数据截至 2022 年 3 月。
资料来源：万得资讯，中信证券固定收益部。

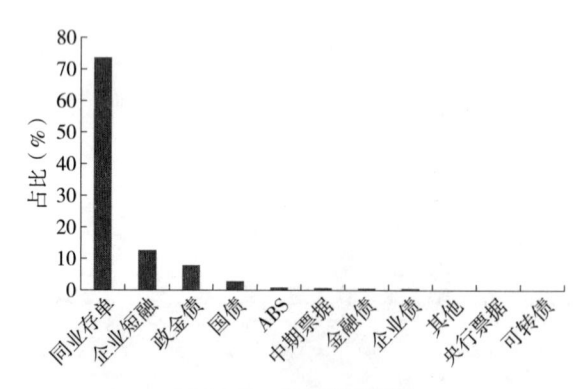

图 6-62　货基券种结构

注：数据截至 2022 年 3 月。
资料来源：万得资讯，中信证券固定收益部。

3. 券商资管债券投资

从 2016 年开始，监管层面开始着重解决券商资管业务存在的多层嵌套和刚性兑付等问题，引导资管业务回归"代客理财"本源。近年来，债券等标准化资产在券商资管中的持仓占比逐步提升，目前券商资管以债券投资为主，并且更加偏好高票息的信用债品种，其中中小企业私募债占比较高。

(1) 券商资管的监管要求与发展历程

启蒙阶段（1993—2000）：1993年起，随着中国股市兴起和大幅扩容，投资群体规模和多样化程度也快速提升，券商面向个人投资者推出了以代客理财为主要形式的资管业务，但该阶段监管层面对于券商资管业务的概念界定以及风险防范等问题都没有明确规定。

起步阶段（2001—2011）：随着券商资管业务逐步扩容，证监会自2001年起发布了《关于规范证券公司受托投资管理业务的通知》《证券公司客户资产管理业务试行办法》，以及2008年"一法两则"试行文件等一系列监管文件以加强约束管理，明确券商资管业务类型及权利义务规定。截至2011年年末，券商资管业务规模达到2 800亿元。

快速发展阶段（2012年至2016年6月）：2012年"一法两则"（《证券公司客户资产管理业务管理办法》《证券公司定向资产管理业务实施细则》《证券公司集合资产管理业务实施细则》）正式出台，取消了集合计划行政审批并改为备案管理，适度扩大了券商资管特别是定向资管计划的投资范围，同时也提高了透明度要求，强调充分揭示风险和强化市场主体责任。自此，以定向资管计划为核心的券商通道业务快速扩张，截至2016年年末，券商资管业务规模已增至1.89万亿元。具体而言，券商资管通道业务大致可以分为银证信三方合作和直接开展银证合作两类，银行受限于各类风险指标等监管约束，资金往往无法直接投向高收益行业或企业，但若以券商或信托公司作为通道，银行则能够规避表内相应监管约束，将资金投向房地产、基建等高收益行业，同时券商和信托公司也能够获取通道费用，也利于企业获取资金支持，银行、非银和企业在通道业务中都会受益（见表6-15）。

表6-15　券商资管的三大业务类型及主要特征

	集合资管计划	定向资管计划	专项资管计划
委托人	多个客户	单一客户	单一或多个客户，只能是机构投资者
分类	大集合（分为限定性和非限定性）资产管理计划、小集合资产管理计划	通道类和非通道类	债权类专项、收益权类专项以及其他
募集规模	募集资金规模在50亿元人民币以下；单个客户参与金额不低于100万人民币；客户人数在200人以下	接受单个客户的资产净值不得低于人民币100万元	资金要求一般以合同约定，起点较高、大额认购
募集下限	募集金额不低于3 000万元人民币；客户不少于2人	—	—
委托资产类型	只能接受货币资金形式的资产	客户委托资产应当是客户合法持有的现金、股票、债券、证券投资基金份额，集合资产管理计划份额，央行票据，短期融资券，资产支持证券，金融衍生品或者中国证监会允许的其他金融资产	—

（续表）

	集合资管计划	定向资管计划	专项资管计划
投资范围	集合计划募集的资金可以投资中国境内依法发行的股票、债券、股指期货、商品期货等证券期货交易所交易的投资品种；央行票据、短期融资券、中期票据、利率远期、利率互换等银行间市场交易的投资品种；证券投资基金、证券公司专项资产管理计划、商业银行理财计划、集合资金信托计划等金融监管部门批准或备案发行的金融产品；中国证监会认可的其他投资品种	定向资产管理业务的投资范围由证券公司与客户通过合同约定，不得违反法律、行政法规和中国证监会的禁止规定，并且应当与客户的风险认知与承受能力，以及证券公司的投资经验、管理能力和风险控制水平相匹配；定向资产管理业务可以参与融资融券交易，也可以将其持有的证券作为融券标的证券出借给证券金融公司	—
存续期	存续期一般为3、5、7年，少数在7年以上	存续期较短	存续期不固定，一般为2~5年
自有资金参与限制	证券公司自有资金参与单个集合计划的份额，不得超过该计划总份额的20%。证券公司自有资金参与集合计划的持有期限不得少于6个月	禁止自有资金参与	计划管理人认购金额不得超过同一计划受益凭证总金额的5%，并且不得超过2亿元；参与多个专项计划的自有资金总额，不得超过计划管理人净资本的15%

第六章　债市投资的观局谋策：常用投资策略解析　　531

（续表）

	集合资管计划	定向资管计划	专项资管计划
法律法规	《证券公司客户资产管理业务管理办法》《证券公司集合资产管理业务实施细则》	《证券公司定向资产管理业务实施细则》	《证券公司企业资产证券化业务试点指引（试行）》

资料来源：证监会，中信证券固定收益部。

转型发展阶段（2016年7月至今）：随着金融创新的持续推进，通道业务的结构和模式越发繁复，券商资管和信托公司在开展通道业务时，往往会出现多层嵌套等问题，使得风险链条被拉长，进一步加大了监管难度。2016年7月起，随着《证券公司风险控制指标管理办法》及其配套措施发布，监管层面开始强调抑制通道业务并鼓励主动管理。由于相较于公募基金等资管产品，券商资管在主动管理方面不具备明显优势，近年来券商资管业务规模整体呈现下滑趋势。分业务类型来看，截至2022年一季度末，集合计划资产净值为3.56万亿元，占总规模的45.33%，而定向资管计划资产净值为3.71万亿元，占比达47.31%。随着券商资管去通道化持续推进，预计主动管理转型将是券商资管后续的重要发展方向，回归"代客理财"本质或成为未来券商资管转型的主线（见图6-63）。

（2）券商资管资产配置和债券投资特征

在上述监管要求下，券商资管产品通常追求风险可控条件下的高收益回报，并且对流动性的要求相对不高。根据已公开信息的券商资管资产配置结构，债券投资是券商资管最主要的投资方向，占总资产比例基本稳定在60%以上。此外，自2016年监管趋严以来，券商资管开始面临转型压力，主动管理类产品比例上升。由于券商资管主动管理类产品以投资债券等标准化资产为主，而通道类产品中非标资产占比相对较高，近年来债券等标准化资产在券商资管产品中的占比有逐步上升的趋势（见图6-64）。

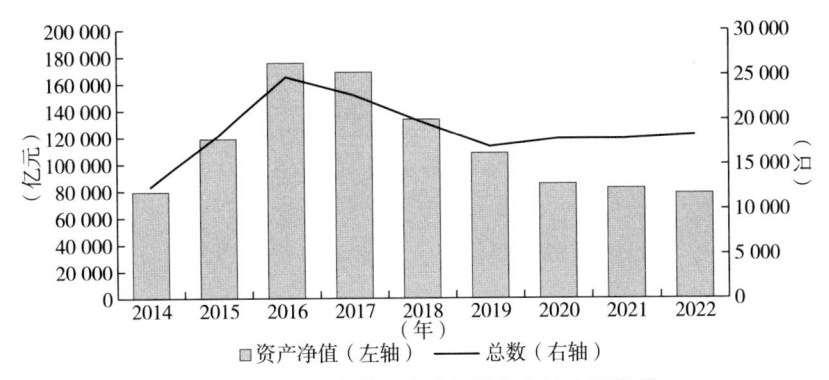

图 6-63　券商资管总资产规模与存续产品数量

资料来源：万得资讯，中信证券固定收益部。

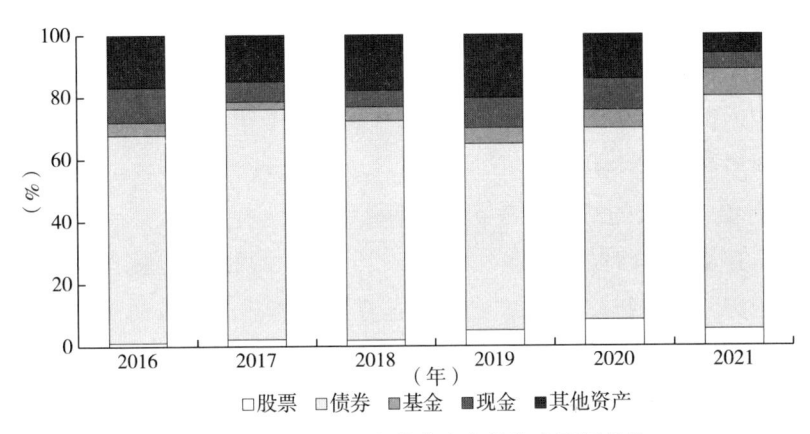

图 6-64　已公开信息的券商资管资产配置结构

资料来源：万得资讯，中信证券固定收益部。

由于上交所持有者结构月报统计了券商资管的持债情况，而中债和上清所持有者结构月报均将券商资管列入非法人类产品进行统计，受限于数据可得性，我们主要基于上交所债券持有者结构进一步分析券商资管的债券持仓特征。整体而言，券商资管偏好高票息债券品种，持仓以信用债为主，其中中小企业私募债券占比为40%~50%，公司债占比约为30%，企业资产支持证券占比约为10%。一方面，券商资管的资金成本偏高，相应需要投资票息更高的债券

第六章　债市投资的观局谋策：常用投资策略解析　　533

品种；另一方面，券商资管产品往往封闭期较长，对流动性要求不高，可以牺牲部分流动性而持有票息较高的私募债、ABS等债券品种。由于中小企业私募债票息较高，且银行可以将原有授信客户的信贷项目打包成中小企业私募债，借助券商发行后再利用券商资管进行投资，银行既是项目提供方，又是资金提供方，对于项目风险也能有一定把控能力。因此，近年来券商资管的中小企业私募债持仓占比相对较高。

4. 资金信托债券投资

2017年以来，央行、原银保监会等监管机构为整治信托业问题出台了一系列严监管政策，信托业正式进入去通道和向主动管理类业务转型发展阶段。近年来，信托业资产规模整体下降，信托投资中的标品投资占比有所提升，而在三大标品中，债券投资的占比相对最高且持续增长。

(1) 信托投资的监管要求与发展历程

初步探索阶段（1979—2000）：1979年，我国第一家信托机构中国国际信托投资公司成立，标志着我国信托业步入初步探索阶段。该时期信托公司具有较高的银行化色彩，主要变相开展信贷类和证券类业务，信托业的实际功能脱离了信托本源。

规范发展阶段（2001—2006）：从2001年起，《信托法》《信托投资公司管理办法》《信托投资公司资金信托管理暂行办法》等监管文件相继发布，我国信托业逐步构建起"一法两规"的制度规范，信托业正式进入规范化发展阶段，其中集合资金信托是该时期最主要的信托业务模式。

高速发展阶段（2007—2016）：随着信托公司创新银信合作、信证合作等业务模式，单一资金信托逐步兴起。单一资金信托与集合资金信托的不同主要在于，集合资金信托委托人往往是多个自然人，投资方向由信托公司主导，而单一资金信托委托人通常是银行类金融机构,并且投资方向更多由委托人主导,体现委托人意愿。由于银行可以通过单一资金信托开展通道业务,信托业通道类业务得以快速发展,信托资产规模保持稳步增长。截至2016年年末,信托业资产规模已达到20.22万亿元,同比增长24%(见表6-16)。

表6-16 信托业务的主要类型与特征

	单一资金信托	集合资金信托	管理财产信托
委托人	只有一个委托人,多为银行等机构	往往是多个自然人投资者	机构或个人投资者
投资方向	由委托人主导	由信托公司主导	由委托人或信托公司主导均可

资料来源:中信证券固定收益部。

转型发展阶段(2017年至今):2017年以来,以资管新规为代表的一系列监管文件[《关于规范银信类业务的通知》《关于规范金融机构资产管理业务的指导意见》《信托公司资金信托管理暂行办法(征求意见稿)》等]相继发布,监管机构开始对信托业通道业务实施更加严格的监管约束,意在引导信托业回归本源和鼓励主动型管理,信托业开始步入转型发展阶段。2017年后信托业资产规模持续下降,截至2022年一季度末,信托业资产余额已经降至20.16万亿元。与此同时,信托资金来源不断优化,近年来压降通道业务规模和向主动管理类业务转型成果显现,单一资金信托占比持续下降,集合资金信托和管理财产信托比例持续上升(见图6-65和图6-66)。

(2)资金信托资产配置和债券投资特征

从资金投向来看,资金信托投向包括基础产业、房地产、证券市场(股票)、证券市场(基金)、证券市场(债券)等八大类。在严监管要求下,信托业逐步回归本源,由于监管要求商业银行和信托

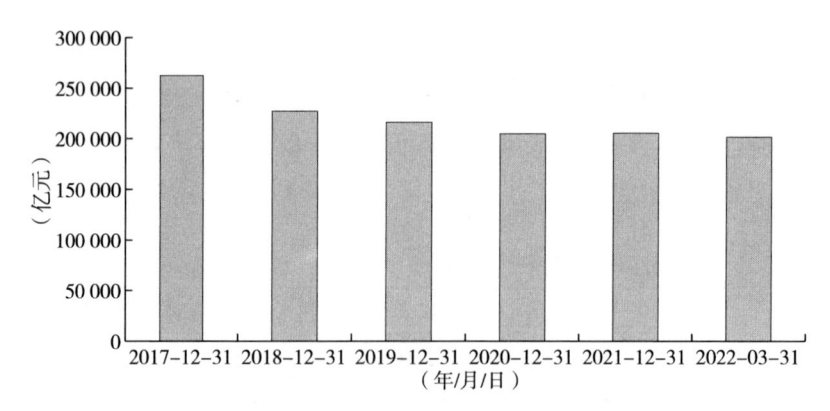

图 6-65　近年信托业资产余额

资料来源：中国信托业协会，中信证券固定收益部。

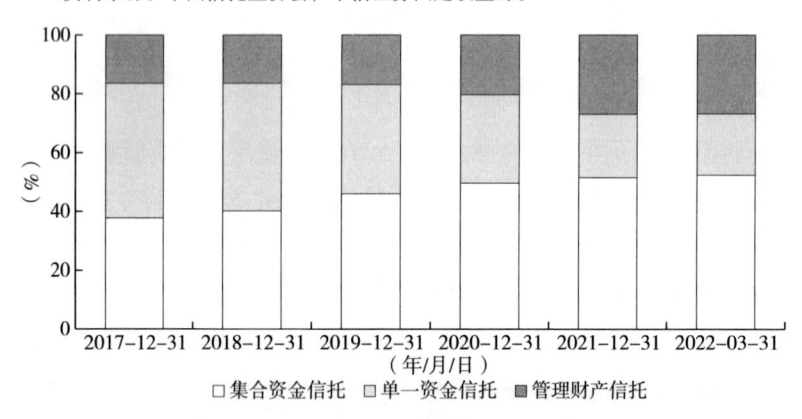

图 6-66　近年信托业资金来源分布结构

资料来源：中国信托业协会，中信证券固定收益部。

公司开展银信类业务时，信托公司不得将信托资金违规投向房地产、产能过剩等限制或禁止领域，但可以直接购买房地产等企业发行的债券，因此近年来信托资金投向证券市场的规模和标品投资占比不断提高，而在三大标品中，债券投资的占比最高且持续增加。

信托公司通常依据投资对象的债券发行品种而决定债券持仓，即投资对象发行某种债券，信托公司就会进行相应配置。从上清所发布的信托各类债券托管量来看，近年来短期融资券占比有明显下降趋势，而中期票据占比快速抬升，这可能是由于地方投融资平台是中期票据的主要发行主体之一，信托公司投资地方城投平台发行的债券，以应对信托非标的相应转型需求。

顾盼自如的交易机构：证券公司

近年来，我国的证券公司（即"券商"）自营投资规模快速增长，资产配置呈现多元化特征，其中债券投资占比较高。券商自营的债券投资行为受到内外部的双重影响，其中内部因素主要源于券商自营的业务模式，即以自有资金为资金来源，负债端融资渠道稳定且规模相对较小，投资自主性较强，但相应业绩考核压力较大，对投资回报要求较高；从外部因素来看，券商自营业务在投资范围、杠杆比例以及风控指标等方面受到的监管限制相对较少，投资范围更加广泛且操作相对灵活。整体而言，券商自营的债券投资具有高风险偏好、高杠杆操作以及偏交易型投资等特征，债券持仓以高票息信用债为主，其中银行间利率债和信用债持仓结构较为均衡，中期票据占比较大，而交易所债券持仓以信用债为主，公司债和中小企业私募债占比较大（见图6-67）。

1. 券商自营投资的整体特征

自1990年沪深交易所成立以来，我国资本市场经历了三十余年的改革发展，证券行业业绩稳健增长，资本实力不断增强。根据中国证券业协会的统计数据，截至2022年年末，我国证券行业共140家券商，总资产为11.06万亿元，净资产为2.79万亿元，较上年年末分别增长4.41%、8.52%，2022年证券行业实现营业收入3 949.73亿元，净利润1 423.01亿元。

券商自营是指以券商自身名义通过自有资金买卖证券所获得利润的业务。从投资规模来看，近年来我国券商自营业务金融产品投资规模快速扩张，2007—2021年全行业自营业务规模由0.16万亿元

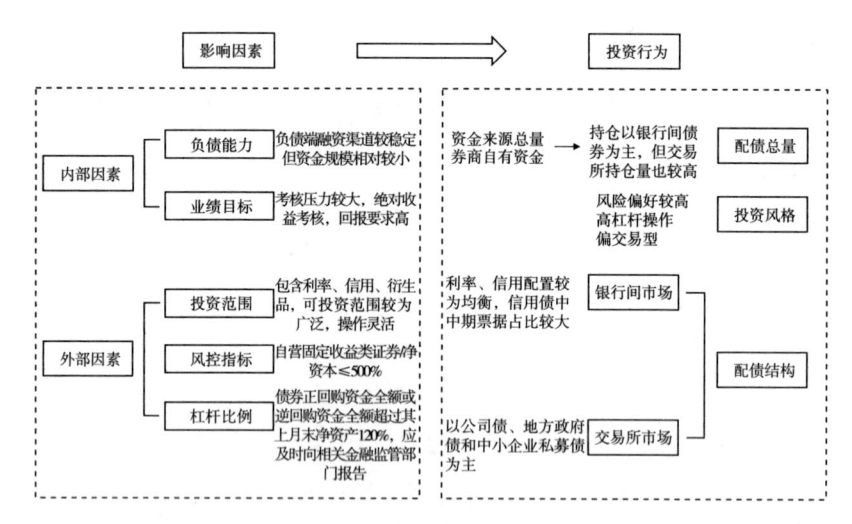

图6-67 券商自营债券投资行为分析框架

资料来源：中信证券固定收益部。

快速增长至4.8万亿元，年复合增长率达27.62%（见图6-68）。

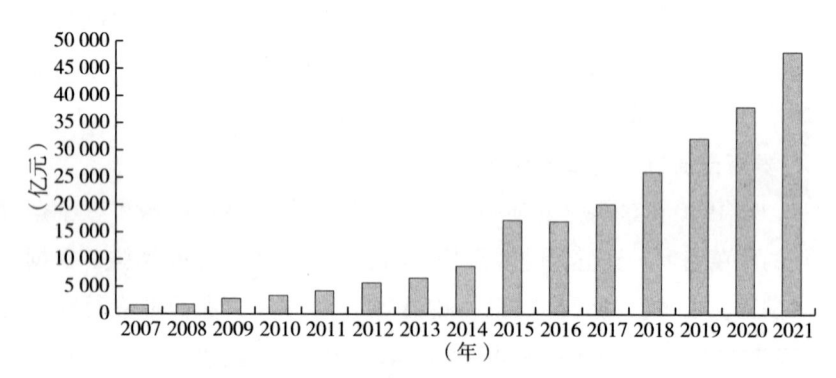

图6-68 近年券商自营投资规模

资料来源：万得资讯，中信证券固定收益部。

从资产配置来看，券商自营业务投向呈现多元化特征，涵盖股票、债券、衍生品、商品等金融产品，其中债券投资占比较大，近年来维持在60%以上。截至2021年年末，券商自营的债券投资规模约为3.08万亿元（见图6-69）。

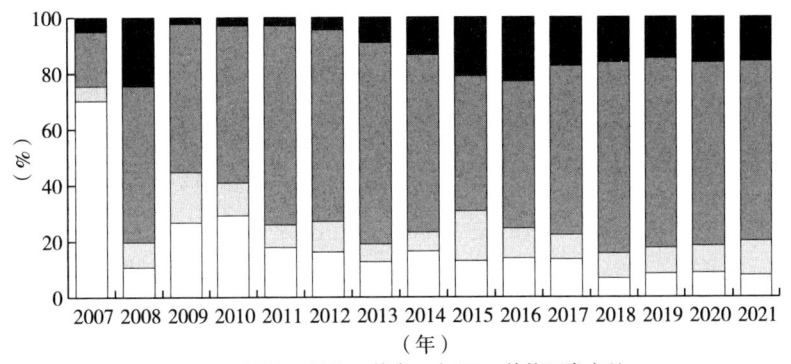

图6-69 近年券商自营投资业务分布结构

资料来源：万得资讯，中信证券固定收益部。

2. 券商自营投资的内部影响因素

券商债券自营业务具有投资范围广、工具使用约束少以及交易灵活等特征。券商自营独特的业务经营模式是影响其债券投资行为的重要内部因素，即以自有资金作为主要资金来源，负债端融资渠道较为稳定，规模相对较小，投资自主性较强，但同时自营业务业绩考核压力较大，相应对投资回报要求也较高。具体而言：

(1) 券商负债端融资渠道较为稳定，但资金规模相对较小

券商负债端融资渠道主要为应付债券、卖出回购金融资产款、短期融资工具、银行借款、拆入资金。根据上市券商的报表数据，近年来券商负债端融资结构基本保持稳定，其中债券发行是最主要的融资渠道，占比保持在40%左右；其次为卖出回购金融资产款，即券商用自持债券向其他金融机构或央行抵押后获得的借款；此外，还包含短期融资工具、银行借款及拆入资金等其他融资渠道。截至2021年年末，上市券商负债端融资合计约2.68万亿元，整体资金规模相对较小（见图6-70）。

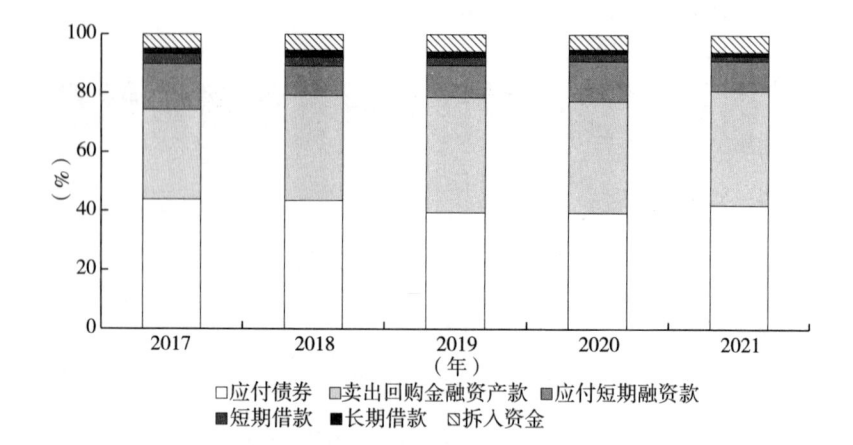

图6-70 近年券商负债端资金分布结构

资料来源：万得资讯，中信证券固定收益部。

(2) 券商自营的业绩考核压力较大并追求绝对收益，自营投资收益率与权益市场走势密切相关

根据"投资收益－对联营业和合营企业的投资收益＋公允价值变动收益"的口径估计券商自营业务收入，2021年营业收入排名前10的券商整体自营业务收入占营业收入比例约为28.69%，这意味着自营业务贡献了近三成的营业收入，是大中型券商的重要收入来源。因此，自营业务收益对券商业绩影响较大，也表明券商自营可能面临着较大的业绩考核压力。通过观察近年来券商自营行业平均收益率与沪深300指数年度涨跌幅可以看到，两者的变化趋势基本趋同，表明券商自营业务投资收益与权益市场行情密切相关。

整体而言，由于券商负债端融资渠道较为稳定，但自营业绩考核压力较大，券商自营进行债券投资时通常会呈现以下两个特征：一方面，券商自营通常可以凭借负债稳定的优势，进行高杠杆投资；另一方面，在考核压力下券商自营追求绝对收益，可能相对更偏好高票息的债券品种。

3. 券商自营投资的外部影响因素

除内部影响因素外，监管层面对于券商自营投资范围、杠杆比例以及风控指标等方面的要求，构成了影响券商自营债券投资行为的主要外部因素。

(1) 投资范围监管

2020年，证监会发布《关于证券公司证券自营业务投资范围及有关事项的规定（2020）》，对券商自营投资的业务范围进行了修订规范。首先，新规附件《证券公司证券自营投资品种清单》明确列出了从事自营业务可买卖的证券，包括在境内证券交易所上市交易和转让的证券、在全国中小企业股份转让系统挂牌转让的证券、在境内银行间市场交易的证券、在符合规定的区域性股权交易市场挂牌转让的私募债券等。

其次，券商将自有资金投资于依法公开发行的国债、投资级公司债、货币市场基金、央行票据等证监会认可的风险较低、流动性较强的证券，或者委托其他证券公司或基金管理公司进行证券投资管理，且投资规模合计不超过其净资本80%的，无须取得证券自营业务资格。

除此之外，具备证券自营资格的券商还可以通过依法设立的子公司投资上述清单所列品种之外的金融产品等，以及从事金融衍生品交易；而不具备证券自营业务资格的券商只能以对冲风险为目的，从事金融衍生品交易。

(2) 杠杆比例监管

2017年，央行等部门发布《关于规范债券市场参与者债券交易业务的通知》，明确提出合理控制债券交易杠杆比率，并对各类债券市场参与者加杠杆行为设置了不同的监管要求。其中，证券公司属于"其他金融机构"，其自营业务债券投资需要报告监管的杠杆比率要求为"债券正/逆回购资金余额大于其上月末净资产的120%"。

(3) 风控指标监管

2020年,证监会发布《证券公司风险控制指标管理办法》,对券商自身及经营证券自营业务相关风险控制指标制定了相应监管标准,其中"自营非权益类证券及其衍生品/净资本"的监管标准为不超过500%,其中自营非权益类证券及其衍生品包括债券、非权益类基金、国债期货、债券远期、利率互换、非权益类期权、外汇衍生品、大宗商品衍生品、信用衍生品、单一产品、集合及信托等产品。

整体来看,监管层面对券商自营业务的投资范围、杠杆比例以及风控指标等方面的限制相对较少,因此券商自营业务的可投范围覆盖较为广泛且操作相对灵活,可以利用国债期货等工具进行风险对冲(见表6-17)。

表6-17 券商主要风险控制指标及监管标准

指标	预警标准	监管标准
风险覆盖率(净资本/各项风险资本准备之和)	≥120%	≥100%
资本杠杆率(核心净资本/表内外资产总额)	≥9.6%	≥8%
流动性覆盖率(优质流动性资产/未来30天现金流净流出量)	≥120%	≥100%
净稳定资金率(可用稳定资金/所需稳定资金)	≥120%	≥100%
净资本/净资产	≥24%	≥20%
净资本/负债	≥9.6%	≥8%
净资产/负债	≥12%	≥10%
自营权益类证券及其衍生品/净资本	≤80%	≤100%
自营非权益类证券及其衍生品/净资本	≤400%	≤500%
融资(含融券)的金额/净资本	≤320%	≤400%

资料来源:证监会,中信证券固定收益部。

4. 券商自营的债券投资偏好

从整体托管规模来看，券商自营的银行间债券投资比例高于交易所债券，截至2022年6月，银行间和交易所债券投资规模分别约2.32万亿元和1.11万亿元。

从债券持仓结构来看，券商自营债券投资以票息吸引力较高的公司债、企业债、中期票据等信用债为主，同时也对流动性较高的利率债有一定的需求：①券商自营在银行间的利率债和信用债配置较为均衡。其中，利率债中国债、地方债、政金债分别占比27%、17%、10%，信用债中中期票据占比较大（约20%），企业债、商业银行债次之。②券商自营在交易所的债券投资以公司债、中小企业私募债等信用债为主，而利率债持仓较少。其中，利率债以地方债为主，信用债中公司债占比最大（约35%），中小企业私募债和企业债次之。

券商自营是债券市场中重要的交易盘投资机构。从二级市场现券交易来看，券商自营以净卖出为主，主要卖出期限为1年及以下债券，其次为7~10年，整体而言券商自营对短久期债券的交易需求可能较大。

债券投资策略的"十八般武艺"：固定收益，不固定招式

制定债券投资策略前需要掌握的基本功

在展开对债券投资策略的详细阐述之前，有必要对于债券投资的诸多基础知识进行深入了解。因此，我们将针对债券收益率、价格、久期、基点价值以及曲线等基础概念进行分析，为后续继续了解债券投资奠定扎实基础。

1. 债券收益率

债券收益率直观地衡量了债券为其持有人创造的收益水平,是债券市场投资的基础概念。对此,主要需了解以下内容:

当期收益率:债券票息除以债券市场价格所算出的收益率。当期收益率不考虑资本利得或是损失,只衡量债券票息相较于债券价格的比率。当期收益率=票息/债券购入价格。

持有收益率:买入债券并持有,随后在债券到期前将其出售,上述过程获得的收益与买入债券的实际价格的比率为持有期收益率。持有期收益率=(持有期间的利息收入+债券买卖价差)/债券购入价格。

到期收益率:到期收益率指以某个结算价格成交的债券,持有至到期的整个期间,投资者所获得的年化回报率。到期收益率是债券交易中最重要的指标,计算出各期限债券的到期收益率,连起来即构成到期收益率曲线。

$$P = \sum_{t=1}^{n} \frac{C_t}{(1+r)^t} + \frac{F}{(1+r)^n}$$

P:债券价格;C_t=票息;F:债券面值;r:到期收益率

即期收益率:某一时点上,无息债券的到期收益率为即期收益率。它通常无法直接观测,需要基于现金流折现法,通过对市场数据进行分析再得到。

$$P_t = \frac{M_t}{(1+S_t)^t}$$

P_t:无息债券价格;M_t:无息债券面值;S_t:t年即期利率

远期收益率:在即期利率给定时,未来的某时点到未来另一时点的利率为远期收益率,所有的远期收益率都可以通过即期收益率求得。

$$f_{t-1,t} = \frac{(1+S_t)^t}{(1+S_{t-1})^{t-1}} - 1$$

$f_{t-1,t}$：t-1期到t期的远期利率；S_t：t期即期利率；

S_{t-1}：t-1期即期利率

2. 债券的价格

债券的价格与债券收益率直接相关，可以说是"一体两面"。目前，债券交易有全价交易和净价交易两种。全价交易是指债券报价中包含应计利息的债券交易；净价交易是指债券报价中不包含应计利息的债券交易。从计算公式看：

债券净价 = 债券全价 - 应计利息

所谓的应计利息，就是从上次债券付息日到购买日期间产生的利息。根据《关于试行国债净价交易有关事宜的通知》，一年的计息天数为365天，闰年2月29日不计算利息，而已计息天数是指上次债券付息日至交割当天的实际天数。目前，我国债券交易基本上采取净价报价、全价交割。从计算公式看：

应计利息额 = 票面利率/一年付息次数 × 已计息天数/该付息周期实际天数

3. 债券收益率曲线及形态

将某种债券收益率按照时间连成一条曲线，就构成了这种债券的收益率曲线，它直观反映了不同期限债券的收益率与到期期限之间的关系，即债券的利率期限结构。整体来看，收益率曲线大体具有四种形态。

正常形态：在通常情况下，债券收益率曲线是向右上方倾斜且斜率逐渐减小的，这是因为期限越长的债券往往面临越大的通货膨胀风险与越高的不确定性，因此投资者也往往会相应要求获得更高的回报，使得长期债券的到期收益率高于短期债券。

平坦形态：在某些时候，各期限债券到期收益率的差值可能会变得很小，使收益率曲线呈现平坦的形态，这一般是由于投资者过度买入长期债券（牛平）或是卖出短期债券（熊平）所导致的。平坦的收益率曲线可能会恢复成正常形态，也可能会进一步走向倒挂。

反向形态：在极个别情况下，短期债券的到期收益率可能会高于长期债券，此时收益率曲线呈现向右下方倾斜的反向形态。反向的收益率曲线可能是未来经济衰退的一个预兆。

拱形形态：有时候收益率曲线中某个期限的收益率水平可能会明显偏高，使局部的收益率曲线呈现拱形。这可能与流动性水平有关，例如7年期的利率债流动性水平往往不佳，这就可能出现7年期收益率高于10年期收益率的情况。

4. 债券的久期与凸性

（1）久期与基点价值

久期衡量了一只债券的价格对其债券收益率变动的敏感程度，是极为重要的债券分析指标。久期越短，债券对利率的敏感性越低，利率风险越低；久期越长，债券对利率的敏感性越高，利率风险越高。对于久期，主要有如下几个概念需要了解：

麦考利久期：对于债券现金流使用加权平均数形式所计算的债券平均到期时间，权重是各期现值在债券价格中所占的比重。

$$D = \frac{\sum_{t=1}^{T} t \times \frac{C_t}{(1+y)^t}}{P_B}$$

C_t：第 t 期现金流；T：债券期限；P_B：债券价格；
y：债券到期收益率

修正久期：对于给定的到期收益率的变动，债券价格的变动与麦考利久期的比值，是债券价格对于利率变动灵敏性更加精确的度量。

$$D^* = D/(1+y) = \frac{\sum_{t=1}^{T} t \times \frac{C_t}{(1+y)^t}}{P_B \times (1+y)}$$

C_t：第 t 期现金流；T：债券期限；

P_B：债券价格；y：债券到期收益率

基点价值（PVBP/DV01）：指每百元面值的债券，当其收益率变动 1 个基点时，债券价格的绝对值变动。基点价值计算简单、容易理解，同时能与实际损益挂钩，其计算方法是：

基点价值 = 初始价格 – 收益率变动 1 个基点之后的新价格

(2) 凸性

在债券收益率出现大幅度变动时，单独使用久期计算债券价格变动会有较大误差，而凸性则较好地对此进行了估计。直观来说，在收益率变动幅度较大时，在久期估计的基础上结合凸性，能更好地估计债券价格变动。凸性是债券价格对收益率的二阶导数，是债券久期对收益率的敏感性度量，用来衡量债券价格收益率曲线的曲度，凸性的计算方法如下：

$$Convexity = \frac{1}{P_B(1+y)^2} \sum_{t=1}^{T} t(t+1) \frac{C_t}{(1+y)^t}$$

$$\frac{\Delta P}{P} = -D\Delta y + \frac{1}{2} Convexity \times (\Delta y)^2$$

$\frac{\Delta P}{P}$：债券全价变动百分比；Δy：收益率变动；

D：久期；$Convexity$：凸性

5. 债券条款的含义及关注点

有时发行人会出于投资者保护或自身特殊需求而在债券发行过程中设立特殊条款。这些特殊条款可能涉及债券期限、票息等要素，赋予了不同债券间"形形色色"的独特性质。下面我们简单介绍一些常见债券条款的含义。

回售：投资者在一定条件下，可以选择是否按约定价格将所持全部或部分债券回售给发行人。

调整票面利率：发行人在一定条件下可以选择是否对票面利率进行调整，分为单向上调票面利率权和双向调整票面利率权。

提前偿还：债券发行人在债券到期前向投资者偿还部分本金。

利息递延：除发生强制性付息事件外，发行人有权选择是否推迟利息支付至后续付息日。

赎回：债券发行人在一定条件下，可以选择是否按约定价格提前赎回全部或部分发行债券，赎回条款相当于为发行人设置了看涨期权。

交叉违约：如果发行人本部、募投项目主体及下属核心子公司在其他借贷合同或类似合同项下出现违约，则视为对本合同的违约。

事先约束：在债务融资工具存续期间，发行人发生特定重大事项（对公司对重大资产的限制出售与转移、对外提供重大担保、质押或减持上市子公司股权、名股实债以及债务重组等）应事先召开持有人会议并经持有人会议表决同意后才可执行。

持有人救济：如发行人拒绝付息或违反限制事项，主承销商应召开持有人会议进行事项决议以保护持有人权利。

控制权变更：债务融资工具存续期内，当发生实际控制人变更或董事会失去履职能力等事项时所触发的投资者保护机制。

定向转让：投资者可在约定时间内选择是否将持有的全部或部分债券向特定主体（一般为主承销商、发行人关联方等）进行转让。

承诺人代偿：发行人无法足额兑付债券本息时，规定由指定主体承担无条件、不可撤销的差额补足义务，履行兑付补偿责任。

可调换：投资者可以选择是否按照约定的价格对所持部分或全部债券进行品种转换（如债转股、固定利率和浮动利率转换等）。

另外，针对永续债（没有明确到期日或期限非常长的债券），还有一些条款概念需要了解：

延期：发行人预先设置延付条款，在每个利率重置周期结束时有权决定延长债券期限或选择赎回注销。延期条款主要用于永续债，目前市场中永续债主流期限为"3＋N""5＋N"。

赎回条款：若发行人依照发行条款的约定赎回债券或不延期，债券将长期存续，但都伴有较强的利率跳升惩罚机制。

票面和重置条款：如果发行人不行使赎回权，就会向上重置票面利率的条款。一般首个赎回选择权设置在3年、5年或7年末，单次加点以300基点居多，部分还设有加点累积的条款。

做时间的朋友：配置型策略

债券具备很强的固定收益特征，在债券发行人正常兑付债券本息的情况下，债券通常能为投资人贡献稳定的收益。因此，"单纯的"买入债券并持有就是一种非常行之有效的债券投资策略。接下来我们将详细介绍债券投资的配置型策略含义，并在此基础上引入票息策略、久期策略以及骑乘策略的概念。

从整体上看，上述几个策略都是债券多头策略，只不过盈利的核心模式有所区别。

首先，债券投资的收益主要来源于两个方面：①票息收益；②资本利得。票息收益是债券的利息收入，即债券的票面利率乘以面值的收益。例如投资者买入一只票面利率为10%，每年付息一次的国债，并一直持有至到期，那么每年都能获得10元的票面利息收入。资本利得收入则是债券买卖价格之间的差额，还可以更细地分解为骑乘收益和曲线移动损益。

持有期回报 =（票息回报 + 骑乘收益 + 曲线变动损益）×
（1 + 杠杆率）- 资金成本 × 杠杆率

在此基础上，以获得票息为核心的策略就是票息策略，以调控债券组合久期博取资本利得或规避损失的策略就是久期策略，而博弈收益率曲线陡峭度的多头策略即骑乘策略。在上述策略的基础上，债券投资者往往也会采用杠杆运作的模式增厚收益，因此还可以引出杠杆策略的概念（见表6-18）。

表6-18 债券配置型策略

策略名称	收益来源	适用范围	策略风险
杠杆策略	中长期债券收益率与资金成本的利差	资金成本低或者资金面维持稳定的时期	资金利率快速上升导致息差收窄
久期策略	收益率曲线移动带来的收益	各类时期	利率走势判断错误
票息策略	票面利率的收益	负债稳定，信用风险低	流动性风险、信用风险
骑乘策略	持有期利息与骑乘收益	收益率曲线陡峭且没有大幅移动	收益率曲线朝不利方向大幅移动

资料来源：中信证券固定收益部。

债券的资本利得收入分为骑乘收益和曲线移动收益。骑乘收益是指债券随临近到期而带来贴现率下降的收入，即债券收益在收益率曲线上的自然下滑。骑乘收益在向上倾斜的收益率曲线条件下才存在，且在收益率曲线比较陡峭时存在较大的收益。另一部分是收益率曲线向下移动带来的收入，表示即使债券的存续期限不发生改变，债券的到期收益率也会因为收益率曲线的下移而下行，从而给投资者带来额外的资本利得收入。

1. 票息策略

票息策略意指通过买入并持有高票息债券来获取稳定的利息收益。在发行人正常履约的情况下，票息策略相对稳定，因此是债券投资极为重要的收益来源。延伸来说，采用票息策略拉高收益本质上是牺牲流动性和安全性来换取收益。若市场收益率普遍不高，采取票息策略配置信用资质略有不足、流动性相对较差的债券品种，此时对于债券投资人的信用评估能力以及交易能力就会提出更高的要求。

票息策略的核心博弈点是票息带来的绝对收益能否补偿持仓的信用风险与流动性风险。票息策略是一种偏防守型的策略，通常作为在预期市场波动方向不明、久期策略风险过高时期的策略选择。由于其债券持有时间相对较长，因此更适合负债端相对稳定、投研资源相对丰富、决策机制相对灵活的机构。从历史经验来看，无风险利率下行过程中，信用利差一般会缩小，而无风险利率上行过程中，信用利差一般会增大。因此在市场情绪偏弱时期，随着无风险利率和信用利差同步走高，票息收益开始逐渐具有性价比。但总体而言，实施票息策略也应注意以下两类风险：

信用风险：近年来，我国信用债市场信用风险加剧。持仓债券一旦违约，将会极大地损害票息策略的收益，因此对信用风险的防范是票息策略的重中之重。

流动性风险：由于高票息资产通常流动性较差，因此票息策略更加要求投资者的负债稳定。目前我国信用债市场违约回收率低，低评级信用债的存量规模小，且相对难以用于质押融资，因此流动性风险同样十分值得关注。

2. 久期策略

久期策略是投资者依据对市场利率变动的预测，相应地调整手中所持债券组合的久期及具体持仓结构，以获得更高的收益或避免更大的损失的一种策略。投资者首先根据自身对市场状态的预判，调整组合久期目标的长短：牛市拉长久期，熊市缩短久期。进一步，在组合的久期已经确定时，则需要有选择性地配置各期限债券来最终实现组合的久期。从最终结果上看，久期策略可分为子弹、哑铃和阶梯三种。

子弹策略：投资者集中持有目标久期范围内的债券。例如，投资者想要将组合的久期锁定在5年左右，那么主要购买4~6年期的债券可以实现子弹型的配置。

哑铃策略：大多数债券的久期都集中在两个极端期限。例如，投资者想要将组合的久期锁定在5年左右，那么主要购买1年期和10年期的债券可以实现哑铃型的配置。

阶梯策略：持仓债券的久期均匀分布在各个期限上，各期限债券的投资金额没有显著差别。例如，投资者想要将组合的久期锁定在5年左右，均等购买1年期、3年期、5年期、7年期、10年期的债券可以实现阶梯形的配置（见图6-71）。

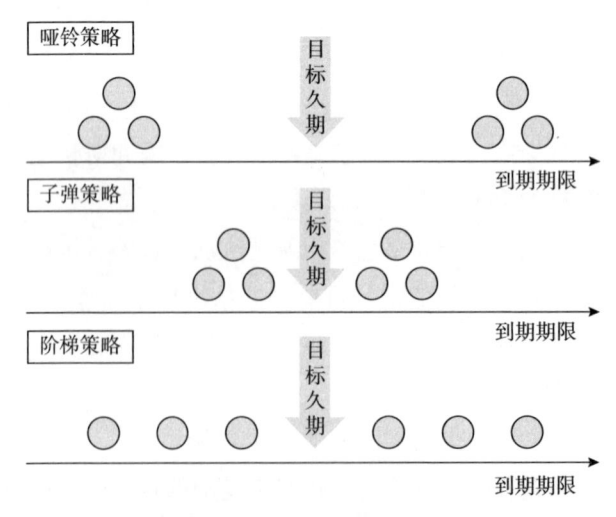

图6-71 不同久期策略的期限分布

资料来源：中信证券固定收益部。

当收益率曲线发生非平行变动时，上述三种策略将会呈现不同的表现，可以对应各类曲线弯曲程度的变化。这种区别主要源于三种策略在同一个久期下，持仓组合凸性的不同：由于凸性对于债券价格总是有正贡献，所以凸性大的组合"更赚钱、更抗跌"，但是凸性较大的组合通常静态收益率偏低。久期策略最主要的风险是利率风险，久期策略的组合构建方式较为灵活、可进可退，但若对利率方向或者曲线变化形态判断错误，可能形成较大亏损。

子弹型组合的凸性相对最小，但持仓静态收益率通常最高。一般而言，子弹策略比较适合对未来曲线水平方向的变化有明显预期的投资者，主要用于确定某一久期后直接博弈利率方向。

哑铃型组合的凸性相对最大，但持仓静态收益率通常较低。比较适用于未来一段时间内收益率曲线出现平坦化移动或是利率环境整体呈现不利变化的情况，牛平行情内表现较佳。

阶梯策略是一种相对稳健的投资策略，凸性和静态收益率都居中。无论收益率曲线如何变动，持仓中总有一部分债券受益。与子弹、哑铃相比，阶梯策略较为"中庸"，可以用于市场环境不明的时期。

例如，2022年11月债市回调时期，债券投资组合多出现较大浮亏，而2023年年初防疫政策优化带来的积压性需求释放过后，经济内生性动能不足的问题逐渐显露，且随着降准、降息落地强化逆周期调节，2023年上半年国债收益率曲线整体平行下移。在此背景下，投资者可以通过加杠杆、加久期操作弥补前期浮亏并增厚收益。

如果考虑到收益率曲线形态变化的影响，以2018年债券牛市期间为例，2018年7月央行定向降准释放中长期流动性，资金宽松叠加国内经济走弱、中美贸易摩擦升级，理论上可以采用拉长久期策略增厚收益，但由于该时期资金非常宽松推动短端收益率明显下行，而长端收益率调整幅度不大，因此牛陡行情下拉长久期策略收益或相对有限，采用骑乘策略叠加子弹型投资组合可能更占优势。

例如，在2018年7月19日，根据骑乘策略选出最优期限品种为5年期国开债，并采用子弹策略进行投资，随后在2018年8月7日卖出，可以看到，骑乘+子弹策略在投资期内可实现约27.4%的收益率，明显优于投资10年期国开债的拉长久期策略（见图6-72和表6-19）。

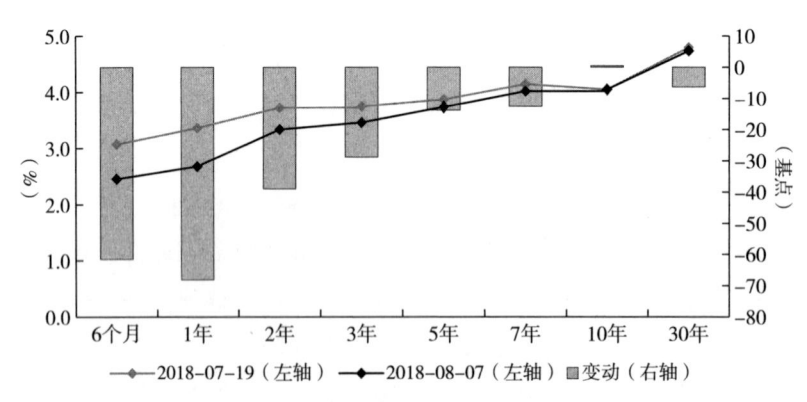

图6-72 中债国开债收益率曲线变化

资料来源：万得资讯，中信证券固定收益部。

表6-19 拉长久期与骑乘+子弹策略投资收益对比

策略类型	组合配置	组合久期	7月19日全价	8月7日全价	持有期收益率
拉长久期	100% 180205.IB	7.4610 年	107.5590 元	108.1683 元	10.88%
骑乘+子弹	100% 180204.IB	4.0999 年	104.6205 元	106.1129 元	27.40%

资料来源：万得资讯，中信证券固定收益部。

3. 骑乘策略

众所周知，收益率曲线的绝大多数部分呈现正斜率，随时间推移到期，收益率将沿着收益率曲线向下移动，而这正是骑乘策略的收益核心模式。骑乘策略的操作方法是：首先挑选收益率曲线相对陡峭的区间，并购买长期限债券，然后持有一段时间后卖出债券。

这种操作的好处有两点：①长期债券的票息收益会高于短债；②随着剩余期限缩短，债券收益率会较期初有所下降，因此能获得额外资本利得（见图6-73）。

骑乘策略

买入2年期债券 → 一年后 → 卖出债券 → 收益 → 获得票息+资本利得回报

持有至到期策略

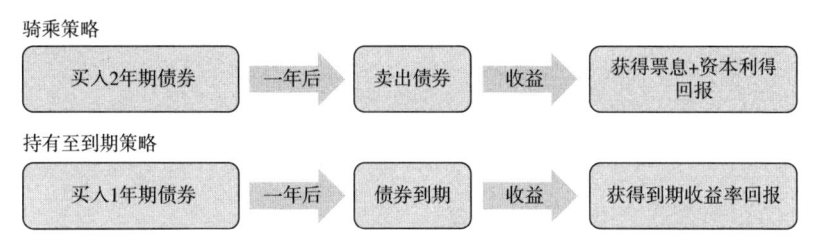

买入1年期债券 → 一年后 → 债券到期 → 收益 → 获得到期收益率回报

图6-73 持有至到期与骑乘策略对比（假定只进行为期1年的债券投资）
资料来源：中信证券固定收益部。

可以看出，收益率曲线的形态将可能影响骑乘策略的收益：①当收益率曲线较为陡峭时，骑乘策略获利的概率和幅度较大；②处于收益率曲线较陡峭处的债券，随着期限的临近，收益率的下降幅度更大，因此能为投资者带来更丰厚的骑乘收益；③剩余期限越长即久期越长的债券，其对收益率变化的敏感程度越强，因此收益率下行时期能够带来更高的收益。

骑乘策略的主要风险点在于收益率曲线整体上移。由于在期初，骑乘策略中的骑乘收益就已经确定，因此整体策略收益最大的不确定性就是曲线的整体位置。若曲线出现超预期整体上移，骑乘收益很可能无法弥补整体损失，形成较大亏损（见图6-74）。

例如，从2023年二季度开始，消费、地产投资等主要经济分项修复力度有所放缓，经济内生性动能不足问题愈发明显，叠加新一轮存款利率调降周期开启以及6月央行政策利率降息落地，宽货币预期逐渐升温，10年期国债收益率大幅下行。因此，在基本面弱修复叠加资金宽松预期较为稳定的背景下，债市整体处于偏顺风环境，收益率曲线陡峭且有较充足下行空间，此时可以考虑采用骑乘策略增厚收益。

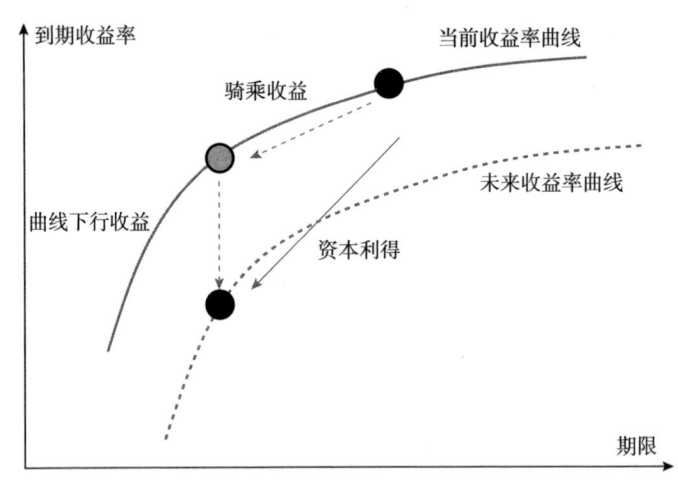

图 6-74　债券资本利得收益的分解

资料来源：中信证券固定收益部。

如果投资者在 2023 年 5 月 26 日买入 1 亿元面值的 22 中信银行 CD078，持有至 7 月 26 日存单到期，将实现收益 361 804 元；而如果在 2023 年 5 月 26 日买入同等面值的 22 中信银行 CD119 并持有至 7 月 26 日卖出，将实现收益 372 595 元。可以看到，在相同投资期限内，相较于买入 22 中信银行 CD078 并持有至到期，采用骑乘策略投资 22 中信银行 CD119 将可以提升投资收益约 10 791 元（见表 6-20）。

表 6-20　持有到期与骑乘策略投资收益对比

策略类型	债券简称	5月26日剩余期限	估值收益率	5月26日估价全价（元）	7月26日估价全价（元）	持有期收益率
持有到期	22 中信银行 CD078	60 天	2.13%	99.6395	100	0.3618%
骑乘策略	23 中信银行 CD119	90 天	2.1418%	99.4645	99.8351	0.3726%

资料来源：万得资讯，中信证券固定收益部。

4. 杠杆策略

杠杆策略的含义很宽广，泛指融入较为便宜的短期资金进行相对长期债券配置的策略，可以与各种策略结合使用以达到增厚收益的目的。杠杆策略的收益包括债券的票息收益、杠杆息差和资本利得三部分。杠杆策略的总回报如下述公式所示，其中资金成本会明显影响收益。

总回报 = 底仓票息 + 杠杆倍数 × （杠杆配置票息 − 资金成本 + 杠杆交易资本利得）

一般来讲，在收益率稳定，短端资金成本可控的情况下，息差杠杆策略能够获得较为稳定的超额收益。因此，杠杆策略也是债券投资者较为常用的交易策略之一。不过，如果资金成本波动较大，杠杆策略的收益就可能下降，甚至亏损。

整体来看，持仓的选择、资金价格的波动以及杠杆水平的权衡将较大地影响最终的盈利水平。

融资和持仓的选择：①如果预期收益率相对稳定，那么策略的主要获利方式就是套息，此时应优先选择融资机会成本较小（价格波动不大、融资较为便利）的底仓债券进行融资操作；②如果预期收益率将下行，那么策略主要获利方式是通过杠杆放大组合久期或放大资本利得，此时应优先选择融资便利程度以及持仓流动性作为主要考虑因素。

资金价格的波动：由于杠杆策略盈利表现对资金成本较为敏感，资金利率水平越低、波动越小，策略执行的效果就越好。

杠杆水平权衡：高杠杆操作可能带来较大风险。首先，应综合分析持仓债券的估值波动水平，确保持仓债券的价格波动可以承受，控制杠杆率防止出现被动的资产处置；其次，提高杠杆资金所配置的资产的流动性，防止出现流动性风险。

杠杆策略的主要风险来源于资金成本波动以及杠杆被动收缩带来的损失，通过选择稳定性较强的资金品种并限制杠杆水平，可以在很大程度上控制杠杆策略的潜在风险。综合来看，杠杆策略的风险点在于：

资金冲击：如资金面压力上升，机构的杠杆成本会走高，这一方面会减少票息收益，另一方面可能带来抛售资产的压力。进一步说，如果由此造成净值损伤，更会导致冲击的进一步恶化。

市场波动：如果债券市场下跌，那么杠杆策略可能亏损。如果杠杆资金撤离，市场的波动会进一步加剧，造成螺旋式的冲击。

信用违约：如持仓债券不能兑付，那么机构发生爆仓的压力将会上升，叠加市场恐慌与负面反馈的压力，流动性风险会进一步积聚。

监管压力：如政策硬性约束市场杠杆，那么一部分杠杆资金将撤离，最终可能也会演化为流动性危机。

例如，在2020年新冠疫情暴发初期，资金面持续宽松叠加债市走牛，为投资者运用杠杆策略增厚收益提供了有利条件。一方面，受疫情影响稳增长压力加剧，货币政策取向明显向松，央行积极加大春节前公开市场投放力度，实施全面降准以及两次政策利率降息，资金面极度宽松，直至年中随政策转向才开始边际收敛；另一方面，海内外疫情冲击之下基本面疲弱叠加资金面宽松，债券收益率持续下行，为杠杆策略博取收益打开了空间。

2020年1月至4月R007（移动平均20天均值）下行幅度超过85基点，整体处于1.4%左右的低位水平，以此作为资金利率进行计算。如果投资者在2020年1月2日以不同杠杆率买入不同期限国债，并于2020年4月30日卖出，那么可以看到杠杆策略在增厚原有票息收入的同时，还在债券收益率下行期间获得了更多的资本利得收入（见表6-21）。

表6-21 杠杆策略投资收益明细

期限	国债活跃券	票面利率(%)	收益率(%) 2020/1/2	收益率(%) 2020/4/30	资金成本(%)	票息(%) 100%	票息(%) 120%	票息(%) 150%	资本利得(bp) 100%	资本利得(bp) 120%	资本利得(bp) 150%	总回报(%,年化) 100%	总回报(%,年化) 120%	总回报(%,年化) 150%
1年	190012.IB	2.46	2.32	0.95	1.41	2.46	2.67	2.99	137	164	205	3.84	4.33	5.06
3年	190011.IB	2.75	2.67	1.38	1.41	2.75	3.02	3.42	129	155	194	11.27	13.24	16.20
5年	190013.IB	2.94	2.87	1.73	1.41	2.94	3.25	3.71	114	137	171	17.58	20.82	25.67
7年	190016.IB	3.12	3.06	2.29	1.41	3.12	3.46	3.98	77	93	116	17.35	20.54	25.32
10年	190215.IB	3.45	3.59	2.87	1.41	3.45	3.86	4.47	72	86	107	21.26	25.23	31.18

资料来源：万得资讯，中信证券固定收益部。

寻找市场定价的"错误"：套利策略

在林林总总的债券市场交易策略中，除了以做多为基础的票息策略、久期策略、骑乘策略以及杠杆策略外，市场上还有一类行之有效的策略：套利策略。同前文中的各个策略相比，套利策略通常不具有较大的久期风险，比起博弈市场单边运行方向，更加侧重于寻觅市场定价的"错误"，从资产价格间的相互变动的视角实现风险可控的盈利。接下来我们将详细介绍期限套利和品种套利这两类主要的套利策略。

1. 期限套利

(1) 期限利差的含义与影响因素

期限利差是指同一发行人所发的中长期债券收益率和短期债券收益率的差值，通常是市场对后续经济增长的判断，直观反映出市场参与者对未来资金面、经济走势的预测。期限利差走阔，通常意味着市场预期未来经济增长加快；期限利差收窄，往往意味着市场预期经济增长放缓；而平缓甚至倒挂的收益率曲线往往意味着市场对经济增长的预期极为悲观（在货币政策没有出现大幅调整的情况下）。

对于我国，考察期限利差时长端利率常采用10年期，短端利率常采用3个月期、1年期、2年期等利率。期限利差的主要影响因素，一般认为有货币政策、经济周期，以及期限溢价三个方面。其中，货币政策是短期利率最主要的影响因素，经济基本面则是长期收益率的主要影响因素，而在此之外市场情绪也会通过交易行为对期限利差有所影响。

首先，货币政策对短端利率影响更加明显。央行可以通过货币政策工具来创造合意规模的流动性，同时在结构性流动性短缺的框架下，我国央行货币政策工具所投放的流动性可以对银行间市场资金价格产生明显的影响。因此从我国央行货币政策工具利率与1年期国债收益率走势来看,多数时期短期国债收益率都会与央行政策利率产生同方向变动(见图6-75)。

图6-75　1年期国债收益率与央行政策利率

资料来源:万得资讯,中信证券固定收益部。

其次,长期国债收益率主要由经济基本面情况决定。长期利率的均衡水平取决于自然利率与长期的通胀预期的变化。自20世纪80年代以来,长期的通胀预期就比较稳定,我国在2%~3%的水平。在这种情况下,自然利率的变化(主要由资本的边际生产率决定)就会主导长期收益率的变化,因此经济增长预期会对长期收益率产生更明显的影响。

最后,在货币政策与经济基本面之外,市场情绪因素也会影响期限利差。期限利差包含了流动性溢价与风险溢价。在市场流动性普遍充裕的时期,为了获取更高的静态收入,市场往往更加频繁地做多长期债券,同时债券流动性普遍增强,此时期限利差就会下降,从而带动长期国债收益率的相对下行(见图6-76)。

(2)不同经济阶段中的期限利差表现

如前文所述,期限利差会受货币政策、经济基本面及流动性等因素的影响,而货币政策又会随经济周期的变化而产生变化。因

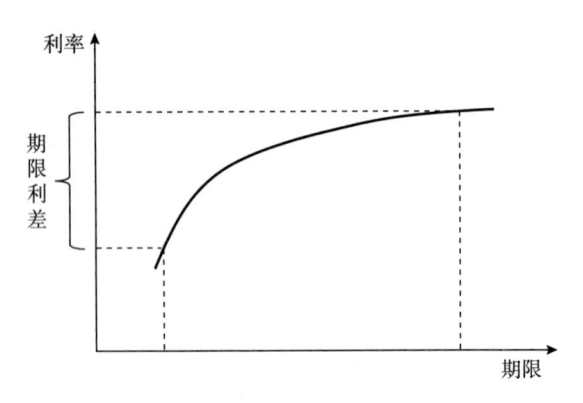

图6-76 即期收益率曲线及期限利差示意

资料来源：中信证券固定收益部。

此，根据经济周期的不同阶段，可以进一步总结期限利差的变化规律。

首先，在经济的萧条阶段，期限利差通常走阔。由于市场预期货币政策出于逆周期需求而长期保持宽松，短期利率往往降至非常低的水平。随着各类逆周期政策逐渐起效，市场对经济增长的预期也将逐渐触底回升，长期收益率往往下行幅度小于短期收益率，令期限利差走阔。

其次，在经济的复苏阶段，期限利差通常收窄。随着物价逐渐企稳以及逆周期政策见效，经济开始逐渐复苏，此时央行将会择机降低货币政策的宽松程度，短端收益率将有所上升。同时，由于经济尚未充分恢复，且通胀尚低，因此复苏期内长期利率的上升速度可能慢于短期利率。所以在复苏阶段，期限利差通常收窄。

再次，在经济的繁荣阶段，期限利差逐渐趋向收窄。随着经济的进一步复苏，失业率达到甚至超过充分就业水平，通胀率也超过目标水平，经济增长强劲，此时央行货币政策通常趋向于收紧。由于长期利率比短期利率上升的幅度小，期限利差朝向收窄方向运动。另外，资本的边际产出也有下降趋势，使得收益率曲线进一步平坦化。

最后,在经济的衰退阶段,期限利差将逐渐由收敛转向扩张。随着资本产出的下降,经济逐渐由过热转向衰退,在这种情况下,央行往往会采取各类货币政策宽松措施,并降低政策利率。此时,短期利率往往下降较快,但由于经济尚有一定增长动能,长期利率下降的节奏可能相对较慢,令期限利差趋向扩张(见表6-22)。

表6-22 期限利差变化的阶段

经济周期	通胀水平	货币政策	流动性	期限利差
萧条(谷底)	低位企稳	稳定低利率	充裕	扩张
复苏(上行)	通胀接近目标水平	缓慢收紧	比较充裕	收敛
繁荣(封顶)	通胀超过目标水平	快速收紧	紧张	收敛
衰退(下行)	趋向通缩	开始降息	转向放松	扩张

资料来源:中信证券固定收益部。

(3) 期限套利策略思路

一般来说,期限利差会在一定范围内波动,而基于这种特性的债券交易策略就被称为期限套利策略。通常而言,当期限利差扩大到一定范围之外时,可以选择做平曲线,反之则可以选择做陡曲线。在实施期限套利时,首先需要明确的就是实施套利时的宏观环境,以及当前的期限利差运动方向同宏观环境是否具有合理的相关性。其次,需要确定实施套利的对象,例如近3年我国"10年"与"1年"国债利差的10%分位数、中位数以及90%分位数分别约为50基点、65基点、88基点,因此,在该期限利差大幅偏离历史水平时,可以考虑进行期限套利操作。最后,由于实施期限套利的根本目的是通过做陡(做多短端债券、做空长端债券)/做平(做多长端债券、做空短端债券)曲线实现盈利,因此不宜暴露过大的久期风险,故而在实施期限套利时往往会选择进行久期配平,通过增加短期债券投资金额的方式对冲长期债券的久期风险，从而降低收益率曲线水平移动带来的扰动。

当然，需要特别强调的是，不论是经济周期四阶段还是参考某两期债券期限利差的历史经验，都不能完全作为实施期限套利的理由：①经济增长阶段的判断并非十分容易确定；②实施期限套利涉及同时做多、做空债券，其间的做空成本以及债券流动性好坏都会影响策略效果；③超出历史水平的期限利差可能也代表着某种特定的市场结构，例如广义资管产品大幅扩张期，短期利率可能会明显下行。

例如，2022年6~8月，央行公开市场操作缩量续作，但称银行间"流动性保持在合理充裕还略微偏多的水平上"，资金面宽松叠加7月高层表态淡化全年经济增长目标，国债收益率震荡下行且期限利差明显走阔，在此期间可以采用做陡曲线的期现套利策略。

如果投资者在2022年6月6日买入8.9亿元的1年期国开活跃券220206.IB，同时按照久期配平比例，卖出1亿元的10年期国开活跃券220210.IB，到2022年8月5日进行平仓，即卖出220206.IB，同时买入220210.IB。可以看到，在投资期内10年与1年国开债利差从99.75基点上升到127.25基点，随着利差扩大，220206.IB净价盈利230.12万元，220210.IB净价亏损18.62万元，综合票息净收入以及债券借贷和正回购成本后，该期限套利策略约可获得盈利422.60万元（见表6-23）。

2. 品种套利

品种利差是指不同发行人同一期限的债券之间的到期收益率之差。而品种套利策略，则正是基于债券品种之间的相对收益率，通过选择相对更具投资价值的债券标的而获利的债市策略。从种类上看，品种套利对利率债和信用债都会有所关注。但在开展品种套利之前，最为重要的是了解不同类型债券之间利差的成因以及影响因素。下面以政金债和部分代表性信用债为例进行讨论。

表6-23 期限利差策略交易及盈亏明细

交易类型	债券简称	代码	收益率(%)	券面金额(万元)	资金方向	净价结算(万元)	净价(元)
建仓时点交易明细:							
买入	22 国开 06	220206	2.01	89 000	流出	88 847.68	99.82886
债券借贷(首期)	22 国开 10	220210	0.35	10 000	—	—	—
卖出	22 国开 10	220210	3.0075	10 000	流入	9 976.324	99.76324
正回购(首期)	正回购	DR007	1.69	10 000	流入	—	—
平仓时点交易明细:							
卖出	22 国开 06	220206	1.7125	89 000	流入	89 077.8	100.0874
债券借贷(到期)	22 国开 10	220210	0.35	10 000	流出	—	—
买入	22 国开 10	220210	2.985	10 000	流出	9 994.942	99.94942
正回购(到期)	正回购	DR007	1.69	10 000	流出	—	—
期限利差策略盈亏明细:							
品种						盈亏(万元)	
正回购						-27.78	
债券借贷						-5.75	
220206 净价盈亏						230.12	
220206 票息盈亏						294.07	
220210 净价盈亏						-18.62	
220210 票息盈亏						-49.44	
合计						422.60	

资料来源:万得资讯,中信证券固定收益部。

(1) 政策性金融债品种利差的成因与影响因素

国债与政策性金融债之间的利差是非常重要的研究对象。目前对于政金债的品种利差，最为常见的研究对象是国家开发银行债券与国债，两者利差主要由三部分构成：信用风险＋流动性＋税收政策。

从信用资质看，国开债拥有政府信用背书，与国债均被视为无风险债券，信用风险对利差影响较小。从流动性看，国开债交易活跃度高于国债，因此会对二者利差产生一定影响。但在上述因素之外，两者在税收政策上的差异才是导致二者利差的最关键因素。由于国债票息免征所得税、增值税，而国开债票息不免所得税，并且金融机构之间的税收标准也存在差别，因此国开债与国债会出现明显的利差。假设国债和政策性金融债的到期收益率分别是 R1、R2，承担税率分别为 T1、T2，若两者税后收益相同，则可以计算国开债隐含税率（隐含税率可以看作该品种利差的另一种表现形式）为：

$$1 - \frac{R1}{R2} = \frac{T2 - T1}{1 - T1}$$

另外，从交易主体上看，部分税收较低的非银金融机构对国开债偏好更强。例如，公募基金获得的利息收入和转让价差都免除所得税，部分资管产品实施 3% 的增值税率。因此，由于上述机构持仓的存在，国开债隐含税率不会达到 25% 的上限。

近五年国开债与国债利差和隐含税率呈现不断压缩的趋势。波动区间为 0.18%~1.17%，利差中枢呈逐年下降趋势，从 2018 年的 0.74% 降至 2022 年至今的 0.24%，中位数从 0.66% 降至 0.24%。隐含税率在 6.2%~22.9% 波动，隐含税率中枢从 2018 年的 16.6% 降为 2022 年至今的 7.8%（见表 6-24）。

表 6-24　近五年国开债与国债利差及隐含税率　　　　　　　　　　　　（%）

	10 年期国开债与国债利差					10 年期国开债隐含税率				
年份	2018	2019	2020	2021	2022	2018	2019	2020	2021	2022
最大值	1.17	0.52	0.60	0.49	0.30	22.9	14.5	16.7	12.9	9.7
最小值	0.40	0.32	0.24	0.24	0.18	10.7	9.2	7.6	7.7	6.2
均值	0.74	0.42	0.42	0.36	0.24	16.6	11.7	12.5	10.6	7.8
中位数	0.66	0.41	0.44	0.38	0.24	15.8	11.4	12.5	10.8	7.9

资料来源：万得资讯，中信证券固定收益部。

从变化规律看，国开债与国债的利差遵循在牛市中收敛，在熊市中走扩的规律（"牛窄熊阔"）。当债券市场进入牛市时，交易属性更强的部分非银机构对于高票息高流动性的国开债需求增加，导致二者利差降低（即国开债拥有了更多的流动性溢价）；当债市进入熊市时，由于国开债的流动性优势开始缩减，二者利差开始增大。

但国开债与国债的利差的变动因素不仅只有这些，供给因素、需求结构、资金面和货币政策预期、经济增长都会对其产生影响（见表 6-25）。

表 6-25　国开债与国债利差波动的其他原因

因素	影响路径	例子
供给因素	相对发行量—利率—利差/隐含税率	2018 年 4 月国债供给增加减小了国开与国债发行量之差，利差有缩减趋势 2015 年 5~6 月地方置换债正式发行对国开债形成挤出，利差走阔
需求结构	相对需求量—利率—利差/隐含税率	利率高位盘整后的配置行为加大国债利率的下行幅度，推高利差

(续表)

因素	影响路径	例子
资金面和货币政策预期	货币供给—期限需求变化（短期）—各期利差/隐含税率	2013年"钱荒"，短期利率波动大，利差和隐含税率波动幅度明显高于中长期
经济增长	经济增速—期限需求变化（长期）—各期利差/隐含税率	长端经济增长的强/弱一般对应货币政策的紧/松，但部分时间段存在错位，导致不同期限的利差和税率波动背离

资料来源：中信证券固定收益部。

（2）品种套利策略思路

在绝大多数情况下，品种套利的盈利点在于利差的均值回归。当利差较大，预期利差水平将缩小时，则买入收益率高的债券并卖出收益率低的债券，通过利差的缩小获得收益；当利差较小，则反向操作。当然，正如期限套利一样，进行品种套利也应注意久期配平。

除此之外，还应注意：①为保证策略的灵活性，实施套利应选择流动性较高的债券，债券期限的选择也应关注流动性；②若在有数个潜在套利组合同时存在时，可以选择票面利差最大的券种组合；③对于策略的实施时机，一方面当利差现值与均值差距大时套利空间更大，但另一方面利差的变动可能存在某种特定的市场基础，因此不应机械地进行参与。当利差出现较大幅度波动时，套利空间大，品种利差策略更有效。

最后，品种套利在实操中还应密切关注利差中枢的移动。短期资金面、信用风险趋势、债券发行量、经济增长预期等因素可能会趋势性地改变某个品种利差的均值水平，因此也应加以注意。

例如，2022年三季度政策层淡化全年经济增长目标，受局部地区新冠疫情反复和房地产风险事件影响，7月社融陷入低谷，反映实体融资需求明显不足，同时稳增长压力加大也需要银行间"流动性保持在合理充裕还略微偏多的水平上"，8月央行超预期降息进一步带动10年期国债收益率大幅下行至2.58%的年内低点。从历史水平来看，2022年国债利率中枢处于较低水平，国开债与国债的利差总体也表现出了债券牛市收窄的走势。因此，在"资产荒"格局延续的背景下，国开与国债的利差压缩空间相对充足，故可以考虑采用做窄品种利差套利策略。

如果投资者在2022年8月1日买入面值为1亿元的10年期国开活跃券220210，同时通过债券借贷借入并卖出面值为1亿元的10年期国债活跃券220010，在2022年9月1日进行平仓，即卖出220210、买入220010并支付借贷成本。可以看到，在投资期内10年期国开与国债的利差收窄约1.7基点，220210全价由100.7825元变为102.0665元，220010全价由100.8432元变为101.9866元，综合考虑票息收入和借贷成本后，该品种套利策略可获得盈利约8.01万元（见表6-26和图6-77）。

表6-26　品种利差策略交易及盈亏明细

交易类型	债券简称	代码	收益率（%）	券面金额（万元）	资金方向	全价（元）
建仓时点交易明细：						
买入	22国开10	220210	2.984	10 000	流出	100.7825
债券借贷（首期）	22附息国债10	220010	0.1	10 000	—	—
卖出	22附息国债10	220010	2.7295	10 000	流入	100.8432

（续表）

		平仓时点交易明细：				
卖出	22 国开 10	220210	2.86	10 000	流入	102.0665
债券借贷（到期）	22 附息国债 10	220010	0.1	10 000	—	—
买入	22 附息国债 10	220010	2.6225	10 000	流出	101.9866

品种	盈亏（万元）
债券借贷	-6.05
220210 全价盈亏	128.40
220010 全价盈亏	-114.34
合计	8.01

资料来源：万得资讯，中信证券固定收益部。

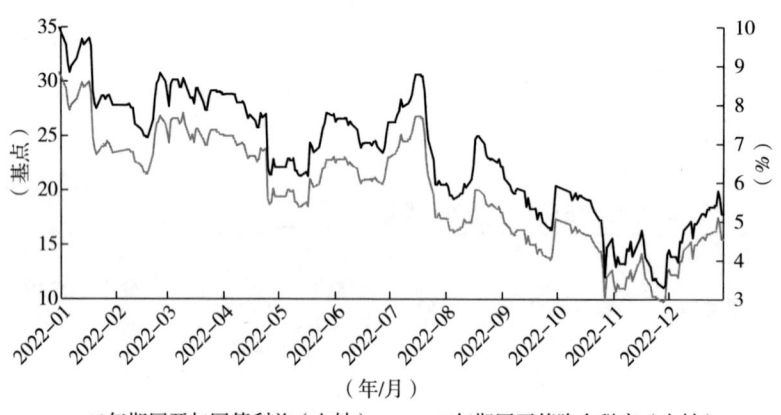

图 6-77　2022 年 10 年期国开债与国债利差和隐含税率走势

资料来源：万得资讯，中信证券固定收益部。

实现现货与期货"两条腿走路"：基差策略

前面我们详细介绍了配置策略与套利策略两类行之有效的债市

投资方法。从性质上说，前述方法大体都属于债券现货市场的交易策略。但除了现货市场外，我国债券市场还拥有丰富的衍生品，因此聚焦于现货与期货之间联系的基差交易策略也是十分重要的交易方法。接下来我们将对国债期货以及利率互换的基差交易策略进行初步阐述。

1. 基差和基差交易的基础概念

(1) 基差和基差交易

基差是指某一特定商品在某一时点的现货价格与该商品的期货价格之差，即基差＝现货价格－期货价格。进一步说，当期货价格高于现货价格，称为期货升水或负基差；当期货价格低于现货价格，则称为期货贴水或正基差。基差可以用来表示市场所处的状态。当基差为负值时，这种市场状态被称为"正向市场"或"正常市场"，当基差为正值时，这种市场状态被称为"反向市场"或"现货溢价"，当期货合约越接近交割期，基差越接近零（见图6-78）。

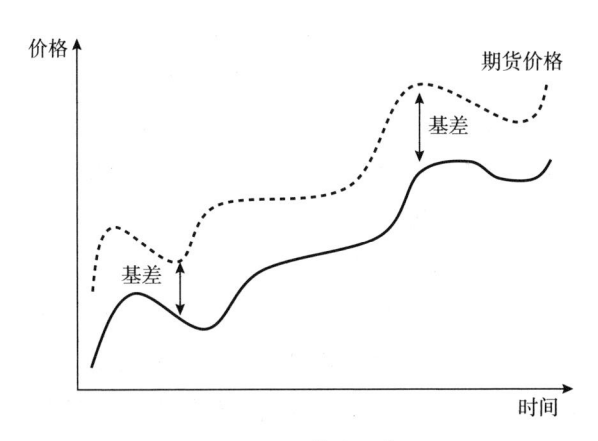

图6-78 基差示意

资料来源：中信证券固定收益部。

从本质上说，基差是由现货市场和期货市场间持有成本和运输成本等因素导致的差异形成的，因此基差主要受三个价差影响：时间价差、空间价差和品质价差。

时间价差是由于从现在时刻到交割日存在不确定性，且在交割之前存在仓储费用和利息等持有成本。

空间价差是由于期货交易需要在特定的地点完成交割，而现货交易则可以在任意地点达成，这之中就可能因为运输等成本而存在价格差异。

品质价差在商品期货交易中比较常见，由于交易所对期货品种会规定交割的标准品，其和现货的品质可能存在差别，这就形成了品质价差。

基差交易的实质就是在期货市场和现货市场进行相反方向的交易，通过期货和现券的价差获利。

(2) 基差交易的两种方式："正套"与"反套"

做多基差交易（正套）：预期基差将要扩大，即认为现货价格上涨（下跌）的幅度会高于（低于）期货价格上涨（下跌）的幅度，则买入现货，卖出期货，待基差如期上涨后分别平仓。

做空基差交易（反套）：预期基差将要缩小，即认为现券价格的上涨（下跌）幅度会低于（高于）期货价格上涨（下跌）的幅度，则卖出现货，买入期货，待基差如期下跌后分别平仓。

2. 国债期货基差交易策略解析

(1) 国债期货的基差与转换因子

国债期货是指买卖双方在未来某个约定的时间，按照事先约定的价格交易一定数量国债的标准化合约。国债期货基差计算公式为：$Basis = P - F \times CF$，其中 P 为国债现货价格，F 则为国债期货价格，CF 为转换因子。

由于国债市场可用于交割的债券众多，因此国债期货基差的计算中还需要考虑转换因子（CF），目的是使交割任意一只国债对国债期货的双方都是公平的：每个合约对应的可交割国债的转换因子是唯一的，但同一只可交割国债在不同交割月份合约中的转换因子有所不同。转换因子的计算公式如下：

$$CF = \frac{1}{(1+r/f)^{xf/12}} \times \left[\frac{c}{f} + \frac{c}{r} + \left(1 - \frac{c}{r}\right) \times \frac{1}{(1+r/f)^{n-1}}\right] - \frac{c}{f} \times \left(1 - \frac{xf}{12}\right)$$

其中，r 为国债票面利率3%，x 为交割月到下一付息月的月份数，n 为剩余付息次数，c 为可交割国债的票面利率，f 为可交割国债每年的付息次数（见图6-79）。

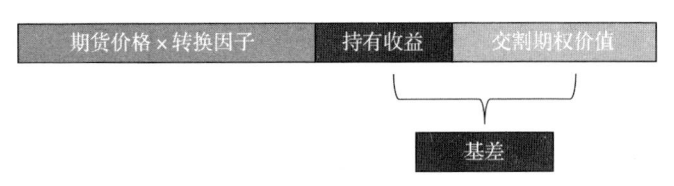

图6-79 基差示意

资料来源：中信证券固定收益部。

(2) 国债期货基差交易的损益

国债期货的基差交易本质上并无特别之处，也是指同时建仓方向相反的国债期货和国债现货，利用基差的变化来获取收益。从收益幅度看，做多基差交易（正套）的收益可能无限大，同时可以获得持有国债现货的票息收益（Carry）；做空基差交易（反套）的亏损则可能无限大。直观来说，基差交易的损益是交易始末两个时点的净基差（BNOC）之差。

假设进行正套交易，买入现货价格为 P_1，卖出期货合约价值为 $CF \times F_1$，建仓时的持有收益为 $Carry_1$，平仓时的现货价格为 P_2，合约价格为 $CF \times F_2$，平仓时的持有收益为 $Carry_2$。则正套损益为：$P_2 - P_1 + (CF \times F_1 - CF \times F_2) + (Carry_1 - Carry_2)$，即 $P_2 - CF \times F_2 - Carry_2 - (P_1 - CF \times F_1 - Carry_1)$。因此，做多基差的损

益为 $BNOC_2 - BNOC_1$。同理，反套的损益则为 $BNOC_1 - BNOC_2$。

（3）国债期货的 CTD 券与基差交易策略

国债期货空头可以在一篮子可交割国债中随意挑选一只国债交割给期货多头，空头会往往倾向于选择对自己最有利的国债（最廉券、CTD 券）进行交割。依据前文内容，由于期货合约到期时基差与净基差都会逐渐趋近于零，因此针对相对活跃的待交割国债，可以直接选用净基差较高的国债进行反套交易，这是较为常规的一种基差交易模式。不过，如果 CTD 券可能发生变化，就需要针对 CTD 券的切换更加细致地开展分析。

由于转换因子计算时使用的折现率取的是国债合约票面利率 3%，因此在市场利率等于 3% 的时候，所有可交割国债的 P/CF 的值都应该等于 100，此时期货空头选择任何一只可交割国债都没有差别，都可以作为 CTD 券。但是当收益率曲线发生变化时，CTD 券的价格并不会等幅度变动。通过一些数学推导，当市场利率大于 3% 时，由于高久期债券利率敏感度更高，CTD 券一般为高久期债券；当市场利率小于 3% 时，CTD 券一般为低久期债券。表 6-27 中列举了 2020 年的 T2003 合约的实际经验来验证结论，可以发现随着国债利率从 3% 以上下跌到 3% 以下时，CTD 券整体上的确从相对较高久期的国债切换为相对较低久期的国债。针对这一规律，若不考虑流动性问题，还可以特地针对某只债券开展基差交易（见图 6-80）。

对于高久期债券，当市场收益率水平下降时，可以考虑进行正套交易。当高久期国债的收益率下降时，债券价格上升幅度通常大于期货价格，基差增大。若投资者预期利率下行，高久期国债的基差随着收益率下降而扩大，此时应考虑做多高久期国债的基差。

对于低久期债券，当市场收益率水平上升时，可以考虑进行正套交易。当低久期国债的收益率上升时，债券价格下降幅度通常小

表6-27　2020年1~2月国债利率切换时CTD券情况

日期	CTD券代码	10年期国债收益率（%）	中债修正久期（年）
2020-1-2	190006.IB	3.1956	8.0063
2020-1-3	190006.IB	3.2006	8.0034
2020-1-6	190006.IB	3.1869	7.9973
2020-1-7	190006.IB	3.1872	7.9936
2020-1-8	190006.IB	3.1933	7.9909
2020-1-9	190006.IB	3.1871	7.9899
2020-1-10	180019.IB	3.1455	7.2975
2020-1-13	190006.IB	3.1446	7.9819
2020-1-14	180027.IB	3.1559	7.6176
2020-1-15	190006.IB	3.1519	7.9759
2020-1-16	190006.IB	3.1503	7.9730
2020-1-17	190006.IB	3.1427	7.9708
2020-1-20	190006.IB	3.1385	7.9650
2020-1-21	190006.IB	3.0959	7.9668
2020-1-22	190006.IB	3.0693	7.9671
2020-1-23	180019.IB	3.0366	7.2719
2020-2-3	190006.IB	2.8917	7.9530
2020-2-4	180027.IB	2.8917	7.5836
2020-2-5	180011.IB	2.9164	7.0909
2020-2-6	180019.IB	2.9011	7.2469
2020-2-7	180011.IB	2.8967	7.0894
2020-2-10	170018.IB	2.8552	6.5552
2020-2-11	180027.IB	2.8398	7.5660
2020-2-12	180019.IB	2.9020	7.2318
2020-2-13	160023.IB	2.8977	6.0552
2020-2-14	180011.IB	2.8885	7.0663

资料来源：万得资讯，中信证券固定收益部。

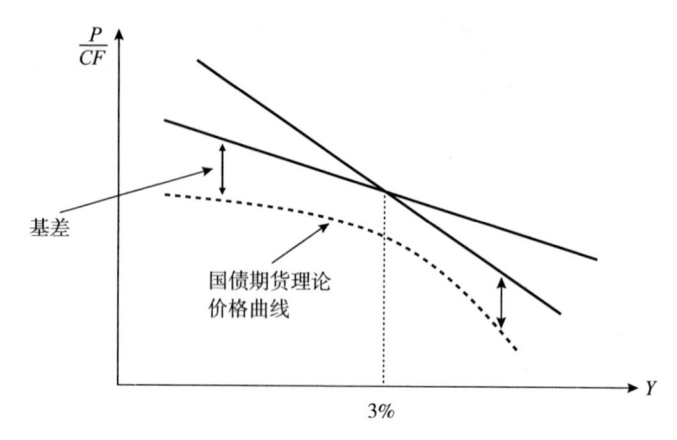

图 6-80　不同久期的国债价格以及国债期货理论价格曲线
资料来源：中信证券固定收益部。

于期货价格，基差增大。若投资者预期利率上行，低久期国债的基差随着收益率上升而扩大，此时应考虑做多低久期国债的基差。

对于中久期债券，当收益率从3%附近产生较大波动时，可以考虑进行正套交易。通常而言，当收益率处于3%附近时，无论收益率向哪个方向变动，基差一般都会上升。因此对于中久期国债，当预期后市利率波动较大时，可以考虑做多中久期国债的基差。

不过在实施基差策略的过程中，仍有几个因素可能导致基差出现预料之外的变化：①国债期货具有保值属性，天然具有一定规模的空头投资者，因此基差总是会相较于理论情况更大一些；②相较于国债现货市场，我国国债期货市场的整体规模依旧是相对有限的，容易出现一些价格极端波动的情况；③实施反套交易需要进行现券做空，这一交易模式相对困难。

(4) 国债期货基差交易案例

考虑以国债期货 T2206 合约进行基差交易的例子。2022 年年初经济增长趋势向好，若投资者手中拥有国债现货，预期国债期货将下跌的背景下可以考虑实施正套策略。假设在 2022 年 1 月 4 日，买入1亿元面值的国债现券2000004.IB，考虑转换因子后同时卖出9 900万元面值的T2206构建一个正套组合。到2022年3月3日，2000004.IB的基差从0.2289扩大到0.7646，这时卖出2000004.IB，同时买入T2206进行平仓，可以发现随着基差的扩大，交易最终盈利（见表6-28）。

表6-28 国债基差交易明细表

	国债现货	国债期货
建仓交易明细：		
品种	2000004.IB	T2206
交易方向	买入	卖出（开空仓）
交易日期	2022-1-4	2022-1-4
成交净价（全价）	99.7094（101.0461）	100.475
成交收益率	2.86%	
面值（万元）	10 000	9 900
基差	0.2289	
组合DV01	0	
使用资金（元）	99 709 400.00	0.00
总计（元）	99 709 400.00	
平仓交易明细：		
品种	2000004.IB	T2206
交易方向	卖出	买入（平空仓）
交易日期	2022-3-3	2022-3-3
成交净价（全价，元）	99.3887（99.7521）	99.64
成交收益率	2.86%	
面值（万元）	10 000	9 900
基差	0.7646	
使用资金（元）	99 388 700.00	98 643 600.00
盈亏（元）	-320 700.00	826 650.00
总盈亏（元）	505 950	

注：本例子中暂不考虑特别国债的流动性问题；为计算简便，四舍五入到百万元。
资料来源：万得资讯，中信证券固定收益部。

3. 利率互换基差交易策略解析

(1) 利率互换的概念

利率互换是指交易双方约定在未来的一定期限内，对约定的名义本金按照不同的计息方法交换利息的金融衍生品。利率互换一般有"固定—浮动""浮动—浮动"两种类型，"固定—浮动"的利率互换是其中一端收/付固定利率，另一端付/收浮动利率；"浮动—浮动"的利率互换是两端分别收付浮动利率。在利率互换中，收取固定利率的一方为利率互换多头，在市场利率下行中获利；收取浮动利率的一方为利率互换空头，在市场利率上行中获利。我国最常见的是基于FR007的同币种固定对浮动利率互换（见图6-81）。

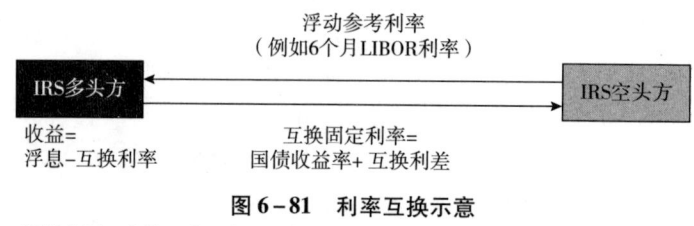

浮动参考利率
（例如6个月LIBOR利率）

IRS多头方 ←———————— IRS空头方

收益=
浮息-互换利率

互换固定利率=
国债收益率+互换利差

图6-81 利率互换示意

资料来源：中信证券固定收益部。

(2) 利率互换基差交易原理及例子

利率互换的基差同其他期货产品有所差别，并非期货和现货的价格之差，而是两个相同期限的利率互换品种的利率之差。常见的IRS基差有Shibor 3M/FR007基差等。如图6-82所示，两条曲线分别是5年期Shibor 3M IRS和FR007 IRS，两者之间的利差就是Shibor/FR007的基差。

对于IRS，基差交易策略就是进行两笔反向的IRS交易，比如相同期限的Shibor 3M和FR007两者利差达到一个非常规的较大值，就可以进行基差交易：买入Shibor 3M，卖出FR007，这个交易组合就是收取固定端Shibor IRS，支付固定端FR007 IRS（或是支付浮动端Shibor IRS，收取浮动端FR007 IRS），同时保证交易的

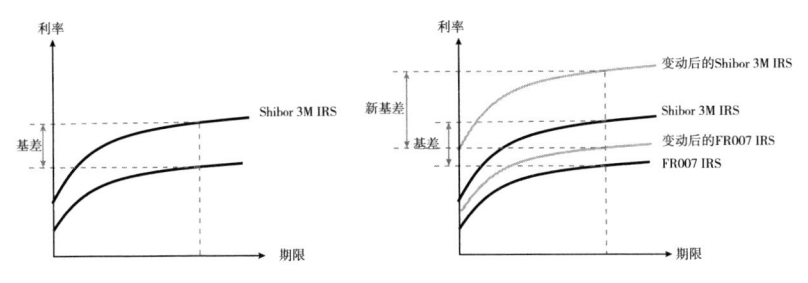

图 6-82　IRS 基差示意

资料来源：中信证券固定收益部。

DV01 为 0。

如果是进行收取固定 Shibor IRS 的基差交易，则 Shibor 与 FR007 的利差缩小才能获利，反之会产生亏损。如果是支付 Shibor IRS 的基差交易，则 Shibor 与 FR007 的利差扩大才能获利。

以支付 Shibor IRS 的基差交易为例，其交易逻辑可以分为 Shibor 主导和 FR007 主导两种。Shibor 主导的情况可能是预期后续银行资金来源偏紧带动 Shibor 上升令两者利差扩大。而 FR007 主导的情况可能是导致 FR007 大幅下行的事件，比如央行短期流动性投放较多、财政支出有所增大等。

例如，2022 年 11 月在逆回购到期量较大、"双十一"和税期扰动影响下，资金面整体呈均衡偏紧态势，且央行在 11 月 15 日开展 8 500 亿元 1 年期 MLF 和 1 720 亿元 7 天期逆回购操作（当日有 1 万亿元 MLF 和 20 亿元逆回购到期），此前市场预期的降准置换也最终落空，多重因素共振对资金面形成了负面的"螺旋式"影响。

在此背景下，如果投资者预期 Shibor 3M IRS 和 FR007 IRS 基差将走阔，可以采用支付基差策略，在 2022 年 11 月 15 日买入 1 年期 Shibor 3M IRS 并卖出 1 年期 FR007 IRS，即支付 Shibor 3M IRS 固定利率和收取 FR007 IRS 固定利率。在 2023 年 2 月 15 日，Shibor 3M

IRS 和 FR007 IRS 基差明显走阔，此时卖出 Shibor 3M IRS 并买入 FR007 IRS 平仓获利（见表6-29）。

表6-29 IRS 基差交易明细表

	Shibor 3M IRS	FR007 IRS
建仓时点	2022年11月15日	
交易方向	买入 IRS	卖出 IRS
IRS 利率	2.4042%	2.2251%
IRS 基差	17.91 基点	
名义本金（万元）	10 000	
平仓时点	2023年2月15日	
交易方向	卖出平仓	买入平仓
IRS 利率	2.6098%	2.3081%
浮动利率（开仓与平仓抵销）	2.3790%	2.10%
IRS 利差	30.17 基点	
名义本金（万元）	10 000	
盈亏情况（元）	205 600	-83 000
总盈利	122 600	

资料来源：万得资讯，中信证券固定收益部。

进可攻退可守："固收+"策略

在前文中，我们专注于债券市场的各类知识点以及各类交易策略进行了一系列介绍。但"专注"并不等于"狭隘"，投资者也需要正视债券这类资产存在的一些缺陷与不足，并为了实现投资目标将视野扩展到其他资产之上。在债券投资的基础上，为了实现收益和风险的"居中之道"，"固收+"策略应运而生，既拥有相对较低的投资风险，又为投资者赋予了超越传统债券投资的收益潜力，因此"固收+"策略同样是不容忽视的重要投资策略之一。

1. "固收+"策略：探寻收益和风险的"居中之道"

有别于其他资产，债券投资最突出的特点在于其低风险性，收益相对稳定。但是低风险也往往意味着低收益，从长期来看债券投资的绝对收益水平并不算突出。以中债—国债总财富（总值）指数和沪深300指数自2002年年初至2022年年末的走势为例，投资于国债将能获得113.7%的总收益（年化3.68%），而投资于股票则能获得194.1%的总收益（年化5.27%）。

那么单纯的投资于股票就是更好的选择吗？未必。可以看到，股票投资的风险明显大于债券，沪深300指数在过去20多年的时间内发生了数次大幅回撤，最大回撤幅度达到72.3%（发生于2007年10月16日~2008年11月4日）。与之相对，中债—国债指数的最大回撤幅度仅为7.9%（发生于2003年8月1日~2004年4月29日）。因此一旦投资决策失误，股票投资者遭受的损失将可能显著大于债券投资者。

考虑到股票或金融衍生品等资产的高风险、高收益性质，投资者自然会产生如下问题：是否存在一种进可攻退可守的投资策略，它既可以让投资者通过适度地承担更大的投资风险来增厚投资收益，又不至于使投资者因过度涉足风险资产而面临本金大幅亏损？为了解决这一问题，"固收+"策略营运而生（见图6-83）。

2. "固收+"策略简介与策略优势

顾名思义，"固收+"策略即为以债券等固定收益投资为基础，通过向资产组合中加入其他风险资产，实现在风险可控前提下增厚投资收益的策略。如果说债券投资是低风险低收益，而权益、衍生品等投资是高风险高收益的话，那么"固收+"策略所实现的就是上述两类投资间的折中之道。"固收+"策略不是简单地用风险换收益，其核心在于利用债券和其他风险资产的低相关性来控制投资组合的整体风险，以稳定的债券收益打底，并借助风险资产的高收

图 6-83　中债—国债指数和沪深 300 指数

注：对两个指数以 2002 年 1 月 4 日为基期进行指数化处理。
资料来源：万得资讯，中信证券固定收益部。

益率实现收益增厚，是一种较为稳健的投资策略。

以股债 2∶8 组合（即配置 20% 的股票和 80% 的债券）为例。在过去的 20 年内，年调仓（全年收益计入下一年本金）的股债 2∶8 组合实现了 5.7% 的年化收益，月调仓（全月收益计入下一月本金）的股债 2∶8 组合则实现了 4.7% 的年化收益，较债券投资 3.7% 的年化收益而言均实现了收益增厚，但承担的风险则明显低于股票投资，"固收+"策略为投资者带来的提升由此可见一斑（见图 6-84 和图 6-85）。

3. "固收+"策略"加"了哪些风险资产

在众多资产中，股票、可转债等是"固收+"策略最常配置的风险资产，而"股债跷跷板"效应则是这一策略的基础逻辑。

在二级市场中参与股票交易是"固收+"策略增厚收益的最常见手段，具体配置何种股票则有赖于投资者对公司基本面、行业周期、热门赛道等因素的判断。若不想过度参与个股交易，配置沪深 300、上证 50 等指数 ETF 也同样具有较高的可行性。除股票外，由

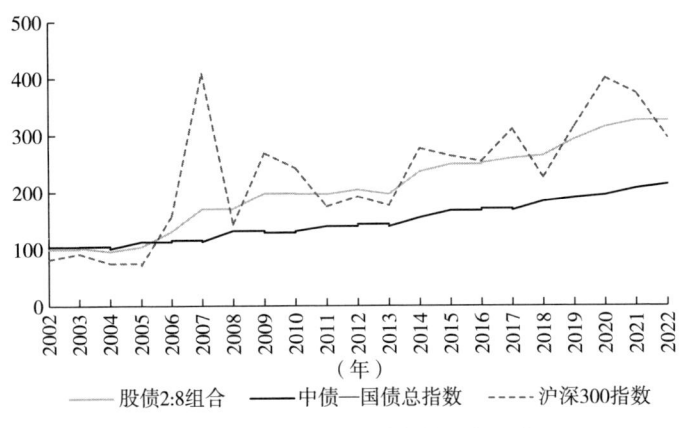

图 6-84　股债 2∶8 组合走势（年调仓）

注：日期代表当年末。
资料来源：万得资讯，中信证券固定收益部。

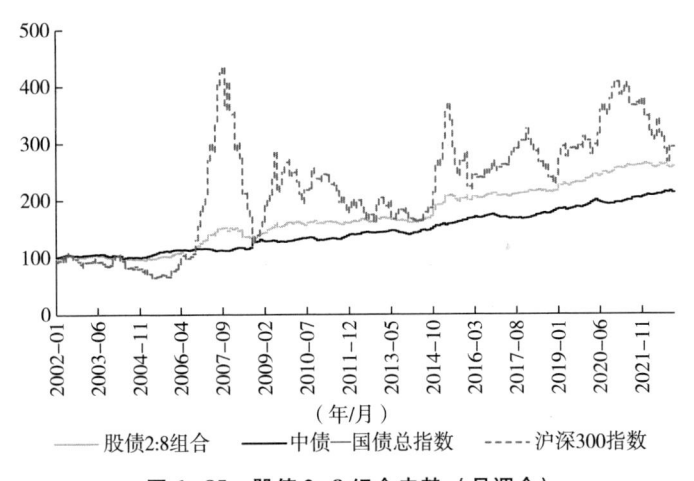

图 6-85　股债 2∶8 组合走势（月调仓）

注：日期代表当月末。
资料来源：万得资讯，中信证券固定收益部。

于可转债兼具股性和债性，因此在权益市场波动时或能为单纯投资股票的"固收+"策略提供更大的安全性。除参与二级市场外，

第六章　债市投资的观局谋策：常用投资策略解析

"固收+"策略也可以通过在一级市场中申购新股实现收益增厚。根据万得资讯数据，在2010—2022年发行的新股中，有约90%的股票在上市首日收涨，"打新"策略的胜率同样较为可观，也不失为"固收+"策略的可选项。

以搭配可转债的"固收+"投资策略为例，首先筛选市场预期相对较好的行业，比如净利润增长排序与净利润增长历史分位数排序加总靠前的二级行业；其次筛选存量转债中EPS至少在1附近的标的，最终确定可转债投资标的。2023年上半年，受ChatGPT等AI（人工智能）相关行业快速发展带动，我国权益市场电子、电力板块表现亮眼，部分业绩较好的上市公司股票上涨，正股对应的可转债涨势也较为明显。

如果投资者在2023年1月构建约1亿元本金的纯债策略组合，投资标的分布在1年期国债220013（3 500万元）、2年期国开债200212（3 500万元），并结合2022年年末海外市场AI概念火热的背景，提前布局电力行业龙头公司债券G三峡EB1（2 000万元），同时将10%的本金投资于成长稳健的银行可转债浦发转债（1 000万元）；在2月ChatGPT概念爆火后，卖出1 000万元面值的利率债并将资金投入业绩表现优异的电力公司可转债川投转债中。可以看到，在保持约20%的可转债仓位时，该投资组合自2023年2月中旬买入川投转债起至5月中下旬实现年化收益率接近14%，明显跑赢沪深300和中债综合全价指数，同时也高于未在2月中旬主动配置川投转债情形下的年化收益率，因此搭配可转债的"固收+"投资策略可以为投资组合带来较为可观的收益增厚（见图6-86）。

"股债跷跷板"效应提供了策略的基础逻辑。"股债跷跷板"效应是指：在短期内，股票和债券价格的走势往往相反。这一效应是由股债价格影响因素的区别导致的。例如，经济基本面向好将可能使公司盈利能力改善，进而导致股票价格上涨，但这也会

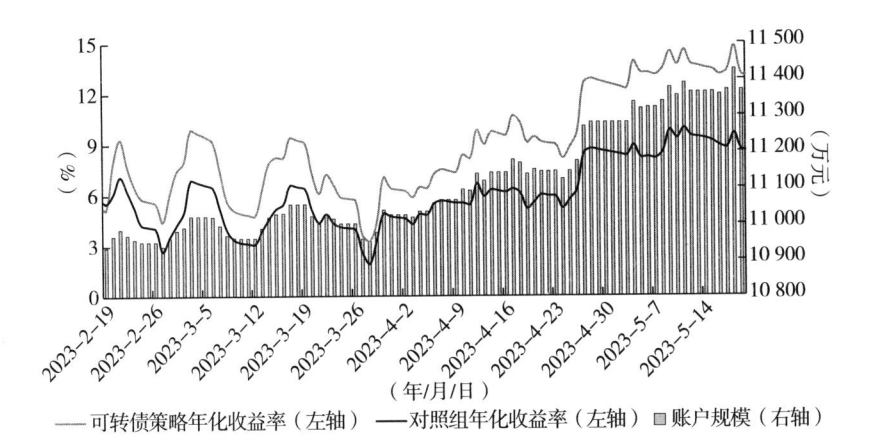

图 6-86　可转债固收 + 策略投资收益测算

资料来源：万得资讯，中信证券固定收益部。

令债券价格下跌。因此，"固收 +"投资组合中的股票和债券资产互为对冲，提升整体投资收益的稳定性。回顾历史，"股债跷跷板"效应相对稳健，采取"固收 +"策略可以有效地控制组合风险（见图 6-87）。

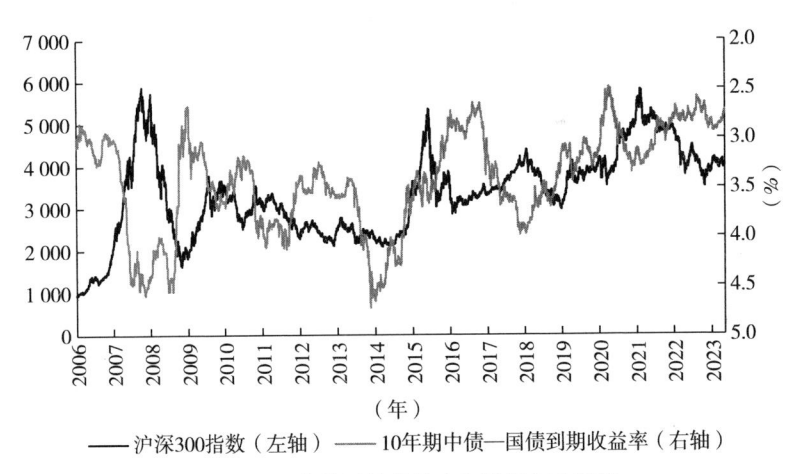

图 6-87　中债国债收益率和沪深 300 指数

资料来源：万得资讯，中信证券固定收益部。

第六章　债市投资的观局谋策：常用投资策略解析　　585

除股票和可转债等风险资产外，期货、期权等金融衍生品同样是"固收+"策略的可选资产，其高杠杆的特性可能达成"花小钱办大事"的效果。衍生品往往具有高杠杆的特性，因此衍生品投资往往可以仅占用较少本金而实现较高的回报，一个经典例子是利用债券和期权构建保本投资组合。

举例而言，假设仅投资于一只债券，票息率为y%，总投资本金为100元。在不考虑违约风险的前提下，将债券持有至到期将必然能获得固定的票息收入。因此在期初，投资者可以将100/（1+y%）的资金投资于债券，并利用剩余资金购买看涨或看跌期权。期末，债券部分将正好产生100元的收益，由于期权的最低收益为0，因此在期权费相对可控的情况下，这一组合必然保本，同时还可能获得期权所带来的无限收益。

但也要注意，投资于部分衍生品（如期货）将可能产生因补缴保证金而导致的流动性问题，甚至带来重大亏损，因此在"固收+"策略中纳入衍生品也应关注相关风险。

4. 打开思路：投资"固收+"基金也是可选项

除了直接投资某类资产，投资于"固收+"基金也同样是可选项。"固收+"基金暂无严格定义，但一般而言，以债券为基础资产、辅以股票等风险资产来增厚收益的基金都可以被划分为"固收+"基金。

广义上看，根据基金资产配置结构，以下四类基金都可以作为"固收+"基金的代表：①混合债券型一级、二级基金属于债券型基金，需要将80%以上的仓位配置于债券，二者之间的区别在于混合债券型一级基金仅能从一级市场配置股票，而不能在二级市场中购买股票；②偏债混合型基金的仓位配置较为灵活，其投资股票的仓位可升至20%以上，但一般不超过50%；③灵活配置型基金的仓位配置最为灵活，在必要的时候甚至可以将几乎全部的仓位用于配置股票，因此其风险收益特征与股票最为相近。

截至 2022 年年末，以上述口径统计，现存"固收+"公募基金共有 3 014 只（同一基金的不同类份额合并统计），规模合计 3.45 万亿元，占公募基金总规模的 13.4%。其中灵活配置型基金的数量最多且规模最大，而偏债混合型基金的规模则相对较小（见图 6-88）。

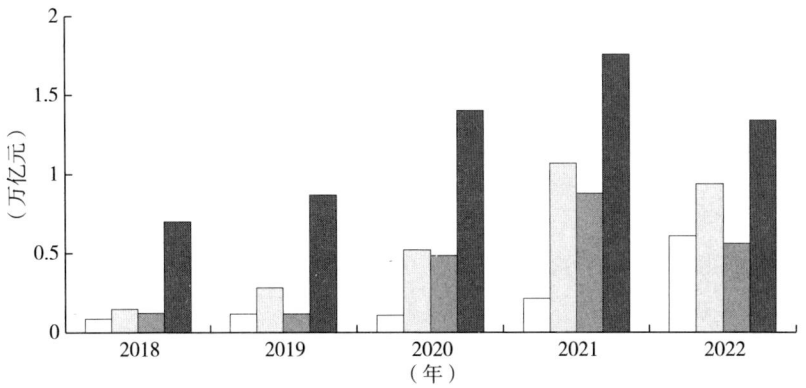

图 6-88 "固收+"基金规模概览
资料来源：万得资讯，中信证券固定收益部。

"固收+"基金在 2014—2015 年这两年的表现较好地体现出了"固收+"策略的灵活性以及增厚收益的潜力。在股票市场于 2014 年年末开始上涨时，部分配置股票的"固收+"基金同样享受到了这部分收益，而当股票市场于 2015 年年中开始下跌之后，"固收+"基金调整权益持仓并增持债券，既能规避股票下跌带来的损失，又能受益于"股价跷跷板"效应所带来的债券资本利得。从回报和波动率来看，在 2014 年和 2015 年这两年内，偏债混合型基金以及混合债券型二级基金分别实现了 18.46% 和 19.46% 的年化收益率以及 0.36% 和 0.54% 的波动率。虽然"固收+"基金的年化收益率小于沪深 300 指数的 26.76%，但是沪深 300 指数的波动率达到

1.95%，投资风险明显较大，在2015年年中股市下跌时，上述"固收+"基金的回撤也远小于沪深300指数，为投资者提供了较为稳健的收益。而相对于纯债投资9.61%的年化收益率和0.16%的波动率，"固收+"基金控制风险并增厚收益的成效也较为显著（见表6-30）。

表6-30 "固收+"基金风险收益指标 （%）

	日收益率标准差	年化收益率
混合债券型一级基金	0.17	6.25
混合债券型二级基金	0.34	8.50
偏债混合型基金	0.39	8.34
灵活配置型基金	1.09	12.9
中债—国债总财富指数	0.17	3.95
沪深300指数	1.63	6.61

注：2004年1月1日至2022年12月31日。
资料来源：万得资讯，中信证券固定收益部。